朝鮮後期　嶺南　南人　研究

이 저서는 2010년 정부(교육부)의 재원으로 한국연구재단의 지원을 받아 수행된 연구임(NRF-2010-812-A00014). 원과제명 : 조선후기 영남 남인의 현실인식과 개혁론

朝鮮後期 嶺南 南人 研究

禹仁秀 지음

景仁文化社

머리말

영남은 조선조 행정구역상 경상도지역을 가리키는 별칭이었다. 곧 소백산맥의 조령과 죽령 등 큰 고개의 남쪽 지방이라는 의미였다. 남인은 조선 선조대에 사류들이 동인과 서인으로 분당된 이후 동인이 다시 남인과 북인으로 나누어졌을 때의 남인 붕당을 가리킨다. 이후 북인은 광해군대를 마지막으로 역사의 무대에서 사라졌으며, 남인은 서인 나중에는 서인에서 분기한 노론과 소론에 대비되는 붕당으로 조선조 말까지 존속하였다.

남인은 영남 지역에만 있었던 것은 아니었고, 또 영남의 모든 사람이 남인인 것은 더욱 아니었다. 남인의 주류가 지역적으로 결집된 경향성을 가지고 있었기 때문에 영남지역의 남인이라는 의미에서 영남 남인이라 표현하였다. 이러한 표현은 역사 속에서 일찍부터 인식되고 운위되어 왔던 것이기도 하다. 영남지역의 남인은 짧은 기간의 정권 참여기를 제외하면 거의 전 시기를 재야에서 보냈다. 근기 남인이 집권한 시기에도 영남 남인은 그다지 득세하지 못하였다.

이 책은 긴 세월을 재야 세력으로 존재한 남인의 모습을 다룬 것이다. 주로 정치사회적 측면에 초점을 맞추어 국정운영과 관련된 참여나 개혁론의 제시, 현실에 대한 인식과 대응, 학자적인 소양에 기초한 교육활동 등에 유의하였다. 인물에 대한 지역적인 안배도 일정부분 고려하였다. 결국 정치적으로 실세한 영남지역의 남인이 무엇을 지향하면서 어떻게 살았는가 라는 물음에 대한 저자의 생각을 정리한 것이다.

영남 남인에 대해 학자적 흥미를 가지고 접근하기 시작한 것은 십 수년 전의 일이었다. 우연한 기회에 동료 교수로부터 자신의 선조인 훈수 정만양의 문집을 한 질 받은 것으로부터 시작되었다. 영조대의 영남 남인 학자로 한평생 학문 연구에 전념하였던 그의 문집에는 상당히 체계적이고도 구체적인 개혁안이 수록되어 있었다. 이 남인학자의 흥미로운 개혁안을 다룬 글을 발표한 후 영남 남인의 경세론에 대한 관심은 위시기로 거슬러 올라가기도 하였고, 그 아래시기로 내려가기도 하면서 폭이 확장되어 갔다.

아울러 영남 남인의 현실에 대한 인식과 그 대응에 대해서도 자연히 관심을 가지게 되었었다. 왜냐하면 저자가 소속된 대학이 위치한 지역에 대한 관심은 자연스러운 것이기도 하거니와 지역 사회에서 요구하고 부탁하던 일을 마냥 외면한 채 지내기도 어려웠기 때문이다. 더구나 그것이 연구의 관심 영역과 일치함에랴. 그러다보니 영남 지역과 관계되는 글을 쓰게 되는 경우가 늘어갔다.

이 책은 십 수 년에 걸친 그러한 연구의 결과물이다. 책으로 묶을 생각을 하는 데 결정적인 계기가 된 것은 한국연구재단의 인문저술 지원 사업이었다. 이 지원 사업에 선정된 시기를 전후하여 저서로 묶을 경우를 염두에 두게 되었고, 그에 맞추어 연구는 구체화되어 갔다. 책의 말미에 첨부된 참고문헌에 제시된 저자의 논문을 일별하면 연구의 역정을 짐작할 수 있을 것이다.

저자는 처음 조선후기 산림의 존재를 밝히는 작업으로 연구자 생활을 시작하였다. 서인-노론이 정계를 주도하던 시기였기 때문에 산림 역시 그 쪽 당 출신들이 많은 것은 당연하였으며, 지역적으로는 충청도 지역을 필두로 한 기호지역이 성한 편이었다. 그로 인해 당색으로는 서인-노론, 지역적으로는 충청도를 위시한 기호지역에 대해서도 약간의 소견을 가질 수 있었다. 이러한 이해를 바탕으로 하여 남인과 영남지역에 대해서도 어느 정도 객관적으로 탐구할 수 있는 학자적 안목을 지녔다고 스스로 말할 수 있을 정도는 되었다. 어차피 완전한 객관화는 여전히 불가능하겠지만 적어도 영남 남인이라는 특수한 문제를 탐구함에 있어 전체와의 유기적 연관성 속에서 살필 수 있는 균형잡힌 시각을 유지코자 노력하였다.

이 책은 크게 네 부분으로 편성되었으며, 네 편 아래 각각 수 개의 장을 배치하여 개별 논문 형태로 상론하는 형식을 취하였다. 제 1편은 '영남 남인의 형성과 정치적 부침'이라 하여 정국의 추이 속에서 영남 남인이 형성되는 과정과 다른 붕당과의 갈등 속에서 정치적으로 부침하는 모습을 살폈다. 조선후기 정치사 속에서 영남 남인의 처지를 개략적으로 이해하는 데 초점을 맞추었다. 제 2편은 '영남 남인의 정치사상과 개혁론'을 살폈는데, 영남 남인의 정치사상을 몇 개의 요목으로 나누어 드러내면서 특히 근기 남인과의 대비에도 유의하였다. 그리고 영남 남인 중에서 비교적 체계적인 개혁안을 제시한 갈암 이현일 형제, 목재 홍여하, 훈수 정만양 형제, 한주 이진상의 경우는 별도의 장으로 독립시켜 상론하였다. 그들의 개혁론은 원리를 중시하는 이황 이래의 학풍에서 비롯되었으며, 재야세력으로 오랜 기간 존재하면서 집권세력에 대한 비판적인 시각을 유지할 수 있었다. 제 3편은 '영남 남인의 현실인식과 대응'이라 하여 영남 남인 7명의 행적을 살폈다. 여헌 장현광, 우복 정경세, 자암 이민환, 대산 이상정, 입재 정종로, 계당 류주목, 사미헌 장복추 등이다. 시대적 상황 속에서 그들이 취한 인식과 고뇌, 그리고 대응에 대해 검토하였다. 제 4편은 '영남 남인의 삶과 생활'이라 하여 일상 속에서 또는 특수한 상황 속에서 그들이 보여준 모습을 살폈다. 지산 조호익, 무의공 박의장, 경당 장흥효, 수암 류진의 삶의 궤적을 추적하였다.

저자가 이 글들을 순차적으로 개별 논문으로 발표한 이후에도 학계의 연구는 꾸준히 진척되었다. 이로 인해 저자의 논지를 현 시점에서 보완해야 하는 경우도 생겼으며, 다른 연구자의 새로운 성과에 대해서도 논급하여야 마땅한 부분이 생겨났다. 하지만 원래 글을 쓴 시점의 상황이나 역사성도 중요한 문제라고 생각하였기 때문에 대폭 수정하지는 못하고 크게 모나지 않을 수준으로 가지런하게 하는 데 그쳤다. 문장도 자구를 약간 수정하는 정도에서 크게 벗어나지 않도록 하였다.

묵은 원고를 다시 불러내어 다듬고 있으니 그 동안의 많은 생각들이 스쳐 지나간다. 이병휴 선생님은 저자를 학문의 세계로 인도하셨고, 불민한 제자가 불편해할까 염려하여 지금도 내색하지 않은 채 가만히 지켜보면서 걱정하고 계신다. 이 책을 구상하면서도 선생님이 펴낸 저서의 스타일을 많이 참고하고, 또 모방하였다. 이 책의 내용의 질은 논외로 하고, 겉으로 드러나는 형식의 유사성으로 인해 선생님께서 제자 키운 보람을 약간이나마 느끼시면 좋겠다. 좋은 환경 속에서 마음 편히 연구에 전념할 수 있도록 격려하고 도와준 역사교육과의 장동익·이문기 두 선생을 위시한 여러 교수님의 고마움도 잊을 수 없다.

어려운 출판 환경 속에서 발간을 흔쾌히 수락해주신 경인문화사 한정희 사장님의 배려와 편집을 맡아 정성을 다해 준 담당자 여러분의 노고에도 깊이 감사드린다.

2015년 2월
저자 우인수 삼가 씀

목 차

제4편 영남 남인의 삶과 생활

제 1 편
영남 남인의 형성과 정치적 부침

제1장 영남 남인의 형성

1. 머리말

영남은 경상도의 별칭으로 고려말부터 사용되었지만 하나의 역사적인 용어로 일반화된 것은 조선후기부터였다. 용례로는 영남인, 영남유생, 영남인심, 영남풍속 등이 있다. 학파와 당색을 전제로 기호지방과 서인에 대칭되는 퇴계학파와 남인의 중심지란 의미로 영남을 사용하였다. 영남인사들은 '우리 영남(吾嶺)' 또는 '영남의 운세(嶺運)'라고 하는 말에서 자연스럽게 영남이란 용어를 사용하고 있었다.[1]

선조대에 사림은 동인과 서인으로 크게 분당되었다. 동인은 얼마 뒤다시 남인과 북인으로 갈라졌다. 이때 남인은 주로 학통상 퇴계 이황학파였고, 이에 비해 북인은 학통이나 연원이 좀 더 복잡한 가운데 주류는 남명 조식학파였다. 분당의 계기가 된 것은 정여립 역모 사건으로 촉발된 소위 기축옥사의 만연이었다. 그에 연루되어 조식의 제자 최영경이 억울한 죽임을 당할 때 당시 이황학파에 속한 인사들이 적극적인 구원을하지 않았다는 점이 조식학파로 하여금 불만을 가지게 한 요인으로 작용하였다. 이후 옥사를 만연시킨 서인에 대한 대응 자세를 두고 온건론과 강경론으로 나누어진 점도 남·북인 분당의 요인으로 작용하였다.

그 뒤 북인이 세부적인 분열을 거듭하면서 광해군대를 집권하였으나

[1) 이수건, 『영남학파의 형성과 전개』, 일조각, 1995, 1쪽.

인조반정으로 완전히 몰락하게 되었다. 조선 역사 속에서 정파로서의 기능을 더 이상 수행하지 못하게 되었다. 이에 비해 남인은 잔존한 북인들의 일부를 흡수하는 한편 영남을 중심으로 결속력을 가지면서 오랫동안 정파로서의 존재감을 가지고 있었다.

인조반정을 계기로 정계가 이이·성혼 학통 중심의 기호학파 서인에 의해 주도되는 상황에서는 그 상대가 되는 붕당으로서의 위상을 견지하게 되었다. 17세기 후반 이이·성혼의 문묘종사 반대운동을 위시하여 송시열·송준길의 복제설에 반대하는 예송을 전개하면서 영남과 기호라는 학파의 구분은 남인과 서인이라는 정파의 구분과 함께 뚜렷한 지역 단위로서 존재하게 되었다.

여기서는 남인이 형성되는 과정에 대해 살펴보고자 한다. 선조대 동인과 서인으로의 분당과 동인 내부의 갈등을 남인 형성의 배경으로서 다루겠다. 이어 정여립 역모 사건과 이로 인해 만연된 기축옥사의 처리 과정에 대한 이해를 통해 남인과 북인이 분당하게 된 계기를 살피겠다. 아울러 영남 남인의 동질성을 담보하는 학연인 퇴계 이황 학통의 갈래를 간략하게 살펴 남인 이해를 위한 전제로 삼고자 한다.

2. 동인과 서인의 분당

선조 8년(1575) 사림이 동인과 서인으로 분열되었다. 처음에는 김효원과 심의겸 사이에 이조전랑 선임 문제가 계기가 되어 양 진영이 나누어지기 시작하였고, 이어 쟁점들이 첨가되면서 점차 뚜렷하게 구분되기 시작하였다. 대개 동인은 신진 기예한 인물들로 비교적 현실의 때가 덜 묻은 상태였으며, 이에 비해 서인은 노성한 이들로서 살아온 세월만큼이나 감안해야 할 현실적 요소가 많은 편이었다.

분당 직후에는 동인이 척신이자 서인인 심의겸을 비판한다는 점에서 공세를 취하고 있었고, 명분상으로도 더 당당한 위치에 있었을 뿐 아니라 수적으로도 우세하였다. 시간이 흘러가면서 자연히 동인 쪽 사람들이 많이 등용되고 또 등용에 관여하게 되는 상황이 되었다. 이와 함께 새로운 갈등이 생겨날 소지는 점차 커지고 있었다. 관직 선임과 관련한 인사 문제, 개인 인물에 대한 평가 등을 둘러싸고 많은 말들이 생성되게 되었다.

사실 이 정도의 갈등은 어느 시대에나 나타날 수 있는 문제이지만 특히 이 때 문제가 된 것은 갈등과 대립이 붕당을 통해 지속된 데 있을 것이다. 역시 학연이 그들을 구분 짓고 그 구분을 유지시키는 가장 큰 요소로 작용하였다. 거기에 혈연과 지연적인 요소가 더 보태어져 분당을 지속시킨 요인으로 작용하였다. 여기에 덧붙여 관료들을 효율적으로 제어하고 통제할 수 있을 만큼의 힘과 능력을 가지지 못한 당시 군주의 한계도 지적하지 않을 수 없다. 상대적으로 그 전시기보다는 신권이 커진 상태에서 그 신권을 억제할 필요를 느끼는 군주는 어떤 계기가 주어진다면 신하들의 분열을 적절하게 이용하면서 더 거친 방법으로 권한을 휘두를 가능성이 컸다.

동인에 속한 인물들은 퇴계 이황학파와 남명 조식학파에 속한 인물들이 많았다. 물론 동서분당이 일어날 당시 이황과 조식은 이미 모두 사망하고 없던 때였다. 이에 비해 서인에 속한 인물들은 뚜렷한 학연을 가지지는 못한 상태였지만 나중에 율곡 이이가 서인으로 좌정하면서 동인에 맞서 학연을 굳건히 할 수 있었다. 이이는 한동안 양쪽 붕당으로부터 자유로운 위치에 있었기 때문에 나름대로 중간에서 조정자로서의 역할을 자임하였다. 수세에 처해있던 서인의 입장에서는 이이의 중재에 대해 우호적인 시선을 보낼 수 있었지만, 우세한 입장에서 공세를 취하던 동인

의 입장에서는 이이의 역할을 마냥 우호적인 시각에서 바라보지는 않았
다. 결국 이이는 조정자로서의 역할을 포기하고 서인으로 좌정하게 되면
서 서인에게는 큰 힘을 보탠 셈이 되었지만 동인의 입장에서는 이이의
순수성을 결과적으로는 의심할 수밖에 없는 상황이 되었다.

  당시 동인을 대표하던 이로 흔히 거론되던 인사는 류성룡, 이발, 김효
원, 김응남, 김성일, 김우옹 등이었다. 이이가 한 때 동·서인을 조정하고
자 자임하였을 때 동·서인의 대표적인 존재들을 조정에 모두 불러 모아
서 국사를 논의케 하는 것이 한 방법이라고 자신의 방안을 제시한 바
있었다. 이 때 이이에 의해 동인의 대표자로 거론된 인사는 류성룡, 김우
옹, 이발, 김성일 등 4명이었으며, 서인의 중심인물로 거론된 이는 정철
이었다.2) 또 이이는 이발에게 보낸 편지에서 이발과 류성룡, 김우옹이
협력하면 시국의 어려움을 구할 수 있다고 말한 바도 있었다.3) 이 편지
에서 이이는 김효원을 거론하면서는 '도량이 가볍고 그릇이 얕은데 학술
이 또한 얕으니 다만 사류 중에 낄 수는 있으나 유림의 종장이 될 수는
없다'고 평하고 있기 때문에 상대적으로 류성룡·김우옹·이발을 유림의
종장이 될 자질을 가진 동인의 중심인물로 인정한 셈이었다.4) 그리고 종
실인 慶安令 李瑤는 선조를 알현한 자리에서 동인의 '괴수'로 류성룡·
이발·김효원·김응남 등 4명을 지목한 바 있었다.5) 비록 '괴수'라는 부정
적 이미지로 표현된 것이기는 하지만, 이는 이들이 동인을 대표하는 존
재로 간주되고 있었음은 분명하다고 하겠다.

---

 2) 이이, 『석담일기』하, 선조 9년 2월조.(『국역 대동야승』4, 205-207쪽).
 3) 이이, 『율곡전서』12, 서, 이발에게 답함.
 4) 류성룡도 비록 붕당은 달리하였지만 또한 이이를 존중하는 마음을 가지고 있었다.
    이는 류성룡이 영남에 있으면서 어버이를 위한 축수의 잔치를 준비하여 인근의
    친척을 모두 모았다가 이이가 사망하였다는 전갈을 접하고 갑자기 즐거워하지 않
    으면서 잔치를 파한 사실에서 드러난다. 『연려실기술』13, 선조조 고사본말, 선조
    17년 1월(『국역 연려실기술』Ⅲ, 384쪽).
 5) 『선조실록』17, 16년 4월 17일 무진.

이이와 경안령에 의해 동인의 대표자로 공히 거론된 인물은 류성룡과 이발이었으며, 한 차례씩 논급된 인물로는 김효원·김우옹·김응남·김성일 등이 있었다. 따라서 류성룡과 이발 두 사람이 명실 공히 동인의 대표적 인물로 간주되었다고 할 수 있겠다. 류성룡과 이발의 신중하고 공정한 지도자다운 면모는 다음의 일화에서도 잘 드러난다. 동인이 서인인 삼윤 즉 윤두수·윤근수·윤현을 수뢰죄로 탄핵 제거하려고 하였을 때, 두 사람은 그 논의를 따르지 않고 반대한 사실이 있었다. 결국 조사를 벌였지만 3인의 수뢰죄는 성립되지 않았던 것이다.6) 이로써 두 사람은 당론이라고 무조건 따르는 사람은 아니라는 이미지가 부각될 수 있었다.

그런데 이발은 얼마 뒤에 일어난 기축옥사로 처형됨으로써 역사의 뒤안길로 사라졌다. 한번씩 논급된 인물 중 김효원은 동서분당의 계기를 제공한 인물로서 주목받는 존재였으나, 그 재목은 유림의 종장감은 아니라는 평가를 받은 바 있었으며, 더구나 지방관으로 좌천되면서 세간의 관심에서 멀어진 이후 별다른 활동을 하지 못한 채 사망하였다. 김응남은 기축옥사와 '계미삼찬'에 연루되어 제주목사로 좌천되었다가 2년 뒤 다시 기용되었고, 임란중 류성룡의 추천으로 병조판서를 거쳐 좌의정에까지 이르면서 류성룡과 함께 난국 수습에 큰 힘을 보태었으나 임란 막바지에 사망하였다. 김성일은 퇴계학통을 이은 동문수학의 인물로 류성룡과 유사점이 많았으나 임란전 통신사로 다녀온 후 보고와 관련하여 잡음이 있었으며, 임란 초기 왜적 방어에 애쓰던 중 사망하였다. 김우옹은 청요직을 두루 거치면서 동인의 대표자로 많은 역할을 한 인물인데, 다만 그 위상이 류성룡에 미칠 정도는 아니었다. 그 외 우성전 같은 인물도 동문수학의 유사점이 있고, 남북분당 과정에서 갈등의 원인을 제공한 인물로 흔히 거론되는 비중이 있는 인물이었다. 성격이 너무 곧아 모두를 아우르는 포용력은 적었던 인물로 평가되고 있으며, 그 역시 임란 의

---

6) 『연려실기술』13, 선조조 고사본말, 선조 9년(『국역 연려실기술』Ⅲ, 318쪽).

병으로 활동하던 중 사망함으로써 역사의 무대에서 사라졌다.

결국 남인을 대표할 수 있는 존재로 꼽힐 수 있는 높은 위상을 비교적 장기간 지닌 이는 류성룡이었다. 류성룡은 국왕 선조로부터도 깊은 신임을 받으면서 높이 평가되던 존재였다. 선조는 류성룡을 '巨奸'으로 지목한 서익의 상소를 접한 후 도리어 그를 '大賢'으로 간주하면서 깊은 신임을 나타낸 바 있었다. 선조는 "류성룡도 역시 한 군자로서 나로서는 그를 비록 당금의 큰 대현이라고 하여도 좋다고 생각한다."라고 하면서 류성룡에 대한 신임을 표현하였다.[7] 나아가 선조는 여러 차례 류성룡에 대한 호평을 쏟아낸 바 있었는데, "賢士이며 재주가 있는 뛰어난 朝臣"으로 평가한 적도 있었고,[8] "금옥같이 아름다운 선비"라고 표현하기도 하였다.[9] 또한 "학문이 순정하고 국사에 마음을 다하여 바라보기만 해도 공경할 마음이 생긴다."라고 토로하기도 하였으며, "나라의 柱石"이요 "사림의 영수"로 극찬하기도 하였다.[10]

류성룡은 학통상으로도 당당하여 퇴계 이황의 수제자의 위치에 있었다. 따라서 남인의 대표라는 그의 자리는 개인적으로 선택할 수 있는 여지가 별로 없는 운명적인 면이 있었다. 처음에는 동인을 대표하는 여러 사람 중의 한사람이었지만 점차 일찍 사망하는 자가 나타나면서 그 대표성이 류성룡에게로 집중되어갔다. 평자의 성향에 따라 류성룡에 대한 평가의 편차가 심하였지만 그를 동인의 대표적인 거물로 인정하거나 간주한 점은 공통적이었다. 이를 통해 류성룡의 높은 비중이나 위상을 짐작

---

7) 『선조실록』19, 18년 5월 28일 무술.
8) 『선조실록』17, 16년 11월 3일 신사.
9) 『선조실록』23, 22년 12월 8일 신사.
10) 『연려실기술』14, 선조조 고사본말, 22년 12월 16일(『국역 연려실기술』Ⅲ, 434쪽).
 선조는 이산해와 류성룡을 평하기를 "경(이산해)은 충성스럽고 근신하고 관후하여 도량이 만석을 싣는 배와도 같아서 옛날 대신의 풍도가 있고, 류성룡은 학문이 순정하고 국사에 마음을 다하여 바라보기만 해도 공경할 마음이 생긴다. …… 두 사람이 나라에 柱石이 되고 사림의 영수임을 잘 알고 있다."라고 하였다.

할 수 있겠다.

3. 동인 내부의 갈등

동인 내부에서 남북으로 나누어지는 갈등의 조짐은 시기적으로는 대개 선조 13년(1580)에서 선조 22년(1589) 기축옥사가 일어나기 전까지의 기간에 나타났다. 동인 내부의 갈등은 여러 사람에게서 여러 가지 양상으로 나타난 바 있었다. 우성전과 이발, 우성전과 정인홍, 이경중과 정여립, 이경중과 정인홍을 둘러싼 여러 가지 갈등이 그것이다. 이러한 갈등은 분당으로까지 치달을 정도로 심각한 단계는 아니었다. 후일 남북으로 완연히 분당되지 않았으면 일시적인 것으로 치부될 수도 있었고, 따라서 큰 의미 부여없이 역사의 뒤안길로 넘어갔을 수도 있는 것이었다. 하지만 뒤에 분당으로 이어졌기 때문에 분당에 일정한 영향을 끼친 요소로 주목하지 않을 수 없게 된 것이었다.

이때의 갈등은 여러 사람들이 상호 복잡하게 얽혀있기는 하지만 그 갈등하는 양편에서 중심적 위치에 있었던 인물은 류성룡과 이발이었다.[11] 두 사람은 이이에 의해서도 동인의 대표자로 지목받은 바 있듯이 동인의 최고 명망가였다. 당시 류성룡과 친밀한 관계를 가졌던 인물은 우성전, 김성일, 이경중, 정경세 등이었고, 이발과 연결되어 있었던 인물은 정여립, 정인홍, 최영경 등이 대표적이었다.

먼저 지적할 수 있는 것은 우성전과 이발·정인홍을 둘러싼 갈등이었다. 우성전은 아버지 언겸의 안동판관 재임을 계기로 인근 고을의 퇴계

---

11) 동서분당으로 치닫게 된 갈등의 당사자였던 동인의 김효원은 이후 한직에 머물다가 선조 13년 39세의 나이로 세상을 떠나면서 역사의 무대에서 멀어졌다.

이황에게서 학문을 닦았으며, 동갑에 동문인 류성룡과 뜻이 맞아 각별한 관계를 유지하게 되었다. 두 사람 모두 문과에 급제하여 관직생활을 시작하면서 더욱 깊은 관계로 맺어졌다. 류성룡은 후일 우성전의 일록 뒤에 쓴 글에서 "臺閣에 있을 때엔 언론과 처사가 비록 모의하지 않아도 거의 서로 부합하였고, 世路에 막힘이 많아 부침은 서로 같지 않았지만 평소 좋은 뜻은 하루도 처음과 다르지 않았다."라고 표현하면서[12] 우성전과의 의기투합한 시절을 회상한 바 있다. 그리고 조금 뒤의 기록이기는 하지만 북인들로부터는 류성룡의 '심복'으로 간주되기도 하였을 정도로[13] 두 사람의 관계는 친밀하였다.

우성전이 그 후 부친상을 당하였을 때, 문상을 간 바 있던 이발은 상가를 출입하는 평양 기생을 마침 목격하고 우성전의 단정치 못한 처신을 맹비난하게 되었다. 『회산잡기』를 인용한 『연려실기술』에 실려 있는 전말은 다음과 같다.

우성전의 부친 언겸이 함종현령으로 있을 때 우성전이 부친을 뵈려고 왕래하다가 평양 기생에게 정을 두었는데, 얼마 안 되어 우성전의 부친이 병 때문에 벼슬을 버리고 돌아가자 감사가 그 기생을 우성전의 집으로 실어 보냈다. 우성전이 친상을 당함에 미쳐 한때의 名士들이 다 모였는데 평양 기생이 머리를 풀고 출입하는 것을 보고 이발이 말하기를, "제 아버지가 죽게 되어 벼슬을 버리고 돌아오는데 저가 무슨 마음으로 기생을 싣고 왔느냐." 하면서 우성전을 몹시 공격하니, 우성전의 본정을 아는 자들이 결코 그렇지 않음을 밝혔다. 이때에 이발은 북악산 아래에 살고 있었기 때문에 이발의 당을 북인이라 이르고, 우성전은 남산 아래 살았기 때문에 우성전을 구원한 자를 남인이라 하였는데, 이것이 동인이

---

12) 류성룡, 『서애집』18(한국문집총간 52, 1990), 書禹景善日錄後, 357쪽 ; 우성전(황위주·최은주 역), 『탈초·역주 추연선생일기』(화성시, 2008), 우성전의 일록 뒤에 씀, 221쪽.
13) 『선조수정실록』32, 31년 11월 1일 임오.

나뉘어 남북이 된 것이다.[14]

이 기록은 이건창의 『당의통략』에도 축약하여 간략하게 소개된 바 있는데,[15] 남·북인 명칭의 유래와 관련하여 흔히 인용되는 대목이다. 경위나 사정이야 어떻든 간에 우성전이 사랑한 평양 기생이 상가를 출입한 것은 사실인 이상 사류의 처신으로서는 흠결이 아닐 수 없었다. 이를 힐난한 이발에 대해서는 이해심이 다소 부족하다고는 할 수 있을지언정 잘못되었다고 비난할 수는 없다. 우성전을 옹호한 부류들도 그가 잘했다고 옹호한 것은 아니었을 것이다. 잘한 것은 아니지만 이해는 할 수 있다는 차원에서 더 이상 비난을 확대하지는 말자는 정도였을 것이라고 생각한다.

그러나 이 사소한 사건 하나만으로 남·북인으로 갈라졌다고 보기는 개연성이 부족하다. 다만 다음과 같이 유추해보는 것이 가능할 것이다. 이발이 비난의 선두에 선 것은 이미 우성전에 대해 우호적이지 않은 감정을 가지고 있었고, 무엇 때문인지는 확실치 않으나 그것이 이 사건을 기화로 터져 나온 것이 아닌가 짐작한다. 당사자인 우성전도 이발에 대해 섭섭함을 넘어 유감을 가지게 되었을 수 있는데, 이후 우성전이 이발에 대해 직접적으로 비난을 하거나 시비를 건 일은 없는 듯하다.

사실 우성전도 이발만큼 강경하고 정직해서 세태에 영합하지 않는 기풍을 가진 인물이었다. 류성룡은 평생의 지기였던 우성전을 평하기를 "눈이 높아서 세간의 사람들을 인정해줌이 적었고, 뜻이 맞지 않는 자와는 비록 대면하고 있다고 할지라도 서로 말하지 않았으며, 때로는 문을 닫고 사람을 거절하기도 하였다."라고 하였다.[16] 이로 인해 그는 당시

---

14) 『연려실기술』18, 선조조 고사본말, 동서남북론의 분열(『국역 연려실기술』IV, 418
 -419쪽).

15) 이건창, 『당의통략』(을유문화사, 1972), 16쪽.

16) 류성룡, 『서애집』18, 書禹景善日錄後, 357쪽 ; 우성전(황위주·최은주 역), 『탈초·

사람들로부터 원망도 많이 사게 되었던 것이다. 이에 친구였던 姜緖가 어느 날 술에 잔뜩 취해 와서 우성전의 눈을 쓸어내리면서 '너의 눈이 대단히 높아서 쓸어내려 낮추려는 것이다.'라고 농을 한 사실도 그의 성격을 단적으로 전해주는 일화로 전해지고 있다.[17)

그 우성전이 정인홍에 대해서는 비판적인 언사를 공개적으로 표명한 바 있었고, 정인홍 역시 나중에 우성전을 탄핵함으로써 서로의 관계가 악화되는 일이 있었다. 선조 13년경 정인홍이 장령으로 부름을 받아 조정에 들어오려 할 때 모두가 기대하는 분위기였는데, 우성전은 많은 사람들이 있는 자리에서 "名實이 맞지 않으니 끝내 吉士는 아니다"라는 비난조의 비판을 한 것이다.[18) 우성전이 어떤 이유로 정인홍을 그렇게 평하였는지 구체적으로 전하는 기록은 없다. 많은 사람들이 모여 있던 자리였기 때문에 이 평은 당연히 당사자인 정인홍의 귀에까지 들어갔을 것이다.

선조 14년(1581) 2월 사헌부에서 수원현감 우성전을 탄핵하여 파면시켰다.[19) 당시 탄핵에 가장 앞장섰던 인물이 바로 장령 정인홍이었다. 수원은 큰 고을이었으나 綱常의 변이 있어 현으로 강등된 곳이었는데, 그 도덕적 심각성을 고려하여 특별히 시종신인 우성전이 파견된 것이었다. 그런데 그 임기가 다되어 다시 중앙의 청현직으로 복귀할 것을 염려한 정인홍이 탄핵을 강력하게 주장하여 결국 파직을 시킨 것이었다. 정인홍이 탄핵의 사유로 든 것은 "그가 고을을 맡아 일은 돌보지 아니하고 觀親을 핑계로 항상 서울에 있었으며, 또 많은 돈과 곡식을 서울 집으로 가져다가 술과 안주를 장만하여 방자하게 놀고 마시면서 氣勢를 부리고

역주 추연선생일기』, 우성전의 일록 뒤에 씀, 221쪽.

17) 우성전(황위주·최은주 역), 『탈초·역주 추연선생일기』, 『문소만록』 기사, 223쪽.
18) 『연려실기술』18, 선조조의 명신, 우성전(『국역 연려실기술』Ⅳ, 598쪽).
19) 『선조실록』15, 14년 2월 9일 계묘.

망령되게 스스로 자랑하고 높은 체하였다."는 것이었다.[20] 그러나 사헌
부 관원들과 논의하는 과정에서 조금 완화되어 단지 임지를 떠나 서울에
오랫동안 머물러 있으면서 관무를 폐기하였다는 것만을 들어 탄핵하였
다.[21] 우성전에게 우호적인 사람들은 이 조처를 부당하게 생각하여 불
평이 많았는데, 이로부터 남북분당의 조짐이 시작되었다고『선조수정실
록』은 전하고 있다.[22]

장령 정인홍은 우성전을 탄핵한 다음 달인 선조 14년 3월에는 이조좌
랑 이경중을 탄핵하였다. 이 때 정인홍은 탄핵에 반대하는 대사헌 정탁
과 다투면서까지 자신의 뜻을 관철시켰다. 마침내 사간원의 협조를 얻어
이경중을 파직시키는 데 성공하였던 것이다.『선조수정실록』에는 이 사
실을 다음과 같이 기록하고 있다.

> 사헌부가 아뢰기를, "이조 좌랑 이경중은 본디 지식이 없는데다 또
> 칭도할 만한 행실도 없으니 본직에 제수된 것은 진실로 人望에 차지 않
> 습니다. 그런데 後進 佳士로서 명망이 있는 사람은 언제나 앞을 막아 가
> 리고, 경망하고 방자하며 조행도 없이 진취만을 서두르는 무리들과 交結
> 하여 기세를 부리므로 사람들이 감히 말하지 못합니다. 그리고 주색에
> 방종하며 거리낌없이 날뛰므로 物情이 격분해 하고 淸議가 용납하지 않
> 으니 파직을 명하소서."하니, 아뢴 대로 하라고 답하였다.[23]

붕당간의 조제를 자임하던 이이 같은 이도 이경중에 대해서는 "본래
학식이 없고 또 성질이 탐닉하고 막히어 착한 것 따르기를 잘하지 못하
였는데, 전랑으로 매우 오래 있었기 때문에 자못 스스로 천단하는 습성
이 있었다."라는 인식을 가지고 있었으며,[24] 그를 논박한 정인홍의 처사

---

20) 이이,『석담일기』하, 선조 14년 2월.
21)『선조수정실록』15, 14년 2월 1일 을미.
22) 위와 같음.
23)『선조수정실록』15, 14년 3월 8일 신미.

에 대해서는 "시골 출신의 외로운 처지로서 충성을 다하여 봉공하니 논박한 바가 비록 지나친 듯 하더라도 실은 이것이 공론이니 어찌 그르다고 할 수 있을 것인가."라고 평한 바 있었다.[25] 이에 이경중 주변의 인물들은 모두 의심하고 두려워하는 생각을 품게 되었으며, 그 중심에 있던 류성룡도 불편해하기는 하였으나 어쩔 수 없었다고 한다. 그런데 위의 인용문에서 이경중이 앞을 가로 막았다는 명망인 중에는 정여립도 포함되어 있었다. 이는 뒷날 정여립 모역사건이후 류성룡에 의해 거론되면서 또 다른 파란을 일으키는 단서가 되었다.

한편 류성룡은 사론이 동·서인으로 갈라졌고 또 남·북인으로 갈라질 조짐을 보일 뿐아니라 그 와중에 자신도 일부 사람으로부터 '괴수' 또는 '거간'으로 지목되는[26] 상황에 처하자 일단 조정에서 물러나기로 결심하였다. 그래서 연로한 어머니를 구실로 삼아 선조 16년(1583)에 일시 낙향하였다.[27] 이 시기 류성룡의 경우는 여러 가지 사류간의 갈등에 직접적으로 개입하거나 거론된 구체적인 사실은 없는 편이다. 다만 그는 비중이 큰 유력한 인사 중의 한 명으로 존재하고 있었다. 실제 정인홍이나 최영경에 대해서도 그리 부정적이지 않거나 우호적인 시각을 가지고 있었다. 이는 선조 17년(1584) 4월에 우성전에게 말한 다음과 같은 대목에서 잘 드러나 있다.

---

24) 이이, 『석담일기』하, 선조 14년 3월.

25) 이이, 『석담일기』하, 선조 14년 3월.

26) 그는 정여립에 의해 '거간'으로 간주된 바 있었다. 선조 18년 의주목사 서익은 자신의 상소에서 정여립이 이이에게 보낸 편지를 인용한 바 있는데, '三竄이 비록 갔으나 巨奸이 오히려 있다'라고 하는 대목이었다. '三竄'은 이이에 대해 논란하다가 유배에 처해진 송응개·박근원·허봉을 가리키며, '거간'은 류성룡을 가리킨 것이었다. '거간'이라는 부정적인 표현이지만 동인의 대표적인 존재로서 그 위상을 인정한 것은 분명한 사실이라고 하겠다. 『선조실록』19, 18년 5월 28일 무술.

27) 『선조수정실록』17, 16년 3월 1일 계미.

서애가 말하기를, "남쪽 지방 사우들이 끊어져 방문을 하지 않아서 오직 최효원(효원은 영경의 字) 한 사람만을 만났는데, 긴 대나무 천 그루를 기르고 베옷을 입고 거문고와 서책을 가지고 그 속에서 생활하면서 논의가 격렬하고 기상이 늠름하니 高士라고 할 만합니다. 덕원(정인홍의 字) 같은 사람도 또한 지난날 함부로 행동했던 잘못을 통렬하게 뉘우치고 있습니다." 운운하였다.[28]

류성룡은 최영경을 고사로 높이 평가하였을 뿐 아니라 정인홍에 대해서도 전날의 잘못을 뉘우치고 있다고 하면서 비교적 포용하는 자세를 보였던 것이다. 여기서 말하는 정인홍의 잘못이라고 하는 것은 아마 선조 14년에 있었던 일을 가리키는 듯하다. 즉 정인홍이 심의겸을 탄핵할 때 앞뒤가 상반되는 논리를 폄으로써 자신이 한 말을 국왕 앞에서 스스로 번복하지 않을 수 없는 곤욕을 치른 적이 있었다. 이로 인해 정인홍은 강직하긴 하나 용의주도하지 못하다는 부정적인 인상을 심어주었을 뿐 아니라 상대당인 서인으로부터는 당론으로 의심을 받기 시작하였다. 이이 같은 이도 평소 정인홍이 기운이 경박하고 도량이 좁아서 처사가 혹 조급하고 떠들썩함을 면하지 못하는 것으로 여겨서 경계하기도 하였다.[29]

이상과 같이 이발·정인홍 측과 우성전·이경중 측이 상호 비난과 탄핵을 주고받는 과정을 거치면서 동인의 내부에 분열의 조짐이 표면에 나타나기 시작하였다. 그러나 아직까지 분열의 단계라기보다는 상대편과 구별될 수 있는 이질적인 요소가 하나 둘 겉으로 드러나 쌓이는 과정이라고 할 수 있겠다. 여기에 어떤 결정적인 계기만 주어지면 언제든 분열할 수 있는 여건이 마련되고 있던 셈이었다. 기축옥사가 바로 그러한 결정적 계기 구실을 하게 되었다.

---

28) 우성전(황위주·최은주 역), 『탈초·역주 추연선생일기』, 선조 17년 4월 9일, 182쪽.
29) 우인수, 「조선 선조대 남북분당과 내암 정인홍」, 『역사와 경계』81, 2011, 206쪽.

4. 기축옥사와 남북 분당

　동인의 내부 분열이 본격화하여 분당으로까지 치닫는 계기가 된 사건
은 선조 22년의 기축옥사였다. 이 사건을 거치면서 동인 내 두 집단 간
에 갈등이 증폭되어 마침내 남인과 북인으로 분당되기에 이르렀다. 정여
립이 역모를 꾸미다가 탄로가 나서 추포 과정에서 자결한 바 있었는데,
기축옥사는 이 사건으로 인해 만연되었던 옥사였다. 역모의 사실 여부와
관련하여 조작설이 제시되어 있기도 하지만,[30] 정여립이 역모를 꾸몄던
사실 자체는 대체로 인정된다고 생각한다.[31]

　하지만 서인들이 이 역모 사건을 정권을 잡을 절호의 기회로 여겨 옥
사를 확대 만연시킴으로써 기축옥사는 동인 특히 나중의 북인에 해당하
는 많은 인사들이 억울하게 희생된 정치적 사건이었다. 그리고 호남 지
역 내에서는 향촌 사회의 주도권 장악의 수단으로 이 옥사가 이용된 면
도 있었다.[32] 이 과정에서 정여립과 친하거나 일정한 연관을 가진 자들
이 주로 피해를 당하였다. 옥사를 만연시킨 장본인으로는 서인 정철이
주로 지목되었다. 정철이 정언신을 대신해 우의정에 임명되어[33] 위관을
맡게 되는 선조 22년 11월부터 역옥의 다스림이 더욱 가혹해졌다. 이때
부터 연루자가 확대되면서 심문 과정에서 곤장을 맞아 죽어나가는 자가
나타나기 시작하였다.

　먼저 이발 집안 전체가 풍비박산이 났다.[34] 정여립과 친밀하게 교류

---

30) 이희권, 「정여립 모반사건에 대한 고찰」, 『창작과 비평』10-3, 1975. 김용덕, 「정
　　여립 연구」, 『한국학보』4, 1976. 이희환, 「정여립옥사의 실상과 그 영향」, 『전주
　　학연구』3, 2009.
31) 우인수, 「정여립 모역사건의 진상과 기축옥의 성격」, 『역사교육논집』12, 1988. 이
　　상혁, 「조선조 기축옥사와 선조의 대응」, 『역사교육논집』43, 2009.
32) 우인수, 앞의 「정여립 모역사건의 진상과 기축옥의 성격」, 91-97쪽.
33) 『선조실록』23, 22년 11월 8일 임자.

하며 상종한 죄로 동생 이길과 함께 국문을 받던 중 杖死하였다. 이어 이발의 형, 80세가 넘은 노모, 10세 전후의 어린 자식, 사위인 홍세 등 전 가족이 몰살당하다시피 하였다. 병조참의 백유양 일가의 화도 참혹하였다. 백유양의 아들 수민의 처삼촌이 정여립이었고, 수민은 정여립에게서 글을 배운 인연이 있었다. 결국 백유양과 그의 세 아들이 모두 장살되었다. 그리고 우의정 정언신과 이조참판 징인지 형제는 정여립과 9촌 친 관계에 있었다. 정여립과 친척이면서 편지 몇 장 왕래한 것이 빌미가 되어 희생되었다. 특히 정언신은 위관으로 있으면서 고변자를 도리어 윽박질렀다는 죄목으로 국문을 받던 중 杖死하였다.

정여립과 관련된 구체적 물증 하나 없이 황당한 죄목으로 죽임을 당한 사람은 최영경이었다.[35] 최영경은 남명 조식의 문도를 대표하는 인물로 명망있는 선비였다. 당초에 정여립과 함께 역모를 주도한다는 인물로 길삼봉이 있었는데, 여러 적당들이 그의 용모에 대해 진술하였으나 진술 내용이 모두 달라 종잡을 수가 없었다. 그도 그럴 것이 길삼봉이란 인물은 정여립이 꾸며낸 인물이었고, 실존 인물이 아니었던 것이다. 정철이 몇몇 사람을 사주하여 최영경을 길삼봉으로 만들어 옥사에 얽어 넣었다.[36] 최영경이 평소에 정철에 대해 혹독한 평을 한 것을 미워한 때문이었다고 한다. 결국 수차의 국문을 받던 중 옥사하였다. 그 과정에서 최영경과 관련된 수많은 사람들도 함께 희생되었다. 그의 동생 최여경, 그가 아끼던 동문인 참봉 류종지, 그의 문인인 참봉 윤기신과 찰방 이황

---

34) 우인수, 앞의 「정여립 모역사건의 진상과 기축옥의 성격」, 85-86쪽.

35) 김강식, 「선조 연간의 최영경옥사와 정치사적 의미」, 『역사와 경계』46, 2003.

36) 후일 류성룡의 아들 류진이 옥사에 연루되어 갇힌 적이 있었는데, 추국 담당자를 맡은 이이첨이 술회하기를 '정철이 소인배가 된 것은 최영경을 죽였기 때문인데, 만약 류진을 죽인다면 자신이 소인으로 낙인찍힐 것이므로 그렇게 하지 않겠다'라고 한 바 있었다. 이로써 미루어보면 최영경을 죽인 것이 바로 정철이라는 것이 당시 북인 내부에 사실로 인식되고 있었음을 알 수 있다.(류진, 『수암집』(수암문집간행소, 1980), 「임자록」, 595쪽)

종 등이 모두 장살되었다. 최영경과 그 주변 인물들의 희생은 남명학파의 입장에서 가장 뼈아픈 손실이었다. 상당한 중망을 가지고 있던 김우옹은 정여립과 절친하게 지내면서 서신을 왕래한 죄목으로 회령으로 유배되었다.[37] 또한 정인홍도 기축옥사의 여파로 관직을 삭탈당하기에 이르렀다.

정여립 역모사건에 연루된 백유양의 편지에서 이름이 거론된 바 있던 류성룡은 스스로를 해명하는 상소를 올린 바 있었다. 여기에서 류성룡은 일찍이 이조좌랑 이경중이 정여립의 사람됨을 미워하여 청요직에 의망하지 않고 있던 때가 있었는데, 그 때 이경중은 도리어 어진 사람을 막는다는 명목으로 사헌부의 탄핵을 받아 파직된 바 있었다고 하였다.[38] 선조는 이경중의 선견지명을 높이 평가하여 이미 사망하고 없던 그를 후하게 증직하는 한편 그 때 이경중을 탄핵한 자에게는 죄를 줄 것을 명하였다. 그 때 이경중을 탄핵한 자가 바로 정인홍이었는데, 이로써 정인홍은 관직을 삭탈당하게 되었던 것이다.[39] 정인홍이 류성룡을 미워할 수밖에 없는 결정적 이유 하나가 또 첨가된 것이다.

류성룡이 정인홍을 겨냥하여 선조에게 이경중 이야기를 꺼낸 것은 아닐 것이다. 오히려 이 역모를 계기로 조정의 신하들을 싸잡아 힐난하려는 선조에 대해 조정의 위신과 체면을 위해서 그 이야기를 진달한 것이라고 보는 것이 자연스럽다. 그리고 역심을 가진 정여립을 끊지 못한 것은 조정의 신하 피차가 마찬가지라는 취지의 발언 가운데 나온 것이었다. 하지만 공교롭게도 그로 인한 불똥이 정인홍에게로 튄 것이었다. 이 사건으로 정인홍이 류성룡을 뼈에 사무치게 원망하고 영구히 원수로 여기게 되었다고 표현한 기록도 있다.[40] 그 표현을 액면 그대로 취하기는

---

37)『선조수정실록』23, 22년 12월 1일 갑술.
38)『선조수정실록』15, 14년 3월 1일 갑자 ;『위의 책』23, 22년 12월 1일 갑술.
39)『선조수정실록』23, 22년 12월 1일 갑술.

어렵지만 정인홍으로서는 대단히 불쾌한 사안이었던 것만은 분명할 듯
하다.

훗날 사신은 류성룡과 정인홍의 대립을 남북 분당의 큰 요인으로 인
식하여 류성룡의 졸기에서 다음과 같이 지적하였다.

> 재상의 자리에 올라서는 국가의 安危가 그에 의지하였는데, 정인홍과
> 의논이 맞지 않아서, 인홍이 매양 公孫弘이라 배척하였고, 성룡 역시 인
> 홍의 속이 좁고 편벽됨을 미워하니, 사론이 두 갈래로 나뉘어져 서로 공
> 격하는 것이 물과 불 같았다.[41]

또 학맥을 기반으로 류성룡과 정인홍이 영남지역을 양분하였던 상황
을 후일 인조대의 사신은 다음과 같이 표현하기도 하였다.

> 대저 영남은 선비가 많은 곳인데, 이황의 뒤에는 참된 선비로서 우뚝
> 하게 師表가 될 만한 자가 없다. 左道 및 右道의 반은 류성룡을 주장으
> 로 삼아 언론이 투박하고, 우도의 高靈 이하는 인홍을 주장으로 삼아 언
> 론이 포악하였다.[42]

장기간 생존하여 대립 갈등을 상당기간 이어갈 수 있으며, 또한 학문
적으로나 정치적인 지위도 엇비슷하여 서로 경쟁 상대가 될 만한 인물로
는 역시 남인의 류성룡, 북인의 정인홍이었다. 정인홍이 류성룡을 前漢
의 공손홍에 비유하면서 배척하였다고 하였는데, 공손홍의 어떤 점을 특
히 빗댄 것인지는 명확하지 않다. 다만 공손홍의 행적을 더듬어 짐작할
때, 대개 논변은 뛰어나지만 굳세게 다투지 않는 면모라든지 동료들과

---

40) 『연려실기술』17, 선조조 고사본말, 류성룡의 관작을 삭탈하다(『국역 연려실기술』
   IV, 380쪽).
41) 『선조실록』211, 40년 5월 13일 을해.
42) 『광해군일기』26, 2년 3월 21일 정유.

약속한 건의를 군주 앞에 가서는 차마 하지 못하고 다음 기회로 미루어
버린 사실 등을 지적하고 싶었던 듯하다.

　기축옥사로 인해 직간접적으로 피해를 당한 이들은 옥사 만연의 주된
책임자였던 서인에 대해 엄청난 분노의 감정을 품게 되었다. 그리고 자
신들이 피화할 당시에 적극적으로 옹호해주지 않은 동인의 유력 인사들
에 대해서도 불만을 가지게 되었다. 같은 동인이더라도 정여립과 소원하
여 별다른 피해를 보지 않았던 이들이 있으며, 그들 중에는 관원으로서
부득이하게 옥사의 처리에 참여하지 않을 수 없는 처지에 있는 이도 있
었다. 사안이 다른 것도 아닌 역옥이었기 때문에 함부로 나서서 구원하
기가 매우 어려웠다는 점도 양해되지 않은 것은 화가 너무 참혹하고 억
울함이 심하였기 때문일 것이다.

　이렇게 심화된 갈등은 같은 붕당 안에서 함께 할 이유를 찾지 못할
정도가 되었다. 동인 내에 북인과 남인으로 확연하게 구분되어 붕당이
나누어진 데는 기축옥사가 가장 중요하고도 뚜렷한 변수로 작용하였던
것이다. 이 점은 얼마 뒤 정철이 세자 책봉을 주청하였다가 처벌을 받게
되는 사건을[43] 기화로 하여 서인이 대거 공격을 받을 때 기축옥사와 관
련된 것이 탄핵의 중요한 소재로 등장한 데서도 입증되는 것이다. 다만
이 때 서인에 대한 처벌 수위를 두고 북인의 강경책과 남인의 온건책
등 두 개의 주장으로 나뉘게 되었다.

　　선조 24년에 대간이 정철 등의 죄에 대해 논했는데, 이산해가 그 의
　　논을 주장하였다. 옥당도 또한 장차 차자를 올리려고 부제학 김수가 사

---

43) 『선조수정실록』25, 24년 2월 1일 무진. 이 때 이산해는 병을 칭탁하고 나가지 않
　　고, 정철과 류성룡 둘이서만 임금께 말하게 되었다. 정철이 먼저 건저할 것을 아
　　뢰자, 임금은 깜짝 놀라면서 지금 내가 아직 살아있는데 경이 무슨일을 하려는가?
　　하고 사뭇 노여워하니, 정철은 허둥지둥 나와버렸고, 류성룡도 감히 더 말하지 못
　　하고 그대로 물러나왔다.(이건창, 『당의통략』, 27쪽)

성 우성전의 집으로 가서 의논하니, 성전은 이렇게까지 파급시킬 수 없다고 생각하여 김수를 만류하며 가지 못하게 하였다. 이에 대사간 홍여순이 성전을 탄핵하여 삭직하자 남북의 논의가 처음 갈라졌는데, 과격파를 북이라고 지목하고 온건파를 남이라고 지목하였다.[44]

위의 사료는 일시 집권한 동인이 기축옥사의 책임을 물어 정철을 위시한 서인의 처벌을 둘러싼 대응의 강온에 따라 남북의 분당이 이루어졌음을 알려주고 있다. 우성전은 기축옥사의 만연에 적극적으로 나섰던 서인에 대한 처벌 주장에 적극적으로 나서기를 꺼려했었다. 이는 기축옥사 자체가 역모와 관련된 것이어서 위험 부담이 컸을 뿐 아니라 동인의 일부도 이 옥사의 처리에 관여하고 있었기 때문에 자칫하면 스스로의 눈을 찌르는 우를 범할 수 있었기 때문이었을 것이다. 이러한 우성전의 생각에 류성룡이 얼마만큼 함께 하였는지는 분명하게 알 도리는 없지만 유사한 생각을 하였을 가능성이 크다. 우성전이 그의 연루 가능성을 충분히 의식하고 염려한 상태에서 내린 판단이었을 것으로 생각한다.

5. 퇴계 이황의 학맥

동인에서 남인과 북인으로 분화할 때 남인은 주로 이황학파를 중심으로 하는 일군의 사류가 중심이 되었다. 이후 이황학파는 영남지역을 주된 근거로 하면서 몇 개의 계열로 나뉘어 발전하게 되었다. 퇴계 이황의 개략적인 학통도를 제시하면 다음의 <도 1>과 같다.[45]

---

44) 『연려실기술』18, 선조조 고사본말, 동서남북론의 분열(『국역 연려실기술』Ⅳ, 413쪽).
45) 이 학통도는 한국국학진흥원, 『영남지방의 퇴계학맥도』(예문서원, 2002)를 주로 참고하여 가감하였다.

〈도 1〉 퇴계 이황의 학통도

퇴계 학맥에서 분파한 세 개의 계열은 큰 범주에서는 퇴계학통에 속하였으나, 나름의 학문적 색채를 키우면서 발전해갔다. 계열별로 당연히 학문 내적인 측면에서의 차이점이나 특징도 있겠으나, 여기서는 외형적인 측면에서 나타나는 특징을 중심으로 살펴보고자 한다. 이러한 특징들은 다른 계열과 비교하는 관점에서 보면 더욱 부각되어 두드러지게 나타나는 점이다.

먼저 류성룡 - 정경세로 이어지는 계열이 초반부터 뚜렷한 족적을 남기면서 큰 줄기로 자리 잡았다. 이 계열은 안동의 서쪽 지역과 상주를 주된 거점으로 확보하고 있었다. 류성룡이 상주목사로 재직하던 시절 상주 일대의 우수한 제자들을 길러낸 바 있었는데, 그 대표적인 인물이 우복 정경세였다. 뒤이어 류성룡의 제 3자인 류진이 상주로 옮겨 거주하게 되면서 상주지역의 서애 계열은 정씨와 류씨를 중심으로 학맥이 이어졌다. 그리고 본거지인 안동 하회를 중심으로는 직계 후손으로 학맥이 전수되었다. 요컨대 안동 본거지에서는 가학으로 이어지는 경향이 있었고, 상주지역에서는 정씨와 류씨로 교차하면서 학맥이 전수된 특징이 있는 것이다.

다만 사승관계의 계보가 생몰 시간상 직접 연결되지 못한 경우가 있다는 점이다. 정도응에서 현손 정종로로 이어지는 경우 상당한 시간적 공백이 보인다. 이 점은 한강 정구계열에서도 허목과 이익을 잇는 부분에서도 보이는 점이다. 지역적으로는 안동을 중심으로 하여 그 서남쪽 지역에 서애 류성룡 계열의 학맥이 주로 포진하고 있었다. 이에 비해 학봉 김성일 계열은 안동을 중심으로 하여 그 동북쪽 지역을 차지하고 있는 현상을 볼 수 있다.

현실에 대응하여서는 류성룡이 오랫동안 정승의 반열에 있었던 까닭에 정승의 집안이라는 의식을 항상 지니고 있었다. 여기에서 현실을 바라보는 시각의 출발점이 남들과 다르고, 조정 정치에의 참여에 대한 자세가 달랐다고 본다. 아무래도 일반 처사의 집안과는 달리 더욱 무거운 책임감이라는 부담을 갖고 있기 마련이었다. 조정에 협조적인 태도는 경우에 따라서는 비타협 저항과는 조금 거리가 있는 모습으로 비춰질 수도 있었을 것이다. 현실대응의식과 자세에서 같은 퇴계학파에 속하더라도 다른 계열과는 조금 다른 특징을 보일 수 있는 여지가 이 부분에 있었다.

그리고 김성일 - 장흥효 - 이현일로 이어지는 계열은 안동의 동북쪽을 중심 지역으로 하여 자리 잡았다. 류성룡 계열과 향촌사회 주도권 장악을 두고 屛虎是非로 대표되는 대립적인 관계에 있기도 하였지만 정치사상적인 측면에서는 큰 차이점이 없었다.

이 계열은 류성룡 계열에 비해 초기에는 상대적으로 침체되었다가 이현일 대에 와서 일약 활기를 띠게 되었고, 류성룡 계열에 필적할 만한 강한 줄기로 자리 잡게 되었다. 외조부인 장흥효를 통해 김성일의 학통을 이은 이현일은 영해 출신이라는 지역적 한계를 극복하고 탄탄한 학문적 실력을 바탕으로 퇴계학통의 주맥으로서의 영향력을 확고히 하였다. 그는 숙종대에 산림으로 징소되면서 영남 남인 사회를 주도하는 위치에 올랐고, 남인 집권기에 출사하여 이조판서에까지 이르면서 정치적인 영향력도 한껏 키울 수 있었다.

이 때 그는 김성일 계열에 국한되지 않고 전체 영남 남인을 영도하는 위치를 확고히 하였다. 이후 그의 학통은 아들인 밀암 이재로 이어졌고,

이후 이재의 외손인 대산 이상정, 이상정의 외증손인 정재 류치명으로
이어지면서 퇴계학통의 가장 강력한 주맥으로 자리하게 되었다. 서애 계
열에 비해 주로 외손으로 이어지는 학통상의 특징이 있었다. 이는 그만
큼 다른 유력 성씨들을 학맥 내부로 아우를 수 있는 요소로 작용하였다.
혼인관계를 통해 결속력을 다질 뿐 아니라 인재 충원의 폭까지 확대시키
는 효과가 있었다고 하겠다.

한편 정구－장현광으로 이어지는 계열은 장현광대에 와서 이황의 성
리설과는 일정한 거리를 둠으로써 크게 보면 영남 남인에 속하였으나 학
문적 성격은 조금 달리하는 계열로 분화되었다. 그들은 성주와 선산을
중심 지역으로 하고 있었다. 정구－허목으로 이어지는 계열은 허목대에
근기지역에 자리 잡음으로서 근기 남인학파를 형성하면서 분화하였다.
근기 남인은 영남 남인에 비해 재지적 기반도 강하지 못하였을 뿐 아니
라 학파로서의 결속력도 강하지 못하였다. 다만 서울과 가까이 있던 관
계로 영남 남인보다는 더 많은 정보를 접하는 기회를 가졌으며, 이를 바
탕으로 좀 더 비판적인 학풍을 발전시켰다.

근기 남인 특히 그 중심을 형성하였던 허목, 윤휴, 유형원 등은 조식
이나 서경덕의 학풍과도 일정한 관련성을 가짐으로써 영남 남인과는 조
금 구별되는 특징을 가지고 있었다.[46] 북인계 남인으로 명명되는 한백
겸과 이수광의 학문 활동이 다음 세대인 이성구·이민구·김세렴·이원
진·윤선도의 단계를 거쳐 윤휴·유형원·허목의 단계에 와서 꽃을 피운
것으로 학문적 관계가 정리되기도 한다.[47] 위의 인물들은 영남의 남인

---

46) 신병주, 「17세기 중, 후반 근기 남인 학자의 학풍 - 허목·윤휴·유형원을 중심으로」,
   『한국문화』19, 1997. 허목의 이기론이 서경덕의 理氣合一論을 계승한 것으로 간
   주하거나 허목이 사서가 아닌 육경을 강조한 점 또한 서경덕과 맥을 같이하는 것
   으로 보는 것이다. 고영진, 「17세기 후반 근기 남인학자의 사상 - 윤휴·허목·허적
   을 중심으로」, 『역사와 현실』13, 1994, 170쪽.
47) 정호훈, 『조선후기 정치사상 연구』, 혜안, 2004, 116쪽.

들과도 일정한 관계를 맺으면서 교류가 활발하였던 것인데, 이를 통하여 이황의 영향도 일정하게 받으면서 인식의 지평을 넓혀가고 있었던 것이다. 그러다가 후대인 정조대에 와서 채제공에 의해 이익 → 허목 → 정구 → 이황으로 거슬러 올라가는 학통이 재구성되었다고 할 수 있다.

마지막으로 위의 학통도에는 들어가지 않았지만 퇴계에서 월천 조목으로 이어지는 계열을 첨가할 수 있다. 조목은 제자 중에서 유일하게 도산서원에 종향된 인물이었다. 물론 그 종향이 이루어진 시점이 북인이 집권하던 때였기 때문에 정치 역학적인 여러 가지 요소가 가미된 것이라고 하더라도 당대에는 일정한 대표성을 인정받고 있었다고 하겠다. 다만 이 계열은 인조반정으로 인한 북인의 정치적 몰락과 함께 학문적 영향력도 거의 상실하면서 역사적 무대에서 사라졌다.

6. 맺음말

남북분당의 과정을 남북 갈등, 갈등 심화로 인한 분당, 대립의 고착이라는 세 단계를 설정하여 각 단계별로 발생한 사안에 관한 검토를 통해 남북분당 과정을 재구성하면서 종합하였다. 특히 단계별 과정에서 나타난 남인의 거두 류성룡의 역할에 주목하였다. 남북분당의 과정을 거치면서 류성룡은 처음에는 동인의 중심인물 나중에는 남인의 영수로서의 위상을 가지게 되었다.

먼저 동인 내부의 남북 갈등이 있었던 시기는 선조 13년으로부터 선조 22년 기축옥사가 일어나기 전까지의 기간으로 설정하였다. 이 시기 갈등에는 여러 사람이 상호 복잡하게 얽혀 있었다. 우성전과 이발, 우성전과 정인홍, 이경중과 정여립, 이경중과 정인홍을 둘러싼 여러 가지 갈

등이 그러한 예였다. 하지만 이러한 갈등은 분당으로까지 치달을 정도로
심각한 단계는 아니었다고 생각된다.

선조 22년의 기축옥사는 동인을 남북으로 분당시키는 지경으로까지
치닫게 하였다. 정여립의 모역사건을 계기로 만연된 옥사는 동인과 서인
뿐 아니라 선조까지 깊숙이 개입하면서 후일 북인으로 분류되는 많은 사
람들이 억울하게 처형되는 참혹한 화로 확산되었다. 이 과정에서 화를
주로 입은 측의 인사들이 옥사를 만연한 상대당인 서인은 물론이거니와
이를 적극적으로 구원하지 않고 관망하는 자세를 보였던 같은 동인의 일
부에 대해서도 점차 반감을 가지게 되었다.

류성룡과 정인홍, 류성룡과 이산해, 정경세와 이경전 간의 갈등으로
심화되면서 동인이 결국 남인과 북인으로 분당되었다. 얼마 뒤 서인에
대한 처벌의 강도를 두고 북인의 강경론과 남인의 온건론이 부딪치게 되
었는데, 결국 이 문제도 기축옥사와 연관된 것이었다.

한편 남인을 형성한 주류는 퇴계 이황의 문도들이었다. 이후 이황의
학맥은 몇 개의 계열로 나누어져 발전하였는데, 전체적으로는 동질성을
앞세워 협조하는 가운데 때로는 내부적으로 경쟁하는 관계를 형성하기
도 하였다. 류성룡에서 정경세로 이어지는 계열이 초반에는 우세를 점하
였으나 김성일의 계열에서 이현일이 나타나면서 김성일에서 이현일로
이어지는 계열이 퇴계 학맥의 주류를 형성하게 되었다. 이현일 이후에는
이재 - 이상정 - 남한조 - 류치명으로 이어지는 뚜렷한 줄기를 형성하게
되었다. 이 두 계열은 이론적인 대립은 뚜렷하지 않았지만 상호 경쟁적
인 관계를 형성하여 마찰을 빚기도 하였다. 장현광은 영남에 있으면서도
이황의 성리학을 옹호하는 데서 약간 벗어나 있는 독특한 지점에 위치해
있었다. 정구에서 허목으로 이어지는 계열은 이황의 학문을 기호지방으
로 확장시키는 데 결정적인 역할을 하면서 근기남인을 형성하게 되었다.

제2장 정국의 추이와 정치적 부침

1. 머리말

임란 전까지는 류성룡을 위시한 남인이 정국의 일각을 굳건하게 받치고 있었고, 또 임란을 극복하는 데도 일익을 담당하고 있었다. 하지만 영의정 류성룡이 주화론을 주장하였다는 억울한 누명으로 임란 막바지에 북인의 공격을 받아 실각하게 되었다. 이로써 남인은 정계의 주도권을 북인에게 넘겨주게 되었으며, 이후 북인이 주도하는 선조대 후반과 광해군대 정계에서 남인은 거의 소외되었다. 이 과정을 거치면서 남인과 북인의 분립은 완전히 고착되었다.

그러나 북인은 광해군대를 마지막으로 인조반정을 계기로 역사의 무대에서 사라졌다. 그 중 상당수는 남인으로 전향하였다. 남인은 서인이 주도한 인조반정을 인정하면서 정계에 일부 참여할 수 있는 자격을 얻었다. 이후 서인이 주도하는 정국에서 협조적인 모습을 보이기도 하였지만 각을 세우며 대립하는 모습을 보였다. 특히 현종대 예송과 숙종대의 환국에서는 치열하고도 극단적인 대립을 한 바 있었다.

여기서는 남인과 북인이 고착하여 완전히 서로 다른 붕당으로 자리잡게 되는 과정을 다루고, 붕당정치기와 탕평·세도정치기의 정국의 추이 속에서 남인의 처지와 정치적 부침을 다루고자 한다. 특히 숙종대에 영남 남인을 대표하던 이현일의 출사와 좌절, 영조대 무신란의 발발로 인해 연루를 피하려는 영남 남인의 대응에 주목하고자 한다.

2. 남·북인 대립의 고착

임진왜란이라는 국가적 위기 상황은 붕당간의 갈등을 상당 부분 수면 아래로 내리는 계기가 되었다. 임진왜란 동안 남인의 류성룡은 영의정으로 도체찰사를 겸하여 국정을 총괄하면서 전란 극복의 책임을 맡았다.[1]

그런 가운데 남인과 북인간에 새로운 대립 요소가 첨가되었다. 류성룡과 이산해의 갈등이 그것이다. 임란 중인 선조 28년(1595) 선조와 일부 조신들이 파천에 대한 책임을 지고 귀양가 있던[2] 이산해의 복귀를 긍정적으로 검토한 적이 있었다. 이산해는 곧 풀려나서 조정에 복귀하게 되었지만,[3] 이 때 류성룡이 적극 저지하여 막으려 한 적이 있었다고 한다.[4]

이로 인해 이산해는 류성룡을 원망하는 마음이 골수에 사무쳤다고 한다. 이산해의 아들 이경전의 요직 임명 저지도 그 연장선상에서 이루어진 것이었다. 남인인 정경세·한준겸·김홍미는 이경전의 이조 낭관 추천을 극력 막아서 저지시켰던 것이다.[5] 이산해 측에서는 당연히 류성룡이 뒤에서 지시한 것이라고 믿었다. 후일 이산해는 남이공으로 하여금 류성룡을 탄핵케 하였으며,[6] 이경전도 아버지의 후광과 고모부인 김응남의

1) 임진왜란기 류성룡의 구국활동은 다음의 저서에 잘 집약되어 있다. 이성무 외 엮음, 『류성룡과 임진왜란』, 태학사, 2008.
2) 『선조실록』26, 25년 5월 17일 병자.
3) 『선조수정실록』29, 28년 1월 1일 갑술. 『선조실록』59, 28년 1월 11일 갑신.
4) 김시양, 『부계기문』(『국역 대동야승』17, 민족문화추진회, 1975), 535~536쪽.
5) 이조민, 『괘일록』(『패림』, 탐구당, 1969), 32쪽. 김시양, 『하담파적록』(『국역 대동 야승』17), 417쪽.

도움으로 남인을 맹렬하게 공격하게 되었다.[7] 당시 류성룡의 세력으로
는 이원익·이덕형·이수광·윤승훈·이광정·한준겸 등이 있었고, 이산해
의 세력으로는 류영경·기자헌·박승종·류몽인·박홍구·홍여순·임국로·
이이첨 등이 있었다.[8]

　이로써 류성룡과 이산해를 중심으로 하는 대립의 구도가 첨가된 것이
다.[9] 후일 류성룡의 후손인 류주목은 그가 편찬한 「朝埜約全」에서 류성
룡이 영남사람이어서 남인이라 하였고, 이산해가 洛北에 거주하였기 때
문에 북인이라고 하였다는 분당설을 싣고 있다.[10] 우성전과 이발로 인
해 남인과 북인이라는 당명이 생겨난 것은 그만큼 그들에게 대표성을 부
여해주는 의미가 있는데, 두 사람 모두 조기에 사망함으로써 대립의 중
심에 계속 서기에는 현재성이 부족한 측면이 있는 것이다. 거기에다가 두
사람에게 그 대표성의 의미를 부여하는 것에 대해 마땅치 않게 생각하는
사람들은 영남에 기반을 둔 퇴계학통의 적전인 류성룡과 그에 버금가는
벼슬이나 명망을 가진 이산해에게 새로운 남인과 북인의 상징성을 부여
한 것이라고 생각한다. 사실 두 사람은 남인과 북인의 대표적 존재로 부
각하기에는 여러 가지 면에서 손색이 없는 존재이기는 하지만 이미 분기
한 남·북인간의 대립을 고착화한 것으로 이해하는 것이 옳을 듯하다.

　남인은 임진왜란이 거의 끝나갈 막바지 무렵부터 대대적인 북인의 공
격에 직면하게 되었다. 남인의 영수인 영의정 류성룡이 집중 공격의 대
상이었다. 공격은 몇 차례 단계를 거치면서 점차 수위를 높여가는 양상
을 띠었다. 가장 먼저 공격의 구실이 된 것은 류성룡의 辨誣使臣의 회피

---

6)『인조실록』9, 3년 5월 17일 갑자. 류주목,『계당집속집』하(『계당전서』상, 아세아
　문화사, 1984),「朝埜約全」, 572쪽.

7) 이조민,『쾌일록』, 32쪽.

8) 류주목,『계당집속집』하,「朝埜約全」, 572쪽.

9) 송근수,『족징록』(『당쟁사자료집』1, 오성사, 1981), 大小北之分黨.

10) 류주목,『계당집속집』하,「朝埜約全」, 572쪽.

의혹이었다. 북인으로서는 이것이 선조로부터 채택될 가능성이 가장 높은 사안으로 예견하였던 것이고, 이를 통해 일단 조그만 상처라도 확실하게 낸 이후 2차 공격을 가하는 것이 제거에 효율적이라고 생각한 듯하다.

임란 중 조선에 파견된 贊畵主事 정응태는 經理 양호와 서로 갈등하면서 다투는 가운데 '조선이 명을 기망하고 왜를 불러들여 요동 옛 땅을 회복하려 하였다'는 엄청난 내용이 들어간 奏文을 명 황제에게 올린 바 있었다.11) 이에 대응하여 조선으로서는 명 조정에 급히 사신을 파견하여 사실이 아님을 변무할 필요가 있었다. 이때 영의정이었던 류성룡이 사행을 자청하지 않은 것을 회피한 것으로 몰아붙여 죄목으로 삼은 것이다. 선조도 영의정이 적극 나서주기를 바란 마음이 없지 않아 있었기 때문에12) 죄목으로 삼기에는 가장 확실하면서도 적절한 것이었다. 이이첨을 위시하여 사헌부와 사간원에 소속된 북인으로부터 수십차에 걸쳐 집요한 탄핵을 받았다.13) 결국 선조 31년(1598) 류성룡은 영의정에서 체직되었다.14)

이렇게 류성룡의 날개가 일단 꺾이자 곧 바로 삭탈관작을 주장하는 2차 공격이 가해졌다. 류성룡에게 가해진 탄핵의 사유는 남북 분당을 일으키고 붕당을 扶植시킨 장본인이라는 것이었다.15) 정승이 되어 권력을

---

11) 『선조실록』104, 31년 9월 21일 계묘.
12) 『선조수정실록』32, 31년 9월 1일 계미. "이때에 丁應泰의 參本에 대해 辨誣하는 일로 사신을 보내 陳奏하기로 의논하는데, 상은 영의정 류성룡에게 뜻을 두었으나 류성룡이 가려 하지 않아 윤두수·이항복·이호민 등을 注擬하였다. 상이 노하여 '右相이 마땅히 가야 한다'고 하였다. 이때에 우상 이덕형은 접반사로 提督의 군중에 있어서 마침내 류성룡을 擬差하였다. 류성룡이 그래도 바야흐로 物議가 있다 하여 가려 하지 않으니, 群議가 류성룡이 이미 상의 뜻을 알고도 가기를 자청하지 않고 또 의차한 후에도 規避하는 뜻을 둔다 하여 비난하는 자가 많았다."
13) 『선조실록』104, 31년 9월 24일 병오.
14) 『선조실록』105, 31년 10월 9일 신유.

가진 것을 기화로 위세를 조성하여 동인을 다시 나누어 남북의 붕당을
만들게 하였으며,[16] 자신들에게 붙는 자를 남인이라고 하고, 뜻을 달리
하는 자를 북인이라고 하여 당쟁의 실마리를 크게 열게 하였다는 것이었
다.[17] 이를 증명하기 위해서는 "사람을 해쳐도 사람들이 알지 못하고 세
상을 속여도 세상이 깨닫지 못할 정도로 간사한 자질과 간교한 지혜를
지닌 인물"이라는 식의 문구를 동원하기도 하였다.[18]

이어 정인홍의 지시를 받은 정언 문홍도에 의해 '主和誤國'의 죄목이
덧씌워졌다.[19] 임란 중에 일본과의 화의를 주창하여 나라를 그르쳤다는
주장이었다.[20] 당시 명군의 힘을 빌어 겨우 왜군을 막고 있던 조선의 처
지에서는 일본과의 화의를 주도할 권한이나 힘을 전혀 갖고 있지 못한
것이 당시의 실정이었다. 이를 감안할 때 '주화오국'이란 말 자체가 별
로 현실성과 설득력이 없는 것이었다. 이 점에 대해서는 선조도 "일을
논하는 것이 실정에 지나치면 그들이 마음으로 복종하지 않을 뿐 아니라
방관자 역시 수긍하지 않는 법이다."라고 표현하면서 탄핵 논리의 무리
함을 지적한 바 있고, 중국 조정에서 이미 화의를 허락한 상황이었음을
지적하였으며, 나아가 "그 당시에는 누구인들 그러하지 않았던가."라고
하면서 류성룡을 억울함을 옹호한 바 있다.[21] 누구보다도 가까이에서

---

15) 『선조수정실록』32, 31년 11월 1일 임오.
16) 『선조실록』114, 32년 6월 9일 병술.
17) 『선조실록』108, 32년 1월 18일 기해.
18) 『선조실록』106, 31년 11월 16일 정유.
19) 『선조실록』106, 31년 11월 13일 갑오, 16일 정유 ; 이건창, 『당의통략』선조조.
    한편 동문인 조목이 류성룡에게 보낸 편지에서 그를 '주화오국'으로 지목하면서
    엄하게 힐난한 사실도 있다.(『선조실록』181, 37년 11월 12일 무자)
20) 류성룡을 강화론자로 규정하는 논의의 무리함에 대한 검토는 다음의 논고에 자세
    하다. 한명기, 「임진왜란 시기 류성룡의 외교활동」, 『류성룡의 학술과 경륜』, 태
    학사, 2008.
21) 『선조실록』115, 32년 7월 4일 신해.

류성룡을 지켜본 선조의 표현이 이러함을 감안할 때 '주화오국'의 낙인
은 무리한 정치 공세에 불과하였음을 짐작케 한다.

하지만 류성룡은 파직을 거쳐 끝내 관작을 삭탈당하기에 이르렀다.[22]
이 일련의 논의는 대개 이경전·남이공의 무리가 몰래 주장하고 문홍도
와 이이첨이 창도한 것이었다.[23] 그들 뒤에 이산해와 정인홍이 있었음
은 물론이었다.

이러한 조처의 무리함을 아는 선조는 얼마 뒤 직첩을 돌려주는 조처
를 취하였다. 이에 양사 등에서 반년 이상 수십차에 걸쳐 명을 거두라는
주장을 펴서 다시 직첩을 삭탈 당하였다.[24] 그러니 얼마나 집요하게 그
를 꺾어버리려 하였는가를 알 수 있다. 그에 대한 두려움이 그만큼 컸었
다는 반증이기도 한 것이다.[25] 이것이 임진왜란 극복을 위해 온갖 난국
을 헤치면서 국정을 수행한 최고 집권자에게 돌아온 결과였다.

류성룡의 관작 삭탈은 남인정권의 퇴조로 이어졌다. 류성룡의 '爪牙·
鷹犬'으로 간주된 정경세·김수·허성·최관·김순명·조정립·이호민·윤국
형 등도 일거에 조정에서 몰려났다.[26] 그리고 남인 우성전에 대한 폄훼
도 남인의 명분을 꺾으려는 의도에서 이루어졌다. 임진왜란이 일어났을
때 우성전은 경기도에서 의병을 일으켜 활약하면서 여러 공을 세운 바
있었으며, 결국 과로로 병을 얻어 난 중에 사망하였다. 그러나 정인홍의
북인에 의해 '평양 전투 때에 관망하면서 머물러 있었다'는 무고를 받아
관직이 삭탈되었다.[27] 우성전을 과로사한 의병장으로 그냥 두기가 북인

---

22) 『선조실록』106, 31년 11월 19일 경자.

23) 『선조수정실록』32, 31년 11월 1일 임오, 사신평.

24) 『선조실록』116, 32년 8월 9일 을유.

25) 수년이 흐른 선조 36년에 가서야 비로소 직첩을 돌려받고 풍원부원군에 봉해졌
다. 『선조실록』167, 36년 10월 7일 기축.

26) 『선조수정실록』32, 31년 11월 1일 임오.

27) 『연려실기술』18, 선조조의 명신, 우성전(『국역 연려실기술』Ⅳ, 598쪽).

의 입장에서 여러모로 불편한 점이 있었던 것이 아닌가 짐작한다.

이로써 남인정권은 퇴조하고 북인정권이 창출되었다. 이렇게 한 차례씩 진퇴를 주고받으면서 남인과 북인의 대립적 상황은 완전히 고착되었다. 남인은 주로 퇴계학파를 중심으로 비교적 단순한 구성을 하고 있었기 때문에 상대당의 공격에도 불구하고 자체 결속력을 유지할 수 있었다. 이에 비해 북인은 동인에서 퇴계학파를 제외한 나머지 복잡다기한 구성으로 이루어졌기 때문에 언제든 자체 분당으로 치달을 소지를 강하게 안고 있었다. 실제 북인은 대북과 소북으로 다시 분당하였다.

선조 31년 낙향한 류성룡은 10여년간 안동에 칩거하면서 저술과 후진 양성에 전념하다가 선조 40년(1607) 66세를 일기로 세상을 떠났다. 사망 소식을 접한 도성의 백성 천여명이 류성룡의 옛집터에 모여 弔哭을 하면서 추모하였다고 한다.[28] 이미 장시간 권력에서 소외된 사람의 상에 이 정도의 백성들이 자발적으로 모였다는 것은 유래를 찾기 힘든 일대 사건이었다. 이는 어느 누구의 어떤 평보다도 류성룡의 뛰어나고 훌륭한 도량과 치적을 웅변해준다.

이원익은 조정에서 물러나기를 각오하고 선조에게 다음과 같은 진언을 드린 바 있다.

　　천하 국가의 일은 단지 公·私 두 글자로 구별됩니다. 순수하게 공도를 쓰면 태평한 세상이 되고, 공과 사가 뒤섞이면 나라는 유지되더라도

---

28)『선조실록』211, 40년 5월 13일 을해. 사신은 이 현상에 대해 "성안 백성들이 곡한 일은 오직 이이와 유몽학이 죽었을 때에만 있었는데, 이이의 상은 서울에서 있었고, 유몽학은 장령으로 있었을 때 市坊의 積弊를 개혁하기를 아뢰어 백성들에게 은혜가 있었기 때문이었다. 그러나 이번에는 그 사람이 조정에서 발자취가 끊어졌고 喪이 천리 밖에 있었는데도 온 성안 사람들이 빈 집에서 회곡하였으니, 어찌 시사가 날로 잘못되어가고 민생이 날로 피폐해지는데도 이어 首相이 된 자들이 모두 전 사람만 못하기 때문에 이렇게 追感하기에 이른 것이 아니겠는가."라고 하면서 특기하였다.

말세가 되고, 순전히 私情을 쓰면 나라가 망하게 됩니다. 남인이 국사를 담당하였을 때는 私가 실로 많았으나 公도 10에 3·4는 있었는데, 북인이 일어난 후에는 公道가 전멸하고 사정이 크게 행해졌습니다.[29]

물론 같은 남인의 평가여서 그대로 취하여 믿기에는 한계가 있지만 같은 시기 정승을 지낸 사람의 안목을 무시만 할 수 없는 면이 있다고 생각한다. 류성룡의 상에 조문하는 백성들의 모습과 함께 음미해볼 대목이다.

3. 붕당정치기의 부침

남인은 대북이 주도하던 광해군대 정계에서 거의 소외되었다. 그러한 가운데 정국에 파란을 몰고 온 사건이 터졌다. 산림의 위망을 가지고 대북의 정신적 지주 구실을 하던 정인홍의 이른바 '晦退辨斥'사건이었다.[30] 정인홍은 자신의 스승인 조식을 추숭하여 대북의 학통을 강화하는 데 한정하지 않고, 광해군 2년(1610)에 이미 문묘에 종사되어 초당적인 추앙을 받던 이언적과 이황을 배척하고 나선 것이었다. 이황의 조식에 대한 평 즉 '오만하여 세상을 경멸한다'는 것, '높고 뻣뻣한 선비로 中道를 요구하기가 어렵다'는 것, '老莊을 숭상한다'는 것 등에 대해 제자로서 스승을 위해 변론한 것까지는 양해될 수도 있는 것이었다. 그러나 여기서 그치지 않고 논변하는 과정에서 이언적과 이황을 비난하는 데로까지 치닫게 되었다.

이언적과 이황이 사류의 공론으로 이미 문묘에 배향된 유현인 점을

---

29) 『선조수정실록』33, 32년 11월 1일 병오.
30) 『광해군일기』39, 3년 3월 26일 병인.

감안할 때 이는 대단히 무모한 행위였다. 그 피해는 너무나 컸다. 정인홍 자신은 청금록에서 삭제되는 수모를 당하였으며,[31] 남인은 물론이거니와 서인으로부터도 맹비난을 당함으로써 고립을 자초하였다. 정인홍은 이미 선조 37년에도 『남명집』을 간행하면서 이황과 조식의 출처와 인품을 비교하고 또 서로의 촌평을 적은 글을 행장 뒤에 부록으로 덧붙여 놓음으로써 성균관 유생들로부터 규탄을 받은 전력이 있던 터였다.[32] 이 사건을 거치면서 남인은 좁게는 정인홍, 넓게는 대북세력을 도저히 용납할 수 없는 존재로 간주하게 되었다.

마침내 서인이 주도하는 인조반정이 단행되었다. 인조가 광해군을 몰아내고 왕위에 오르면서 제한적이나마 남인의 일부는 정계에 진출할 수 있었다. 장현광과 정경세 등이 대표적인 존재였다. 장현광은 퇴계학통을 이은 남인계 산림으로서 인동을 중심으로 하여 영남 지역에 수많은 제자를 거느리고 있었다. 인조반정으로 집권한 공신들의 '崇用山林'의 정책에 따라 서인 김장생과 함께 적극적인 초빙의 대상이었다. 그는 출사하여 인조반정을 지지함으로써 민심의 수습에 큰 역할을 하였다. 그리고 정묘호란이 일어났을 때는 의병을 총괄하는 경상도호소사에 임명되어 난을 극복하는 데 일익을 담당하기도 하였다.

정경세는 류성룡을 통하여 퇴계학통을 이은 적전으로서 남인을 대표하는 위치에 있었다. 인조반정 직후 부제학으로 임명되어 화려하게 정계에 복귀하였다. 이후 이조판서에 양관 대제학을 역임하면서 명실 공히 영남 남인을 영도하는 위치에 있었다. 정묘호란 당시에는 역시 경상도호소사에 임명되어 장현광과 함께 영남 지역 의병을 이끄는 중책을 맡기도 하였다. 하지만 전체적으로 보았을 때 서인이 주도하는 분위기 속에서 남인의 영향력은 그다지 크지 않았다. 다만 조정에 진출할 수 있는

---

31) 『광해군일기』40, 3년 4월 10일 기묘.
32) 『선조실록』189, 38년 7월 24일 병신.

가능성은 열려 있었다는 점에 의미를 둘 수 있는 시기였다.

영남 남인은 재야에 있으면서도 정치에 대한 관심을 여전히 가지고 있었으며, 또한 정치적 활동을 지속적으로 행하며, 영향력을 끼치고 있었다. 영남 儒疏로 대변되는 영남 유림들의 상소를 통한 정치적 의견 개진이 그 한 예이다. 이 시기 영남 남인의 상소 움직임에 가장 중요한 계기가 된 것은 이이와 성혼의 문묘 배향 문제와 조대비의 상복제를 둘러싼 예론 문제였다.

먼저 영남 남인은 이이와 성혼의 문묘 배향을 시도하는 서인의 움직임에 대응하여 그를 저지하려는 상소를 적극적으로 개진하였다. 인조대에 서인은 수차에 걸쳐 배향 시도를 한 바 있었지만 번번이 인조의 신중함에 막힌 바 있었다. 이어 효종대에도 서인계 성균관 유생들을 중심으로 수백명이 배향 운동을 전개하게 되었다. 이에 류직을 소두로 한 영남 남인 유생 950명이 참여한 배향 반대 상소를 올린 바 있었다.[33]

이후에도 서인과 남인 간에 크고 작은 공방전이 지속적으로 더 벌어졌다. 찬반양론이 비등하였기 때문에 효종과 뒤를 이은 현종대까지도 배향되지 못하였다. 두 사람의 배향은 숙종대 경신환국 이후에야 가능하게 되었다. 이렇게 두 사람의 배향을 완전히 막지는 못하였지만 적어도 상당기간 늦추게 한 데는 영남 남인의 반대 여론이 큰 역할을 하였다고 할 수 있다.

현종대에 복제시비가 일어났을 때도 영남 남인은 서인에 맞서 자신들의 주장을 강하게 제기하였다. 세상을 떠난 아들 효종에 대해 계모인 조대비가 입을 복제를 두고 일어난 제1차 예송에서는 허목과 윤휴, 윤선도 등 근기 남인이 대표로 나섰다. 그들은 효종을 장자로 인정하는 3년복을 주장하면서 차자로 인정하여 기년복을 주장하는 서인 송시열·송준길 등과 치열한 예송 논쟁을 펼쳤다. 결과는 장·차자 구별없이 아들의 상에는

---

33) 『효종실록』3, 1년 2월 22일 을사.

기년복을 입도록 한『경국대전』에 의거하여 복제가 결정됨으로써 이 문제는 일단락되었다.

그 후에도 간헐적으로 논란이 지속되다가 수년이 흐른 뒤인 현종 7년경에는 경상도 유생들을 중심으로 상소 움직임이 일었다. 이에 서인들은 관권을 동원하여 여러 가지 방해공작을 펴기도 하였다. 의성의 유생들이 상소 문제를 의논하기 위해 모인 것을 서인계 수령이 난민으로 규정하여 탄압한 것은 그 한 예였다.[34] 마침내 안동의 류세철을 소두로 한 영남 남인이 서인 송시열의 기년설을 반박하고 허목의 3년설을 지지하는 복제 상소를 올렸다.[35] 이 때 올린 복제 상소는 류원지가 작성한 것이 채택되었고, 비록 채택되지는 못하였지만 홍여하와 이현일도 각각 의뢰를 받아 제출한 바 있었다.[36] 여기에는 영남 남인 천여명이 연명함으로써 결집된 힘을 과시하였다. 이에 서인의 대대적인 공격으로 류세철은 停擧에 처해졌고, 이후 복제에 관한 상소는 일절 금지하는 조처가 취해지게 되었다. 당시 안동부사 이성징은 영남 남인들을 부추긴 것으로 간주되어 사판에서 삭거되는 처벌을 받았다.[37] 이성징은 근기남인의 한 축을 형성하고 있던 연안이씨 이광정의 손자로서 청남 이관징·봉징과는 재종형제간이었다.

1차 예송을 거친 후의 현종대 정국은 서인이 주도권을 장악하고 있는 가운데, 남인은 중앙정계에서 형세를 유지하기 매우 어려운 상황이었다. 허적 같은 근기 남인 일부가 개인적인 능력을 인정받아 어느 정도 입지를 가지고 근근이 정계의 일각을 받치고 있었다. 그러던 차에 마침내 제2차 예송이 일어났다. 현종 15년 이번에는 시어머니 조대비가 사망한 며

---

34)『현종실록』12, 7년 3월 7일 정해, 22일 임인.
35)『현종실록』12, 7년 3월 20일 경자, 23일 계묘.
36) 우인수,「목재 홍여하의 현실인식과 대응」,『한국사상사학』43, 2013, 37쪽.
37)『현종실록』12, 7년 4월 8일 무오.

느리 효종비를 위한 복제가 문제가 되었다. 앞서와 같이 『경국대전』의
규정에 따르더라도 아들은 구별하지 않았지만 며느리는 맏며느리와 지
차 며느리에 따라 시어머니의 복제가 1년복과 대공복으로 차이가 있었
다. 처음 서인은 지차 며느리로 인정한 대공복을 주장한 데 대해 남인은
맏며느리로 인정한 기년복을 주장하고 나선 것이었다.

이때는 영남 남인이 큰 역할을 담당하였다. 영남 남인으로 중앙의 요
직을 지낸 바 있던 이원정의 권유를 받은 대구 유학 도신징이 상소를
올렸다.[38) 그는 여기에서 1차 예송 때는 복제의 근거가 국제에서 나왔는
데, 이번 복제는 그렇지 않다는 점을 정확하게 지적하였다. 이어 만일
대공복으로 할 경우 결국 현종은 인조의 장손이 되지 않게 된다는 점을
지적함으로써 현종의 관심과 감정을 촉발시켰다. 현종은 같은 사안에 대
해 서로 다른 근거를 제시한 점을 추궁하면서 집권 서인을 궁지로 몰아
넣었다.

이에 힘입어 남인은 현종을 이어 왕위를 계승한 숙종대의 초기 6년간
정국의 주도권을 장악하게 되었다. 당시 정국을 주도한 남인은 예송에
논리를 제공하였던 허목·윤휴를 위시하여 현종대 후반 조정의 일각을
받치고 있던 허적 등 근기지역 남인들이었다. 영남 남인으로서는 이원정
이 대사헌·형조판서 등을 거쳐 이조판서까지 역임하면서 무게감을 가지
고 있었을 뿐이었다. 그는 이윤우의 손자이자 이도장의 아들로써 학맥으
로는 한강 정구나 여헌 장현광과 연결되었다. 따라서 학통상으로는 미수
허목과 같은 연원으로 청남으로 분류된 인물이었다. 하지만 청·탁남의
갈등이 심화되었을 때는 허목을 겨냥하여 '그의 의리와 공담이 실효에는
끝내 유익함이 없었다.'라고[39) 하면서 일정한 거리를 두기도 하였다. 어
쨌든 숙종 6년(1680)의 庚申換局으로 남인이 몰려날 때 유배에 처해졌

---

38) 『현종실록』22, 15년 7월 6일 무진.
39) 『숙종실록보궐정오』7, 숙종 4년 2월 29일 경오.

다가 다시 불려와 장살되었다.

남인은 숙종 15년(1689) 己巳換局으로 다시 집권에 성공하였다. 이때도 희빈 장씨를 중심으로 한 왕실세력을 등에 업은 근기지역의 남인들이 득세하였다. 영남 남인으로서는 이현일이 산림으로 숭용되어 활약하였다. 이 시기 이현일은 이황 – 김성일 – 장흥효로 내려오는 영남학파의 적통을 이어받은 인물로서 영남 유림을 이끌어가는 중심인물로서의 위망을 가지고 있었다. 집권 근기 남인들로서는 남인 정권의지지 기반을 확보할 필요성을 절실히 느끼고 있었던 것이다.

이현일은 초고속 승진을 거듭하여 산림직은 물론이거니와 대사헌, 이조참판 등의 요직을 거쳐 이조판서에까지 이르렀다. 그리고 영남 남인의 등용에도 힘을 쏟아 명실 공히 '京南'과 '嶺南'의 균형을 맞추려고 노력하였다. 그러나 근기 남인들은 이현일을 통해 지지기반의 확대를 도모하고자 하였을 뿐 영남 남인의 적극적인 등용까지는 원하지 않았다. 그런 상태에서 숙종 20년(1694) 甲戌換局으로 남인이 몰려나면서 그의 계획도 좌절되었다. 단순한 좌절에 그치지 않고 참혹한 화를 당하게 되면서 철저하게 매장되었다.

이현일에게 덧씌워진 죄목은 인현왕후 폐비와 관련된 것이었다. 즉 인현왕후 민씨가 사저로 쫓겨날 즈음에 올린 상소 중에 있는 '스스로 하늘에 끊김을 당하였다'는[40] 문구를 트집삼아 중전을 모해한 것으로 몰아붙이었다. 노론은 그를 광해군대 인목대비의 폐비에 버금가는 행위로 규정하여 단죄하였다. 이에 그의 신원은 오랜 기간 동안 이루어지지 못하였다.[41] 영조대에 신원을 거론하였던 김성탁은 절도에 안치되는 엄형에 처해졌다.[42] 이후 영남 남인은 살얼음판 같은 세월을 노론으로부터

---

40) 『숙종실록』26, 20년 5월 11일 무신, 윤5월 11일 정축.
41) 이현일의 신원과 추숭을 위한 문인들의 노력에 대해서는 다음의 논고에 자세하다.
　　이재현, 「18세기 이현일 문인의 신원운동과 추숭사업」, 『대구사학』117, 2014.

강요당하였다.

이상과 같이 남인은 선조 연간의 일정기간과 현종 말 숙종 초의 6년 간, 그리고 숙종 15년에서 20년 사이의 5년간 등 세 차례 정도 정국의 주도권을 행사하는 위치에 있었다. 영남 남인은 선조대를 제외하고는 정 국의 주도세력으로 활약하지는 못하였다. 다만 근기 남인의 집권기에 정 권에 참여하였고, 나머지 서인·노론이 주도하는 정국에서는 개별적인 능력에 의해 정계에 제한적으로 진출하여 겨우 명맥을 유지하였을 뿐이 었다.

4. 탕평·세도정치기의 침체

경종의 4년간에 걸친 짧은 치세를 뒤로 하고 이복동생인 영조가 왕위 를 계승하였다. 영조의 즉위에 불만을 품은 소론과 남인의 급진파들이 주도하여 정권 탈취를 목적으로 하는 정변이 일어났으니 바로 영조 4년 (1728) 무신년의 戊申亂이다. 이인좌와 정희량 등이 소현세자의 증손 밀 풍군 탄을 추대한 정변을 일으켰던 것이다. 집권층인 사족들이 군사를 일으켜 정변을 꾀한 것은 조선왕조 역사상 처음인 일이어서 그 충격은 엄청났다.

이인좌는 근기 남인으로 이운징의 손자요 권대운의 외손자이고 윤휴 의 손서로서 남인 명문가의 자손이었다. 그리고 정희량은 병자호란 당시 절의로 이름이 높았던 정온의 5대봉사손이었다. 남인이 무신란의 주도 적인 핵심 세력으로 활동하였던 것이다. 충청도의 청주와 경상우도의 합 천·함양 등 몇 개 고을이 차례로 점령되었다.[43] 이 소식을 접한 조정에

---

42) 『영조실록』44, 13년 6월 2일 기미.

서도 신속하게 대처하였다.

병조판서 오명항을 도순무사로 삼아 진압에 나서게 하는[44] 한편 영남 남인의 본거지에 해당하는 경상 좌도의 동향에 촉각을 곤두세웠다. 이에 박사수를 영남안무사 겸 안동부사로 임명하여 즉일로 부임하게 하였으며, 영남 출신의 관료인 영양의 조덕린과 영천의 이형상을 호소사로 삼아 그를 돕게 하였다.[45] 안동으로 급히 내려온 박사수는 인근의 유력인사들에게 의병을 일으키기를 권면하였다.[46]

이 때 안동을 위시한 경상도의 각지에서 의병들이 속속 결성되었다. 의병의 결성은 국왕에 대한 충의라는 선비의 기본적인 자세에서 비롯된 것이기도 하였고, 임진왜란이나 정묘·병자호란 때의 의병 전통을 계승하는 면도 있었다. 하지만 이때의 의병 결성은 무엇보다도 남인이 난의 주모자로 가담하였을 뿐 아니라 영남 지역 일부가 난군에 넘어간 상태였기 때문에 그들과의 무관함을 스스로 증명하기 위한 절박함에서 비롯된 것이었다.

오래 가지 않고 무신란은 진압되었지만 영조와 조정의 충격을 매우 컸다. 그리고 비록 영남 남인의 다수가 의병을 결성하는 데 적극적으로 참여하였다고는 하지만 의심을 완전히 불식시킬 수는 없었다. 반면에 소외와 핍박의 좋은 구실거리를 하나 더 첨가한 셈이 되었다. 앞서 숙종대에 있었던 이현일 관련 논란이 해결되지 않은 상태에서 엎친 데 덮친 격으로 일어난 무신란으로 인해 영남 남인의 처지는 더욱 어려워졌다.

이후 영남지역은 서인·노론으로부터 거칠고도 집요한 파괴 공작을 당하였다. 경상 우도와 하도 지역을 중심으로 한 상당한 지역이 노론세

---

43) 『영조실록』16, 4년 3월 15일 을축, 27일 정축.
44) 『영조실록』16, 4년 3월 17일 정묘.
45) 『영조실록』16, 4년 3월 19일 기사.
46) 『영조실록』16, 4년 3월 27일 정축.

력에 의해 잠식되어갔다. 당시 노론들은 경상도 지역의 신흥 양반으로 부상하고자하는 新儒를 대거 지원하여 각지에서 향전을 유발시킴으로써 이를 통해 전통적 남인세력을 형성하였던 舊儒를 압박하였다. 노론에 협조하여 재빨리 새로운 길을 모색하는 부류도 나타났다.

심지어 남인의 핵심 본거지라고 할 수 있는 안동에도 노론의 지원하에 서인의 거두였던 김상헌을 배향하는 서원의 건립이 추진되었을 정도였다.[47] 간신히 노론의 위협을 물리쳐서 서원 건립을 무산시키기는 하였으나 결코 긴장을 늦출 수 없는 어려운 국면으로 접어들고 있었다. 안동 지역이 그러할 진데 다른 지역의 어려움은 더욱 자심하였을 것임은 충분히 짐작되는 바이다. 결국 영남 남인의 세력 범위는 안동을 중심으로 한 상도지역을 중심으로 버티고 있는 가운데, 나머지 지역에서는 근근이 명맥을 유지하는 형국으로 변해가고 있었다.

이제 영남 남인은 더 이상 정권을 주도하는 것은 고사하고 정권에 참여하는 세력으로도 나서지 못하게 되고 말았다. 그렇게 된 데는 상대당의 견제와 탄압에 1차적인 원인이 있었을 터이지만 시대 상황이나 내부의 사정에서도 그 요인을 찾을 수 있다.

하나는 인적 기반의 부족이었다. 남인 내부적으로 이현일의 처벌 이후의 위축에서 벗어날 만한 계기를 스스로 마련하지 못하였다는 점이다. 이는 그 상황을 타개할만한 인재의 부재에서 찾을 수도 있겠지만 그보다는 다음 시대를 지향하는 즉 미래를 담보할 수 있는 새로운 방향을 제시하지 못한 점을 지적할 수 있다. 근기남인이 활발하게 전개하였던 經世學에 대한 관심을 이현일대까지는 보였으나 그 이후 이를 계승하는 분위기가 활성화되지 못하고 침체한 사실이다. 이는 영남 남인이 새로운 시대를 이끄는 전망의 제시에 실패하였다는 뜻도 된다.

다른 하나는 물적 기반의 상실이었다. 남인이 권력에서 벗어나 있을

---

47) 정만조, 「영조 14년의 안동 김상헌서원 건립시비」, 『한국학연구』1, 1982.

때도 조선 사회는 계속 발전하여 농업중심사회에 머물지 않고 상공업의 비중을 점차 키워가고 있었다. 상공업의 비중이 커지게 되면서 이에서 도출되는 이득을 당시 권력을 가진 노론이 독차지하였고, 남인은 거기에서 소외됨으로써 정치 자금을 마련할 방도를 갖고 있지 못하게 되었다. 이는 정권을 재창출할 수 있는 에너지원의 상실을 의미하였다.

이러한 요인으로 말미암아 남인은 정권 재창출은 고사하고 자신들의 의사를 중앙정부에 전달할 지역 출신의 대변자 한 명 변변히 확보하지 못한 시기가 길어지게 되었다. 이에 따라 궁여지책으로 마련된 것이 근기남인 출신 당국자에게 그러한 역할 수행을 기대한 것이었다. 영조대에 영남 남인의 대변자 역할을 수행하였던 근기 남인 당국자로는 오광운이었다. 그는 영조에 의한 탕평책 하에서 청남 세력의 정치적 지도자로 활약하고 있었다. 영남 남인들은 그를 통해 무신란에 연루될 뻔한 영남 남인들의 변호를 받을 수 있었다.

영조 12년 이현일의 신원을 주장하는 문인 김성탁이 노론의 집중 공격을 받아 참화를 입었고, 문인 조덕린은 그 배후로 지목되어 역시 참혹한 화를 면치 못하였다. 문과에 급제하여 근근이 중앙에 진출해있던 영남의 인재가 아깝게 희생된 것이다. 영남 남인으로서는 더욱 위축될 수밖에 없는 상황이 지속되었다. 그나마 권상일 같은 인물이 조정에 진출하여 일정한 벼슬을 하였으며, 안동지역의 갈암 이현일학파와는 일정한 거리를 두면서 근기 남인의 학문적 지도자로서 허목의 학문을 이은 성호 이익과는 활발하게 교류하면서 의견을 나누기도 하였다.

이후 성호 이익의 학통을 오광운을 통해 이은 채제공은 남인으로서는 드물게 정조의 신임을 바탕으로 정계에 큰 영향력을 가지게 되었다. 영남 남인들도 채제공을 후견자로 하여 약간의 활기를 띨 수 있었다. 마침 무신란 발발 1주갑을 맞이한 정조 12년(1788)에 『무신창의록』을 편찬하여 무신란 때 영남 남인들의 창의 사실을 적극적으로 부각시켜 이미지

쇄신에 나섰다. 정조도 갈암 이현일의 죄목에 대해서 새로운 인식을 가질 수 있었으며 1차적으로 그의 신원을 주도하다가 화를 입은 문인들의 죄를 탕척하여 주었다. 이에 대한 화답으로 영남 남인은 금기 사항이던 사도세자의 신원 문제를 거론하는 영남만인소를 두 차례에 걸쳐 올렸다.[48] 정조 20년(1796)에는 영남 남인의 정신적 지주인 퇴계 이황을 모신 도산서원에서 소위 '도산별과'를 시행하여 영남인의 사기를 진작시키고 마음을 위무함으로써 밀월 관계가 이어졌다. 이러한 제반 일들의 추진 과정에 채제공이 개입되어 있었음은 물론이었다.

영남 남인들의 근기 남인 당국자를 통한 정치적 입지의 구축도 세도 정치기에 들어서면서는 더 이상 유지되기 어렵게 되었다. 노론 중에서도 몇몇 세도 가문에 권세가 집중되면서 근기 남인도 중앙정계에서 운신하기가 매우 어려워진 탓이었다.

다만 흥선대원군이 집정하여 영남 남인을 정치적 후원 세력으로 활용코자 하였을 때 짧은 기간 등용이 있었다. 이 때 대표적인 존재가 류후조였다. 그는 서애 류성룡의 8대손으로서 문음으로 관직 생활을 하던 중 문과에 급제하였는데, 흥선대원군의 남인계 중용책에 따라 초고속으로 승진을 거듭하였다. 마침내 고종 3년(1866)에 우의정에 임명되었고 이듬해에는 좌의정에 이르렀다.[49]

영남 남인에서 정승이 배출된 것은 서애 류성룡 이후 처음으로 있는 일이었다. 붕당정치의 초기에 한 명의 정승을 일찌감치 배출하였다가 300년이 흐른 조선조 말에야 겨우 두번째 정승을 배출한 것이다. 조선후기 영남 남인의 현실을 잘 보여주는 상징적인 사례라고 하겠다.

---

48) 이수건, 「정조조 영남만인소」, 『교남사학』1, 1985. 이수건, 「조선후기 영남유소에 대하여」, 『이병도구순기념 한국사학논총』, 1987.
49) 『洛坡文集』, 연보(대보사, 1995).

5. 맺음말

남인은 임진왜란 전까지는 정국의 일각을 받치고 있었고, 또 임진왜란을 극복하는 데도 큰 역할을 담당하였다. 류성룡이 영의정으로서 도체찰사를 겸하여 국가적 위기를 슬기롭게 헤쳐 나간 것이다. 그 극복을 눈앞에 둔 시점인 선조 31년 류성룡이 북인의 대대적인 공격을 받아 실각하였고, 그에 따라 남인도 정계에서의 비중이 축소되었다. 이후 북인이 주도하는 선조대 후반과 광해군대 정국에서 남인은 거의 소외되었다.

인조반정이 서인의 주도하에 일어난 이후 제한적이나마 남인의 일부는 정계에 진출할 수 있었다. 서인이 주도하는 분위기 속에서 남인의 영향력은 그다지 크지 않았지만, 조정에 진출할 수 있는 가능성은 열려 있었다. 그에 바탕하여 현종대 복제시비가 일어났을 때 서인에 맞서 남인들은 자신들의 주장을 강하게 제기할 수 있었던 것이다.

현종조 복제 문제가 정국의 쟁점으로 떠올랐을 때도 영남 남인들은 유생들의 상소를 통해 정국에 강한 영향력을 행사하였고, 이를 바탕으로 숙종초 갑인환국을 이끌어내면서 허목으로 대표되는 근기남인과 더불어 집권의 한 축을 형성하였다. 숙종 6년 경신환국으로 실각하였다가 15년 기사환국으로 다시 남인이 집권하였을 때 영남 남인은 이현일을 산림으로서 조정에 출사시킴으로써 그를 통해 남인 정권의 정신적 지주 역할을 수행케 함은 물론 후방의 지지기반으로서의 역할을 담당하였다.

영조대와 정조대에는 탕평책이 시행되는 과정에서 일부 남인이 정계에 진출할 수 있었다. 특히 정조대에는 정권 유지 기반의 한 축을 남인에게서 찾고자 한 까닭에 일부 남인이 출사할 수 있었고, 영남 남인에 대해서는 정권의 기반 확보 차원에서 몇몇 유화책이 시행되기도 하였다. 이와 같이 명맥은 유지하였으나 중앙정계에서 주도적인 위상을 가진 형편은 결코 아니었던 것이다.

남인은 정권 재창출은 고사하고 자신들의 의사를 중앙정부에 전달할 지역 출신의 대변자 한 명 변변히 확보하지 못한 시기가 잦아지게 되었다. 이에 따라 궁여지책으로 마련된 것이 근기남인 출신 당국자에게 그러한 역할 수행을 기대한 것이었다. 영조대의 오광운, 정조대의 채제공 등이 대표적인 존재들이었다.

제 2 편
영남 남인의 정치사상과 개혁론

제1장 영남 남인의 정치사상

1. 머리말

남인은 조선후기의 유력한 정치세력이었기 때문에 그들의 정치사상에 대해서도 일찍이 적지 않은 관심이 베풀어졌다. 영남 남인 중에서 정치사상과 관련한 연구가 진행된 인물로는 류성룡, 김성일, 정구 등 이황의 직전제자 그룹이 있었다. 그 다음 세대 중에서는 장현광, 정경세, 김응조, 홍여하, 이현일, 정만양 형제 등이 있었다.

류성룡에 대해서는 사회경제관과 군정 및 국방사상에 대한 연구가 있었으며,[1] 김성일에 대해서는 그의 對日觀을 고찰한 논고가 있었다.[2] 정구에 대해서는 그의 예론을 살피는 과정에서 군주를 보는 시각이 단편적으로 논급된 바 있다.[3] 장현광에 대해서는 많은 논고가 축적되어 있는 가운데 대부분이 그의 철학사상에 대한 것이었고,[4] 정치사상과 관련하

---

1) 이수건, 「서애 류성룡의 사회경제관」, 『대구사학』12·13, 1977. 조정기, 「서애 류성룡의 군정사상 Ⅰ·Ⅱ」, 『부산사학』14·15, 1988, 『논문집』11-1, 창원대학, 1989. 김호종, 『서애 류성룡 연구』, 새누리, 1994.

2) 김정신, 「16세기말 성리학 이해와 현실인식 - 대일외교를 둘러싼 허성과 김성일의 갈등을 중심으로」, 『조선시대사학보』13, 2000. 권오영, 「학봉 김성일의 학문성향과 역사의식」, 『민족문화』25, 2002.

3) 김항수, 「한강 정구의 학문과 역대기년」, 『한국학보』45, 1986. 이범직, 「한강 정구의 학문과 예학」, 『도산학보』6, 1997. 정경희, 「16세기~17세기 초반 퇴계학파의 예학 - 정구의 예학을 중심으로」, 『한국학보』101, 2000. 도민재, 「한강 정구의 학문과 예학사상」, 『한국사상과 문화』18, 2002.

여서는 우주론의 상수학적 성격과 경세론을 다룬 연구가 있었다.[5] 인조
대에 중앙정계에서 활동한 바 있던 류성룡의 뛰어난 제자인 정경세와 김
응조에 대해서는 定遠君의 추숭과 생모인 啓運宮의 장례 복제에 관계
된 예론과 국방론을 포함한 사회경제정책론을 다룬 논고가 있었다.[6] 아
울러 홍여하의 부세개혁을 중심으로 한 전제개혁론을 살핀 연구가 있었
다.[7] 김성일의 학통을 이은 이현일에 대한 논의는 비교적 활발한 편이었
다. 이현일의 정치사상을 君臣共治論으로 파악하여 정리하면서 부세제
도 개혁을 비롯한 제반 경세론에 대해 살핀 정호훈의 논고가 본격적인
논의를 시작하였다.[8] 이어 김학수는 이현일의 정치활동을 면밀히 분석
하는 한편 그의 경세론에 대해서도 군신론, 존주론, 예론을 위시하여 각
종 정책론에 이르기까지 분석하였다.[9] 최근 김성윤도『洪範衍義』를 집
필한 이현일의 경세론을 높이 평가하면서 그의 개혁 지향성을 여러 각도
에서 조명한 바 있다.[10] 이현일의 개혁 지향적 성향은 그의 제자 정만양

4) 그의 학문세계에 대해서는 최근에 나온 논문 모음집에 집약되어 있다. 고려대 한
   국사상연구소,『여헌 장현광의 학문 세계, 우주와 인간』, 예문서원, 2004 ;『여헌
   장현광의 학문 세계 2, 자연과 인간』, 예문서원, 2006.
5) 문중양,「16, 17세기 조선 우주론의 상수학적 성격 - 서경덕과 장현광을 중심으로」,
  『역사와 현실』34, 1999. 박학래,「여헌 장현광의 시대인식과 경세론」,『유교사상
   연구』22, 2005.
6) 고영진,「17세기 전반 남인학자의 사상 - 정경세·김응조를 중심으로」,『역사와 현
   실』8, 1992.
7) 신항수,「17세기 후반 영남 남인학파의 경세론」, 고려대 석사학위논문, 1993. 신
   항수,「17세기 중반 홍여하의 전제인식」,『한국사상사학』8, 1997.
8) 정호훈,「17세기 후반 영남 남인학자의 사상 - 이현일을 중심으로」,『역사와 현실』
   13, 1994.
9) 김학수,「갈암 이현일 연구」,『조선시대사학보』4, 1998. 김학수,「갈암 이현일의
   학문과 경세론연구」,『청계사학』19, 2004.
10) 김성윤,「『홍범연의』의 정치론과 군제개혁론 - 갈암 이현일을 중심으로 한 조선후
    기 영남 남인의 실학적 경세론」,『대구사학』83, 2006. 김성윤,「『홍범연의』의 토
    지개혁론과 상업론 - 갈암 이현일의 경제사상과 그 성격」,『퇴계학보』119, 2006.

형제에로 이어졌는데, 그들의 개혁안에 대해서는 토지제도와 군정, 그리고 과거제도 개혁안을 중심으로 다룬 연구가 있었다.11)

한편 영남 남인과 근기 남인의 접촉과 그 추이를 다룬 논고도 있었다.12) 특히 근기 남인 실학자 유형원의 개혁안이 이황의 학문 세계에서 일정한 영향을 받았다는 점과 영남 남인 학자와의 접촉을 통한 연관성에 대해서 밝힌 논고도 있어 주목된다.13) 그리고 근기지역의 남인이 북인 계통의 영향을 일정하게 받았다는 점을 강조한 연구,14) 여기서 한 걸음 더 나아가 그러한 특징을 살려 이들을 북인계 남인으로 명명하자는 제의까지15) 다양한 각도에서의 성격 규명이 근래 활발하게 이루어지고 있다.

아래에서는 위와 같은 선행연구에 기대어 영남 남인의 정치사상을 군주론, 붕당론, 제도 개혁론, 대외관으로 나누어 살펴보고자 한다. 영남 남인의 정치사상을 중심으로 살피되, 근기지역의 남인의 정치사상까지도 가능한 범위 내에서 포함시켜 다루도록 하겠다. 영남 남인과 근기 남인 사이에는 현실적 처지와 현실에 대응하는 자세에 차이가 있다는 것이 통론이지만 그들의 동질성에 대해서도 논의가 진척되고 있는 만큼 앞으로 추가 연구가 기대되는 부분이기 때문이다. 사안에 따라 남인 전체를

11) 우인수, 「18세기초 영남 남인 정만양·규양 형제의 개혁론」,『이수건정년기념 한국중세사논총』, 2000. 우인수, 「훈수 정만양의 토지제도 개혁론」,『퇴계학과 한국문화』35, 2004.

12) 이우성, 「초기실학과 성리학의 관계 - 반계 유형원의 경우」,『동방학지』58, 1988. 이수건, 「조선후기 영남과 경남의 제휴」,『이우성정년기념 민족사의 전개와 그 문화』상, 1990. 김문식, 「조선후기 경남과 영남의 교류 양상 - 영양 주실의 한양조씨 가를 중심으로」,『한국사상과 문화』15, 2002.

13) 이우성, 앞의 「초기실학과 성리학의 관계」. 이수건, 「만학당 배상유 연구 - 반계 및 갈암과의 관계를 중심으로」,『교남사학』5, 1990.

14) 신병주, 「17세기 중, 후반 근기 남인 학자의 학풍 - 허목·윤휴·유형원을 중심으로」,『한국문화』19, 1997. 신병주, 「남명학파와 화담학파의 학풍 계승에 관한 연구」,『역사와 현실』53, 2004.

15) 정호훈, 『조선후기 정치사상 연구』, 혜안, 2004.

하나의 대상으로 하기도 하고, 영남 남인과 근기 남인으로 구분하기도
하겠다.

2. 군주론

정치에 있어서 군주라는 존재에 대한 논의는 이미 신하라는 존재를
염두에 둔 상태에서 이루어진다. 이에 군주와 신하를 독립적으로 다루기
보다 군주와 신하의 역학관계를 중심으로 하여 군주의 위상에 대한 인식
에 접근하고자 한다. 군주가 정치권력의 최고 정점의 위치에 있다는 사
실은 모든 신료들에 의해 부인된 바 없다. 하지만 군주가 가진 권한의
상대적 크기에 대해서는 신권과의 관계에서 약간의 인식차가 있었다. 대
개 서인은 신권에 대한 군주권의 상대적 우위를 인정하는 선에 머문 데
비해, 남인은 그보다 더 강하게 군주권의 절대적 우위를 주장하였다. 그
러한 인식은 각 붕당이 가진 정치사상이나 이념의 차이에서 비롯된 것이
었다고 생각한다.

그러나 한편으로 이념이라는 것도 각 당이 처한 현실을 전혀 도외시
한 상태에서 나온 것도 아닐 것이다. 즉 서인은 확고한 집권당의 처지에
있었기 때문에 국왕과 권력을 나누어 가지기를 원하는 측면이 없었다고
할 수는 없는 것이다. 이에 비해 남인은 재야에서 정권 장악을 위해 국
면의 전환을 노려야 하는 처지였기 때문에 절대적 권한을 가진 국왕의
입장을 지지하면서 기회를 노려야 하는 처지에 있었던 것이다.

이상의 점을 감안하면서 남인의 군주론에 대해 살펴보면 다음과 같
다. 영남 남인 학자 중 군주론에 대한 논의를 가장 활발하게 전개한 이
는 이현일이었다. 그러나 이현일의 군주론에 대해서는 연구자 사이에 의

견이 엇갈리고 있는 실정이다. 먼저 정호훈은 영남 남인 이현일의 군신
론을 君臣共治論으로 규정하였다. 그는 허목·윤휴·유형원 등 근기 남인
의 군신론은 尊君卑臣論으로 규정하여 신료군에 대한 군주의 강력한 통
어와 군주 주도의 정국운영, 나아가 급격한 사회개혁을 주장하였다고 하
였다. 그리고 서인 송시열의 경우는 世道宰相論으로 규정하여 군주에
대한 신료의 규제를 주장하였다고 하였다. 이에 비해 이현일은 군주와
신료의 관계를 존군비신의 성격을 갖지만 정치역학상으로는 相補 相濟
의 관계 곧 군신이 더불어 공존해야 이상적인 정치가 구현될 수 있다고
보는 군신공치론에 입각해 다음과 같이 주장하였다.[16]

> 군존신비는 천지의 정해진 위치가 상하로 구분된 것과 같이 뚜렷한
> 것이다. 그러나 군주가 지나치게 굳세고 독단의 지혜로 홀로 움직이면,
> 반드시 가로막히고 괴리하는 일이 있게 된다. 만약 상하가 교통하고 정
> 의가 오간다면 반드시 화평 공제하는 아름다움이 있을 것이다.[17]

이 같은 공신공치론은 군주의 최고 존재로서의 위상을 인정하면서도
동시에 군주의 독단적 전제적 정국 운영을 부정하는 이중적 성격을 가지
고 있었다. 이현일의 군주관은 일차적으로 강상명분론에서 규정하는 바
의 군신관계에 근본하여 형성된 셈이었다. 그리하여 이현일은 예송에서
송시열의 기년설을 강상윤리를 붕괴시키는 이단 사설로 규정하여 비난
하였음은 물론이거니와, 허목·윤선도의 齊衰三年說도 정곡을 얻지 못
한 불철저한 것으로 보았다고 하였다.[18]

결국 정호훈은 이현일이 근기 남인에 비해 상당히 보수적인 성향을
지닌 것으로 파악하였다. 즉 이현일이 견지한 공신공치론의 절충적 성격

---

16) 정호훈, 앞의 「17세기 후반 영남 남인학자의 사상」, 148쪽.
17) 『葛庵集』, 6, 「經筵講義」. 정호훈, 위의 논문, 149쪽.
18) 정호훈, 위의 논문, 149쪽.

은 그의 정국운영, 현실대응을 미온적이고 고식적이게 한 요인으로 보았
다. 더구나 균형과 조화를 중시하는 절충론은 치자 내부간의 격렬한 갈
등, 지주제 확대와 연관된 빈부격차와 국가의 수탈강화로 말미암은 민심
의 괴리와 저항이 격렬했던 이 시기 정국을 조정하고 통제할 수 있는
추진력을 가지기에는 역부족이었다고 평가하였다. 더구나 그것은 상하
적 사회관계의 변화를 인정하지 않으려는 강상명분론과 관념 원리에 의
한 현실 규율을 중시하는 학문관 속에서 형성되었으므로 관념적 성격을
강하게 가지고 있었으며, 따라서 폐정개혁의 필요성은 늘 운위하였지만
그를 개혁하기 위한 수단으로서의 신법의 창제에는 부정적이었다고 보
았다. 이현일을 위시한 영남 남인의 이러한 인식은 17세기 후반 이후 영
남의 남인들이 중앙정계에서 배제된 근본적인 원인으로 작용하였던 것
으로 파악하였다.[19]

　이에 비해 김학수는 이현일의 군신론을 君臣調和論의 개념으로 정리
하였다. 군주권의 절대성을 분명히 인정한 위에 신하와의 조화를 주장하
였다고 하였다. 다만 군주는 천명을 두려워해야 하였으며, 신하와 조화
되지 않는 독단만은 철저히 경계하는 입장이었다. 그리하여 올바른 정치
가 되기 위해서는 군주가 지닌 중정의 덕에 신하의 보필이 가미되어야함
을 강조하였다. 군신간의 조화는 기본적으로 군신 각자가 명분을 지키며
직분에 충실할 때 확충될 수 있는 것으로 보았으며, 군신간의 조화를 해
칠 수 있는 위험적인 요소로는 척리·환관·궁첩을 지목하여 경계하였다
고 하였다.[20] 이렇게 군신간의 조화를 강조한 김학수의 주장은 군신간
의 공치·공존·절충을 내세운 정호훈의 주장과 용어만 약간 다를 뿐 큰
차이를 가진 것은 아니라고 생각한다.

　하지만 김성윤은 이현일의『홍범연의』에 대한 분석을 통하여 이현일

---

19) 정호훈, 위의 논문, 152-153쪽.
20) 김학수, 앞의「갈암 이현일의 학문과 경세론연구」.

의 보수성을 주장하는 정호훈을 비롯한 일반적인 견해에 의문을 제기하
였다. 즉 그는 이현일이 정책 방향의 근거로 중시한 것은 근기 남인 학
자 내지 근기 남인 실학자와 같이 『주례』였고, 『주례』에 근본을 두고
각종 개혁안을 제기한 개혁론자로 파악하였다. 그리하여 이현일을 위시
한 영남 남인의 정치적 실각이 그들이 지닌 보수성으로 인해 일어난 것
이 아니라, 정치적 탄압이 그들의 개혁성을 후퇴시키면서 학풍의 보수화
를 촉진한 것으로 파악하였다.21) 군주에 대한 인식에서도 정호훈의 주
장과 같이 군신공치론을 주장한 것이 아니라 정치의 효율성을 위해 오히
려 군신공치를 부정하면서 왕권강화에 대한 강조로 이어졌다는 점을 지
적하였다. 즉 이현일은 '君尊臣卑'가 천하의 정해진 분수이며, 그 명분
은 하늘과 땅이 서로 바뀔 수 없는 것과 같다고 강조하고, 천하의 일은
천자만이 專斷할 수 있고, 신하가 군주의 威福을 행사하면 이는 도둑질
하는 것이라고 보았다고 주장하여22) 기존의 설과 상당히 다른 해석을
내놓았다.

한편 근기 남인인 윤휴의 군주론은 孝治論으로 설명되었다. 효는 천
이 규정한 달도를 확립하기 위한 전제이며, 군주는 이러한 효를 근본으
로 만민의 효를 조장하는 주체로 설명하는 이론이었다. 효로 대표되는
가족윤리를 국가의 공적인 통치규범으로 직접 연결시킨 것인데, 여기에
군주권을 절대화하는 논리가 있다. 그리하여 군주를 '天의 子'로 의정하
여 군주의 절대성을 천의 절대성으로부터 보증한 것이다. 효치론은 군주
수신론으로 밑받침되고 있는데, 군주의 수신은 천과의 직접적인 관계를
통하여 이루어지기 때문에 군주의 수신에도 신료가 개입될 여지는 없었
다고 보았다.23) 이 점은 서인 군주론의 근본인 주희의 군주성학론과는

---

21) 김성윤, 앞의 「『홍범연의』의 토지개혁론과 상업론」, 103·111쪽.
22) 김성윤, 앞의 「『홍범연의』의 정치론과 군제개혁론 」, 112쪽.
23) 정호훈, 앞의 『조선후기 정치사상 연구』, 280-282쪽.

큰 차이가 있는 것이라고 할 수 있는데, 군주성학론에서는 신권에 의한
군권의 제약이 관철될 수 있는 논리 구조를 가지고 있었기 때문이다.

군주에 대한 붕당간 학자간의 인식 차이는 이후 많은 사안에서 논란
과 갈등을 일으킬 소지를 안고 있는 문제였다. 그 점이 현실로 드러난
것이 인조대의 元宗追崇 문제였고, 현종대의 服制 禮訟이었다. 아래에
서는 이 두 사건의 저변에서 이론을 제공하였던 남인들의 정치 논리를
살펴봄으로써 그들의 군주에 대한 인식의 일단을 드러내보고자 한다.

1) 인조대 원종추숭

인조의 즉위 후 생부인 定遠君의 사묘에 대한 전례를 어떻게 하는가
에 대한 논의를 시작으로 元宗으로 추숭하는 일련의 전례 논의가 진행
되었다.

남인으로 정계에 진출해있던 영남 남인 정경세는 생부인 정원군에 대
해 인조가 考라고 칭할 것을 주장하였다. 그는 宋 英宗과 漢 宣帝의 예
를 들며 인조가 생부인 정원군에 대해 '皇考'라고 하지 않고 그냥 '考'
라고 칭하고, '孝子'라 칭하지 말고 그냥 '子'라고 칭할 수 있다고 보았
다. 이러한 정경세의 주장은 『朱子家禮』를 기본으로 하면서도 고례도
완전히 무시하지 않고 王統과 私統을 같이 중시하는 절충적인 입장을
취한 결과였다.[24] 그의 견해는 영남 남인들이 현종대의 예송에서 고례
에 입각하여 예설을 주장했던 허목·윤휴 등 근기지역의 남인들과 제휴
할 수 있는 근거를 만들어주는 요인이 되었다.[25]

이에 비해 서인 김장생은 원종 추숭과정에서 인조가 생부 정원군에
대하여 '稱叔'하는 의리가 있음을 말하고 원종의 추숭을 반대하는 논리

---

24) 고영진, 앞의 「17세기 전반 남인학자의 사상」, 104쪽.
25) 고영진, 위의 논문, 107쪽.

를 폈다. 이는 언뜻 보면 王禮와 士庶禮를 다르게 보려는 입장과 같아
보이지만 사실은 왕과 사서의 예를 일치시키려는 입장을 일관되게 견지
한 논리였다고 할 수 있다.26) 이러한 왕과 사서의 예를 일치시키려는 그
의 예에 대한 인식은 제자인 송시열·송준길 등에게로 이어져 이들은 예
송이 일어났을 때 왕가의 특수성을 인정하지 않고 사서와 동일시하는 예
론을 폈던 것이다.

예송에서 송시열과 허목에 의해 극명하게 드러났듯이 이들의 논리는
군주를 바라보는 시각의 차이이자 지향하는 세계의 차이를 반영한 것이
었다.

2) 복제 예송

군주에 대한 시각의 차이는 현종대의 복제 예송에서 재론되었다. 효
종은 차자로서 인조의 뒤를 이어 왕통을 계승하였다. 효종의 사후 계모
인 자의대비 조씨가 아들인 효종을 위해 어떤 상복을 입어야 하는가를
두고 복제 예송이 일어났다. 효종이 차자라는 사실을 우선시할 것인가,
아니면 왕통을 이었다는 점을 우선시할 것인가에 논란의 초점이 있었다.
또한 왕가와 사대부가에 적용되는 예를 동일시할 것인가, 아니면 사대부
가와 다른 왕가의 특수성을 인정할 것인가를 두고 서로 다른 해석이 충
돌한 것이었다.

서인이 복제 예송에서 朞年服을 주장하였는데, 군주에 적용되는 예와
사대부에 적용되는 예를 동일시함으로써 왕가의 특수성을 인정하지 않
으려는 점에 특징이 있었다. 이에 비해 남인들은 삼년복을 주장함으로써
군주에게 적용되는 왕가의 예와 사대부 가문에 적용되는 예 사이에는 차

---

26) 오항녕, 「17세기 전반 서인산림의 사상 -김장생·김상헌을 중심으로-」, 『역사와 현
  실』8, 1992, 44-45쪽.

이가 있다고 보았으며, 왕가의 특수성을 인정하는 입장이었다. 이는 군주를 신하로부터 분리시킴으로써 왕권의 절대성을 강조하는 논리로 확장될 수 있었다.

같은 남인의 입장에서 서인의 기년설을 비판하였다고 하더라도 세부적인 논거와 예설에 있어서는 약간의 차이가 있었다. 근기 남인 윤휴와 영남 남인 이현일은 斬衰三年說을 주장하면서 각각 서인의 기년설을 비판한 바 있었다. 윤휴와 이현일은 군주의 예는 사대부의 예와는 다르기 때문에 군주의 절대성을 인정하는 입장에 서 있었고, 효종이 왕통을 계승한 이상 嫡庶나 長次子 여부는 따질 문제가 아니라는 점을 강조하였다. 그리하여 이러한 관점에서 볼 때 허목의 齊衰三年說도 서인 주장의 허점은 발견하였으나 핵심을 찌르지 못한 것으로 비판하였다.[27]

근기 남인 허목은 재최삼년설을 주장하며 서인의 기년설에 반론을 제기하였는데, 윤선도 의 지지와 영남 남인들의 지지를 받으며 남인의 공식 입장으로 채택되었다. 허목은 복제에 내포된 宗統과 傳重의 의미를 십분 부각시킴으로써 군주를 높이고 왕가의 위엄을 보이는 점에서 논리적으로 정연한 바가 있었다. 허목의 논리는 효종이 인조의 뒤를 이은 嗣王이니만큼 그 상복 역시 대통 계승자에 대한 예로써 입어야 하고, 그럼으로써 효종의 정통성 나아가 군주의 존엄성을 확인하자는 데에 초점이 맞추어진 것이었다. 예송을 통해 나타난 서인들의 예인식은 전제군주제에 대한 침해 내지는 위협으로 받아들여질 수 있었던 데 비해, 허목은 전제군주의 군권의식을 일깨워주는 면이 있었던 것이다.[28]

요컨대 서인 송시열은 복제와 종통을 분리시켜 보았고, 『儀禮』의 士禮적인 측면을 강조하여 王士同禮를 주장하였다. 이에 비해 허목과 윤휴는 복제와 종통을 동일시하고 있었다. 다만 허목은 『의례』의 王禮적

---

27) 김학수, 앞의 「갈암 이현일의 학문과 경세론연구」, 128-129쪽.
28) 김준석, 『조선후기 정치사상사 연구』, 지식산업사, 2003, 50-51쪽.

인 측면을 강조하여 王士不同禮를 주장하였고, 윤휴는 『의례』의 해당
내용이 사대부가에 해당되는 것으로 왕가의 예에는 적용될 수 없다고 보
고 『周禮』와 『國朝五禮儀』에 입각하여 왕사부동례, 나아가 臣母服說
까지 주장하였다. 그런 관점에서 볼 때 예송은 학파의 학문 차이에서 비
롯된 전형적인 전례논쟁이라고 할 수 있다.29)

이상에서와 같이 영남 남인이든 근기 남인이든 군주권의 절대성을 인
정한 점에서는 공통점이 있다. 다만 영남 남인들은 근기 남인에 비해 상
대적으로 군주의 독단을 좀 더 견제하려는 입장을 지니고 있었을 따름이
다. 남인들의 이러한 군주론은 군주권을 상대화하여 군주에 대한 신하들
의 규제를 강조한 서인의 세도재상론과는 차이가 있었다고 하겠다.

3. 붕당론

붕당이 조선의 정치현실에서 의미를 가지기 시작한 것은 선조대 부터
였다. 주지하듯이 東人과 西人의 분당과 이어 동인의 南·北人 분당, 서
인의 老·少論 분당으로 분파되어 간 것이다. 현실정치 속에 존재하던
붕당에 대해 신하인 관료들이 어떤 인식을 가졌는가를 살펴보는 것은
그들의 정치사상의 일단을 살피는 데 있어 의미가 큰 부분이라고 생각
한다.

영남 남인 이현일은 군주권의 강화를 통해 정치의 효율성을 담보할
수 있다는 정치적 인식을 가지고 있었기 때문에 붕당에 대해서는 당연히
부정적 시각을 가지고 있었다. 그는 붕당을 왕권이 약화됨으로써 나오는

---

29) 고영진, 「17세기 후반 근기 남인학자의 사상 - 윤휴·허목·허적을 중심으로」, 『역
사와현실』13, 1994, 176-177쪽.

일종의 정치적 病理현상으로 이해하였다. 붕당을 신하가 권력을 장악하고 책임을 피하기 위한 수단으로 보았던 것이다.30)

근기 남인인 윤휴 역시 붕당망국론의 입장에 서서 붕당의 혁파를 주장하였다. 그 구체적인 방안으로 제시된 것은 諫官制의 혁파와 의정부의 복원과 같은 제도개혁이었다. 언관의 재상 및 군주권 견제를 봉쇄하고 재상을 중심으로 한 중앙 정무 기능을 최대화한다는 방안이었다. 이는 군권과 신권, 신권 상호간의 대항관계 속에서 전개되는 집권적 관료제 내부 모순의 타개를 위한 방책을 군권의 강화와 신권의 통일에서 찾았던 것이다. 즉 군주권을 정점으로 하여 신권 내부의 분열과 갈등을 해소하고 정치구조를 일원화함으로써 위기를 타개하려는 성격을 지닌 것이었다.31) 이는 서인이 주장한 신권의 군권 견제, 세도재상권의 보장과는 상당한 차이가 있는 주장이었다고 하겠다.

윤선도 역시 붕당의 존재에 대해 부정적인 생각을 가지고 있었다. 붕당의 존재가 적격자를 적소에 배치하고 백성을 안정시키는 데 걸림돌로 작용하고 있다고 보았다. 주로 서인을 겨냥한 것이었다. 이에 붕당은 궁극적으로 없애야 하지만 각 붕당의 성격을 선악의 기준으로 판단하기 어렵고 각 붕당 내에는 선인과 악인이 병존하고 있으므로 훌륭한 인재를 가려 임용함으로써 장기적으로 붕당을 없앨 수 있다는 인식을 하고 있었다.32)

그러나 영남 남인 류원지는 좀 다른 각도에서 붕당을 바라보는 시각을 가지고 있었다. 그는 붕당간의 견제 체제를 근간으로 보합을 모색하였다. 이는 정치적 역학관계에서 상호 견제의 토대 위에서 공존과 균형

---

30) 김성윤, 앞의 「『홍범연의』의 정치론과 군제개혁론」, 112쪽.
31) 정호훈, 앞의 『조선후기 정치사상 연구』, 312-313쪽.
32) 한국역사연구회 17세기 정치사연구반, 『조선중기 정치와 정책』, 아카넷, 2003, 352-353쪽.

을 도모하기 위한 것이었다. 붕당간의 대립이 승패를 위한 시비에 치중할 것이 아니라 화합을 목표로 한 논의의 차원에서 이루어져야 한다고 주장하였다. 결국 서인이나 남인 두 붕당을 모두 인정하는 전제를 깔고 있는 것이다. 정치세력간의 갈등은 公道를 토대로 시비곡직을 밝히고 이치를 논의하는 과정에 불과한 것인데, 왕왕 온전한 논의가 불가능하게 되는 것은 사정도 모르는 부류들이 서로 배격하고 모함하는 데서 비롯되었다고 하면서 사류들의 신중하지 못한 경박스러움을 경계하였다. 그렇지만 그는 남북인의 분당은 대서인 대응에 있어서의 강온에서 비롯된 것이 아니라 이이첨 등이 사류들을 원수시한 데서 비롯된 것이어서 그 분열의 책임이 전적으로 북인 일부에게 있다는 인식을 가지고 있었다.[33]

이상과 같이 남인들은 붕당에 대해서는 대체로 부정적인 인식을 하고 있는 가운데, 일부에서는 붕당 그 자체를 이미 현실로 인정하면서 그를 극복할 수 있는 논리를 제시하고 있었다고 하겠다.

4. 제도 개혁론

일찍이 김준석은 진보적 개혁론과 보수 개량론 내지 개선론이라는 개념틀을 가지고 조선 후기 경세론을 재단한 바 있다. 여기서 그는 남인의 주장을 개혁론, 서인의 주장을 개량론으로 구분하였고, 남인으로는 허목과 유형원, 서인으로는 송시열과 한원진을 분석 대상으로 삼아 각각의 경세론을 규명코자 하였던 것이다.[34] 그러나 개량과 개선의 성격과 의미 그리고 개혁과의 차이점에 대해서는 구체적으로 밝히지 않았기 때문

---

33) 설석규, 「졸재 유원지의 이기심성론 변설과 정치적 입장」, 『조선사연구』6, 1997, 11-12쪽.
34) 김준석, 앞의 『조선후기 정치사상사연구』.

에 개념 규정 자체에는 미진한 면이 있었다고 보이며, 근본적으로 분석의 대상이 된 인물들이 각 붕당을 대표할 수 있는 존재들인가에 의문과 함께 한계가 지적될 수 있다. 이에 고영진은 적극적 개혁론과 소극적 개혁론이라는 개념틀을 가지고 인조대 경세론을 설명하기도 하였다.[35]

여기서는 남인들의 다양한 경세론에 있어서 토지제도의 근본적 개혁을 주장한 것과 같은 것은 적극적·근본적 개혁론, 부세제도의 개혁을 통한 모순 해결을 주장한 데 대해서는 소극적·점진적 개혁론이라는 개념을 사용하고자 한다. 이렇게 본다면 새로운 변화를 추구하는 쪽을 모두 개혁이라는 큰 범주 내에 포함시키되, 다만 개혁의 구체적인 방법과 완급에 대해서는 차이가 있는 것으로 파악하는 것이다.

아래에서는 남인들의 제도 개혁론 중에서 활발하게 제기된 것으로 토지제도, 부세제도, 과거제도를 중심으로 하여 살펴보고자 한다. 그러한 남인들의 개혁 주장은 그들의 정신적 지주였던 이황의 사상에 이미 그 가능성이 내재되어 있던 것으로 볼 수도 있다. 이황은 흔히 이해하듯이 결코 향촌에 묻혀 있던 은둔자가 아니라 성현정치와 위민민본정치에 관심을 가짐으로써 현실정치에 참여하는 인식을 가지고 있던 존재였기 때문이다.[36]

---

35) 고영진, 앞의 「17세기 전반 남인학자의 사상」, 115쪽.
36) 김명하, 「퇴계 이황의 정치사상」, 『한국정치사상사』, 집문당, 2002. 김명하·전세영, 「성리학적 정통성의 확립 -퇴계-」, 『한국정치사상사』, 백산서당, 2005. 한편 이황의 정치사상을 차별윤리의 강화론으로 파악하여 도탄에 빠진 백성의 현실을 전혀 도외시하고 지배층의 이익에 충실한 것으로 극도로 폄훼하고 상대적으로 이이의 사상은 높이 평가하고 있는 주장도 있어 대비된다.(김만규, 「조선조 전기의 사화·반정과 정치사상의 수정」, 『조선조 정치사상연구』, 평민사, 1987 ; 김만규, 『조선조의 정치사상연구』, 인하대출판부, 1982)

1) 토지제도 개혁론

영남 남인 이현일은『洪範衍義』에서 토지개혁에 대한 구상을 밝힌
바 있다. 그는 자파의 성리설에 대한 옹호에도 힘을 기울였지만 그보다
는 경세론적 관심에 대한 천착에 더욱 주력하였다. 그의 경세에 대한 관
심은『홍범연의』의 저술에 잘 나타나 있는데, 이는 九疇를 총 78개 주제
로 나누어 정리한 것으로 유교사상에서 제시되는 수기와 치인의 모든 원
리를 집대성한 책이었다.『홍범연의』로 발현된 이현일의 경세론에 대한
관심과 천착은 이 시기 사상계에서의 경세론적 변화 요구에 대한 이황학
파의 필연적 대응이었다. 양란 이후 전면적으로 붕괴된 사회를 재정비하
기 위해서 원리적이고 근본적인 차원에서 그 방향을 모색한 것이었다.
이는 이이 사상에 비해 상대적으로 현실대응력이 뒤질 수 있는 소지를
가졌던 이황 사상의 한계점을 보강한 의미를 갖는 것이었다.[37]

그는 정전제를 토지제도의 이상으로 파악하였으나 원형 그대로의 복
구는 현실적으로 어렵다고 보았다. 그리하여 정전제의 근본인 균분의 취
지를 살리는 방향으로 토지개혁을 해야 하며, 토지가 균분되어 소농층의
안정적이고 균등한 발전이 보장될 때 여타의 정치·사회·교육·관리충
원·군사 등의 제반 국가체제도 완비될 수 있다고 보았다. 그 현실적인
대안으로 상정한 것은 토지의 상한선을 제한하여 점진적으로 토지의 균
분을 유도하는 限田制였던 것으로 보인다.[38]

같은 영남 남인으로 이현일의 제자인 정만양·규양 형제는 영남 지역
에서는 드물게 토지개혁을 구체적으로 주장한 학자였다. 조선 후기 농촌
의 토지소유상황을 직접 목도하고 있던 양심적인 지식인이라면 토지 소
유에 제한을 가하여 몰락하는 농촌 구성원들을 구제하여야 한다는 생각

---

37) 정호훈, 앞의「17세기 후반 영남 남인학자의 사상」, 146-147쪽.
38) 김성윤, 앞의「『홍범연의』의 토지개혁론과 상업론」, 82-84쪽.

을 하게 되는 것은 어쩌면 자연스런 현상이었다고 하겠다. 정만양 형제는 한전제를 당시 농촌문제의 해결책으로 제시하였다. 한전제는 토지 소유의 상한선을 설정하여, 점진적으로 토지의 균분을 유도하는 개혁안이었다. 한전제는 당시의 지주제 자체를 당장에 부정하는 것은 아니지만 대토지 소유제를 개혁하려는 것이어서 궁극적으로는 농촌사회의 안정과 국가 경제의 안정을 도모하고자 한 것이었다.

그들은 우리나라 관료제와 신분 관념을 고려하여 토지 소유의 상한선을 관료의 품계와 신분에 따라 차등적으로 설정하였다. 그리고 토지를 재는 단위를 頃畝法으로 바꾸어 대혼란을 자초할 필요가 없이 結負法을 그대로 사용하면서도 가능하다는 점을 지적하였다. 아울러 국가의 토지에 대한 관할과 통제권을 강화할 것을 주장하였으며, 경과조치를 마련하여 점진적으로 그러나 확실하고 엄정하게 일이 추진될 수 있도록 세심하게 배려하였다는 점 등을 특징으로 들 수 있다.[39]

요컨대 정만양 형제가 주장한 한전제는 실현 가능성을 높이는 데 큰 주안점을 두고 있었다. 그리고 어느 다른 학자의 한전제보다도 체계적이고 구체적인 안을 구상하였다는 점에 의미가 있었다. 그들의 토지 개혁 구상의 핵심 내용은 개인의 소유권을 극도로 축소시키고, 국가의 토지에 대한 관리 권한을 대폭 강화하는 것이었다. 소유의 상한선을 설정하여 개인의 무제한적인 소유의 욕구를 억제하고 통제하였을 뿐 아니라 이를 통해 균산을 도모함으로써 건강한 자영농에 근간을 두고자 한 것으로 평가할 수 있다.

한편 근기 남인 유형원은 均田論의 관점에서 토지개혁을 주장하였다. 그는 토지제도의 전면적인 개혁으로 국가사회운영의 정상화를 모색해야 한다는 인식에서 출발하여 전국의 토지를 국가가 통일적 계획적으로 구

---

39) 우인수, 앞의 「18세기초 영남 남인 정만양·규양 형제의 개혁론」. 우인수, 앞의 「훈수 정만양의 토지제도 개혁론」.

획조정하고 이를 토지생산성, 신분, 사회분업관계를 고려한 새로운 기준
에 따라 재분배한다는 것이었다. 이렇게 하여 토지의 불균, 편중의 원인
이었던 사적 대토지소유, 지주제경영은 일단 부정되고, 농업을 비롯한
상공업의 일정한 발전과 민산의 균등화가 실현될 것이며, 이 기반 위에
서 조세, 요역, 군역 등 국가 수취체제의 효과적인 운영이 기대될 수 있
을 것으로 보았다. 봉건적인 지주 제도를 부정하여 양반층의 사회경제적
기득권을 제한하고 농민, 피지배층 위주의 농업생산력의 발전을 꾀함으
로써 이와 연계한 유통경제, 상공업의 육성도 전망할 수 있는 획기적인
구상이라고 하겠다. 그러나 그는 구래의 신분차별제도를 인정하고 이를
차별적인 토지지급의 한 근거로 삼았다. 노동력을 기준으로 하는 토지분
급은 생산담당자, 즉 피지배층의 농민에게만 한정해서 적용하는 원칙이
었던 셈이다. 그의 사회개혁을 현실적으로 가능케 하기 위해 기득권층에
대해 배려한 것으로도 볼 수 있다.[40]

　이 균전론의 궁극적인 목적은 신분적 사회분업질서의 안정에 있었다.
그는 이를 위해 사, 즉 양반지배층의 사회적 역할을 강조하고 그들에 대
한 수전상의 우대 원칙을 분명히 하였던 것이다. 유형원이 그리는 사회는
아직 양반이 중심이 되어 양반을 위해서 운영되는 사회였던 것이다.[41]

2) 부세제도 개혁론

　영남 남인 홍여하의 경우 토지의 사유를 거스를 수 없는 시대의 현실
로 인정한 위에 어떤 형태로든 토지를 분급하는 것은 어려운 것으로 판
단하였다. 그는 부세를 토지에만 물리는 간소화와 조세 부담의 경감, 그
리고 조세의 불법적 탈루 방지를 철저히 시행하는 방법을 통해 당시의

40) 김준석, 앞의 『조선후기 정치사상사 연구』, 154-155쪽.
41) 김준석, 앞의 『조선후기 정치사상사 연구』, 156-157쪽.

모순을 해결할 수 있다고 보았다. 그는 고려의 전시과체제를 입법부터 잘못된 것으로 인식하였다는 점에서 그를 긍정한 유형원과 차이가 난다. 그리고 균전제에 바탕을 둔 조용조에 대해서도 비판적이어서 토지를 기준으로 하여서만 세금을 물리는 양세법을 긍정한 점은 조용조에 긍정적이었던 서인들과 인식을 달리하는 점이었다.[42]

이현일은 부세의 경감을 통한 부의 균형을 주장하였다. 이를 위해서 새로운 제도의 마련보다는 제도의 합리적인 운영을 강조하였다. 그리하여 양전의 시행이야말로 부세제도의 불합리성을 시정함은 물론 빈부의 격차를 해결할 수 있는 방안이며, 나아가 국가재정을 확충할 수 있는 방안이라는 생각을 가지고 있었다.[43] 즉 50여 년간 양전이 시행되지 않았음에 근거하여 양전의 시행이야말로 수취제도 개선 수준을 넘어서서 소민 또는 무전농의 토지소유와 그 확대를 가능하게 하는 방법이 될 수 있다고 인식하였다. 이를테면 진전을 개간한 경우 그 개간지를 원소유주에게 주지 말고 실제 개간자에게 소유권을 인정해 주고, 여타의 진황지는 관전으로 등록하여 관리토록 할 것을 주장하였던 것이다.[44]

영남 남인 정경세와 이윤우는 대신 이하의 관원과 여염의 품관이나 士子에 이르기까지 兵士가 아닌 사람을 대상으로 모두 베 한 필을 거둘 것을 주장하여 부세제도의 개혁을 주장하였다.[45] 최현도 현직 관료만을 제외하고 전직 관료를 포함한 모든 사족들에게서 미포를 거두어 양병을 위한 자금으로 사용할 것을 주장한 바 있었다.[46]

---

42) 신항수, 앞의 「17세기 중반 홍여하의 전제인식」.
43) 김학수, 앞의 「갈암 이현일의 학문과 경세론연구」.
44) 정호훈, 앞의 「17세기 후반 영남 남인학자의 사상」, 154쪽.
45) 『인조실록』16, 5년 5월 1일 병인. 고영진, 앞의 「17세기 전반 남인학자의 사상」, 125쪽.
46) 고영진, 위의 「17세기 전반 남인학자의 사상」, 125쪽.

3) 과거제도 개혁론

영남 남인 이현일은 인재 육성을 위한 방법으로 과거제를 혁파하고 選士法을 시행할 것을 주장하였다. 선사는 곧 조정에 천거된 자를 가리키는데, 이는 漢代의 鄕擧里選制, 鄭灝의 學校制論, 주희의 貢擧制論을 참고하여 실무능력과 덕성을 겸비한 인재와 관료를 육성하기 위한 것이었다.47) 그가 주장한 선사법의 내용은 기존의 詩賦에 치중한 과거만으로 인재를 선발하는 구조 속에서는 올바른 인재를 얻는 것이 불가능하므로 다른 보완적인 방법이 병행되어야 한다는 것이었다. 이에 정자와 주희가 제시한 바 있던 貢擧의 법을 근간으로 하되 손익을 참작하여 수정을 가하여 사용할 것을 주장하였다. 즉 과거 외에 별도로 액수를 정하여 公卿·近侍·監司·守令을 통하여 먼저 '博聞躬行有德業者'를 얻은 다음 이들로 하여금 교도의 업무를 담당케 하고, 다음으로는 '篤志好學材行粹美者'를 뽑아서 일정기간 학문을 講明하고 經史를 토론하게 한 후 때때로 考問하여 우수한 자를 적소에 임명케 하자는 것이었다.48)

이현일의 제자인 정만양·규양 형제도 당시 교육이 과거 시험의 합격과 그를 통한 공명의 획득에 그 목적을 둠으로써 근본부터 잘못되었다고 비판하면서 인재의 육성 방안, 선발 방안, 적절한 활용 방안 등이 유기적으로 관련된 개혁안을 제시하였다. 독특한 점은 군현 단위로 연령과 실력 수준을 고려하여 학생들을 3등급으로 나눈 사실이다. 즉 15세 이상 관례를 치르지 않은 자 중에서 현명하여 교육시킬 만한 자를 蒙士, 관례를 올린 자로부터 50세에 이르는 자 중에서 과거에 응시할 수 있는 자를 秀士, 특히 선비 중 '有志經行者'로 논선된 자를 選士로 구분하였다. 따

47) 정호훈, 앞의 「17세기 후반 영남 남인학자의 사상」, 156-157쪽.
48) 우인수, 『조선후기 산림세력연구』, 일조각, 1999, 85-86쪽. 김학수, 앞의 「갈암 이현일의 학문과 경세론연구」, 141-143쪽.

라서 학생들은 몽사 → 수사 → 선사의 순으로 승급하게 되는 셈이었다. 선발 방안으로는 매월 그믐에 훈장이 서원이나 향교에서 학생들의 공부를 점검하는 시간을 가지고, 1·4·7·10월에는 수령이 주관하는 강의를 열게 하였다. 특히 관찰사가 도를 순시하는 봄·가을에는 별도로 5·6곳을 정하여 해당 군현의 학생 전체를 대상으로 한 강의의 개최를 제안하였다. 이때 수사 중 뛰어난 자는 선사로 승급시키고, 선사 중 현명하고 능한 자는 조정에 천거케 한다는 것이었다. 선사를 조정에 천거케 한 점은 과거제의 한계를 극복하기 위한 보완책으로 선사법의 시행을 강력히 주장한 바 있던 이현일의 주장과 비슷한 것이었다.[49]

근기 남인인 윤휴 역시 과거제를 통한 관리 충원 방식을 폐지하고 천거제를 실행할 것을 구상하였다. 이는 붕당구조 타파를 위한 제도개혁이자 대경장을 추진할 세력의 결집을 모색하는 방법이었다. 그는 주대나 한대의 선거법을 원용한 鄕里選擧制를 주장하였다. 이는 주대에 향촌에서 우수한 자를 뽑아 성현의 경전과 忠信行檢의 덕목을 가르친 후 향촌과 중앙의 관료로 쓰는 방법, 또는 한대에 孝廉의 長才를 중앙에 천거하여 쓴 방법과 동일한 것이었다. 이러한 그의 주장은 주자학과 과거제로 말미암아 형성된 학문 풍토를 근본적으로 혁신하지 않으면 대경장은 불가능하며, 그를 위해서는 실무자인 관료의 충원 방식을 획기적으로 개선할 필요가 있다는 판단에서 나온 것이었다.[50]

유형원은 詞章과 製述 중심의 학교 교육을 지양하고 덕행과 道藝 본위의 인재교육으로 전환하며, 단계적 공개적인 인재추천 과정과 철저한 사후 책임제의 도입을 위해 貢擧制를 주장하였다. 이는 三代의 敎人取士法을 기본 이념으로 하되, 주희의 실천방안을 원용한 것이었다. 먼저 철저한 관학 중심 체제를 지향하기 위해 鄕庠 → 邑學 → 營學 → 太學

---

49) 우인수, 앞의 「18세기초 영남 남인 정만양·규양 형제의 개혁론」, 655-657쪽.
50) 정호훈, 앞의 『조선후기 정치사상 연구』, 317쪽.

으로 이어지는 4단계의 학제를 구상하였다. 그러면서 학제와 選擧制를 일원화하여 교육과 관리양성의 기능을 철저하게 국가의 관리 아래 두고자 하였다. 그리고 양반과 常人, 사류와 民庶의 신분적 차등은 당연히 유지되어야 하지만, 다만 그것이 혈통과 門地에 따라 규정되는 것이 아니라 학교의 입학, 수학 과정에서 닦아진 행의와 도덕에 따라서 결정되어야 한다고 하였다. 인재의 기준을 기본적으로 덕행과 도예에 두고 儒士 개인의 행실과 經術, 재능의 세 가지를 그 수학과정에 따라 몇 단계로 考査하여 현자와 능자를 뽑아 장차의 관인 후보자로 천거하는 방식이었다.[51] 결국 그의 공거제는 교육과 관리 진출에서 세습문벌의 특권을 제한하고 인품과 능력 본위의 관리선발을 보장하기 위한 방안이었던 것이다.

5. 대외관

조선 후기 동아시아 사회는 격동의 시기였다. 일본의 전국시대 통일과 조선침략 그리고 정권교체, 중국의 명청교체가 이루어진 시기였다. 그 와중에서 조선은 임진왜란과 병자호란을 겪었고, 정권이 반정으로 교체되는 경험을 하였다. 이러한 국제질서의 변화 속에서 조선의 지식인인 남인이 어떠한 국제인식과 대외관을 가지고 있었는가를 살펴보고자 한다. 이를 위해 주로 北伐論에 대한 인식을 중심으로 살펴보겠다.

조선 후기 남인의 대외관의 내용은 華夷論에 입각한 中華思想과 對明義理論에 입각한 事大思想으로 정리될 수 있다. 이와 관련하여 박충석은 중화는 문화이념적인 의미를 내포하고 있는 것으로 보고, 사대는 군

---

51) 김준석, 앞의 『조선후기 정치사상사 연구』, 190-199쪽.

사적 정치적 의미를 내포하고 있는 것으로 보아 둘을 구별하고 있다.[52]

대명의리론에 대한 당시 남인들의 인식은 대부분 서인들의 생각과 크게 다르지 않았다고 본다. 이기론에서 차이를 보인 이황과 이이도 통치론에서는 상호 대립한 점을 찾아보기 어렵기 때문이다.[53] 인조대 영남 남인 정경세는 명에 대한 의리를 가지고 있으면서도 정묘호란이 끝난 후 내적인 자강을 강조하는 입장이었다.[54]

같은 영남 남인인 이현일은 기본적으로 청을 야만으로 인식하는 전통적인 화이관에서 크게 벗어나지 않았다. 이는 당시의 소중화의식과 맥락을 같이하는 것이었다. 하지만 이현일이 살았던 시기에 조정에서는 이미 復讐雪恥에 대한 논의가 청의 대세론에 입각하여 구체화되지 못하고 있던 상황이었고, 청과의 우호관계에 안주하려는 분위기가 농후하던 시기였다. 그는 이러한 조야의 무사안일을 배은으로 간주하였는데, 시세의 부득이함을 빙자하여 복수설치를 자신들의 이해관계와 연관시키는 것은 왕과 백성을 속이는 행태로 규정하였다. 그리하여 복수설치가 시기상조라는 당시의 공론을 부정하고, 거듭되는 청의 내란을 복수설치의 호기로 보았다. 그리고 숙종 초 북벌론을 집요하게 주장하였던 윤휴를 매우 긍정적으로 평가하였던 것이다. 단순한 논의에 그칠 수도 있었던 이현일의 북벌론은 숙종조 그의 출사와 함께 국방강화론으로 진전되었다. 인재의 선발과 훈련을 우선 과제로 삼았으며, 부차적인 차원에서 축성과 병기의 개선이 거론되었다.[55]

북벌론에 대한 남인의 생각은 근기 남인인 윤휴의 경우에 잘 드러난다. 그러나 같은 근기 남인인 허목이 이를 극력 반대한 사실도 염두에

---

52) 박충석·유근호, 『조선조의 정치사상』, 평화출판사, 1980. 박충석, 『한국정치사상사』, 삼영사, 1982, 48-49쪽.
53) 박충석, 앞의 『한국정치사상사』, 46-47쪽.
54) 고영진, 앞의 「17세기 전반 남인학자의 사상」, 124쪽.
55) 김학수, 앞의 「갈암 이현일의 학문과 경세론연구」, 123-125쪽.

둘 때 윤휴의 주장을 근기 남인 전체의 것으로 일반화하기는 어려운 점
이 있다. 윤휴의 반청북벌론은 당대 유자들이 가졌던 화이관 및 대명의
리론에서 크게 벗어난 것이 아니었다. 그 역시 명과 조선의 관계를 군신
관계로 파악하고 있었다. 청과 조선의 새로운 지배복속관계는 국가를 유
지하는 근본질서와 강상의리를 붕괴시키는 일이었으며, 그런 점에서 청
과의 관계를 단절하고 청에 복수설치하는 일은 강상의리에 합당한 국제
질서를 확립함에 필수적인 전제로 보았다. 다만 그의 북벌론은 내수와
외양을 동일한 차원에서 파악하고 있는 점이 특징이었고, 이는 서인들을
위시한 대부분의 유자들이 '先內修 後外攘'의 논리를 편 것과 대조되는
부분이다. 그는 북벌을 통한 자주 자강과 내수는 상호 분리된 것이 아니
라 자주자강을 위해서는 북벌이 필요하며, 북벌은 내수를 전제로 하는
상보적인 관계로 인식하였다. 그리하여 내정 개혁과 북벌 수행은 동시에
추진되어야 할 것으로 보면서 상당히 적극적이고도 강하게 주장한 바 있
었다.56) 이런 점이 동료인 허목조차도 설득하지 못하는 요소로 작용하
였다.

　허목의 경우는 결과적으로는 반북벌론을 지향하고 있었다. 그는 봉건
적인 국가권력, 이념, 법제로부터 농민층의 이익을 배려하여 강압적인
통제에서 일어날 수도 있는 농민저항을 방지하려는 것이었다. 사회 정치
운영에서 드러난 폐단을 모두 지배층의 책임으로 돌려 정부와 지배층의
각성과 절제를 실현하고, 이로써 농민층의 극심한 곤궁과 억압상태를 어
느 정도 완화시키는 위에서 사회 안정을 도모하여야 할 때임을 주장한
것이었다.57)

　북벌론에 대한 생각은 단순하게 남인과 서인의 차이를 부각시킬 수
없을 정도로 개인에 따라 인식의 차이가 있었음을 알 수 있다. 여기에

---

56) 정호훈, 앞의 『조선후기 정치사상 연구』, 301-305쪽.
57) 김준석, 앞의 『조선후기 정치사상사 연구』, 65쪽.

현실의 상황 변화에 따른 인식의 차이까지를 고려하게 되면 더욱 복잡해
지는 양상을 띠게 된다. 같은 서인이라도 효종대의 송시열과 송준길은
북벌을 주장하였지만, 숙종대의 서인 관료들은 이미 안정기에 접어든 청
의 상황과 관련하여 북벌의 비현실성을 더 강조하는 입장이었던 것이다.
마찬가지로 남인도 개인에 따라 그리고 변화된 현실의 상황에 따라 북벌
에 대한 인식의 차이를 보이고 있었다고 하겠다.

6. 맺음말

여기서는 앞에서 다룬 내용을 바탕으로 하여 남인의 정치사상이 다른
당파의 그것과 구별되는 차이점을 밝힘으로써 남인 정치사상의 역사적
위상을 파악하고 그것이 지니는 역사적 의미를 살펴보고자 한다. 그리고
남인들의 사상과 실학과의 연관성에 대해 검토하고, 18세기 이후와의 연
결부분을 간단하게 제시하고자 한다.

조선 후기 남인은 그 성격상 크게 두 개의 부류로 나눌 수 있다. 하나
는 영남지역에 기반을 둔 이황학파의 남인들이고, 다른 한 부류는 근기
지역에 근거를 둔 북인계 남인 계통이다. 물론 같은 영남지역의 남인이
라고 해서 모두 같은 사상 내지 정치사상을 가지고 있었던 것은 아니었
다. 같은 성리학이라는 큰 테두리 안에는 있었지만, 세부적인 학설에 있
어서는 달리하는 점이 있었던 것이다. 장현광의 경우가 대표적이라고 하
겠다. 그는 성리학설에 있어서는 이황학파와 상당부분 다른 견해를 가지
고 있었던 것으로 간주된다. 그러나 정치적 입장이나 정치사상과 관련해
서는 주변의 남인들과 차이점보다는 같은 점을 더 많이 가지고 있었던
것으로 파악된다. 따라서 정치사상을 주로 다루는 여기서는 역시 영남

남인과 근기 남인의 큰 구분을 의미 있는 구분의 기준으로 고려하였다.

이 두 부류는 그 기본 속성이 다른 점도 있었지만, 정파상 같은 붕당에 속한 관계로 정치적 사안에 따라서는 상호 연합하거나 연대를 통해 결속력을 다지기도 하였다. 특히 근기 남인 중에는 영남 남인과 일정한 유대 관계를 지속적으로 유지함으로써 두 지역의 남인들의 고리 역할을 한 이도 있었다. 그럴 경우 영남과 근기를 잇는 가교 역할을 충실히 수행하였다고 하겠으며, 상호 영향을 주고받으면서 학문적으로나 정치적인 긴장감을 유지하고 있었다고 하겠다. 허목·유형원·오광운·채제공 등이 대표적인 존재들이었다.

지금까지의 대체적인 연구는 영남 남인들은 현상을 유지하고자 하는 상당히 보수적인 측면을 가진 부류로 개혁에 소극적이었던 데 비해 근기 지역의 남인은 다른 어느 부류보다도 개혁 지향적인 속성을 가졌으며, 결국 유형원을 거쳐 실학으로 이어졌다고 보았다. 그러나 최근 영남 지역 남인들의 개혁적 속성과 지향성에 대한 주장이 꾸준히 제기되고 있는 실정이다. 아울러 근기지역 남인들의 개혁적인 안들도 영남 남인과의 교류 속에서 배태된 것으로 파악하는 견해도 나오고 있다. 따라서 앞으로는 두 세력의 이질성을 확대시키는 연구보다는 두 세력의 동질성을 추구하는 쪽에 더 큰 관심을 가진 연구가 진행될 필요성이 있다고 본다.

이렇게 근기 남인에게서 이미 검증된 개혁성과 영남 남인에게서 새롭게 조명된 개혁성을 토대로 하여 전체 남인의 정치사상을 추출할 수 있다. 아울러 두 세력 사이에 상호 주고받은 영향에 대해서도 주목할 필요가 있다고 본다. 그 후 다른 붕당과의 비교를 통해 남인의 특성을 더 뚜렷하게 밝혀낼 수 있을 것이라고 본다.

먼저 남인들은 군주론에 있어서 군주의 절대성을 강조하는 면이 서인보다 더 강하였다. 군주권의 절대화를 주장함으로써 군주권의 상대화를 주장한 서인과의 사이에 예송논쟁을 벌였고, 결국은 국왕의 힘을 빌려

정권 장악에 성공한 사실이 있었던 것이다. 존군비신론으로 요약되듯이 군주권의 절대성을 인정한 범위에서 신하와 함께 정치를 하는 소위 군신 공치론 내지 군신조화론이 남인들의 정치사상이었다. 이는 신하에게 군주의 권한 일부를 위임할 것을 주장한 서인의 세도재상론과 구별되는 남인 정치사상의 특징이라고 하겠다.

붕당론에 대해서는 남인들 대부분이 원론적으로 부정적인 시각을 가지고 있었다. 이는 앞의 군주론의 연장선상에서 비롯된 측면도 크다고 생각된다. 신하들의 붕당은 군주권의 약화에서 비롯된 것으로 파악하거나, 붕당을 군주권 강화의 걸림돌로 인식하였고, 나아가 국정과 백성의 안정에도 해를 끼치는 것으로 인식하기도 하였다. 그러나 한편으로는 이미 현실이 되어버린 붕당을 인정하는 위에서 승패를 위한 지나친 시비보다는 정국의 화합 도모를 주장하는 논리도 있었다.

경세론에 있어서는 대체로 남인들이 개혁지향적인 가운데, 적극적인 개혁론자도 있었고, 소극적인 개혁론자도 있었다. 서인들은 일부 제도의 시정을 통해 사회 모순을 극복할 수 있다고 봄으로써 남인과는 차이가 있었다. 먼저 토지제도 면에서는 남인은 균전론이나 한전론을 주장하면서 토지제도 자체를 개혁하려는 근본적인 문제에 치중하였다. 그리고 남인들은 부세제도의 개혁을 통해 모순을 해결하려는 방안 마련에도 많은 관심을 가지고 있었다. 당시의 모순을 극복하기 위해서는 변화해야 한다는 점에는 동의하고 있었던 셈이다. 그 개혁의 연장선상에서 남인들은 과거제도의 개혁을 포함한 교육제도 전반에 대한 개혁도 주장하였다. 공거제·선사법 등이 남인으로부터 제기된 개혁안들이었다.

대외관은 남인이나 서인들이 비슷한 시각을 가지고 있었다고 보인다. 양쪽 모두 대명의리론에 충실하였던 점에서 그러하다. 다만 북벌론에 있어서는 남인 중에서도 적극적인 주장을 펴는 사람이 있는가 하면, 현실적인 측면을 고려하면서 반대하는 사람도 있어 붕당 차원에서 일률적으로 논할 수는 없는 모습을 보였다.

　한편으로는 개혁을 지향하는 것이 아니라 보수로 회귀하는 경향도 일부 나타났다고 보인다. 대부분 성리학자들의 정치사상은 중세의 위계적 사회질서를 확립하려는 것으로 볼 수 있다. 그런데 그러한 위계적 중세 질서에 대한 懷疑와 중국 중심의 중세적 국제질서에 대해 회의하는 분위기가 나타나게 되자 이에 대해 많은 성리학자들이 교조적인 대응을 보인 것도 사실인 것이다.58)

　그러나 모두는 아니었다고 하더라도 개혁지향적인 그리고 근본을 고치려는 시각 자체를 가져본 사실은 남인들의 큰 자산이었고, 이는 후일 근대 시기에 새로운 활로를 모색하는 계기로 작용하였다. 여기에 남인의 정치사상이 가지는 역사적 의의가 있다고 하겠다.

---

58) 손문호, 「조선조 성리학 정치사상의 역사적 성격」, 『조선조 정치사상연구』, 평민사, 1987, 98-100쪽.

제2장 존재 이휘일·갈암 이현일 형제의 개혁론

1. 머리말

성리학의 이론적 탐구에 몰두한 퇴계 이황도 서원의 건립이나 향약의 보급에 앞장 선 사실에서 확인되듯이 사회 문제나 세상을 다스리는 부분에 무관심하지 않았다. 이황의 제자 중 서애 류성룡과 학봉 김성일 같은 이도 문과에 급제한 후 관료로 입신하여 조정의 수많은 실무를 담당한 바 있었다. 특히 류성룡은 임진왜란기에 영의정으로서 국정을 총괄하면서 여러 가지 경세 방안을 모색하고 제안한 바 있었다.

그런데 퇴계 이황의 학맥에서 경세에 대한 관심을 직접 드러내면서 이론적으로 천착한 인물은 存齋 李徽逸[1619(광해군 11)~1672(현종 13)], 葛庵 李玄逸[1627(인조 5)~1704(숙종 30)] 형제였다. 퇴계 학맥 내에서 김성일 계열은 류성룡 계열에 비해 상대적으로 침체되었다가 이휘일·현일 형제 대에 와서 일약 활기를 띠게 되었다. 외조부인 장흥효를 통해 김성일의 학통을 이은 이현일 형제는 영해 출신이라는 지역적 한계를 극복하고 탄탄한 학문적 실력을 바탕으로 퇴계학통의 주맥으로서의 영향력을 확고히 하였다. 이현일은 숙종대에 산림으로 징소되면서 영남 남인 사회를 주도하는 위치에 올랐고, 남인 집권기에 출사하여 이조판서에까지 이르면서 정치적인 영향력도 한껏 키울 수 있었다. 이후 그의 학통은 밀암 이재-대산 이상정-정재 류치명으로 이어지면서 퇴계학통

의 가장 강력한 주맥으로 자리잡게 되었다.[1]

이현일 형제는 경세론에도 관심을 기울여 『洪範衍義』를 편찬하였다. 홍범구주의 정치 규범에 나타나는 의미를 널리 펴서 해설한 것이다. 이휘일이 동생 현일과 함께 편찬하기 시작하여 전체 체제를 구상하고 일부를 편찬한 상태에서 세상을 떠났고, 그 이후 이현일이 홀로 편찬을 계속하여 노년에 이르러 마무리 지었다. 자신들의 의견을 드러내어 제시하기보다는 관련 주제에 대한 선학들의 견해를 널리 구하고 살펴서 취사선택하여 서술함으로써 간접적으로 자신들의 구상이 드러나게 하는 형태를 취하였다.

여기서는 이현일 형제의 정치사회적인 활동을 정국의 추이 속에서 살펴 영남 남인 내에서의 위상에 대한 이해를 넓히고자 한다. 이어 그들이 저술한 『홍범연의』의 내용 속에서 현실 개혁과 관련된 부분을 살핌으로써 그들의 경세론을 드러내고자 한다. 이 『홍범연의』는 이후 이재와 이상정을 거치면서 완성되었기에 갈암학파의 경세론이라고 해도 과언이 아니다. 따라서 여기에는 갈암을 위시한 그 이후 갈암학파의 경세론, 나아가 영남 남인의 경세론의 특징이 함축되어 있다는 점에 의미가 크다고 생각한다.

---

1) 이현일에 대해서는 다음과 같은 연구가 축적되어 있다. 정호훈, 「17세기 후반 영남 남인학자의 사상 - 이현일을 중심으로」, 『역사와 현실』13, 1994. 김낙진, 「갈암 이현일의 경세사상」, 『철학논총』12, 1996. 김학수, 「갈암 이현일 연구」, 『조선시대사학보』4, 1998. 박홍식, 「갈암 이현일과 영해지역의 퇴계학맥」, 『한국의 철학』28, 2000. 김학수, 「갈암 이현일의 학문과 경세론연구」, 『청계사학』19, 2004. 김성윤, 「『홍범연의』의 정치론과 군제개혁론 - 갈암 이현일을 중심으로 한 조선후기 영남 남인의 실학적 경세론」, 『대구사학』83, 2006. 김성윤, 「『홍범연의』의 토지개혁론과 상업론 - 갈암 이현일의 경제사상과 그 성격」, 『퇴계학보』119, 2006. 김형수, 「갈암 이현일의 이학과 현실인식 - 반계 유형원과의 관련 및 비교를 중심으로-」, 『국학연구』9, 2006. 정만조, 「조선후기 정국동향과 갈암 이현일의 정치적 위상」, 『퇴계학』20, 2011. 김낙진, 「갈암 이현일 성리설과 경세론의 특색」, 『퇴계학』20, 2011.

2. 가계와 학연

이휘일·현일 형제는 재령 이씨로 아버지는 이시명이고 어머니는 안동 장씨로 경당 장흥효의 딸이다. 이 집안은 원래 함안에 살았는데, 고조인 이애가 그의 중부인 영해부사 이중현을 따라왔다가 영해에 정착하게 되었다.

현감 벼슬을 지낸 조부 이함은 가문의 기틀을 닦은 인물로서 56세의 나이로 문과에 재급제한 특이한 경력의 소유자였다.[2] 부친인 이시명은 진사시에 합격하였으나 대과는 포기한 채 경당 장흥효 문하에서 학문 도야에 전념하였다. 그 후 병자호란의 치욕을 부끄럽게 여겨 세상과의 인연을 끊고자 은둔의 길을 택하여 영양 골짜기로 옮겨 들어갔다. 김부의의 손녀이자 김해의 딸인 광산 김씨와 혼인하여 아들 상일을 두었고, 後配로 경당 장흥효의 딸 안동 장씨와 혼인하여 휘일, 현일, 숭일, 정일, 융일, 운일 여섯 아들을 두어 도합 7명의 아들을 두었다.[3] 김부의는 퇴계 이황의 문인이고, 장흥효는 퇴계의 적전인 김성일의 제자였으니, 형제는 혼맥에서 이미 퇴계 학통을 이을 좋은 조건을 갖춘 셈이었다. 특히 어머니 안동 장씨는 장흥효의 외동딸로 학식과 부덕이 뛰어나 '女中君子'라고 칭해질 정도의 인물이었다.[4]

이휘일은 어린 시절 근친을 가는 어머니를 따라 외조부인 장흥효에게

---

2) 선조 33년의 별시 문과에 급제하였으나, 시권에『장자』의 글을 인용한 것으로 인해 합격이 취소되었다. 그 뒤 광해군 원년의 증광시 문과에 다시 응시하여 56세의 나이로 급제함으로써 명예를 회복하였다.『국조문과방목』8, 선조조 경자(33년) 별시방.『위의 책』9, 광해군조 기유(원년) 증광방.

3)『갈암전집』27(여강출판사, 1986), 先考行狀.

4) 안동 장씨 장계향은 훗날 아들 이현일의 현달로 인해 정부인의 품계를 받았기 때문에 정부인 장씨로 불린다. 아들 7형제를 훌륭하게 키웠을 뿐아니라『음식디미방』이란 한글 조리서를 저술한 것으로도 유명하다.

서 학문의 대요를 배웠다. 『주역』의 無極太極說을 직접 전해 배웠고, 편지로 『대학』의 格物致知說과 『맹자』의 放心說에 대한 가르침을 받았다.[5] 한창 학업에 정진하던 15세에 경당이 별세하여 더 이상의 직접적인 가르침은 받을 수 없었지만 부모의 훈도를 받으면서 성장할 수 있었다.

이후 이휘일이 영향을 받은 인물로는 세 사람이 주로 거론되고 있다. 먼저 김성일의 문인인 호양 권익창인데, 역학 연구에 일가견이 있던 그로부터는 경전에 노력하는 법을 배울 수 있었다. 외숙부인 매계 김광계로부터는 해박하고 온후한 덕을 배웠다. 가장 오랫동안 교유한 학사 김응조로부터는 깨끗이 수행하는 과묵한 모습을 배웠다고 한다.[6]

이렇게 배운 것을 동생 이현일과 함께 절차탁마하면서 서로를 성장시켰다. 성년 이후에는 서로 떨어져 살았지만 자주 산방이나 초당에서 만나 합숙하면서 독서와 토론에 열중하였다. 『홍범연의』는 그 과정에서 형제의 관심사로 착목되어 찬집에까지 이르게 된 것이었다. 후일 8세 연하의 갈암 이현일이 외조부의 학통을 잇는 적전으로 우뚝 설 수 있는 가교 역할을 하였다.

이현일은 어린 시절에 장래 희망을 묻는 중형 이휘일에게 元帥가 되고 싶다는 뜻을 밝히기도 하였고, 15세 때는 마을 소년들을 모아 八陣圖 모양으로 배치하고 스스로 將壇에 올라 지휘하기도 하여 어른들을 놀라게 하였다. 그러나 18세 무렵부터는 마음을 돌려 성리학에 전념하기 시작하였다. 이때부터 중형을 따라 독서에 전념하면서 학문의 틀을 키웠다. 20세와 22세에는 부친의 명으로 과거에 응시하여 초시에는 모두 합격하였으나 복시에는 응하지 않음으로써 학문에 전념할 뜻을 확고히 하였다.[7]

---

5) 성백효, 「존재문집 해제」, 『국역 존재문집』, 한국국학진흥원, 2009, 27쪽.
6) 성백효, 위의 글, 28-29쪽

드디어 40세 즈음에는 영남 유림이 올릴 상소를 작성하는 데에 참여할 정도로 학문적 실력을 사방에 떨치게 되었다. 바로 현종대에 일어난 예송과 관련된 상소로서 현종 7년 류세철을 소두로 하여 영남 유림 천여 명이 연명한 의례소를 준비할 때였다. 이 때 의례소의 초안을 3명의 학자에게 의뢰하였었는데, 40세의 이현일이 69세의 류원지, 47세의 홍여하와 함께 여기에 포함된 것이었다. 최종적으로는 류원지의 것이 채택되고 이현일의 것이 채택되지는 않았지만 그의 명성은 충분히 짐작할 수 있다.[8]

이현일은 점차 학문도 완숙한 경지에 이르러 이황 – 김성일 – 장흥효로 이어지는 영남학파의 적통으로서 영남 유림을 이끌어 나가는 중심인물로 우뚝 자리잡게 되었다. 자연히 그의 주변에는 많은 문인들이 모여들었다. 그의 문인들은 그가 은거해 있던 영해·안동을 비롯하여 봉화·영양·진주·의성·영주·영천·성주·상주 등 경상도 각지에 널리 포진되어 있었다. 문인록에는 350여명에 달하는 문인들이 수록되어 있다.[9]

3. 정치사회적 위상

이현일이 산림으로서 조정에 주목받은 것은 숙종 초기 허목의 천거로 사헌부 지평에 임명되면서부터였다.[10] 하지만 그 때는 출사하지도 않았을 뿐더러 곧 남인이 실세하였기 때문에 중앙정계에서의 뚜렷한 활동은 없었다.

---

7)『갈암전집』 부록, 연보의 해당조.

8) 우인수, 「목재 홍여하의 현실인식과 대응」, 『한국사상사학』43, 2013, 36-37쪽.

9) 우인수, 『조선후기 산림세력 연구』, 일조각, 1999, 53-54쪽.

10)『숙종실록』6, 3년 5월 28일 계묘, 11월 10일 계미.

숙종 15년(1689) 기사환국이 단행되면서 남인은 숙종 초년에 이어 다시 정국의 주도세력으로 들어왔다. 기사환국은 숙종이 정국운영의 주재자로서의 권위를 확보하고자 하는 틀 속에서 일어난 국면 전환 사건이었다. 일시적으로는 왕권의 위상은 조금 나아지는 면이 있었지만, 한 쪽 당인을 모조리 중앙정계에서 도태하고 다른 당으로 하여금 보복을 허용하는 극단적 방법으로 왕권을 강화하러 하였기 때문에 붕당간의 대립을 더욱 격발시켰다.

서인이 물러난 자리에는 남인으로 채워졌다. 권대운·목내선·김덕원이 각각 삼의정에 보임된 것을 비롯하여 육조와 삼사도 남인들로 채워졌다. 이어 경신환국 때 피화한 남인의 신원이 시작되어 이원정·오시수·홍우원·윤휴의 관작이 차례로 회복되었다.[11] 집권세력이 된 남인은 서인을 철저히 도태시켜 경신년의 보복을 하였다. 서인의 기반을 뿌리째 흔들기 위한 일련의 조치를 취하여 香徒契留待軍을 금지케 하였으며,[12] 송시열의 건의로 시행되었던 노비종모법을 폐지하는[13] 등 서인 집권하에서 이루어졌던 정책을 폐기하였다.

이 때 이현일은 집권 남인들에 의해 산림으로 중용되었다. 이는 숙종 초기 남인 집권의 패퇴가 영남을 도외시함으로써 당파의 기반 확보에 실패하였기 때문이라는 자기반성에서 비롯되었다고 생각한다. 영남지역은 조선전기이래 인재의 府庫라 칭해졌고, 동서분당 후에는 동인·남인의 본고장으로서의 역사와 전통을 가지고 있던 곳이었다. 그러나 인조반정 이후 서인이 정국을 주도하였을 때는 말할 것도 없지만 숙종 초년 남인이 주도권을 잡았을 때도 근기의 남인이 주류를 이루었고, 영남의 남인

---

11) 『숙종실록』20, 15년 2월 10일 무신, 3월 5일 임신.
12) 이 계에는 김석주·김익훈·이사명의 家僮들이 많이 들어있어 이들이 체결하여 난을 일으킬까 염려하여 금지시켰다고 한다.(『숙종실록보궐정오』21, 15년 11월 4일 정유)
13) 『숙종실록』21, 15년 12월 13일 을해.

들은 소외되어 있었다.

당시 집권층은 영남사람들을 '遼豕'와 같이 여겼다고 한다.[14] 요동 사람이 머리가 흰 돼지를 진기하게 여겨 이를 임금에게 바치려고 하동 땅에 이르러 보니, 하동에 있는 돼지는 모두가 머리가 흰 돼지인 고로 부끄러워 돌아갔다는 고사에서 나온 말이다. 세상 물정을 알지 못하고 오로지 자기만 생각하는 것에 대한 비유로서 영남인을 우물 안의 개구리와 같이 견문이 좁은 인물로 여겼다는 것이다. 중앙에서는 인재를 구하는 데 있어 더 이상 영남을 염두에 두고 있지 않았다는 것이 되겠다.

그러나 영남 남인에 대한 홀대는 정파로서의 남인의 기반을 스스로 축소시키는 결과를 초래하여 결국 남인이 실세한 원인이 된 측면도 있었다. 기사환국 후에는 이에 대한 반성에서 남인의 지지기반을 영남지역으로까지 확대시키면서 확고히 하기 위해 당시 그 지역의 대표격인 이현일을 적극적으로 징소하게 되었던 것이다.

이현일은 기사환국 직후인 숙종 15년 2월 單望으로 성균관 司業에 임명된 후 승진을 거듭하여 5월에는 이조참의에 임명되었고,[15] 6월에는 성균관 祭酒를 겸하게 되었다.[16] 8월에는 대사헌을 거쳤으며, 16년에는 이조참판에 올라 세자시강원의 찬선도 겸하였다.[17] 이어 19년에는 이조판서에 오르는[18] 등 초고속 승진을 계속하였다.

그는 높은 학문을 바탕으로 경연에서 실력을 발휘하여 숙종으로부터 "과인이 믿고 의지하며 존숭하는 자는 오로지 경 한 사람뿐이다"[19]라는

---

14) 『숙종실록』4, 원년 윤5월 30일 정사.

15) 『숙종실록』20, 15년 2월 28일 병인. 『위의 책』21, 15년 5월 6일 신축.

16) 『숙종실록』21, 15년 6월 7일 임신.

17) 『숙종실록』21, 15년 8월 3일 병인. 『위의 책』22, 16년 2월 20일 임오, 5월 14일 갑진.

18) 『숙종실록』25, 19년 7월 14일 병진.

19) 『승정원일기』347, 숙종 18년 3월 27일 병자. "寡昧之所以倚信景仰者 惟卿一人 而已"

말을 들을 정도로 깊은 신임을 받았다. 원자보양관의 적임자로 지목되었으나 자급이 낮아서 곤란하자 특별히 가선대부에 승자되는 대우를 받았고, 이어 송준길의 전례에 의거하여 예조참판에 특별히 임명되는 이례적인 예우를 받았다.[20] 집권 남인들도 하고자 하는 바가 있을 경우 이현일을 통해 성사시키려 하였을 정도였다.[21]

이현일의 출사 결정은 서인에 대응하기 위해서는 근기지역의 남인과 영남지역의 남인이 제휴하지 않을 수 없다는 점을 깊이 인식한 상태에서 내려진 것이었다. 그는 이 기회에 영남인의 적극적인 등용을 반대급부로서 확보하고자 하였다. 그러나 영남 남인의 등용에 대해서는 집권 남인과 이현일의 사이에는 일정한 견해 차이가 있었다. 당시 집권 남인의 대다수는 산림 이현일이 경연과 서연에서의 학문 강의에 국한되는 업무를 담당해 주기를 바랐을 뿐, 국가 사무에까지 관여하는 것을 결코 원치 않았다.[22]

이현일은 그러한 조정의 분위기를 비록 허례는 융숭했으나 실질이 없었다는 말로 전하고 있다.[23] 그러나 일부에서는 특히 이봉징·이운징 등은 事務와 道學은 불가분의 관계에 있으니만큼 이현일에게 사무까지도 관여할 수 있게 해야 한다고 주장하고 또 기대하였다.[24]

또한 집권 남인은 영남 남인 등용의 목적이 정권의 지지 기반 확보에 있었기 때문에 자신들의 정국 주도에 지장을 초래하지 않는 범위 내에서 그들을 등용하려 하였다. 이에 비해 이현일은 보다 적극적인 영남인의

---

20) 『숙종실록』21, 15년 7월 22일 병진.
21) 『숙종실록』21, 15년 10월 5일 무진의 사신평.
22) 『갈암전집』17, 寄諸子. "大槪朝廷之意 皆以爲儒臣之責 但當專意講說 無預事務 方爲得體"
23) 『갈암전집』17, 寄子栽 경오(숙종 16). "左右臺皆見訪 虛禮雖隆 而無其實 是可難也"
24) 『갈암전집』17, 寄諸子. "獨李參議鳳徵李掌令雲徵 以爲事務道學不可岐而爲二";『위의 책』17, 寄子栽 경오(숙종 16). "李伯雨(이운징의 자)一夕來訪 從容說出天下大計"

등용을 요구하였고, 이를 통해 명실상부한 근기 남인과 영남 남인의 제휴를 이루려고 하였다. 이조판서로 있던 숙종 20년(1694) 정월의 도목정에서는 영남인 7명을 초입사로 낙점을 받게 하였으며, 영남의 인재를 산림으로 징소하기 위해 李惟樺을 상균관 司業에 임명하려고 애쓰기도 하였다.[25]

이러한 미묘한 인식의 차이는 비록 서인에 대한 정책에서는 공동보조를 취할 수 있었지만 붕당내로 시각을 좁힐 경우 팽팽히 대립할 수 있는 소지를 지니고 있었다. 이현일은 당시 집권 남인들의 현실대응 정책이 단지 목전의 이익에만 급급함을 질타하고, 원대한 변통책을 시급히 강구할 것을 촉구하였다.[26]

그의 選士法은 영남의 인재를 조정에 적극 포진시키려는 의도에서 나온 것이었다고 생각된다. 19년에 이조판서가 되었을 때 다시 청하여 숙종의 허락을 얻었으나 조정의 논의가 귀일되지 않아 시행되지는 못하였다.[27] 이때는 좌의정 목내선, 예조판서 유명현 등이 국가 재정을 이유로 난색을 표명하여 이 법의 시행을 막았다.[28] 전부터 집권 남인들의 현실에 안주하는 안일한 자세에 실망하던 이현일은 이를 계기로 조정을 떠날 생각을 굳혔고,[29] 얼마 뒤 하향하고 말다.[30] 곧 이어 갑술환국이 단행되면서 남인 전체는 중앙정계에서 또 다시 몰락하였다.

---

25) 『갈암전집』17, 答子栽 갑술(숙종 20). 이때 이유장은 자급이 모자라 후일 임명하기로 결정되었으나, 곧 이은 갑술환국으로 남인이 몰락하면서 성사되지 못하였다.

26) 『갈암전집』8, 答權相國大運 임신(숙종 18).

27) 『숙종실록』25, 19년 11월 23일 임술.

28) 『갈암전집』 부록, 연보, 숙종 19년 11월 임술. 『위의 책』17, 答子栽 갑술.

29) 『갈암전집』 부록, 연보, 숙종 19년 11월 임술.

30) 『숙종실록』26, 20년 3월 3일 신축.

4. 『홍범연의』와 개혁론

『洪範衍義』는 이휘일·현일 형제가 공동으로 집필한 저작물이다. 홍범은 『書經』의 편명으로 우임금이 하늘로부터 받았고, 기자가 주 무왕에게 전해주었다는 천하를 다스리는 지침을 서술한 부분으로 그 내용은 九疇로 나누어져 있었다. 성리학자가 경세 문제에 대해 직접적인 저작물을 남기는 것은 흔한 일이 아닌데, 유학이 본래 경세의 문제를 소홀히여긴 학문이 아니기 때문에 그들이 이런 경세 관련 저술을 한 것은 전혀이상할 것이 없는 자연스런 일이었다고 할 수 있다.

효종 3년(1652) 이휘일이 34세, 이현일이 26세 때 공동으로 집필하기시작하여 숙종 12년(1686)에 완성하였다. 약 34년의 세월이 소요되었다. 이휘일은 이 책의 전체를 구상하고 篇目을 정함으로써 저술의 큰 밑그림을 그리는 작업을 주도하였다. 뿐만아니라 구주 가운데 삼주를 직접찬록하였고, 나머지 육주의 골격과 지침도 마련해 두었다고 한다.[31] 공동으로 작업을 하던 중 이휘일이 사망한 이후로는 이현일이 혼자서 작업을 마무리하였다. 이현일에 의해 마무리된 이후 아들인 밀암 이재과 외증손인 대산 이상정의 손을 거치면서 교정되어 완본으로 완성되었던 것이다.

『홍범연의』는 구주의 취지를 부연 설명하면서 각종 서적에서 필요한해당 부분을 발췌하여 구주의 순서에 맞추어 분류 편찬하였다. 구주는五行, 五事, 八政, 五紀, 皇極, 三德, 稽疑, 庶徵, 五福六極 등 아홉 개로 분류되어 있다. 경전에 실려 있는 역대 각종 제도와 원리를 논하고, 사례를 들어 역사적으로 논증하였다. 그 가운데 편찬자의 서술은 많이들어가 있지는 않지만 편찬자의 의도는 짐작할 수 있는 여지는 남아있

---

31) 송찬식, 「홍범연의 해제」, 『홍범연의』, 홍범연의중간소, 1982, 11쪽.

다. 따라서 그를 통해서 갈암 형제의 의도나 생각을 읽을 수 있는 것이
다. 바로 그들이 제기하는 개혁론을 추출해 낼 수 있는 것이다.

먼저 중앙 정치와 관련하여 대신을 통한 왕권의 강화를 주장하였다.
그는 군권과 신권의 조화를 중시하는 가운데 군주의 절대적인 권위를 강
조함으로써 군권을 확고히 하려는 입장에 서있었다. 군주와 신하의 관계
는 천지의 관계와 같다는 인식이 토대에 깔려있었다. 군주는 만사의 근
본이자 절대적인 존재로 인식하였고, 그에 따른 책무를 강조하였다.[32]
천명과 책무에 대한 강조는 군주의 독단을 피할 수 있는 장치이기도 하
였다.

신권의 핵심은 한 사람의 대신에 대한 강조에 있었다. 한 사람의 대신
에게 백관의 통솔을 전적으로 위임한다는 것이 그것이다. 한 사람에게
정권을 전담시키면 정치가 융성해지고, 정치가 한 곳에서 나와 계통이
있을 뿐아니라 책임을 물을 곳이 분명해진다는 점을 큰 장점으로 들었
다. 당쟁기 정치적 구심점이 약화되고 국론이 분열되던 상황에서 왕권을
강화하고 정치를 안정시킬 대안으로 모색된 것이다.[33] 관료제의 계통성
과 효율성을 강화하고 권력의 분산을 막으려 한 점에서 많은 실학자나
개혁론자들이 주장해온 의정부 강화론이나 비변사 혁파론과 궤를 같이
하고 있었다.[34]

다음으로는 인재 선발 제도의 개혁을 강조하였다. 이현일이 조정에
들어와서 거취를 걸고 자주 주장한 것은 향약의 시행과 더불어 選士法
의 시행이었다. 그가 주장한 선사법의 내용은 숙종 17년에 올린 상소문
에 자세하게 나타나 있다.[35] 여기서 그는 '爲治之要'를 '正風俗'·'得賢

---

32) 김학수, 「갈암 이현일의 학문과 경세론 연구」, 『청계사학』19, 2004, 120-121쪽.
33) 김성윤, 「『홍범연의』의 정치론과 군제개혁론」, 『대구사학』83, 2006, 116쪽.
34) 김성윤, 위의 논문, 116-117쪽.
35) 『갈암전집』4, 進君德時務六條疏.

材'에 있다고 전제하고, 기존의 詩賦에 치중한 과거만으로 인재를 선발하는 구조 속에서는 이의 실현이 불가능하므로 다른 보완적인 방법이 병행되어야 한다고 하였다.

이에 정자·주자가 제시한 바 있던 貢擧의 법을 근간으로 하되 손익을 참작하여 수정을 가하여 사용할 것을 주장하였다. 즉 과거 외에 별도로 액수를 정하여 공경·근시·감사·수령을 통하여 먼저 '博聞躬行有德業者'를 얻은 다음 이들로 하여금 교도의 업무를 담당케 하고, 다음으로는 '篤志好學材行粹美者'를 뽑아서 일정기간 학문을 講明하고 經史를 토론하게 한 후 때때로 考問하여 우수한 자를 적소에 補官케 하자는 것이었다.[36] 이러한 그의 생각은 경상도관찰사에 임명된 이현기에게 한 당부에서도 피력되었는데, 정자와 주자의 학제와 貢擧案을 기본으로 하되 시의를 참작하여 수정하여 행할 것을 강조함으로써, 교육 및 인재 등용책의 개선을 주문하였던 것이다.[37]

다음으로 군제의 개혁을 들 수 있다. 그는 고대 정전제에 기초한 병농일치적 군제를 군대의 편제나 비용, 훈련과 전술 등을 고려할 때 가장 이상적인 것으로 생각하였다.『홍범연의』의 군제에서 주례를 대거 인용하면서 병농일치제의 장점과 군사 편제 및 전술에 대해 논급하고 있다. 그는 구준의 말을 인용하여 병농일치제의 장점을 평시의 행정체제가 그대로 군사체제로 전환된다는 점, 군사 모집의 번거로움과 결원 보충의 어려움이 없다는 점, 군량 공급에 드는 비용이 없다는 점, 수자리 서는 노고가 없다는 점, 장수에 의한 병사의 사병화를 방지할 수 있다는 점 등을 꼽았다.[38]

장수의 선발 방식에도 관심을 표명하면서 개혁 방안을 제시하였다.

---

36) 위와 같음.
37) 『갈암전집』9, 與李元方(玄紀) 계유(숙종 19).
38) 김성윤, 위의 논문, 122쪽.

첫째는 장수는 병졸과 다르니 병졸을 시험하는 기예로써 뽑을 것이 아니라 병법과 지휘법의 숙달 정도, 방어 계책, 군사 훈련 방안 등을 기준으로 선발할 것을 강조하였다. 둘째는 무신을 전문적으로 양성할 학교를 설립하자는 방안을 제시하였다. 무과 출신 가운데 재주와 지혜가 뛰어난 자를 선발하여 무경, 통감, 논어, 좌전 등으로 교육시켜 능통한 장수를 양성하여 궁극적으로 강병을 육성하려는 계책이었다.[39]

마지막으로 화폐의 유통의 필요성과 효용성을 강조하였다. 『홍범연의』에는 화폐의 효용성을 설명하고 동전 유통을 긍정적으로 생각하였음을 확인할 수 있다. 동전 사용의 주요 목적은 국가가 화폐를 통해 적극적으로 물가 조절을 할 수 있다는 점이었다. 그런데 그를 위해서는 군주가 주전권을 장악하고 사적인 주조를 막으면서 주조의 통일성을 기할 것을 주장하였다.[40]

『홍범연의』에서 제시한 화폐와 관련한 핵심 사항을 세 가지로 제시하고 있다.[41] 조정에 의한 주전권의 장악 및 동전의 통일, 관에 의한 적극적인 통화량 조절, 그리고 당오전과 같은 명목가치가 높은 화폐의 발행이 그것이다. 이것들은 당시 문제가 되고 있던 전황에 대한 근본적인 대책이 될 수 있는 것으로서 그의 현실적인 감각과 안목을 보여주고 있다. 이는 왕권강화라는 정치에 대한 논의를 뒷받침하는 것이기도 하였다.

당시의 일반 지식인의 화폐관에 비해서는 상당히 진전된 인식을 가지고 있은 것은 분명하다고 평가할 수 있다. 같은 시기 동전 유통 상황을 경험한 유형원의 논의와 대체로 비슷한 방향이지만 전황에 대한 고려는 이현일이 진일보한 면이 있다.[42] 물론 유통경제가 원숙한 발전을 보이

---

39) 김성윤, 위의 논문, 126쪽.
40) 김성윤, 「『홍범연의』의 토지개혁론과 상업론」, 『퇴계학보』119, 2006, 88쪽.
41) 김성윤, 위의 논문, 91쪽.
42) 김성윤, 위의 논문, 92-93쪽.

지 못한 시대적 상황에서 오는 한계는 일정하게 반영되어 있음도 부인할
수는 없다.

5. 맺음말

이휘일·현일 형제는 퇴계 이황의 학맥을 김성일-장흥효를 통해 이
어 받아 이를 이재-이상정-남한조-류치명으로 내려 보내는 데 중심
역할을 한 인물이었다. 이렇게 이어지는 학맥은 퇴계 학맥 내에서 가장
강력한 하나의 줄기를 형성하게 되었다. 이 줄기의 중심에 위치한 이현
일은 퇴계학통의 적전으로서의 위치를 확고히 하면서 영남 남인 사회를
영도하는 위상을 가진 존재였었다.

두 형제는 함께 절차탁마하면서 학문적 깊이를 더해 갔으며, 일찍이
경세론에도 깊은 관심을 가져 『홍범연의』의 편찬에 힘쓰기도 하였다.
더구나 이현일은 40세의 나이에 영남 유림을 대표하는 상소를 기초하는
데 추천될 정도의 학문적 실력을 떨치고 있었다. 자연히 그들 주변에는
많은 문인들이 모이게 되었고, 영남 남인 사회를 이끌어가는 지도자로서
의 면모를 다지게 되었다. 이휘일은 벼슬에 큰 관심을 가지지 않았고,
더구나 서인이 주도하는 정국 속에서 기회를 갖기는 어려웠다. 하지만
8세 연하의 이현일의 경우는 좀 더 적극적인 현실 인식과 대응 자세를
보였으며, 시대적 상황도 바뀌어 남인의 집권기가 도래하는 것과 맞물려
조정에 출사하게 되었다. 숙종 15년 기사환국으로 남인이 집권하게 되었
을 때 이현일은 영남 남인을 대표하는 산림으로 징소되어 중앙정계에 나
아갔다.

당시 집권한 근기 남인들이 이현일을 통해 자당의 명분과 입지를 강

화하고 영남인의 소외감을 치유함으로써 정권의 기반 확대를 도모하였다. 이에 힘입어 이현일은 초고속 승진을 하면서 숙종의 신임을 한 몸에 받았고, 그 기회를 이용하여 평소 자신이 품었던 경세론을 펼치고자 하였다. 선사법의 시행 주장은 그 첫걸음에 해당하는 것이었다. 그리고 영남 남인들의 등용에도 힘을 기울여 자신의 개혁에 우호적인 세력으로 키우고자 하였다.

하지만 이현일의 경우는 같은 산림으로서 서인·노론의 송시열이 가졌던 위세에는 미치지 못하였다. 집권한 근기 남인들이 이현일에게서 지지 기반 확보 이상의 역할을 원치 않았으며, 이현일로서도 자신의 사우 문생들이 중앙정계에 널리 포진된 상황이 아니었기 때문에 독자적인 힘을 가지기가 쉽지 않은 처지였다. 더구나 남인의 집권이 숙종 20년의 갑술환국으로 5년만에 단명으로 끝나버렸기 때문에, 이현일로서는 더욱 그러한 면모를 갖추기가 어려웠다. 영남 남인의 중심인물인 이현일은 집권 노론 세력의 경계 대상이 되어 철저한 견제를 받게 되었다.

형제가 공동으로 편찬한 『홍범연의』는 그들의 경세학에 대한 관심을 잘 대변해주는 저술이다. 여기서 그들은 자신들의 생각을 적극적으로 드러내지는 않았지만 선현들의 주장에 대한 편집을 통해 자신들의 의도를 간접적으로 드러내고 있다. 이휘일이 시작하고 이현일이 마무리 하였으며, 이후 후손과 후학의 개정과 교정 작업을 거쳐 완성되었으니, 가히 영남 남인 경세론의 전범이 되는 저술인 셈이었다. 국가 통치의 효율적인 방안을 위시하여 인재 선발 방식과 군제의 개혁, 나아가 화폐의 유통에 이르기까지 폭 넓은 개혁안에 관심을 표하였다.

이 저술을 통해 그들이 펼치고자 하였던 경세의 이상이 비록 짧은 출사와 상대당의 견제로 인해 실현되지는 못하였다. 이후에도 이현일에 대한 정치적 박해가 풀리지 않고 남아있었기 때문에 그의 학맥을 잇는 후손들이나 문인들이 상당기간동안 움츠러든 채 세월을 보내야 하였다. 그리하여 그들의 경세론이 세상에 적극적으로 드러나지는 못하였지만, 영남 남인을 중심으로 하여 면면히 계승되었다.

제3장 목재 홍여하의 현실인식과 개혁론

1. 머리말

木齋 洪汝河[1620(광해군 12)~1674(숙종 즉위)]는 영남 남인 출신의 관료이자 학자였다. 본관은 부계로 성종대의 명신인 귀달의 5대손이다. 고조는 생원 언국이고, 증조는 경삼, 조는 무관인 덕록이다. 아버지 호는 문과에 급제하여 벼슬이 대사간에 이른 강직한 인물이었다. 어머니는 고 경명의 손녀로 고종후의 딸이다.

그의 선대는 군위에 거주하였으나 5대조 귀달대에 상주 율곡리로[1] 이거한 후 그의 가문은 이곳을 세거지로 삼았다. 그는 뚜렷이 스승을 두고 배운 것 같지는 않고, 아버지로부터 가학을 전수한 듯하다. 하지만 아버지 호가 우복 정경세를 스승으로 삼았고, 어렸을 때 우복의 칭찬을 들은 바도 있는 것으로 미루어 볼 때 이황-류성룡-정경세로 이어지는 학문적 분위기 속에 있었다고 할 수 있다. 그리고 학봉 김성일의 증손서 로서의 혈연적인 인연도 가지고 있었다.

그는 효종 5년(1654) 35세 때 진사에 급제하고 연이어 그 해 식년문 과에 급제하였다. 예문관과 사간원의 청직을 역임하면서 엘리트 관료로 의 길을 걸었다. 하지만 당파 간의 견제와 갈등으로 인해 그의 관직생활 은 순탄하지 않았다. 약 5년 동안의 출사기에 두 번의 응지상소를 올렸

---

1) 근대 이후 몇 차례의 행정구역 개편으로 인해 현재는 문경시 영순면에 속한다.

는데, 상대당인 서인으로부터 강한 반발을 받아 유배되는 것으로 귀결되었다. 현종 1년(1660) 41세에 곧 풀려나기는 했으나 서인이 집권하는 동안 다시는 벼슬길에 나가지 못하였다. 향촌에 은거한지 15년후 2차 예송으로 인해 서인이 실각하고 남인이 집권하게 된 숙종 즉위년(1674) 다시 등용되어 사간에 임명되었으나 미처 부임하지 못하고 55세를 일기로 사망하였다.

학계에서는 홍여하에 대해 일찍 관심을 가졌다. 그가 저술한 역사서인 『彙纂麗史』와 『東史提綱』은 17세기 남인의 역사 인식을 보여주는 주요한 사서로 인정되어 많은 연구의 대상이 되었다.[2] 그리고 그가 짧은 관직생활과 긴 칩거생활 속에서 다듬고 구상한 경세론도 주목받은 바 있다.[3]

그는 영남 남인의 젊은 관료로서 서인 비판에 있어 깊은 인상을 남기면서 강한 존재감을 드러낸 바 있었지만 이에 대해서는 구체적으로 조망된 적은 없다. 여기서는 서인과 남인이 대립한 당쟁 속에서 그가 보인 남인으로서의 현실에 대응한 모습을 드러내고자 한다. 서인 주도 정국 운영에 대한 비판, 서인 예론에 맞선 대응을 살피고, 특히 부세제도 개혁안에 대해 주목하고자 한다.

---

2) 한영우, 「17세기 중엽 영남남인의 역사서술 -홍여하의 휘찬여사와 동국통감제강-」, 『변태섭화갑기념 사학논총』, 1985.(한영우, 『조선후기 사학사연구』, 일지사, 1989 재수록) 김선화, 「홍여하의 역사인식」, 한양대 석사학위논문, 1987. 장윤석, 「17세기 영남 남인 오운과 홍여하의 역사인식」, 경북대 석사학위논문, 2007. S. O, Kurbanov, 「『목재가숙휘찬여사』의 유학전」, 『규장각』32, 2008.

3) 신항수, 「17세기 후반 영남 남인학파의 경세론」, 고려대 석사학위논문, 1993. 신항수, 「17세기 중반 홍여하의 전제인식」, 『한국사상사학』,8, 1997. 우인수, 「조선후기 남인의 정치사상」, 『한국유학사상사대계』4(정치사상편), 한국국학진흥원, 2007.

2. 집권 서인 비판

홍여하는 영남 지역 남인의 집안에서 태어나서 남인으로 살았던 인물이다. 북인은 이미 인조반정으로 그 설 자리를 잃어버린 상태였기 때문에 그가 활동할 당시의 주된 상대당은 서인이었다. 서인에 대한 그의 대응을 직접적으로 보여준 시기는 관직생활 기간이었다. 그는 35세에 문과에 급제하여 이듬해 관계에 발을 디딘 후 40세에 유배에 처해지기 전까지 약 5년간 관직생활을 하였다. 이 시기는 효종 5년에서 효종 10년에 해당하는 시기였다.

효종은 인조의 둘째 아들로서 왕위에 오른 인물이었다. 인조의 왕위계승권자였던 첫째 아들 소현세자가 급서한 후 세자로 책봉되어 왕위에 올랐던 것이다. 소현세자가 사망할 당시 아들을 세 명이나 두고 있었기 때문에 정상적인 왕위계승원칙이 적용되었다면 효종이 세자로 책봉되기 어려웠다. 그러나 인조는 '나라에 장성한 군주가 있는 것이 복'이라는 명분을 내세워 둘째 아들인 봉림대군을 세자로 책봉하였던 것이다.[4]

효종은 즉위한 이후 북벌을 정책의 제일 목표로 내걸고 추진하였다.[5] 그가 북벌을 내세운 근저에는 병자호란으로 당한 국가적 치욕, 청의 볼모생활에서 비롯된 반감, 그리고 비정상적 왕위계승에 따른 부담감 등이 작용하고 있었다고 본다. 정상적인 왕위계승원칙이 적용된 승계가 아닌 점이 제약으로 작용하였기 때문에 인조대 국정운영의 틀과 원칙을 시대상황에 맞게 탄력적으로 변용하기도 어려웠다. 오히려 인조대를 교조적으로 계승하는 모습을 보여줄 가능성이 컸다. 이것이 북벌로 나타난 것이다.

---

4) 『인조실록』46, 23년 윤6월 2일 임오. 이러한 왕위계승원칙에 어긋난 효종의 등극은 훗날 그의 사후 정국에 일대 파란을 일으키는 원인을 제공하게 되었다.

5) 우인수, 「조선 효종대 북벌정책과 산림」, 『역사교육논집』15, 1990.

효종대 정국을 주도하던 붕당은 인조대에 이어 서인이었다. 반정을 주도한 서인이 정권을 장악한 이래 인조대 내내 주도 붕당이 바뀔만한 여지는 없었다. 그 인조정권을 이어받은 것이 효종이었다. 중앙 정계에서 남인은 겨우 명맥을 유지하고 있는 상태였으며, 남인의 정권 장악 가능성은 점점 줄어들고 있었다. 이런 상태가 좀 더 지속되면 붕당으로서의 존재 의미까지 희미해지게 될 것이고, 곧 역사의 뒤안길로 사라질 지도 모를 위기감마저 도는 상황이었다고 해도 과언이 아니었다.

홍여하는 남인의 위기 상황에서 관직생활을 시작하였다. 효종 5년 (1654) 35세 때 문과에 급제한 그는 36세에 예문관에서 관직생활의 첫발을 디뎠다. 예문관은 나라의 문한을 담당하는 관서로서 젊고 유능한 문과출신자들이 임명되던 곳이었다. 이 관서의 정 9품 검열, 정 8품 대교, 정 7품 봉교를 차례로 역임하면서 춘추관 기사관 즉 사관도 겸하였다. 출발은 청직으로 순조롭게 시작한 셈이었다.

이후 약 5년간에 걸친 짧은 관료생활에서 홍여하는 두 차례에 걸쳐 應旨上疏를 올렸다. 앞의 것은 조금 경미하여 좌천에 그쳤지만, 뒤의 것은 유배로 귀착되었다. 그가 남인의 촉망받는 중앙 관료로서 상대당인 서인의 핵심 실세를 공척한 것은 응지상소를 이용한 것이었다고 하더라도 대단히 위험한 행위였다. 그만큼 자신의 한 몸을 내던질 각오와 남다른 용기가 필요한 것이었다.

효종 7년(1656) 사간원의 정 6품 정언으로 재직시에 時事를 논하는 응지상소를 처음으로 올렸다.[6] 이 상소는 대신들에게 분노를 거칠게 드러낸 효종의 성정을 지적하면서 마음 수양하기를 곡진하게 아뢴 것이었다.[7] 효종이 영돈녕부사 김육이 올린 차자로 인해 대신들을 인견한 자리에서 차마 군주로서 입에 담아서는 안 될 말들을 마구 내뱉은 적이 있었

---

6)『효종실록』17, 7년 12월 4일 정축.

7) 위와 같음.

다.8) 효종이 북벌을 위한 목적으로 추진한 일련의 정책들로 인해 곳곳에
서 물의가 일어나고 있던 차에 마침 천재지변과 사고들이 겹쳐 일어나게
되었다. 이에 김육이 재해에 대한 경계의 상소를 올려 효종이 의욕적으
로 추진한 각종 정책의 잘못을 지적하면서 그 시정을 촉구한 것이었다.
효종은 자신의 정책들이 뜻대로 잘 수행이 되지 않던 차에 엎친 데 덮친
격으로 재해까지 일어났고, 이를 기화로 자신이 추진한 정책에 대한 반
발이 들어오자 몹시 기분이 불편하였던 것이다. 그래서 김육의 상소에
대해서도 평상심으로 대하지 않았고, 이를 거론하는 대신들과의 인견 자
리에서도 "오늘날에는 임금 노릇하기도 어렵다."라고 한다든지, "나의
행동 모두가 사람들에게서 비난을 당하니 이 뒤로 어떻게 감히 다시 대
궐문 밖에 한 걸음이라도 나가겠는가."라고 하면서 쌓인 불만을 직설적
으로 토해내었던 것이다.9)

　　홍여하는 사간원 정언으로 있으면서 바로 위와 같은 부적절한 언행을
한 효종의 마음 수양을 청한 것이었다. 효종에 대해서 불손한 언사가 있
었던 것도 아니고, 서인을 공척하는 내용도 아니었다. 따라서 효종도 진
언한 정성을 가상하게 생각한다는 정도의 상투적인 비답을 내렸으며, 서
인도 이에 대해 직접적인 반응을 보이지는 않았다. 하지만 직언을 한 홍
여하는 서인 당국자의 견제를 받아 외직인 함경도 고산찰방으로 좌천되
었다.10) 그를 시종신으로 그대로 두었다가는 자신들에게 거추장스러운
존재가 될 것을 우려한 때문이었다.11)

　　효종 9년(1658) 39세 때는 함경도 경성판관에 임명되어 다시 관직에
나아갔다. 재직 중이던 이듬해 효종 10년(1659) 4월 효종의 求言에 응하

---

8) 『효종실록』17, 7년 9월 15일 경신.
9) 『효종실록』17, 7년 9월 24일 기사.
10) 『승정원일기』144, 효종 8년 2월 13일 병술.
11) 『木齋集』12, 부록, 碣銘(權愈 撰), 국립중앙도서관 소장본.

는 상소를 올렸다. 응지상소가 절차를 밟아 서울에 도착하였을 때는 이
미 효종이 위독한 상태였기 때문에 전달되지 못하였다. 상소는 얼마 뒤
새로 즉위한 현종에게 전달되었다.[12] 이 상소는 조정에 엄청난 파란을
일으켰다.

장문의 상소에서 홍여하는 크게 네 가지 점을 시급히 해결해야 할 폐
단으로 들었다.[13] 변방문제 해결이나 정책 수립과 관련한 기강의 해이,
상과 벌이 바르게 행해지지 않는 것, 정직한 언로가 막힌 것, 시비가 명
확하게 분별되지 않는 것 등을 지적하였다. 그리고 이 폐단들의 원활한
해결을 위한 방안으로 현명한 인재의 등용과 공도의 회복 두 가지를 제
시하였다. 현실 문제에 관심을 가진 인물이라면 누구나 수긍할 수 있는
요목들이라고 할 수 있다.

그런데 문제가 된 것은 시비의 분별을 주장하는 대목에서는 우의정
이후원의 실명을 거론하면서 誤國의 책임을 추궁하였을 뿐 아니라, 인
재 등용을 주장하는 대목에서는 세자시강원 諮議 임명을 예로 들면서
그 부당성을 지적함으로써 이조판서 송시열을 겨냥한 직격탄을 날렸기
때문이다. 이후원과 송시열은 모두 사계 김장생의 문인으로 서인의 핵심
인물이었다. 이후원은 인조반정의 3등 공신으로 지방관을 몇 차례 역임
하다가 문과에 급제한 이후 중앙의 요직을 두루 거쳐 효종 8년에는 우의
정에 오른 인물이었다.[14] 정계에서 사계학파의 든든한 버팀목 역할을

---

12) 『현종실록』1, 즉위년 6월 2일 신묘.

13) 『목재집』3, 應求言教疏.

14) 서인 사신은 이후원을 평가하기를 "당시 부귀에 탐닉하지 않은 勳臣과 貴戚이 드
   물었건만 후원만은 청렴하고 절약하는 생활을 고수하면서 끝까지 아름다운 이름
   을 잃지 않았으며, 故事를 익히 알고 사리를 분명하게 따지는 점에 있어서는 조정
   의 신하들 가운데 비견할 만한 자가 흔치 않았다."라고 하였다.『현종개수실록』2,
   1년 2월 4일 기축. 이후원의 정치 운영과 활동에 대해서는 다음 논고들을 참고하
   라. 정호훈, 「16·7세기 『경민편』 간행의 추이와 그 성격」, 『한국사상사학』26,
   2006. 지두환, 「우재 이후원의 생애와 정치활동」, 『한국학논총』30, 2008.

하고 있었다. 송시열은 김장생의 적통을 이은 산림으로서 서인의 정신적인 지주라고 할 수 있던 인물이었다. 당시 효종으로부터 북벌을 포함한 모든 국정을 위임받은 상태로 이조판서를 맡고 있었다. 산림으로서의 위상에다가 효종의 전폭적인 신임까지 더해짐으로써 최고의 전성기를 구가하고 있던 터였다.

홍여하는 상소문에서 이후원을 '까다롭고 고집이 세어 남의 말을 듣지 않고 자기 뜻대로 하는 편벽되고 음험한' 인물로 지목하였으며, 우뚝한 산이 연해 있는 모양을 가리키는 '屼屴'이란 두 글자를 통해 이후원, 송시열, 송준길 등 사계학파 여러 인사들의 편당 짓기를 공척하였다. 자의 벼슬은 산림만이 추천되고 임명될 수 있도록 세자시강원에 贊善, 進善과 함께 새로 만들어진 산림직이었다.[15] 이 산림직은 시험절차를 거치지 않고 천거에 의해 임명되기 때문에 부정이 개입될 위험성은 항시 존재하는 것이었다. 홍여하는 실제 함량 미달로 판단되는 인사가 천거되었다고 보았기 때문에 그 부당성을 지적한 것이었는데, 대개 송기후와 이상을 겨냥하고 있었다.[16] 서인의 입장에서 볼 때 송기후의 경우는 송시열의 종질로서 처음 윤휴의 문하에 들어갔다가 나중에 빠져나온 것으로 인해 미움을 산 것으로 간주되었고,[17] 이상은 송시열의 제자로서 자

---

15) 산림과 산림직에 대해서는 다음의 저서를 참고하라. 우인수, 『조선후기 산림세력 연구』, 일조각, 1999.

16) 사신은 홍여하의 지적에 전적으로 공감하면서 다음과 같은 구체적인 사신평을 하였다. "非常한 직책은 반드시 비상한 사람에게 맡기기 위해 설치한 것이다. 그런데 송시열이 전조를 맡았을 때 賢愚를 묻지도 않고 오직 자기의 당류만 존중하고 키웠는데, 욕심 많고 야비하고 의리 없는 宋基厚·李翔 같은 무리들을 함부로 銓議에 추천하고 금방 대각에다 올려놓았으니, 못난 망아지에게 비단옷을 입힌 것으로도 그가 저지른 참람한 짓을 비유할 수 없다. 홍여하가 상소 내용에다 언급했던 것이 지나친 일이 아니었는데, 그는 뉘우치거나 깨닫는 빛이 없이, 물어 아뢰라고 한 이날을 당하여 도리어 공론에 죄를 얻어 선왕의 밝으신 식감을 상하였다는 말로 마치 자기가 자기 탓을 하는 양하였으나, 사실은 분하고 화가 나서 한 말인 것이다."(『현종실록』1, 즉위년 11월 4일 신유)

질을 문제 삼은 것으로 인식되었다.[18]

홍여하는 서인의 실세인 이후원에 대해서는 나라를 망친 죄로 공격하였고, 송시열에 대해서는 銓衡을 맡아 인재를 잘못 등용한 것으로 논박하였다. 이는 상대당의 상징적 인물에 대해 비록 사안은 달랐지만 한 발 앞서서 공척한 의미가 있었다. 곧 이어 일어난 예송에서 남인인 윤휴, 허목, 윤선도 등은 송시열로 대표되는 서인의 복제 예론에 대한 대대적인 비판의 공세를 이어가게 되었다. 이 때문에 홍여하는 송시열 공격의 포문을 연 인물로 자리매김되었다.[19]

마침내 홍여하는 충청도 黃澗의 新豊驛에 유배되었다.[20] 응지상소로 인해 처벌을 받은 것이 아니라 상관인 북병사 權堣의 장계로 인해 처벌을 받은 것이었다. 권우는 홍여하가 술주정한 실상을 낱낱이 열거하여 조정에 알렸던 것이다. 이러한 권우의 행위에 대해 남인 사신은 송시열 일파의 입김이 작용한 결과로 파악하였고,[21] 서인 사신은 서인과의 관련성을 부인하는 상반된 입장을 피력한 바 있다.[22] 얼마 뒤 유배에서 풀렸지만 그는 벼슬을 단념하고 고향에 돌아가 칩거하게 되었다. 이후 그는 더 이상 살아서 관직에 오를 수 없었다.

서인의 입장에서 볼 때 홍여하는 선정인 송시열을 모함한 인물이었지만 남인 입장에서는 송시열 공격의 포문을 연 지사로 인식되었다. 그는

---

17) 『송자대전』50, 서, 이계주에게 보냄. "從姪 基厚가 일찍이 잘못 윤휴의 문하에 들어갔었는데 그때 일번인이 현명하다고 극력 칭찬하였네. 그러다가 이 종질이 잘못을 깨닫고 진로를 바꾸자 도리어 일번인에게 미움을 사서 홍여하의 상소에 언급되기에 이르렀네."

18) 『현종개수실록』1, 즉위년 7월 12일 신미.

19) 『승정원일기』552, 경종 3년 3월 25일 갑진, 곽진위 상소. "噫 當己亥大喪之初 汝河首進排軋之疏 而向來陰懷不平之徒 所以爲計者 靡不用極 而俄而 議禮之訟 作矣"

20) 『현종실록』2, 1년 1월 28일 갑신.

21) 『현종실록』2, 1년 1월 28일 갑신.

22) 『현종개수실록』2, 1년 1월 28일 갑신.

송시열을 논박하다가 서인으로부터 정치적 핍박을 받은 희생자로 간주
되면서 남인 내부에서 그의 위상은 높아져갔다. 결국 홍여하는 남들이
자신에게 기대한 바대로 스스로를 서인 공격수로 자임하면서 그것을 실
천한 인물이었다고 하겠다.

3. 복제예론에 대한 대응

홍여하가 응지상소로 인해 서인으로부터 강력한 반발을 받던 중 상관
인 북병사 권우로부터 고발을 당하였다. 다소 억울함이야 있었겠지만 어
쨌든 국왕의 명령에 의해 유배에 처해졌으며, 또 이듬해에 해배되었다고
하더라도 근신하는 것이 신하의 도리였다. 따라서 이즈음 중앙정계에서
는 소위 禮訟으로 인해 서인과 남인이 격돌하고 있었으나, 그는 바로 개
입할 처지가 아니었다.

주지하듯이 예송은 효종이 사거한 뒤 계모인 조대비가 죽은 아들을
위해 어떤 상복을 입어야 하는가를 두고 일어났다.[23] 장성한 첫째 아들
이 죽고 난 후 둘째 아들이 왕위에 올라 재임하다가 사망하였을 때, 살
아있는 그 어머니가 아들을 위해 입어야 하는 상복이었다. 이 경우의 상
복이 예서에 규정되어 있지 않은 것은 물론이거니와 지금까지 중국이나
우리나라의 역사에서 동일한 사례가 없었다. 따라서 처음 발생한 새로운
사례에 접한 예학자들은 가장 합당한 복제 기준에 의거한 상복을 제시하
여야 하였다.

의례에 대한 해석을 두고 견해의 차이가 나타났다. 문제의 초점은 두

---

23) 황원구, 「소위 기해복제 문제에 대하여」, 『연세논총』2, 1963. 지두환, 「조선후기
예송연구」, 『부대사학』11, 1987. 정옥자, 「17세기 사상계의 재편과 예론」, 『한국
문화』10, 1989. 이영춘, 「제일차예송과 윤선도의 예론」, 『청계사학』6, 1989.

가지였다. 하나는 효종을 차자로 인정하는 것과 차장자로 인정하는 것의
차이였다. 다른 하나는 『儀禮注疏』에 나오는 예문의 해석 문제인데, 부
모가 장자를 위해 3년복을 입을 수 없는 네 가지 단서 조항[24] 중의 하나
인 소위 '體而不正'에 해당되는 '庶子'를 衆子로 이해하는 것과 妾子로
이해하는 것의 차이였다.[25]

　송시열을 위시한 서인들은 효종을 차자로 간주하였으며 근거한 예문
에 나오는 서자는 중자를 가리킨다는 입장에서 기년복을 주장하였다. 이
에 대해 허목을 위시한 남인들은 효종을 장자로 인정하여 삼년복을 주장
하는 가운데 예문상의 서자는 첩자를 가리키는 것으로 보았기 때문에 효
종의 경우에 쓸 수 있는 예문이 아니라고 주장하였다.

　서인과 남인 학자들이 격돌하는 가운데 조정에서는 결정을 쉽게 내리
지 못하였다. 그리하여 대신들은 두 쪽의 견해를 모두 따르지 않고 『경
국대전』의 규정에 따라 기년복으로 결정하였다.[26] 『경국대전』의 규정에
따르면 어머니는 장자와 차자의 구별없이 아들의 상에 기년복을 입는 것
으로 되어 있었다.[27] 조정의 결정 논거에도 불구하고 결과적으로는 기
년복으로 되었기 때문에 많은 사람들의 머릿속에는 서인 학자의 주장이
받아들여진 것으로 인식되고 있었다.

　이런 가운데 시간이 흘러 조대비의 복상 기간이 끝나버리자 이 문제
는 더 이상 논란의 수면 위로 떠오르기 어려웠다. 하지만 실제 복상 기
간은 끝났다고 하더라도 예법상의 모든 문제가 말끔하게 해결된 것은 아
니었다. 장자로 인정할 것인가 차자로 인정할 것인가는 여전히 해결을

---

24) 『儀禮注疏』11, 喪服. "父爲長子 傳曰 何以三年也[……雖承重 不得三年有四種 一
　　則正體不得傳重 謂嫡子有廢疾 不堪主宗廟也 二則傳重非正體 庶孫爲後是也 三則
　　體而不正 立庶子爲後是也 四則正而不體 立嫡孫爲後是也……]"
25) 『현종실록』2, 1년 3월 16일 신미, 허목의 상소. 4월 16일 경자, 송시열의 주장.
26) 『현종실록』1, 즉위년 5월 5일 을축. 『위의 책』2, 1년 5월 3일 정사.
27) 『경국대전』3, 「예전」, 五服.

보지 못한 채 잠복되어 있었던 것이다. 현종도 자신의 아버지인 효종이 차자로 인정되었다고는 생각하지 않고 있었다.

한편 영남 유림에서는 이 복제 문제를 공식적으로 거론하려는 움직임이 있었다. 현종 7년 류세철을 소두로 하여 1,000여명이 연명하고 400여명이 직접 상경하여 올린 議禮疏가 그것이다.[28] 이 상소로 인해 소두 류세철이 付黃되고, 6명이 削籍되는 처분을 받았으며, 기해예론을 뒤집지도 못하였다. 그러나 국왕인 현종에게 남인예론의 차별성과 비교 우위를 환기시키는 데는 성공한 것으로 평가되었다.

이 영남 유림의 복제 상소 움직임에 홍여하는 표면에 나서지는 않았지만 막후에서 지원하는 역할을 수행하였다. 먼저 그는 복제 상소의 시기적 적절성에 대해서 분명한 입장을 표명하면서 상소의 타당성을 천명하였다. 복상 기간도 이미 끝나버린 상태였기 때문에 뒤 늦게 다시 이 문제를 거론하는 것 자체가 과연 적절한 일인가에 대해 확신을 가지지 못한 사람들이 있었기 때문이다. 홍여하는 이 복제론은 지금에라도 얼마든지 제기할 수 있고 또 반드시 제기해야 되는 시의성 있는 문제임을 상기시키면서 상소 추진을 확정짓는 데 일익을 담당하였다.[29] 그는 의례상소의 적시성과 타당성을 강조함으로써 영남사족들의 결집에 힘을 불어넣었던 것이다.

나아가 홍여하는 상소 작성 과정에도 깊숙이 관여하였다. 이 때 영남 유림들은 상소문의 작성을 몇 명의 명망가에게 부탁한 후 그 중에서 가장 적절한 것을 선택하였던 듯하다. 이는 소두였던 류세철이 남긴 疏廳

---

28) 의례소의 작성과 봉입 과정에 대해서는 다음의 논고를 참고하라. 설석규, 「현종 7년 영남유림의 의례소 봉입 전말」, 『사학연구』50, 1995.

29) 『木齋集』12, 附錄, 碣銘.(權愈 撰) "後八年 嶺中多士 欲上疏論之 或曰 久矣無及也 公曰 宗統壞亂 久而後言之 猶可以開後來之惑 何論早晩 議遂決 請公製疏 旣屬草 見 者謂討論不少宛言 恐禍起 革草疏以進 當路者艴然欲陷敗 多士人蕩恐 公笑曰 無恐 此天下大是非 藉令諸君受枉 其言立於後 何恐爲 後九年 而禮始正 其剛毅自立如此"

日記에 상소문이 세 곳에서 도착하였다는 기록이 있어 그 점을 분명히 해준다.[30] 세 곳에서 도착하였다는 것은 아마 세 명에게 부탁한 상소문이 도착하였다는 의미일 것이다. 세 곳이 어디인지, 세 명이 누구인지 구체적으로 밝혀져 있지는 않지만, 홍여하와 류원지 그리고 이현일이 그 세명이었다.[31] 그들의 문집에 영남 유생들을 대신하여 지었다는 의례소가 실려 있기 때문이다.

홍여하의 문집인 『목재집』의 일부 판본에는 議禮疏와 儀禮經傳喪服考證이 수록되어 있다. 의례소는 송시열의 기년설을 비판하고 허목의 3년설을 지지하는 관점에서 복제 논의의 핵심을 적서의 구별에 두고 효종은 서자가 아니라 적자이기 때문에 기년복제의 개정을 요구하는 상소였다. 그리고 의례경전상복고증은 의례소에서 개진한 예설의 예학적 근거를 예서에서 발췌하고 해석을 덧붙인 다음 송시열의 복제론에 대해서 조목별로 나누어 비판한 것이다.

현존하는 『목재집』은 총 3가지 종류가 있는데 그 중 총 13권으로 구성된 두 가지 판본에는 복제예론 상소가 제 4권으로 하여 실려있으나 총 12권으로 구성된 나머지 한 판본에는 위 제 4권에 해당하는 부분이 빠져있다.[32] 의례소에는 '丙午代本道儒生作'이라고 부기되어 있어 홍여하가 영남 유생을 대신하여 상소를 작성하였음을 밝히고 있다. 또한

---

30) 류세철, 『회당집』2, 잡저, 「소청일기」, 병오(인조 7, 1666년) 2월 22일조.

31) 설석규는 영남 의례소를 다룬 논고에서 상소문의 원작성자일 가능성이 큰 인물로 류원지를 지목하였고, 그 외 허적, 허목, 승지 민희, 형조판서 오정일, 홍우원의 가능성도 열어두었다.(설석규, 앞의 「현종 7년 영남유림의 의례소 봉입 전말」, 322쪽) 그러나 홍여하와 이현일은 추정의 대상에도 포함되지 않았다.

32) 『목재집』은 세 가지 異本이 전하고 있는데, 13권 7책의 규장각 소장본(규6281), 13권 7책의 국립중앙도서관 소장본(한-46-가1720), 12권 6책의 민족문화추진위원회 간행본(『한국문집총간』124)이다. 민족문화추진위원회 간행본에는 다른 판본의 권 4에 해당하는 議禮疏와 儀禮經傳喪服考證이 누락되어 있다. 그리고 규장각 소장본과 국립중앙도서관 소장본은 권 11의 讀書箚記 부분에 약간의 차이가 있다.

홍여하의 행장과 묘갈명에는 영남 유생들의 청을 받아 의례소의 초본을 작성하였으나 그 상소문 내의 표현이 너무 直切하여 채택되지는 못하였다고 되어 있다.[33] 비록 채택되지는 못하였지만 홍여하가 쓴 의례소도 영남 유생들에게 읽히면서 일정한 영향을 주었을 것이다.

한편 류원지의 문집인 『졸재집』에도 道內議禮疏(丙午代儒生作)와 喪服考證 上下篇이 실려있다.[34] 류원지의 의례소는 홍여하의 의례소와는 완전히 다르며, 상복고증은 비슷한 부분도 있지만 체제가 다르다. 류세철을 소두로 한 영남 유생들은 류원지의 것을 저본으로 하여 약간의 자구 수정이나 첨삭을 하고 조정에 올렸던 것이다. 현종실록에 실려 있는 류세철의 상소는 『졸재집』에 수록된 것과 거의 일치한다.[35]

이상에서와 같이 홍여하는 의례상소의 움직임이 있던 초기 단계부터 상소문 작성에 이르기까지 적극 관여하였다. 그러한 점들이 인정되어 현종말 숙종초 2차예송에서 서인이 몰락하고 남인이 집권하게 되자 먼저 관직에 제수되는 은전을 입을 수 있었다. 그리고 후일 권유가 홍여하의 증직을 청하면서 공적으로 든 것도 바로 복제 예론이었다.[36] 이를 명분이 없는 곤란한 일로 여겼던 허적과 이원정 같은 이는 그의 예론이 사우간에 오간 것일 뿐 조정에 공식적으로 올라온 것이 없기 때문에 명분이 부족하다고 지적한 바 있다. 이로 미루어볼 때 허적과 이원정 같은 조정의 중신들도 영남유림의 의례소에 홍여하가 간접적으로 관여한 사실만은 분명히 알고 있었던 것이다. 비록 이 때의 증직 요청은 받아들여지지 않았으나[37] 그를 기억하는 이들은 그의 공적으로 먼저 예론을 꼽은 것

---

33) 『木齋集』12, 附錄, 行狀(洪大龜 撰). "先是 孝廟之喪 宋時烈獻議 定行大王大妃趙氏服朞年 許穆尹善道爭之不得 丙午 嶺儒將叫閤 遂屬府君草疏 諸議以疏語切直 不用 識者恨之"

34) 『拙齋集』3, 「疏」, 道內議禮疏 및 喪服考證上·下篇.

35) 『현종실록』12, 7년 3월 23일 계묘.

36) 『숙종실록』8, 5년 12월 28일 기축.

은 분명한 사실이라고 하겠다.

영남 유소는 이후 갑인예송 때 경상도 유생 도신징의 상소로 이어졌다. 현종 15년 효종비가 사망하자 어머니 조대비의 상복이 다시 문제가 되었던 것이다. 이 때 서인 관료들은 15년 전 기해예송 때 조대비의 상복이 기년복이었던 것은 효종을 둘째아들로 간주한 것으로 이해하고 있었기 때문에 이번에는 효종비를 둘째며느리로 인정한 대공복을 주장하였다. 이의 부당성을 지적하고 첫째 며느리의 상복인 기년복을 주장한 도신징의 상소는 서인을 실각시키고 남인 정권을 수립하는 데 결정적으로 기여하였다.38)

예송은 마지막에는 남인의 승리로 귀결되었다. 여기에 류세철을 소두로 한 영남 유림의 복제 상소가 일익을 담당하였다. 그리고 영남 유림의 복제 상소 뒤에는 홍여하가 있었던 것이다. 서·남인 간의 당쟁에서 홍여하가 가진 역사적 의미이다.

4. 부세제도 개혁안의 제시

그의 부세제도 개혁에 대한 생각은 그의 문집 잡저 부분에 여러 항목에 걸쳐 잘 나타나있다. 田結, 賦稅, 租庸調, 戶口之賦, 罷租庸調, 授田, 田稅 등 여러 제목의 짧은 논설을 통해 자신의 구상을 정리해서 밝히고 있다.39)

---

37) 이후 홍여하는 『휘찬여사』 저술의 공을 내세워 증직을 요청한 이현일의 건의로 부제학에 추증되었다. 『숙종실록』21, 15년 10월 5일 무진.
38) 이영춘, 「복제예송과 정국변동-제이차 예송을 중심으로-」, 『국사관논총』22, 1991. 이재철, 「조선후기 죽헌 도신징의 의례소와 국정변통론」, 『조선시대사학보』33, 2005.
39) 『목재집』10, 「雜著」.

그는 역대 중국 세제의 특징과 득실을 비교 검토한 후 조선 사회에
가장 적합한 부세제를 제시하고자 하였다. 입론의 근거로 제시하고 있는
것은 거의 중국의 사례들이고, 가끔 우리나라의 사례가 첨가되는 형태이
다. 그는 중국 역대 부세 제도의 기본 틀이 크게 네 번 변하여 오늘에
이르고 있다고 이해하였다. 홍여하가 제시한 중국 역대 왕조별 부세제도
의 내용과 특징을 제시하면 다음 표와 같이 정리된다.[40]

시기	기간	부세제도	내용	구조적 특징	운영가능자
三代	수천년	井田	授民以田 而稅其十一	密	聖人
秦漢	460년	-	隨田之在民者稅之 而不復問其多寡者	簡	성인 및 衆人
唐	200년	租庸調	授民田而收其租 計丁而收庸 計戶而收調	密	성인
唐末~明	천년	兩稅	隨民之有田者稅之 而不復計其丁戶 斂以夏秋	簡	성인 및 중인

그는 역대 중국의 부세제도의 득실과 특징을 논하는 기준으로 주로
세 가지 점을 고려하였다. 첫째는 국가의 토지 지급 여부이고, 둘째는
세금 징수의 기준을 토지에만 설정할 것인가 아니면 토지와 정호 모두에
설정할 것인가의 문제이다. 셋째는 세제 운용상의 조밀함과 간소함을 따
지는 것이었다. 아무리 좋은 제도라도 조밀하여 번잡하면 곧 폐단이 발
생하기 쉽기 때문이었다. 이 세 가지 점을 종합적으로 고려하여야 제도
의 득실에 대한 가늠을 할 수 있다고 본 것이다. 위의 관점에서 중국의
역대 왕조와 고려의 토지제도와 부세제도를 다음과 같이 이해하고 평가
하였다.[41]

먼저 삼대의 정전제이다. 토지를 나누어 주었고, 기본적으로 토지에

---

40) 『목재집』10, 「잡저」, 賦稅·戶口之賦.
41) 『목재집』10, 「잡저」, 賦稅.

근거하여 조를 거두었다. 그러나 인정에 따른 역도 부과하였다. 과세의
기준은 토지와 인정이었다. 세제 자체는 조밀한 편이었다. 하지만 토지
를 나누어준 데다가 성인이 운영을 잘 담당하였기 때문에 수천년동안 별
문제 없이 잘 운영된 이상적인 시대였다고 평가하였다.

진한대에는 토지를 나누어주지는 못하였지만 기존의 토지 소유권을
인정하여주었다. 구체적인 부세제도 내용은 잘 모르지만 과세의 기준은
토지에만 있었고, 세제 자체는 간소한 편이었다.

당대는 균전제하 조용조제였다. 토지를 나누어주었으며, 과세의 기준
이 된 것은 토지, 人丁, 가호 등이었다. 세제는 조밀한데 비해 운영을
담당하는 사람들이 성인이 아니었기 때문에 오래가지 못하고 200년만에
무너졌다.

당말이후 명대까지는 양세제였다. 토지를 나누어주지는 못하고 기존
의 토지 소유권을 인정하였다. 과세의 기준은 기본적으로 토지에 두었
다. 인정도 시기에 따라 어느 정도 과세의 기준이 되었다. 세제가 간소하
기 때문에 衆人이 운영하더라도 1000년간 지속되고 있다.

한편 고려는 토지를 나누어주고 조용조를 거두었다. 세제는 조밀한
편이었다. 얼마 못가서 권세가가 양질의 토지를 모두 차지하게 되었다.
권세가들이 무단으로 점거하였고, 한번 지급된 토지는 회수되지 않아서
국가에서 더 이상 지급할 토지가 없게 되었다. 이에 따라 하나의 토지에
여러 명의 전주가 있기도 하여 힘없는 전객은 여러 전주에게 모두 조를
바쳐야 하는 일이 발생하게 되었다.[42]

결국 홍여하는 부세제도의 기본 틀은 조용조와 양세 둘로 대별된다고
하였다. 정전도 결국 조용조와 세목이 다를 바 없다고 보았다. 조용조와
양세의 차이점은 전자는 인정을 기본으로 한 세제이고, 후자는 토지를
기본으로 한 세제라는 것이다. 인정은 때에 따라 성하거나 쇠하거나 하

---

42) 『목재집』10, 「잡저」, 授田.

여 일정하지 않기 때문에 인정에 기본하여 세금을 거두는 것은 계산하기
가 어렵지만, 토지는 고정되어 바뀌지 않는 것이기에 조사하기가 쉽다는
것이었다.[43] 조용조는 聖人이라야 제대로 운영할 수 있는 제도이기 때
문에 겨우 200년간 존속했을 뿐이지만, 양세는 衆人도 운영할 수 있는
제도이기 때문에 지금까지 1000년 동안 시행되어오고 있다고 하였다.
결국 양세법이 조용조보다 더 적절한 부세제도임을 중국의 역사 경험에
서 나타내려 하였다.

이상의 검토를 종합할 때 홍여하가 조선의 현실에 가장 적합한 개혁
안으로 주장한 것은 지주제라는 현실을 인정한 위에서 양세제에 입각한
부세제도의 개혁이었다. 즉 현재 상황에서 국가가 토지를 분급해주는 것
은 이상적이기는 하지만 비현실적이어서 불가능한 일로 보았다. 그렇다
면 부세제도를 개혁할 수밖에 없는데, 과세의 기준은 토지를 기본으로
삼아 세제 자체를 단순하게 만들어야 한다는 것이다. 그래야 운용상에
나타날 수 있는 각종 폐단을 원천적으로 줄일 수 있다는 것이었다.[44] 그
는 그의 부세제도 개혁안이 전적으로 이로운 것이라고 보지는 않았다.
그는 세상 이치상 전적으로 이로운 것은 없다고 보았다. 다만 상대적으
로 이로움이 해로움보다 많은 것을 택할 수밖에 없다는 입장을 견지하고
있었다.[45]

그의 부세 제도 개혁안은 논리적인 근거에 바탕하여 큰 틀을 제시하는
데 주목적이 있었기 때문에 토지에 부과하는 적정한 세액까지를 논리적

---

43) 『목재집』10, 「잡저」, 租庸調. "租庸調 以人丁爲本 兩稅 以田產爲本 土地一定而不
   易 丁口 有時而盛衰 定稅以丁 稽考爲難 定稅以田 按畝爲易"
44) 운용상의 폐단과 관련하여서는 그 일선에서의 담당자인 서리의 폐단을 지적한 바
   있다.(『목재집』3, 應求言敎疏) 서리가 부세 징수를 둘러싸고 농간을 부릴 수 있는
   것은 부세 운영 자체가 번잡하기 때문인 데 이를 간소하게 하면 그만큼 농간이
   개입될 소지를 줄일 수 있다는 것이다.
45) 『목재집』10, 「잡저」, 罷租庸調.

으로 제시하지는 않았다. 이는 시행 방침이 결정된 후에 적정한 세액에
대한 논의는 얼마든지 할 수 있는 세부 문제라고 판단하였기 때문이다.

5. 맺음말

홍여하는 이황-류성룡-정경세로 이어지는 학문적 분위기 속에서
성장한 영남 남인 출신의 관료이자 학자였다. 한 때 영남남인을 대표하
는 위상을 가지고 있었다. 홍여하가 활동하던 때는 서·남인간의 당쟁의
시기였다. 정국의 주도권은 인조반정이래 서인이 장악한 가운데 남인이
비판의 날을 세우던 때였다.

홍여하는 서인의 국정 운영에 대한 비판의 포문을 열었다. 효종 말
이조판서로서 국정 전반에 대해 강한 영향력을 행사하고 있던 서인의 핵
심인물인 송시열을 공척하였다. 이로 인해 송시열은 일시적으로 체직되
었고, 자신은 유배를 가는 처지가 되었다. 곧 이은 효종의 사망으로 인해
발생한 기해예송 때 남인의 서인에 대한 대대적인 공세에 앞선 비판이었
다는 점에서 영남 남인의 기개를 보여준 의미가 있었다.

그리고 기해예송이 서인측의 의견에 따라 마무리 된 이후 영남의 유
림 1,000여명이 연명하여 복제에 대해 논하는 의례소를 올릴 때 막후에
서 추동하는 역할을 수행하였다. 그는 상소의 시의성과 타당성에 대한
의미를 설파함으로써 영남 유림의 단결과 동참을 이끌어내었으며, 복제
상소의 초본을 작성하는 세 사람 중의 한 사람으로 활약하기도 하였다.
비록 그의 상소 초본이 너무 직절한 까닭에 채택되지는 않았지만 초본을
작성하는 사람으로 추천된 것 자체가 그의 영남 남인 내부에서 차지한
높은 위상과 신망의 정도를 짐작케 한다.

　그는 문과에 급제한 후 5년간의 관직생활과 15년간의 칩거생활을 하면서 국정과 관련한 현실 문제에 대한 해결 방안을 구상하는 지식인으로서의 역할에도 소홀하지 않았다. 그는 당시 백성들의 가장 큰 고통과 그 고통을 해소할 현실적인 방안을 모색하였다. 그 결과 그는 부세문제의 개혁을 통한 경세안을 제시하였다. 중국과 우리나라의 역사 속에서 부세제도의 큰 흐름을 파악한 다음 토지를 부세의 기준으로 잡아 기준 자체를 단순화할 것을 주장하였다. 제도 운영의 복잡함 속에 서리들의 농간이 개입될 여지가 많았기 때문이다.

　홍여하는 영남 남인 관료이자 학자로서 자신이 처한 시대적 과제의 해결에 앞장섰고, 또 민생을 걱정하면서 고뇌하는 지식인으로서의 모습을 보여준 인물이었다.

제4장 훈·지수 정만양·규양 형제의 국정개혁론

1. 머리말

영남 남인들은 숙종대 중반 이후로는 집권세력에서 완전히 밀려나 지방의 재야세력으로 존재하였다. 서울 주변에서 발달하고 있던 상공업과 도시적 양상을 몸으로 체험하지 못하는 데서 오는 한계는 있었을 것이다. 하지만 그들의 현실을 바라보는 인식은 집권당보다 더 원론적인 차원에서의 개혁을 주장할 가능성이 있었다고 본다.

근래 유형원과 영남 남인과의 관련성에 대한 실마리를 찾으려는 시도나 근기지역 남인 실학자들의 퇴계학파와의 관련성 등에 주목한 연구가 시도된 것은 일단 고무적이라고 하겠다. 이우성이 영남 남인과 근기 남인의 동질성을 강조한 이후,[1] 이수건은 조선후기 사회에서 영남 남인과 근기 남인의 정치, 사회적 제휴에 착목하였고,[2] 또 영남 남인인 배상유·이현일과 근기 남인인 유형원의 연결을 통해 둘 사이의 연관성을 강조하기도 하였다.[3] 영남지역에도 방법론에는 차이가 있었고 정도의 차이는 있었겠지만 당시 사회의 변화를 촉구하면서 개혁 지향적인 분위기는 형성되어 있었음을 의미한다.

---

1) 이우성, 「초기실학과 성리학의 관계 -반계 유형원의 경우-」, 『동방학지』58, 1988.
2) 이수건, 「조선후기 '嶺南'과 '京南'의 제휴」, 『이우성정년기념 민족사의 전개와 그 문화』상, 1990.
3) 이수건, 「만학당 배상유연구」, 『교남사학』5, 1990.

여기서는 鄭萬陽[1664(현종 5)~1730(영조 6)]・葵陽[1667(현종 8)~
1732(영조 8)] 형제에 대한 연구를 통해 영남 남인 학자의 개혁론에 대
해 살피고자 한다. 경상도 영천에 재지 기반을 둔 그들은 인근의 유수한
집안과 친인척으로 연계되어 있었을 뿐만아니라 퇴계학맥인 갈암 이현
일의 문인으로 학통을 확고히 한 재야 학자였다. 물론 정만양의 인식이
당시 영남 남인 전체의 경향을 대표할 수는 없겠지만 적어도 그러한 인
식을 가진 학자가 영남 남인 중에 있었다는 사실은 의미하는 바가 적지
않다고 본다.

먼저 그들이 살았던 시대적 상황을 정치적 입장에서 살펴 논지 전개
의 바탕으로 삼고자 한다. 이어 가계에 대한 이해와 재야 학자로서의 교
육 활동에 대해 살펴본 다음, 그들이 제시한 토지제도를 위시한 군정과
과거제에 대한 개혁안을 통해 고뇌하던 지식인의 현실 대응 인식과 자세
를 확인하고자 한다. 또한 영조 초년 戊申亂이 발발하였을 때 倡義한
실상과 그 정치사회적 의미를 살펴보고자 한다. 이러한 분석은 당시 영
남 남인들이 추구하였던 경세론과 정치적 지향을 밝혀주는 한 사례가 될
것으로 기대한다.

2. 가계와 교육활동

1) 가계

정만양・규양 형제는 본관이 영일로 생원 석주와 의성 김씨 사이에서
태어났다. 형의 호는 塤叟, 동생의 호는 篪叟였다. 그들의 호에 들어간
塤과 篪는 악기 이름으로 각각 흙으로 만든 피리와 대나무로 만든 길다
란 통소를 가리키는데, 『詩經』小雅 何人斯에 나오는 "伯氏吹塤 仲氏

吹籟"에서 따온 것이다. 그리하여 '塤籟雅奏'는 형제가 서로 화목함을 비유할 때 쓰인다. 이 두 형제는 호의 뜻에 걸맞게 평생을 함께 지내며 우애를 유지하였으며, 2·3년의 시차로 생몰하였다. 두 사람이 남긴 글도 공동저술로 간주되어 문집의 이름도 『塤籟集』이라 명명되었다.

그들의 선대는 일찍이 고려조부터 영천을 근거지로 삼았는데, 그들의 6대조 윤량은 퇴계 이황의 문하에서 학문을 닦았던 인물이었고, 특히 5대조 세아는 임진왜란 때 이 지역의 의병을 이끌면서 이름을 널리 떨친 바 있던 인물이었다. 가문의 이름을 경상도 일원에 널리 떨치게 된 것도 그의 5대조를 전후한 시기로 보인다. 이후 증조 호인은 손처눌과 장현광의 양문하에서 학문을 닦은 후 문과에 급제하여 진주목사를 지낸 가문의 중심인물이었으며, 종조부 학암 시연 역시 학문으로 인근에 이름이 있던 인물이었다. 정씨들의 聲勢는 그들 형제대에도 유지되었는데, 영조 4년 이인좌·정희량의 무신란이 일어났을 때 정규양이 영천지역의 의병을 이끄는 의병장으로 추대된 데서 확인할 수 있다.

그들의 가계를 간략히 제시하면 다음과 같다.

〈도 1〉 정만양·규양 형제의 가계도

한편 그들의 외가는 안동지역의 閥族인 의성김씨로 어머니는 방열의 딸이었다. 방열의 동생 방걸은 숙종대 대사성을 지낸 인물로 학봉 김성일 형제이후로 그 가문의 대표적인 존재로 자리매김한 인물인데, 정만양에게는 외종조가 되었다. 그리고 스승인 이현일의 신원에 앞장섰던 김성탁과는 내외종간이었다. 이러한 안동의 의성김씨 집안과의 혼인 관계는 정씨 형제들의 입지에 많은 도움이 되었을 것으로 추정된다.

그들의 외가인 의성김씨의 가계를 간략히 나타내면 다음과 같다.

〈도 2〉 의성김씨 가계도

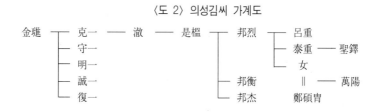

그들 형제가 한창 뜻을 펼 시기인 숙종대 중반 이후는 영남 남인이 집권세력에서 밀려나 지방의 재야세력으로 존재하던 시기였다. 더구나 영남지역의 유림을 대표하면서 산림으로 조정에 출사하였던 스승 갈암 이현일이 죄인으로 몰린 이후 영남 남인은 정치적으로 매우 어려운 처지에 내몰려 있었다.

정만양 형제가 활약하던 숙종대 후반에서 영조 초년에 걸친 30년 정도의 정국에서는 그나마 마땅한 근기 남인 출신 당국자도 없던 형편이어서 영남 남인으로서는 가장 침체된 시기였다. 이에 남인에 대한 시각이 노론에 비해 상대적으로 온건하였던 소론과의 교류를 통해 해결하고자 하였다. 이 때 영남 남인이 그나마 손을 빌릴 수 있었던 쪽은 소론 밖에 없었다.

정만양 형제의 明齋 尹拯을 비롯한 소론 인사들과의 교류도 그러한 차원에서 설명할 수 있다. 그들은 당시 충청도에 은거해있던 소론의 영수 윤증과 서신을 교환한 바 있었다. 숙종 31년(1705)부터 8년간 편지를 주고받았으며, 자신들이 쓴 책을 보내서 질정을 부탁하기도 하였다.[4] 이

---

4) 『明齋遺稿』25, 서, 答鄭萬陽葵陽.

교류는 윤증의 庶弟 拙이 장수찰방으로 근무하면서 영천에 있던 정씨
형제를 방문한 것이 계기가 되어 그의 주선으로 이루어졌던 것이다.5) 당
시 영남의 남인으로서 소론 핵심부와의 접촉은 파격적이고도 위험한 행
동이었으나, 그들은 정치적 목적이 없는 순수한 학문적 차원에서의 접촉
임을 강조하였다.6) 후일 소론 조현명이 경상도관찰사로 왔을 때 정규양
을 영천으로 찾아간 것이라든지, 정만양의 사후 소론 정제두가 輓詞를
지은 것이7) 윤증과의 당시 서신 왕래와 무관한 것이 아니었으리라 짐작
된다. 이 점에서 그들은 영남 남인 중에서는 드문 이력을 가진 특이한
경력의 소유자들이었다고 하겠다.

이 어려운 시기에 그들 형제는 지역적으로는 영천이라는 영남 지역의
중부에서 일생을 보내었다. 영천은 경상도 지역을 상도와 하도, 좌도와
우도 등으로 다시 구분할 때 경주문화권에 속하여 영남 중부에 속하는
지역적 특징을 가지고 있었다. 그러면서 학문적으로는 퇴계 이황에서 갈
암 이현일로 이어지는 학통의 한 줄기를 이어받아 이를 이 지역에 전해
주는 위치에 있었다.

뛰어난 학문과 문인 양성, 그리고 소론 집권층과의 일정한 교분도 작
용하여 정만양은 경종 4년(1724) 순릉참봉에 임명된 바 있으며,8) 정규양
은 숙종 40년(1714) 48세에 암행어사의 천거로 현릉참봉에 임명되었
고,9) 경종 2년(1722) 56세에 이조판서 오명항의 천거로 세자시강원 諮
議의 의망에 들었으며,10) 영조 7년(1731) 65세 때는 이조판서 송인명,

---

5) 『篪叟文集附錄』, 遺事, 20-21쪽.
6) 『지수문집부록』, 연보, 숙종 30년(갑신)조. 이로 인해 장지연은 그의 『조선유교연
  원』(삼성문화재단출판부, 1979)에서 정만양 형제를 윤증의 문인으로 파악하였다.
7) 『지수문집부록』, 輓詞, 13쪽.
8) 『塤叟文集附錄』, 墓碣銘(이만운 찬), 12쪽.
9) 『지수문집부록』, 연보, 숙종 40년조.
10) 『지수문집부록』, 遺事, 23쪽.

우의정 조문명, 경상도관찰사 조현명의 천거를 받기도 하였다.[11] 그러나 이들 형제는 한 번도 출사하지 않았다.

2) 교육활동과 문인의 양성

정씨 형제는 어려서부터 20여세로 성장할 때까지 종조부인 학암 시연으로부터 학문의 기초를 닦았다. 정씨 형제들의 주변 친척들도 거의 갈암 이현일과 학문적 유대를 갖고 있어 가문적인 차원에서도 갈암의 학맥 분위기에 놓여있었음을 알 수 있다.

그들은 30대 초반에 이현일과 직접적인 학연을 맺으면서 그 문하에 입문하였는데, 이 때 이현일은 갑술환국으로 실각하여 광양의 유배지에 있을 때였다. 그 사제간의 만남은 얼마 가지 못하고 이현일의 사망으로 끊어졌다. 이현일과의 인연은 그 아들인 밀암 이재와의 교분으로 이어져 정씨 형제들은 계속 이현일의 영향권 내에 속해있었다.

그들이 교유한 주변 인물로는 밀암 이재를 위시하여 내외종간인 제산 김성탁, 인척관계에 있던 병애 조선장 등이 道義交를 맺은 대표적인 인물들이었다. 안동의 권두인, 숙종대에 영천으로 이주한 병와 이형상 등도 비교적 교분이 두터웠던 인물로 파악된다.

하지만 정씨 형제는 일찍부터 학문을 닦으면서 후진 양성에 주력하는 은둔의 길을 택하였다. 그들은 숙종 27년(1701) 30대 후반에 영천의 대전리에서 횡계리로 거처를 옮겨 六有齋와 太古窩를 짓고 함께 은둔하였다. 숙종 33년(1707) 무렵 40대에는 근처의 계곡에 高山社를 짓고 제자들을 가르쳤으며, 숙종 42년(1716) 무렵 50대에는 玉磵亭과 進修齋를 지어 학문 연구와 강학의 장소로 삼아 절차탁마하였다.

그리하여 한창 학문이 무르익었을 때는 갈암을 잇는 영남의 대표적인

---

11) 『지수문집부록』, 연보, 영조 7년조.

학자 중의 한 사람으로 성장하였다. 그리하여 이들 형제는 이현일의 사후 "북의 密庵(이재의 호) 남의 塤叟(정만양의 호)"라는 말이 운위되었을 정도로 당대에는 이재와 함께 갈암학맥을 양분하면서 영남 유림을 영도하는 위치에 올랐다.12)

그들의 학문적 관심은 성리학과 경세학 양쪽이었다. 성리학은 퇴계이황에서 갈암 이현일로 이어지는 이기론에서 크게 벗어나지 않았다고 보이는데, 이와 관련된 저술로는 『理氣輯說』, 『心經質疑補遺』 등이 있다. 예설에 대해서도 많은 관심을 베풀어 『儀禮通攷』, 『儀禮別集』, 『改葬備要』, 『家禮箚疑』, 『續禮箚記』 등의 저술을 남겼다.

그들의 학문에서 무엇보다 관심을 끄는 것은 경세론에 대한 관심이었다. 퇴계학파의 경우 경세론에 대한 관심은 이현일 형제에게서 고조되기 시작한 점이었는데,13) 정씨 형제가 그에 대한 관심을 계승하면서 발전시켰다고 할 수 있다. 그들의 경세론은 『塤篪續集』권 3~6에 걸쳐 실려 있는 「治道擬說」에 집약되어 있는데, 자신들의 개혁안을 田政, 軍政, 貢擧 세 부분으로 크게 나누어 고금의 득실을 분석하면서 이의 바탕 위에 자신들의 대안을 제시하였다. 조현명은 발문에서 "옛 것에 거슬리지 않으면서 오늘날에 가히 실행할 수 있는 것"으로 높이 평가한 바 있다.14) 이러한 학문을 바탕으로 그들은 퇴계학파를 잇는 갈암학파의 일원으로서 영남 남인 내에 큰 족적을 남길 수 있었다.

그들의 문인으로는 舊門人錄에 등재된 111인을 비롯하여 추가로 첨가된 61인을 합하면 총 172인에 달하였다.15) 여기서는 본관과 거주지가 비교적 명확하게 기재되어 있는 구문인록의 111명을 분석의 대상으로

---

12) 『훈수문집부록』, 哀辭(김성탁 찬), 21쪽. 이재와 정만양 두 사람은 공교롭게도 같은 해에 사망하였다.
13) 이휘일·현일 형제의 경세론에 대한 관심은 『洪範衍義』의 편찬으로 나타났다.
14) 『塤篪續集』6, 「治道擬說」, 跋文(趙顯命 撰), 45-46쪽(훈지양선생문집중간소, 1987).
15) 『同門錄』, 훈지양선생문집 중간소 영인본, 1987.

삼았다. 본관별로는 연일 정씨가 46명으로 전체의 41%에 달하는 다수를 차지한 가운데, 화산 권씨와 하성 조씨가 각각 9명, 서산 류씨가 5명, 월성 최씨와 벽진 이씨가 각각 4명, 웅천 박씨·풍양 조씨·청안 이씨·함안 조씨가 각각 3명, 영천 윤씨·달성 서씨·월성 김씨·광주 안씨가 각각 2명 순으로 나타난다.

거주지별로 보면 역시 영천 지역에 가장 많아 68명으로 전체의 61%에 달하였다. 그 외 주변의 경주 9명, 신령 8명, 청송 5명, 울산 3명, 대구·안동·상주·장기·서울이 각각 2명 순이었다. 이를 통해 볼 때 그의 문인은 주로 영천 주변의 정씨를 주축으로 하여 경주, 신령, 울산, 청송 등 주로 경주권을 중심으로 형성되어 있었음을 알 수 있다. 대표적인 문인으로는 참의 정중기, 승지 정간, 감찰 안경세, 승지 조석룡, 장령 권응규 등을 들 수 있다.

3. 토지제도 개혁론과 그 의미

1) 역대 토지제도에 대한 인식

정만양·규양 형제는 중국과 우리나라의 역대 토지제도에 대한 면밀한 검토와 이해의 토대 아래 개혁안을 구상하였다. 특히 그들은 중국의 삼황오제의 遺制로부터 명대의 토지제도에 이르기까지 중국의 역사에서 시행되었거나 주장된 바 있던 여러 가지 토지안들의 득실을 논하면서 비판적으로 검토하였다. 아울러 토지제도와 밀접한 관련을 가졌던 제반 사항들, 예컨대 조세제도를 위시하여 토지 면적의 단위, 토지의 등급, 호구의 총수 등의 시대별 특징과 그 변화상을 꼼꼼하게 파악하여 이해의 깊이를 더하였다.

전체적으로 볼 때 그들은 여느 유학자와 마찬가지로 하·은·주 삼대의 토지제도를 가장 이상적인 것으로 생각하고 있었다. 삼대의 토지제도인 井田制는 토지국유제에 입각하여 국가가 토지에 대한 소유권을 가지고 각 개인에게 일정한 토지를 나누어주던 형태였다. 그 이후 가끔 치세를 이룬 적도 일시적으로 있었지만 대체로 그 이상의 시대가 허물어져간 것으로 파악하였다. 이는 근본적으로 개인에 의한 토지 私占이 허용되면서 매매의 권한을 개인이 가지게 된 데서 비롯된 현상이었다고 인식하고 있었다.16)

그들이 가장 많은 분량을 할애하면서 관심을 표명한 것도 역시 삼대의 정전제였다. 그들은 정전제에 대해 다음과 같이 극찬하면서 깊은 관심을 나타내었다.

> 田政에서 井田보다 더 나은 것은 없다. 그래서 삼대가 서로 계승하여 貢, 助, 徹이라는 서로 다른 賦稅 제도를 채택하였으나 經界의 법은 능히 고치지 않은 것은 이를 버리고 다스림을 이야기하는 것은 모두 구차할 뿐이기 때문이었다.17)

정전제에 대해서는 당시 유학자들이 성인의 치세로 여겼던 중국의 고대에 시행된 것이라는 의미에서 가장 완벽한 제도라는 깊은 신뢰성을 가지고 있었던 것이다. 그리하여 그들은 고전에 나오는 정전제의 토지 구획 방식을 그림으로 그려 완벽하게 그 원리를 이해하려 하였을 뿐 아니라 구체적인 운영 구조를 자세하게 살피기도 하였다. 아울러 같은 정전제의 원칙에 입각해 있었다고 하더라도 나라별로 조금씩 달랐던 부세 제도인 貢法, 助法, 徹法에 대한 분석도 빼지 않았는데, 결국 중요한 근본 정신은 수확의 10분의 1을 세금으로 거두는 것이었다고 이해하였다.18)

---

16) 『填旐續集』3, 「治道擬說」, 田政, 30쪽.

17) 위의 책, 29쪽.

하지만 정전제가 이미 회복하기 어려운 제도라는 것을 그들 자신도 잘 알고 있었다. 그들은 대개 다음의 네 가지를 그 이유로 제시하였다. 즉 토지의 비척을 두루 알고 있지 못한 점, 인구의 다과를 상세하게 알고 있지 못한 점, 백성들의 근태를 통찰하고 있지 못한 점, 백성의 장유와 사·공·상을 명확히 분별하고 있지 못한 점 등을 지적하였다.[19] 결국 불가능하다는 판단의 근본에는 토지에 대한 권한이 국왕이 아니라 이미 개인들에게 있다는 점이었다. 토지 국유제의 붕괴로 인한 사유제의 만연에서 근본 원인을 찾았던 것이다.

어쨌든 사유제가 오래 전부터 시행되고 있는 현실을 감안할 때 토지의 지급을 전제로 하는 정전제의 시행은 이미 불가능한 것이었다. 이미 張載나 朱子도 정전제의 회복을 불가능한 것으로 여겼다는[20] 점을 내세워 그 점을 뒷받침하였다.[21] 현실을 충분히 감안한 상태에서 합리적인 온건한 방법을 찾고자 한 그들의 모습을 볼 수 있다.

한편 그들은 우리나라의 경주와 평양에 정전의 흔적이 있다는 사실도 인지하고 있었다. 그들이 어떤 경로를 통해 그 사실을 인지하고 있었는지는 구체적으로 잘 나타나있지 않다. 그들은 그 유적이 기자에 의해 시행된 정전제의 유제일 가능성이 있다는 점은 인정하였으나 그렇다고 하더라도 정전제가 나라 전체에 시행되었는지의 여부는 알 수 없는 일이라고 그 의미 부여에 조심스런 자세를 보였다.[22]

그들이 중국의 토지제도 중에서 우리나라에 접목시켜 실현할 수 있는

---

18) 위의 책, 10쪽. 『孟子』5, 「藤文公章句」上. 『맹자』를 위시한 여러 사서에 나오는 정전에 대한 개략적 분석과 검토는 아래의 저서에 잘 정리되어 있어 참고가 된다. 趙岡·陳鍾毅(윤정분 역), 『중국토지제도사』, 대광문화사, 1985, 11-27쪽.
19) 『훈지속집』3, 「치도의설」, 전정, 29-30쪽.
20) 『朱子大全』68, 井田類說(中華書局 영인본, 1989).
21) 『훈지속집』3, 「치도의설」, 전정, 30쪽.
22) 위의 책, 29쪽.

것으로 주목한 것은 限田制였다. 정전법이 폐지된 후 중국의 토지제도는 개인의 사유가 만연하게 되었고, 개인의 토지 매매를 국가가 막지 못하게 되었다. 이에 따라 강한 자가 토지를 겸병하는 길이 열리게 되면서 나라의 근본이 흔들리게 되었다는 것이다.[23]

대지주의 토지 겸병을 근본적인 병통으로 보았을 때 이를 막을 수 있는 방법으로 前漢의 武帝 때 董仲舒에 의해 제기된 것이 바로 한전제였다. 즉 토지 소유에 상한선을 정하여 부자들로 하여금 그 이상을 소유하지 못하게 함으로써 겸병의 통로를 막자는 것이었다.[24] 지주제라는 현실을 인정하는 위에서 몰락하는 농민들을 구제하기 위한 목적에서 제기된 것이었다. 그러나 시행되지 못하였다가 哀帝 때에 승상 孔光의 청으로 관리와 백성의 토지 소유의 규모가 30頃을 넘지 못하도록 상한선을 설정하기에 이르렀다. 이 때 3년이라는 시간을 기한으로 정해주되, 3년의 기한이 지나 이를 위반한 경우에는 관에 몰수하도록 하였다.[25] 그러나 이 역시 전한이 곧 망함에 따라 흐지부지되고 말았다.[26]

정씨 형제는 한전제야말로 조선후기의 당시 토지제도의 모순을 치유할 수 있는 가장 효율적이고 실행 가능한 현실적인 방안이라고 생각하였다. 그들은 정전제에 근사하면서도 족히 백성의 곤궁함을 소생시키는 것으로 한전만한 것이 없다고 평가한 宋代 蘇洵의 말을 소개하면서[27] 상

---

23) 위의 책, 30쪽.
24) 『漢書』24上, 「食貨志」上, 1137쪽(경인문화사 영인본, 1977). "古井田法雖難卒行宜少近古 限民名田 以贍不足 塞兼倂之路" 이 때 名田은 개인의 이름으로 되어있는 토지를 가리켰는데, 占田이라고도 하였다. 명전 또는 점전의 소유자는 매매·증여·상속 등 배타적인 사유권을 가지고 있었다. 김택민, 『중국토지경제사연구』, 고려대출판부, 1998, 34-35쪽.
25) 『한서』24상, 「식화지」상, 1142-1143쪽.
26) 김택민, 앞의 『중국토지경제사연구』, 43쪽.
27) 『훈지속집』3, 「치도의설」, 전정, 31쪽. 蘇洵의 한전제에 대해서는 『嘉祐集』5, 田制(中華書局 영인본, 1989) 참조.

당한 자신감을 가지고 있었다.

그들은 이어 중국의 北魏와 唐에서 실시한 均田制에 대해서도 검토 하였다. 북위 孝文帝 시에 남자 15세 이상에 露田 40畝, 부인에게 20畝, 노비에게 30畝를 나누어주었다는 사실을[28] 인지하고 있었다.[29] 그리고 唐 高祖 때 균전법을 시행하면서 장정에게 1頃의 토지를 지급하였는데, 그 중 10분의 2인 20畝는 世業田으로, 10분의 8인 80畝는 口分田으로 삼았다는 사실도[30] 알고 있었다.[31]

균전제에 대해서는 그들은 직접적으로 자신의 주장을 펴지는 않았다. 다만 그 제도의 뜻은 좋으나 平世에 행할 수 있는 법제가 아니라는 주자 의 말을 인용해 둔 것으로[32] 미루어 볼 때 그 시행 가능성을 낮게 보았 음을 짐작할 수 있다. 이는 혁명적인 시기가 아니고서는 이미 사유화된 토지를 국유로 환수하는 것이 거의 불가능함을 인지하고 있었기 때문일 것이다.

아울러 '법령이 있더라도 문구에 불과할 뿐이라면 치세에 어떤 보탬 이 되겠는가'라는 范仲淹의 견해와 '후세에 用人이 신중하지 못하여 그 升黜이 무상한 상태에서 그 제도의 시행이 무의미할 것'이라는 胡安國 의 견해를 인용한 데서[33] 균전제 시행상의 문제점에 대한 정씨 형제들 의 생각을 읽을 수 있다.

다음으로 明代에 나타난 토지개혁안인 配丁田法에 대해서는 상당히

---

28) 노비에게는 양인에 준하여 지급한 것으로 되어 있어 정만양이 30畝를 지급하였다 는 것은 착오인 듯하다. 당시 丁牛가 한 마리당 30畝를 지급받은 것으로 되어 있 다. 『魏書』110, 「食貨志」, 2853쪽. 김성한, 『중국토지제도사연구』, 신서원, 1998, 83쪽.

29) 『훈지속집』3, 「치도의설」, 전정, 18쪽.

30) 『舊唐書』48, 「食貨志」上, 2088쪽.

31) 『훈지속집』3, 「치도의설」, 전정, 18쪽.

32) 위의 책, 19쪽.

33) 위의 책, 19쪽.

공감하는 방향에서 검토되었다. 배정전법는 장정 1인에 토지 1경을 배정토록 하는 것을 근본 목표로 한 데서 나온 것이었다. 이를 달성하기 위해 한 시기를 정해 그 시기 이전까지는 아무리 많은 토지를 소유하고 있었더라도 불문에 부치고, 그 시기 이후에는 한 사람의 장정이 1경의 토지까지 소유할 수 있도록 만드는 것이었다. 1경의 한도액을 가지지 못한 자는 토지를 사는 것을 허락하고, 그 반대의 경우는 허락하지 않음으로써 대토지 겸병을 막아 농민을 보호하자는 것이었다.[34]

이 배정전법은 사유제를 크게 훼손하지 않았기 때문에 부자들도 자식의 수가 적음만을 걱정할 따름이어서 장정을 고의로 은닉하는 일도 없어질 뿐만아니라 백성들이 常産을 가지게 되어 아주 가난한 자도 없고 아주 부자인 자도 없게 될 것으로 전망하였다.[35] 결국 이 법은 비록 정전제를 졸지에 회복시키는 방안은 아니지만, 한전제의 뜻을 계승한 것으로 토지 겸병의 폐단을 점진적으로 해소할 수 있는 방안이라는 점에서 매우 고무적인 제도로 평가하였다.[36]

한편 그들은 우리나라의 역대 토지제도도 검토하였다. 정전제를 검토하는 과정에서 평양의 箕子井田의 경우를 논급한 바 있다. 그리고 『경국대전』의 규정을 중심으로 하여 조선왕조 토지제도 전반에 관하여 소개하고 있었는데, 전분 6등법, 양전 사업, 토지를 재는 단위 척도, 과전의 규정, 家垈地의 규정 등을 중심으로 이해하고 있었다.[37] 특히 숙종 46년(1720)에 이루어진 庚子量田의 절목을 자세하게 소개하고 있어,[38]

---

34) 위의 책, 21-22쪽. 한편 관직자에 대해서는 달리 취급하여 京官 3품이상은 4경까지, 5품이상은 3경, 7품이상은 2경, 9품이상은 1경까지 소유할 수 있도록 하였다.

35) 위의 책, 22쪽.

36) 위의 책, 22쪽. 그러나 근본을 보지 못하여 토지의 매매를 민에게 있게 하고, 규정을 엄하게 적용하지 아니하여 겸병의 폐가 여전하게 되었다고 애석해하였다. 앞의 책, 32쪽.

37) 위의 책, 22-24쪽.

38) 위의 책, 24-27쪽.

정만양이 자신의 대에 가장 가까운 시기에 이루어진 양전사업에 대해 충분한 이해와 관심을 가지고 있었음을 알 수 있다.

2) 限田制의 구상과 그 내용

조선사회는 17세기 이후 지주제의 확대로 인해 농촌사회의 위기가 초래되었다. 大農이나 富農으로 불리던 대토지소유자들이 토지를 더욱 확장해감에 따라 자영농민이나 작인농민의 경우 토지를 확보하지 못하고 몰락해가면서 심각한 사회문제를 야기하고 있었던 것이다. 이 몰락의 위기는 양반층에서도 정도의 차이는 있었지만 마찬가지였다.

숙종 46년(1720) 대구지역의 양안과 호적대장을 결합하여 분석함으로써 그 신뢰성을 한층 더한 김용섭의 연구는 당시인의 토지소유상황을 잘 보여주고 있다. 시기적으로도 정씨 형제가 한전제를 구상하던 때와 거의 비슷한 시기이고, 지역적으로도 영천과 가까운 지역이어서 어느 분석보다도 정씨 형제가 느꼈을 당시의 상황을 잘 짐작케 해준다. 이 연구에 따르면 25부 이하의 토지를 소유한 빈농층이 무려 전체의 38.4%를 차지하고 있었다. 여기에 토지를 아예 소유하지 않아 양안에 오르지 않았던 층까지를 감안하면 빈농층의 규모는 더 커질 것이다. 이 빈농층에는 천민 起主의 85.7%, 평민 기주의 39.7%가 속해있어 역시 천민·평민층 기주의 토지소유 정도가 열악하였음을 보여주고 있으며, 양반 기주 중에서도 27.3%가 빈농층에 속해있어 양반층도 결코 몰락에서 자유로울 수가 없었던 당시 농촌의 상황을 잘 보여주고 있다.[39)]

따라서 이 시기 농촌에 거주하는 사람들의 토지소유상황을 정확하게 파악하고 있던 농촌의 지식인이라면 토지 소유에 제한을 가하여 몰락하는 농촌 구성원들을 구제하여야 한다는 생각을 하게 되는 것은 어쩌면

---

39) 김용섭, 『조선후기 농업사연구』, 지식산업사, 1995, 171-173쪽.

자연스런 현상이었다고 하겠다. 정만양은 중요한 것은 천하에 빈민을 없게 하는 것인데, 천하에 빈민만 없게 된다면 정전이든 정전이 아니든 그것은 문제가 되지 않는다고 하면서[40] 몰락한 빈농층의 구제를 토지제도 개혁의 주된 목표로 내세웠다. 이는 그가 당시 사회에 만연하고 있던 빈농층 구제에 주목적을 두고 개혁안을 구상하였음을 알려준다. 그 빈농층 속에는 양반·평민·천민을 막론하고 몰락한 농촌 구성원이 모두 포괄되었음은 물론이었을 것이다.

정씨 형제는 당시 농촌의 현실을 충분히 감안하여 한전제를 농촌문제의 해결책으로 제시하였다. 한전제는 토지 소유의 상한선을 설정하여, 점진적으로 토지의 균분을 유도하는 개혁안이었다. 한전제는 당시의 지주제 자체를 당장에 부정하는 것은 아니지만 대토지 소유제를 개혁하려는 것이어서 궁극적으로는 농촌사회의 안정과 국가 경제의 안정을 도모하고자 한 것이었다.

그들은 한전제의 편리함을 네 가지로 정리 제시하였다.[41]

첫째는 토지를 획정하기 위해 백성을 이동시키는 번거로움이 없이 그 토지를 균등하게 할 수 있다는 점을 들었다. 이는 토지를 국가에서 지급하는 정전제의 경우에 반드시 발생할 수밖에 없는 문제점을 고려한 것으로 한전제의 장점이라고 하겠다.

둘째는 스스로 자기에게 나누어지는 토지를 기다리지 않고도 각자 그 업을 얻을 수 있다는 점을 지적하였다. 이 역시 정전제의 번거로움을 고려한 것으로 이미 사유제가 광범하게 시행되고 있는 현실을 십분 고려한 점이라고 하겠다.

셋째는 토지에 대한 관할권이 관에 있게 된다는 점을 지적하였다. 비록 소유권은 이미 개인에게 있지만 상한선을 설정하여 소유의 한도를 통

---

40) 『훈지속집』3, 「치도의설」, 전정, 32쪽.
41) 위의 책, 32쪽.

제할 수 있으며, 특히 도망자나 대가 끊어진 집의 토지에 대한 처분이 관청에 일임된 점을 지적한 것이다.

넷째는 백성들이 서로 다투지 않게 된다는 점을 제시하였다. 한전법의 규정을 엄하게 시행함으로써 토지 가격의 하락을 유도할 수가 있고, 이에 따라 토지를 원하는 사람들은 적절한 가격에 토지를 가질 수 있게 되는 것이다. 이는 불만의 요인이 되는 빈부의 격차를 줄임으로써 갈등을 최소한으로 줄일 수 있다는 뜻일 것이다.

그는 한대 董仲舒에 의해 한전법이 제시된 이후 역대 중국의 토지제도들이 각론에 있어서는 약간씩의 차이가 있지만 전체적으로 볼 때 한전제의 취지에서 크게 벗어나지 않았다고 평가하면서 한전제의 타당성에 대해 강한 자신감을 가졌었다.[42] 비록 중국의 한전제에서 그 개념을 가져왔지만 중국의 한전제를 무조건 따른 것은 아니었고, 이를 우리나라 실정에 맞게 다듬었다. 그 구체적인 내용을 살펴보면 다음과 같다.

첫째 지적할 수 있는 것은 우리나라 관료제와 신분 관념을 고려하여 토지 소유의 상한선을 차등적으로 설정한 것이다. 그는 관료의 경우 품계에 따라 크게 4등급으로 나누어 차등을 두었다. 즉 토지 소유의 상한선을 1·2품의 경우 40결, 3·4품의 경우 15결, 5·6품의 경우 10결, 7·8·9품의 경우 6결을 제시하였다.[43]

각 관품에 따른 상한선의 수치가 나온 근거가 무엇인지는 구체적으로 밝혀두지 않아 잘 알 수는 없다. 다만 최고 관료인 1품·2품관에게 토지 소유의 상한을 40결로 제한한 것은 존귀함에 대한 의리로는 부족한 것 같이 느껴질 수도 있으나 산이 많고 땅이 좁은 우리나라의 형편을 고려한 것이라고 하였다.[44] 3·4품의 상한선은 1·2품의 약 38%, 5·6품의 상

---

42) 위의 책, 32쪽.
43) 위의 책, 27-28쪽.
44) 위의 책, 34쪽.

한선은 3·4품의 67%, 7·8·9품은 5·6품의 60%에 각각 해당되었다. 이러한 차감율을 통해 볼 때 그래도 1·2품은 상대적으로 특별히 높은 대접을 받게 하였음을 알 수 있다.

둘째, 사족에 대한 배려를 지적할 수 있다. 士의 경우 토지 소유의 상한선이 7-9품 관료와 같은 액수인 6결로 잡은 것이다. 관료후보군인 士를 하급 관료와 동일시한 것이다. 이는 사족의 입장을 대단히 옹호한 면이 강한 것으로 이해할 수 있겠다. 이는 아마 그 자신이 속한 사족에 대한 자부심의 표현일 수도 있을 것이다. 士를 중시한 면은 후술하듯이 일반 평민들과 비교할 때 더욱 잘 드러나는 점이었다.

庶人 남자의 경우 25負, 庶人 여자의 경우 10負를 상한선으로 제시하였다. 적용 대상이 되는 연령은 16세에서 20세 사이로 규정하고 있다.[45] 서민을 남녀로 나누어 상한선을 설정한 것이나 구체적인 그 액수, 그리고 지급 대상이 되는 연령 등은 모두 明代의 配丁田法을 참고로 하여[46] 거기에서 따온 것이었다고 생각된다.

위의 규정만으로는 사족과 일반 서민의 차이를 쉽게 대비시켜 이해하기가 어렵다. 왜냐면 서민의 경우는 여자가 소유 대상에 들어있는 데 비해 사족의 경우는 여자가 제외되어 있기 때문이다. 그런데 庶人의 경우 한 가구당 1결을 초과하지 못하도록 한 또 다른 규정이 있기 때문에 이 기준을 도입하여 가구당 상한선을 비교해볼 수는 있다. 사족의 경우 6결이 한 가구당 토지소유 상한선이라는 명확한 논급은 없으나 대개 가정을 이루고 사는 사족 한 가구의 상한선으로 이해해도 큰 무리가 없을 것이라는 판단이다. 그렇게 이해했을 경우 토지 소유의 상한선을 비교하면 사족 가구는 6결, 庶人 가구는 1결로 나타나는 셈이어서 사족의 경우가 서민의 그것보다 최소 6배 이상이 되는 것으로 된다.[47]

---

45) 위의 책, 28쪽.
46) 위의 책, 33-34쪽.

이는 그의 토지제도 개혁안이 사족을 중시하고 있었다는 점을 보여준다. 사실 그는 사족을 庶人과 달리 취급할 것을 주장함으로써 사를 중시하는 입장을 분명히 하였다. 士는 예부터 국가의 원기였으며, 국가에서 뽑아 등용한 楨榦이었기 때문에 오로지 독서에 전념케하여 세상의 쓰임에 응할 수 있도록 해야 하는 존재이기 때문이라는 것이 그 이유였다.[48]

셋째, 남자를 중시하는 사고가 그들 한전법의 저변에 깔려 있다는 점을 특징으로 지적할 수 있다. 조정에서 남자를 귀하게 여겨 여자보다 더 많은 토지를 보유할 수 있는 자격을 줌으로써 그들로 하여금 군역과 요역의 번거로움을 기꺼이 감수하게끔 만들자는 것이었다.[49] 이는 일반 서민들이 군역과 요역을 피할 목적으로 장정을 호적에서 탈루시키는 현상을 미연에 방지하기 위한 방안이었다. 이로써 국가는 충분한 남자 장정을 확보하는 소기의 목적을 달성할 수 있을 것으로 생각하였다.

넷째, 토지를 재는 단위로 結負法을 그대로 사용하자고 한 점을 들 수 있다. 우리나라의 경우 신라 이래로 결부법을 사용한 현실을 감안할 때 굳이 頃畝法으로 바꾸어 대혼란을 자초할 필요가 없다는 것이 그 이유였다.[50] 결부법의 결이 경무법의 경과 맞먹는 것으로 간주하여 추진한다면 여기에서 비롯되는 커다란 혼란과 거부감을 해결할 수 있다고 하였다.[51] 이는 우리나라의 현실을 십분 감안하는 융통성을 발휘하여 실현 가능성을 높인 부분인 것이다.

다섯째, 성균관·향교·서원 등 교육기관의 토지 소유 상한선도 州府

---

47) 사족들의 경우 작인들을 활용한 병작반수제에 의존하였음을 감안한다면 실제 수입은 병작반수를 한만큼 줄어들기 때문에 서인과 비교한 경제규모의 배수도 그만큼 줄어든다고 볼 수 있다.

48) 『훈지속집』3, 「치도의설」, 전정, 34-35쪽.

49) 위의 책, 34쪽.

50) 위의 책, 33쪽.

51) 위의 책, 33쪽.

郡縣에 따라 차등있게 설정되었다는 점이다. 성균관 500결, 주부의 경우 향교 10결·사액서원 7결·향현사 5결, 군의 경우 향교 7결·사액서원 5결·향현사 3결, 현의 경우 향교 5결·사액서원 3결·향현사 2결 등이었다.[52] 서원에 대해서는 근세이래 비록 분쟁의 폐단이 있으나 선비들이 모여 쉬는 장소요 인재의 성취한 바가 모두 여기에 있었다고 하며 상당한 애정을 가지고 있었다.[53]

여섯째, 사찰에도 소유의 상한선이 설정되어 있었다는 점이다. 大刹 1결 50부, 中刹 1결, 小刹 50부였다. 사찰에 토지의 소유를 허용한 것은 부처를 공양하기 위한 것이 아니라 사찰이 종이를 생산하는 紙役을 담당하고 있기 때문이라고 하였다.[54]

일곱째, 국가의 토지에 대한 관할과 통제권을 강화한 것이다. 규정된 상한선 이상의 토지를 소유한 자는 시행일 이후 더 이상 토지를 매입할 수 없으며, 상한선 이하의 토지를 가진 자에 한해 토지의 매입을 허용한다고 하였다.[55] 그리고 개인의 사사로운 토지 매매를 금할 것과 부득이한 경우에는 관청의 허락을 얻어야 할 것을 규정하였고, 流亡하여 絶戶한 자의 토지는 몰수하여 관청에서 주관하여 窮殘한 백성에게 나누어줄 것을 규정함으로써[56] 관청의 토지에 대한 통제력을 강화시켰다.

여덟째, 경과조치를 마련하여 점진적으로 그러나 확실하고 엄정하게 일이 추진될 수 있도록 세심하게 배려하였다는 점이다. 즉 상한선 이상의 토지를 가진 자가 상한선 이하로 토지를 감소시키는 유예 기간을 3년으로 하였다.[57] 그러나 만약 3년 이내에 감소시키지 않은 자가 있으면

---

52) 위의 책, 28쪽.
53) 위의 책, 34-35쪽.
54) 위의 책, 35쪽.
55) 위의 책, 37쪽.
56) 위의 책, 36쪽.
57) 위의 책, 37쪽.

마땅히 벌을 주고, 6년이 지나도 규정된 한도 내로 감소시키지 않으면 그 토지를 몰수케 하였다.[58] 결국 그가 구상한 한전제의 효과는 시행일로부터 3-6년 후부터 확실히 나타날 수 있도록 하였던 것이다. 이와 같이 목표 달성 연한을 6년으로 한 것과 국가 권력으로 강제한 것은 당시 토지제도를 둘러싼 모순의 해결이 시급함을 반영한 것이라고 하겠다.

유예 기간을 3년으로 잡은 것은 前漢 哀帝時에 孔光의 주장에서[59] 따온 것으로 짐작된다. 3년 동안 시간을 두고 자신의 토지를 처분할 수 있도록 충분한 시간을 줌으로써 부자들 스스로의 동참을 유도하기 위함이었다. 의욕이 너무 앞서서 부자들을 협박하고 재촉하다보면 발생할 수도 있는 불필요한 분란을 미연에 방지하려는 의도에서였다고 하겠다. 이처럼 그들은 점진적이지만 확실한 방법을 택하였던 것이다.

이와 같이 유예 기간은 넉넉하게 잡되 법령은 엄히 적용한다면 점차 부자들이 토지를 팔려고 내어놓아 토지 가격이 하락하게 될 것이고, 그러면 가난한 이들은 낮은 가격에 자신의 토지를 구입할 수 있게 될 것으로 예상하였다.[60] 그 결과 몇 년 안에 거의 모든 가구가 자신의 토지를 가지고 생업을 영위할 수 있게 될 것으로 전망하였다.

이상을 종합해볼 때 그들의 토지 개혁 구상의 핵심 내용은 개인의 소유권을 극도로 축소시키고, 국가의 토지에 대한 관리 권한을 대폭 강화하는 것이었다. 소유의 상한선을 설정하여 개인의 무제한적인 소유의 욕구를 억제하고 통제하였을 뿐 아니라 이를 통해 균산을 도모함으로써 건강한 자영농에 근간을 두고자 한 것이었다. 그리고 개인의 소유권은 매매에서도 제한을 받도록 하여 사사로운 매매를 일절 금하고 부득이 매매해야할 경우에는 관청의 사전 허가를 받도록 하였다. 또한 개인의 거주

---

58) 위의 책, 37쪽.
59) 『漢書』24상, 「食貨志」상, 1142-1143쪽.
60) 『훈지속집』3, 「치도의설」, 전정, 37쪽.

지역 외 토지 소유의 제한, 유망이나 절호한 자의 토지 환수 등을 구체적 내용으로 하고 있었다. 이러한 제반 조처를 통해 그들은 토지에 대한 국가의 통제권을 강화시키고자 하였던 것이다. 그리고 그가 제시한 한전제는 매우 자세하여 한전제를 주장한 여러 학자들 누구보다도 체계적인 안을 구체적으로 제시하였다는 데 의미가 있었다.

그들의 개혁안은 영조 초년 당시 소론 집권당의 핵심이었던 경상감사 조현명이 정규양을 방문한 것을 계기로 그를 통해 관계 요로에 알려졌던 것이기도 하였는데, 조현명은 발문에서 '옛 것에 거슬리지 않으면서 오늘날에 가히 실행할 수 있는 것'으로 그 구체성과 현실성을 높이 평가한 바 있다.[61]

3) 限田制의 성격과 의의

조선후기에 제시된 토지제도 개혁안들은 대개 정전제, 균전제, 한전제의 큰 틀 속에서 제기되었다. 이들 개혁안의 가장 근본적인 입론의 차이는 토지를 국가에서 지급할 것을 전제로 하고 있는가의 여부라고 할 수 있다. 정전제와 균전제는 국가에서 지급한다는 전제 아래 마련되었고, 이에 비해 한전제는 국가에서 지급하지는 못한다는 전제 아래 마련된 개혁안이었다.

한전제는 입론의 출발점부터가 정전제나 균전제와는 다른 것이었다. 그것은 국가에서 토지를 지급하는 것이 현실적으로 어느 정도 가능할 것인가에 대한 인식의 차이에서 비롯된 것인데, 한전제를 주장하는 사람들은 토지의 사유화가 이미 수천년 이어져온 만큼 그것을 불가능한 것으로 전제하고 있는 것이다. 따라서 한전제는 좀 더 점진적이고 온건한 개혁안이라고 할 수 있다.

---

61) 『훈지속집』6, 「치도의설」, 발문(조현명 찬), 45-46쪽.

같은 한전제라는 명칭을 사용하였더라도 그 구체적인 방안에 있어서는 학자에 따라 차이가 있었다. 이는 현실에 대한 진단과 자신의 처지, 사고의 깊이 등에서 차이가 있었기 때문이다. 구체적으로는 토지 소유 상한선의 액수, 신분에 따른 제한선의 차이 정도, 시행 세칙의 정밀성 정도 등에 따라 그 논의의 수준을 짐작할 수 있다.

아래에서는 정만양·규양 형제가 주장한 한전제가 다른 여러 학자들의 한전제와 차이점이 무엇인지를 살펴봄으로써 그 특징과 의의를 드러내고자 한다. 비교 대상이 된 학자들은 조선후기에 한전제를 주장한 바 있던 저명한 학자들로 하곡 정제두(1649~1736), 성호 이익(1681~1763), 남당 한원진(1682~1751), 연암 박지원(1737~1805) 등이다.[62] 한전제의 주요 특징을 내용별로 비교 검토하면 다음과 같다.

첫째, 제한의 성격과 관련한 것이다. 한전제는 토지소유액에 제한을 가하여 국가 경제의 안정을 추구하려는 제도였다. 정제두·한원진·박지원 등과 같이 소유액의 상한선을 설정한 경우도 있었고, 이익과 같이 하한선을 설정한 경우도 있었다. 전자는 토지 소유의 상한선의 설정으로 대토지 겸병을 억제하여 토지제도의 이상을 실현코자 한 것으로 대부분의 논자들이 추구한 방향이었다. 반면 후자는 토지 소유의 하한선을 설정하여 최소한의 생계 유지가 가능하게 함으로써 농민의 몰락 방지를 우선 과제로 삼은 독특한 것이었다. 정씨 형제의 경우는 대부분의 개혁론자들과 마찬가지로 토지보유액의 상한선을 설정하는 방향에서 한전제를 제안하였다.

둘째, 토지 소유 상한선의 구체적 액수와 관련한 것이다. 토지보유의 상한선을 설정하였다면 구체적으로 그 액수를 어느 정도로 상정하였는가가 그 개혁안의 성격을 규명할 수 있는 중요한 부분이다. 한전제를 주

---

62) 이들 학자들의 한전제에 대해서는 김용섭이 간략하게 검토한 바 있다. 김용섭, 「조선후기 토지개혁론의 추이」, 『동방학지』62, 1989.

장한 이들 중에도 상한선을 구체적으로 제시한 이는 많지 않았다. 이는 원론적인 주장의 차원에서 한 단계 더 진전된 논의로 발전시킨 경우가 드물었기 때문이다. 제시된 기준의 방식도 약간씩 차이가 있었기 때문에 상호 비교할 때는 세심한 주의를 요함은 물론이다.

정씨 형제는 양반 사족의 경우 상한선을 6결로 잡았고, 일반 농민은 남자와 여자로 구분하여 남자의 경우 25부, 여자의 경우 10부로 정하였다. 이는 사족의 입장을 많이 감안한 주장으로 사족과 평민의 상한선 액수의 차이가 상당히 많이 남을 알 수 있다. 정제두는 민전의 경우 1호당 3결을 상한선으로 설정하였으며, 이미 3결 넘는 경우 감할 것을 요구하지 않고, 미달인 호는 이후 상한선을 초과하지 못하도록 규제하는 방식을 주장하였다.[63] 한원진은 상한선의 액수로 양반사대부의 경우 10결, 서민의 경우 5결을 제시하였다.[64] 양반과 평민을 구별하여 상한선을 설정한 점, 양반에게 평민의 배 정도의 상한선을 설정한 점이 특징이라고 하겠는데, 중소지주층의 이익을 대변하는 상태에서의 개혁안이었다고 하겠다.[65] 박지원은 균전을 목표로 하여 그 수단으로서의 한전제를 주장하였는데, 상한선의 구체적인 액수는 제시하지 않았다.[66] 다만 사대부는 일반농민보다 후하게 지급할 것을 주장하였는데, 이는 정씨 형제와 비슷한 논리였다고 하겠다.

셋째, 신분의 차이가 토지 소유액의 설정에 영향을 미치고 있는가의 문제이다. 보유의 상한선 설정에 대한 설명에서 이미 짐작되었겠지만 상한선 액수의 설정에 있어 신분의 차이가 인정되고 있는가의 여부를 살펴보는 것도 개혁안의 성격을 파악하는 데 도움이 될 것이다.

---

63) 『霞谷集』22, 箚錄, 限民田, 554쪽(한국문집총간 제 160권, 1995).
64) 『南塘集』37, 雜識, 外篇上, 9쪽(한국문집총간 제 202권, 1998).
65) 김용섭, 앞의 「조선후기 토지개혁론의 추이」, 48쪽.
66) 『국역 과농소초』, 限民名田議(아세아문화사, 1987).

정씨 형제의 경우는 신분의 차이에 따른 상한선 액수의 차별을 인정하고 있으며, 그 정도는 약 6배정도 되었다. 차별을 인정하는 것은 대부분 학자들도 마찬가지였다. 한원진의 경우도 사족을 우대해야 된다는 논리를 폈고,[67] 이익의 경우도 토지의 상한선을 설정하지 않고 무제한적으로 소유할 수 있는 길을 열어 놓아 실질적인 측면에서는 신분의 차이를 용인하고 있다고 할 수 있다.[68] 그리고 박지원도 사대부는 평민들보다 후하게 대하여야 한다고 하여[69] 구체적인 액수를 제시하지는 않았지만 신분에 따른 차별을 용인하고 있다. 다만 정제두는 신분제 개혁을 전제로 하여 토지제도개혁을 주장한 것으로 보아[70] 신분제에 따른 차 인정하지 않은 듯이 보인다.

넷째, 본격적인 시행에 앞서 경과조처로서 유예기간을 어떻게 처리하였는가에 관한 것이다. 가시적인 효과가 나타나기에 소요되는 기간을 어느 정도로 예상하고 있었는가 하는 점이다. 박지원의 경우는 자신의 안에 따르면 몇 십년이 흐른 뒤에는 토지의 균등을 이룬다고 보았으며,[71] 정제두는 백년 정도를 기한으로 잡아 좀 더 느긋한 주장을 하였다.[72]

이에 비해 정씨 형제는 한전제의 실시이후 3년의 유예기간을 두었고, 6년 이후에는 제한 이상의 토지를 몰수한다고 하여 늦어도 실시 6년 후에는 효과가 확실하게 나타나도록 구상하고 있었다.[73] 이는 그들이 한전제를 주장하는 다른 사람보다 구체적이고도 정교하게 논의를 구상하였으며, 한전제 개혁안 중에서는 좀 더 빠른 시간에 효과가 나타날 수

---

67) 『남당집』37, 잡지, 외편상, 9쪽.
68) 『星湖全集』45, 雜著, 論田制, 論均田(한국문집총간 제 199권, 1997).
69) 『국역 과농소초』, 限民名田議.
70) 김용섭, 앞의 「조선후기 토지개혁론의 추이」, 49쪽.
71) 『국역 과농소초』, 限民名田議.
72) 『하곡집』22, 차록, 限田終歸自均, 564쪽.
73) 『훈지속집』3, 「치도의설」, 전정, 37쪽.

있는 안을 제시하는 적극성을 가지고 있었다고 하겠다.

이상의 비교 내용을 토대로 하여 여러 학자들 상호간의 공통점과 차
이점을 간략히 살펴보면 다음 <표 1>과 같이 정리될 수 있다.[74]

〈표 1〉 한전제 주장 학자들의 견해 비교

항목＼학자	정만양 (1664~1730)	정제두 (1649~1736)	이익 (1681~1763)	한원진 (1682~1751)	박지원 (1737~1805)
지주제 존속여부	유지	유지	유지	유지	유지
토지분급여부	분급 않음	분급 않음	분급 않음	분급 않음	분급
상한선 설정	설정	설정	설정 않음	설정	설정
사족 상한선	6결	구분없이 1호당 3결	설정 않음	10결	농민보다 우대
농민(庶人) 상한선	丁男 25부, 丁女 10부, 1호당 1결	구분없이 1호당 3결	설정 않음	5결	구체적 액수 제시 않음
하한선 설정	설정 않음	설정 않음	1호당 1경	설정 않음	설정 않음
목표달성 연한	6년	100년	수세대	설정 않음	몇십년
토지단위	결부	결부	경무	결부	결부

이상에서 살펴본 바와 같이 정씨 형제가 주장한 한전제는 실현 가능
성을 높이는 데 큰 주안점을 두고 있었다. 그리고 다른 사람의 그것에
비해 체계적이고 구체적으로 완성시켰다는 점에 큰 특징이 있었다. 현실
사회의 모순에 대한 해결 방안을 모색하기 위해 고뇌하던 지식인으로서

---

74) 이 표의 작성에 이용된 사료의 전거는 다음과 같다. 『훈지속집』3, 「치도의설」, 전
정. 『霞谷集』22, 箚錄, 限民田, 限田終歸自均(한국문집총간 제 160권, 1995). 『星
湖全集』45, 雜著, 論田制, 論均田, 論括田(한국문집총간 제 199권, 1997). 『南塘
集』37, 雜識, 外篇上(한국문집총간 제 202권, 1998). 『국역 課農小抄』, 限民名田議
(아세아문화사, 1987).

의 성실함이 돋보이는 부분인 것이다. 그들이 한전제를 통해 강조한 것은 분배를 감안한 평준화된 서민들의 생활, 사의 특권이 인정되는 사회, 토지에 대한 통제력이 강한 국가 등으로 요약될 수 있을 것이다.

한계로 지적될 수 있는 것은 士人을 庶人과 달리 취급해야 한다는 점을 강조하면서 제시한 토지 소유의 상한선의 차이가 좀 크게 느껴진다는 점이다. 이는 그들이 일반 농민들의 생활 안정을 위한 방안에 소홀한 것은 아니었지만 지배 신분층의 입장에 상대적으로 좀 더 경도되어 있었음을 보여주는 것이다. 아울러 타인의 명의로 상한선 이상의 토지를 소유하는 데 대한 적절한 방비책이 없다는 점도 한계로 지적할 수 있다.

4. 軍政 개혁론

군정에서는 군사운영과 군포징수에 관련된 부분이 주된 거론의 대상이었다. 두 부분은 모두 농민들의 불편과 부담의 경감이라는 데에 초점을 맞추고 있었다. 그들은 중국의 역대 군정의 득실과 당시 조선의 군정의 실태를 검토한 다음 군사운영과 관련한 개혁안을 세 가지로 제시하였다.[75]

첫째, 평상시 훈련의 단위를 哨 단위에서 그 하부 단위인 旗 단위로 바꿀 것을 주장하였다. 이는 哨 단위의 많은 군사들을 한꺼번에 지정한 장소에 모이게 함으로써 백성들이 먼 거리를 왕래해야하는 불편함을 방지하기 위한 것이었다. 훈련에 대한 책임은 전과 같이 초관의 통제하에 두되, 초관이 三旗를 순환하면서 試才하면 전혀 무리가 없다는 변통안이었다. 試才는 농한기에는 15일마다 한 번, 농번기에는 한 달에 한 번

---

75) 『훈지속집』4, 「치도의설」, 軍政, 24-25쪽.

꼴로 돌아오도록 하되, 극농기인 5·6월에는 오로지 농사일에만 전념케 함으로써 농민들의 편의를 최대한 보장한다는 것이었다.

둘째, 수령을 군사 운용의 실질적 책임자로 삼음으로써 군사 조발 과정에서 발생하는 혼선을 없애자는 것이었다. 당시 한 도의 군사들은 각기 巡察使軍, 兵水使軍, 防禦使軍, 巡邊使軍, 助防將軍, 守令之軍 등으로 분속되어 있었기 때문에 유사시 군령이 여러 사람의 입에서 나옴으로써 혼란을 가중시키는 문제점을 시정하기 위한 목적이었다. 이를 시정하기 위한 방책으로 한 군현의 군사들을 모두 수령에게만 소속시키면 군사의 調發이 간편할 뿐 아니라 책임 소재도 수령에게 명확하게 지울 수 있는 장점이 있다는 것이었다.

셋째, 哨官을 중시한 점이다. 초관은 상하의 중간에서 고리 역할을 하는 중요한 위치에 있음을 강조하고, 그 사기 진작을 위한 적절한 포상책을 제안하였다.

다음으로 그들이 주목한 것은 군포 징수와 관련한 개혁안이었다. 군포 징수를 둘러싼 문제점은 자주 조정의 논란이 되었던 것이었다. 조선 후기에 5군영체제가 갖추어지게 되면서 양인들의 군역은 사실상 군포를 내는 부담으로 되었다. 그리고 그 부담은 양인만이 지는 身役과 같은 성격의 것이어서, 양반들은 그 부담에서 제외되는 특권을 누리고 있었다. 자연 양인들에게만 지어진 군포의 부담에다가 징수하는 과정에서 발생하는 폐습까지 겹치면서 백성들의 고통은 날로 커지게 되었던 것이다.

이를 시정하기 위한 논의가 심심찮게 거론된 바 있는데,[76] 이 문제는 경제적인 측면 뿐 아니라 신분제와 관련된 것이어서 대단히 민감하면서

---

76) 이의 구체적인 내용은 다음의 논고들에 잘 정리되어 있다. 정만조, 「조선후기의 양역변통 논의에 대한 검토」, 『동대논총』7, 1977. 정만조, 「숙종조 양역변통 논의의 전개와 양역대책」, 『국사관논총』17, 1990. 지두환, 「조선후기 호포제 논의」, 『한국사론』19, 1988. 김용섭, 「군역제 이정의 추이와 호포법」, 『한국근대농업사연구(상)』, 일조각, 1990.

도 어려운 난제였다. 당시 조야에서 거론되고 있던 군역과 관련된 개혁안들은 주로 戶布法, 口錢法, 結布法, 遊布法 등이었다.

호포법은 징수의 단위를 인정 단위에서 호 단위로 바꿈으로써 양반 상민을 막론하고 모든 호를 징수의 대상으로 삼겠다는 것이었다. 이는 신분제를 뒤흔들 수 있다는 비난으로부터는 비껴갈 수 있었다. 그러나 양반을 징수의 새로운 대상으로 파악함으로써 그들로부터 반발을 사는 안이었다.

구전법은 모든 신분을 징세의 대상으로 한 점에서는 호포법과 같다. 다만 호포법에서 호를 등급별로 나눌 때 발생하는 기술상의 어려움을 근원적으로 해결하기 위해 호 대신 모든 장정을 징세의 대상으로 한 것이었다. 호포법과 마찬가지로 양반이 징수의 새로운 대상이 됨으로써 그들의 반발은 여전히 해결해야할 과제였다.

결포법은 양인 장정 1인에게 배정된 군포 2필을 1필로 줄여 그 부담을 경감시키되, 군포 총액의 부족분은 토지에 부과하여 충당하는 방안이었다. 이 안은 양반들의 특권을 건드리는 신분제적 측면에서의 문제점은 방지될 수 있었으나 지주들의 부담이 가중됨으로써 역시 양반지주들의 반발을 살 수 있는 안이었다.

유포법은 군포 징수대상에서 제외되어 閑遊하는 자를 대상으로 군포를 징수함으로써 군포의 부족분을 벌충하자는 안이었다. 주장하는 사람에 따라 약간의 차이가 있지만 그 대상에 일부 양반이나 유생이 포함됨으로써 양반들의 반발이 신분제적 측면과 경제적인 측면 양쪽에서 모두 제기될 수 있는 안이었다.

위의 안들은 모두 양인들의 부담을 덜어주면서 군포 수입은 종전대로 확보하려는 방향에서 제기된 것이라는 공통점이 있었다. 그러나 위의 여러 개혁안들에 대한 정씨 형제의 견해는 대개 부정적이었다. 현실성이 떨어진다는 것이 그 이유였다.

수십년 기근으로 가뜩이나 여기저기로 옮겨 다니는 이가 많은 상황에서 호포법의 실시는 더욱 거주지의 이동을 촉발시킴으로써 사회적 혼란을 야기할 뿐 아니라 유민들의 몫은 고스란히 남은 사람들에게 전가시켜 인징의 폐를 더욱 극심하게 할 것으로 예견하였다. 따라서 호포법이나 구전법의 실시는 백성들을 더욱 피곤하게 만들고 호구를 은닉하게 만들 것으로 예상하였다. 이미 백성들이 군역을 피곤하게 여기어 혹 남자로써 여자로 만들고, 혹은 살아있는 사람을 죽은 사람으로 바꾸어 그 분분함이 심한 현실을 고려한 것이었다.

결포법의 실시는 가뜩이나 많은 토지의 세를 더욱 가중시킴으로써 잔약한 백성들로 하여금 차라리 토지를 버리게 만들 것이라는 이유로 그 불가함을 지적하였다. 유포법은 양반 사족들이 역을 지지 않고 野人들과 구별된 것이 이미 오래된 일인데, 갑자기 양역을 부과하여 핍박한다면 국가의 원기를 훼손시키는 일이 되기 때문에 불가하다고 하여 신분제적인 명분론의 측면에서 부정적인 입장을 피력하였다. 그 외 집자리에서 세금을 거두는 家垈布, 상점에서 세금을 거두는 塵布 등도 그 실현 가능성이 없음을 이유로 비판하였다. 결국 그들은 호포, 구전, 결포, 유포법을 위시하여 가대포, 전포 등을 모두 현실성이 없는 것으로 파악하였다.[77]

사실 위의 안들은 모두 신분제적 명분의 측면에서 또는 경제적인 부담 증가의 측면에서 양반들의 반발을 초래하는 것들이었다. 따라서 양반 사회를 근본적으로 바꾸지 않고서는 사실상 실현이 어려운 안들이었다. 실제 어느 것 하나 제대로 시행된 적이 없던 것들이었기 때문에 그들의 부정적 인식도 무리는 아니라는 생각이 든다. 하지만 그들의 그러한 생각은 기본적으로 양반 사족의 입장에 서 있었기 때문으로 판단된다. 이

---

[77] 『훈지속집』5, 「치도의설」, 군정, 10-14쪽. 그들은 그 전에 朝令으로 이 제도들의 편부를 묻는 경상감사 조태억에게 그들의 견해를 서신으로 제시한 바 있다.(『填篪文集』8, 答道伯, 25-26쪽. 『지수문집부록』, 연보, 경종 원년조)

점은 그들의 한계였다.

군포 징수와 관련하여 그들은 다른 방향에서 해결책을 제시하였다. 그들은 많이 거두어들여서 문제를 해결할 것이 아니라 경비를 적게 들이는 방안을 모색하여 같은 효과를 얻을 것을 주장함으로써 발상의 전환을 요구하였다. 지금까지 군포를 둘러싼 많은 개혁안들이 어떻게 더 많이 효율적으로 징수할 것인가에 초점이 맞추어져 있었는데, 이런 식의 접근으로는 문제를 근본적으로 해결할 수 없다는 것이 그들의 생각이었다. 그들은 거둔 군포를 사용함에 있어 그 비용을 절감함으로써 문제 해결에 접근할 것을 강조하였다. 세금 징수와 관련한 발상의 전환을 강조한 것이었다. 그들은 불필요한 冗官을 줄이면 그로 인해 생기는 1년 소득이 족히 군포 감축액을 감당할 수 있을 것으로 전망하였다.[78] 아울러 군포 징수 과정에서 늘 거론되던 도량형의 문란에서 비롯되는 문제에 대한 시정도 지적하였다.[79]

이상에서와 같이 그들의 군사 운영과 관련한 개혁안의 특징은 평상시 훈련 단위의 변경으로 농민 부담의 경감, 수령과 초관의 역할 강조를 들 수 있다. 군포 징수와 관련해서는 양반들의 기득권과 지주들의 권익을 유지하려는 쪽에 기본 생각을 가지고 있었다. 그렇다고 백성들의 부담을 늘려 그들에게 고통을 전가시키려는 것은 아니었다. 양쪽을 모두 만족시킬 수 있는 방안으로 그들이 제시한 것은 용관의 도태 등 비용의 절감을 통한 문제의 해결이었다. 이는 조정에서 거론되던 기존의 군포 개혁안과

---

78) 『훈지속집』5,「치도의설」, 군정, 14-16쪽.

79) 위의 책, 16-17쪽. 베 1필은 국법에 5승포 35척으로 엄하게 명시해놓았으나 법이 오래되어 폐단이 생기게 되었으며, 현실의 각종 세금에서 7-8승포가 아니면 麤布로 간주하여 받지 않고, 40척이 아니면 길이가 짧다고 받지 않는 현실을 지적하였다. 법제에 규정된 5승포 35척의 법을 준수하는 것이 백성의 고통을 줄이는 하나의 방법임을 강조하였다. 아울러 포백척의 척도 자체가 한 척당 2-3촌이 더 길어서 무궁한 폐단을 야기시킨다고 지적하면서 해당 관서로 하여금 각 주군의 도량형을 정확하게 통일시켜, 사사로이 신축하지 못하도록 할 것을 주장하였다.

는 다른 시각에서 그 해결 방안을 모색한 것이라고 할 수 있다.

5. 貢擧制度 개혁론

인재의 육성과 선발은 국가 운영에 있어 필수불가결의 중요한 요소라고 할 수 있다. 정씨 형제는 인재의 육성 방안, 선발 방안, 적절한 활용 방안 등의 내용을 중심으로 한 개혁안을 구상하였다. 그들은 당시 교육이 그 목적을 과거 시험의 합격과 그를 통한 공명의 획득에 둠으로써 근본부터 잘못되었다며 당시의 현실을 비판하였다. 아울러 공부하는 방법과 요령의 부재도 지적하였으며, 과거 시험에 요행을 바라는 사람들이 몰려들어 과장이 문란해진 문제점도 지적하였다.[80] 공거제에 대한 그들의 개혁론은 이러한 현실 비판에서 출발하여 인재의 육성 방안, 선발 방안, 적절한 활용 방안 등을 주 내용으로 한 개혁안을 제시하였다.

먼저 인재의 육성 방안에는 교육의 담당자인 훈장과 교육의 대상인 학생, 교육의 방법론에 대한 여러 방안들이 포함되어 있었다. 훈장에 대해서는 학덕이 익은 사람 중에서 뽑되, 교육의 효과를 거두기 위해서는 그 존엄함을 유지케 해 주어야 한다는 점을 특히 강조하였다.[81] 그들은 학생들이 훈장을 존경하고 믿으며, 두려워하고 공경함으로써 교육적 효과를 제대로 거둘 수 있다고 보았던 것이다. 훈장은 반드시 6년에 한 번 교체시키되, 포상과 儒罰을 겸행하여 상벌을 분명히 할 것도 주문하였

---

80) 『훈지속집』6, 「치도의설」, 貢擧, 30-34쪽. 당시 교육과 과거의 문제점으로 敎士無法, 應擧無定, 經學不明, 文體不根 등 네 가지를 지적하였다.

81) 위의 책, 37쪽. 그 구체적 방안으로는 감사나 수령이 훈장과 서로 만났을 때 반드시 관복을 갖추어 입고 만남으로서 예를 다하여 공경하는 뜻을 보여야 한다든지, 훈장은 가벼운 죄가 있더라도 형을 다스리지 않아서 우대하고 특별히 대접한다는 뜻을 보여야 한다는 것들이 지적되었다.

다. 이러한 것들은 원론적인 수준에서 크게 벗어나지 않은 것이라고 보인다.

교육의 대상자인 학생에 대한 규정에서 보이는 독특한 점은 군현 단위로 연령과 실력 수준을 고려하여 학생들을 3등급으로 나눈 사실이다.[82] 즉 15세이상 관례를 치르지 않은 자 중에서 현명하여 교육시킬만한 자를 蒙士, 冠禮를 올린 자로부터 50세에 이르는 자 중에서 과거에 응시할 수 있는 자를 秀士, 특히 선비 중 '有志經行者'로 논선된 자를 選士로 구분하였다. 따라서 학생들은 蒙士 → 秀士 → 選士의 순으로 승급하게 되는 셈이었다.

蒙士는 『小學』→『大學』→『論語』→『孟子』와 『中庸』의 순으로 독서케 하였으며, 選士와 秀士는 四書五經을 근본으로 하되, 周敦頤, 鄭顥·鄭頤, 張載, 朱熹 등의 저술과 『左氏內外傳』, 『資治通鑑綱目』 등을 공부케 하였는데, 대개 程子의 독서법을 모범으로 하였음을 알 수 있다.[83]

선발 방안으로는 매월 그믐에 훈장이 서원이나 향교에서 학생들의 공부를 점검하는 시간을 가지고, 1·4·7·10월에는 수령이 주관하는 강의를 열게 하였다. 특히 관찰사가 도를 순시하는 봄가을에는 별도로 5·6곳을 정하여 해당 군현의 학생 전체를 대상으로 한 강의의 개최를 제안하였다. 이 때 수사 중 뛰어난 자는 선사로 승급시키고, 선사 중 현명하고 능한 자는 조정에 천거케 하였다. 선사를 조정에 천거케 한 점은 과거제의 한계를 극복하기 위한 보완책으로 선사법의 시행을 강력히 주장한 바 있던 이현일의 주장과 비슷한 것이었다.[84]

하지만 그들은 기본적으로 과거제를 천거제보다 더 객관적인 인재의

---

82) 위의 책, 36-37쪽.
83) 위의 책, 38-39쪽.
84) 『葛庵全集』4, 進君德時務六條疏.

선발 방식으로 인식하였다. 천거제는 과거제의 단점을 보완하는 수준에서 거론되었을 뿐인 것이었다. 따라서 그들은 기존의 과거제의 골격을 유지하되, 몇 가지 점을 보완하는 차원에서 자신들의 개혁안을 주장하였다. 그 중 가장 독특한 것은 과거 응시자의 수를 줄이기 위한 예비시험의 실시였다.[85] 1차 시험인 鄕試에 응할 수 있는 사람의 수를 제한하는 것인데, 매번 과거 때가 되면 지방관이 선비들을 제술로 시험하여 합격한 자에 한해 과거에 응시할 자격을 주자는 것이었다. 물론 주·부·군·현의 정액이 시험의 종류별로 차등있게 설정 제시되었다.[86] 이는 당시의 큰 폐단이었던 科場의 번잡함과 문란함을 효과적으로 막기 위한 방안이었다. 그 외 시험 과목과 평가 기준에 대해서도 세부적인 방안을 제시한 바 있다.[87]

한편 무과에 대해서도 소홀히 할 바가 아니라고 하면서 주나라의 예와 같이 문과 무를 겸비케 할 것을 주장하였다.[88] 그들은 당시 재주와 지략이 문에 속하지 못하는 어정쩡한 자들이 붓을 내팽개치고 궁마에 종사하는 상황을 우려하였던 것이다. 그리하여 문에 종사하는 자에게 무를 가르침으로써 이 문제를 해결하려 하였다. 여기에는 정자가 주장한 송나라 희령년간의 '武選之制'와 주자가 논의한 '貢擧私議'가 참고할 모범으로 제시되었음은 물론이다.

---

85) 『훈지속집』6, 「치도의설」, 공거, 29-30쪽, 39쪽.

86) 문과 소과의 경우 주·부는 100인, 군은 60인, 현은 20인으로 차등있게 선정되었으며, 문과 대과의 경우 주부는 30인, 군은 15인, 현은 7인을 정액으로 정하였다. 정시와 알성시의 경우에는 주부는 3인, 군현은 1인을 정액으로 하였다.

87) 『훈지속집』6, 「치도의설」, 공거, 39-40쪽. 문과 소과에서는 舊例에 의거하여 詩·賦·製述을 시험치되, 詩는 冲淡典雅하면서 문장이 30餘韻을 넘고, 賦는 幽通思玄하면서 문장이 50~60구절 이상이며, 제술은 상격에 구애받지 말고 같고 그름을 판별하여 천여언 이상인 경우를 합격의 기준으로 제시하였다. 문과 대과에서는 별도로 사서오경 중 하나와 『경국대전』을 강하게 하고, 또 賦와 策 두 가지로서 시험을 치게 할 것을 제시하였다.

88) 위의 책, 41-43쪽.

등용된 인재를 적재적소에 배치하여 그 효율성을 극대화하기 위한 방안도 제시되었다. 그들이 인재의 배치에 있어 근본적으로 중시한 것은 민간의 백성들의 삶에 대해 잘 아는 실무의 강조였다.[89] 민간의 실무에 정통한 것은 수령만한 이가 없다고 그들의 역할을 강조하였다. 그러나 內職을 중히 여기고, 外職을 가볍게 여기는 풍조를 개선하기 위해 用人의 기본 구조를 외직을 중시하는 방향으로 바꾸어야 한다고 하였다. 처음으로 조정에 들어온 관리도 玉堂의 선발에 들려고만 하지 번거롭게 실무를 익히려 하지 않아서 외직에 임명되는 것을 좌천으로 여기고 백성을 가까이 하는 것을 속된 관리의 일로 여기는 당시 관료들의 폐단을 지적하였다.

이의 시정을 위해서는 用人의 기본 구조를 내직을 중시하는 데서 외직을 중시하는 것으로 바꾸어야 하는 제도적 개혁이 필요하다고 하였다. 그들은 연소신진의 선비로 6품직에 의망할 때는 반드시 주현에 근무할 때의 실효를 시험하여 실적이 우수한 자를 淸顯職에 임명하고, 삼공에 결원이 생기면 반드시 이 사람들을 후보에 들게 하여야 한다고 하였다. 그리하여 실무에 실적이 없는 자는 문벌과 지망이 있더라도 다시는 이 선발에 들지 못하게 하는 제도적 장치를 마련하여야 한다는 것이었다. 그러면 외직을 소홀히 여기지 못하는 풍조가 정착되고, 얼마 지나지 않아 모든 관직자들이 민간의 실정에 밝게 되어 백성들에게 진정한 이로움을 줄 수 있게 될 것으로 전망하였다. 이러한 그들의 안은, 관료의 등용 기준으로 文詞보다 세상의 실무를 강조한 바 있던 숙종대 이현일의 주장과[90] 일맥상통하는 것이었다.

이상에서 본 바와 같이 그들의 공거제에 대한 개혁안의 특징은 몽사, 수사, 선사 등 수준별로 구분된 학생들의 순차적인 교육 방법, 과거 응시

---

89) 위의 책, 43-44쪽.
90) 『葛庵全集』3, 將下鄕辭給馬兼陳所懷疏.

에 앞선 예비 시험의 실시로 과장의 문란 방지, 외직을 중시한 관료제의 운영 등으로 정리될 수 있다. 이 주장들은 三代의 '敎士之法'을 기본으로 하고 당시의 '時王之制'를 참작하였으되, 관료의 등용 기준으로 文詞보다 세상의 실무를 강조한 바 있던 숙종대 이현일의 주장과 일맥상통하는 것으로 미루어 스승인 이현일을 위시한 영남 남인들과도 교감한 것으로 보인다.

6. 戊申亂의 발발과 倡義

영조 4년 이인좌와 정희량등이 소현세자의 증손 밀풍군 탄을 추대한 정변이 일어났으니 바로 무신란이었다. 무신란은 영조의 즉위에 불만을 품은 소론과 남인의 급진파들이 주도하여 정권 탈취를 목적으로 일으킨 정변이었다. 조선왕조 역사상 사족들이 군사를 일으켜 정변을 꾀한 것은 처음인 일로서 충격적인 일대 사건이었다.

이 때 이인좌는 근기지역과 호서지역의 내응군을 동원하여 충청도 청주성을 먼저 공략하여 점령하였다.[91] 이는 향후 호남과 영남에서 올라오는 내응군의 결집처로 이용하고자 함이었는데, 호남지역의 군사 동원에는 실패하였다. 영남지역을 담당한 李熊佐(다른 이름으로 熊輔, 能佐, 能輔라고도 하였음)와 정희량은 안동과 상주 지역 사족들의 소극적인 대응으로 계획에 차질이 빚어지자, 부득이 경상우도의 안음, 합천, 삼가, 함양 등을 차례로 점거하기에 이르렀다.[92] 이인좌·웅좌 형제는 근기 남인으로 이운징의 손자요 권대운의 외손자이고 윤휴의 손서로서 남인 명

---

91) 『영조실록』16, 4년 3월 15일 을축.
92) 『영조실록』16, 4년 3월 27일 정축.

문가의 자손이었다. 그리고 정희량은 병자호란 당시 절의로 이름이 높았던 동계 정온의 5대봉사손이었다. 이렇듯이 무신란을 주도한 핵심에는 남인이 다수 포진되어 있었던 것이다.

　이러한 소식을 접한 정부의 대응은 신속하고 단호하게 진행되었다. 일단 서울 주변의 내응 가능성이 있는 부류를 색출하여 단속함으로써 만일의 사태에 대비하는 한편 신속히 진압군을 편성하여 급파하기에 이르렀다. 병조판서 오명항을 도순무사로 삼고, 박문수·조현명을 종사관으로 하여 진압에 임하게 하였다.[93]

　또한 조정에서는 영남 남인의 핵심 세력이 포진한 경상 좌도(상도)가 난군과 결탁한다면 파장이 걷잡을 수 없을 정도로 확대될 것으로 우려하였다. 이에 영조초에 안동부사를 지내 비교적 그 곳 사정에 밝은 대사성 박사수를 영남안무사 겸 안동부사로 임명하여 즉일로 부임하게 하였으며, 영남 출신의 관료인 영양의 조덕린과 영천의 이형상을 호소사로 삼아 그를 돕게 하였다.[94] 안동으로 급히 내려온 박사수는 안동부내의 유력 인사를 초치하여 위무하는 한편 인근의 유력인사들에게 의병을 일으키기를 권면하였는데, 정만양·규양 형제도 그의 권면을 받은 인사 중에 속하였다.[95]

　영남안무사 박사수의 권면을 받기 전인지 후인지는 정확하게 알 수 없으나, 영천에 은거하던 정만양·규양 형제는 무신란이 발발하였다는 소식을 접하고는 즉시 영천 지역의 사족들을 규합하여 의병을 일으키기에 이르렀다. 이 때 정규양은 62세의 나이로 영천 사족들의 추대를 받아 이 지역 의병장으로 추대되었다. 영남안무사로부터 창의 권유 대상자로

93) 『영조실록』16, 4년 3월 17일 정묘.
94) 『영조실록』16, 4년 3월 19일 기사. 『玉川集』4, 號召使時在安東第一狀, 第二狀, 第三狀, 到大丘狀, 到慶州狀.
95) 『영조실록』16, 4년 3월 27일 정축.

지목받은 것이나 영천 지역의 의병장으로 추대된 사실은 평소 그들이 지녔던 높은 명망을 잘 보여주는 사례라고 하겠다.

그들은 영천 지역의 사족과 사족가의 노비를 중심으로 의병을 모집하고 義陣을 편성하는 한편, 안동의 의병 및 안무사와의 연락을 긴밀하게 주고받으면서 사태 추이를 주시하고 있었다. 이 때 안동을 위시한 경상도의 각지에서 지역 단위의 의병들이 속속 결성되고 있었다. 의병의 결성은 기본적으로 국왕에 대한 충의라는 유자의 기본적인 자세에서 비롯된 것이기도 하였고, 임진왜란이나 정묘·병자호란을 거치면서 결성되었던 의병의 전통을 계승하는 면도 있었다. 하지만 무엇보다도 남인이 난의 주모자로 가담하였을 뿐 아니라 영남 지역 일부가 난군에 넘어간 이상 그와의 무관함을 증명하기 위해서라도 의병 결성에 적극성을 보일 현실적 절박함이 있었기 때문이었을 것이다.

사실 이웅좌 등과 안동지역의 몇몇 유력인사들이 모의과정에는 관여하였던 것으로 보이는데, 실제 거사가 일어날 때는 관망하는 자세를 취한 것으로 나타난다. 이는 정국 상황이 노론 집권에서 소론 집권으로 바뀐 것과 관련이 있었을 것으로 추정된다. 노론 집권하에서는 암울할 것 같던 영남의 미래가 소론 집권으로 바뀌면서 약간의 희망을 갖게 되는 가능성이 열려있었기 때문이었다.[96] 이에 무신란을 일으킨 무리의 토벌에 적극 협조하고 참여할 필요가 있었던 것이다.

이러한 안동 지역의 절박한 사정들과 정국의 변화 상황들이 영천의 정만양·규양 형제에게도 어느 정도 선까지 속속들이 자세하게 전해졌는지는 알 수 없으나 어느 정도 교감은 있었으리라 짐작된다. 이는 영남 지역의 남인에 대한 회유책의 일환으로 소론은 영남 지역의 유력 인사를 방문하여 관심을 표명하거나 더러 관직에 천거하기도 하였는데, 정만

---

96) 정만조, 「숙종후반~영조초의 정국과 밀암 이재의 정치론」, 『밀암 이재연구』, 영남대출판부, 2001, 344-346쪽.

양·규양 형제도 소론 인사의 방문을 받기도 하였고, 조정에 천거되어 관직에 제수된 사실이 있기 때문이다.

영천지역 의병장 정규양은 일단 의병을 효율적으로 통어하기 위해 간부급으로 參謀 2인, 掌書 4인, 出令有司 1인, 義兵都摠 9인, 管餉 3인, 鍊將 2인, 鍊都摠 3인을 두어 일단 진용을 완비하였다.[97] 이 때 정만양은 아무런 직임을 맡지 않은 채 군무를 담당하였다고 한다.

영천 지역의 戊申倡義錄에는 간부급 25명을 포함하여 총 187명의 명단이 실려 있다.[98] 영천의 募義所에서 의성의 倡義所에 보낸 통문에는 정만양·규양을 위시한 285인 명의로 보낸 것으로 나타나있어[99] 위의 수치가 전혀 근거가 없이 과장된 것은 아니라는 판단이 든다. 여기에는 영천군내 각 지역의 사족들이 거의 망라되었다고 보이는데, 그 중에는 정만양·규양 형제의 문인들도 상당수 포함되어 있었다. 간부급 24명 가운데 그들의 문인이 7명이 포진되어 있었으며, 일반 의병 161명 가운데는 17명이 포함되어 있었다.

영천지역의 의병진의 구성을 적시하면 아래의 <표 2>와 같다.[100]

---

97) 『永陽四難倡義錄』, 「戊申倡義錄」(순조 22년 편찬), 영남대도서관소장본.
98) 위와 같음.
99) 『戊申日錄及附錄』, 「附倡義所日記」, 의성향교, 1999, 51쪽.
100) 『영양사난창의록』, 「무신창의록」.

〈표 2〉 영천지역 무신란 의병 진용

직임	성명	비고	인원
義兵將	參奉 鄭葵陽		1
參謀	正字 鄭重器	塤·篪曳 門人	2
	進士 孫世鐸		
掌書	幼學 鄭 梯	塤·篪曳 門人	4
	幼學 徐至淵	瓶窩 李衡祥 門人	
	幼學 柳瓊枝	塤·篪曳 門人	
	幼學 鄭道陽	再從弟, 塤·篪曳 門人	
出令有司	幼學 李敏聖		1
義兵都摠	幼學 徐至遠		9
	幼學 鄭鳳陽	塤·篪曳 門人	
	幼學 尹命三		
	幼學 權得重		
	幼學 金順天		
	幼學 徐至甄	塤·篪曳 門人	
	幼學 李敏義		
	幼學 權大銓		
	幼學 徐載大		
管餉	進士 鄭碩臨		3
	幼學 孫是梠		
	幼學 鄭 相	梯의 從弟	
鍊將	幼學 辛鳳奎		2
	幼學 尹商臣		
鍊都摠	幼學 盧壽元		3
	出身 曹漢卿		
	幼學 朴 枰	塤·篪曳 門人	
義士	幼學 盧壽甲 외		162
총인원			187

　　의병의 소모 대상은 주로 사족들과 그들에 속한 家奴들이었다. 사족 중 30세에서 50세까지에 해당되는 이는 모두 종군하는 것을 원칙으로 정하였으며, 유고한 자는 家丁 2인을 대신 내어야 하였다.[101] 다만 독자나 형제가 없는 자는 면제해주었다. 20세에서 29세에 해당되는 사족은

---

101) 『영양사난창의록』, 「무신창의록」, 召募條約.

家丁 1인을 대신 내도록 하였다. 20대를 징집대상에서 일단 제외한 이유를 명확하게 알 수는 없으나 가계 계승과 관련한 배려였을 것으로 짐작된다.

정만양·규양 형제가 의병을 일으킨 것은 영남 지역이 더 이상 무신란에 연루되어 피해를 보는 것을 막고 좁게는 영천지역을 넓게는 영남 지역을 온전히 보전하는 방책으로 작용하였던 것이다. 영천 지역에서는 바로 이들 형제가 선봉에 서서 그 역할을 잘 수행하였다. 여기에 이들 형제의 현실에 대한 뛰어난 판단력과 대응자세가 잘 나타나 있다고 하겠다.

7. 맺음말

정만양·규양 형제는 경상도 영천에 세거지를 둔 확고한 재지적 기반을 가지고, 인근의 유수한 집안과 친인척으로 연계되어 있었을 뿐 아니라, 갈암 이현일의 문인으로 학통을 확고히 하였던 재야 학자였다. 어려서부터 20여세로 성장할 때까지 종조부인 학암 시연으로부터 가학으로 학문의 기초를 닦았고, 30대 초반에 이현일과 직접적인 학연을 맺었다. 이 때 이현일은 갑술환국으로 실각하여 광양의 유배지에 있을 때였으며, 그 사제간의 만남은 얼마 가지 못하고 이현일의 사망으로 끊어졌다. 그 인연은 아들인 밀암 이재와의 교분으로 이어져 정씨 형제들은 계속 갈암의 영향권 내에 속해있었다. 한창 학문이 무르익었을 때는 갈암을 잇는 영남의 대표적인 학자 중의 한 사람으로 성장하였다. 그리하여 이들 형제는 "북의 밀암, 남의 훈수"라는 말이 운위되었을 정도로 영남 유림을 영도하는 위치에 있었다.

정씨 형제는 스승 이현일이 피화하고 남인이 실세한 정치적 상황으로 말미암아 일찍부터 은둔의 길을 택하였다. 그들은 30대 후반에 영천의 대전리에서 횡계리로 거처를 옮겨 주변에 크고 작은 정자와 齋舍를 짓고 학문에 전념하면서 제자들을 양성하는 일에 종사하였다. 그들의 문인들은 영천을 중심으로 하여 주로 경주권에 집중되어 있었는데, 정중기와 정간을 위시하여 172명에 달하였다. 뛰어난 학문과 문인 양성, 그리고 소론 집권층의 정치적 의도도 작용하여 그들은 말년에 참봉을 비롯한 몇몇 관직에 임명되거나 천거되기도 하였으나 한 번도 출사하지는 않았다.

그들의 학문에서 무엇보다 관심을 끄는 것은 경세론에 대한 관심이었다. 퇴계학파의 경우 경세론에 대한 관심은 이현일 형제에게서 고조되기 시작한 점이었는데, 정씨 형제가 그에 대한 관심을 계승하면서 발전시켰다고 할 수 있다. 이러한 학문을 바탕으로 그들은 퇴계학파를 잇는 갈암학파의 일원으로서 영남 남인 내에 큰 족적을 남길 수 있었다. 그들이 제시한 개혁안은 「治道擬說」에 집약되어 있는데, 크게 전정, 군정, 공거 등 세 가지로 나누어 각각에 대한 중국과 우리나라의 예를 자세하게 살핀 다음 그를 토대로 하여 자신들의 개혁안을 제시하였다.

먼저 전정개혁안으로 제시된 것은 限田制였다. 그들은 중국의 한전제에서 그 이념을 가져와서 이를 우리나라 당시 실정에 맞게 새롭게 변용하였다. 즉 국가 차원의 토지 지급이 불가능한 현실을 고려하여 토지보유액의 상한선을 설정하는 개혁안을 마련하였다. 토지 개혁 구상의 핵심 내용은 개인의 소유권을 극도로 축소시키고, 국가의 토지에 대한 관리 권한을 대폭 강화하는 것이었다. 그들이 한전제를 통해 강조한 것은 분배를 감안한 평준화된 서민들의 생활, 사의 특권이 인정되는 사회, 토지에 대한 통제력이 강한 국가 등이었다.

물론 한전제는 당시의 토지소유관계를 그대로 인정한 가운데 제기된 것이어서 소극적인 느낌을 줄 수도 있지만 전체적으로 볼 때 그만큼 현실적으로 실현성이 있는 주장이었던 것이다. 또한 그들의 한전제 주장은 다른 학자들에 비해 시기적으로 빠른 편에 속하여 선구적인 의미가 있었으며, 매우 체계적이고 구체적으로 정교하게 짜였다는 점에 의의가 있다고 하겠다.

하지만 한계도 당연히 있었다. 士人을 庶人과 달리 취급해야 한다는 점을 강조하면서 제시한 토지 소유의 상한선의 차이가 좀 크다는 점이다. 이는 그가 지배 신분층의 입장에 좀 더 경도되어 있었음을 보여주는 것이다. 아울러 타인의 명의로 상한선 이상의 토지를 소유하는 데 대한 적절한 방비책이 없다는 점도 한계로 지적할 수 있다.

다음으로 군정과 관련하여 그들은 당시 조정에서 거론되던 군정 관련 개혁안들에 대해 비판적 시각에서 분석한 다음 몇 가지 대안을 제기하였다. 그 특징은 먼저 평상시 훈련 단위를 哨에서 하부 단위인 旗로 변경함으로써 농민들의 이동 거리를 줄여 부담과 폐해를 줄인다는 점, 수령과 초관의 역할에 대한 강조 등을 지적할 수 있다. 그리고 군포 징수와 관련해서는 비용의 절감을 통해 백성들에게 고통을 가중시킴 없이 현실의 문제를 해결할 것을 주장함으로써 세금 징수와 관련한 집권층의 발상의 전환을 촉구한 점이라고 할 수 있다.

마지막으로 貢擧 개혁안으로는 인재의 육성 방안, 선발 방안, 적절한 활용 방안 등이 개진되었다. 인재 육성 방안으로 제기된 것은 학생들은 군현을 단위로 하여 연령과 실력을 감안하여 蒙士, 秀士, 選士로 구분하여 교육시킬 것과 선사 중 뛰어난 자를 조정에 천거케 함으로써 육성안을 활성화시키는 것이었다. 인재의 효율적 배치를 위해 중시한 것은 민간 백성들의 삶에 대한 실무의 경험으로서 관료의 승진과 배치에 있어 지방관으로서의 실적을 최우선적으로 고려할 것을 제안하였다.

영남 남인 학자 가운데서 제도에 대한 개혁안을 지식인이 가져야할 관심사로 삼아 깊이 연구한 점은 그들이 후대에 끼친 큰 정신적 자산인 것이다. 이 개혁안은 영조 초년 당시 소론 집권당의 핵심이었던 경상도

관찰사 조현명이 정규양을 방문한 것을 계기로 그를 통해 관계 요로에 알려졌던 것이기도 하였다.

그들이 평생을 은둔생활로 일관하였지만 세상에 대한 관심과 현실을 보는 눈은 날카롭게 살아있었다. 이는 현실 문제를 해결하기 위한 개혁안 연구에 몰두한 사실에서도 드러났지만 그를 더욱 잘 드러내준 것은 영조 4년 무신란이 일어났을 때 적시에 의병을 일으킨 사실에서였다. 무신란은 영조의 즉위에 불만을 품은 소론과 남인의 급진파들이 주도하여 정권 탈취를 목적으로 일으킨 정변으로 청주성이 점령당하였고 경상우도의 일부 지역도 순식간에 장악되었다.

영천에서 은거하던 정만양·규양 형제는 무신란이 발발하였다는 소식을 접하고는 즉시 지역의 사족들을 중심으로 총 187명의 의병을 규합하였다. 이 때 정규양은 영천 사족들의 추대를 받아 이 지역 의병장으로 추대되었다. 의병의 결성은 기본적으로 국왕에 대한 충의라는 유자의 기본적인 자세에서 비롯된 것이기도 하였고, 임진왜란이나 정묘·병자호란을 거치면서 결성되었던 의병의 전통을 계승하는 면도 있었다. 하지만 무엇보다도 남인이 난의 주모자로 가담하였을 뿐 아니라 영남 지역 일부가 난군에 넘어간 절박한 상황에서 나머지 영남 지역을 온전히 보전하는 방책이었던 것이다. 영천 지역에서는 바로 이들 형제가 선봉에 서서 그 역할을 적시에 잘 수행하였다고 하겠다. 여기에서 이들 형제의 현실에 대한 뛰어난 판단력과 식견을 읽을 수 있다.

제5장 한주 이진상의 국정개혁론

1. 머리말

寒洲 李震相[1818(순조 18)~1886(고종 23)]은 조선말 영남지역 유학계의 거두였다. 그는 퇴계 이황에게 학문적 연원을 두고 그 학맥의 마지막 부분에서 용틀임을 하며 大尾를 장식한 존재라고 할 수 있다. 퇴계설을 단순히 묵수하며 祖述하는 데에 만족하지 않고 자신의 새로운 시각을 보탠 것은 큰 학자로서의 면모를 잘 보여준다고 할 것이다. 한주학파라고 불릴 정도의 많은 제자들이 그의 문하에서 배출되면서 영남 유림의 대표적인 존재로 부상하게 되었다.

한주 이진상과 한주학파는 일찍부터 학계의 주목을 받았다. 그에 대한 연구는 주로 역사학계와 철학계에서 이루어졌는데, 연구의 경향은 크게 세 가지 측면으로 나누어 설명할 수 있다.

첫째는 그의 새로운 철학적 시각인 심즉리 설을 비롯한 성리설에 대한 접근으로서 주로 그의 사상적 특징을 밝힌 연구들이다. 송찬식,[1] 금장태,[2] 강대걸,[3] 이형성,[4] 山內弘一,[5] 이종우[6] 등의 연구가 본격적인

---

1) 송찬식, 「조선조말 주리파의 인식논리 -한주 이진상의 사상을 중심으로-」, 『한국학보』9, 1977. 송찬식, 「한주 이진상의 이기론 연구」, 『한국사학』5, 1983.

2) 금장태, 「퇴계와 한주의 신개념 : 성학십도 제6 심통성정도에 관한 한주의 해석과 관련하여」, 『퇴계학보』54, 1987. 금장태, 「퇴계학파의 학문「21」-한주 이진상의 성리학과 심즉리설-」, 『퇴계학보』102, 1999.

3) 강대걸, 「한주 이진상의 이기설소고」, 『북악논총』5, 1987.

논고라고 할 수 있다.

둘째는 한주학파의 학통 및 활동과 관련한 연구로서 한주학파의 학문적 연원과 사상적 특징 그리고 한주학파의 사회적 활동 등에 초점을 둔 연구가 수행된 바 있다. 홍원식,[7] 이동희,[8] 권대웅,[9] 권오영,[10] 이종우[11] 등의 연구가 있다. 그 외에 한주학파에 속하는 학자 개인에 대한 연구에서도 한주학파가 부분적으로 거론되기도 히였으나 여기서는 논급하지 않겠다.

셋째는 이진상의 사회개혁안과 관련한 연구이다. 이윤갑은 성주지역의 농민운동을 설명하는 과정에서 이진상의 개혁안에 주목하여 그 요지를 네 가지로 파악 제시한 바 있고,[12] 김도형은 이진상의 부세와 관련한

---

4) 이형성, 「한주 이진상의 심성론연구」, 『한국사상과 문화』2, 1998. 이형성, 「이진상의 성리설에 있어서 주재성에 관한 일고찰 : 이심사심론을 중심으로」, 『동양철학연구』19, 1998. 이형성, 「이진상 철학사상연구 서설 -사상형성 배경과 저술을 중심으로-」, 『한국사상과 문화』13, 2001. 이형성, 「이진상 성리설에서의 보편성과 특수성」, 『한국사상과 문화』15, 2002. 이형성, 「한주 이진상의 심통성정론에 관한 고찰」, 『동양고전연구』15, 2002. 이형성, 「한주 이진상의 이철학 전개와 위상」, 『한국사상과 문화』17, 2002. 이형성, 「한주 이진상의 '이지품수'로서의 성론 고찰」, 『한국사상과 문화』19, 2003.

5) 山內弘一, 「이진상의 심즉리설과 영남학파」, 『이우성정년기념 민족사의 전개와 그 문화』상, 1990.

6) 이종우, 「이진상 심즉리설의 연원적 고찰」, 『동양철학연구』34, 2003.

7) 홍원식, 「한주학파의 공자교 운동」, 『한국학논집』26, 1999. 홍원식, 「이진상의 철학사상과 그의 후예들」, 『동양학』29, 1999. 홍원식, 「퇴계학의 남전과 한주학파」, 『한국의 철학』30, 2001.

8) 이동희, 「한주학파의 퇴계 성리학 계승」, 『한국학논집』26. 1999.

9) 권대웅, 「한말 한주학파의 계몽운동」, 『대동문화연구』38, 2001.

10) 권오영, 「19세기 강우학자들의 학문동향」, 『남명학연구』11, 2001.

11) 이종우, 「한국유학사 분류방법으로서의 주리, 주기 개념에 관한 비판적 연구 - 이진상학파와 전우학파의 논쟁과 관련하여-」, 『동양철학연구』36, 2004. 이종우, 「이진상학파와 전우학파의 지각설 논쟁」, 『동양철학연구』37, 2004.

12) 이윤갑, 「19세기 후반 경상도 성주지방의 농민운동」, 『손보기정년기념 한국사학논총』, 1988. 이윤갑, 「조선후기의 사회변동과 지배층의 동향」, 『한국학논집』18,

개혁안을 살피는 과정에서 그 요점을 減租論으로 설명하면서 의미를 부여한 바 있다.13)

이상의 연구를 통해 이진상과 한주학파에 대해서는 많은 부분 이해가 심화되었고 또 새로운 사실들이 밝혀지기도 하였다. 그러나 연구가 거의 학통이나 사상적인 측면에 집중되었고, 그의 정치사회적인 활동 측면은 크게 주목을 받지 못한 점이 있다. 그의 개혁론과 관련하여서는 이윤갑과 김도형에 의해『묘충록』이 논급된 바 있으나, 필요에 따른 요점 제시나 부분적 이용에 그쳤고 전체를 대상으로 하여 구체적으로 분석되지 못하였다.

이에 여기서는 기존의 연구 성과를 토대로 하여『묘충록』전체에 대한 분석을 시도하였다. 이로써 이진상의 국정개혁론의 전모가 규명될 수 있을 것이고, 이는 그의 현실에 대한 인식과 자세를 살펴볼 수 있는 기회가 될 것이다. 나아가 제자들의 적극적인 현실 대응에 미친 그의 영향을 확인하는 계기도 될 것이다. 다만 이진상과『묘충록』이라는 개혁안에만 초점을 맞추다보니 전반적인 시대상황의 파악에 미흡한 점이 있고, 당시 다른 개혁론자들의 개혁안과 충분한 비교가 이루어지지 못한 점은 한계라고 하겠다.

1991. 그는 상소문을 통하여 개혁안의 내용을 크게 관료제도, 과거제도, 삼정제도, 서리의 부정방지책 등 네 가지 측면에서 간략하게 정리한 바 있다.
13) 김도형,「한말·일제초기의 변혁운동과 성주지방 지배층의 동향」,『한국학논집』18, 1991. 김도형,「한주학파의 형성과 현실인식」,『대동문화연구』38, 2001.

2. 處士로서의 삶과 『畝忠錄』의 저술

1) 시대적 상황과 처사로서의 현실참여

이진상이 살았던 19세기는 격변의 시대였다. 정치적으로는 외척가문에 의한 세도정치가 전개되면서 소수 집단에 의해 권력이 농단되는 파행을 겪고 있었다. 중앙의 정치권력에서 일찌감치 소외된 영남지역의 남인으로서의 그는 재야 지식인의 처지에 있었다. 따라서 정치적 파행에 대해서 직접적인 책임을 져야하는 위치에 있지는 않았다. 그러나 그도 당시 지배층의 한 축을 형성하고 있었다는 점에서 당시의 정치적 혼란으로부터 완전히 자유로울 수도 없는 처지였다고 하겠다.

더구나 이 시기는 농민의 항쟁이 곳곳에서 일어나던 민란의 시기였다. 특히 그의 나이 45세이던 1862년(철종 13)에는 임술농민항쟁이 그가 살던 경상도지역을 위시하여 전국의 곳곳에서 일어난 바 있었다. 성주에 살던 그는 직접 농민항쟁을 목격하였고, 나아가 그 모순을 근본적으로 해결하기 위한 방안을 구상하기도 하였다. 『묘충록』은 바로 그 고심의 과정에서 구상된 것이었다. 성주지역에서의 농민항쟁은 그 후에도 이어져 1883년의 계미항쟁과 1894년의 동학농민전쟁으로 이어졌다.[14]

한편 대외적으로는 서구 열강들이 통상을 요구하며 충돌을 일으키던 어수선한 시기였다. 1866년 제너럴셔먼호사건과 병인양요, 1868년 남연군묘 도굴사건, 1871년 신미양요, 1876년 강화도조약 체결 등 이전에 전혀 경험해보지 못한 새로운 상황이 급박하게 전개되던 혼란스런 시대였던 것이다. 그는 비록 시골에 묻혀있었지만 당시의 서구 열강들의 침략적 움직임에 대해서도 알고 있었다. 그는 당시의 외적의 침입이 예상되

---

14) 성주지역 농민항쟁의 전개과정과 성격에 대해서는 이윤갑, 앞의 「19세기 후반 경상도 성주지방의 농민운동」에 자세하게 연구되어 있다.

는 방향을 북쪽과 서쪽으로 보았다. 이는 그가 통상을 빌미로 한 서구열강의 두 차례에 걸친 침략과 러시아의 남하와 관련된 정세를 인지한 상태였음을 보여준다. 그리하여 그는 함경도의 안변·문천 근처, 강원도의 흡곡 근처, 평안도의 양덕 근처, 황해도의 谷山 근처 등 네 곳에 統禦重鎭을 설치하여 將略이 있는 중신을 파견하여 각각 천여명의 무사를 招募하여 녹을 충분히 주어 지킬 것을 주문하기도 하였다.15) 이는 그가 냉철하게 당시 조선의 대외 현실을 직시하고 그에 대한 해결책에 고민하고 있었음을 보여준다.

이와 같이 대내외적 위기 상황에서 현실 사회문제에 무심할 수 없었다. 우선 자신이 살고 있는 향촌의 현안에 일차적으로 관심을 가지지 않을 수 없었다. 그가 향촌에 있으면서 펼친 활동이 여러 가지가 있었겠지만, 특히 농민항쟁이 스쳐 지나간 후 향촌사회의 재편 과정에서 그가 보여준 재지사족으로서의 대응이나 활동을 중심으로 살펴보도록 하겠다.

임술농민항쟁이 휩쓸고 지나간 뒤에 집권한 대원군은 농민들의 요구사항을 일정하게 반영하여 여러 가지 시책을 마련하게 되었다. 물론 이는 왕권 강화와 봉건 체제의 유지에 근본 목적이 있는 것이었지만 그 주된 개혁의 대상이 수령과 양반지배층이었던 만큼 그들의 불법적인 횡포에 대한 제지는 일반 농민들의 불만 요인을 줄이는 효과도 가지고 있었다. 양반층에게까지 군포를 부과하는 호포제의 실시나 백성을 수탈하는 전초기지 구실을 하던 서원을 거의 철폐한 것이 그러한 것이었다. 이로 인해 양반층은 군포를 내는 점에서 평민층과 동일한 대상이 되면서 특권의식에 상처를 입었으며, 특히 향촌에서의 양반지배층의 집결장소로서 상징적인 의미를 가지던 서원이 거의 모두 철폐됨에 따라 엄청난 충격에 빠졌던 것이다. 이에 그들은 이러한 사태를 극복하고 향촌에서의 영향력을 계속 확보하기 위해 결속을 더욱 공고히 하는 여러 가지 조처

15)『畝忠錄』1, 疆理原, 邑等式, 附後說(아세아문화사 영인『寒洲全書』소수, 1980).

를 취하기 시작하였다.

성주에서도 양반 사족들의 이러한 움직임이 특히 1862년 이후부터 급격히 늘어났다. 그 중심에 한주 이진상이 있었다. 철폐된 서원을 서당으로 개칭하여 복구한다든지, 그 곳에서 대규모 강회를 개최하거나 향음주례를 행하면서 유교적 이념으로 재무장하고 사족간의 결속을 다졌다.

1867년 50세 때 숙부인 응와 이원조와 함께 회연서원에서 大學講會를 개최하였다. 이때는 농민들에게로 확산되고 있던 천주교를 경계하고 비판하는 집회를 겸한 것이었다. 1869년 52세에는 松川堂에서 예부터 내려오던 향약을 修理하였다. 1871년 54세에는 조정의 서원철폐령에 맞서 상소운동을 전개할 때 掌議를 맡아 상소문을 지었다. 1873년 56세에는 한강 정구를 문묘에 종사하기 위한 회의를 도동서원에서 개최한 바 있었다. 1874년 57세에는 복구된 회연서당의 講長으로 있었다. 1875년 58세에는 회연서원 자리에 복원된 慕淵齋에서 대규모 論語講會를 열어 수백명이 집결하기도 하였다. 같은 해 이웃고을인 창녕의 江林齋에서 향음주례를 행하고 小學講會를 열었고, 이어 고령의 鍾山齋에서도 역시 향음주례를 행하고 大學講會를 개최한 바 있었다. 1876년 59세에는 합천 伊淵齋에서 열리는 향음주례에 빈객으로 초청받아 참석하였다. 1877년 60세에는 동강 김우옹의 독서처였던 考槃精舍에서 동계를 수리하고 그 서문을 쓴 바 있었다. 그리고 남사리에서 향음주례를 열고 太極圖說講會를 개최한 바 있었다. 1878년 61세에는 고령의 종산재에서 중용강회를 열었고, 창녕의 강림재에서도 강회를 개최하였으며, 회연서당에서는 향음주례를 열고 이어 近思錄講會를 열었다. 1880년 63세에는 이연서당에서 향음주례와 강회를 열었고, 고령 반룡사에서 論語講會를 열었으며, 松川堂에서 척사상소 모임을 주도하기도 하였다. 1881년 64세에는 고령의 관동에서 中庸講會를 가졌고, 인근 안음의 갈천서당에서 향음주례를 행하였다. 1882년 65세에는 고령 종산재에서 강회를 열었고,

각산에서는 향음주례를 행하였다. 1885년 68세에는 단산서당에서 향음주례와 강회를 연 다음 향중의 사족들과 향약을 새롭게 정비하여 결속을 다졌는데, 이 때 副約正을 맡았다. 그리고 족인들과 합천 상곡에서 화수회를 만들어 결속을 다지기도 하였다. 1886년 69세에는 한강 정구의 독서처였던 무흘서당에서 향중 사족들과 계를 결성하고 그 서문을 쓴 바 있었다.16)

　이러한 향촌에서의 활발한 활동과 함께 그는 국가적으로 큰 사건이 있을 때에도 어떤 형태로든 현실에 참여하는 적극적 대응 자세를 취하였다. 이로써 그는 지식인으로서의 시대적 책무를 다하고자 하였던 것이다.

　1857년 40세에는 청에 태평천국의 난이 일어나 어려운 지경에 처하였다는 소식을 전해 듣고 이 기회를 틈타 청에 대한 사대의 철폐를 주장하는 상소를 올리려 한 바 있었다. 1862년 45세에는 임술농민항쟁의 수습책을 묻는 조정에 올리기 위해 대책을 작성하였으나 올리지는 않은 바 있었다. 그러나 이때부터 국정의 제반 모순을 해결하기 위한 고민이 시작되어 1866년 49세 때에는 『묘충록』을 완성하기에 이르렀던 것이다.

　대원군에 의해 전국의 대부분 서원에 대한 철폐령이 내려진 1871년 54세에는 이에 반대하는 상소 운동의 掌議를 맡아 상경 투쟁한 바 있었다. 1876년 59세 때 일본에 의해 개항을 목적으로 한 강압적인 조처가 있다는 소식을 접하고는 곧 이를 저지하기 위한 의병을 일으키려 한 바도 있었다.

　1881년 64세에는 러시아를 견제하기 위해서 일본, 미국과 연합해야 한다는 내용이 담긴 『朝鮮策略』의 유포에 맞서 이에 반대하는 척사운동에 적극 나서서 開寧道會에서 疏頭에 선임되기도 하였다. 1884년 67세에는 좁은 소매의 두루마기를 입으라는 조정의 변복령에 반대하여 禁令

---

16)『寒洲集』부록, 연보, 해당조 참고(아세아문화사 영인『한주전서』소수, 1980). 이윤갑, 앞의 「19세기 후반 경상도 성주지방의 농민운동」, 666-667쪽.

에 빠져있는 深衣를 입으면서 항거하였고, 衣制論을 지어 이를 비판하기도 하였다.[17]

이상과 같이 이진상은 국가적인 사안이 있을 때마다 자신의 의견을 일정하게 표출하였다. 비록 그의 견해가 수용되지는 않았지만 중요한 사안마다 의견을 개진하는 적극적인 대응을 보였던 점은 삶을 대하는 그의 태도를 잘 보여준다고 하겠다. 현실을 대하는 적극적인 태도는 자연스럽게 그의 문도들에게도 전수되었을 것으로 짐작된다. 단순한 지식의 전달보다 현실을 대하는 그 같은 적극적인 태도가 더 큰 영향을 문도들에게 끼쳤을 것이다.

2) 『묘충록』의 체제와 구성

『묘충록』은 이진상이 49세이던 1866년(고종 3)에 작성한 것으로 옛 성현의 이상적 제도를 참작하고 당시 조선의 실정을 감안하여 구상한 국정에 관한 개혁안이다. '묘충'이라는 말은 송대 西山 眞德秀의 '畝畝寓忠情之義'를 취한 것이라고 한다.[18] 朱子의 致仕謝表에도 '東阡北陌尙難忘畝畝之忠'이란 표현이 있으니[19] 이를 참고하였을 가능성도 있다. 어쨌든 '묘충'이란 '전원에 묻혀있으면서 다하는 충성'이라는 의미를 가지고 있다고 하겠다.

그는 이『묘충록』을 첨부하여 조정에 올리는 개혁 상소를 작성한 바 있었는데, 실제로 상소를 올리지는 않았기 때문에『묘충록』도 조정에까지 알려지지는 못한 채 묻히게 되었다. 다만 그의 주변 지인에게는 알려졌을 것으로 짐작된다. 또한 당대의 문장가이자 학자였던 이건창이『묘

---

17) 『한주집』 부록, 연보, 해당조 참고.
18) 『한주집』 부록, 연보, 병인조(49세).
19) 『朱子大全』85, 表, 致仕謝表(보경문화사 영인본, 1984).

충록』의 서문을 쓴 것으로 볼 때 범상하게 볼 것은 아니라고 생각한다. 이건창은 서문에서 이진상의 개혁안이 반계 유형원의 개혁안에서 일정한 영향을 받고 있지만 이상에 치우치지 않고 훨씬 현실적인 면이 많다고 하면서 다음과 같이 평가하였다.

> 그의 개혁안의 요체는 한 나라의 부세를 균등하게 하고, 한 나라의 쓰임을 절제하는 데 있었다. 위로는 궁부의 비용을 절약하고, 아래로는 겸병의 권한을 억제하여 항시 족할만한 축적이 있도록 한다. 녹봉을 늘여 현사를 대하고, 군량을 더하여 무력을 기른다. 그리하여 외세를 막고 내부를 부강하게 하는 자료로 삼으려 하였다.[20]

『묘충록』에서 제시한 개혁안의 근거는 거의 고대의 경전과 역사에 근거하고 있었다. 이는 중국의 사상과 역사에 대한 그의 해박한 지식에 토대를 하고 있음을 보여준다. 그러나 그는 단순히 고대의 유습을 따르는 복고를 지향한 것은 아니었다. 그는 고대의 이상을 참고로 하되 그것을 응용하여 조선의 현실에 맞게 새롭게 재해석하여 만들어냄으로써 미래를 지향하고 있다는 점에 의미가 있다고 하겠다. 현실의 모순과 문제점을 정확하게 꿰뚫어보는 혜안을 가지고 시대를 고민한 결과라고 하겠다. 여기에 고뇌하는 지성으로서의 그의 모습과 수준을 엿볼 수 있다. 이는 그의 사상에서도 단순히 선학의 견해를 묵수한 것이 아니라 '心卽理'라는 자신만의 새로운 해석을 내린 것과도 같은 맥락에서 이해할 수 있는 부분이다.

이진상은 유형원의 『磻溪隨錄』에 실린 개혁안을 많이 참고하여 그로부터 영향을 받기는 하였으나 그의 주장이 너무 복고에 치우쳐 闊遠한 것으로 판단하였다. 그리하여 그는 시세와 요령을 참작하여 행하기 쉽고, 효과가 빨리 나타나는 것을 위주로 하였다. 즉 개혁성은 훨씬 떨어지

---

20) 『明美堂全集』10, 畝忠錄序(선문출판사 영인본, 1984).

게 되었지만 현실 적용 가능성은 그만큼 더 커질 수 있었던 것이다.

유형원과 근본적인 차이는 바로 토지제도와 신분제도에 대한 개혁안이 없다는 사실이다. 전근대 사회체제의 두 축을 이루고 있던 토지제와 신분제에 대한 구체적인 개혁안이 없다는 것은 근본적인 개혁보다는 현실을 인정한 상태에서 점진적인 개혁을 주장하였음을 알 수 있다. 이러한 그의 인식은 그가 철저하게 전통적인 성리학자의 입장에 서 있었음을 보여주는 것이라고 하겠다.

『묘충록』은 국정과 관련된 근본을 크게 疆理原, 敎選原, 分職原, 制祿原 등 네 개의 범주로 나누어 구분한 다음 각각에 해당되는 제반 규식을 제시하고 있다. 즉 疆理原 아래에는 度量式, 田等式, 田里式, 邑等式, 年等式, 穀等式, 田稅式, 上納式, 營需式, 雜稅式이 있었고, 敎選原 아래에는 籍民式, 役民式, 建學式, 立師式, 養士式, 立敎式, 入學式, 造士式, 試文式, 試規式, 試官式, 取士式, 兵籍式, 試武式, 武選式, 正兵試式, 別武士番式, 武士番式, 禁軍選式, 武科式, 雜科式, 五品入仕式 등이 있었다. 分職原 아래에는 職階品例, 仕路品例, 內官品例, 外官品例가 있었고, 制祿原 아래에는 上供歲會大略, 內官職俸假令, 散料假令, 掖庭頒料假令, 各司支下假令, 外官職俸散料假令, 一歲經用總會(各邑總會, 各道總會, 上納經用總會) 등이 있었다.

그리고 諸式 아래에는 각각 조례를 두어 규식을 시행하는 데 필요한 세부사항을 부연 설명하고 있으며, 필요한 경우에는 '各道假令' 또는 '各年假令'이라 하여 해당 규식에 입각한 각도나 각년의 규정을 가상하여 제시해두고 있는 점도 큰 특징이다. 그리고 필요할 경우 규식의 말미에 '附後說'이라 하여 자신의 생각을 첨부하여 보충 설명하고 있다.

그런데 그의 개혁안의 전모를 파악하기 위해서 위의 범주나 규식의 순서대로 살펴볼 필요는 없을 것 같다. 오히려 그것보다는 범주나 규식을 충분히 이해한 토대 위에서 주요한 개혁안을 요목별로 재구성하여 제시하는 편이 이해하기가 더 편할 것 같다. 그 재구성에 도움이 되는 것으로 그의 상소문이 있다. 여기에는 그의 개혁에 대한 생각이 요목별로 잘 축약되어 있다. 이미 논급한 바와 같이 이 상소문은 '擬陳時弊仍進畝忠錄疏'로 실제로 올리지는 않은 擬疏이다. 여기서 그는 당시 국정의 폐단으로 官防之弊, 科擧之弊, 賦稅之弊, 軍政之弊, 胥吏之弊 등 5가지를 지적하고 각각에 대한 개혁 방안을 제시하였다. 요컨대 『묘충록』은 국정 개혁안의 구체적인 세부 내용까지를 자세하게 제시한 것이고, 상소는 핵심 개혁안을 추려 기본 얼개를 제시한 것이다. 따라서 『묘충록』과 상소는 상호 결합하여 이해할 때 더욱 그 의미를 분명하게 파악할 수 있다.[21]

3. 관제 개혁론

그는 관제 개혁을 통해 개혁 수행을 위한 조직의 틀을 새롭게 하고자 하였다. 그가 제시한 중앙 관제개혁안은 3개의 최고 기관을 두어 권한을 분산케 한 것이 큰 특징이었다. 內閣, 政府, 內營이 곧 그것이고, 각각의 장관을 太師, 領議政, 總衛使라 칭하였다. 이는 책임 소재를 분명히 하면서 업무의 효율성을 높이고, 동시에 상호 견제를 통하여 힘의 균형을 도모코자 한 것이 큰 골격을 이루고 있다.[22]

내각은 정 1품의 최고 기관인데, 기존의 경연과 규장각을 합쳐 놓은 성격으로 국왕의 교육을 담당하고 또 국왕의 자문에 응하는 참모 역할을 하는 기관이다. 국왕과 관계된 부서를 일반 행정기관과 구분하여 별도의

---

21) 『寒洲全書』(아세아문화사, 1980)를 편찬할 때 畝忠錄의 序文과 擬陳時弊仍陳畝忠錄疏, 畝忠錄을 한 곳에 모아 실어놓음으로써 독자에게 편의를 제공하고 있다.
22) 『묘충록』3, 分職原, 內官品例. 이하 중앙관제에 대한 설명도 여기에 의거하였다.

독립된 부서로 만든 점이 큰 특징이라고 하겠다. 책임자로는 정 1품의 太師, 太傅, 太保를 두는데, 그 중 태사만 실직이고 나머지는 겸직이다. 그 아래 종 1품의 겸직인 少師, 少傅, 少保가 있고, 그 아래에 실직인 정 4품의 侍講을 위시하여 侍讀, 說經, 典經, 諮議 등이 차례로 배치되어 있다.

정부는 일반 행정을 담당한 부서로 종래의 의정부와 같다. 다만 최고 책임자로 정 1품의 영의정만 두고, 좌의정과 우의정은 두지 않는다. 정부에 삼의정을 두지 않고 영의정만을 남겨둔 것에 대해 그는 송대 范祖禹의 건의를 참조한 것이라고 하면서 국정을 일관성 있게 담당케 하기 위한 것이라고 하였다. 영의정 아래에는 贊成 2인, 參贊 2인, 舍人 1인, 檢詳 1인, 郎廳 3인을 둔다. 정부 아래에는 실제 행정을 분담하는 육조가 정 2품아문으로 배치되어 있는데, 종래의 육조와 큰 차이는 없다.

내영은 기존의 都摠府와 宣傳廳을 합친 것으로 국왕 및 궁궐의 호위를 담당하고 나아가 나라 전체의 군무를 총괄케 한 부서로 설정된 것이다. 최고 책임자는 정 1품의 총위사이고, 그 아래에 副使 1인, 行首宣傳 1인, 參上宣傳 14인, 從事 2인, 參下宣傳 15인이 있다. 이 내영의 존재는 武를 강조하는 의미가 있었다. 내영은 헌종대에 일시적으로 창설한 바 있었으나 중도에 폐지된 제도였는데,[23] 이 때 이진상이 이의 복설을 주장하면서 기구의 성격을 약간 달리하여 무의 중요성을 강조한 것이다.

이와 같이 국왕을 보좌하는 기구로서의 내각, 일반 행정을 총괄하는 기구로서의 정부, 군무를 총괄하는 부서로서의 내영을 둠으로써 명확하게 권한을 분산시키고 업무를 분담시켰다. 내각의 태사, 정부의 영의정, 내영의 총위사에 권력을 분점시킴으로써 상호 견제를 통해 권력이 한 곳에 집중되는 것을 막으려 하였던 것이다. 그리고 자신이 맡은 부서에 대해서는 책임을 전적으로 지면서 업무를 추진할 수 있다는 점에서 효율성

---

23) 『헌종실록』13, 12년 1월 14일 경오.

을 높인 점도 높이 평가할 수 있는 부문이다.

그 외 관제 개혁안의 특징적인 내용은 다음과 같다. 세자와 관련한 부서로서 동궁을 설치하는데, 종 1품의 별도 아문으로서 종래의 세자시강원에 해당하는 것이지만 그 격은 훨씬 높였다. 최고 책임자는 종 1품의 世子師로 그 이하 직제는 내각의 축소판이라고 보면 되겠다.

홍문관과 사헌부를 정 2품아문으로 배치하여 두 부서의 위상을 높였으며, 특히 홍문관의 최고 책임자로 정 2품 대제학을 실직으로 삼은 것도 특징이다. 사간원은 폐지하였는데, 간언을 하는 것은 모든 관원의 권리이자 의무로 보았기 때문에 군이 별도의 관서를 둘 필요가 없다고 하였다.

겸직을 많이 활용하면서 관원수를 줄인 것도 하나의 특징이다. 관원수가 필요 이상으로 많은 것이 백폐의 근원이라고 보았기 때문이다. 다만 冗官을 퇴출하여 관원수를 줄인 다음 남은 관원에 대해서는 녹봉을 올려 공무에만 전념할 수 있도록 배려하는 방안을 제시하였다. 그러면서 우리나라 관리 녹봉의 수준이 명과 비교하여 적음을 설명하기도 하였다. 또 한 직책에 구임케 함으로써 책임 행정을 소신껏 펼칠 수 있도록 하여야 한다는 방안을 제시하였다.[24]

그리고 관직 제수와 관련하여 당시의 관습처럼 되어있던 사양하는 관례를 깨뜨려야 한다고 주장하였다. 사양하는 것을 아름다운 일로 간주하는 습속을 고쳐야 한다는 것이었다. 그는 이것을 깨뜨리지 못하면 堯舜, 孔孟이 있다고 해도 국정 운영이 어려울 것이라고 단언하기도 하였다.[25]

한편 지방행정조직에 대해서는 다음과 같은 개혁안을 제시하였다. 8도 체제를 유지하는 것은 동일한데, 그 아래 하부 읍의 등급은 다음과

---

24) 『한주집』4, 擬陳時弊仍陳畎忠錄疏.

25) 위와 같음.

같이 5등급으로 나누었다. 즉 營－州－府－郡－縣이 그것이다. 영은 각도의 留營, 監營, 兵營이 있는 고을을 가리킨 것인데, 영으로 이름을 통일해서 명명하는 것이 차이가 나는 점이다. 그 아래 주부군현은 종래의 개념과 마찬가지이다.[26]

참고로 경상도의 경우를 예로 들어 보면, 영이 3곳에 있는데, 감영 1곳, 병영 2곳이다. 주가 5곳, 부가 7곳, 군이 8곳, 현이 12곳으로 총 35개 읍으로 구성할 것을 주장하였다. 이는 실제 경상도에 71개 읍이[27] 있었음을 감안하면 통폐합을 통해 거의 절반 수준으로 읍 수를 줄일 것을 주장하고 있는 것이다. 전국적으로 보면 영 19곳, 주 20곳, 부 30곳, 군 40곳, 현 61곳으로 총 170개 읍으로 구성할 것을 주장하였다. 이는 당시 실제 전국의 총 읍 수인 335개와[28] 비교할 때 거의 절반 수준인 것이다. 이는 지방 수령과 관원 수를 거의 절반 정도로 줄여 국가의 재원을 절약할 수 있는 것이 되므로 결국 일반 백성들의 부담 경감으로 연결되는 주장이었던 것이다.

4. 교육 및 과거제 개혁론

관제의 틀을 새로 짜고 난 다음에는 어떤 인물을 어떻게 선발하여 그 자리를 채울 것인가라는 문제가 제기되는 것이 순서일 것이다. 이때에는 과도한 관료 희망자를 적절하게 조절할 수 있는 제도적 장치까지 함께 마련하여야 하는 것이다. 이는 관료가 되지 못한 데에 대해 불만을 가질

---

26) 『묘충록』3, 分職原, 外官品例.
27) 『묘충록』이 작성된 시기인 1866년과 가장 가까운 시기인 1864년경에 만들어진 지리지인 金正浩의 『大東地志』(아세아문화사 영인본, 1976)를 참조한 수치이다.
28) 위와 같음.

수 있는 층을 줄이면서 이들을 자연스럽게 생산에 종사하는 쪽으로 유도함으로써 사회 전체를 건강하게 만드는 것과도 관련을 가진 문제였다고 생각한다.

관료 선발은 교육제도와 불가분의 관계에 있다. 따라서 먼저 교육체계에 대한 구상이 없을 수 없다. 그는 공교육을 체계적으로 재구성하고 강화하는 방향에서 교육개혁안을 제시하였다. 학교는 지역과 학생 수준을 고려하여 5등급으로 나눌 것을 주장하였다. 지방의 경우는 塾 → 書院 → 鄕校 → 營學 → 太學 순으로 승급토록 되어있었고, 한양의 경우는 塾 → 書院 → 四學 外舍 → 四學 內舍 → 太學으로 승급하게 되어 있었다. 상급 학교로의 승급 추천은 매년 정원의 1/10에 해당하는 수를 추천하게 하였다. 단 과거에 응시하고 있는 자나 재학기간이 2년 미만인 자는 제외토록 하는 제한을 두었다.[29] 각급 학교를 차례대로 살펴보면 다음과 같다.

먼저 里에 설치된 塾이다. 塾에는 8세 이상 입학케 하였는데, 20세가 되도록 다음 단계의 학교인 書院으로 올라가지 못한 자는 퇴출하는 규정을 마련해두었다. 정원은 따로 두지 않고 貴賤과 知愚를 가리지 않고 모두 입학케 하였다. 일종의 의무적인 교육인 셈이었다. 학생은 幼學이라 칭하였고, 교육은 里正이 담당하게 하였다.[30]

다음은 坊에 설치된 書院이다. 서원에는 12세 이상 입학케 하였고, 30세가 되어도 다음 단계의 학교인 鄕校로 올라가지 못하면 퇴출시켰다. 학생 정원은 10인으로 하고, 역시 幼學이라 칭하였다.

다음은 각 邑에 설치된 鄕校이다. 향교에는 15세 이상을 대상으로 하였고, 40세가 되도록 다음 단계로 진급하지 못한 이는 퇴출시켰다. 학생

---

29) 『묘충록』2, 敎選原, 造士式.
30) 『묘충록』2, 敎選原, 建學式·立師式·養士式·立敎式·入學式·造士式. 이하 학교에 대한 설명도 이에 의거하였다.

정원은 고을의 크기에 따라 차등을 두었는데, 영은 60명, 주는 50인, 부는 40인, 군은 30인, 현은 20인으로 하였다. 동급인 한양의 四學 外舍는 각 80인을 정원으로 하였다. 학생들은 秀士라 칭하였다.

다음은 營에 설치된 營學이다. 영학에는 18세 이상 입학케 하였고, 50세가 되도록 다음 단계의 太學에 진학하지 못하는 자는 퇴출시켰다. 학생 정원은 道의 크기에 따라 차등을 두었는데, 경기도는 60인, 충청도 80인, 경상도 100인, 전라도 80인, 강원도 40인, 황해도 40인, 평안도 60인, 함경도 40인으로 하였다. 동급 학교인 한양의 四學 內舍는 각 20인을 정원으로 하였다. 학생은 俊士라 칭하였다.

마지막으로 한양에 설치된 太學이다. 태학에는 21세 이상 입학케 하였고, 60세가 넘도록 官界에 진출하지 못하는 자는 퇴출시켰다. 학생 정원은 200인이었는데, 학생은 進士라 칭하였다. 그 중에서 內閣으로 뽑혀 들어간 이를 選士라 하였다.

이상에서 서술한 학교의 단계와 학생의 칭호를 정리하여 제시하면 다음과 같다.

지역명	里	坊	邑(漢陽)	道(漢陽)	國
학교명	塾	書院	鄕校 (四學 外舍)	營學 (四學 內舍)	太學
학생 칭호	幼學	幼學	秀士	俊士	進士
과거 응시 자격 기준			進士 初試	式年文科 初試	庭試, 謁聖試, 殿講試

그는 5단계의 학교를 교육의 기본 틀로 하고 있었음을 알 수 있다. 그리고 그 단계별로 일정 수준에 도달한 인원만을 상급 학교로 선발하여 올라갈 수 있도록 엄격한 제한을 두었다. 일정 수준이 되지 않는 사람에 대해서는 일정한 연령 이후에는 공교육 체계에서 자연스럽게 탈락시키

는 장치를 마련해두고 있었다.

이와 같이 공교육 중심으로 교육의 체계화를 구상하였다는 점이 그의 개혁안의 주된 특징이라고 하겠다. 당시의 과다한 사설 교육기관에 대한 정비의 목적도 있었을 것으로 짐작된다. 그리고 단계별로 자연스럽게 탈락시킴으로써 자신의 능력 이상의 기대감을 가지는 것을 미연에 방지하는 효과를 거두고자 하였다.

다음으로는 관료선발 체계에 대한 그의 개혁안을 살펴보도록 하자. 그는 개혁을 주장하는 자는 모름지기 科規를 먼저 변통해야 한다고 하여 과거제도 개혁의 시급성을 강조하였다. 인재 선발의 방법으로 흔히 거론되던 천거제에 대해서는 부정적인 시각을 가지고 있었다. 천거제에 私情이 개입되면 과거보다 더 심각한 문제점이 발생하게 된다고 생각하였기 때문이다. 과거시험의 공정성 확보를 위해 부정을 저지른 자의 후손에게 불이익을 주는 강력한 방안으로 부정을 예방할 것을 역설하였다. 특히 진사시의 경우에는 3시관제를 운영하여 역할을 순차적으로 분담케 하여 부정 방지책으로 활용할 것을 주장하였다.[31]

과거시험은 문신을 대상으로 한 것으로 진사시와 문과를 두었다. 진사시는 詩, 賦, 疑, 論 그리고 講을 시험과목으로 하였다.[32] 선발인원은 먼저 진사시의 경우 진사초시는 秀士 이상에 응시할 수 있는 자격을 주었다. 선발 인원은 총 1,200명이었는데, 한성부 200인, 경기 120인, 충청 160인, 경상 200인, 전라 160인, 강원 80인, 황해 80인, 평안 120인, 함경 80인으로 할당되었다. 이들을 대상으로 하여 다음 단계인 진사 講試에서 절반에 해당하는 600인을 선발하고, 이어 정식 진사시에서 그중 200인을 최종 선발토록 하였다.[33] 그리고 진사는 나이순으로 태학에 입

---

31) 『한주집』4, 擬陳時弊仍陳畎忠錄疏.
32) 『묘충록』2, 敎選原, 試文式·試規式.
33) 『묘충록』2, 敎選原, 取士式.

학시켰는데 125인으로 한정하였다.[34]

문과는 式年試, 庭試, 謁聖試, 殿講試 정도를 남겨두고, 나머지 增廣試, 別試, 應製試, 陞學試, 公都會試 등은 일체 혁파하기를 주장하였다.[35] 節日製와 黃柑製는 施賞만 할 뿐이고, 전시에 바로 나아가는 특전은 주지 않도록 할 것을 주장하였다.[36] 이는 부정기시를 대부분 혁파함으로써 과거 합격자 인원을 상당히 줄이려는 방향으로 개혁안이 마련되었음을 알 수 있다. 문과는 종류에 따라 시험과목에 차이가 있었다. 식년문과의 경우 시험과목으로 表와 策, 그리고 講을 두었는데, 강보다는 표와 책에 비중을 더 두었다. 정시의 경우는 표와 책으로 선발하였고, 알성시는 賦로 뽑게 하였으며, 전강시의 경우는 삼경 위주의 講經으로 선발하였다.[37]

식년문과의 초시는 營學이나 四學 內舍에 다니는 俊士 이상에게 응시자격을 주게 하였다. 선발인원은 도별로 할당하였는데, 한성 50인, 경기 30인, 충청 40인, 경상 50인, 전라 40인, 강원 20인, 황해 20인, 평안 30인, 함경 20인으로 총 300인이었다. 이들을 대상으로 한 문과 講試에서 150인을 선발하였고, 이어 정식 문과시에서 35인을 최종 선발토록 하였다.

한편 정시와 알성시, 전강시는 太學에 다니는 進士 이상에게 응시 자격을 주게 하였다. 정시 문과는 큰 경사의 경우는 10인, 보통 경사인 경우는 5인을 선발토록 하였다. 알성시의 선발인원은 3인이었고, 춘추로 열리는 전강시에서는 2명을 선발토록 하였다. 문과 합격자는 나이순으로 내각으로 승급시켰는데 40인에 한정시킬 것을 주장하였다.[38]

---

34) 『묘충록』2, 敎選原, 取士式.

35) 『묘충록』2, 敎選原, 試規式.

36) 『한주집』4, 擬陳時弊仍陳猷忠錄疏.

37) 『묘충록』2, 敎選原, 試規式.

38) 『묘충록』2, 敎選原, 取士式.

한편 무과의 경우는 그 합격자 수를 엄격하게 낮추는 데 주력하면서 한편으로는 문과에 종속적인 지위에 놓이도록 안을 제시하고 있다. 무과 시험과목의 강경과 관련하여 대사성, 대제학 등의 개입을 주장하고 있고, 시험도 문과 끝난 뒤에 무과 강경을 하도록 하여 무과의 종속성을 더욱 키우고 있다. 무과 시험을 문과 시험에 부수적인 형태로 치루는 것은 당·송과 고려에서 행했던 형태로 이를 참고하였음을 알 수 있다.

무과의 종류는 세 종류를 두었다. 먼저 禁軍都試武科인데, 5영에서 도합 100인을 뽑도록 하고 있다. 다음이 式年武科인데, 초시에서 50인을 뽑고 본시에서 25인을 최종 선발토록 하였다. 식년무과의 경우 문과 강이 끝난 후 대사성이 금군에 입직하여 삼경 중 하나를 시험하여 50인을 선발케 하였다. 그리고 식년문과가 모두 끝난 후 대제학이 그 50인을 武略策으로서 시험케 하였다.[39] 마지막으로 庭試武科인데, 큰 경사일 때 8인, 보통 경사일 때 4인을 뽑도록 하였다. 정시에는 입직한 금군만을 대상으로 하여 武經을 강경케 하고 또 3경 중 하나를 택하여 강경케 하였다.[40] 무과 역시 나이순으로 내각에 들게 하되, 30인에 한정토록 하였다.[41]

雜科는 총 8개 과를 두었다. 天文學, 地理學, 醫學, 卜筮學, 籌學, 律學, 樂學, 譯學 등이고, 선발인원은 각 과별로 5인이어서 총 40인이었다.

교육과 과거에 대한 그의 개혁안에 따르면 관료로 진입하는 길은 위에서 논급한 문과, 무과, 잡과를 통하는 것 외에 選과 薦이 더하여져 총 5가지의 유형이 있었다. 그는 5가지 유형을 중요도에 따라 選, 文科, 薦, 武科, 雜科 순으로 들었다.

첫째, 선이다. 내각 태사가 선사의 명부를 받아 4番으로 나누어 돌아

---

39) 『묘충록』2, 敎選原, 武科式.
40) 위와 같음.
41) 위와 같음.

가며 경연에 들어 강설에 참가하고 익히게 한다. 1년을 기다려 10인을 초계하여 5번으로 나누어 殿中에 입직케 하고, 다시 일년이 지나면 銓曹로 옮겨 자리가 날 때 출사케 한다.

둘째, 문과이다. 내각 태사가 문과의 명부를 받아 역시 차례로 돌아가 경연에 입시케 하여 奏讀에 참가하고 익히게 한다. 일년을 기다려 40인을 초계하여 5번으로 나누어 殿中에 입직케 하고, 또 일년이 지나면 전조로 옮겨 자리가 날 때 출사케 한다.

셋째 천이다. 태학의 진사는 하급 학교에서 뽑혀 온 자가 50인이고, 음으로 뽑혀온 자가 25인이며, 진사시 과거로 뽑힌 자가 125인으로 도합 200인이다. 매년 말 그 명부를 내영으로 올린다. 총위사는 5번으로 나누어 殿前에 입직케 하여 고문에 대비케 하고, 제향이 있은 즉 집사로 참여케 한다. 실제 근무일이 384일이 되고 과실이 없는 자는 모두 내각으로 추천하여 올린다. 태사 역시 차례로 경연에 입시하여 강론을 參聽케 한다. 일년을 기다려 20인을 뽑아 5번으로 나누어 殿中에 입직케 하고, 다시 일년이 지나면 전조로 보내어 직과에 따라 출사케 한다.

넷째 무과이다. 내각 태사는 무과의 명부를 받아 역시 돌아가며 경연에 입시하여 奏對를 참관케 한다. 1년을 기다려 30인을 5번으로 나누어 殿中에 입직케 하고 다시 1년이 지난 후 전조로 보내 직과에 따라 출사케 한다. 都試科는 별도로 5영에서 순서대로 승진시킨다. 이와 별도로 총위사는 금군 100인을 뽑아 5번으로 나누어 殿前을 입직케 하고 사령에 대비케 한다. 실제 근무일수가 384일이 되고 과실이 없는 자는 내각으로 추천한다.

다섯째, 잡과이다. 내각 태사는 여러 잡과의 추천 명부를 받아 參驗考試하고, 1년을 기다려 5번으로 나누어 전중에 입직케 하고 다시 일년이 지난 뒤 전조로 옮겨 직과에 따라 출사케 한다.[42]

---

42) 『묘충록』2, 敎選原, 五品入仕式.

이상과 같이 문과·무과·잡과와 같은 과거를 관료 선발의 중심 원칙으로 하되, 그 외 選이나 薦을 출사의 중요한 통로로 활용할 것을 주장하고 있는 것이 큰 특징이다. 이는 관료에의 출사를 교육과 연관시킴으로써 교육의 내실화를 도모하고자 한 것으로 그의 개혁안의 중심축이라 할 수 있다. 또한 과거라고 하더라도 역시 학교 교육을 통해 획득할 수 있는 일정한 자격을 요구하고 있기 때문에 이 역시 학교 교육의 중요성이 강조되는 것은 마찬가지라고 하겠다.

5. 軍政 개혁론

군정 개혁에서 가장 핵심이 되는 것은 군인의 확보와 운영 재원의 마련이라고 할 수 있다. 군인의 확보를 위해서는 국가권력으로 강제하는 방법도 있고, 군인에게 적절한 혜택을 줌으로써 스스로 자원하도록 만드는 방법도 있다. 이진상이 구상한 것은 당연히 후자의 방안이었다.

먼저 그는 무예의 수준에 따라 군인층의 등급을 5단계로 설정하였다. 즉 壯丁 → 正兵 → 別武士 → 武士 → 甲士의 순으로 된 등급이 그것이다. 兵籍에 오른 자를 장정, 장정 중에서 선발되어 邑鎭을 지키는 자를 정병, 정병 중에서 선발되어 營鎭에 번상하는 자를 별무사, 별무사 중에서 선발되어 한양의 五營에 번상하는 자를 무사, 무사 중에서 특히 內營(禁軍)에 뽑힌 자를 갑사라고 하였다.[43]

그는 軍을 대함을 士를 대함과 다름없이 하여 군인을 확보해야 한다고 하였다. 그리하여 읍에 軍籍을 두되 儒籍과 같이 취급하여야한다고 하면서 군적에 오르는 것을 拔身의 階로 삼을 수 있게 할 것을 주장하였

---

43) 『묘충록』2, 敎選原, 武選式.

다. 또 군적에 편입되면 비록 編戶之氓에게라도 利祿의 혜택이 가도록 해야 할 것이라고도 하였다. 그들이 弓砲를 연습할 때는 반드시 廩料를 지급해야 하고, 한양에 시험보러 갈 때는 반드시 路費를 지급하는 등의 우대책으로 군을 대접해야한다고도 하였다.

그는 군인층의 등급에 따라 차별화된 우대책으로써 군인층의 自願을 유도하여야 한다고 하였다. 군인층의 확보가 의무로서 강제되는 것이 아니라 희망자를 대상으로 하여 충원하는 방식이기 때문이었다. 따라서 사람들로 하여금 무사의 길을 희망하도록 만들 수 있는 각종 제도적 장치의 마련이 필요하였고, 그를 위해서는 막대한 물적 자원의 확보가 선행되어야 하였다.

이를 위해 그는 전 인민을 대상으로 役布(役錢)를 거두는 방안을 제시하였다. 장정 1인당 부담액은 다음과 같이 차등을 두었다. 매년 幼學, 業武, 業農, 臧獲은 役錢 1兩, 工匠, 商賈는 役布 1疋, 庖丁은 牛皮 1領, 僧尼·巫覡·倡優·游手는 役布 4疋을 부과하였다.[44] 나이 60세이면 면역해 주었고, 80세 이상이면 1자에게 면역의 혜택을 주었다. 단 商賈는 70세에야 면역케 하였고, 別籍者는 90세에야 면역케 하였다.[45] 한편 역포를 내지 않아도 되는 無役 또는 免役의 대상이 있었는데, 官僚·吏胥·皂隷 등 관청에 복무하고 있는 층, 秀士·俊士·進士·選士 등 문인층, 正兵·別武士·武士·甲士 등 무인층이 등이었다.[46] 이렇듯 국가의 업무에 복무하거나 학업에 종사하고 있는 문인층, 그리고 그에 대응되는 무인층에 대한 배려였다고 하겠다.

군인층은 일단 장정에 선발되어 兵籍에 오르면 役布가 면제되는 혜택이 주어졌던 것이다. 그리고 무사에 선발되면 1년에 米 22석[47)이 지

---

44) 『묘충록』2, 敎選原, 役民式.
45) 『묘충록』2, 敎選原, 役民式, 條例.
46) 『묘충록』2, 敎選原, 役民式.

급되었고, 갑사에 오르면 1년에 미 26석 4두가 지급되었다. 나아가 오영의 무사나 금군의 갑사에 이르면 관료로 선발될 수 있는 기회도 얻을 수 있었다. 이렇게 단계별로 혜택을 줌으로써 군인으로의 自願을 유도하고 있는 것이다. 여기에 그의 군정 개혁안의 핵심이 있다.

아래에서는 등급별로 단계를 밟아 올라가는 방식에 대해 살펴보도록 하자. 병적에 장정으로 오를 수 있었던 층은 士, 농공상업 종사자, 노비를 막론하고 희망하는 자로서 나이 15세 이상으로 신체가 장건하고 무예에 능한 자 중에서 선발하였다. 그 희망자 중에서 각리의 里正이 20인을 뽑아 坊正에게 보고하면, 방정은 一坊의 명단을 郡縣으로 올리고, 각 군현의 수령들은 병적을 만들어 조정에 보고하게 하였다. 따라서 군현별로 병적이 작성되어 관리되는데, 각 군현별로 병적에 수록되는 정원은 고을의 크기에 따라 차등을 두어 營 6,000명, 州 5,000명, 府 4,000명, 郡 3,000명, 縣 2,000명을 정원으로 하였다.[48] 이 때 무예를 시험하는 데는 弓手, 砲手, 刀手, 槍手로 나누고 武經諸書를 보되, 弓·砲·刀·槍 네 가지 기예는 그 중 하나를 정밀하게 연습하는 것을 최고로 쳤고, 여러 가지에 두루 통하는 것을 귀하게 여기지 않았다.[49]

다음 각 군현을 지키는 정병이다. 정병의 정수는 영이 240인, 주에 200인, 부에 160인, 군에 120인, 현에 100인으로 하였다. 매 식년 3월 하순에 수령이 그 고을의 병적을 살피고 武技를 시험하여 정통한 자를 취하여 武經으로 시험하여 각 순서를 매기고 정해진 수만큼의 정병으로 삼도록 하였다. 정해진 수의 반 정도를 별도의 장부에 정리해두었다가 궐석이 생기면 차례로 보충케 하였다. 그리고 정병은 2番으로 나누어 6

---

47) 이진상은 그의 개혁안에서 1석을 15두가 아니라 10두로 상정하고 있다. 『묘충록』 1, 疆理原, 度量式.

48) 『묘충록』2, 敎選原, 兵籍式.

49) 『묘충록』2, 敎選原, 試武式.

개월은 집에서 농사짓게 하고 6개월은 진에 머물게 하였다.[50]

다음은 각 영에 배치된 별무사이다. 별무사는 유수영 260인, 관찰영 260인, 통어영 760인,[51] 통제영 800인, 병사영 260인을 정원으로 하였는데, 매 식년의 전년 10월 중순에 각 읍 수령이 정병을 시험하여 별무사를 뽑도록 하였다. 고을의 크기에 따라 차등을 두어 영에서는 24인, 주는 20인, 부는 16인, 군은 12인, 현은 10인을 뽑아 명단을 올리게 하였다. 각 영의 별무사는 역시 2번으로 나누어 6개월은 집에서 농사짓게 하고, 6개월은 영에 부방케 하였다.[52]

도별로 배치되는 상황을 보면 경기도는 한강 이남 군현의 별무사는 화성에, 한강 이북 군현의 별무사는 개성에 배치하였다. 충청, 전라, 평안, 함경도의 제읍은 각각 반으로 나누어 반은 관찰영으로, 반은 병사영으로 올렸다. 경상도 제읍은 3등분하여 1/3은 관찰영으로 보내고, 나머지 2/3 중에서 좌도의 제읍은 좌병영, 우도의 제읍은 우병영으로 각각 보내었다. 강원, 황해도의 제읍은 3등분으로 나누어 1/3은 합하여 황해도 병사영으로 보내고, 나머지 2/3는 해당 도의 관찰영으로 보내게 하였다.[53]

수군 지역에는 따로 水軍別武士를 두었다. 諸道 水使, 僉使, 萬戶 등이 관할하는 수군의 경우는 각 소관의 노군의 武技를 시험하여 수군별무사를 충정토록 하였다. 식년의 전년에 별무사를 시취하되, 하삼도는 통제영으로 보내고, 경기·황해도는 강화영으로 보내고, 강원·평안·함경도는 통어영으로 보내게 하였다.[54]

다음은 중앙 5영에 소속된 무사이다. 무사는 5영에 각각 2000명씩 소

---

50) 『묘충록』2, 敎選原, 正兵試式.
51) 통어영은 별무사와 마군을 500인 취하고, 수군을 260인 취하도록 하였다.
52) 『묘충록』2, 敎選原, 別武士番式.
53) 위와 같음.
54) 위와 같음.

속시켜 총 1만명으로 구성되었다. 매 식년 전년 8월 중순에 각 군현에서 정병을 시험하여 상번할 무사를 선발한다. 군현의 크기에 따라 차등있게 할당하였는데, 영은 60인, 주는 50인, 부는 40인, 군은 30인, 현은 20인, 한성 4부는 각 50인씩 5영으로 올리게 하였다. 식년 2월 하순에 5영의 장이 각 주부군현에서 올린 무사의 장부를 보고 각 1/5씩을 취하게 하였다. 무사는 모두 長番으로 하였다.[55) 營軍隊長에게는 미포를 지급하는데 미로 환산하면 연간 미 24석 6두가 지급되게 하였고, 일반 영군에게는 연간 미 22석 8두를 지급토록 하였다.[56)

다음은 금군이다. 금군은 5영에 각 500명씩 두었다. 금군은 매년 말에 내외 각 영에서 무사와 별무사를 시험하여 총위사에게 올리게 하였다. 5영에서는 각 320인씩, 통어영은 120인, 통제영은 128인, 유수영·관찰영·병사영은 각 40인씩 올리게 하였다. 총위사는 각 영에서 바친 수를 취합하여 금군으로 삼는다. 매년 말 총위사는 금군 중 뛰어난 자 100명을 취하여 갑사라 하여 殿前에 숙직케 하고, 나머지는 5번으로 나누어 궐내를 巡行하고 각문을 把守케 한다.[57) 禁軍隊長에게는 매년 미 21석 6두, 포 11필로 모두 미로 환산하면[58) 연간 미 28석 2두가 지급되도록 하였고, 일반 금군에게는 연간 미 26석 4두가 지급되도록 하였다.[59)

이상에서 살펴본 그의 군정 개혁안은 전 인민을 대상으로 役布(役錢)를 거둘 것을 주장한 것이 특징인데, 이는 역 부담을 공평하게 지운다는 점에서 매우 바람직한 방향의 개혁안임을 알 수 있다. 또한 병적에 이름이 오른 장정에게 경제적 혜택을 준다는 점과 군인을 장차 발신의 계제로 삼을 수 있게 한 점도 군인층을 확보할 수 있는 새로운 방안으로서

---

55) 『묘충록』2, 教選原, 武士番式.
56) 『묘충록』4, 制祿原, 散料假令.
57) 『묘충록』2, 教選原, 禁軍選式.
58) 포 1필은 미 6두에 해당하는 것으로 상정하였다.
59) 『묘충록』4, 制祿原, 散料假令.

탁견이라 아니할 수 없다.

6. 賦稅制 개혁론

이진상이 국정 개혁의 가장 근본이 되는 것으로 지적한 것은 백성들의 賦稅 부담 경감이었다고 생각한다. 그는 "國家의 安危가 生民의 休戚에 달렸고, 생민의 휴척은 賦稅의 輕重에 달려있다."[60]라고 하여 부세문제를 국가의 안위 차원에서 보았다. 그가 말하는 부세는 당시 사람들이 감당하여야 하였던 각종 부담을 통칭한 것이었다고 생각한다.

일단 이진상은 남의 땅을 경작하는 소작인일 경우 지주에게 바쳐야하는 지대와 국가에 부담해야하는 전세의 적정한 비율을 다음과 같이 제시한 바 있다. 수확의 3/10은 지대, 1/10은 公稅로 내고, 나머지 6/10을 경작의 대가로 가져가는 방식이었다.[61] 만약 소작농이 아니고 자신의 토지를 소유한 자작농일 경우에는 公稅 1/10를 제외한 9/10를 자신이 가진다는 의미이다.

지대는 수확의 3/10이 되는데, 대부분 지주의 입장에서는 당시의 실제보다는 줄어든 액수이겠는데, 그렇게 용납하지 못할 정도의 수준은 아니라고 생각된다. 지주에게는 감당할만한 양보를 전제하고 있다고 볼 수 있다. 이는 실제 당시에도 사리를 좀 아는 양심적인 지주의 경우 수확의 1/3정도를 가져가서 소작농들의 마음에 부응한 지주들이 있다고 하는 점을[62] 감안할 때 지주에게도 전혀 무리한 액수는 아니었다고 보이는 것이다. 그가 제시한 액수는 경험에서 터득된 액수로서 실현 가능성에

---

60) 『한주집』4, 擬陳時弊仍陳畝忠錄疏.

61) 『묘충록』1, 疆理原, 穀等式.

62) 『묘충록』1, 疆理原, 穀等式 附後說.

무게를 두고 현실적인 타협책을 마련한 것이었다고 하겠다.

6/10의 수입이 소작인에게 돌아간다면 소작농의 생계도 어느 정도는 보장이 되면서, 그 전보다는 훨씬 나아진 수준임을 알 수 있다. 따라서 그의 부세 개혁안에서 보이는 수확에 대한 분배의 비율은 국가의 많은 양보와 지주의 약간의 양보를 전제로 하여 일반 백성들의 삶의 보장을 부여하고자 하였음을 알 수 있다.

다만 우려되는 점은 국가 수입의 축소에 있었다. 公稅라 표현한 수확의 1/10에는 전세 뿐 아니라 토지에 부과되었던 大同米를 위시한 각종 부담 모두를 포함하고 있을 것으로 판단되는데, 이는 당시에 실제 부과되었던 세금액보다는 경감된 것이었다.

국가 수입의 축소는 다른 방법으로 보전할 수 있다고 보았다. 농사는 지으면서도 세금은 내지 않는 隱結을 색출하여 철저히 세금을 거두는 것이었다. 양전사업의 철저한 실시를 주장한 것이 그를 위한 조처였다고 하겠다. 이것만 된다면 국가의 수입 총량은 결코 줄어들지 않는다고 보았다. 그는 2년을 기한으로 하여 양전사업을 완성할 것을 주장하면서 그 과정에서 허위 보고나 打量을 공정하게 집행하지 않고 비리를 행한 이들에 대해서는 주살할 것을 주장하였다.[63] 그 만큼 절박한 심정을 드러낸 것이라고 생각한다. 양전이 일단 완성된 이후에는 3년에 한 번씩 유고가 있는 진황지나 새로 개간된 토지를 계통을 밟아 보고케 하여[64] 충실한 상태로 관리 유지될 수 있도록 구상하였다.

그리고 수세의 공정성을 높이기 위해 邑의 坊 단위로 1명의 鄕吏, 1명의 捕校, 2명의 頭民을 뽑아 답험 업무를 담당케 하는 안을 제시하였다.[65] 또 근본적으로 그 양전사업의 효율성과 수세의 편의를 위해 토지

---

63) 『한주집』4, 擬陳時弊仍陳畝忠錄疏.
64) 『묘충록』1, 疆理原, 田里式, 條例.
65) 『한주집』4, 擬陳時弊仍陳畝忠錄疏.

측량의 단위를 結負法에서 頃畝法으로 바꿀 것을 주장하였다. 그의 계산법에 의하면 1경의 토지는 약 40마지기 정도의 넓이가 되는데, 비옥도에 따라 토지의 등급을 정1등전, 종1등전, 정2등전 …… 종9등전으로 총 18등급으로 나누었다.[66] 그리고 각 등급별로 예상 수확량을 책정하였는데, 다음과 같이 각 등급당 적절하게 차감이 되도록 차등있게 제시하였다.

등급	수확량	비고	등급	수확량	비고
정1등전	租4,000두	水田의 基準田	종5등전	租1,000두	
종1등전	租3,600두		정6등전	租800두	沿浦近峽 旱田의 基準田
정2등전	租3,200두		종6등전	租600두	
종2등전	租2,800두		정7등전	租400두	
정3등전	租2,400두		종7등전	租360두	
종3등전	租2,000두		정8등전	租320두	
정4등전	租1,600두	旱田의 基準田	종8등전	租280두	
종4등전	租1,400두		정9등전	租240두	
정5등전	租1,200두		종9등전	租200두	

그는 수전의 경우는 정1등전에서 시작하지만, 한전의 경우는 정4등전에서 시작하며, 그보다 더 못한 沿浦近峽의 한전은 정6등전에서 시작한다고 하여 수전과 한전의 수확량의 차이를 감안하는[67] 등 현실성을 더하였다.

또한 여기에 풍흉에 따른 수확량의 차이도 감안하였다. 그는 풍흉에

66) 『묘충록』1, 疆理原, 度量式·田等式.
67) 『묘충록』1, 疆理原, 田等式, 條例.

따라 6등급으로 구분하였는데, 각각 上年, 中年, 下年, 小損年, 中損年, 大損年 등이었다. 그에 따르면 평년작일 경우 하년에 해당이 되는 것으로 보았다. 예를 들어 설명하면 위 표에서 정1등전의 경우 수확량으로 제시한 4,000두는 상년에 해당될 때를 상정한 액수이고, 중년일 경우는 종1등전의 수확량을 기준으로 하고, 하년일 경우는 정2등전의 수확량을 기준으로 삼으며, 소손년일 때는 종2등전의 수확량, 중손년일 경우는 정3등전의 수확량, 대손년일 경우는 종3등전의 수확량을 각각 기준으로 삼게 하였다.[68]

또한 그 외에 별도로 下災田, 中災田, 上災田의 구분을 두었는데, 하재전은 재해의 규모가 1/3이하인 경우, 중재전은 재해의 규모가 1/2정도일 경우, 상재전은 재해의 규모가 2/3이상인 경우로 상정하였다. 그리하여 하재전으로 판정된 경우는 본래 등급의 1/2에 해당하는 등급으로 간주하였고, 중재전으로 판정된 경우는 본래 등급의 1/3에 해당하는 등급으로 간주하였으며, 상재전으로 판정된 경우에는 세금을 면해주는 것으로 상정하였다.[69]

그러나 비옥도에 따라 전국의 토지를 18등급으로까지 세분화하는 것의 현실성과 그 효율성에 대해서는 검토해볼 여지가 많다. 역사적으로 토지의 비옥도는 3등급으로 나누었거나 6등급으로 나누었고, 18등급과 같이 그렇게 세밀하게 나눈 적이 없는 것이다. 이는 세밀하게 나누는 것을 몰라서가 아니라 비현실적이었음을 경험적으로 알았기 때문이었을 것이다. 이론적으로야 세분화되면 될수록 공정하기는 하겠지만 실제 그것을 정확하게 잴 잣대가 명확하지 않았기 때문이었고, 또 세분화되면 될수록 사사로움이 개입될 여지가 그만큼 더 커질 것을 예견하였기 때문이었을 것이다. 이런 관점에서 본다면 그의 18등급으로의 구분은 이상에

---

68) 『묘충록』1, 疆理原, 年等式.

69) 위와 같음.

치우친 부분이 있다고 하지 않을 수 없을 것이다.

7. 吏胥制 개혁론

　부세제나 군역제 등을 제도적인 측면에서만 개혁한다고 당시 사회의 모순이 해결되는 것은 아니었다. 이진상은 國制之壞, 軍額之耗, 國計之縮, 民隱之切 이 모든 것이 胥吏輩에서 발생하고 있다고 생각하였다. 바뀐 제도를 실제 담당할 서리나 향리들이 양심적으로 국정을 수행할 수 있는 제도적 차원에서의 뒷받침이 필요하다고 보았다. 실무를 담당할 자들인 서리 및 향리들로 하여금 부정의 유혹을 떨치고 본연의 업무에 충실할 수 있도록 여건을 마련해주는 것이 시급한 과제였던 것이다.

　주지하듯이 조선조의 향리들은 복무의 대가로 국가로부터 받는 녹봉이 없는 구조적 모순 때문에 생계를 꾸려가기 위해 부정을 저지를 수밖에 없는 존재였다. 그들은 관청에 복무하여야하기 때문에 농사를 지을 겨를도 없을 뿐 아니라 상업이나 공업에 종사하는 것도 불가능하였다. 그런 상황에서 의식을 해결하기 위한 방편으로 속이고 농간을 부리는 부정의 유혹에 그대로 노출되어 있었다. 그러한 상황에서 아무리 엄한 형벌과 중한 법의 잣대를 적용하여 부정을 막으려 해도 백출하는 奸計를 막기에는 역부족이라는 것이다.

　이를 근본적으로 해결하는 길은 의식을 마련할 길을 열어준 다음 부정한 일을 하지 못하도록 조처를 취하는 것이라고 생각하였다. 따라서 그는 향리들의 복무의 대가로 국가에서 녹을 지급하여야 한다고 하였다.[70] 그리고 長官된 자의 감독 또한 강조하였다. 장관된 사람이 淸高로

---

70) 『한주집』4, 擬陳時弊仍陳畝忠錄疏.

자처하지 말고 직접 문서 장부를 보고, 서리들에게 위임하지 말고 몸소
출납을 살피며, 貢物 稅納에 있어 뇌물을 받고 點退하는 폐습을 통렬히
깨며, 訟事를 듣고 판단하는데 사사로움이 낀 흔적을 잘 살필 것을 강조
하고 있다.

　이는 남명 조식이 胥吏亡國論을 제기한 이래[71] 누차 지적되던 문제
였으나 해결되지 못한 채 지속되어오던 것이었다. 이때의 이진상도 같은
연장선상에서 조선조 서리제의 제도적 허점을 올바르게 지적하고 그 대
안을 제시한 것이었다.

8. 맺음말

　이상에서 이진상의 『묘충록』의 분석을 통해 그의 국정개혁론을 살펴
보았다. 그는 유교 경전과 역사에 대한 이해를 바탕으로 하고 여기에 자
신의 경험을 참고하여 개혁안을 구상하였다. 그의 개혁안은 토지제도와
신분제도에 관한 근본적인 개혁안이 없다는 한계를 가지고 있다. 그러나
그는 그만큼 이상에 치우치지 않고 되도록 실현 가능성을 높이려고 노력
하였다는 점에 강점을 가지고 있다.

　먼저 관제 개혁론과 관련하여 그가 강조한 것은 필요 없는 관료의 수
를 줄임으로써 국가 재정의 지출을 줄이려는 것이었다. 그리고 국정의
핵심 관서로 내각, 정부, 내영 등 3개 관서를 상정하여 업무를 적절하게
분장하면서 책임 행정을 할 수 있는 방안을 제시하였다. 지방의 경우는
군현의 재조정을 통하여 수령의 수를 거의 절반 수준으로 줄여 결과적으
로 농민의 부담을 경감시키려는 개혁안을 제시하였다.

---

71) 『선조실록』 2, 원년 5월 26일 을해.

교육과 과거제의 개혁에서는 공교육을 5단계로 나누어 등급별로 시행
함으로써 교육의 체계화를 도모하고, 아울러 교육을 관료 선발과 연계시
켜 공교육의 활성화를 도모하고 있다. 그러면서 과거 합격자의 수를 최
소화하고자 하였다. 이는 관료의 수급을 충분히 고려한 결과이기도 하
고, 관료 후보군을 최대한 줄여 사회 불만 요인을 원천적으로 줄이면서
생산 활동에 종사하는 이를 늘임으로써 건강한 사회의 토대로 삼고자한
것이었다.

군정 관련 개혁안에서는 모든 역 부담을 사회 전 계층으로 확대하는
원칙을 세워 개혁안을 실천하기 위한 재원을 확보하고자 하였다. 그 확
보한 재원을 기반으로 하여 군인들에게 여러 가지 혜택을 줌으로써 군인
을 自願하게 하는 구조를 상정하였다. 그러한 체제 하에서 군사 방어나
군정 운영이 돌아갈 수 있도록 개혁코자 한 것이었다.

부세의 경감은 당시 시대적 과제였다. 이를 위해 그는 세금은 수확의
1/10, 지대는 수확의 3/10으로 할 것을 제안하였다. 이는 지주로부터의
약간의 양보를 전제로 한 다음, 국가 세금 감소분은 은결에 대한 철저한
과세로 해결하고자 하였다. 또한 이의 성공적인 실행을 위해 서리들이
중간에서 부리는 농간을 원천적으로 막아야 한다고 보았다. 이를 위해
서리에게 녹봉을 지급하여 생계를 보장함으로써 부정의 유혹에 스스로
빠지지 않도록 할 것과 수령이 서리배들을 철저히 감시하는 역할을 수행
할 것을 당부하고 있다.

그의 개혁안은 조정에 알려지지도 못한 채 묻히고 말았고, 이후 근대
적인 개혁이 수행되는 현실 속에서 더 이상 빛을 발할 수는 없었다. 그
러나 그는 조선 성리학의 마지막 불꽃이었으며, 시대를 고민하는 지식인
으로서의 역할을 충실히 수행한 학자였다. 그의 현실을 직시하는 안목과
현실에 대한 대응 자세는 그의 제자들에게 영향을 끼쳤다고 생각한다.
그리하여 그의 제자 중에는 현실 문제에 대해 적극적인 자세로 대응하는

이들이 많이 배출될 수 있었던 것이다.

제 3 편
영남 남인의 현실인식과 대응

제1장 여헌 장현광의 정치사회적 활동과 위상

1. 머리말

旅軒 張顯光[1554(명종 9)~1637(인조 15)]은 인조반정 직후 대표적인 남인계 산림으로 徵召되었다. 인조를 중심으로 한 반정공신들은 집권 초기 정국의 안정을 도모하기 위해 광범위한 지지 획득을 필요로 하였다. 서인의 명망가 뿐 아니라 그동안 함께 정치에서 소외되었던 남인에게도 등용의 기회를 줌으로써 정국 안정을 도모하고자 하였다.

북인에 의해 핍박받았던 남인의 입장에서는 조정에 진출할 수 있는 새로운 기회였다. 비록 남인의 세력 확장으로까지 연결되기에는 한계가 있었지만 일부 남인이 조정에 진출할 수 있었다. 남인이 정권 창출에는 직접적으로 기여한 것은 없었으나 이후 정국의 안정에는 일정한 역할을 할 것으로 기대되었기 때문이다.

장현광은 바로 그러한 정치적 상황에서 조정으로부터 주목받은 남인 산림이었다. 당시 조정에서는 퇴계 이황의 학맥을 잇는 영남 남인을 대표하는 산림으로 장현광의 존재에 주목한 것이었다. 인조초기 장현광은 그런 위상을 가진 존재였다. 율곡 이이의 학맥을 잇는 기호지역 서인을 대표하는 산림으로서는 사계 김장생이 선택되었다.

조선후기 사회에서 山林의 존재는 학문적, 사회적인 측면에서 뿐만 아니라 정치적인 측면에서도 큰 비중을 차지하고 있었다. 특히 17세기

사회는 그 극성기에 해당하는 시기였다. 정치참여 가능층인 사족들이 향촌에 포진하여 향촌사회를 주도해 가는 시대적 상황에서, 그들은 이들 재지사족들의 공론을 대변하는 존재로서 중앙정계에 의해 주목되었던 것이다. 그들은 취약한 정권에 지지기반을 제공하기도 하였고, 더러는 명분과 이념을 제공하기도 하였다. 나아가 중앙정계에 적극적인 관심을 가지고 각 붕당의 실력자로서 한 시기 정국을 주도하는 주재자로서의 기능을 담당하기도 한 존재들이었다.

여기서는 위와 같은 점들을 염두에 두면서 먼저 장현광의 가계와 학통 문제를 일별함으로써 이후 고찰의 토대로 삼고자 한다. 그리고 그의 문인양성이라는 점에 주목하여 그의 강학활동에 대해 살펴보겠으며, 그의 학맥을 이은 문인 집단에 대해 살펴봄으로써 그의 영남 지역 내에서의 위상을 정립하고자 한다. 또한 그와 그의 문인들이 향촌사회를 주도하고자 한 노력을 洞約·洞契·族契 등의 실시를 통해 살펴보겠다. 이는 향촌사회의 주도세력으로서의 재지사족, 그리고 재지사족의 대표자로서의 산림이 가지는 위상을 짐작케 해줄 것이다. 이어 서인이 주도하는 인조대 정국에서 장현광의 정치적 활동에 대한 분석을 통하여 그의 위상을 살피고 동시에 그 한계도 드러내고자 한다. 정묘호란시에 경상도호소사에 임명되어 의병을 규합하고 군량을 모우는 책임자로서 행한 활동과 의미에 대해서도 검토하겠다. 마지막으로 계운궁의 복제와 원종 추숭과 같은 국가적 차원의 전례문제가 발생하였을 때 그가 개진한 예론이 가진 비중과 의미에 대해 살피고자 한다.

2. 가계와 학통

1) 가계와 생애

자를 德晦, 호를 旅軒이라 한 장현광은 명종 9년(1554) 인동에서 태어났다. 본관이 인동인 그의 가문은 20대조인 고려 상장군 금용이래 인동에 세거하였었다. 그 후 그의 고조대에 성주로 이거하였다가 아버지대에 다시 인동의 옛 집으로 돌아왔으며, 그는 여기서 태어났다. 그의 가계는 그다지 현달한 편은 아니었다. 8대조 안세가 고려말에 부윤에 이르렀고, 7대조 중양이 김해부사를 지냈으나 조선왕조가 개창되면서 출사하지 않았으며, 6대조 수는 강직한 성품으로 세종대 사헌부 장령을 지냈었다. 그러나 그의 고조대부터는 관직에 나아간 인물을 배출하지 못하였다. 그의 어머니는 성산 이씨 참봉 팽석의 딸이다.[1]

그는 8세에 아버지를 여읜 후, 9세에 신산에 있던 자형 노수함에게서 수학하였으며, 14세 때부터는 문중의 장순에게서 수학하였다. 그 때 장순의 책상 위에 있던 『性理大全』皇極篇을 보고 느낀 바가 있어, 더 이상 스승을 찾아 전전하지 않고 독력으로 학문을 닦았다고 한다. 26세에 寒岡 鄭逑의 질녀를 부인으로 맞아들였는데, 이때부터 처삼촌인 정구와 더욱 돈독한 관계를 맺은 것으로 짐작된다. 정구로부터 학문을 높이 평가받고 아낌과 기대를 받았다.

이미 23세의 나이에 재행으로 조정의 천망에 든 바 있었으며, 선조 24년 38세에 전옥서 참봉에 제수되었으나 어머니 상중이어서 나아가지 못한 이래 몇 차례에 걸쳐 관직에 임명되었으나 나아가지 않았다. 다만 42세에 보은현감에 임명되자 처음으로 관로에 나아갔으나, 이듬해에 병

---

1) 『旅軒全書』, 연보 참고(인동장씨남산파종친회, 1983). 이하 별다른 전거가 제시되지 않은 장현광의 약력도 여기에 의거한 것이다.

을 핑계로 돌아왔다. 임진왜란이 끝난 직후인 선조 34년 48세에는 세거지인 인동에서 족계를 수정하여 시행함으로써 종족의 결속을 강화하는 데 노력하였다.[2] 선조 35년 공조좌랑으로『주역』교정에 잠시 참여하였다가 환향하였으며, 이듬해 의성현령으로 수개월 근무하기도 하였다. 그러나 위와 같은 몇 차례의 짧은 관직생활을 제외하고는 제수된 관직에 거의 부임하지 않았다.

더구나 광해군이 즉위하여 대북세력이 정국을 주도하는 상황에서는 일체 출사하지 않았다. 그는 고향인 인동에 부지암정사를 창건하고 여기에 칩거하여 학문 연구와 제자 양성에 전념하였으며, 간혹 영천의 입암을 오고 갔을 뿐이었다. 이 시기 그는 총애하던 제자 정사진을 잃었고, 처삼촌 정구의 부음을 듣는 등의 슬픔을 겪기도 하였다. 그러나 그는 정구의 기대대로 대학자로 성장하여 영남 유림의 종장으로서의 명성을 떨치고 있었다.

인조반정이 일어난 후 그는 영남 유림의 중망을 받는 산림으로서 조정에 징소되었다. 산림으로 특별히 징소되었기에 많은 특별대우를 받았다. 먼저 관직상으로도 고속 승진하여 인조 원년에 사헌부 지평, 그리고 산림을 위해 특별히 신설한 성균관 司業에 임명되었다가, 이듬해에는 장령·집의를 거쳐 정3품 당상관인 공조·이조참의에 특배되었다. 4년에는 형조참판을 거쳐 사헌부 대사헌에 올랐으며, 그 후 여러 차례 대사헌에 임명되었다. 12년에는 공조판서를 거쳐 이듬해에 의정부 우참찬에 이르렀다. 일반적인 대우도 다른 관료와는 달리 파격적이었다. 의복이나 米饌을 자주 하사받은 것은 물론, 특별히 內醫의 간병과 약물을 하사받기도 하였다. 그리고 상경시나 하향시에는 역마를 이용하는 배려를 받기도 하였다. 그러나 그러한 대우에도 불구하고 그는 사은을 위해 몇 차례 조정에 잠시 머물렀을 뿐이었다. 그는 병자호란이 일어난 이듬해인 인조

---

2)『旅軒集』8, 族契重修序, 19-22쪽.

15년(1637) 84세를 일기로 영천 입암에서 세상을 떠났다.

그의 성품은 온화하고 德氣가 순후하였는데, 사신은 그를 평하기를

> 현광은 인동 출신으로 성품이 寬厚하고 도량과 식견이 넓고 컸으며
> …… 마음을 가라앉혀 깊이 생각하고 힘껏 실천하였으며, 易理에 더욱
> 정통하여 당대의 명유가 되었다. 평소 남의 잘잘못을 말하지 않았으며,
> 바라보면 덕기가 맑게 풍겨 나왔다.3)

라 하여 성품이 寬厚하고 도량이 넓고 德氣가 맑았다고 하였다. 우복
정경세는 옛 대신의 풍도가 있다고 하였다.4) 그러한 평가는 국왕 인조에
게서도 비슷하게 내려졌는데, 인조는 그를 다음과 같이 평하였다.

> ① 장현광은 그 容貌와 冠服이 옛 사람과 비슷한 점이 있어, 오늘에
>   이르러서도 사람들로 하여금 공경하는 마음을 불러일으킨다.5)
> ② 장현광은 端良하고 謙儉하여 옛 사람의 풍도가 있다.6)

그는 사람에 대하여 속마음으로는 진실로 허여함이 적었으나 겉으로
는 과격한 말을 하지 않았으며, 언제나 사람을 취할 적에 먼저 그 사람
의 크고 중요한 부분을 살펴보고 하찮은 병통과 작은 실수는 묻지 않았
기 때문에,7) 혹 세상 사람들로부터 圭角을 드러내지 않고 두루뭉수리하
다는 평을 듣기도 하였다.8)

그가 평생에 남긴 저술은 다음과 같다. 18세에 「宇宙要括帖」을 지은

---

3) 『인조실록』2, 원년 7월 28일 병진.
4) 『旅軒續集』9, 景遠錄(김경장).
5) 『인조실록』30, 12년 10월 16일 기해.
6) 『인조실록』35, 15년 9월 15일 경진.
7) 『여헌속집』9, 敬慕錄(김휴).
8) 『여헌속집』9, 就正錄(조임도).

이래, 46세에「婚儀」, 55세부터 찬술하기 시작했던『易學圖說』, 62세에
「冠儀」, 68세에『經緯說』, 75세에『晩學要會』, 78세에『宇宙說』과『答
童問』, 79세에『太極說』등의 저술들을 남겼다. 그 외에도「圖書發
揮」・「易卦摠說」등의 저술이 있었다. 그는 효종 5년에 의정부 좌찬성
에 추증되었고, 이어 동왕 8년에는 영의정에 추증되면서 文康이라는 시
호를 받았다. 한편 각지의 유림들의 뜻에 따라 그와 관련이 있었던 여러
곳의 서원에 주향 또는 배향되었다.

2) 학통 문제

많은 연구자들이 사상사적으로 여헌에 접근하면서 퇴계와 다른 점이
나 그만의 독특한 점을 내세워 그 차별성을 부각시키기 위해 노력하고
있다. 이는 독창성과 특이성을 소중하게 생각하는 학문의 속성상 당연
한 경향이라고 할 수 있다. 하지만 퇴계와의 동질성도 작지 않기 때문에
퇴계학파라는 큰 범주 내에서 장현광이 차지하는 위치를 구명할 필요가
있다.

장현광의 문인 중에는 장현광의 이기설이 이황의 그것과 궁극적으로
는 다르지 않다고 생각한 이도 있었다.[9] 그리고 장현광의 독특함으로 많
이 거론되는 象數學에 대해서도 그 자신이 "나는 젊었을 때에 자못 상
수학에 뜻을 두어 헛되이 마음과 힘을 허비하였다. 근래에 다시 생각해
보니 유익함이 없어서 돌아올 줄 몰랐다는 후회가 있었다. 그리하여 다
시 四書와 정자・주자의 책을 취하여 읽어보니 친절함을 느껴 정신이 절
로 배가하였다."[10] 라고 토로한 사실로 미루어 그의 전체 사상에서 상수
학이 가지는 의미를 달리 생각할 필요가 있다고 본다.

---

9) 『여헌속집』9, 聞見錄(신급).
10) 『여헌속집』10, 景遠錄(이주).

그의 학통과 관련하여서는 그의 문인들은 한결같이 장현광이 퇴계의 학맥을 이어 받고 있음을 자랑스럽게 강조하고 있다. 문인 한덕급은 여헌이 회재 이언적과 퇴계 이황의 학맥을 이었다고 하였고,[11] 문인 홍혼은 장현광이 퇴계의 바른 맥을 이었다고 강조한 바 있다.[12] 장현광 자신도 퇴계를 계승하였음을 밝힌 바 있다. 그는 정몽주를 모신 영천의 임고서원의 홍문당 상량문 말미에서 "포은선생이 우리를 열어 도와주실 것이니, 퇴계선생이 어찌 우리들을 속이시겠는가"라고 하여 포은에서 퇴계로 이어지는 학맥을 자신들이 계승하고 있음을 드러내고 있는 것이다.[13]

장현광은 평소 퇴계를 높이 평가하였다. 그는 퇴계를 회재와 비교하여서는 "회재는 학문이 평이하고 성실하여 大義를 通透하였으며, 퇴계는 학문이 精하고 순수하여 門路가 바르고 커서 배우는 자가 의거할 바가 있어 배우기가 쉽다."[14]라고 평한 바 있다. 그리고 퇴계를 남명과 비교하여서는 남명은 '高風'으로, 퇴계는 '正脈'으로 평가함으로써 퇴계를 더 높이 평가하는 입장을 분명히 하였고,[15] 이로 말미암아 남명의 문도 중에 섭섭함을 표하는 이가 있었을 정도였다.

이와 같은 점을 볼 때 장현광이 퇴계의 학맥을 계승하였음은 확실하다고 하겠다. 다만 퇴계로부터 직접 학문을 전수받지는 못하였다. 그는 퇴계의 제자들과는 동시대를 살았기 때문에 퇴계를 계승한 다른 문파와의 관계를 통하여 그의 위치를 가늠할 필요가 있겠다. 퇴계 학통을 계승하여 뚜렷한 족적을 남긴 것은 월천 조목, 학봉 김성일, 서애 류성룡, 한강 정구 등 4대문파였다. 그 중 여헌은 한강과 함께 경상도의 중간지역

---

11) 『여헌속집』10, 祭文(문인 한덕급).

12) 『여헌속집』10, 祭文(문인 홍혼).

13) 『여헌집』10, 臨皐興文堂 上樑文.

14) 『여헌속집』9, 記聞錄(장경우).

15) 『여헌속집』9, 就正錄(조임도).

에 위치해 있으면서, 특히 인동·선산을 비롯하여 성주·의성·영천 지역
에 비교적 강한 영향력을 끼치고 있었다.

4대문파 중에서 서애 계열과의 관계가 비교적 돈독하였던 듯하다. 서
애의 형 겸암 류운룡은 일찍이 인동현의 수령으로 재임시 야은 길재를
모시는 오산서원을 건립할 때 모든 일을 장현광과 상의하여 처리함으로
써 장현광만을 홀로 학자로 예우한 바 있었다.16) 그리고 서애 류성룡은
경연석상에서 여러번 장현광을 천거한 바 있었으며, 아들 류진을 그에게
보내 수학케 할 정도로 존중하였다. 류성룡의 수제자 우복 정경세도 조
정에서 장현광을 극구 칭찬한 바 있다. 그리고 정구와는 처삼촌과 질서
의 관계로 밀착되어 있었으니, 그 돈독한 관계에 대해서는 중언을 요하
지 않을 것이다.

이로써 볼 때 퇴계의 4대문파 중 특히 서애와 한강 쪽과 밀접하면서
도 친밀한 관계를 유지하였음을 알 수 있다. 월천이나 학봉 쪽과 특별한
관계를 보여주는 기사는 별로 없는 것 같다. 다만 장현광이 영남호소사
로 활동할 때 안동지역 유림의 일부가 그 지역 의병장 차임과 관련하여
여헌에 대해 못마땅함을 지적한 기록이 있는 것으로 보아 예안·안동지
역 퇴계학파의 시선이 그렇게 우호적이지 않았음을 짐작케 해준다.17)

장현광의 학통을 다루는 자리에서 그냥 지나칠 수 없는 것이 소위
'한려시비'라 하여 널리 알려진 여헌과 한강의 관계에 대한 문제이다.
여헌은 한강의 질서로서 11세 연하였다. 그런데 여헌을 한강의 문인으
로 볼 수 있는가라는 문제로 두 집안 후손들 사이에 시비가 일어났고,
여기에 양쪽을 지지하는 유림이 가세하여 시비가 확대된 것이었다. 두
사람을 두고 일어난 시비에 대해 여기서 그 해묵은 논쟁을 재연할 필요

---

16) 『여헌속집』10, 趨庭錄(장응일).

17) 『溪巖日錄』인조 5년 1월 28일~2월 18일. 이수건, 「여헌 장현광의 정치사회사상」,
『교남사학』6, 1994, 74쪽.

는 없을 것 같고 다만 양쪽의 논리를 간략히 정리하여 보는 데 그치도록 하겠다.[18)

첫째, 여헌이 한강의 만시와 제문을 쓰면서 문인이라 하지 않고 姪婿라고 자칭한 사실에 대한 해석의 차이이다. 여헌은 한강의 질서였지만 친사위와 진배없었고, 이 점은 여헌도 인정한 바 있다. 문인으로 보는 쪽은 여헌이 한강을 이미 장인으로 여겼다는 것은 곧 어버이로 모시는 것이기에 사제관계를 굳이 따질 필요조차 없다는 논리였다. 이에 대해 문인으로 보지 않는 쪽에서는 문인이라 하지 않고 질서라고 적시한 점을 강조하는 것이다.

둘째, 여헌이 한강의 문하에 출입한 사실에 대한 해석의 차이이다. 문인으로 보는 쪽에서는 기간의 길고 짧음에 관계없이 문하에 출입하였다는 사실 자체가 문인 판별에 중요한 잣대가 된다는 것이었다. 이에 비해 문인으로 보지 않는 쪽에서는 이미 장성한 뒤에 종유하였을 뿐, 직접 책을 펴고 장기간 배운 바가 없다는 사실을 강조하고 있다.

셋째, 한강의 죽음에 임해 여헌이 입은 상복에 대한 견해 차이이다. 문인으로 보는 측에서는 처삼촌에 대해 상복을 입는 법이 없음을 감안할 때 여헌이 상복을 입은 이상 그것은 스승에 대한 상복을 입은 것으로 볼 수 있다는 것이다. 이에 비해 반대측에서는 여헌이 한강의 문인들과는 다른 상복을 입었다는 사실에 주목하는 것이다.

넷째, 한강을 위해 쓴 만시와 행장 등에서 여헌은 한강이 공맹의 도통을 퇴계를 통해 계승했음을 밝힌 바 있는데, 이를 어떻게 볼 것인가라는 점이다. 문인으로 보는 쪽에서는 이 사실은 결국 여헌이 한강의 도통을 계승하고 있음을 간접적으로 시사한다고 보았다. 그러나 반대쪽에서는

---

18) 이하 양쪽 논리는 1978년 영인된 『寒岡全書』에 부록으로 실려있는 「檜淵及門諸賢錄」과 이에 근거하여 한려시비의 전말을 정리한 권연웅, 「회연급문제현록 소고」(『한국의 철학』13, 1985)를 참고하여 가감한 것이다.

여헌의 도통은 퇴계에 바로 연결시킬 수 있다고 보는 것이다.

다섯째, 두 사람의 관계에 대한 타인들의 평가를 보는 시각의 차이이다. 먼저 조선왕조실록에는 여헌과 한강의 관계에 대한 언급이 두 번 나오는데, 하나는 『인조실록』의 사신의 언급으로 여헌은 "한강 정구에게 수학하였다"고 명시하고 있는 기사이고, 또 다른 하나는 송준길이 효종에게 진언하는 가운데 "정구는 곧 장현광의 스승인데, 한강이 그의 호입니다"라고 한 부분이다.[19] 문인으로 보는 쪽에서는 물론 이를 주요 논거로 들고 있다. 문인 이도장도 여헌이 퇴계와 한강에서 영향을 받았다고 한 바 있으며,[20] 후일 정조도 여헌에게 내리는 제문에서 "연원이 유래가 있으니 도산의 퇴계였네. 이에 한강에 이르러 도가 합하고 뜻이 같았도다."[21]라고 하여 여헌이 퇴계에서 한강으로 이어지는 학맥을 계승하였음을 밝히고 있다. 한편 여헌의 문인 김경장은 회고하기를 "선생은 德氣가 천연적으로 이루어져서 일찍이 스승으로부터 전수받은 계통이 없었으나 사문의 의발을 자연 사양할 수 없었다. 그리하여 한 세대의 유현들이 추앙하여 인정하고 공경하여 복종하지 않는 이가 없었다."[22]고 하여 여헌이 특정한 스승으로부터 전수받지 않았음을 언급하고 있다.

이상에서 보듯이 결국 논의의 초점은 문인에 대한 개념 정의로 모아진다. 즉 어느 범주까지를 문인으로 볼 수 있느냐에 따라 판가름이 날 문제인 것이다. 넓은 의미의 문인 개념을 적용한다면, 여헌을 한강의 문인으로 보는데 큰 무리는 없지 않은가 한다. 아울러 당대에는 두 사람이 서로 존중하고 소중하게 여긴 돈독한 사이였음을 강조해두고자 한다. 한강은 젊은 시절의 여헌의 학문을 높이 평가하고 재질을 아껴서 성주목사

---

19) 『인조실록』2, 1년 7월 28일 병진. 『효종실록』19, 8년 10월 19일 무자.
20) 『洛村集』2, 祭旅軒張先生文.
21) 『여헌속집』10, 正宗朝賜祭文.
22) 『여헌속집』9, 景遠錄(김경장).

허잠에게 "장현광이 학문을 구하고 도에 뜻을 두며 덕성이 성숙되고 있
으니, 다음 날에 우리들의 師表가 될 것이라"고 하며 기대하였다.[23)
1607년 봄에 뱃놀이를 하는 자리에서 망우당 곽재우가 웃으면서 한강에
게 말하기를 "나의 소견에는 여헌이 한강보다 낫다"라고 하였고, 이에
대해 한강이 답하기를 "영공의 소견이 옳습니다. 옳습니다."하였다 하
니, 주변의 선배들이 여헌에게 건 기대와 여헌에 대한 한강의 인색하지
않은 넉넉함을 알 수 있다.[24) 또한 한강은 평상시 질서인 여헌을 호칭할
때, 이름이나 자를 쓰지 않고 반드시 여헌이라고 호를 부르면서 소중하
게 생각하는 뜻을 보였다고 한다.[25) 여헌도 자신이 쓴 한강의 제문에서
생전에 한강이 자신을 친자식과 조카처럼 대해 주었음과 직접 경전을 펴
고 배우지는 못하였지만, 적서주고 보태준 은혜가 매우 컸음을 술회한
바 있다.[26)

3. 강학활동과 문인집단

1) 강학활동

장현광이 중앙정계에서 높은 위상을 가지게 된 바탕은 많은 문도들을
길러낸 그의 강학 활동이었다고 해도 지나친 표현이 아닐 것이다. 그는
거의 평생을 향촌에 머물러 있으면서 전 생애에 걸쳐 강학 활동을 하였
다. 심지어 수령으로 짧은 관직생활을 할 때에도 그는 고을의 자제들을

---

23) 『여헌전서』, 연보, 27세조.
24) 『여헌속집』9, 就正錄(조임도).
25) 『여헌속집』9, 敬慕錄(김휴).
26) 『여헌집』11, 祭寒岡鄭先生文.

모아서 강학을 할 정도로 열심이었다. 더구나 그는 학문적으로 완숙기라 할 55세~69세까지의 시기를 광해군대에 보냄으로써 향촌에 칩거한 그가 할 수 있는 일은 강학활동 뿐이었다. 그의 저술이 이 시기에 집중하고 있는 것도 학문의 완숙기에 이르러서 나타난 자연스런 현상이기도 하겠지만 당시의 정치적 상황과도 무관하지 않았을 것이다.

그가 문인들을 만나 사제의 인연을 맺게 된 데는 몇 가지 경우가 있었다.

첫째, 근처에 사는 문인들이 여헌의 집이나 강학소에서 배운 경우이다. 근처에 사는 장씨 문중 내의 자제들이나 인근에 사는 문인들의 경우가 여기에 해당된다. 그 중에는 인동 수령의 자제도 있었는데, 여이재의 경우가 그 예이다.[27]

둘째, 멀리 떨어진 곳에서 찾아와 장기간 머물면서 배운 경우이다. 간혹 집을 근처에 짓고 머물면서 배운 경우도 있다. 예컨대 류진의 경우 아버지 류성룡의 명으로 인동에 와서 머물면서 『논어』를 배운 바 있었다.[28]

셋째, 여헌이 본거지인 인동을 떠나 근처의 다른 특정 지역에 장기간 머물 때 찾아와 배운 경우이다. 신달도·열도 형제가 선산의 월파촌에 머무는 여헌을 찾아와 10여일을 머물며, 이기론과 예론에 대해 배운 사실이 여기에 해당된다.[29] 영천의 입암에 머물 때도 그 근처의 많은 사류들이 모여든 바 있었다.

넷째, 수령 등 관직에 재임할 당시 가르침을 받아 사제의 인연을 맺은 경우이다. 신열도의 경우 여헌이 의성현령으로 재임시에 향교에서 수업을 받음으로 인연을 맺었으며,[30] 이민성도 역시 여헌이 의성현령으로

---

27) 『여헌속집』10, 門人 呂爾載 祭文.

28) 『여헌속집』9, 就正錄(조임도).

29) 『여헌속집』9, 拜門錄(신열도).

재직시 빙계서원에서 『주역』을 배운 바 있었다.[31]

이러한 강학 형태의 구분은 비단 여헌에게 국한되는 것이 아니라, 당시 일반적인 현상이었을 것이다. 그들은 한번 사제의 인연을 맺은 후 지속적으로 방문하거나, 서신을 교환하면서 더욱 돈독한 관계를 유지하였다.

다음으로는 여헌이 주로 강학한 장소에 대해 알아보기로 하자. 그의 주된 강학의 장소는 인동의 慕遠堂과 不知巖精舍, 선산의 遠懷堂, 영천 입암의 萬活堂이었다.

먼저 인동의 모원당은 선조 39년 그의 나이 53세 때 남산의 옛 집터에 문인 장경우가 문중 사람들의 협력을 얻어 새로 지은 것으로 방과 대청이 각각 두 칸의 규모였다.[32] 이 역사에는 인동현감 류운룡이 기와를 보내주는 등 관심을 보였다고 한다.[33] 부지암정사는 낙동강변에 세운 강당으로, 광해군 2년 문인 장경우가 지역 사류들과 함께 힘을 합쳐 지었다.[34] 여헌은 이곳이 집과도 가까운 거리였기 때문에 자주 이용하였으며, 때때로 제자 6·7명과 강안에 올라가 한가롭게 바람을 쐬고, 시를 읊는 흥취를 즐겼다.[35]

원회당은 선산의 월파촌에 세운 정자인데, 선조 38년 그의 나이 52세 때 그의 생질이자 문인인 노경임이 주동이 되어 지어 준 것이었다.[36] 그리고 만활당은 영천의 입암[37]에 세운 정자로, 선조 39년 문인 정사상·

---

30) 위와 같음.

31) 『敬亭集』14, 연보, 34세조.

32) 『여헌전서』, 연보, 53세조.

33) 『여헌집』9, 慕遠堂記.

34) 『여헌전서』, 연보, 57세조. 여헌의 사후 이곳은 효종 5년에 그를 주향하는 不知巖 書院으로 되었다가 숙종 2년에 東洛書院으로 사액되었다.

35) 『여헌속집』10, 趨庭錄(장응일).

36) 『여헌전서』, 연보, 52세조.

37) 이 때 입암은 월경지 형태로 영천에 속해 있었다. 현재 행정구역상으로는 포항시

사진 형제가 지어준 것이었다.[38] 특히 여헌은 입암의 산수와 이곳에 거처하는 벗들을 사랑하여 즐겨 찾았으며, 인생의 마지막을 마무리하는 장소로 택한 곳도 이곳이었다.

그는 이상에 논급한 강학소를 주로 오고 가면서 학문 연구와 강론에 힘썼다. 이들 건물들은 그의 나이 50대에 문인들의 도움으로 지어진 점에 주목할 필요가 있다. 문인들의 협조와 도움으로 강학당이 세워지는 것은 그 당시 내세울만한 아름다운 풍습이었던 듯하다. 한강 정구의 경우 평소 산수를 좋아하여 뜻이 맞는 곳을 만나면 서재를 지어 머물고 쉬는 장소로 삼은 것이 서너 곳이 넘었는데, 이 역시 모두 그의 문도들이 마련한 것이었다고 한다.[39]

그 외 자신의 정자가 아닌 곳에서도 강학은 이루어졌다. 임진왜란 중 청송에 피난해 있을 시, 그 곳의 四勿寮에 머물러 있으면서 학생들에게 『주역』을 강한 바 있는 것은[40] 다른 사람의 강학소를 이용한 경우라고 하겠다. 광해군 13년에 의성의 빙계서원에서 이민성 등 그 지역 사류들에게 강의를 베푼 것이나,[41] 1620년 인동의 오산서원에서 몇 달 동안 『대학』을 가르친 것은[42] 인근의 서원을 이용한 예가 되겠다.

혹 다른 곳으로 이동 중에 잠시 머무는 곳에서도 인근 지역에 사는 문인들을 만나는 기회로 이용되었고, 이는 자연스럽게 강학으로 연결되었다. 영천 입암으로 가는 노정에 통과하는 의성지역의 구지나 빙계가 그러한 예였다. 1629년 7월 입암에서 인동으로 돌아가는 중 의성 빙계 부근을 통과할 때, 근처에 사는 신열도가 마중 나가 맞이한 바 있다.[43]

죽장면에 속해있다.
38) 『여헌전서』, 연보, 53세조.
39) 『여헌집』13, 寒岡鄭先生行狀.
40) 『여헌속집』9, 言行日錄略(조준도).
41) 『경정집』14, 연보, 52세조.
42) 『여헌속집』9, 景遠錄(김경장).

그리고 1637년 2월 여헌이 입암으로 가는 도중 구지에 여러 날 머물렀는데, 역시 신열도가 여기로 와서 모시고 입암까지 수행한 바 있다.[44]

여헌이 강학처로 삼았던 곳의 일부는 후일 문인들에 의해 서원으로 발전되면서 향사되었고, 그 외 강학의 인연이 있었던 곳이나 지역의 서원에도 제향되었다. 인조년간에 인동의 吳山書院에 배향된 것을 필두로 하여, 선산의 金烏書院, 영천의 臨皐書院, 성주의 川谷書院 등에 배향되었다. 그리고 효종년간에는 인동의 不知巖書院, 영천의 立巖書院에 主享되었고, 나아가 의성의 氷溪書院, 청송의 松鶴書院 등에도 배향되었다. 숙종 2년 不知巖書院은 東洛書院으로 사액되었다.

그러면 여헌이 평소 문인들을 가르치던 교수법은 어떠하였는가. 이 문제는 주로 제자들이 남긴 회고록을 중심으로 살펴볼 수 있다. 여헌의 경우 17명의 제자들이 就正錄, 拜門錄, 聞見錄, 記聞錄, 敬慕錄, 言行日錄, 景遠錄, 趨庭錄 등 다양한 이름을 붙여 회고록을 남기고 있다. 이를 통해 파악된 여헌의 교수법은 다음과 같이 정리될 수 있다.

첫째, 뜻을 크고 건고하게 세워라. 배우는 자는 모름지기 먼저 뜻을 크게 확립하여야지 만이 외물에 정신을 빼앗기지 않고 또 부정한 학설에 미혹되지 않고 오로지 학문에 정진할 수 있다고 하였다.[45] 초학자의 경우 공부를 하는 둥 마는 둥 하다가 결국 진전을 보지 못하는 것은 처음에 뜻을 건고하게 세우지 않았기 때문이라며, 그 점을 가장 경계하였다.[46]

둘째, 자신의 단계에 맞추어 기본에 충실하라. 애당초 몸을 닦는 큰 방법과 덕에 들어가는 규모는 四書와 『소학』에서 벗어나지 않으니, 이들에 대해 먼저 충실히 공부하라고 하였다.[47] 자신의 수준과 등급을 뛰

---

43) 『여헌속집』9, 拜門錄(신열도).
44) 위와 같음.
45) 『여헌속집』9, 就正錄(조임도).
46) 『여헌속집』9, 記聞錄(장경우).
47) 『여헌속집』9, 就正錄(조임도).

어넘어 특별하고 기이한 것을 선호하는 자세를 경계한 것이다. 여헌은 『심경』의 경우, 결코 蒙學의 선비가 읽기에 쉽지 않은 데도 불구하고 세상 사람들은 고원한 것을 좋아하여 『심경』이나 『근사록』이 아니면 남에게 묻기를 부끄러워하면서 오직 남의 이목에 별다르게 보이려고만 애쓰는 세태를 개탄하였다.[48]

　이러한 여헌의 강조는 다른 제자들의 회고록에도 많이 보인다. 여헌이 문하의 여러 제자들에게 말하기를 "제군들은 강학할 적에 되도록 높고 먼 것을 탐구하려 하니, 이는 절대로 묻기를 간절히 하고 생각을 가까이 하는 것이 아니다. 가령 소견이 있더라도 끝내 실제로 얻는 것이 아니니, 등급을 건너뛰어서는 안된다."라고 한 것이 그것이다.[49] 학문을 하는 자의 수준에 맞추어 한 단계 한 단계 착실히 쌓아가야 함을 강조하였던 것이다.

　또 문인 장경우가 태극도설을 읽을 것을 청하자, 여헌은 그것을 근세에 배우는 자들의 큰 병통으로 지적하였다. 그는 배우는 자는 모름지기 『소학』과 사서와 정자·주자 등이 지은 책을 먼저 읽어야 할 것을 강조하였다. 『소학』은 사람을 만드는 틀이요, 『대학』은 덕에 들어가는 문과 길이니, 익숙히 읽지 않으면 안된다고도 하였다. 이어 배우는 자는 모름지기 아래로 인간의 일을 배워야 하니, 아래로 인간의 일을 배우는 것이 끝나면 자연 위로 천리를 통달하게 된다고 하면서 단계를 뛰어넘는 것을 경계하였다.[50]

　『춘추』를 배울 것을 청하는 손자 장학에게 여헌은 "『춘추』는 천하를 다스리는 大經大法이니, 배우는 자의 입장에 있어 진실로 강구해야 할

---

48) 그렇다고 하여 장현광이 『심경』과 『근사록』을 소홀히 생각한 것은 아니었다. 그는 이 책들을 학문하는 방향을 제시해주는 指南이라고 여겨 배우는 자는 익숙히 읽기를 사서와 같이 여겨야 한다고 하였다. 『여헌속집』10, 景遠錄(이주).

49) 『여헌속집』9, 記聞錄(장내범).

50) 『여헌속집』9, 記聞錄(장경우).

것이다. 그러나 일상 생활하는 데에 간절하지 않고, 또 성인이 기록할 것은 기록하고 삭제할 것은 삭제한 은미한 권도를 쉽게 엿보아 헤아릴 수 없다"고 하며, 그에게 『심경』을 가르친 것도 같은 예이다.[51]

셋째, 知와 行을 일치시켜라. 실천이 중요하다. 여헌은 평소 『대학』을 가르치다가 平天下章에 이르면 학문하는 법은 知와 行 두 글자뿐이라고 하면서 누누이 강조하였다고 한다.[52] 그리하여 유가의 책을 읽을 적에는 단지 입으로 말하고 귀로 듣는 자료로만 삼으려고 해서는 안된다며 실천을 강조하기도 하였다.[53] 여헌이 일찍이 제자들에게 이르기를 "제군들은 학문하는 방법을 아는가? 학문은 많이 듣는 것을 귀중하게 여기나 한갓 듣기만 하는 것은 실천하는 것만 못하며, 배움은 실천을 귀중하게 여기나 그 실제는 반드시 궁리에서 말미암는다."[54]라고 하여 지와 행의 일치를 학문의 궁극적인 목표로 강조하였다.

조임도가 일찍이 여쭙기를 "선생께서 도의 경지에 들어가신 차례와 학문하신 요점을 들려주시기 원하옵니다"하니, 여헌이 대답하기를, "학문한다 학문한다 하지만 입으로 말하고 귀로 듣는 것을 말하겠는가. 세상의 유자들은 왕왕 지엽만을 일삼고 근본을 힘쓰지 아니하여, 혹은 문자에만 힘을 쓰고 혹은 언어에만 매달려서 지식은 혹 여유있게 있으나 행실이 도리어 미치지 못하며, 강구하는 것은 자세히 하나 실천하는 것은 소략하다. 그리하여 마음과 입이 서로 응하지 못하고 말과 행실이 서로 돌아보지 못하여, 시작과 끝이 서로 어긋나고 안과 밖이 현격히 차이가 난다. 그리하여 필경 그 사람과 학문이 전혀 서로 비슷하지 않으니, 이는 매우 한심스러운 일이다."[55]라고 한 것도 같은 의미에서 실천을 강

---

51) 『여헌속집』10, 景遠錄(장학).

52) 『여헌속집』9, 記聞錄(장경우), 『여헌속집』9, 景遠錄(김경장).

53) 『여헌속집』9, 記聞錄(박길응).

54) 『여헌속집』9, 景遠錄(김경장).

55) 『여헌속집』9, 就正錄(조임도).

조한 것이다.

넷째, 배우는 자에게 가장 절실한 것은 성실이다. 여헌은 초학자들에게 지와 행을 강조한 데 이어 다음으로는 誠과 敬을 존양하는 공부로 삼을 것을 권하였다.[56) 여헌은 『大學』을 가르치다가 誠意章에 이르면 늘 감탄하여 말하기를 "지극하다. 誠의 뜻이여."라고 하면서 제자들에게 강조하곤 하였다.[57) 재주만 믿고 착실히 공부하지 않는 불성실한 공부 태도를 경계한 것이다.[58) 또 학문을 배우는 자는 '誠篤' 두 글자를 마땅히 표준으로 삼아야 한다고 하기도 하였다.[59)

『중용』을 가르칠 때 '不誠無物' 즉 성실하지 않으면 사물이 없다는 구절에 이르면, 여헌은 세 번 반복하고 감탄하며 말하기를 "성실하지 않으면 하늘과 땅도 오히려 물건을 이루지 못하는데, 하물며 사람에 있어서랴. 하물며 배우는 자에 있어서랴."하면서 성실함을 강조하였다.[60) 그리하여 여헌은 공부하는 데 있어 가장 절실한 것을 묻는 제자 최린에게 말하기를 "아래로 사람의 일을 배우는 것으로부터 위로 천리를 통달함에 이르기까지 모두 誠이란 한 글자에서 벗어나지 않으니, 성실하게 한다면 어찌 힘이 부족함을 걱정하겠는가. '천리 끝까지 바라보고자 다시 한 층을 올라가노라'란 말이 도를 아는 말인 듯하니 깊이 음미해야 할 것이다."라고 하기도 하였다.[61)

다섯째, 경서는 작은 세주까지 정밀하게 숙독하여 자세히 이해하라. 여헌은 평소 『논어』를 가르침에 있어 그 集註까지 아울러 정밀하고 익숙하게 읽기를 강조하였다.[62) 문인 박길응이 여헌 앞에서 논어를 읽는

---

56) 『여헌속집』10, 景遠錄(장학).

57) 위와 같음.

58) 『여헌속집』10, 趨庭錄(장응일).

59) 『여헌속집』9, 就正錄(조임도).

60) 『여헌속집』9, 記聞錄(장경우), 『여헌속집』10, 景遠錄(권봉).

61) 『여헌속집』9, 景遠錄(최린).

데, 여헌이 小註를 읽게 하므로 길응이 대답하기를 "大註도 오히려 많다고 싫어하는데 소주를 어느 겨를에 읽겠습니까."하니, 여헌이 빙긋이 웃으면서 말하기를 "소주를 이미 책에 기록하였으니, 이는 옛사람들이 후인들로 하여금 읽게 하고자 한 것이다."하면서 정밀하게 공부할 것을 강조하였다.63) 책을 읽는 것이 단순히 글줄을 찾고 글자를 세는 데 그칠 뿐이고 자세히 이해를 하지 못한다면, 비록 만권의 책을 읽더라도 전혀 유익함이 없을 것이라며, 그러한 것을 '상자만 사고 구슬은 돌려준다.'라는 말로 비유하여 제자들을 경계하였다.64)

여섯째, 눈높이에 맞추어 쉽게 이해시킨다. 여헌은 평소 강의를 함에 있어 학생의 눈높이에 맞추어 쉬운 예를 들어가면서 이해시키는 교수법을 주로 사용하였다. 그는 상대방의 학식과 才器에 따라 마치 의사가 환자의 증세에 맞게 약을 쓰듯이 가르쳐주었던 것이다.65) 더러는 적절한 속담을 곁들여서 자세하게 타이르고 풀어주었기 때문에 힘들여 말하지 않아도 사람들이 쉽게 의심이 풀리면서 이해가 되었다고 한다.66) 또한 강의 중 깨닫지 못하는 자가 있으면 반복하여 가르쳐 주었으며, 질문하는 자가 있으면 즉시 대답해주었다.67) 여헌이 이렇게 쉽게 가르칠 수 있었던 것은 그가 완벽하게 이치를 깨달았기 때문일 것이다. 그는 만년에 특히 『주역』을 즐겨 읽었는데, 이를 제자들에게 해설하여 가르칠 때는 반드시 이치로부터 미루어 가되, 數는 언급하지 않았으며, 한 爻와 한 爻辭를 두루 꿰뚫고 모두 통달하여 손바닥 위에 놓고 보듯이 쉽게 설명하였다고 한다.68)

---

62) 『여헌속집』9, 就正錄(조임도).

63) 『여헌속집』9, 記聞錄(박길응).

64) 『여헌속집』10, 趨庭錄(장응일).

65) 『여헌속집』10, 景遠錄(권봉).

66) 위와 같음.

67) 『여헌속집』9, 拜門錄(신열도).

일곱째, 칭찬을 많이 하라. 여헌은 평소 사람 중에 선하지 못한 행실이 있음을 보면 곧 눈을 감고 입을 다물었으나, 사람 중에 한 가지라도 선행이 있는 것을 보면 기뻐하는 기색이 얼굴에 나타나 사람들을 향해 번번이 말하였다고 하니, 이로써 제자들을 선행으로 이끌었음을 알 수 있다.[69] 사람을 취할 때에도 하찮은 병통과 작은 실수는 제쳐두고 항상 그 사람의 크고 중요한 부분을 살펴 긍정적인 면을 부각시켜 권장하였던 것이다.[70]

위와 같은 여헌의 강학시 모습을 통해 그의 교수법의 특징을 살펴보았다. 그의 교수법이 당시의 다른 학자들의 그것과 크게 다르지 않았을 것으로 판단되나, 그런 가운데서도 그만의 독특한 특징을 잘 나타내주고 있다고 하겠다.

2) 문인 집단

여헌은 퇴계와 한강으로부터 물려받은 학통을 그의 문인들에게 전수해주었다. 따라서 그의 문인들은 그를 통해 퇴계학맥을 계승한 이들인 셈이다. 여기서는 여헌 문인들의 일반적인 특성을 개괄한 다음, 특히 여헌의 문인들이 집중되어 있는 선산·인동지역을 비롯하여 인근의 성주, 영천, 의성지역의 구체적인 문인들의 상황을 살펴보고자 한다.

앞에서 살펴본 바와 같이 여러 가지 방법과 과정을 거쳐 많은 사람들이 그의 문하를 거쳐갔다. 높은 학문과 덕망으로 인해 여헌에게는 많은 문도들이 모여들었고, 그런 가운데 그들 사이에는 자연스럽게 사제 관계가 성립될 수 있었다. 그가 향촌에 은거해 있으면서 배출한 제자들을 문

---

68) 『여헌속집』9, 景遠錄(김경장).
69) 위와 같음.
70) 『여헌속집』9, 敬慕錄(김휴).

인록을 통해 보면 약 170여명 정도이다.[71] 그 중 문과 급제자가 29명에 이르렀고, 당상관 이상의 관직에 올랐던 자는 14명이었다.

거주지를 확인할 수 있는 문인들의 지역적 분포 상황을 보면,[72] 성주가 가장 많아 17명이고, 다음으로 인동 13명, 의성 12명, 영천 11명, 선산 10명, 경주 8명, 칠곡·함양 각 6명, 대구·함안 각 4명, 안동·진주·청송 각 3명으로 나타나 있다. 그 외에도 하양·밀양·합천·산청 등지에 각 2명, 현풍·영해·신녕·예안·상주·창녕·청도·의흥·창원·경산 등지에 각 1명이 확인된다. 이를 통해 볼 때 그의 문인들은 그가 은거해 있던 인동과 그 인근지역에 밀집되어 있었으며, 나머지도 경상도 일대에 거의 분포되어 있었음을 알 수 있다.

문인들에게서 나타나는 특징을 몇 가지 지적한다면, 먼저 부자 또는 형제가 모두 출입한 경우가 많았다는 점이다. 부자간에 모두 급문한 경우로는 장내범 - 경우, 손우남 - 해, 권봉 - 진민, 이민환 - 정상·정기, 김수 - 하량 등의 예가 있다. 형제가 같이 급문한 경우도 많아서 정사상 - 사진, 권집 - 도, 이민성 - 민환, 신적도 - 달도 - 열도, 이도창 - 도장 형제 등이 대표적인 예이다. 위와 같은 경우에는 중첩된 인연으로 인해 사제 관계가 더욱 돈독하였을 것이다.

다음으로 지적할 수 있는 특징은 한강의 문하에 함께 출입한 문인들이 많다는 점이다. 장내범·정사상·김녕·이언영·노경임·권집·류시번·배상룡·정사물·권도·김사총·조준도·김효가·정극후·정수민·송시영·서사선·김광계·김광악·박진경·류진·최급·김수·배상호·이도창·장문익·최

---

71) 『旅軒先生及門錄』(영남대 도서관 소장본) 참조.

72) 문인들의 지역적인 분포 상황은 『여헌선생급문록』의 각 문인에 대한 서술의 말미에 기재되어 있는 후손들의 거주지를 대상으로 한 것이다. 이 문인록이 간행된 것이 1919년이기 때문에 300여년 정도 시간상의 차이가 있어 후손들의 거주지가 곧바로 장현광 문인들의 생존시 거주지와 일치하는 것은 아니나 이 당시 사회가 상당히 폐쇄적이었던 점을 감안하면 대세 파악에는 큰 지장이 없을 것이다.

린·장응일·이주·이도장 등 30명 이상이다. 인접한 지역에 두 대학자가 강학을 하고 있었기 때문에 두 문하에 동시에 드나든 것은 오히려 당연한 것이었다. 또한 배상룡과 같이 비록 직접 경전을 잡고 직접 여헌에게서 배우지는 못했으나, 평상시 친근하게 대하고 계발해주는 은혜를 입어 문인으로 자처하기도 한 데서[73] 알 수 있듯이 한강의 사후 상당수는 여헌으로 옮겨가 사제의 의리를 이어갔기 때문이다.

여헌은 거주지였던 인동을 중심으로 하여 그와 가까운 선산, 성주, 의성, 영천 등지를 주로 많이 왕래하였다. 따라서 문인들도 이 지역에 집중되어 있었는데, 지역적으로 볼 때 경상도의 중부지역에 해당되었다. 따라서 그는 성주의 한강 정구와 더불어 경상도의 중부지역을 중심으로 하여 퇴계의 학맥을 확대시킨 역할을 수행하였다고 할 수 있겠다. 이는 학봉 김성일이 안동의 동부 지역 일대에 영향력을 가졌고, 서애 류성룡이 안동의 서부 지역 일대와 상주지역에, 월천 조목이 안동의 북부지역에 영향을 끼친 것과 대비될 수 있겠다.[74]

사후 그의 학맥의 한 갈래는 인동의 장씨 문중을 중심으로 가학으로 승계되어 갔고, 또 한 갈래는 미수 허목을 통하여 근기지역으로 넘어갔다고 할 수 있다. 그러나 이 정도는 그의 생전의 번성함에 비하면 높은 수준이라 할 수 없다. 더구나 본거지인 경상도 지역에서 문세가 현저하게 뻗어나가지 못한 것은 아쉬운 일이 아닐 수 없다.[75]

---

73) 『여헌속집』10, 門人 裵尙龍 祭文.

74) 이수건, 「여헌 장현광의 정치사회사상」, 『교남사학』6, 1994, 76쪽.

75) 그의 영향권 내에 있었던 지역의 많은 사류들이 숙종대 이후에는 학봉의 적전인 갈암 이현일의 문하에 출입하게 되었다. 예컨대 영천지역의 정호인의 후손들 중 정석우·석달·만양·규양·래양·동양·중록·중기, 의성지역의 이민성·민환 형제의 후손 중에 이중희·수형·수지·수시·수규 등과 신적도·달도 형제의 후손 중 신덕함·렴·정모 등이 갈암의 문하에 출입한 이들로 나타난다.(『葛庵全集』, 부록, 「錦陽及門錄」참고) 아울러 여헌의 문인이었던 정극후의 행장과 신달도의 묘갈명을 그 후손들의 부탁으로 갈암이 찬하고 있는 것도 이 지역 사류들의 갈암과의 관계

여기에는 여러 가지 원인이 있겠다. 먼저 다른 문파나 문중의 경쟁의 식에서 비롯된 갈등과 견제를 지적할 수 있다. 사실 영남 지역의 사류들 은 인조대 이후 거의 중앙정계에 출사하지 못하고 향촌에 머물러 있었기 때문에 학파와 문중 간의 경쟁과 갈등이 다른 곳으로 분출되지 못하고 내부에서 더욱 증폭되어 간 감이 있는 것이다. 또한 그의 문인들 중 그 를 계승할 만한 인재가 드문 상황에서 출중했던 이들이 여헌에 앞서 사 망한 것도 한 원인이 되었을 것이다. 그가 특히 사랑하고 아끼면서 기대 하였던 정사진이 1616년에, 노경임이 1620년에, 이민성이 1629년에, 신 달도가 1631년에, 류진이 1635년에 각각 여헌에 앞서 떠나갔던 것이다.

(1) 선산·인동지역의 문인

먼저 가학으로 여헌의 학맥을 이어간 장씨 일족을 들 수 있다. 장내범 – 장경우 – 장매·장학 등 3대가 문인으로 포함되어있는 경우를 위시하여 장내도, 장내정, 장덕원 등이 눈에 띄는데, 대표적인 존재는 역 시 장경우와 아들 장응일을 들 수 있겠다.

장경우(1581~1656)는 아버지의 영향으로 어려서부터 여헌의 문하에 출입하였다. 그는 여헌에게 남산아래 옛 터에 모원당을 지어주었으며, 부지암정사의 건립에도 앞장섰던 핵심 문인이었다. 한강이 반대파의 모 해로 관직을 삭탈당하자 경상도내 유생들을 규합하여 함께 변무소를 올 리기도 하였고, 1621년에는 이이첨을 참수할 것을 주장하는 상소를 올 리기도 하는 등 이 지역의 유력한 학자였다. 여헌의 사후에는 『여헌문 집』 간행을 주선하는 등 여헌의 추숭사업에 전력을 기울였다. 여헌을 주 향한 동락서원에 근대에 들어와 배향됨으로써 여헌을 실질적으로 승계 한 것으로 인정받았다고 할 수 있다.

를 이해하는 데 도움을 준다.(『雙峰集』5, 부록, 행장. 『晩悟集』10, 부록, 묘갈명)

장응일(1599~1676)은 여헌의 종제 顯道의 아들로서 여헌에게 입양되었다. 1629년(인조 7) 문과에 급제하여 부제학에 이르렀다. 1649년 장령으로 재임시 집의 송준길과 함께 훈신 김자점의 탐욕과 방자함을 탄핵한 데서 알 수 있듯이 성격이 청렴 강직하였다.

다음으로 선산지역에는 여헌의 생질인 노경임, 사위인 박진경과 그의 아들 황·협·율 형제, 그리고 김녕, 김경장 등이 포진되어 있었다.

노경임(1569~1620)은 여헌이 어려서 수학한 바 있던 자형 노수함의 아들인 관계로 자라면서 여헌의 문하에 종유하였다. 나중에 류운룡의 사위가 되었다. 1591년 문과에 급제하여 벼슬길에 나아갔다가 임진왜란을 당하여 고향에 돌아와 의병을 모집하여 왜군에 대항하였다. 그리고 체찰사 이원익의 종사관이 되어 삼남지방을 순찰하면서 일을 잘 처리하여 신임을 받았다. 36세때는 여헌을 위하여 선산 월파촌에 원회당이라는 강학처를 짓는 데 앞장섰다. 노경임이 풍기군수로 부임하자, 여헌은 수령으로서 지켜할 것들을 적은 편지를 보내 격려하기도 하였다.[76] 이에 앞서 스승인 여헌의 심부름으로 래암 정인홍을 만나보고 돌아와 대단히 간사한 인물이라고 말했던 일이 뒷날 정인홍에게 알려져서 성주목사에서 파직되었다. 그 후 낙동강변에 정자를 짓고 학문에 전념하다가 52세의 나이로 여헌에 앞서 사망함으로써 여헌에게 회한을 남겼다.[77]

김녕(1567~1650)은 한강의 문하에서 수업하다가 25세때 인동의 여헌을 찾아가 인연을 맺었다. 1612년 문과에 급제하여 벼슬길에 나아갔으나 이듬해 인목대비를 폐하자는 논의가 일어나자 관직을 버리고 고향을 돌아왔다. 인조반정 뒤에 다시 등용되어 예안현감을 역임하였다. 정묘호란이 일어났을 때는 호소사에 임명된 여헌의 종사관이 되었으며, 병자호란 때도 의병을 일으킨 바 있다.

---

76) 『여헌집』4, 書, 與盧甥豊基.
77) 『여헌집』11, 祭盧甥景任文, 又祭盧甥小祥文.

김경장(1597~1653)은 어려서부터 여헌의 문하에서 수학하였는데, 광해군의 난정을 꺼려서 문과 응시를 포기하고 학문에 전념하였다. 24세에는 인동의 상덕사에서 여헌을 배알하고 몇 달 간 머물면서 『대학』을 배웠다. 여헌의 절친한 친구인 권극립의 사위로서 1637년 입암으로 들어간 여헌을 따라 들어가 마지막을 모셨다. 여헌의 사후 『여헌문집』편찬에 힘을 보태었다.

그 외 이 지역의 문인으로 김수-하량 부자, 김양-하정 부자, 신우덕, 박윤무, 이선술, 이철강, 신한, 김공 등이 있었다.

(2) 성주지역의 문인

성주는 장현광의 고조이래 아버지대까지 살았던 곳이고, 그들의 일부 묘소가 위치한 곳이며, 그리고 처삼촌인 한강 정구의 거주지이기도 하여 자주 왕래하였던 곳이었다. 이러한 까닭에 성주에는 그의 문인들이 많이 분포되어 있었다. 이 지역 문인의 대다수는 한강의 제자들이기도 해서 문인 수에 있어서는 많은 비중을 차지하고 있으나 여헌의 독자적인 영향력은 다른 지역에 비해 떨어지는 느낌이다. 장이유와 여효증 등 성주지역의 문인들이 앞장을 서서 성주의 천곡서원에 여헌을 배향하였다.

이언영(1568~1639)은 한강과 여헌의 양 문하를 출입하였다. 1603년 문과에 급제하여 벼슬길에 나아갔는데, 정언으로 재직시 영창대군 죽음의 억울함을 주장한 정온을 변호하다가 파직당한 후 '어머니가 없는 나라에서는 벼슬을 하고 싶지 않다'며 출사하지 않았다. 인조반정후 인조의 특별한 부름을 받아 승지에 이르렀다.

배상룡(1574~1655)은 어려서 한강의 문하에 출입하였고, 한강이 죽은 후 한강을 섬기던 예로 여헌을 섬겼다. 여헌의 두번째 부인 송씨가 그에게는 종이모가 되니, 여헌은 그의 종이모부인 인연도 있었다. 비록 여헌에게서 경전을 펴고 직접 수학하지는 못했으나, 평소 온화하고 친근하게 대하면서 계발해주는 은덕을 입었다고 술회한 바 있다. 정묘호란이 일어났을 때, 호소사에 임명된 여헌의 명으로 격문을 초하였으며, 막부에서 軍政을 참결하였다.

이지화(1588~1666)는 1613년 문과에 급제하여 벼슬길에 나아갔는데, 정언으로 재직시 이이첨을 탄핵하다가 파직되어 고향으로 돌아왔다. 인조반정후 다시 등용되어 주로 외직에 기용되었다. 정묘호란이 일어났을 때, 호소사로 임명된 여헌의 막부에서 군량을 조달하는 일을 맡아보았으며, 병자호란 때도 의병을 일으킨 바 있다.

그 외 문인으로 배상호, 김효가, 송시영, 송시진, 최급, 최진형, 최진화, 최린, 장이유, 여효증, 여효주, 송세융, 도한국, 이주, 이륜 등 다수가 있었다.

(3) 영천지역의 문인

영천은 여헌이 자주 왕래하였던 곳으로 많은 인연이 있던 곳이었다. 특히 영천 입암을 즐겨 방문하였고, 말년에 생을 정리한 곳이기도 하였다. 이곳에서 학문을 함께 강마한 영천의 선비들로 권극립, 손우남, 정사상·사진 형제가 있다. 권극립은 친구 사이였고, 손우남과 정사상, 정사진은 문인으로 자처하였다. 정사진 형제는 여헌을 위하여 입암에 강당을 지어주기도 하였다. 이들과의 인연은 자식대에로 이어져 여헌에게 수학한 이가 많았다. 권극립의 아들 봉, 손자 상민·호민·진민, 사위 김경장, 사위 정안번의 아들 호인 등이 그들이다. 손우남의 아들 해와 항도 아버지에 이어 여헌에게 수학하였다.

여헌의 사후 강학의 장소에는 입암서원이 건립되어 여헌이 주향으로 향사되고, 그리고 위의 4인이 배향되었다. 또한 여헌이 정몽주를 모신 임고서원에 배향되는 이유도 입암에서 비롯된 영천과의 인연에서 찾을 수 있다. 임고서원은 손우남, 정사진, 그리고 정호인 등 여헌과 밀접한

연결을 가졌던 이들이 깊이 관계하던 서원이었던 것이다.[78]

영천지역의 대표적인 문인으로는 정사상·사진 형제와 정사물·극후 형제를 들 수 있다. 정사진(1567~1616)은 어려서부터 여헌과 인연을 맺었는데, 임진왜란 때 여헌이 청송·봉화 등지로 피난할 때 동행하면서 어려움에 처한 여헌을 도왔다. 임란 후에는 입암으로 들어가 바위 바로 옆에 日躋堂을 지어 복거하면서 가끔 찾아오는 여헌을 머물게 하였다. 몇년 뒤에는 여헌을 위하여 마주보이는 곳에 만활당을 지어주었다. 뿐만아니라 그는 평소에도 인동에 머무는 여헌에게 각종 해산물을 비롯하여 암소와 신을 보내주기도 하였고, 종을 보내주기도 하였다. 이렇게 그는 여헌을 가까이에서 극진하게 모셨으나 50세의 나이로 앞서 죽음으로써 여헌을 안타깝게 하였다.

정사물(1574~1649)도 동생 극후와 함께 일찍이 문하를 출입하였는데, 여헌이 그의 자를 亦顔으로 지어주었다. 이들이 인동의 남산으로 여헌을 찾아 공부를 배울 때, 여헌은 다른 문인들에게는 잘 보여주지 않던 『우주요괄첩』과 『역학도설』을 보여줄 정도로 총애하였다. 이들은 임진왜란과 정묘호란 때 의병으로 활약하였고, 벼슬에는 큰 뜻이 없어 형제가 함께 학문을 강론하고 후학을 양성하는 일에 전념하였다.

정호인(1597~1655)은 입암에 있는 외가인 권극립의 집에서 태어났다. 23세에 입암에 머물던 여헌을 찾아 공부하면서 정식 사제의 연을 맺었다. 문장과 재주 뛰어났고, 31세에 문과에 급제하여 벼슬길에 나아가 진주목사에 이르렀다. 여헌이 마지막으로 입암을 찾았을 때도 함께 하였으며, 여헌이 사망하자 護喪을 맡아 일을 잘 처리하였다. 그 후 입암에 여헌의 영당 건립을 추진하여 후일 서원으로 발전하는 기틀을 닦았고,

---

78) 임진왜란 때 불탄 임고서원을 선조 35년(1602)에 다른 장소로 이건하여 지을 때, 營造를 담당한 이들이 정세아, 정담, 손우남, 정사진 등이었던 데서 그들의 영향력을 짐작할 수 있다. 정세아는 정호인의 조부이다.

허물어진 일제당을 중건하는 일을 맡기도 하였다.

(4) 의성지역의 문인

의성은 여헌이 수령으로 근무한 인연이 있던 지역이다. 수령으로 재임시의 강학활동에서 처음 맺어진 사제의 인연이 지속된 곳이다. 더구나 의성은 여헌이 영천의 입암을 오갈 때 늘 통과해야 되는 위치에 있었기 때문에 자주 발길이 자주 닿던 곳이었다. 이민성·민환 형제와 신적도·달도·열도 형제와의 인연이 그 대표적 예이다. 그 외 이 지역의 문인으로는 민환의 아들인 이정상·정기 형제, 신지제의 동생 지경과 아들 홍망 등이 있다.

이민성(1570~1629)·민환(1573~1649) 형제는 어려서부터 재주가 뛰어나 經史와 諸子百家書에 두루 통달하였으며, 효성과 우애가 있어 재덕을 겸비한 인물들이었다. 28세를 전후하여 형제가 연이어 문과에 급제하여 벼슬길에 나아갔다. 이민성은 34세 때 의성현령으로 부임한 여헌을 빙계서원으로 모시고 주역을 강하였다. 폐모론이 일어나자 그 부당함을 주장하다가 이이첨의 모함을 받아 삭직된 뒤 고향에 칩거하였다. 인조반정후 장령으로 복직하여 좌승지에 이르렀다. 이민환은 강홍립의 막하로 출전하였다가 청의 포로가 되었는데, 항복 권유를 끝까지 물리치고 17개월 동안의 포로생활을 한 바 있다. 정묘호란이 일어났을 때, 이민성은 경상좌도의병대장으로, 민환은 종사관으로 각각 활약하였다. 2년 뒤에는 여헌이 입암에서 인동으로 돌아가는 길에 빙계서원에 들리자 이민성은 유생들을 이끌고 가서 강론을 청하였으며, 인하여 빙계서원 원규를 정하였다고 한다. 의성의 藏待書院에 배향되었다.

신적도(1574~?)·달도(1576~1631)·열도(1589~1647) 형제는 1603년 여헌이 의성군수로 부임하였을 때, 향교에서 수업을 받는 등 사제의 인연을 맺었다. 광해군 시절에는 관직에 나아가기를 단념한 신달도와 열도는 수시로 인동의 남산과 부지암정사, 또는 선산의 월파촌 등 여헌이 머무는 곳을 찾아 짧게는 이틀에서 길게는 10여일을 머물면서 『心經』이나 『近思錄』의 의심스러운 부분에 대한 질문을 하거나, 이기론이나 사단칠정설, 그리고 각종 예설에 대한 강론을 하였다. 인조 초년에 형제가 나란히 문과에 급제한 후 서울에서 관직생활을 할 때도 여헌이 서울에 올라오면 매일 방문하여 함께 담론하여 밤을 지새우기도 하였다. 관직 생활을 하는 도중에도 서울과 고향을 오가는 시간을 이용하여 자주 여헌을 찾아뵙고 소식을 전하는 등 빈번히 접촉하면서 가르침을 받았다. 정묘호란이 일어났을 때 신적도는 호소사에 임명된 여헌에 의해 의병대장에 차임되었으며, 신달도는 적극적으로 척화론을 주장하기도 하였다. 그 후 신열도는 여헌의 권유로 의성의 읍지인 『聞詔志』를 편찬하였으며, 말년에 입암으로 들어가는 여헌을 의성에서부터 수행하여 수십일을 함께 지내는 등 여헌의 깊은 신망을 받았다.

4. 향촌사회 주도 노력

1) 장현광의 족계 중수

장현광은 임진왜란이 끝난 직후인 1601년(선조 34) 세거지인 인동에서 족계를 수정하여 실시하였다. 인동 장씨의 족계는 장현광의 아버지 열과 족조인 잠이 중심이 되어 종족간의 결속을 위해 만들었던 것인데, 임진왜란을 거치면서 일족이 죽거나 흩어져버림으로서 유명무실해졌다. 이를 장현광이 修契有司를 맡은 광한(잠의 손자)과 대종손인 내범의 협력을 받아 함께 복구하였던 것이다.[79) 총 26조로 이루어져 있는 이 족계의 내용을 이해의 편의상 몇 개 요목으로 나누어 재구성하면 다

음과 같다.80)

(1) 계의 일반적 규정

- 족보는 精寫하여 有司가 잘 갈무리하여 相傳한다.(1)
- 난중에 舊譜가 산실되어 遠祖의 분묘처를 모르는 곳이 많은데, 혹 先世의 事蹟을 수소문해서 알게 되면 알려라.(4)
- 同姓 뿐아니라 異姓이라도 장씨와 연관이 있는 사람이면 계에 들어오게 한다.(5)
- 일족 중 다른 고을에 살고 있으면서 계에 들어오기를 희망하는 자는 의논을 거쳐 허락한다.(23)
- 계에서 탈퇴하려는 자는 유사에게 사유를 갖추어 알리고, 유사는 계중에 고한 다음 허락한다. 그러나 同姓人의 경우는 허락하지 않는다.(26)
- 有司는 同姓 1인, 異姓 1인으로 한다. 이는 유사 두 명이 모두 이성이 되면 本姓者들이 동성계의 본의를 망각할까 걱정해서이다.(6)
- 규약을 익히고 친목을 도모하는 契會는 봄가을에 각각 택일하여 하되, 사치스럽게 하지 않는다.(24)
- 계회시에는 계의 일을 商確하고 情義를 돈독히 할 뿐이지, 절대 외간의 잡설을 이야기하지 않는다.(25)

---

79) 『여헌집』8, 族契重修序, 19-22쪽.

80) 위의 책, 22-28쪽. 원문은 무순으로 26개 조를 나열해 놓고 있다. 아래에 보이는 요목과 일련번호는 필자가 임의로 나누고 붙인 것이다. 단 각 조의 말미에 괄호 속에 넣어진 숫자는 원문의 무순으로 나열되어 있는 26개 조에 차례대로 순서를 매겼을 때의 번호이다.

(2) 상호부조 규정

- 상을 당한 사람에게는 殮襲과 殯所에 쓰는 도구를 부조하고, 장례 때는 무덤 만드는 일을 도우며, 장례비를 예에 따라 부조한다.(20)
- 혼가에는 혼수를 예에 따라 부조한다.(21)
- 세속에는 길흉사에 부조하는 횟수를 정하고도 있으나, 우리는 횟수에 구애받지 않고 부조한다.(22)

(3) 계원의 행위 규제 규정

① 가정내 행위 규제

- 한두해 풍년이 들었다고 좁쌀을 천시하고 음주를 숭상해서는 안된다.(10)
- 契中 幼少者의 공부는 父兄된 사람이 독려하라.(11)
- 농사에 태만한 자와 학업에 태만한 자는 유사가 살펴서 계회일에 계중에 고하여 당사자를 벌주거나 혹은 그 부형·가장을 견책한다.(12)
- 貢賦를 잘 납부하고, 요역에 힘쓰는 것이 국가에 보은하는 길이다.(9)

② 계중내 행위 규제

- 契中人은 一家 사람처럼 서로 愛護한다.(2)
- 성주에 있는 7대와 6대조 묘소에 봄가을로 성묘한다. 이 때 외손이 참여한다면 더욱 아름다운 일이다.(3)
- 계중에는 길하고 선한 일만 있도록 각자가 勉勵하라.(7)
- 同姓 간에 화목하고, 姻戚들과 잘 지내고, 朋友와 信厚하라.(8)
- 계중인의 과실을 들었을 경우에는 재삼 규제하고 그래도 고치지

않으면 유사에게 고한다. 유사가 들어보고 가벼운 과실이면 契會
를 기다려 고하고, 큰 과실이면 즉시 회의를 열어 질책케 한다. 여
러 사람이 견책하여도 고치지 않으면 損徒하고, 損徒해도 듣지 않
으면 出契시킨다.(14)

- 계중인이 도적을 당하거나 의외의 변을 당하면 극력 함께 구하여
야 한다. 만약 듣고도 급히 구하지 않은 사람은 벌로 다스린다.(19)

③ 향촌내 행위 규제

- 난리후의 어수선한 틈을 타 요행을 바라고 爭田訟奴하지 말
라.(13)
- 계중인의 과실을 契外人에게 공공연히 말하지 말라. 이를 어기면
중벌로 다스린다.(15)
- 계중인의 잘못만을 서로 규제하지, 계외인의 과오를 입 밖에 내지
말라.(16)
- 계외인이 계중인의 과실에 대해 말하는 것을 들었을 경우에는 반
드시 본인에게 알려줄 것이며, 그렇게 하지 않고 그 말에 공공연
히 동조하며 함께 허물한 사람은 중벌로 다스린다.(17)
- 관원의 선악이나 시정의 득실을 논하는 것은 守分·保身의 도가
아니니 절대 경계해야 한다.(18)

위에서 본 바와 같이 이 족계의 내용은 계의 결성 목적이나 조직 그리
고 가입·탈퇴에 관계된 일반적 규정, 奉先 규정, 길흉사 시의 상호부조,
계원의 행위 규제 등을 주요 내용으로 하고 있다. 그 중에서도 계원들의
행위를 규제한 조항이 가장 많은데, 가정내 연소자의 학업을 비롯하여
계중인 상호간의 친목과 권선·단결을 강조하고 있다. 그리고 원만한 향
촌 생활을 영위하기 위해 주의해야 할 사항들, 곧 언행에 각별히 조심하

고 신중을 기할 것을 당부하고 있다.

이 족계에서 특기할 것은 異鄕 同族, 異姓親의 구별없이 참여할 것을 적극 유도하고 있다는 사실이다. 그래서 두 명의 유사 중 한 명은 이성친이 맡도록 할애하였는데, 이는 유사 두 명이 모두 이성친이 될 것을 염려해서 규정한 것이라 하였다. 이런 점으로 미루어 이 족계는 장씨들의 배타성을 내세우기 위한 것이라기보다는 장씨를 중심으로 일련의 사족세력을 규합·결속하기 위한 의도에서 나온 것임을 알 수 있다. 이러한 점은 동족에게만 얽매이지 않고 동계·동약을 통해 동리나 향촌으로 그 결속의 범위를 확대시켜 나갈 수 있는 전제로서의 의미도 있는 것이다.

2) 문인들의 향촌사회 주도 노력

여기서는 장현광이 향촌사회에서 지닌 비중을 점검해 보고자 한다. 그의 문인인 재지사족들이 향촌의 주도권을 장악했던 실상을 통해 그의 세력 기반을 규명해 볼 수 있겠다. 당시 재지사족이 향촌사회를 주도한, 또 주도하기 위해 기울인 노력은 족계·향약·동약·향안·향음주례 등을 실시한 모습을 통해서 구체적으로 검증될 수 있다.[81] 이에 대한 검토는 재지사족이 향촌사회를 주도해간 모습들을 확인케 해주며, 나아가 장현광이 향촌사회에서 지닌 위상을 간접적으로 방증해주는 한편 그가 당시 사회에서 중시될 수 있었던 현실적 이유를 짐작케 해준다.

---

81) 17세기 향촌사회의 주도권은 재지사족이 장악하고 있었다고 보인다.(신정희, 「조선시대 향약연구」, 영남대 박사학위논문, 1991) 이는 임진왜란을 거치면서 허물어진 향약·동약·족계 등 향촌사회 통제를 위해 만들어졌던 제반장치들이 임진왜란 후 재지사족들에 의해 신속하게 복구되어간 사실을 통해 확인할 수 있다. 물론 향촌의 기층민을 통제하는 방식에 있어서는 약간의 변화가 모색되기도 하여 상하합계와 같은 새로운 형태가 나타나기도 하였다. 이러한 변화는 기층민의 일정한 성장에서 말미암은 것이다. 그러나 전체적으로 볼 때 그들의 성장이 기존의 사족주도체제를 견제 또는 붕괴시킬 수 있는 단계는 아니었다고 본다.

각기 자신들의 근거지를 중심으로 계·동약·향약 등을 보급·시행하며, 一鄕에서의 영향력을 행사하고 있었던 그의 문인들로는 칠곡의 李道長·道章 형제, 의성의 이민성·민환 형제, 경주의 정극후, 성주의 이주·여효증, 밀양의 안공·박수춘, 하양의 김사총 등을 지적할 수 있다. 그 외에도 더 많은 사례가 있었겠으나 사료의 한계로 살펴 볼 수 없어 유감스럽다.

먼저 칠곡의 李道長·道章 형제의 경우를 보자. 아버지 이윤우는 장현광과 교우관계가 두터웠던 인물이고, 道昌·道長·道章 3형제는 정구·장현광의 양문하에 드나들었다. 이들의 근거지인 칠곡 상지동은 광주 이씨들이 일찍이 세거해 오던 곳으로 타성도 있었지만 대개 광주 이씨와 그들의 인척들로 구성되어 있었다. 이곳에는 임진왜란 직후인 1602년(선조 35)에 范仲淹의 義倉을 모방한 족계가 설치되어 30여년동안 실시되어 왔으나, 잠시 중단된 것을 1638년(인조 16) 李道長의 삼종숙이 公事員이 되고 형인 도창과 족제가 유사가 되어 다시 구계를 참고하여 복구하였다. 이 때 이도장은 예문관 대교로 있으면서 그 서문을 썼다.[82]

또 상지동을 중심으로 한 이 지역에 1625년(인조 3) 이윤우 등이 주동이 되어 향약을 시행한 바 있었다. 이 향약의 규모는 '藍田之儀'의 것을 모방하고, 절목은 정구의 '沙月之法'을 참고하였다고 하는데, 정구와 이윤우가 각기 서문과 발문을 썼다. 그 후 병자호란을 겪으면서 소장한 義穀과 文籍이 유실되어버렸는데, 이를 李道長·道章 등이 중심이 되어 다시 복구하였다. 그 자세한 절목은 알 수 없으나 相勸·相規를 本으로 하고 相助를 末로 하면서, 본말을 전도시키지 않고 겸비하기 위해 노력하였다고 한다.[83]

이후 상지동을 중심으로 한 지역에 李道長의 아들 원정이, 비록 자신

---

82) 『洛村集』1, 上枝鄕約序.
83) 『낙촌집』2, 鄕約記. 『여헌선생급문록』 이도장.

은 서울에서 관직생활을 하고 있었지만, 그의 아버지대에 복구되었던 동계를 수정하여 상하민을 포괄하는 형식으로 재복구시키려는 契中諸賢의 요청으로 상지동계의 서문을 쓴 바 있다.[84] 또한 道長의 손자인 담명도 사족에게는 租 2석, 중인에게는 租 1석씩을 갹출하여 그의 조부대에 복구되었던 향약을 중수하며, 향촌을 교화·주도하는 데에 앞장서기도 하였다.[85]

의성지역의 영천 이씨는 이민환의 6대조인 麗가 고려 멸망후 국호를 따서 이름을 짓고 군위에 퇴거하면서부터[86] 그 곳을 세거지로 삼아왔다. 이 지역의 영천 이씨가 현달하기 시작한 것은 민환의 아버지 광준부터였다고 보여지는데, 그는 문과에 급제한 후 벼슬이 강원도관찰사에 이르렀다. 민성·민환 형제도 모두 문과에 급제하여 각각 승지·형조참판에 이르렀으며, 민환의 아들 정상·정기도 문과에 급제하였다. 그들은 부자대에 걸쳐 장현광 문하에서 학업을 배웠으며, 특히 민성과 민환은 장현광이 號召使에 임명되었을 때 각각 영남좌도의병장·종사관에 발탁된 핵심 문하생들이었다.[87]

이민환은 정확한 연대는 알 수 없으나 향촌에 있으면서 이황의 鄕中約條를 土俗의 不同과 고금의 차이를 감안하여 일부 수정하여 鄕規 7綱 35目을 지어 유향소의 기본 강령으로 세운 바 있다.[88] 이는 향사당에 게시되어 계속 준행되었다고 한다. 또한 1648년(인조 26) 75세 때 鄕會講信約條를 지어 향회와 유향소의 약조로 정한 바 있었는데, 여기서 그는 善籍과 惡籍을 두어 선행자를 포장하고 악행자를 규제하려 하였다. 그 중 주목되는 몇 가지만 살펴보면 다음과 같다. 먼저 적서문란을 규제

---

84) 『歸巖集』6, 上枝洞契案序.
85) 『靜齋集』5, 重修鄕約通文.
86) 『萬姓大同譜』 永川李氏.
87) 위와 같음 ; 『여헌선생급문록』 해당 인물 참조.
88) 『紫巖集』3, 題鄕規後.

하고 있으며, 향벌을 규정하면서도 사족과 향리·관속·촌맹을 구별하고 있어 향촌사회에서의 재지사족의 주도권을 계속 확립·유지하려는 의도를 엿보이게 한다. 그리고 賦役不勤者·欺隱田結者·侵虐村氓者 등에 대한 규제 조항도 있어, 향리를 규제하면서 사족 주도하에 원활한 향정을 시행하려 하였음을 알 수 있다.[89]

경주에 복거한 정극후의 경우 그의 고조는 영천에, 증조는 흥해에 각각 우거한 까닭에 그의 조·부·형제들은 영천과 흥해에 흩어져 있었다. 거기다가 그의 형제들은 경주에 터를 잡아 함께 살 계획으로 이주함으로써, 결국 정극후의 근족들은 영천·흥해·경주 세 곳에 분거하게 되었다. 이에 1651년(효종 2) 세 곳에 각기 흩어져 있던 근족들을 규합하여 족계를 만들었고, 이를 통해 조상에 대한 성묘 및 분묘의 관리 그리고 친족들간의 우애를 더욱 돈독히 하고자 한 바 있다.[90]

성주에 거주한 이주는 京山 李氏로 어려서부터 장현광의 문하에 드나들었다. 그는 정구가 1607년(선조 40)에 중수한 향안이 세월이 흐름에 따라 제구실을 못하게 되자, 鄕父老와 더불어 정구의 舊案을 새롭게 재중수하고 서문을 쓴 바 있다.[91] 이어 그는 향인들과 동계의 실시를 추진하였는데, 자신도 서문에서 밝힌 바와 같이 契事는 約法과 명칭만 다를 뿐 실질적인 내용은 같은 것으로 보고, 藍田鄕約의 大綱을 따른 동계를 실시하였다.[92] 이 동계는 한 면의 상하가 모두 참여하는 상하합계 형식을 취하고 있다. 이러한 형식은 17세기중반 이후 기층민들의 성장에 따라 보편적으로 나타난 것으로 대민지배방식의 일정한 변화를 반영한 것이라 하겠다. 즉 기층민을 배제, 무시한 상태에서의 지배가 용이하지

---

89) 『嶺南鄕約資料集成』(영남대출판부, 1986) 의성군, 鄕會講信約條(이민환 찬).

90) 『雙峰集』3, 三邑同宗契節目.

91) 『學稼齋集』3, 重修鄕案序. 『여헌선생급문록』 이주.

92) 『학가재집』3, 洞契序. 『旅軒先生及門錄』 이주.

않게 된 향촌사회의 변화를 적극적, 능동적으로 수용한 결과라고 생각된다.

또한 이주는 성주에 세거하고 있는 경산 이씨를 대상으로 한 족계를 실시하는 데도 일정한 역할을 하였다. 경산 이씨는 그의 20대조부터 성주를 관향으로 한 이래 한미하게 내려오다가 그의 아버지대에 와서 비로소 가세가 번성하게 되어 족계를 행할 정도가 되었다고 한다. 이에 그는 족계의 실시를 주창한 宗姪 元錫에 적극 호응하여 서문을 썼던 것이다.[93]

한편 같은 성주에 거주하던 여효증도 향음주례·향사례를 복구하고, 향교와 서원에서 강학활동을 하며, 향안·향규를 마련하는 데 앞장섰다. 또한 그는 장현광을 천곡서원에 배향하고, 鄕祠를 창시하였을 뿐아니라 宗案을 만드는 일에 앞장서기도 하였다.[94]

밀양에 거주하던 박수춘과 안공은 1603년(선조 36) 또는 1622년(광해군 14)에 임진왜란으로 피폐한 향촌을 복구하고 사족지배권을 확립하기 위해 유향소의 향헌을 중수하는 데 앞장섰다. 그들은 鄕憲修正序에서 임진왜란으로 예악문물이 인멸되고 탕진된 이후 시사가 일변하여 유향소가 差役에 奔遑하며 應供에 급급하게 되었음을 개탄하며, 유향소의 권위를 되찾기 위해 향헌을 중수한다고 하였다.[95] 이어 1624년(인조 2)에는 박수춘이 중심이 되어 위와 비슷한 배경하에서 향사례와 같은 고풍을 복구시켜 재지사족 중심의 향촌주도권을 확보하기 위해 향안을 중수하였다.[96] 또한 그는 朱子의 백록동 학규와 여씨향약문을 써서 생도들과 후학들을 훈도하기도 하였다.[97]

---

93) 『학가재집』3, 族契序.
94) 『여헌선생급문록』 여효증.
95) 『菊潭集』2, 鄕規序 및 『五休堂集』1, 鄕憲重修序(안공 찬).
96) 『국담집』2, 鄕案重修序.
97) 『국담집』2, 謹書朱文公白鹿洞學規及呂氏鄕約示生徒文.

하양에 거주하던 김사충은 일찍이 장현광의 문하에 입문하여, 장현광이 입암에 있을 때 외사촌인 정사상·정사진을 비롯하여 권극립·손우남 등과 함께 학업을 강마한 바 있었다. 그는 임진왜란이 끝난 후 하양에서 향록을 修整하였으며, 또 藍田鄕約을 모방하여 선악적을 두고 재지사족 주도의 향촌질서 확립에 주력하였다.[98]

이상에서 장현광 문인들의 향촌사회를 주도하기 위한 노력들을 향약·동약·계 등의 실시 상황을 통해 살펴보았다. 이러한 사례는 그의 문인인 재지사족들이 각자의 근거지를 중심으로 사족세력을 결집시키고, 나아가 향촌사회를 주도한 사실을 잘 보여주고 있다. 장현광은 바로 그러한 재지사족들의 중심인물로 위치해 있었던 것이다. 이러한 재지사족이 그의 세력기반이었던 셈이다. 다만 위에서 다룬 문인들의 활동이 장현광 생존 당시와 시기적으로 일치되지 않은 것도 있어 엄밀한 의미에서는 일정한 한계가 있으나 대체적인 분위기를 파악하는 데는 별 무리가 없다고 본다.

5. 인조반정후의 징소와 시무책의 제시

인조반정후의 집권세력은 선조·광해군대에 시행된 산림 우대 정책은 계승하였다. 서인 반정공신들은 회맹의 자리에서 '勿失國婚'과 '崇用山林' 두 가지를 정권 유지를 위해 꼭 지켜야 할 것으로 합의한 바 있었다고 한다.[99] 서인이 외척으로서의 지위를 오로지함으로써 권력을 계속 유지하려는 의도였으며, 산림을 숭상하고 중용함으로써 정권의 기반을

---

98) 『여헌선생급문록』 金四聰.
99) 『당의통략』 인조조. "世傳 反正初勳臣會盟有密約二事 曰勿失國婚 曰崇用山林 所以固形勢而收名實也"

공고히 하려는 의도였다. '숭용산림' 정책은 선조대 서인집권기 성혼의
경우와 광해군대 북인정권하 정인홍의 사례에서 얻은 교훈이라고 하겠
다.[100] 전 시기에 확립된 산림정치의 효용성을 십분 활용하려는 정치적
계산이 깔려있었다.

산림은 높은 학문과 덕망을 지니고 있었기에 많은 학자와 문하생들이
그 주변에 운집하였고, 그런 가운데 그들 사이에는 자연스럽게 사우문생
관계가 성립되었다. 장현광의 경우도 170여명에 달하는 수많은 문인을
거느린 전형적인 산림의 모습을 견지하고 있던 인물이었다. 공신들은 산
림을 등용하거나 후하게 대접함으로써, 산림의 영향력 아래에 있던 많은
일반 사류들을 자파에 우호적인 동조세력으로 확보하려 하였던 것이다.

인조조 초년에 산림으로서 사류의 중망을 모우고 있던 자는 장현광을
위시하여 김장생·박지계 등이었다. 인조는 영의정 이원익에게 당일의
급무는 隱逸者의 징소라며 산림 및 재야인사들의 등용 의지를 표명한
바 있었다.[101] 반정공신을 대표하는 김유와 이귀도 김장생의 징소에 駕
驕를 보내는 특별한 우대책을 제시하였으며, 신흠은 장현광과 박지계를
추천하였다.[102] 이어 민성휘·이경여 등도 산림 징소의 필요성을 강조하
였으며, 권분·윤지경 등은 장현광의 징소를, 조성립은 김장생·박지계의
징소를 적극 주장하였다.[103]

인조반정 직후 김장생은 이귀·김유·장유·최명길 등 반정의 주역들에
게 보낸 장문의 편지에서 반정을 '不世之義擧'로 극찬하였다.[104] 이귀

---

100) 우인수, 「인조반정 전후의 산림과 산림정치」, 『남명학』16, 2011.
101) 『인조실록』1, 원년 3월 22일 임자.
102) 『인조실록』1, 원년 3월 25일 을묘, 26일 병진.
103) 『인조실록』1, 원년 3월 27일 정사, 4월 3일 임술, 12일 신미 및 『인조실록』2,
　　　원년 5월 3일 임진.
104) 『인조실록』1, 원년 3월 23일 계축. 『沙溪全書』2, 書, 與李玉汝金冠玉張持國崔
　　　子謙.

등은 김장생의 편지에 매우 고무되어 이를 인조에게 올리기까지 하였다.[105] 그리고 장현광도 누차에 걸친 징소를 사양하다가 마침내 조정에 출사함으로서 인조반정을 지지하게 되었다. 장현광은 논란은 있지만 넓은 의미에서 볼 때 한강 정구를 통해 퇴계 이황의 학맥을 계승한 인물이었다. 그는 인조 초년 당시 서애 류성룡을 통해 퇴계의 학통을 계승한 우복 정경세와 함께 영남학파를 영도하는 위치에 있었다. 이에 영의정 이원익은 "장현광으로 말하면 山野 사람으로서 이제 또한 왔으니, 백성들의 향배는 진실로 알 수 없으나, 사류의 마음이 굳게 맺어진 것은 이미 알 수 있습니다."[106]라고 하면서 흡족해 하였다. 이 같은 사실은 당시 집권세력들이 산림을 통해 지지기반을 확보하려 한 점을 분명하게 해 준다.

산림 징소의 분위기가 무르익는 가운데, 인조대 집권층은 산림의 징소를 활성화하기 위한 조처로서 山林職을 신설하였다.[107] 산림직은 산림만이 임명될 수 있는 관직이었다. 이는 공신회맹시의 산림을 숭용하자는 약속을 실천하기 위한 제도적 장치 마련이었다. 인조 원년 성균관에 설치된 司業(종4품), 인조 24년 세자시강원에 설치된 贊善(정3품)·進善(종5품)·諮議(종7품)가 산림직이었다. 효종 9년에는 성균관에 추가로 祭酒(정3품)가 설치되었다. 산림직이 성균관과 세자시강원에 신설된 것은 산림들이 교육과 관련된 직책에서 능력을 발휘하기가 용이하다고 판단하였기 때문이다. 산림으로 하여금 큰 부담 없이 출사할 수 있도록 한 배려였다.

장현광은 극진한 대우를 받으며 징소되었으나, 실제 서울에 머문 기간은 길지 않았다. 그는 대개 새로운 관직에 임명되면 가끔 다녀갔을 뿐

---

105)『인조실록』1, 원년 3월 23일 계축.

106)『인조실록』5, 2년 3월 5일 기미.

107) 이하 산림직에 대한 설명은 우인수,『조선후기 산림세력연구』(일조각, 1999) 20-24쪽에 의거하였다.

이었다. 그의 나이가 이미 70세의 고령이었던 데도 원인이 있었고, 더
근본적으로는 은둔지향적인 산림의 기본 속성에 기인하였다.

어쨌든 광해군대의 긴 침묵을 깨고 출사한 장현광은 현실정치를 바라
보는 자신의 인식과 시무에 대한 식견을 밝힐 수 있었다. 인조를 인견한
자리에서 자신의 생각을 직접 전하기도 하였고, 더러는 상소문을 통해
진달하기도 하였다. 그가 시급한 당면 문제에 대한 자신의 생각을 자세
하게 밝힌 것은 인조 4년에 올린 상소문에서였다. 여기서 그는 군주가
표준을 세울 것(建極)을 강조해 마지않았다. 그는 광해군대를 어지러웠
던 난세로 규정하였는데, 군주에 의해 표준이 전혀 세워지지 않은 데서
그 원인을 찾았다. 그 난세를 뒤엎고 반정으로 새롭게 만든 것은 인조의
공이라고 하면서 반정 자체에 대해서는 높이 평가하였다. 하지만 4년 정
도 지나면서 반정 초기의 초심이 사라지고 점차 광해군대와 비슷해져가
는 조짐이 나타나는 점을 우려하였다.[108) 안일한 조정 분위기의 쇄신을
촉구하기 위한 것이 상소문을 올리게 된 배경이었던 것이다.

다만 그는 지금은 근본적이고도 원론적인 이야기를 할 수 밖에 없으
며, 세부 구체적인 방안을 개진할 상황이나 처지는 아니라고 선을 그었
다. 그러면서 정국 운영에 있어 가장 기본적이고도 근본적이라고 생각하
는 것으로 '건극'을 강조하였다. '건극'은『서경』홍범에 나오는 것으로

---

108) 반정으로 성립한 인조정권의 집권자들은 이전 광해군대의 집권자들과 뚜렷한 차
별성을 부각시키지 못한 채 국정운영의 한계를 노출시켰다. 인조 초년 민간에
유포된 '傷時歌'라는 노래는 반정과 공신들에 대한 불신과 불만을 잘 드러내주
고 있다. "아, 너희 훈신들아 스스로 뽐내지 말라. 그의 집에 살면서 그의 전토를
점유하고. 그의 말을 타며 그의 일을 행한다면. 너희들과 그 사람이 다를 게 뭐
가 있나"(『인조실록』9, 3년 6월 19일 을미. "嗟爾勳臣 毋庸自誇 爰處其室 乃占
其田 且乘其馬 又行其事 爾與其人 顧何異哉") 라는 내용인데, 광해군대의 북인
들과 다를 바가 없다며 공신들을 비웃고 있는 당시인의 인식을 잘 나타내주고
있는 내용이다. 모역사건의 점철과 그를 이용하여 정국을 안정시키려 한 행태도
크게 다를 바가 없었다. 결국 인조반정을 주도한 공신세력들이 국정에 대한 뚜
렷한 전망을 가진 집단이 아니었음을 나타내주는 대목이다.

기자가 주나라 무왕에게 진언했다고 하는 洪範九疇 중 다섯 번째 요목
인 '建用皇極'에서 비롯된 표현이다. '황'은 군주를 가리키고, '극'은 북
극의 극으로서 표준을 가리킨다. 따라서 건극이라고 하는 것은 천하를
다스리기 위해 군주가 마음을 바르게 하고 몸을 닦아 大中至正의 표준
을 세우는 것을 의미한다.

장현광은 군주가 표준을 세우려면 자신의 정성을 다하여야 한다면서
그 방도를 4가지로 나누어 단계적으로 설명하였다.

> 성을 다하는 차례는 그 절목이 넷인데 학문을 성취하는 것, 행실을
> 닦는 것, 道를 이루는 것, 德을 순순히 하는 것입니다. 덕은 도가 이루어
> 져야 순수해지고, 도는 행실이 닦여야 이루어지며, 행실은 학문이 성취
> 되어야 닦이는 것이니 이는 한 이치 가운데의 사업입니다. …… 이미 학
> 문이 성취되어 행실이 닦이고, 도가 이루어져 덕이 순수해지면 聰明 叡
> 智로 천하의 이치를 다 알게 되고, 謙恭 勤儉으로 천하의 善을 모으게
> 되고, 寬仁 誠信으로 천하의 마음을 복종시키게 되고, 剛毅 簡重으로 천
> 하의 情을 외복시키게 되고, 光明 正大로 천하의 뜻을 소통시키게 됩니
> 다. 이렇게 되면 천지 귀신도 오히려 어길 수가 없는데 더군다나 사람과
> 만물이겠습니까. 治平의 대업과 位育의 極功이 모두 여기에 있습니다.
> 이것은 오직 임금의 표준이 세워졌기 때문입니다.[109]

군주가 마땅히 하여야 하는 치국의 도리로 학문을 성취하고 행실을
닦으며, 도를 이루고 덕을 순순히 하는 것이라는 점을 지적하였다. 그러
한 것들은 군주가 표준을 세우는 '건극'이 전제로 될 때에만 가능한 것
이라고 하여, 군주의 '건극'이 치국의 출발점이라는 관점에서 그 중요성
을 부각시켰던 것이다.

그리고 군주가 세도의 주인이기 때문에 표준을 세우는 도리는 군주가
한번 정하여 바꾸지 말고 반드시 극진하게 해야 하는 도리라고 강조하였

---

109) 『인조실록』12, 4년 5월 28일 기사.

다. 만약 군주가 이 도리를 자신이 담당하지 않는다면 이는 군주가 스스로를 버리는 것으로 간주된다고까지 하면서 그 중요성을 재삼 강조하였다.

이 상소를 받은 인조는 크게 특별한 반응을 보이지는 않았다. 그냥 상소를 보고 잘 알았으며, 뛰어난 논설은 사람으로 하여금 눈을 씻고 보게 한다는 정도의 상투적인 반응에 그쳤다. 그 뒤로도 인조가 장현광의 상소를 얼마나 진심으로 받아들여 '건극'에 노력하였는지도 확인하기 어렵다.

이미 장현광은 인조 2년 이괄의 난이 일어난 직후 올린 상소에서도 치국의 근본이 높고 먼 데 있는 것이 아니라 간략하고 평이한 데 있다고 설파한 바 있었다.[110] 이어 정치의 요체로 세 가지를 지적한 바 있었는데, 恭儉을 숭상하여 浮華를 절제하는 것, 德化를 두텁게 하여 刑殺을 줄이는 것, 簡靜을 힘써서 煩擾를 그치게 하는 것 등이었다. 요컨대 반정이라는 비상수단에 의해 정권을 잡은 인조였기 때문에 더욱 삼가며 정진하여야 할 덕목을 간략하고 평이하면서도 설득력 있게 진달한 데에 의의가 있었다.

또한 장현광은 時政의 先務를 묻는 영의정 이원익에게는 "오늘날 국가의 큰 근심은 오직 의심에 있다"[111]라고 설파하여 그의 감탄을 자아낸 적도 있었다. 당시 상황의 핵심 원인을 날카롭게 한 마디로 짚어낸 지적이라고 하겠다. 이는 장현광이 현실 상황과 문제에 대해 평소 진지한 고뇌를 하고 있었음을 보여주는 한 사례라고 하겠다.

당시 장현광의 시무책은 구체적인 세부 방안을 제시한 것이라기보다는 근본적인 문제를 원론적인 차원에서 개진한 것이었다. 이러한 장현광의 시무책을 두고 이수건은 구체적인 방안이 없는 추상적이고도 관념적 일반론에 그쳤기 때문에 큰 의미를 부여하기 어렵다고 평가하였고,[112]

---

110)『인조실록』5, 2년 3월 10일 갑자.
111)『여헌전서』, 연보 부록, 神道碑銘(허목 찬).

설석규는 '중화탕평'의 정치운영론으로 과도하게 확대하여 의미 부여를
하기도 하였다.[113]

정치운영론을 논하기에는 총론에 국한되어 있을 뿐 구체적이지 않아
서 어려움이 있다. 하지만 상황이나 처지를 적극 감안한다면 비록 실현
가능성이 보장되거나 구체적이지는 않지만 원론적인 의견 개진에도 일
정한 의미를 부여할 수 있다고 생각한다. 특히 정국 운영의 중심으로서
의 군주의 역할을 강조하고 있는 점은 대부분 남인의 현실 인식 기조와
맥을 같이 하는 것으로서 의미가 있다고 할 수 있다.

6. 정묘호란시 號召使 활동

인조 5년(1627) 후금군이 압록강을 건너 의주를 함락하고 평양을 거
쳐 서울을 향해 빠른 속도로 침입해왔다. 정묘호란이었다. 평산까지 진
출한 후금은 더 이상의 진격을 멈춘 채 화의를 종용하고 있었다. 이에
대응하여 조정에서는 한편으로는 화의에 응하면서도 전국적 대비 태세
를 강구하였다. 경기도 군사들은 남한산성에 집결시키고, 삼남의 군사들
은 한강을 사수케 하며, 서북의 군사들은 후금의 배후를 노린다는 전략
이었다.[114]

이 큰 틀의 전략에 따라 관군이 일선을 담당하는 가운데, 각지의 의병
과 의곡에 기대어 난국을 타개하고자 하였다. 의병 모집과 군량 확보의

---

112) 이수건, 앞의 「여헌 장현광의 정치사회사상」.

113) 설석규, 「여헌 장현광의 이기심성론과 정치철학」, 『이수건정년기념 한국중세사
논총』, 2000 ; 『중화탕평의 설계자 여헌 장현광』, 한국국학진흥원, 2007.

114) 우인수, 「정묘호란시 삼남지역 호소사의 활동과 그 의미」, 『조선사연구』20, 2011,
71쪽.

기지는 역시 삼남 지역이었다. 삼남지역민을 효유하는 총 책임자의 자리
는 그야말로 중망을 지닌 인물이 맡지 않을 수 없는 자리였다. 이에 조
정에서는 김장생을 兩湖號召使, 장현광과 정경세를 경상좌우도호소사
에 임명하여 삼남의 의병 모집과 군량 확보의 책임을 지웠다.[115]

장현광이 경상좌도인 인동, 정경세가 경상우도인 상주가 본거주지인
것으로 미루어 볼 때 장현광이 경상좌도호소사, 정경세가 경상도호소사
를 담당한 것으로 볼 수 있다. 이는 의성의 의병장에 차임된 신적도가
장현광을 경상좌도호소사, 정경세를 경상우도호소사로 지칭하면서 공문
서를 바치고 있는 데서도 확인이 된다.[116] 두 사람의 거주지인 인동과
상주는 둘 다 낙동강 중상류변의 서로 가까운 거리에 위치하고 있기 때
문에 두 사람의 활동 반경이 여러 부분에서 겹치는 면이 많았다. 실제로
장현광과 정경세 본인들은 주로 경상도의 상도 쪽에 머물면서 활동한 듯
하다. 더구나 정묘호란이 워낙 단기간에 그쳐 호소사 활동 시기가 짧았
기 때문에 두 사람의 관계를 구체적으로 파악하기는 어렵다.

당시 정경세는 둘째 아들의 장례를 위해 겨우 말미를 얻어 상주를
향해 내려오던 중 청주에 도착하였을 무렵 후금의 침범 소식을 듣고 바

---

115) 『인조실록』15, 인조 5년 1월 19일 정해. '號召'라는 말은 '마음속의 의를 불러일
으킨다'는 의미이겠는데, 호소사는 의병을 불러일으키고 의곡을 모우며, 또한
그 의병과 의곡을 총괄하는 자에 대해 직함으로 사용되었다. 임진왜란이 일어났
을 때 정윤복이 東西路號召使에 임명된 바 있었다.(『선조실록』26, 선조 25년 4
월 17일 병오) 그리고 정묘호란이 일어나기 3년전인 인조 2년 이괄 난이 일어났
을 때 노량진에서 삼강 지역민 300여명을 규합하여 진을 틀어쥐고 난적에 대응
한 晉原府院君 柳根에게 三江號召使라는 칭호를 주어 그의 활동에 힘을 실어준
적이 있었다.(『비변사등록』3책, 인조 2년 2월 12일) 그리고 정묘호란 때 삼남지
역 책임자에게 그 명칭을 사용하였고, 이후 영조대 무신란이 일어났을 때도 의
병을 규합하는 책임자로 호소사라는 명칭이 사용되었다.(『영조실록』17, 4년 4월
6일 병술)

116) 申適道, 『虎溪遺集』3, 「창의록」, 呈左道號召使張顯光文 ; 위의 책, 呈右道號召使
鄭經世文.

로 말머리를 돌려 서울로 향하였다. 1월 22일 수원에 이르렀을 때 호소
사에 임명된 소식을 접하였다.[117] 이틀 뒤인 1월 24일 인조를 배알하여
몇 가지 긴급한 조처를 건의하고 논의하였다.[118] 인조가 강화도를 향해
떠난 것과 거의 동시에 경상도를 향해 출발하여 2월 3일에 상주에 도착
하였다.

이미 경상도지역에는 장현광과 정경세의 호소사 임명 소식이 전해져
있었고, 각 지역별로 의병장을 선정하는 자체 논의들이 이루어지고 있었
다.[119] 아무래도 현지에 거주하고 있던 장현광이 더 빨리 대처할 수 있
는 상황이었다. 그리하여 1월 28일 장현광에 의해 각 지역의 의병장들이
선임되기 시작하였다. 안동의 김시추, 예안의 이영도, 榮川의 권주, 예천
의 장여한, 풍기의 곽진, 봉화의 권극명, 진보의 김위, 청송의 조준도, 영
해의 이시명, 용궁의 정윤목 등을 각 지역 의병장으로 차임하였다.[120]
장현광은 의성으로 찾아온 청송의 조준도에게 의병조약을 작성하라고
명하기도 하였다.[121]

---

117) 『우복집별집』6, 연보, 인조 5년 1월 22일.
118) 정경세는 포수를 전방으로 빨리 보내어 우선 적의 예봉을 막음으로써 자강의 기
틀을 마련하여야 함을 강조하였다. 아울러 임금과 동궁이 각각 강화도와 남도지
역으로 나누어 분담하여 백성들을 독려하여야 한다고 건의하였다. 그러고는 경
상도 호소사의 임무를 원활하게 수행하기 위한 조처들을 서둘러 허가 받았다.
즉 이미 차정된 종사관 이윤우 외에 강대진과 박한을 종사관으로 더 차출하겠다
고 하여 허락을 얻었으며, 산척이나 포수들의 모집을 위해 우림위의 공명첩 수
백장과 또한 서얼허통첩도 가지고 갈 수 있도록 허락을 받았다. 또한 경상도 문
관들이 서울로 올라오면 호종하는 데 불과할 뿐이니, 이들로 하여금 경상도에
머물며 곡식이나 의병을 모으게 하겠다는 점도 아뢰어 허가를 받았다.(『우복집
별집』3, 「경연일기」, 인조 5년 1월 24일 ; 『우복집별집』6, 부록, 「연보」, 인조
5년 1월 24일)
119) 『계암일록(상)』4,(국사편찬위원회 영인본, 1997) 인조 5년 1월 25·26일, 671쪽.
이 때 이미 안동과 예안의 의병장 선임 논의가 시작되어 대개 인선의 윤곽이 드
러났음을 알 수 있다.
120) 『계암일록(상)』4, 인조 5년 1월 28일, 672쪽.

2월 3일 상주에 도착한 정경세는 도내에 격문을 보내어 통유하는 한편 경상도관찰사 김시양을 만나 시국에 대해 논의하였다. 다음날인 4일에는 선산에 가서 장현광과 만나 호소사 막부에 대한 의견을 교환하였다.[122] 이 때 정경세가 호소사의 上使를 맡게 되었다는 기록이 예안에 거주하던 유력인사인 김령의 일기에 나온다.[123] 물론 상사를 맡았다는 것은 두 사람간의 상하 관계를 설정하는 것으로서 민감한 문제이다. 사적으로 편의상 그렇게 한 조처인지, 조정에까지 보고되어 승인된 사항인지는 분명하지 않다. 그러나 정경세가 상사를 맡았다고 하더라도 두 사람이 완전한 상하관계로 설정된 것은 아닐 것이다. 장현광이 좌도, 정경세가 우도를 담당함으로써 기본적인 담당 구역은 구분되어 있는 가운데, 전시에 의병체제를 통솔하여야하는 체제상 상하 관계를 설정하여 명령체계의 혼선을 방지하려는 차원에서 내려진 조처로 볼 수 있다.

그렇다고는 하나 두 사람의 인맥이 경상도의 상도 쪽에 중첩되어 있는 경향이 있었기 때문에 뚜렷한 구분없이 편의대로 움직인 감이 있다. 정경세가 안동을 위시한 주변 좌도지역에서 활동한 것이나, 우도 지역에 해당되는 의병대장과 의병장에 장현광의 문인이 많이 포진한 것을 통해 볼 때 뚜렷이 구분되지는 않은 듯하다. 또 현실적으로 군이 구분할 필요성을 느끼지 못한 면도 있었을 것이다.

어쨌든 정경세가 약간의 우위에 있으면서 주도권을 쥐고 호소사 막부의 일을 추진하였을 것으로 짐작된다. 처음에 장현광은 의병이 되기 위해 모인 선비들을 모두 거느리고 전쟁터로 서둘러 나아가려고 하였는데, 마침 서울에서 도착한 정경세에 의해 저지되기도 하였다. 정경세가 이르

---

121) 『여헌집속집』9, 「言行日錄略」, 門人 趙遵道. "丁卯 虜大熾 時先生與愚伏先生爲 號召使 差余爲義兵將 要與共贊兵謀 拜先生于義城 先生使之定義兵條約"
122) 『우복집별집』6, 연보, 인조 5년 2월 3·4일.
123) 『계암일록(상)』4, 인조 5년 2월 6일, 674쪽.

기를, "선비들을 내몰아쳐 화살과 돌이 날리는 전쟁터로 들어가게 하는 것은 일에 있어서 아무런 도움이 못 될 것입니다. 명분만 있고 실제는 없으니 차마 그렇게 할 수 없습니다."라고 만류하면서 그 대신에 의곡을 모아 군량을 조달하는 업무에 집중토록 조처하였다.124) 그 일환으로 경상도호소사의 막부에서 군량을 총책임지는 管糧官에는 이준을 차임하였으며, 각 지역별로 관량유사를 선임케 하였다.125)

그러나 의병을 규합하는 일이 순조롭게만 진행된 것은 아니었다. 각 군현별로 크고 작은 갈등이 내재해 있었다. 예안에 거주하던 사족인 김령이 쓴『계암일록』에는 당시 의병 차출 둘러싼 지역내 사족들 간의 갈등의 과정들을 날짜별로 잘 보여주고 있다. 예안현에서는 정묘호란 소식을 접한 후 바로 유력 사족들이 모여 의병을 일으킬 것을 논의하였다. 문제는 의병장을 누가 맡는가라는 것이었는데, 서로 맡기를 상당히 꺼려하면서 갈등이 야기되고 이리 저리 눈치 보는 상황이 야기되었다. 한달 동안 의병장이 금업 → 이영도 → 김광계 → 금업으로 계속 바뀌었던 것이다.

장현광과 정경세 호소사 막부의 구체적인 진용이나 활동상에 대해서는 문헌에 자세한 기록이 남아있지 않다. 다만 여러 문헌에 실려 있는 단편적인 기록들을 통해 막부의 편성 상황의 일부를 짐작할 수 있을 뿐인데, 그 상황을 모아 제시하면 다음의 <표 1>과 같다.126)

---

124)『우복집별집』8, 부록, 언행록, 강교년의 기록.
125)『계암일록(상)』4, 인조 5년 2월 9일, 675쪽.
126) 이 표는 인조실록, 여헌집, 우복집, 창석집, 신적도의 창의록, 수암집, 계암일록, 한사집, 영천사난창의록 등에 산견되는 내용에 근거하여 작성한 것이다. 다만 의성 지역의 경우 의병장으로 신적도와 권수경 두 사람이 파악이 되고 있다. 두 사람 모두 의병장으로 활약한 것은 분명한 듯한데, 한 지역에 두 명의 의병장이 있는 것은 매우 이례적이다. 두 사람 사이에 지위의 상하관계나 교체에 따른 선후관계가 있었는지 현재로서는 확인할 길이 없다. 후손들 사이에서도 이 문제를 둘러싸고 논란이 있어서 권수경 측의 다음의 기록이 남아있다. 『自樂堂先生實蹟

〈표 1〉 경상도호소사 막부 구성원

성 명	직 임	거주지	비 고
장현광	경상좌도호소사	인동	
정경세	경상우도호소사(상사)	상주	류성룡 문인
이 준	調度使(管糧官)	상주	류성룡 문인
김 녕	장현광 종사관	선산	장현광 문인
이민환	장현광 종사관	의성	장현광 문인, 이민성의 제
배상룡	장현광 참모	성주	장현광 문인
이지화	餉軍 主管	성주	장현광 문인, 병자의병
이윤우	정경세 종사관	칠곡	
강대진	정경세 종사관		강대수로 개명
박 한	정경세 종사관		
이민성	경상좌도의병대장	의성	장현광 문인, 이민환의 형
박 민	경상우도의병대장	진주	장현광 문인
신적도	의병장	의성	장현광 문인, 신달도의 형
권수경	의병장	의성	정구 문인
김 수	의병장	선산	장현광 문인
이천봉	의병장	성주	
이현룡	의병장	고령	
장경우	의병장	인동	
김시추	의병장	안동	
이영도	의병장	예안	김광계, 금업 순으로 교체
권 주	의병장	榮川	
장여한	의병장	예천	
곽 진	의병장	풍기	
권극명	의병장	봉화	
김 위	의병장	진보	
조준도	의병장	청송	장현광 문인
이시명	의병장	영해	
정윤목	의병장	용궁	
손 해	의병장	永川	
류 진	의병장	상주	류성룡의 아들
장문익	12읍 의병장	창원	장현광 문인
노극복	의병장	고성	

辨證錄』(『한국역대문집총서』2277, 『自樂堂遺集』소재, 경인문화사, 1997).

　　장현광과 정경세는 경상도 일대에 포진되어 있던 그들의 동문과 문인들을 바탕으로 하여 막부를 구성하였다. 종사관과 참모를 두어 막부의 업무를 보좌케 하는 한편 경상도를 좌·우도로 크게 나누어 각각 의병대장을 두고 그 아래에 각 군현 단위로 의병장을 선임하였다. 별도로 막부에 管粮官을 따로 두고 각 지역에는 管粮有司를 따로 두어 군량 수집을 총괄케 한 것도 하나의 특징이었다.

　　이렇게 차임된 각 군현의 의병장들은 다시 각 면 단위로 책임자를 두어 의병과 군량을 모우는 일을 책임지웠다. 의성의 의병장인 신적도가 의성의 각 면에 보낸 일종의 지침이 남아있어 당시 구체적 상황을 살피는 데 참고가 된다. 그가 의성현의 각 면에 내려 보낸 지침은 총 11개 조항으로 구성되어 있었는데 주요한 내용을 편집하여 제시하면 다음과 같다.[127)]

- 전직 한량관, 납속 점장인, 공천과 사천을 막론하고 향리, 역리, 사포수 등에 이르기까지 모든 젊고 건장한 이들이면 아울러서 지체 없이 데리고 와야 한다.
- 활을 잘 쏘거나 포를 잘 쏘는 자가 비록 고을 사람에게 죄를 저질렀더라도, 그가 마음을 돌리어 의로운 생각을 품었다면 역시 의병 모집에 응모하는 것을 허용해야 한다.
- 고을 유생 중 늙고 병들고 잔약하면서도 젊은 자손이 없는 자는 마땅히 건장한 노비로 대행하게 한다. 마땅한 노비까지 없어 군량미로 대신 내기를 원하면 허락한다.
- 군량미를 마련할 때 약속 기일이 되었는데도 내지 아니 하면 마땅히 중벌을 주어야겠지만 우선 관곡으로 대신 내주어야 한다.
- 만일 재물 많은 사람이 곳간을 기울여 있는 재물을 다 내놓고자

---

127) 신적도, 『虎溪遺集』3, 「창의록」, 諭各面募粟有司文 後錄.

하면, 각별하게 긴급히 보고하고 그 사람의 성명을 상세히 적은
책을 만들어 두루 알려야 한다.

이상에서 보이는 바와 같이 의병 모집은 신분과 직임을 불문하고 젊
고 건장한 사람들을 대상으로 하였고, 무기에 재능이 있는 사람이면 비
록 죄인일지라도 활용하게 하였음을 알 수 있다. 사족의 경우 집안에 건
장한 젊은이가 없는 경우는 건장한 노비로 대신케 하고, 그도 불가능할
경우에는 군량미로 대신케 하였다. 군량미를 혹 제 때에 맞추어 내지 못
할 경우에는 관곡을 빌려서라도 내게 하였으며, 그리고 많은 양의 군량
미를 내는 사람에 대해서는 특별 대접을 하게 하였음을 확인할 수 있다.
이러한 방침은 다른 군현에도 대동소이하였을 것으로 짐작된다.

한편 호소사 정경세는 2월 8일 옥성에 도착하여 조정에 서장을 올렸
으며, 14일에는 함창, 16일에는 용궁, 17일에는 예천, 20일에는 안동을
각각 순행하였다.[128] 그리고 2월 27일에 경상도 지역의 18읍 의병장과
참모들을 함창에 모아 앞으로의 일정을 논의하였는데, 3월 10일에 충주
에 의병 전체가 집결하는 것으로 결정하였다고 한다.[129] 이때는 각 군현
별로 집결할 의병 인원이 할당되었는데, 안동부는 100명, 예안현은 15명
을 할당받았다.[130] 이렇게 한달여의 기간동안 장현광과 정경세는 도내
에 격문을 돌리고 여러 군현을 순행하면서 의병을 모우고 군량을 조달하
였다. 그러고는 경상도 의병 전체를 세 개로 나누어 순차적으로 한강 방
어처로 북상시키려는 계획을 세웠다.

그 후 화의를 맺은 후금군이 물러갔기 때문에 군사를 파한다는 국왕
의 유지를 3월 8일에 받고 군사들로 하여금 돌아가 농사를 짓게 하였

---

128) 『우복집별집』6, 연보, 인조 5년 2월 해당조.
129) 『계암일록(하)』5, 인조 5년 2월 23일, 2쪽 ; 3월 1일, 3쪽.
130) 『계암일록(하)』5, 인조 5년 3월 1·5일, 3쪽.

다.[131] 그리고 그동안에 의병과 의곡을 모으는데 적극적으로 나서는 중심적 역할을 하였던 의병장들에 대한 추천과 보고를 하면서 호소사 활동은 마무리되었다. 선산의 김수, 고성의 노극복, 성주의 이천봉, 고령의 이현룡, 의성의 권수경, 인동의 장경우 등을 적극 추천하였다.[132] 그리고 그 외 군량을 조금씩 낸 사람도 따로 調度使 李埈으로 하여금 올리게 하여 규례에 따라 상을 받을 수 있도록 조처하였다.[133]

이렇게 장현광과 정경세는 국가적 위기 상황에서 영남이라는 한 후방 지역을 맡아 잘 대처하였다. 장현광은 양호지역을 담당한 김장생과 함께 산림으로서의 위망을 잘 보여주었다. 다만 장현광은 호서와 호남 두 지역을 모두 맡은 김장생과는 달리 영남 한 지역을 정경세와 분담하여 맡았다. 형식적으로 볼 때 집권 서인계 산림이었던 김장생과 남인계 산림이었던 장현광의 차이였다. 그리고 영남지역에 있어서도 장현광은 정경세와 나누어 담당한 가운데 오히려 정경세가 약간 우위에서 호소사 활동을 주도한 느낌이었다. 집권세력의 산림인 김장생과 주변세력의 산림인 장현광의 차이, 퇴계학통 상에서의 위치가 뚜렷하였던 정경세와 비교적 덜 선명하였던 장현광의 차이, 개인적인 성향이나 능력의 차이 등이 착종된 결과였다. 당시 장현광의 정치사회적 위상과 좌표가 설정되는 지점이다.

7. 복제와 추숭 관련 예론의 개진

인조는 정상적인 승계가 아닌 반정에 의해 왕위에 올랐다. 선조의 제

---

131) 『우복집별집』6, 연보, 인조 5년 3월 8일.
132) 『우복집별집』1, 복명하는 계.
133) 『인조실록』16, 5년 5월 1일 병인.

5자 定遠君의 아들인 인조는 종통상으로는 손자로서 조부인 선조의 뒤를 잇게 된 것이었다. 그렇기 때문에 자칫 약점으로 작용할 수 있는 정통성 문제를 확고히 할 필요성을 느끼고 있었다. 반정 주체 세력들도 이 문제에 적극적으로 임하였다.

정통성 확립의 완결은 인조의 生父로서 반정 전에 죽은 생부 정원군의 추숭이었다. 정원군을 왕으로 추숭하여 선조의 적통을 정원군(후일 원종)을 거쳐 인조에게 이어지게 함으로써 정통성을 한층 확고하게 굳히려고 한 것이다. 원종의 추숭은 10여년 동안 수차에 걸친 전례 논쟁을 거치면서 단계적으로 이루어졌다. 1차는 반정직후인 인조 원년 인조와 정원대원군 간의 관계 설정에 따른 호칭 문제를 두고 일어났고, 2차는 인조 4년 인조의 생모인 계운궁의 사망에 따른 인조의 복제 기간을 두고 일어났다. 3차는 인조 8-10년의 원종 추숭 논쟁이었고, 4차는 인조 12년 원종의 종묘 배향을 둘러싼 논쟁이었다. 단계마다 상당한 진통과 갈등이 수반되었다.

반정직후 인조의 생부인 정원군은 당연히 定遠大院君으로 추존되었으며, 여기에는 아무런 이견이 있을 수가 없었다. 다만 인조의 정원대원군에 대한 호칭 문제가 제기되면서 논란이 시작되었다. 정원대원군의 제사를 맞이하였을 때 인조가 제문의 頭辭에서 생부를 어떻게 칭하는 것이 예에 합당한가의 문제였다. 아울러 인조가 의리상 입어야 할 상복의 종류와 합당한 묘향의 형태가 함께 제기된 문제였다.

국가적 전례 문제가 제기되었을 때 이를 논의할 수 있던 신하들은 크게 두 부류였다. 한 부류는 예에 대한 식견을 지닌 조정의 중신들이고, 또 하나의 부류는 예에 밝은 재야의 학자들이었다. 중신 중에서 자신의 독자적인 논리를 내세워 의견을 표출한 대표적인 중신은 예조판서 이정구, 부제학 정경세를 위시하여 조익, 장유, 최명길 등이었다. 재야 학자로는 당대의 산림인 김장생과 박지계였다. 나머지 여러 신하들의 의견은 대개 위의 사람들이 내세운 논리 중의 하나와 비슷하였다.

산림인 장현광이 이 문제에 대해 어떤 의견을 개진하였는지에 대해서는 분명하게 드러나 있지 않다. 같은 산림으로 인조반정직후 함께 징소 받았던 김장생과 박지계가 적극적으로 이 문제에 개입하여 분명한 자신의 설을 개진한 것과는 대조되는 부분이다. 두 사람은 완전히 다른 견해를 피력하여 양 극단의 주장을 폈다. 김장생은 집권세력인 서인의 정신적인 지주로서의 위상을 확보하고 있었기 때문에 그의 주장은 무게감이 상당히 컸다. 박지계는 주로 공신들의 지지하에 원종 추숭을 적극 주장하는 이귀나 최명길에게 이론적 논리를 제공하였다. 장현광이 이 문제에 대해 침묵한 이유를 분명하게 알 수는 없다. 남인 중에서 이 문제에 적극적으로 대응한 이는 부제학으로 있던 정경세였다. 정경세와 모종의 논의가 있었을 가능성도 있지만 현재에 알려져 있는 자료에서는 그 부분도 확인이 되지 않는다.

설사 장현광이 이 문제에 대해 개진한 사실이 있었는데, 관련 자료가 현전하지 않았을 것으로 생각할 수도 있다. 그러나 그 가능성도 그리 크지 않다고 판단한다. 또한 설사 개진하였다고 하더라도 그의 주장이 당시 논쟁에서 큰 역할을 하지 못하였던 것은 분명한 사실인 듯하다. 일단 조선왕조실록에 그의 설이 실리지 않은 것은 그만큼 큰 비중을 차지하지 못하였음을 의미한다고 할 수 있다. 그리고 숙종대의 산림으로 활동하였던 남계 박세채가 이 문제에 대한 여러 학자들의 설을 분류 정리한 논설에서도 장현광은 등장하지 않기 때문이다.[134] 박세채가 분류하여 제시한 논설은 후일 이긍익의 『연려실기술』에도 거의 비슷하게 정리되어 전하고 있다.

김장생은 제왕가의 승통을 중시하는 입장에 서서, 인조는 선조에게 '父子之道'가 있으므로 정원대원군에 대해서는 伯叔父라 칭해야 한다

---

134) 『南溪集』64, 章陵稱號尊崇考證.

고 하여 정원대원군을 종통에서 배제하는 철저한 예론을 내세웠다.[135]
그리고 박지계는 정원대원군을 종통에 적극 포함시키려는 입장에 서 있
었다. 그는 '傍親爲人後者'와 '孫爲祖後者'의 경우를 명백히 구별하여
인식하였는데, 인조의 선조에 대한 경우는 손자로서 할아버지를 계승한
'孫爲祖後者'의 경우에 해당한다고 보았다. 따라서 정원대원군에 대해
서는 考의 칭호를 쓸 수 있고, 상복도 斬衰三年服을 입을 의리가 있다
는 주장을 폈다.[136]

이 문제는 김장생과 박지계가 대척 지점에서 서로 대립하는 가운데,
조정 중신들에 의해 조정되어 시행되었다. 예조판서 이정구와 부제학 정
경세는 선조와 인조간에 종통상으로는 '父子之道'가 있음을 인정하였으
나, 다만 인조가 선조의 아들이라 한다면 정원군과 인조는 형제간이 되
어야 하는 무리가 있다는 점과 또한 稱考할 데가 없게 되어 천륜에 어긋
나게 된다는 점을 감안하여 정원군을 考라 칭할 수밖에 없다는 다소 융
통성있는 예론을 폈다.[137]

이에 호칭 문제를 둘러싸고는 저마다의 논리적 근거는 상이하였지만
다수가 주장한 考로 칭하는 것으로 결정되었다. 이 문제는 논리적 근거
야 어떻든 표면상으로는 고라고 칭하는 것으로 되었기 때문에 언제든지
다시 논란을 불러올 가능성이 잠복되어 있었다.

인조 4년 인조의 생모 啓運宮 具氏가 사망함으로써 이 문제는 다시
논란의 중심으로 떠올랐다. 인조가 생모의 상에 입어야 할 상복의 종류
가 논쟁의 핵심이었다. 이 문제는 자연스럽게 생부 정원대원군에 대한
처우와 직접 연결되는 것이었다. 대개 아들이 어머니를 위해 입는 상복
은 3년복이 상례였다. 하지만 인조의 경우는 선조의 뒤를 이어 왕통을

---

135) 『인조실록』2, 원년 5월 3일 임진.
136) 『潛冶集』1, 응지소, 갑자(인조 2년).
137) 『인조실록』2, 원년 5월 7일 병신.

이은 특수한 상황이었기 때문에 사가의 친부모를 위한 상복은 3년복에
서 降服한 기년복이 마땅한 예였다.

계운궁의 병세가 위독할 때 삼의정인 이원익·윤방·신흠과 예조판서
김상용이 모여 논의한 결과 역시 삼년복에서 강복하여 不杖期로 정하였
고, 정경세를 비롯한 조정의 의론도 대개 옳게 여겼다. 인조의 경우는
선조의 대통을 이은 상태이기 때문에 대종에 압존되어 私親을 위해 정
리를 펼 수 없는 것이 천지의 常經이요 고금의 通誼라는 논리였다.

반정공신인 부제학 최명길과 연평부원군 이귀는 여기에 이의를 제기
하였다. 그들은 왕통의 계승을 이유로 생부의 상복을 낮출 수는 없다고
하면서 삼년복을 주장하고 나선 것이었다. 인조는 친모를 높이려는 인정
에 끌려 후한 상복을 입는 쪽에 좀 더 솔깃해하였다. 인조는 자신이 이
미 정원대원군을 考라 칭하고 스스로 子라 칭하고 있는 이상 삼년복을
입는 의리가 있으니, 생모의 상에 삼년복을 입어야겠다고 고집하였
다.[138] 이러한 인조의 뜻에 적극 영합한 인물이 공신인 이귀와 최명길이
었는데, 그들의 논리적 근거는 박지계에게서 비롯된 것이었다.[139]

이렇게 不杖期論과 三年服論이 맞선 가운데 다수의 의견에 따라 삼
년복제는 채택되지 않았다. 인조는 삼년복을 포기하는 대신 기년은 기년
이되 부장기가 아닌 장기로 하기를 고집하여 집행하였다.[140] 이는 인조
가 상주가 되고자 하는 의도에서였다. 그러나 상주도 결국은 동생인 능
원군이 맡는 것으로 결정되었다.[141] 역시 다수 중신과 예론가의 논의가
관철된 것이었다.

이 계운궁에 대한 인조의 복제 논쟁이 한창 벌어졌을 때도 장현광은

---

138) 『인조실록』11, 4년 1월 14일 무오, 15일 기미.

139) 『잠야집』1, 擬上疏, 병인.

140) 『인조실록』11, 4년 1월 15일 기미, 19일 계해.

141) 『인조실록』11, 4년 1월 23일 정묘.

이 문제에 대해 직접 의견을 개진한 바는 없다. 다만 그는 논쟁이 일단 락된 수개월 뒤인 계운궁의 발인에 참석하기 위해 상경하였을 때 군주의 건극을 주장하면서 올린 상소에서 이 복제 문제에 대해서도 곁들여 논급 한 바 있다.

> 오늘날의 喪禮로 말씀드리겠습니다. 당초 服制의 의논에 있어 조정의 소견이 서로 달라서 지나치거나 미치지 못한 兩端이 없지 않았는데, 전 하께서 절충하여 결정해 쓰셨으니, 中이라 이를 만합니다. 다만 듣건대 지난번 禮葬의 의논에 있어 규모를 크고 무겁게 했다 한 것은 時中의 마 땅함에 지나침이 있는 듯합니다. 이것은 대개 일을 집행하는 여러 관원 이 전하의 지극한 정성을 본받아 모든 儀物과 品數를 힘써 구비하고 화 려하게 하였기 때문입니다. …… 예란 중을 지키는 것을 말합니다. 대개 할 수 있는데도 하지 않으면 효자의 마음이 편안할 수 없는 것이고, 지 나쳐선 안 되는데도 지나치게 하면 돌아가신 어버이의 마음이 편안할 수 없는 것입니다. 예이면서도 중을 지킨 연후에야 어버이의 마음이 편안하 고 효도가 되는 것입니다. 요사이 일은 기왕지사니 말할 필요가 없으나 앞으로 또한 裁定할 의논이 많이 있기 때문에 감히 언급하여 후일 더욱 신중을 기하라는 뜻을 붙입니다. …… 더군다나 임금의 행위는 일시의 법이 될 뿐만 아니라 후세에 본받게 되니 어찌 감정대로 제도를 넘어서 표준을 세우는 도리를 해쳐서야 되겠습니까.142)

장현광은 계운궁의 상례와 관련하여 인조가 3년복을 고집하지 않고 기년복을 따른 사실을 군주로서 '중'을 택한 것으로 높이 평가하였다. 그리하여 간접적으로나마 기년복의 타당성을 개진한 것으로 의미 부여 할 수 있다. 다만 예장의 규모가 크고 무겁게 한 점은 '중'을 지키지 못 한 조처로서 후일을 위해 경계할 부분이라고 하였다. 결국 인조가 사친 에 대해 예를 벗어나 과중하게 예우하는 것을 완곡하게 경계한 것이었 다. 이는 원종 추숭과 같은 사친에 대한 과중한 예의 적용의 부당성을

---

142) 『인조실록』12, 4년 5월 28일 기사.

미리 경계한 셈이었고, 후일 실제 원종 추숭이 강행되자 장현광은 그 부당성을 분명하게 개진하는 것으로 연결되었다.

원종 추숭 문제는 인조 8년경에 이귀의 차자로 인해 조정의 쟁점으로 다시 부각되었다.[143] 인조 7년(1629) 산해관 방면을 지키고 있던 명의 장군 袁崇煥에게 齎咨使의 임무를 띠고 해로를 통해 파견되었던 崔有海가 잘못하여 登州에 표류한 바 있었다.[144] 그는 마침 이곳에서 명군의 군량을 감독하는 임무를 띠고 와 있던 명의 戶部郞中 宋獻을 만났다.[145] 두 사람이 대화를 하던 중 화제가 원종의 추숭에까지 이어졌고, 급기야 송헌은 원종의 추숭이 당연하다는 논지의 예론을 글로 지어 준 바 있었다.[146]

이를 최유해의 친구 홍진도를 통해 입수한 이귀는 송헌과 박지계의 주장이 일치하니 가히 천하의 공의라고 하면서 추숭을 강력하게 주장하게 되었던 것이다.[147] 이에 인조도 원종추숭을 통해 왕통을 더욱 확고하게 굳히면서 生父母에 대한 사사로운 인정상의 의리를 다하고자 하였다. 인조는 명에 주청하여 처리할 것을 주장하면서까지 이의 관철에 집착하였다.[148]

이러한 사태에 직면하여 대부분의 예학자와 관료들은 추숭에 반대하였다. 그런데 그동안 논란이 있을 때마다 합당한 논리를 제공하던 이들은 이즈음 하나 둘 세상을 떠나고 있었다. 김장생이 인조 9년에 사망하였고, 정경세는 추숭에 반대하며 사퇴한 후 병환으로 시달리다가 인조 11년에 사망하였다. 공신인 좌의정 김류는 추숭에 반대하다가 면직을 당

---

143) 『인조실록』23, 8년 10월 28일 계유.
144) 『인조실록』21, 7년 9월 6일 정해. 『위의 책』23, 8년 12월 4일 무신.
145) 『明懷宗實錄』3, 경오년(회종 3년, 1630).
146) 『연려실기술』22, 元宗仁獻王后追崇, 인조 8년 11월조.
147) 『인조실록』23, 8년 12월 8일 임자.
148) 『인조실록』24, 9년 4월 20일 계해.

하였다.[149]

좌의정 김류의 면직과 주청사의 파견 소식을 접한 장현광은 상소를 올릴 것을 결심하였다.[150] 그는 속히 추숭을 의논하라는 명을 거두고 중국 조정에 주청하지 말 것을 청하였다.[151] 상소에서 장현광은 정원대원군이 생전에 왕위에 있지 않았기 때문에 종묘에 들일 수 없음이 원칙임을 분명히 하였다. 그리고 공을 높이는 데도 떳떳한 분수가 있음을 말하고 그 분수를 넘어서서 공을 높이는 것은 오히려 어버이를 해치는 일이라고 강조하였다.

> 큰 강령을 가지고 말씀드린다면 帝王의 宗統의 체계와 형세는 자연 천지의 떳떳한 법과 고금에 통행하는 의리가 있어서 바꿀 수 없습니다. 천하에 있으면 천하의 한 사람이 되고 한 나라에 있으면 한 나라의 한 사람이 되니, 반드시 皇天의 명령을 받고 祖宗의 전통을 이어받으며 臣民의 위에 군림하고 神人의 부탁에 응한 뒤에야 살아서는 제왕이라는 큰 이름을 누리고 죽어서는 太廟에 들어갈 수 있는 것입니다. 이것이 이른바 '천지의 떳떳한 법이요, 고금에 통행하는 의리'라는 것이니, 진실로 인위적으로 조금이라도 더하거나 덜 수 있는 것이 아닙니다. …… 효를 지극히 하는 방도는 이미 따로 정해진 도리가 있사옵고, 공을 높이는 의리 또한 따로 떳떳한 분수가 있사옵니다. 비록 효를 지극히 한다 하더라도 定理에 위배됨이 있으면 효를 지극히 하는 것이 아니며, 비록 공을

---

149) 『인조실록』24, 9년 4월 30일 계유.
150) 『여헌속집』9, 취정록(신열도). "신미년(1631, 인조 9) 초여름에 나는 부지암으로 와서 선생을 뵙고 하루를 머물며 모셨는데, …… 이 때 인조의 생부를 추숭하자는 의논이 크게 일어났다. 그리하여 좌상 김류가 임금의 뜻을 거슬러 파직당하였다. 내가 여쭙기를, '추숭하는 것이 어떻습니까?' 하니, 선생은 대답하시기를, '주 나라 때에 태왕과 王季와 文王이 다 공덕이 있어서 주 나라가 천하를 소유한 것이 이 세 왕으로부터 시작되었다. 그러므로 주공이 왕의 예로써 이들 세 분을 추존한 것이니, 만약 주 나라 세 왕과 같은 공덕이 없으면서 추숭한다면 예가 아니다.' 하였다. 그 후 선생은 상소문을 올려 간절하게 말씀하였다."
151) 『인조실록』24, 9년 6월 4일 병오.

높인다 하더라도 떳떳한 분수에 넘침이 있으면 공을 높이는 것이 아닙니다. 추존해서는 안 되는데 추존한다면 어버이를 추존한다는 것이 도리어 어버이를 해치는 것이며, 높여서는 안 되는데 높인다면 군주를 사랑한다는 것이 도리어 군주를 해치는 것이니, 두려워하지 않을 수 있으며, 삼가지 않을 수 있겠습니까.152)

그리고 추숭론자들의 주장에 대해서는 원칙에 맞지 않게 견강부회하는 잘못을 지적하였다. 추숭론자들은 종묘에 祔位 즉 아버지 사당이 빠진다는 점을 강조하지만 이는 형편상 빠지지 않을 수 없었던 사정을 인정하지 않으려는 데서 비롯된 부족한 생각이라고 하였다. 형편상 빠지지 않을 수 없어서 빠진 것은 이치에도 당연하며 정통의 의리에도 해로울 것이 없다는 주장이었다. 아울러 대내외적으로 많은 어려움 속에 처해있는 상황에서 이치에도 맞지 않는 추숭 논의를 중국에 주청하는 것은 천하의 비웃음거리가 되는 국가적 수치이기 때문에 주청하려는 계획을 중지할 것도 청하였다.

인조는 중국 조정에 주청하는 것은 타당치 못한 듯하였기 때문에 이미 정지시켰다는 내용의 비답을 내렸다. 장현광의 상소와 별개로 중국 조정에 주문하는 것은 정지된 상태였던 것이다. 그러나 추숭 자체에 대해서는 별다른 논급이 없었으니, 인조는 추숭 작업을 멈출 의사가 전혀 없었던 것이다. 장현광은 자신의 상소와 인조로부터 받은 비답을 당시 참의 벼슬을 하던 이윤우의 요청으로 그에게 전달하여 참고 자료로 활용케 하기도 하였다.153) 하지만 장현광의 상소나 노력도 추숭론자들의 논

---

152) 『여헌집』3, 소, 請寢追崇疏.
153) 『여헌속집』9, 취정록(조임도). "신미년(1631, 인조 9) 여름에 선생을 뵈오니, 선생은 상소한 글과 임금의 비답을 임도에게 맡겨서 참의 李潤雨 어른께 갖다 드리게 하였다. 이때에 국가에서 추숭하는 일이 있었는데 선생이 글을 올려 강력히 간하였는바, 李丈이 그 비답을 보여줄 것을 요구하였으므로 선생이 보내신 것이었다."

의를 막기에는 역부족이었다.

많은 이론가들이 병이나 노쇠로 인해 제대로 된 반론의 전선을 형성하지 못하는 틈을 타고 추숭론자들이 힘으로 밀어붙쳤다. 인조는 추숭에 반대하는 유생과 관료들을 처벌하면서 강경하게 대응하였다.[154] 그리고 이귀를 이조판서에 임명하여 인사권을 맡기면서 힘을 실어주었다.[155] 추숭에 우호적인 사람들로 관직을 채우기 위함이었다. 드디어 인조 10년 최명길이 예조판서로 있으면서 추숭 작업을 완전히 마무리하였다.[156] 선조 → 원종 → 인조로 왕통이 내려오는 것으로 새롭게 정리되었다.

원종의 추숭이 마무리된 후인 인조 12년(1634)에는 그 후속 조처로서 종묘와 별묘 중 어느 곳에 원종을 모시는 것이 타당한가를 두고 논란이 있었다. 추숭론자들은 당연히 종묘에 모셔서 추숭론을 완결하고자 하였고, 다수의 조정 신하들은 종묘에 모실 수 없는 논리로 맞서고 있었다. 이 문제에 대해 장현광도 종묘에 들어 모시는 것의 불가함을 상소를 통해 개진하였다.

전하께서 친부모에게 효도를 바친 것이 이미 극진합니다만, 그것에 대해서도 사람들은 너무 지나치다고 의아하게 여기고 있는데, 더구나 다시 부모를 위하여 태묘에 올려 모시는 일이겠습니까. 이는 옛날의 예에 근거할 만한 것이 없으니, 그야말로 무망无妄에서 다시 행하는 것이 되는 것입니다. 그리하여 효도를 하려 했다가 도리어 효도에 해를 끼치고

---

154) 인조 9년 9월 추숭론의 이론적 제공자로서 비난의 표적이 된 박지계가 유생들에 의해 儒籍에서 삭제되는 사태가 발생하였다. 주동자인 許穆이 이귀의 청에 의해 停擧 처분을 당하였다.(『인조실록』25, 9년 9월 18·27일 기축·무술) 박지계를 蔘蠱이라 하며 매도한 바 있던 趙絅은 지례현감으로 좌천되었으며,(『인조실록』25, 9년 9월 4일 을해) 그 외 이귀를 비난하였던 집의 김세렴, 장령 이경·박안제 등도 외직으로 黜補되었다.(『인조실록』25, 9년 윤11월 23일 임술)

155) 『인조실록』25, 9년 11월 25일 갑오.

156) 『인조실록』26, 10년 2월 24일 임진에 追崇都監이 설치되었고, 이귀와 최명길이 提調에 임명되었다.

일을 행하려 했다가 도리어 인에 해를 끼치게 되니, 이는 마땅히 정밀하게 살피고 한결같이 하는 공부를 지극히 하여야 할 분계선입니다.[157]

장현광은 태묘 즉 종묘에 원종을 모실 예학적 근거가 없다는 점을 분명히 하였다. 이에 대해 인조는 종묘에 모시는 것의 타당성을 다음과 같은 논리로 설명하는 비답을 내렸다. 고금 천하에 예위가 없는 종묘는 있을 수 없다는 점, 지금의 별묘는 후세에 가면 더욱 불편하게 된다는 점, 명에서 인정과 예법을 밝게 살펴 흔쾌히 恩封을 내렸다는 점, 선조는 嗣子가 없다가 사자가 생기고 종묘는 예실이 없다가 예실이 생기게 된다는 점 등을 들었다.

이 비답을 받은 장현광은 반박하는 상소를 다시 올리는 대신 자신의 주장을 비답의 아래에 써두는 것으로 자신의 의례에 대한 입장을 분명히 밝혔다.

주상께서 비록 방손의 列에 있다 하더라도 한때의 변을 만나 대위에 올랐다. 그렇다면 낳아 준 생부모는 그대로 선조의 支子일 뿐이요. 주상의 私親이 됨에 불과하니, 별묘에 추존하는 것도 오히려 너무 과하다. 어찌 태묘에 들어가 正位에 거할 수 있겠는가. 이제 비록 황제의 은혜로운 책봉이 있으나 또한 별묘에서 제향을 올리는 것이 옳을 것이다. 또 별묘에 편안히 있는 것이 어찌 들어가지 않아야 할 정위에 들어가 불안한 것과 같겠는가. 또 비록 별묘에 제향한다 하더라도 자연 주상을 낳아 준 어버이가 되니, 어찌 아버지 대가 없다고 이를 수 있겠는가. 비록 '정밀하게 살피라'는 명령을 받들었으나 노망한 소견은 필경 이와 같을 뿐이다. 몸이 궁벽한 시골에 있어 감히 다시 아뢸 수 없으므로 이에 간략한 말을 批旨 아래에 쓰는 바이다.[158]

---

157) 『여헌집』3, 소, 請停祔廟疏 ; 『인조실록』30, 12년 윤8월 9일 임진.
158) 『여헌속집』4, 잡저, 書祔廟上疏下批後.

이 정도에서 마무리될 수 있었던 장현광의 상소는 얼마 뒤 추숭론자인 최명길에 의해 잘못 인용됨으로써 약간의 파란이 일기도 하였다. 장현광이 종묘에 들이는 것의 불가함은 분명하게 진달하였으나, 한편으로 별묘를 종묘 가까이 옮기는 대안을 제시한 것이 빌미를 준 듯하다.

> 신은 엎드려 듣자오니, 別廟가 태묘와 너무 멀리 떨어져 있어서 人情에 편안하지 못하다 하오니, 神道는 인정과 똑같은 이치입니다. 이제 만약 별묘를 태묘와 가까운 곳에 옮겨 봉안한다면 列聖朝는 돈독히 강림하는 비호가 있을 것이요, 별묘는 태묘와 가까운 편안함이 있어서 보지 않고 듣지 않는 가운데에 유통하고 오르내리며, 때에 따라 제사를 올릴 적에 똑같이 한 吉日을 쓴다면 사세에 편안하고 인정과 이치에 모두 합당할 것이오니, 이는 바로 높여 받들고 소중히 하는 극치일 것입니다.[159]

장현광의 이 대안은 본인의 뜻과는 달리 추숭론자인 최명길에 의해 엉뚱하게 인용되면서 그들에게 이용당하는 꼴이 되었다. 이조판서 최명길은 "장현광의 상소를 보아도 종묘에 들이자는 논의와 차이가 매우 적었다."라고 하면서 장현광의 별묘 이전 대안을 자신의 설을 뒷받침하는 하나의 자료로 이용하였던 것이다.[160]

이상과 같이 원종 추숭과 관련하여 추진된 일련의 전례 논쟁에서 장현광은 자신의 예학에 대한 학문적 지식을 제공하였다. 1단계 논쟁인 인조의 정원대원군에 대한 제문의 두사 칭호 논쟁과 이단계인 계운궁 복제 논쟁에는 직접적으로 예론을 개진하지는 못하였다. 2단계 논쟁과 관련하여서도 때늦은 감은 있지만 계운궁의 장례시에 예장의 규모를 크고 무겁게 한 점을 지적함으로써 인조가 사친에 대해 예를 벗어나 과중하게 예우하는 것을 경계한 점은 있다. 이후 3단계 논쟁인 원종의 추숭과 4단

---

159) 『여헌집』3, 소, 請停祔廟疏 ; 『인조실록』30, 12년 윤8월 9일 임진.
160) 『인조실록』30, 12년 윤8월 23일 병오.

계 종묘 배향 논쟁에 대해서는 그 부당성을 분명하게 지적하는 의견을 올렸다. 하지만 원종의 추숭과 종묘 배향을 막기에는 역부족이었으며, 산림학자로서 처음부터 전례문제에 적극적으로 대응하지 않은 점은 그의 어쩔 수 없는 현실적 한계로 남겼다.

8. 맺음말

장현광은 전 생애를 거의 향촌에 머물러 있으면서 인동을 비롯한 주변지역을 주 활동무대로 학문연구와 저작활동, 그리고 문인양성에 전력을 바친 학덕을 겸비한 산림이었다. 그는 8세에 아버지를 여읜 후, 9세에 선산에 있던 자형 노수함에게 수학하였고, 14세에는 문중의 장순에게 수학한 바 있었으나 이후 더 이상 스승을 찾아 전전하지 않고 독력으로 학문을 닦았다고 한다. 그러다가 26세에 한강 정구의 질녀를 부인으로 맞아들이면서 처삼촌인 한강과 더욱 돈독한 관계를 맺게 되었다.

따라서 그는 퇴계 이황으로부터 직접 학문을 전수받지는 못하였지만 퇴계학파라는 큰 줄기 속에 위치지울 수 있다. 그와 퇴계학파와의 관련에는 퇴계의 우수한 제자 중의 한 명인 한강 정구와의 인연을 빼놓을 수가 없다. 여헌이 11살 연상인 처삼촌 한강에 대하여 문인이라고 자칭한 명확한 증거를 찾기는 어려우나, 여러 가지 정황으로 미루어 넓은 의미의 문인으로 파악해도 큰 무리가 없을 듯하다.

그는 큰 학자답게 많은 강학처를 가지고 있었다. 본거지인 인동에 모원당과 부지암정사, 인근인 선산에 원회당, 그리고 영천 입암에 만활당 등 여러 곳에 자신의 강학소를 소유하고 있었다. 그는 위 강학소를 중심으로 하고, 더러는 다른 장소에서 문인들을 가르치면서 학문에 전념하였다.

평소 장현광은 문인들에게 다음과 같은 점을 강조하면서 가르쳤다. 첫째, 뜻을 크고 견고하게 세워라. 둘째, 자신의 단계에 맞추어 기본에 충실하라. 셋째, 知와 行을 일치시켜라. 넷째, 배우는 자에게 가장 절실한 것은 성실이다. 다섯째, 경서는 작은 세주까지 정밀하게 숙독하여 자세히 이해하라. 위의 점들을 평소 강조하면서 여헌은 제자들의 눈높이에 맞추어 쉽게 이해시키는 교수법을 견지하였고, 잘못한 점을 일일이 나무라기보다는 잘한 점을 들어 칭찬해주는 방법을 주로 활용하여 가르쳤다.

그의 학맥은 장경우를 통해 문중을 중심으로 한 가학으로 계승된 데 머물렀다. 이는 그의 생전의 번성함과 비교하면 대단히 위축된 모습으로 특히 경상도 지역에서 그의 학맥이 뻗어가지 못한 것은 아쉬운 점이라 하겠다. 그의 문인록에는 약 170여명의 문인들이 정리되어 있는데, 인동·선산, 성주, 의성, 영천 등 경상도의 중부지역에 집중되어 있었다.

장현광은 인조반정 직후 영남 남인을 대표하는 산림으로 징소되었다. 당시 정국은 서인이 주도하는 가운데 약간의 남인이 참여한 상태로 전개되었다. 그는 서인 산림인 김장생·박지계와 함께 특별한 예우를 받으면서 중앙정계에 나아갔다. 장현광의 출사는 반정으로 인해 어수선한 인심을 안정시키는 데 큰 역할을 하였다. 그는 새로운 관직에 임명되면 가끔 사은차 다녀갔을 뿐이었고, 조정에 머문 기간을 길지 않았다.

장현광은 몇 차례 상소를 통해 자신이 가진 지식을 종횡으로 구사하면서 총론적이고도 원론적인 치국의 방안을 개진하기도 하였다. 군주를 세도의 주인으로 간주하는 군주 중심의 정치 인식 위에 군주가 표준을 세우는 도리의 중요성을 강조하였다. 그에 대한 조정의 기대는 정묘호란이라는 국가의 위기상황 때 잘 드러났다. 조정에서는 삼남지역에 호소사를 배치하여 난국을 극복하려 하였는데, 장현광은 정경세와 함께 영남의 호소사에 임명되어 그 역할을 수행하였다. 또한 계운궁 복제와 원종 추숭 등 일련의 왕실의 전례 문제를 둘러싼 논쟁이 일어났을 때 일정한 역할을 수행하기도 하였다. 당시 정국에서 그의 정치적 활동과 위상을 살필 수 있는 부분이다.

그러나 그의 한계도 분명하였다. 산림 중에서는 김장생, 영남지역의 인사로는 정경세가 늘 장현광과 비교가 되는 존재였다. 김장생이 양호호소사에 임명되어 호서와 호남 두 지역을 모두 맡은 데 비해 장현광은 영남 한 지역을 정경세와 나누어 맡은 것이다. 영남을 대표하는 존재이기는 하지만 오로지 하지는 못한 정도의 위치에 있었다고 평가할 수 있다. 학통상에서 정경세는 서애 류성룡을 이어 퇴계학통을 계승했다는 확고하면서도 선명한 부분이 있었다. 이에 비해 장현광은 한강 정구와의 사이에 학통상의 승계를 분명하게 하지 않은 점이 있었기 때문에 퇴계학통 내에서는 다소 선명치 않은 위상을 가진 셈이 되었다. 비록 당대에는 장현광 자신의 학문적 실력이나 덕망으로 존재감을 과시할 수 있었지만, 퇴계학풍이 주류를 형성해감에 따라 그의 존재감은 한시적이고 제한적이었다. 장현광의 위상은 왕실의 전례를 둘러싼 논의에서도 한계를 드러냈다. 그는 처음 논쟁이 일어났을 때는 적극적으로 논의 과정에 참여하지 않았고, 나중에 참여한 후에도 그다지 중심적 역할을 하지 못하였다. 존재감에 있어서 같은 산림인 김장생이나 박지계에 비해 약하였던 것이다.

이상이 남인 산림 장현광이 처한 지점이었다. 높은 위상과 현실적 한계를 동시에 잘 보여주고 있는 셈이다.

제2장 우복 정경세의 정치사회적 위상과 현실대응

1. 머리말

愚伏 鄭經世[1563(명종 18)~1633(인조 11)]는 17세기 조선조 영남 남인 출신의 뛰어난 학자적 관료였다. 그는 퇴계의 수제자인 서애 류성룡에게 수학한 후 출중한 학문적 능력으로 퇴계 再傳의 제자 중 선두의 위치를 점하여 일세를 풍미하였다. 그의 현실에 대응하는 모습은 스승인 서애를 많이 닮았다. 젊은 시절에 문과에 급제하여 관료생활을 시작한 것이나 우여곡절은 있었지만 학식과 능력을 인정받아 중앙의 고위직을 역임한 것이 그러하였다.

특히 정경세는 서인이 주도한 인조반정이후 영남 남인을 대표하는 관료로 정계에 진출하여 커다란 존재감을 과시한 바 있었다. 이조판서로서 양관 대제학을 겸한 사실이 그를 증명해준다. 이조판서는 인사권을 행사하는 요직 중의 요직이라 할 수 있고, 홍문관과 예문관의 대제학은 국가의 학문적 권위의 상징이었다. 이 둘을 서인의 틈바구니 속에서 차지하였을 정도로 뛰어난 인물이었던 것이다. 그다지 많지 않는 퇴계학파 문과 출신 고위 관료의 처지를 대표하는 존재로서 부각할 필요성이 충분하다고 생각한다.

그 동안 정경세에 대한 학계의 연구는 간간히 있었다. 대표적인 것이 1977년에 성균관대대동문화연구원에서 정경세 문집을 축소 영인본으로

간행하면서 분야별로 정경세를 조망한 5편의 해제를 앞머리에 실은 것
이 그것이다. 이우성이 總敍, 유정동이 유학, 정재각이 정치, 최진원이
문학, 이지형이 생애를 각각 맡아 고찰한 바 있다.[1] 이후 이 5편의 논고
에다가 4편의 새로운 논문을 더 보태어 한 권의 연구서를 간행한 바 있
는데, 윤사순의 성리학, 유권종의 예학사상, 김시업의 우산동천과 자아,
이장희의 임란활동에 관한 논고들이 보태어졌다.[2] 이로써 정경세에 대
한 분야별 기본적인 이해는 가능하게 되었다. 그러나 분야별로 나누어
살피다보니 정경세의 전모를 파악하는 데는 오히려 장애가 된 면이 있다
고 본다. 특히 정치사적 측면에서 그의 활동 전모를 살피고 위상을 정립
하는 데는 부족한 점이 있었다고 생각한다.

이후 정경세에 대한 부분적인 조망이 더해지는 연구가 이루어졌다.
영남 남인을 대표하는 학자의 한 사람으로 예학과 예론을 중심으로 다루
면서 사회경제정책에 대해서도 부분적으로 논급한 논고,[3] 인조대에 일
어난 예론 논쟁을 서술하는 과정에서 정경세의 주장을 부분적으로 다룬
논고,[4] 정경세를 위시한 상주지역의 퇴계학맥을 다룬 논고,[5] 서원 배향
시의 위차 문제를 둘러싼 퇴계학파 내의 갈등을 조정하는 모습을 다룬
논고[6] 등이 그것이다. 위의 연구들에 의해 정경세에 대한 연구는 새로운

---

1) 성균관대 대동문화연구원, 『우복집』, 1977.
2) 우복선생기념사업회 편,『우복정경세선생연구』, 태학사, 1996. 그 중 유권종은 여
   기에 실린 글을 약간 다듬어 다음과 같이 발표한 바 있다.「우복 정경세의 예학사
   상」,『안병주정년기념 논문집』, 아세아문화사, 1998.
3) 고영진,「17세기 전반 남인학자의 사상 -정경세·김응조를 중심으로-」,『역사와 현
   실』8, 1992.
4) 서인한,「인조초 복제논의에 대한 소고」,『북악사론』1, 1989. 이영춘,「잠야 박지
   계의 예학과 원종추숭」,『청계사학』7, 1990.
5) 최재목,「우복 정경세와 상주지역의 퇴계학맥」,『한국의 철학』28, 2000.
6) 김학수,「17세기 영남학파 연구」, 한국학중앙연구원 박사학위논문, 2008. 설석규,
   「퇴계학파의 분화와 병호시비(Ⅱ) -여강서원 치폐전말-」,『퇴계학과 한국문화』45,
   2009.

부분에 대한 이해를 더할 수 있어 진일보한 측면이 있다. 하지만 정경세의 부분적인 모습과 지식에 만족하여야 하였고, 종합적인 파악과 이해에는 여전히 충분하지 않은 점이 있다.

여기서는 기존의 위의 성과들을 참고한 위에 정경세의 정치사회적 위상과 그의 현실대응이라는 하나의 인식 틀 속에서 종합적으로 살펴보고자 한다. 특히 정치사적 측면에서 그의 현실에 대한 인식과 현실에 대응한 그의 모습을 담아내고자 한다. 먼저 퇴계학맥의 계승 사실과 남인 학계 내에서의 위상을 살피고, 다음으로는 관직 생활을 하면서 올린 상소문이나 상계에서 드러나는 그의 시무책을 분석하여 그의 현실 인식을 살피며, 국가 전례 문제와 외침에 대응한 그의 모습을 살펴 현실 인식과 자세를 살피겠다. 이를 통해 정치사회사적 측면에서의 정경세의 위상과 그의 현실대응의식과 자세를 드러낼 수 있으리라 생각한다.

2. 학맥과 학계 위상

정경세는 18세때 상주목사로 부임한 류성룡에게 나아가 사제의 관계를 맺었다. 류성룡은 퇴계 이황의 高弟 중의 한 명이었기 때문에 정경세는 이황의 재전제자에 해당되었다. 그는 스승과 비슷한 관료형 사림으로서의 길을 걸었다. 24세 젊은 나이에 문과에 급제하여 조정에 나아간 후 스승인 류성룡과 정치적 입장을 같이 하면서 사제관계는 더욱 깊어졌다.

이러한 정경세와 류성룡의 인연은 대를 이어 지속되면서 더욱 각별한 관계로 발전하게 되었다. 우선 류성룡의 제 3자인 류진(1582-1636)의 경우 상주로 거주지를 옮겼을 뿐아니라 정경세에게 나아가 학문을 닦았다. 나중에 정경세의 손자 정도응이 류진에게 나아가 학문을 닦음으로써 이

두 집안은 서로 학문을 주고받는 관계로 발전하게 되었다. 두 집안은 자연스럽게 혼인을 주고받는 관계로까지 발전하면서 그 인연은 더욱 깊어졌는데, 바로 정도응이 류진의 사위가 되었기 때문이다. 이렇게 학연에서 출발하여 혈연이 더해져서 류씨와 정씨 두 집안은 더욱 밀접한 관계가 되었다.[7]

이렇게 하여 이황 - 류성룡 - 정경세 - 류진 - 정도응으로 이어지는 퇴계학맥의 확고하고도 선명한 줄기를 형성하게 되었다. 정경세 당대에도 그는 이미 류성룡의 수제자로서의 지위를 확보할 정도로 뛰어난 면모를 보였다. 학문과 관직 두 측면에서 모두 뛰어난 면모를 보였기 때문에 류성룡의 계승자로서의 지위를 확보할 수 있었다.

그리하여 영남지역의 퇴계의 직전제자들이 거의 사거하고 재전의 제자들이 지역 사회의 중심이 되었을 무렵 정경세는 영향력 있는 인물의 선두적인 위치에 서있었다. 향론에 미치는 그의 영향력을 극명하게 잘 보여주는 사례가 훗날 屛虎是非라고 불린 사안에 대한 그의 의견 개진이었다.

병호시비가 일어날 조짐이 있을 때 정경세의 의견은 유림의 공론을 결정하는 데 가늠자 역할을 하였다. 그는 퇴계 이황을 모시는 廬江書院에 류성룡과 김성일을 함께 배향하는 문제로 질문을 한 안동지역 유생들에 대해 답한 편지에서 다음과 같은 의견을 개진하였다.[8]

---

7) 두 집안의 인연의 사례는 그 뒤에도 더 나타났다. 정도응의 고손으로서 학통을 계승한 입재 정종로가 류진의 후손인 강고 류심춘에게 학맥을 전하였던 것이다. 류심춘의 학문은 그의 아들 계당 류주목으로 이어졌다. 우인수, 「입재 정종로의 영남남인 학계내의 위상과 그의 현실대응」, 『동방한문학』25, 2003, 122쪽 ; 「계당 류주목과 민산 류도수의 학통과 그 역사적 위상」, 『퇴계학과 한국문화』44, 2009, 13쪽.

8) 『우복집』13, 문목에 답한 편지 ; 『국역 우복집』2, 339-340쪽.

① 퇴계와 함께 모시더라도 서애와 학봉에 대해 선생이라 칭할 수 있다.
② 좌차는 문묘규식에 의거해서 하면 되는데, 동벽에 두 분을 같이 모셔도 되고 동·서벽으로 나누어 모시는 것도 온당하다.
③ 좌차의 선후는 두 선생이 평소에 서로 대하는 것이 어떠하였는가를 기준으로 삼으면 된다. 나이는 서로 간에 차이가 그리 크지 않으나, 작위는 현격하게 차이가 난다.
④ 축문은 별도로 마련하지 않아도 되고, 별도로 마련해도 무방하다.

위의 내용 중에서 제일 논란의 여지가 있는 것은 세 번째인 좌차의 선후 문제임은 자명한 사실이다. 실로 이것 때문에 병호시비가 후대에까지 계속되었던 것이다. 좌차의 선후 결정에서 고려해야 할 대상이 되는 것은 대개의 경우 나이와 관직이었다. 김성일이 류성룡보다 4세 연장이었으나, 관직은 류성룡이 영의정으로 최고의 관직을 역임한 반면 김성일은 경상도관찰사에 머물렀다. 이에 정경세는 4살이라는 나이 차이는 큰 변수가 아닌 것으로 여긴 반면 관직의 차이에는 큰 비중을 부여하였다. 그리하여 관직이 높은 류성룡이 당연히 앞자리에 위치해야 하는 것으로 의견을 개진하였다.

그의 판단에 따라 시비는 판가름 났고, 여기에 대해 누구도 공개적으로는 이의를 제기하지 못하였다. 그만큼 그의 판단과 말은 무게가 있었던 것이다. 여기에서 당시 정경세가 영남 남인 사이에서 가진 권위와 위상을 잘 알 수 있다. 임진왜란이 끝난 직후인 1599년 잠시 고향인 상주에 머물고 있을 때는 존애원이라는 사설 의료기관을 설립 운영하는 데 상주 지역 사족들을 설득하고 규합하는 일에 앞장선 바 있었다.[9] 그리고 정묘호란시에는 경상도호소사에 임명되어 난국 수습의 막중한 임무를

---

9) 존애원에 대해서는 다음의 논고를 참고하라. 한기문, 「조선후기 상주 존애원 설치의 배경과 의의」, 『상주문화연구』10, 2000. 우인수, 「조선후기 상주 존애원의 설립과 의료 기능」, 『대구사학』104, 2011.

국가로부터 부여받은 것도 그가 평상시 영남지역에서 가진 권위와 명망에서 비롯된 것임은 재언을 요하지 않는다.

정경세는 당색으로 볼 때 남인임이 분명하지만 교유의 범위는 남인 내에만 국한되지 않았다. 남인 정경세에 있어 서인의 존재란 어떠하였을까? 그 자신 서인에 의해 직접적으로 화를 당한 경험도 없으며, 오히려 선조말 광해군대에는 함께 북인으로부터 핍박받은 공통점을 가지고 있었다. 그리고 서인이 주도한 반정에 의해 성립한 인조정권에 남인으로서 등용된 인연이 있었다. 무엇보다 당쟁이 치열한 단계가 아니었다는 사실과 그 자신 당파의식이 큰 인물이 아니었던 점이 크게 작용하였다고 생각한다.

그래서인지 서인의 핵심 가문인 은진 송씨 송이창 가문과 혼인관계를 맺어 흔치 않은 인척 관계를 맺는 데로까지 이어졌다.[10] 정경세는 18세의 청년 송준길을 사위로 맞이하였다. 송준길은 아버지 송이창이 젊어서 이이의 문하에서 수학한 인연과 어머니 김씨가 김장생의 종매인 관계로 인해 일찍이 김장생에게 나아가 학문을 닦은 출중한 청년이었다. 정경세가 중앙정계에서의 왕성한 활동을 통해 전국적인 차원에서의 교우관계를 가지고 있었던 것이 그 바탕에 있었다고 생각한다. 아울러 서인의 정신적인 지도자였던 사계 김장생과의 학문적 공감대 형성과 교류도 큰 작용을 하였다고 생각한다. 어쨌든 정경세는 장래가 촉망되는 자신의 사위를 주변 사람들에게 "내가 송아무개라는 사위를 두었는데 그 사람이 매우 어질다. 반드시 장차 크게 성취할 것이다."라고 자랑하며 기대하였다고 한다.[11]

정경세는 두 아들을 모두 잃었기 때문에 자신이 세상을 떠난 후의 여

---

10) 송준길의 영남 남인과의 접촉과 추이에 대해서는 다음의 논고를 참고하라. 우인수, 「동춘당 송준길의 영남인과의 접촉과 그 추이」, 『충청학연구』6, 2005.
11) 『현종개수실록』26, 13년 12월 5일 병오.

러 가지 집안일들을 사위인 송준길에게 부탁하였다.[12] 喪葬과 관계된
일 뿐만 아니라 문집의 편찬, 어린 손자의 장래에 대한 책무까지도 부탁
하였던 것이다. 이에 송준길은 그의 나이 28세에 주어진 위의 책무를
충실히 잘 수행하였다. 그는 장인의 행장을 지었고,[13] 연보와 문집 편찬
에 관여하였으며,[14] 諡狀과 諡號를 받는 일도 앞장서서 주선하였다.[15]
그는 시장은 송시열에게 부탁하였으며,[16] 시호가 내린 뒤에는 그 전달
절차가 매끄럽게 진행되어 마무리될 수 있도록 중간에서 주선하기도 하
였다.[17]

3. 사환과 현실 대응

1) 관직생활과 시무책의 제시

정경세는 관료였다. 선조 19년 24세에 승문원 權知副正字로 시작하
여 인조 10년 70세에 중병으로 관직을 사양하면서 오랜 관직생활을 마

---

12) 『국역 동춘당집』17, 우복 정선생께 올리는 제문, 6쪽.

13) 『동춘당연보』, 효종 7년(51세) 8월조.

14) 『국역 동춘당집』14, 정봉휘 도응에게 줌(계유, 인조 11년), 정봉휘에게 답함(정축,
인조 15년), 정봉휘에게 줌(갑신, 인조 22년), 정봉휘에게 줌(을유, 인조 23년).『국
역동춘당집』12, 정경식에게 답함(병신, 효종 7년).

15) 『국역 동춘당집』14, 정봉휘에게 줌(정유, 효종 8년), 정봉휘에게 줌(무술, 효종 9
년), 정봉휘에게 줌(을사, 현종 6년).

16) 『국역 동춘당집』14, 정봉휘에게 줌(정유, 효종 8년), 정봉휘에게 줌(무술, 효종 9년).

17) 『국역 동춘당집』14, 정봉휘에게 줌(을사, 현종 6년). 그들의 인연은 후손들에게까
지 이어졌다. 송준길은 閔維重을 사위로 맞이하였고, 민유중은 딸을 숙종비(인현
왕후)로 납비하였다. 이로써 정경세 집안은 서인·노론의 명문가인 송씨에 이어 민
씨 집안과도 일정한 인연을 가지게 되었다.

감하였다. 물론 이 기간동안 계속 관직에 있었던 것은 아니며, 중간에
관직을 떠나있던 시기도 꽤 되었다.

그는 관료로서 세상에 나와 맡은 소임을 충실히 수행하는 데 대해 상
당한 자부심을 가졌고 또 의미를 부여한 듯하다. 이는 제갈량을 바라보
는 그의 시각에 잘 드러나 있다. 그는 한나라 황실을 중흥시키지 못한
것을 허물삼아 제갈량을 폄하하는 후대인들을 보면 잔인한 사람이거나
질투하는 사람으로 여겼다. 대의를 밝히고 강상을 붙들어 세운 것을 높
이 평가하여야지 승패를 가지고 논할 수 없다는 것이 그 이유였다. 그리
고 세상에 나오지 않고 융중에서 늙어 죽었어야 했다고 하는 비판에도
동의하지 않았다. 같은 맥락에서 가볍게 나왔다느니, 한갓 목숨만 잃었
다느니, 늙어서 죽지 못한 것이 한스럽다느니 하는 평가들도 잔인한 것
으로 여겼다. 세상에 나와서 자신이 가진 능력을 정성을 다해 펴는 것이
올바른 길이라는 출처관을 가졌던 것이다.[18]

그는 세 명의 군주 선조·광해군·인조의 치세에 걸쳐 관직생활을 하였
다. 바로 붕당이 나누어져 서로 대립 갈등한 당쟁기였다. 당인으로서의
정치적 부침을 그리고 피해갈 수 있었던 것은 아니었다. 그의 사환은 선
조대의 순조로운 출발과 굴절, 광해군대의 깊은 좌절, 인조대의 화려한
재기로 요약할 수 있을 것이다. 광해군대와 인조대는 집권 당파가 워낙
뚜렷하였기 때문에 그의 사환은 역시 왕대별로 시기에 따라 살피는 것이
효율적이면서 타당성도 있다고 생각한다.

먼저 선조대에는 문과에 급제하여 처음 관계에 첫발을 디딘 시기로서
초급 관료로서의 관직생활을 한 시기였다. 스승인 류성룡의 기대와 보호
를 받으며 비교적 순탄하게 엘리트 코스를 밟았다. 이어 선조 22년 기축
옥사가 일어났을 때 이 옥사에 연루된 이진길을 그 전에 사관으로 추천
한 사실로 인해 홍문관 저작에서 파직된 바 있었다.[19] 그러나 이 일은

---

18) 『우복집』13, 書, 與庠中居接士子.

그다지 큰 일이 아니었기 때문에 곧 복귀하였다.

　임진왜란 중이던 선조 27년에는 홍문관 수찬으로 세자시강원 문학을 겸하였다.[20] 이 시기 그가 홍문관의 주요 직책에 주로 임명된 것은 그의 학문을 인정받았기 때문이었다. 당시의 사관이 그의 학문을 '영남유림 중에 으뜸이었다.'고 한 데서도 알 수 있듯이 그 연령대 영남 지역 인재의 대표성을 부여받은 바 있었다.[21] 임진왜란 막바지이던 선조 30년에는 동부승지에 임명되어 당상관으로 승진하였다.[22] 이듬해인 선조 31년에는 경상도관찰사에 특별히 임명되어 임진왜란 막바지 수습에 힘을 쏟았다.

　그러나 그해 말 북인의 공격으로 류성룡이 파직될 때 그의 '爪牙·鷹犬'으로 간주되어 김수·허성·최관·김순명·조정립·이호민·윤국형 등과 함께 체직되었다.[23] 점차 조정은 북인으로 채워졌다. 그는 지방관인 영해부사를 수개월 맡은 것을 제외하고는 수년간 고향인 상주에 우거하였다. 선조 35년에 이르러 예조참의에 임명되어 다시 조정으로 들어가게 되면서 영남 남인의 중심인물로 인식되고 있었다. 몇몇 중견관료를 정경세의 복심이라고 북인들이 몰아붙이는 것에서 정경세의 존재감을 상당히 무겁게 여기고 있었음을 알 수 있다. 남인의 중심인물로서 반드시 제거하여야 할 대상이 된 그는 드디어 사헌부에 포진한 북인들로부터 탄핵을 받기 시작하였다. 대사헌 정인홍이 직접 나설만큼 북인은 다급하게 서둘러 그를 파직시켰다.[24] 그 때 북인들이 내세운 탄핵의 이유도 매우 보잘것없는 것이었을 뿐더러 그 탄핵 과정에서 보인 대사헌 정인홍의 규

---

19) 『선조수정실록』23, 22년 11월 1일 을사.

20) 『선조수정실록』28, 27년 12월 1일 갑진.

21) 위와 같음.

22) 『선조실록』95, 30년 12월 23일 기묘.

23) 『선조수정실록』32, 31년 11월 1일 임오.

24) 『선조실록』149, 35년 4월 16일 정미, 17일 무신.

례를 무시한 행동은 사헌부 내에서도 문제가 될 정도였다고 한다.[25]

결국 선조대 후반 정경세는 영남 남인의 중심적 인물로 부상하면서 존재감을 가지고 있었기 때문에 상대당인 북인에게는 위협적인 존재로 인식되고 있었다. 특히 같은 영남의 북인인 정인홍과 대립각을 분명히 세우면서 남인의 중심인물로 자리를 굳혀간 시기였다고 하겠다. 다만 관직생활은 당쟁의 부침에 따라 북인이 등장하는 선조말년부터 순탄하지 못한 상태였던 것이다.

광해군대는 주지하듯이 소북과의 권력 투쟁에서 승리한 대북이 정권을 장악한 시기로서 남인으로서는 시련의 시기였다. 정경세는 정치적인 이해관계에 더하여 광해군 즉위년의 구언에 의해 올린 시무 상소로 인해 광해군의 진노를 사면서 시련을 겪게 되었다.[26] 그는 이 상소에서 성학에 힘써서 백성들의 표준을 세우고, 인재 취사를 공정하게 하여 백성의 마음을 복종시키고, 절약과 검소를 통해 백성들을 풍족하게 하는 3가지를 국정의 요체로 제시하였다. 백성들이 지켜야할 표준을 세우고, 이것으로 백성들의 마음을 복종시키며, 아울러 그들의 생활을 풍족하게 하는 것이 국정의 핵심이라는 것이다. 갓 즉위한 군주가 앞으로 펼칠 국정에서 가장 유의하여야 할 요체를 제기한 것이었다. 이를 달성하기 위해 군주는 성학에 힘써야 하고, 인재의 취사를 공정하게 해야 하며, 절약과 검소함이 요구된다고 덧붙였다.

그런데 그 내용 중에 당시 이조판서 정창연의 임용에 대해 비판하는

---

25) 『선조실록』149, 35년 4월 16일 정미. 이 때 정경세의 탄핵 사유는 예를 중시하여야 하는 예조참의임에도 불구하고 상을 당하였을 때 삼가지 않았다는 것과 복수군의 일로 관동에 나갔을 때 공공연히 기생을 끼고 놀았다는 것이었다. 후일 사관은 이 부분에 대해 "경세는 經業에 종사하여 한때의 명류로 일컬어지는 사람인데, 이제 사실에 가깝지도 않은 것으로 비방을 가했으니, 그 또한 심하다."라고 변호하면서 북인의 무리함을 지적한 바 있다.(『선조수정실록』36, 35년 3월 1일 계해)
26) 『우복집』3, 應求言敎疏. 『광해군일기』4, 즉위년 5월 2일 정해.

내용이 포함되어 있었다. 광해군이 의정부를 무시하고 특정인을 이조판
서에 임명하기 위해 너무 노골적이고도 무리하게 加望을 지시하면서 관
여한 잘못을 드러내 말한 것이었다.[27] 당시 조정의 관료들 중에 누구도
감히 거론하지 못하던 상황에서 지방 수령인 정경세가 이를 용기있게 지
적하였고, 그 결과 삭직을 당하였다.[28]

　얼마 뒤 다시 서용되어 광해군 1년에는 동지사에 임명되어 명에 다녀
왔다. 이 때 다량의 염초를 사오는 데 공을 세운 바 있어 일행 모두가
조정으로부터 일정한 상을 받은 바 있었다.[29] 이어 대사성에 임명되었
으나 조정의 분위기를 꺼려서 외직을 청하여 나주목사로 나아갔다가 곧
이어 전라도관찰사에 임명되었다.[30] 그 후 광해군 4년 김직재의 역옥에
연루되어 엄격한 조사를 받았으나 의심할 만한 단서는 없는 것으로 판명
되었다. 하지만 중앙관보다는 지방관으로 보임해줄 것을 이조 관원에게
청한 편지가 이 조사과정에서 드러나 관작이 삭탈되는 처지가 되었다.[31]
이후 그는 광해군대 대북정권하에서 수용되지 못하고 긴 은둔 생활에 들
어가게 되었다. 이미 선조말년부터 북인들의 견제를 받아 조정에서의 운
신의 폭이 매우 좁아진 상태였는데, 광해군의 즉위와 더불어 북인들에게
서 더욱 핍박받는 상태에 놓이게 되었던 것이다. 이는 그만의 문제라기
보다는 당시 남인 전체가 처한 상황이었다고 하겠다.

　하지만 서인이 주도한 인조반정으로 정국이 급변하자 정경세는 남인
의 대표적 관료로서 화려하게 정계에 복귀하였다. 반정이라는 비상한 방

---

27) 『광해군일기』4, 즉위년 5월 7일 임진.
28) 『광해군일기』4, 즉위년 5월 14일 기해 ; 『위의 책』36, 2년 12월 22일 계사. 정경
　　세의 오랜 친구인 이준은 정경세의 여러 상소 중에서도 이 상소가 가장 탁월하고
　　우뚝하다고 평가한 바 있다.(『우복집별집』, 부록, 언행록 ; 『국역 우복집』5, 139-
　　140쪽)
29) 『광해군일기』27, 2년 윤3월 25일 경오.
30) 『광해군일기』36, 2년 12월 22일 계사.
31) 『광해군일기』52, 4년 4월 2일 병인.

법으로 집권한 서인은 널리 민심을 끌어들일 필요가 있었다. 정경세는 바로 청요직인 홍문관 부제학으로 발탁되었다. 그 때 사신은 "정경세는 명민하고 재주가 있으며 또 經術에 능통하여 당세의 중망을 받았다. 광해 때 쫓겨나 집에 있다가 이에 이르러 맨 먼저 論思의 장관에 제수되었는데, 사람들이 모두 적임자를 얻었다고 칭송하였다."라고 사람들의 기대와 당시의 분위기를 전하였다.[32] 이후 거의 5·6년간 홍문관 부제학, 승정원 도승지, 사헌부 대사헌을 주로 역임하면서 인조초년 정국의 일익을 담당하는 전성기를 구가하였다. 인조 7년에는 이조판서에 양관대제학을 겸하여 한 나라의 銓衡과 文衡을 한 손에 쥠으로써 절정기를 맞이하였다.[33]

그렇지만 서인의 세상에 출사한 남인들의 어려움과 한계는 너무나 분명하였다. 인조대 남인의 원로로서 영의정까지 지냈던 이원익 같은 이도 일부 서인 연소배들로부터 심한 비아냥거림을 들어야했다. 익위사의 한 나이 젊은 관원인 이행진은 용렬한 늙은 관리를 책망할 때 반드시 '이원익과 같은 사람이네.' 라고 하였으며, 윤운구 같은 무리는 언제나 이원익을 가리켜 '늙은 쥐'라고 지칭하였다고 한다.[34] 정경세를 통해 이러한 사실을 전해들은 인조에 의해 위 두 사람은 비록 폐출되기는 하였지만 이것이 당시 남인의 현실이었다.

서인이 주도한 인조반정에 직접적인 공로가 없는 상태에서 정권에 참여한 남인이 조정에서 비중을 키우기에는 애초에 어려운 일이었다. 서인으로서는 구색을 갖추는 정도에서 남인의 등용을 한정하려는 의도를 가지고 있었기 때문에 마냥 남인의 진출을 허용 지지하는 것은 결코 아니었다. 어려운 상황에서도 정경세는 군주인 인조를 보좌하면서 자신과 남

---

32) 『인조실록』1, 1년 3월 16일 병오.
33) 『인조실록』21, 7년 9월 20일 신축 ; 『위의 책』21, 7년 11월 19일 경자.
34) 『인조실록』20, 7년 3월 4일 경신.

인들의 운신의 폭을 넓히기 위해 최선을 다하였다.

　이러한 모습은 반정 일등공신으로서 권세가 하늘을 찌르던 이귀에 대한 정경세의 대응에서 잘 드러난다. 이귀는 김류와 더불어 양대장 체제의 한 축을 형성하고 있었는데, 정경세에 대해 대립각을 세우면서 남인 세력 전체를 견제하고 있었다고 생각한다. 더구나 이귀는 성정이 급하여 대단히 거친 언사로 거칠게 몰아붙이는 경향이 있었기 때문에 파열음이 상당히 컸다. 이에 남인을 대표하던 정경세로서도 마냥 피할 수만은 없었고, 경우에 따라서는 그와 직접 부딪치지 않을 수 없었다.

　인조 초년 대사헌으로 있던 이귀는 부제학 정경세가 경연석상에서 한 말을 트집잡아 견제하기 시작하였다. 전날 경연에서 정경세가 아뢰기를 "덕이 성한 사람에게는 관작을 높여야 하고, 공이 많은 사람에게는 상을 많이 줘야 한다.[德懋懋官 功懋懋賞]"고 하였으며, 또 아뢰기를 "공신은 공신대로이고, 사론은 사론대로이다.[功臣自功臣 士論自士論]"라고 한 바 있었는데, 이를 이귀는 정경세가 공신들을 견제하려한 발언으로 지목하였다. 그런 한편 정경세가 그런 말을 한 의도는 남인들을 더 많이 등용시키기 위한 데 있음이라고 자의적으로 해석하여 덧붙임으로써 정경세의 운신의 폭을 좁히려고 하였다.[35]

　이귀와 정경세의 정면 대립은 선조의 제 7자인 인성군의 죄를 처리하는 과정에서도 분명한 대립 전선을 형성한 바 있었다. 인조 2년에 이괄의 난이 일어났을 때 인성군은 그들에 의해 일방적으로 추대된 바 있었다. 이귀는 인성군의 죄를 다룸에 있어 부제학 정경세가 이끄는 홍문관이 미온적으로 대응한다면서 간사하다는 표현까지 쓰면서 공격한 바 있었다. 사실 정경세는 인성군의 죄상이 완전히 드러나면 그 때 법률에 따라 처치하면 된다는 입장을 견지하면서 절차상의 합법성까지도 고려하여야 함을 강조한 것이었다.[36] 이 사안에 대해서는 같은 서인 내에서도

---

35) 『인조실록』2, 1년 7월 8일 병신.

이귀의 무리함을 지적하는 견해가 많았다.[37) 이 건으로 정경세는 결국 부제학에서 사임하였다. 곧 대사헌에 임명되었다가 다시 도승지에 임명되면서 인조의 신임은 유지하였다.

인조 4년에는 남인을 두둔한다는 명목으로 이귀로부터 노골적인 공격을 받은 바 있었다. 그 중 하나는 장계를 올리면서 말미에 율문을 잘못 인용한 바 있는 경상감사 정온에 대한 처리를 두고서였다. 이귀는 조정을 경멸하였다는 죄목으로 정온을 나국하자는 입장이었고, 정경세는 추고 정도에 그쳐야 한다는 입장을 표명하면서 대립각을 세운 바 있었다.[38) 다른 하나는 경상도 예안의 사족들에 대한 처벌을 두고 나타났다. 도산서원 원장이던 이유도가 감사를 모욕한 죄목으로 경상감사 원탁의 조사를 받던 중 장살된 바 있었는데, 그 억울함을 통문으로 만들어 경상도 사족들에게 돌린 예안 유생 이홍중이 감사를 비방한 죄목으로 엄중한 조사를 받고 있었다.[39) 이에 대해 정경세는 예안의 사족들이 다소 무리하게 행동한 잘못은 있지만 이를 경상감사를 구축하려 하였다는 죄목으로 확대해서는 안된다는 입장에서 적극적으로 의견을 개진한 바 있었다.[40) 이를 이귀는 영남에 관계된 일에 대해서는 대간도 감히 지적하여 논란하지 못한다고 하면서 정치문제화하려 하였으며, 이어 대간이 입 다물고 말하지 않은 것은 후환을 두려워해서라고 까지 말하면서 그 배후로 대사헌 정경세를 지목하여 공격하였다.[41) 이귀는 남인을 견제하고 약화

---

36) 『인조실록』6, 2년 5월 17일 경오.

37) 吳允謙은 당시 두 사람의 불편한 관계를 걱정하였으며, 최명길은 "이 일은 이귀가 정경세를 공격함으로 말미암아 일어난 것으로 조정의 본의가 아닙니다. 儒臣은 임금의 덕을 보도하는 것이 그 직임이니, 정경세가 말한 것이 잘못되지 않았는데, 그 때문에 지위가 불안하게 되었으니 매우 한탄스럽습니다."라고 하여 더욱 분명하게 이귀의 무리함을 지적한 바 있었다.(『인조실록』6, 2년 5월 13일 병인)

38) 『인조실록』13, 4년 윤6월 9일 기유.

39) 『인조실록』13, 4년 윤6월 6일 병오.

40) 『인조실록』13, 4년 윤6월 10일 경술.

시키려는 정치적 의도를 가지고 있었으며, 이에 맞서 정경세는 남인을 변호하는 대응을 한 것이었다. 영남 남인 출신의 관료로서 집권 서인의 부당한 압박과 횡포에 맞서서 남인을 지키는 버팀목 역할을 자임한 것이었다.

한편으로 그는 관료로서 군주의 계옥에도 정성을 다하였다. 특히 학문적 식견이 높았기 때문에 경연에 참석하여 인조를 계발한 부분이 많았다. 정경세가 경연에서 진강할 때마다 백료들이 얼굴빛을 바꿀 정도로 탁월하였다고 한다. 이는 경연에 참여한 동료들도 인정하는 바였다. 함께 경연에 참여한 바 있던 사간 권도는 "정학사는 참으로 시강을 하는 데 있어서 첫째가는 사람이다."라고 감탄하였다고 한다.42) 이준은 "우복은 경연석상에서 임금에게 고하고 일을 논함에 있어서 경전을 인용하고 의리를 넘나들었는데, 상세하면서도 번거롭지 않고 간솔하면서도 급박하지 않았다. 그리고 말이 나오는 것이 비록 무궁하였으나 말투가 아주 애연하고 간절하였으므로 인정에 곡진하고 天聽을 감발시킬 수가 있었다."고 전하였다.43) 그리고 무엇보다도 당사자인 인조가 "자신이 큰 허물이 없을 수 있었던 데에는 정경세의 도움이 실로 컸었다"고 회고한 바 있다.44) 그리하여 훗날 산림들의 후손을 특별히 서용하라는 명에 이어 특별히 정경세를 논급하면서 그의 후손도 함께 서용하라는 명을 따로 내리기도 하였던 것이다.45) 명예의 반열이 산림과 동일하게 취급되었던 것이다.

정경세는 그러한 실력과 정성으로 국가 정책에 대해서도 곡진하게 아

---

41) 『인조실록』13, 4년 윤6월 9일 기유.

42) 『우복집별집』부록, 언행록 ;『국역 우복집』5, 138쪽, 이원규의 기록.

43) 『우복집별집』부록, 언행록 ;『국역 우복집』5, 139-140쪽, 이원규의 기록.

44) 『우복집별집』부록, 언행록 ;『국역 우복집』5, 139쪽.

45) 『인조실록』49, 26년 12월 19일 기유. 손자인 鄭道應이 천거로 대군사부에 임명된 것도 그 영향이었던 것으로 짐작된다.(『인조실록』50, 27년 4월 11일 기해)

되어 성취한 것이 있었다. 사신은 "정경세는 박학하고 문장에 능하기로 儒臣 중에 첫째로 꼽힌다. 차자의 앞뒤 내용이 조용히 開導하는 것으로서 간곡하게 憂愛하는 정성을 바쳤다."라고 한마디로 요약하여 평한 바 있다.46) 국정에 대한 그의 생각은 경연에서의 진언이나 상소에 잘 드러나 있다.

먼저 인조 원년에 올린 弘文館八條箚를 들 수 있다. 홍문관 부제학이었던 정경세는 젊은 관료들과 함께 새로운 군주인 인조가 지향해야할 국정의 기본 방향으로서의 덕목을 8가지로 나누어 제시한 바 있었다. 立大志, 懋聖學, 重宗統, 盡孝敬, 納諫諍, 公視聽, 嚴宮禁, 鎭人心이 그것이었다.47) 한결같이 처음 정사를 펴는 군주가 살펴야하는 덕목이었다고 하겠다.

이어 인조 2년에는 구언하는 전지에 응한 차자에서 시무책으로 백성들에게 세금 내기를 독촉하되 소요스럽게는 하지 않고, 세금내기를 독촉하는 가운데서도 백성들을 어루만져 돌보아 주어야 한다는 옛 사람의 말을 인용하면서 백성을 어루만져주는 정치를 할 것을 주문하였다.48) 이는 백성을 근본에 두고 백성을 위하는 정신에 근본을 두고 있다. 광해군 즉위년에 올린 무신소도 그 근본정신은 마찬가지였다.

그리고 군주는 사심을 버려 사사로움을 추구하지 않아야 한다는 것이 기저에 흐르고 있었다. 이는 자연히 내수사의 혁파 내지 축소 주장으로 이어졌다. 내수사는 대표적인 왕실 소유의 재산을 취급하던 기구였다. 반정초기에는 이 내수사를 혁파한다는 소문이 파다하여 많은 백성들로부터 지지를 받았던 모양인데, 소문에 그쳐서 실망이 컸었던 사안이었

---

46) 『인조실록』13, 4년 윤6월 7일 정미.
47) 『인조실록』3, 1년 9월 11일 무술. 『우복집』4, 弘文館八條箚.
48) 『우복집별집』5, 연보, 인조 2년 1월 병인 ; 『국역 우복집』4, 403-408쪽, 구언하는 전지에 응한 차자.

다. 인조 1년 경연에 참가한 부제학 정경세는 이 내수사 문제에 대해 거론하기 시작하였다. 경연에 입시한 기회를 이용하여 내수사 복호 만이라도 혁파하기를 주청한 것이었다.[49] 그 후 정묘호란을 겨우 극복한 뒤에 국정을 추스르는 방안을 개진하면서도 내수사의 혁파를 주장한 바 있었다. 그는 포병 1만병 양성, 조총의 수입, 무과에 조총 과목 신설 등과 함께 제일 중요한 군량을 확보하기 위한 방책으로 내수사를 혁파하고 그 수입을 호조로 돌릴 결단을 촉구한 바 있었다.[50] 인조 8년 경연석상에서도 정경세는 장유와 함께 내수사의 폐해를 말하면서 혁파만이 그 폐해를 제거할 수 있는 방법이라는 취지로 곡진히 아뢴 바 있었다. 그러나 인조는 내수사는 '털끝만큼도 백성의 힘을 빌지 않으면서 나라에 도움이 되는 것이 적지 않으며 또한 군주의 낭비도 막을 수 있는 것'이라는 인식을 가지고 있어 끝내 받아들이지 않았다.[51] 비록 내수사와 관련한 것은 국왕이 워낙 강경한 입장을 고수하였기 때문에 실현되지는 못하였지만 그만큼 군주에게 하기 어려운 건의를 앞 뒤 재지 않고 수차에 걸쳐 하였다는 데 의미가 있다고 하겠다.

궁방과 관련하여서도 그 폐단을 시정할 것을 수차 주장한 바 있었다. 인조 1년 정경세는 여러 궁가에 복호의 혜택을 주면 백성들이 반드시 그곳에 의탁을 하게 되어 폐단이 발생하니 이를 엄격히 금지할 것을 주장하였다. 그리하여 인조로부터 비록 호역의 면제를 금하는 조처까지는 얻어내지는 못하였지만 궁가 전결의 복호는 허락하지 않는다는 결단을 얻어내기도 하였다.[52] 인조 6년에도 내탕고와 蘆田 및 海澤에서 세금으로 거두어들이는 것 등을 혁파할 것을 촉구하기도 하였다.[53]

49) 『인조실록』3, 1년 윤10월 15일 신축.
50) 『인조실록』16, 5년 5월 1일 병인 ; 『우복집별집』6, 연보, 인조 5년 6월 병오 11일.
51) 『인조실록』23, 8년 10월 20일 을축.
52) 『인조실록』3, 1년 11월 11일 정묘.
53) 『우복집별집』7, 연보, 인조 6년 8월 10일 무술 ; 『국역 우복집』5, 61쪽.

군주가 사심을 버리고 오직 백성을 위해 진력하는 정치 그것이 정경
세가 추구한 정치였던 것이다. 그를 위해 그는 새로운 군주가 즉위하였
을 때 그 지향해야 할 바를 제시하였다. 그리고 그를 위해 경연석상이나
상소 등을 통해 계속 군주를 그 방향으로 이끌려고 노력하였던 것이다.
그리하여 아는 것이면 말하지 않는 것이 없었고, 말하면 끝까지 말하지
않는 것이 없었다는 평을 받았다. 내수사나 궁방과 같은 국왕과 관련되
어 있어 말하기 어려운 것도 수차에 걸쳐 개진하는 성실한 자세를 견지
하였던 것이다. 그 자신 시대적 환경인 당파에서 벗어나 있을 수 없는
한계는 분명히 있었으나, 학자적 관료로서 강직하고 성실하게 최선을 다
하는 모습을 보여준 모범적인 전형이었다고 평가할 수 있겠다.

2) 전례에 대한 예론의 제시

인조는 정상적인 왕위 승계가 아니라 반정에 의해 왕위에 올랐다. 선
조의 제 5자 定遠君의 아들인 인조는 종통상으로는 손자로서 조부인 선
조의 뒤를 잇는 셈이었다. 그렇기 때문에 자칫 약점으로 작용할 수 있는
정통성 문제를 확고히 할 필요성을 느끼고 있었다. 상당수 반정 주체 세
력 역시 이 문제에 적극적으로 임하였다.

정통성 확립의 완결은 인조의 생부로서 반정 전에 죽은 생부 정원군
의 추숭이었다.[54] 정원군을 왕으로 추숭하여 선조의 적통을 정원군(후일
원종)을 거쳐 인조에게 이어지게 함으로써 정통성을 한층 확고하게 굳히
려고 한 것이다. 원종의 추숭은 10여년 동안 수차에 걸친 전례 논쟁을

---

54) 원종 추숭과 관련한 연구로는 다음의 논고들이 참고가 된다. 이영춘, 「잠야 박지
계의 예학과 원종추숭」, 『청계사학』7, 1990. 우인수, 「조선 인조대 정국의 동향과
산림의 역할」, 『대구사학』41, 1991. 이현진, 「인조대 원종추숭론의 추이와 성격」,
『북악사론』7, 2000. 장동우, 「여헌 장현광의 예설과 예학적 문제의식」, 『유교사상
연구』24, 2005. 장세호, 「원종의 추숭문제」, 『한국사상과 문화』50, 2009.

제3편 영남 남인의 현실인식과 대응 273

거치면서 단계적으로 이루어졌다. 그리고 여기에는 상당한 진통과 갈등이 수반되었다.

반정직후 인조의 생부인 정원군은 당연히 定遠大院君으로 추존되었다. 그런데 이 때 인조의 정원대원군에 대한 칭호를 어떻게 할 것인가가 전례 문제로 대두하였다. 즉 정원대원군의 제사를 지낼 때 인조가 제문의 頭辭에서 생부를 어떻게 칭할 것인가가 논쟁의 시작이었다. 아울러 인조가 상복을 입어야 한다면 의리상 어떤 복제가 옳으냐는 것과 어떤 형태의 묘향이 합당한가의 문제가 연이어져 있었다. 이 문제는 이후 약 10년간에 걸쳐 사안별로 제기되었다.

이 때 조신 중에서 전례에 대해 발언할 만한 위치에 있으면서 독자적인 자신의 논리를 세워 의견을 표출한 자는 정경세를 위시하여 이정구, 장유, 최명길, 조익 등이었고, 학자로서는 산림인 김장생, 박지계 등이었다. 나머지 여러 신하들의 의견은 대개 위의 사람들이 내세운 논리 중의 하나와 비슷하였다. 여러 사람들의 논점을 대비하여 제시하면 다음 <표 1>과 같다.55)

〈표 1〉 인조의 정원대원군에 대한 전례

구분 \ 관료	정경세 이정구	조익	김장생	장유	최명길	박지계
祭文 稱號	考	考	伯叔父	考	考	考
服喪	不杖期	不杖期	不杖期	杖期	三年	三年
廟享	綾原君主祀	綾原君主祀	綾原君主祀	別廟	別廟	禰廟
論據	稱;禰位闕 服·廟;爲人後	稱·服·廟; 爲人後	稱·服·廟;爲人後, 重位大	稱;爲祖後 服·廟;爲宗統	稱·服;爲祖後 廟;爲宗統	稱·服·廟;爲祖後, 重血統

---

55) 인조의 정원대원군에 대한 칭호와 복제에 관한 여러 학자들의 주장은 후일 朴世采가 일목요연하게 정리한 것이 있는데, 필자가 약간 가감하여 제시하였다. 『南溪集』64, 章陵稱號尊崇考證.

　　여기서는 정경세에 초점을 맞추어 전례 문제에 임한 그의 대응 인식과 자세를 살펴보고자 한다. 부제학 정경세는 선조와 인조간에 종통상으로는 '父子之道'가 있음을 인정하였으나, 다만 인조가 선조의 아들이라 한다면 정원군과 인조는 형제간이 되어야 하는 무리가 있다는 점과 또한 稱考할 데가 없게 되어 천륜에 어긋나게 된다는 점을 감안하여 정원군을 考라 칭할 수밖에 없다는 다소 융통성있는 예론을 폈다.[56] 이는 예조판서 이정구와도 일치된 견해였다.

　　이 때 산림 김장생은 제왕가의 승통을 중시하는 입장에 서서, 인조는 선조에게 '父子之道'가 있으므로 정원대원군에 대해서는 백숙부라 칭해야 한다고 하여 정원대원군을 종통에서 배제하는 철저한 예론을 내세웠다.[57] 그리고 산림 박지계는 정원대원군을 종통에 적극 포함시키려는 입장에 서있었다. 그는 '傍親爲人後者'와 '孫爲祖後者'의 경우를 명백히 구별하여 인식하였는데, 인조의 선조에 대한 경우는 손자로서 할아버지를 계승한 '孫爲祖後者'의 경우에 해당한다고 보았다. 따라서 정원대원군에 대해서는 考의 칭호를 쓸 수 있고, 상복도 斬衰三年服을 입을 의리가 있다는 주장을 폈다.[58]

　　결국 호칭 문제는 논리야 저마다 조금씩 달랐지만 정경세를 포함한 다수의 의견에 따라 考라 칭하는 것으로 결정되었다. 중요한 예론의 결정에 일익을 담당한 것이다. 그런데 이 문제는 언제든지 다시 제기될 가능성을 가지고 있었다. 인조 2년 박지계의 문인 경릉참봉 이의길이 정원대원군의 추숭을 주장하는 상소를 올려 논의를 촉발하였다.[59] 인조도 김장생과 박지계의 논리 중 어느 것이 옳은가를 물으면서 이에 깊은 관

---

56)『인조실록』2, 원년 5월 7일 병신.
57)『인조실록』2, 원년 5월 3일 임진.
58)『潛冶集』1, 응지소, 갑자(인조 2).
59)『인조실록』7, 2년 9월 13일 갑자.

심을 표명한 바 있었다. 이 때 부제학 정경세는 김장생의 논리는 대개는 正論이나 정곡을 얻지는 못한 반면에 박지계의 논리는 극히 이치에 닿지 않는다고 혹평하면서[60] 정원대원군의 추숭에 대한 인조의 관심을 초기에 봉쇄시키는 역할을 하였다.

인조 4년 인조의 생모 啓運宮 구씨가 사망함으로써 이 문제는 다시 논란의 중심으로 떠올랐다. 인조가 생모의 상에 입어야 할 상복의 종류가 논란의 핵심이었다.[61] 그런데 이 문제는 자연스럽게 생부 정원대원군을 어떻게 처우하는가 하는 문제와 직접 연관된 문제이기도 하였다. 대개 어머니를 위해서는 3년복을 입는 것이 상례이지만, 인조의 경우에는 선조의 뒤를 이어 대통을 이었기 때문에 사가의 친부모에 대해서는 당연히 降服하여 기년복으로 정하는 것이 마땅하였다.

계운궁의 병세가 위독할 때 삼의정인 이원익·윤방·신흠과 예조판서 김상용이 모여 논의한 결과 역시 삼년복에서 강복하여 不杖期로 정하였고, 조정의 의론도 대개 옳게 여겼다. 그런데 여기에 대해 공신인 부제학 최명길과 연평부원군 이귀가 대통을 이었다고 해서 그 상복을 낮출 수 없다고 하면서 삼년복을 주장하고 나선 것이었다. 나아가 삼년복에 동의하지 않는 자들은 '전하를 아버지가 없는 분으로 인도하려는 사람이다.'라거나 '아비를 무시하는 자들'로 몰아부쳤다.[62] 인조는 당연히 친모를 높이려는 인정에 끌려 후한 상복을 입는 쪽에 좀 더 솔깃해하였다.

예학의 일가견을 가지고 있었던 대사헌 정경세도 당연히 이 문제에

---

60) 『인조실록』7, 2년 10월 23일 갑진. 후에 예조에서는 그 하문에 대해 답하기를 "金長生之論 雖有曲折之差殊 大意則與臣等同 朴知誠之論則錯謬甚矣"라 하여 정경세의 답변이 예조 관원들의 의견과도 일치함을 확실히 해 두었다.

61) 인조의 계운궁에 대한 복제 문제를 둘러싸고 전개된 논쟁에 대해서는 다음의 논고를 참고하라. 서인한, 「인조초 복제 논의에 대한 소고」, 『북악사론』1, 1989. 이현진, 「17세기 전반 계운궁 복제론」, 『한국사론』49, 2003.

62) 『인조실록』10, 3년 12월 12일 병술.

대해 자신의 의견을 개진하였다. 정경세는,

> 어버이를 친히 하는 것은 은혜이고 조상을 높이는 것은 의리인 것으
> 로 의리가 있는 것에는 은혜를 굽히지 않을 수 없는 것입니다. 성인이
> 예법을 만든 뜻은 지극히 정미한 것으로서 천하 사람으로 하여금 소생
> 부모에게 박하게 하려는 것이 아닌 것입니다.[63]

라고 전제한 후 인조의 경우는 선조의 대통을 이은 상태이기 때문에 대
종에 압존되어 私親을 위해 정리를 펼 수 없는 것이 천지의 常經이요
고금의 通誼라는 논리를 전개하였다. 따라서 대신들의 주장과 바와 같
이 기년복으로 정하는 것이 합당하다는 주장을 곡진하게 펼쳤다.[64]

그러나 인조는 자신이 이미 정원대원군을 考라 칭하고 스스로 子라
칭하고 있는 이상 삼년복을 입는 의리가 있으니, 생모의 상에 삼년복을
입어야겠다고 고집하였다.[65] 이러한 인조의 뜻에 적극 영합한 인물은
공신인 이귀와 최명길 등이었는데, 그들의 논리적 근거는 박지계에게서
비롯된 것이었다.[66]

이렇게 不杖期論과 三年服論이 맞선 가운데 정경세를 비롯한 다수의
의견에 따라 삼년복제는 채택되지 않았다. 삼년복제가 채택되지 않도록
하는 데 정경세도 큰 힘을 보탠 것이다. 인조는 삼년복을 포기하는 대신
기년은 기년이되 부장기가 아닌 장기로 하기를 고집하여 집행하였다.[67]

---

63) 『인조실록』11, 4년 1월 15일 기미.
64) 『인조실록』11, 4년 1월 15일 기미.
65) 『인조실록』11, 4년 1월 14·15일 무오·기미.
66) 『潛冶集』1, 擬上疏, 병인. 이미 인조 원년부터 정원대원군을 종통에 포함시켜야
    한다는 예론을 폈던 박지계는 이 때도 같은 논리로 자신의 의견을 개진하기 위한
    상소를 써두었다. 이 상소는 비록 조정에 올리지는 않았으나 그 내용은 중형 박지
    양 등에 의해 요로에 충분히 배포되었다고 한다. 이영춘, 「잠야 박지계의 예학과
    원종추숭」, 『청계사학』7, 1990, 253쪽.
67) 『인조실록』11, 4년 1월 15일 기미, 19일 계해.

이는 인조가 상주가 되고자 하는 의도에서였다. 그러나 상주도 결국은 동생인 능원군이 맡는 것으로 결정되었다.[68] 역시 정경세를 비롯한 여러 예론가들의 논의가 관철된 것이었다.

그 후에도 이귀와 최명길이 계운궁 복제의 잘못을 간헐적으로 지적하기도 하였고, 양릉군 허적이 추숭을 주장하는 상소를 올린 바 있었으나 별다른 파문을 던지지 못하였다.[69] 그러다가 원종 추숭 문제는 인조 8년경에 이귀의 차자로 인해 조정의 쟁점으로 다시 부각되었다.[70] 인조 7년 (1629년) 산해관 방면을 지키고 있던 명장 袁崇煥에게 齎咨使의 임무를 띠고 해로를 통해 파견되었던 최유해가 잘못하여 등주에 표류한 바 있었다.[71] 그는 마침 이곳에서 명군의 군량을 감독하는 임무를 띠고 와 있던 명의 戶部郎中 宋獻을 만났다.[72] 두 사람이 대화를 하던 중 화제가 원종의 추숭에까지 이어졌고, 급기야 송헌은 원종의 추숭이 당연하다는 논지의 예론을 글로 지어 준 바 있었다.[73]

이를 최유해의 친구 홍진도를 통해 입수한 이귀는 송헌과 박지계의 주장이 일치하니 가히 천하의 공의라고 하면서 추숭을 강력하게 주장하게 되었던 것이다.[74] 이에 인조도 원종추숭을 통해 왕통을 더욱 확고하게 굳히면서 生父母에 대한 인정상의 의리를 다하고자 하였다. 인조는 명에 주청하여 처리할 것을 주장하면서까지 이의 관철에 집착하였다.[75]

---

68) 『인조실록』11, 4년 1월 23일 정묘.
69) 『인조실록』18, 6년 3월 8일 기사 ; 『위의 책』20, 7년 6월 19일 임신.
70) 『인조실록』23, 8년 10월 28일 계유.
71) 『인조실록』21, 7년 9월 6일 정해 ; 『위의 책』23, 8년 12월 4일 무신.
72) 호부낭중 송헌이 이듬해인 1630년에도 군량 감독의 임무를 띠고 여순에 머물고 있는 것으로 미루어 최유해와 등주에서 조우한 것은 사실인 듯하다. 『明懷宗實錄』3, 경오년(회종 3, 1630).
73) 『연려실기술』22, 「元宗仁獻王后追崇」, 인조 8년 11월조.
74) 『인조실록』23, 8년 12월 8일 임자.
75) 『인조실록』24, 9년 4월 20일 계해.

이러한 사태에 직면하여 추숭에 반대하다가 이미 관직을 사퇴하고 고향 상주에 내려가 있던 정경세도 마지막 추숭 반대 상소를 올렸다. 인조 9년 4월에 상소를 올려 추숭하지 말기를 청하면서 추숭은 인조가 은혜로써 의리를 가리는 행위에 가깝다며 곡진히 아뢰었으나 인조는 더 이상 비답조차 내리지 않았다.[76] 이 상소를 읽어본 영의정 오윤겸은 '유신이 임금에게 고하는 말은 마땅히 이와 같아야 한다.'고 감탄하면서 칭찬하였다고 한다.[77] 하지만 추숭을 저지하기에는 정경세로서도 이미 방도가 없었다. 무엇보다 건강이 몹시 악화되어 맑은 정신을 유지하기가 힘들 정도가 되었던 것이다.[78]

이제 인조를 비롯한 추숭론자들은 추숭을 향해 마지막 박차를 가하였다. 인조는 추숭에 반대하는 유생과 관료들을 처벌하면서 강경하게 대응하였다.[79] 그리고 이귀를 이조판서에 임명하여 인사권을 맡기면서 힘을 실어주었다.[80] 추숭에 우호적인 사람들로 관직을 채우기 위함이었다. 드디어 인조 10년 최명길이 예조판서로 있으면서 추숭 작업을 마무리하였다.[81]

---

76) 『국역 우복집별집』7, 부록, 연보, 인조 9년 4월조.

77) 위와 같음.

78) 정경세는 인조 9년 6월 이후 병세가 점점 깊어져 정신이 혼모함이 심해져서 자제의 이름자를 모두 잊어버릴 정도에 이르렀다.(위의 연보, 해당조) 이런 상태로 지속되다가 11년 1월에 말을 할 수 없을 정도로 위독하였고 약간의 차도가 있다가 6월에 졸하였다.(위의 연보 해당조)

79) 인조 9년 9월 추숭론의 이론적 제공자로서 비난의 표적이 된 박지계가 유생들에 의해 儒籍에서 삭제되는 사태가 발생하였다. 주동자인 許穆이 이귀의 청에 의해 停擧 처분을 당하였다.(『인조실록』25, 9년 9월 18·27일 기축·무술) 박지계를 蓼蟲이라 하며 매도한 바 있던 趙絅은 知禮縣監으로 좌천되었으며,(『인조실록』25, 9년 9월 4일 을해) 그 외 이귀를 비난하였던 執義 金世濂, 掌令 李坰·朴安悌 등도 외직으로 黜補되었다.(『인조실록』25, 9년 윤11월 23일 임술)

80) 『인조실록』25, 9년 11월 25일 갑오.

81) 『인조실록』26, 10년 2월 24일 임진에 追崇都監이 설치되었고, 李貴와 崔鳴吉이 提調에 임명되었다.

전례와 관련하여 정경세의 역할과 공은 다음과 같이 정리될 수 있다. 먼저 정원대원군에 대한 제문의 두사 칭호를 '考'라고 제시하여 실현시켰다. 계운궁 복제 논란에서 삼년복을 저지하였다. 다만 부장기를 주장하였으나 장기로 집행된 아쉬움은 있다. 그리고 계운궁의 주상을 동생인 능원군이 맡는 것으로 처리되었다. 물론 이러한 것을 혼자 한 것은 아니지만 중신으로서의 조정의 의견을 모우는 중심 관료로서의 역할을 충실히 수행하였다. 부제학, 대사헌, 이조판서 등의 직임에 있을 때였던 것이다. 그러나 원종 추숭 막바지에는 병이 깊어 조정의 일에 전혀 참여할 수 없었기 때문에 정경세로서도 어쩔 수 없었던 한계가 있었다고 하겠다.

4. 외침에 대한 대응

1) 임진왜란시의 활동

일평생 살면서 한번 겪어도 족할 외침을 두 차례나 겪은 세대는 참으로 불행한 세대라고 할 수 있을 것이다. 정경세의 세대가 그러하였으니, 30대에 왜란을 겪었고, 60대에 호란을 겪었던 것이다. 30세때 정경세는 임란을 맞이하였다. 이미 6년 전에 문과에 급제하여 관직에 출사한 상태였으나, 정여립모역사건에 연루된 이진길을 사관으로 천거한 것으로 인해 조정을 떠나 고향인 상주에 내려와 있던 때였다.

창졸간에 당한 일이기도 하고 상주가 왜군의 진격로에 위치해 있었기 때문에 노모를 위시한 식구들과 함께 일단 주변 산으로 피난하였다. 정신을 차린 후 향중의 父老들과 의논하여 村兵 약간을 모아 왜군과 교전하여 작은 전공을 올리기도 하였다. 별다른 군사적인 지식도 없이 소규모의 부대로 왜의 정규군과 맞붙는 것은 무리한 일이었다. 이에 군무에 약간의 조예가 있던 이를 초빙하여 의병의 지휘를 맡겼다. 그러던 어느 날 많은 왜군에게 포위됨으로써 패하여 흩어지게 되었다. 이 때 정경세의 노모와 동생은 적의 칼날에 희생되어 사망하였고, 이를 구하려던 정경세도 적의 독화살에 어깨를 관통당하여 높은 벼랑에서 떨어져 거의 죽었다가 겨우 살아났었다.[82] 그 뒤 창의장 이봉의 참모관이 되어 원근에 격문을 보내어 군사를 모우고 군량을 모우는 임무를 수행하였다.

이렇게 정경세는 임진왜란을 맞이하여 비겁하게 행동하지 않고 자신이 할 수 있는 최선의 일을 하였다. 그 와중에 노모와 동생을 잃는 뼈아픈 아픔을 겪었고, 자신도 독화살을 맞고 구사일생으로 살아나게 되었던 것이다. 약간의 전공을 세웠지만 주변에 널리 알리지도 않았을 뿐더러 그 공을 사양한 것은 염치를 존중하던 그의 모습을 잘 보여준다. 그러나 자연히 공이 조정에 전해져 서용의 명이 내렸으나, 노모의 삼년상 동안은 출사를 미루었다.

선조 27년(1594) 조정에 복귀한 그는 육조의 낭관과 삼사의 청직을 두루 역임하였다. 1597년 정유재란이 일어났을 때는 체찰사 류성룡의 종사관으로 활약하였으니, 스승인 류성룡이 최고책임자로 임란 극복을 진두지휘하는 데에 맞추어 자신에게 주어진 관료로서의 책임을 다하였다. 또한 이즈음 왜적에게 가족을 잃은 사람들을 모아 소위 복수군을 조직할 것을 청하여 선조로부터 주목을 받기도 하였다.[83] 하지만 의분만으로 전투의 일을 감당하기는 어려웠고 실제 가시적인 큰 성과를 내지는 못하였던 듯하다.[84] 곧이어 선조 31년(1598)에는 경상도관찰사에 특별히 임명되어 긴 전란의 마지막을 마무리함에 있어 현장에서 일익을 담당

---

82) 『선조실록』68, 28년 10월 1일 경자.

83) 『선조실록』84, 30년 1월 6일 정유.

84) 『선조실록』95, 30년 12월 2일 무오.

하였다.

2) 정묘호란시 號召使 활동

인조 5년 정월 후금이 군대를 몰아 압록강을 넘어 조선을 침범하였다. 65세의 나이에 정묘호란을 맞이한 것이다. 조선은 이에 대한 충분한 대비책을 강구하고 있지 못하였다. 별다른 효과적인 대응책을 마련하지 못한 상태에서의 기습에 가까운 침입으로 인해 조선은 속수무책으로 밀렸다. 저지선이 연이어 뚫렸다는 비보가 날아들었다. 평안도, 황해도, 경기가 차례로 무너진다면 일단 나라를 구할 지역으로 믿을 곳은 삼남밖에 없다고 조정은 인식하였다. 삼남지역의 의병과 군사에 의지하여 이를 버팀목으로 활용하여 난국을 극복하고자 하였다.

삼남지역의 민심을 하나로 모을 거물급 인물이 필요하였다. 이에 인조는 비변사의 요청을 받아들여 정경세와 장현광을 경상도호소사로 임명하였으며, 김장생에게는 호서와 호남을 모두 맡겨 양호소사로 삼았다.[85] 신흠 같은 이는 정경세에게 전적으로 영남을 위임하는 것이 마땅하다고 주장하기도 하였다.[86] 이와 같이 정경세는 조정에서 영남을 대표하는 존재로 인정받고 있었으며, 장현광과 김장생 같은 산림들과 어깨를 나란히 할 정도로 두터운 신망을 가지고 있던 존재였던 것이다.

정경세는 이미 3년전 이괄의 난이 일어났을 때도 영남지역을 효유하는 구역으로 담당한 바 있었다. 당시 북방의 군사를 담당하고 있던 이괄이 반란을 일으켜 군사를 휘몰아 쳐내려올 때 비변사는 4명의 재신을 검찰사로 임명하여 경기와 삼남지역의 한 구역씩을 담당하게 하여 백성들의 동요를 막도록 한 바 있었다. 이 때 정경세가 영남을 담당하였

---

85) 『인조실록』15, 5년 1월 19일 정해.
86) 위와 같음.

고, 심기원이 호남, 김상용이 호서, 이현영이 경기도를 각각 담당한 바 있었다.[87]

이 시기 정경세는 사실 개인적으로 매우 견디기 어려운 슬픔에 잠긴 시점이었다. 몇 년 전에 요절한 맏아들에 이어 세상을 떠난 둘째 아들의 장례를 위해 겨우 말미를 얻어 상주로 내려오고 있던 중이었다. 청주에 도착하였을 때 후금의 변경 침범 소식을 듣고 바로 말머리를 돌려 서울로 향하던 중 수원에 이르러 호소사에 임명된 소식을 접하였다.[88] 이틀 뒤 대궐에 입궐하여 인조를 배알하여 그동안의 상황 판단을 하고 몇 가지 긴급한 조처를 건의하고 논의하였다.

우선 정경세는 포수를 전방으로 빨리 보내어 우선 적의 예봉을 막음으로써 자강의 기틀을 마련하여야 함을 강조하였다. 아울러 임금과 동궁이 각각 강화도와 남도지역으로 나누어 분담하여 백성들을 독려하여야 한다고 건의하였다. 그러고는 경상도 호소사의 임무를 원활하게 수행하기 위한 조처들을 서둘러 허가 받았다. 즉 이미 차정된 종사관 이윤우 외에 강대진과 박한을 종사관으로 더 차출하겠다고 하여 허락을 얻었으며, 산척이나 포수들의 모집을 위해 우림위의 공명첩 수백장과 또한 서얼허통첩도 가지고 갈 수 있도록 허락을 받았다. 또한 경상도 문관들이 서울로 올라오면 호종하는 데 불과할 뿐이니, 이들로 하여금 경상도에 머물며 곡식이나 의병을 모으게 하겠다는 점도 아뢰어 허가를 받았다.[89]

다음날 세자가 분조하여 남으로 내려갔고, 이어 인조가 강화도를 향해 떠난 것과 거의 동시에 정경세는 경상도를 향해 출발하였다.[90] 이 때 이미 경상도지역에서는 장현광과 정경세가 호소사에 임명되었다는 사실

---

87) 『인조실록』4, 2년 2월 8일 임진.
88) 『우복집별집』6, 부록, 연보, 인조 5년 1월 22일.
89) 『우복집별집』3, 경연일기, 인조 5년 1월 24일 ; 『국역 우복집』4, 222-226쪽.
90) 『우복집별집』6, 부록, 연보, 인조 5년 1월 24일 ; 『국역 우복집』5, 36쪽.

이 전해져 있었고, 이어 바로 각 지역별로 의병장을 자체적으로 선정하는 논의들이 이루어지고 있었다.[91]

경상도 지역에 내려온 정경세는 도내에 격문을 보내어 통유하는 한편 직접 각 지역을 돌면서 사람과 곡식을 모으는 역할을 충실히 수행하였다. 날짜별로 활동한 상황을 제시하면 다음과 같다. 2월 3일 상주에 도착하여 도내에 통유하고 관찰사 김시양과 시국에 대해 논의하였으며, 4일에는 선산에 도착하여 호소사 장현광과 만나 일에 대한 의견을 교환하였으며,[92] 정경세가 호소사의 上使를 맡았다고 한다.[93] 이 때 장현광이 의병이 되기 위해 나온 선비들을 모두 거느리고서 전장터로 서둘러 나아가려고 하였는데, 마침 도착한 정경세가 이르기를, "선비들을 내몰아쳐 화살과 돌이 날리는 전쟁터로 들어가게 하는 것은 일에 있어서 아무런 도움이 못 될 것입니다. 명분만 있고 실제는 없으니 차마 그렇게 할 수 없습니다." 라고 하면서 각자 의곡을 내어 군량에 보태도록 하였다고 한다.[94] 그리고 경상도호소사의 막하에서 군량을 총책임지는 管糧官에는 이준을 차임하였으며, 각 지역별로 관량유사를 선임케 하였다.[95]

2월 8일에는 옥성에 도착하여 조정에 서장을 올렸으며, 14일에는 함창, 16일에는 용궁, 17일에는 예천, 20일에는 안동을 각각 순행하였

---

91) 『계암일록(상)』4,(국사편찬위원회 영인본, 1997) 인조 5년 1월 25·26일, 671쪽. 이 때 이미 안동과 예안의 의병장 선임 논의가 시작되어 대개 인선의 윤곽이 드러났음을 알 수 있다. 그리고 28일에는 장현광에 의해 각 지역의 의병장들이 선임되었는데, 안동 김시추, 예안 이영도, 榮川 권주, 예천 장여헌, 풍기 곽진, 봉화 권극명, 진보 김위, 청송 조준도, 영해 이시명, 용궁 정윤목 등이었다.(『계암일록(상)』4, 인조 5년 1월 28일, 672쪽) 장현광의 호소사 진용과 활동에 대해서는 다음의 논문을 함께 참고하라. 우인수, 「조선 인조대 정국의 동향과 산림의 역할」, 『대구사학』 41, 1991, 112-114쪽.

92) 『우복집별집』6, 부록, 연보, 인조 5년 2월 3일, 4일.

93) 『계암일록(상)』4, 인조 5년 2월 6일, 674쪽.

94) 『우복집별집』8, 부록, 언행록 ; 『국역 우복집』5, 143쪽, 강교년의 기록.

95) 『계암일록(상)』4, 인조 5년 2월 9일, 675쪽.

다.96) 그리고 2월 27일에 경상도 지역의 18읍 의병장과 참모들을 함창에 모여 앞으로의 일정을 논의하였는데, 3월 10일에 충주에 의병 전체가 집결하는 것으로 결정하였다고 한다.97) 이렇게 한달여의 기간 동안 정경세는 격문을 도내에 돌리고 또 친히 열읍을 순행하면서 장현광과 협의하여 군사를 사열하고 군량을 조달해 세 부대로 나누어 잇달아 전진해 한강을 방어하고 있는 곳으로 달려가 구원하기로 계획을 세웠던 것이다. 그 후 3월 2일에는 용궁을 거쳐 다시 상주로 돌아왔으며, 8일에 후금군이 물러가 군사를 파한다는 국왕의 유지를 받았다.98) 조정에서 화의를 맺기로 결정하였으므로 군사들로 하여금 돌아가 농사를 짓게 하였다.99)

한편 그동안에 의병을 모우고 의곡을 모으는데 적극적으로 나서 중심적 역할을 하였던 의병장들에 대한 추천과 보고도 잊지 않았다.

> 선산의 의병장 김수는 부지런하고 재간이 있으며 포치하는 것이 마땅함을 얻었습니다. 고성의 의병장 노극복은 여염 사이를 두루 돌아다니면서 눈물로써 개유하매 성의에 감동되어 사람들이 모두들 기꺼이 응모하였으므로 조금만 고을에서 곡식을 모집한 것이 아주 많았습니다. 성주의 의병장 이천봉과 고령 의병장 이현룡, 의성 의병장 권수경, 인동 의병장 장경우 등도 모두 소모하는 일에 온 마음을 다하였으며, 사람됨이 모두 백집사의 직임을 감당할 만합니다. 전조로 하여금 이들을 뽑아서 의망하게 해 뒷날에 격려하고 권장하는 바탕으로 삼게 할 경우, 나라에서 인재를 배양하고 장려하는 도리에 있어서 도움되는 바가 적지 않을 것입니다.100)

---

96) 『우복집별집』6, 부록, 연보, 인조 5년 2월 해당조 ; 『국역 우복집』5, 36-37쪽.
97) 『계암일록(하)』5, 인조 5년 2월 23일, 2쪽 ; 3월 1일, 3쪽.
98) 『우복집별집』6, 부록, 연보, 인조 5년 2월 해당조 ; 『국역 우복집』5, 36-37쪽.
99) 『우복집별집』6, 부록, 연보, 인조 5년 3월 8일.
100) 『우복집별집』1, 복명하는 계[정묘년(1627, 인조 5)에 호소사로 있을 때 올린 것이다] ; 『국역우복집』4, 72-73쪽.

선산의 김수, 고성의 노극복, 성주의 이천봉, 고령의 이현룡, 의성의
권수경, 인동의 장경우 등을 적극 추천하였던 것이다. 그리고 그 외 군량
을 조금씩 낸 사람도 따로 調度使 李埈으로 하여금 올리게 하여 규례에
따라 상을 받도록 하였다.[101]

경상도에서의 일을 위와 같이 마무리한 후 정경세는 조정에 복귀하였
다. 4월 7일에는 강화도에 도착하여 복명하였고, 12일에 어가를 호종하
여 서울로 돌아왔던 것이다.[102] 이렇게 그는 국가적 위기 상황에서 영남
이라는 한 후방 지역을 맡아 잘 대처하였던 것이다. 그에게 이와 같은
막중한 임무를 맡긴 것은 그가 평소에 지닌 위상과 신임에서 비롯된 것
이었다. 더구나 양호지역을 담당한 김장생, 영남을 분담하여 맡은 장현
광과 같은 산림들과 어깨를 나란히 할 정도의 위상을 지닌 존재였음을
확인할 수 있었다.

5. 맺음말

17세기 영남 남인의 대표적 관료이자 학자였던 정경세의 정치사회적
위상과 현실에 대한 대응을 살폈다. 퇴계 이황의 학맥을 류성룡을 통해
이은 적전으로서 영남 남인 사회를 한 시기 풍미하였다. 남인으로서의
자세를 확고히 하였으나, 거기에 매몰되지는 않아서 서인 명문가의 자손
인 송준길을 사위로 맞이하기도 하였다.

그는 관료로서의 자부심과 사명감을 가지고 관직생활에 임하였는데,
당쟁기를 살아간 당인이었기 때문에 당쟁의 소용돌이를 피할 수는 없었

---

101) 『인조실록』16, 5년 5월 1일 병인.
102) 『우복집별집』6, 부록, 연보, 인조 5년 4월 7일, 12일.

다. 따라서 그의 정치적 행로와 사환도 당쟁의 추이에 따라 부침하였다. 임진왜란 이후 류성룡을 비롯한 남인이 북인의 공격을 받았을 때 함께 실각하였다. 오랜 정체와 침체의 시간을 거쳐 인조대에 그의 전성기를 맞이하였다. 이조판서에 양관대제학을 겸하는 지위에까지 올랐던 것이다.

그는 뛰어난 학문적 실력과 자질을 바탕으로 군주를 계옥하는 데 정성을 다한 관료였다. 남이 하기 어려운 말을 하여 삭탈관작되는 지경에까지 이른 것도 실천이라는 측면에서 높이 평가될 부분이다. 수차에 걸쳐 시무책을 아뢴 바 있었으며, 궁중의 사사로운 재산 증식에 제동을 거는 발언도 수차례 올린 바 있었다. 예학에도 일가견을 가져 당시 원종 추숭을 둘러싸고 10년간 수차에 걸쳐 전개된 일련의 전례 논쟁에서 올바른 예의 적용을 위해 많은 노력을 하였다.

한편 그는 그의 생애에 큰 국난을 두 차례나 겪었다. 30세에 임진왜란을 당하여서는 의병을 일으켜 몸을 돌보지 않고 죽을 고비를 겨우 넘기면서 치열하게 대응한 바 있었다. 그 후에는 조정에 복귀하여 임란의 극복에 힘을 보태었으며, 임란의 막바지에는 경상도관찰사로서 마무리 업무를 담당하였다. 65세의 나이에 맞이한 정묘호란 때는 영남호소사에 임명되어 군량과 의병을 모우는 책임자로 활약한 바 있었다. 국가적 위기를 맞이하여 조정이 믿고 영남 한 지역을 맡길 수 있을 정도의 높은 위상과 신망을 가진 존재였음을 이를 통해 확인할 수 있었다.

요컨대 정경세는 이황의 적통을 류성룡을 통해 이어받은 학자적 관료로서 영남 남인의 지도자로 활약한 인물이었다. 높은 학문적 자질을 바탕으로 군주의 계옥에 힘쓴 관료였으며, 예학에 밝아 국가적 전례 문제에 적극적으로 임한 예학자였다. 그리고 국가적 위기에 처하여서는 자신의 한 몸을 던진 실천하는 지식인이었다. 이로써 그는 영남을 대표하는 위상을 확보하였음은 물론 영남과 남인에 국한되지 않는 명성과 신망을 얻은 존재였다.

제3장 자암 이민환의 시대와 그의 현실대응

1. 머리말

紫巖 李民寏[1573(선조 6)~1649(인조 27)]은 조선조 중엽 영남 출신의 문신 관료였다. 그의 생애는 동아시아의 국제질서가 재편되던 불안정한 시기와 맞물려있었다. 20대에 임진왜란을 겪었고, 5·60대에는 정묘·병자호란을 겪었다. 더구나 40대에는 명의 요청에 따른 부원군의 일원으로 요동지역의 전장에 참전하였다가 후금의 포로가 되어 온갖 고초를 겪기도 하였다. 국내 정치 상황은 붕당간의 갈등이 일어나기 시작한 시기였는데, 그도 붕당에서 자유로울 수가 없는 존재였기 때문에 그 한 가운데로 내몰려 중장년 시절 깊은 좌절을 맛보기도 하였다.

그가 역사학계에서 주목받은 계기는 역시 明을 위한 赴援軍으로의 참전과 관련한 특이한 경력 때문이었다. 그는 참전과 포로생활에 대한 기록을 일기 형태로 남겼을 뿐아니라 후금 사회의 모습에 대한 자세한 견문록을 남겼기 때문이다. 그가 남긴 견문록은 후금사회를 이해하는 데 매우 중요한 자료이기 때문에 일찍부터 역사가의 주목을 받아 역사연구에 이용되어 왔으며,[1] 문집 판본에 대한 연구도 최근 이루어진 바 있

---

1) 조선후기의 학자인 이익은 여러번 그의 일기를 인용한 바 있으며,(『성호사설』2, 천지문, 西道關阨.『위의 책』4, 만물문, 人馬一心.『위의 책』10, 인사문, 閭家五梁) 이긍익도 많이 인용한 바 있다.(『연려실기술』21, 폐주광해군고사본말, 深河之役) 그 후 稻葉岩吉, 한명기, 고윤수 등 많은 연구자들이 『건주문견록』과 『책중일록』

다.[2] 하지만 그의 생애 전체를 시각에 넣은 상태에서 그의 삶을 고찰한 연구는 아직 없는 실정이어서 그에 대한 전반적인 이해에는 미치지 못하고 있는 실정이며, 더러는 부정확하게 왜곡된 부분도 있다.[3] 더욱이 영남 남인 관료들의 현실에 대한 인식이나 대응에 대한 연구가 미진한 상태인 점을 감안할 때, 그의 현실에 대한 인식과 대응 자세에 대한 연구는 좋은 하나의 사례가 될 수 있다.

이에 여기서는 영남 남인 관료인 이민환의 삶을 조명하고, 현실에 대한 그의 인식과 대응자세를 규명하고자 한다. 이는 영남 남인 관료에 대한 이해를 위한 작업이며, 또한 격동의 한 시대를 온 몸으로 헤쳐 간 인물에 대한 조명이기도 하다. 먼저 영남 남인으로서 그가 지닌 혈연과 지연적 요소, 그리고 학연에 대해 살펴 영남 남인에서의 그의 위치를 살피고자 한다. 그리고 그의 관료생활을 크게 세 시기로 나누어 삶의 명암과 굴곡을 살피고자 한다. 마지막으로 그가 지은 상소문과 논설을 중심으로 현실에 대한 그의 인식과 대응 자세를 살피겠다. 이를 통해 험난한 시기를 헤쳐나간 한 사람의 인생 역정 뿐아니라 영남 남인 관료의 인식과 자세에 대한 이해의 폭을 넓히는 데 기여할 수 있을 것으로 생각한다.

을 사료로 이용하고 있다. 稻葉岩吉, 『光海君時代の滿鮮關係』, 大阪屋號書店, 1933. 한명기, 『임진왜란과 한중관계』, 역사비평사, 1999. 고윤수, 「광해군대 조선의 요동정책과 조선군 포로」, 『동방학지』123, 2004. 고윤수, 「이민환의 『자암집』과 17세기 조선의 요동문제」, 『북방사논총』9, 2006.

2) 고윤수, 위의 「이민환의 『자암집』과 17세기 조선의 요동문제」.

3) 고윤수의 논문에 보이는 이민환의 세거지나 가계와 관련한 서술 부분이 그 한 예인데,(고윤수, 위의 「이민환의 『자암집』과 17세기 조선의 요동문제」, 136쪽) 이에 대한 구체적인 지적은 이 글의 제 2절 1항에서 이루어질 것이다.

2. 가계와 학문적 기반

1) 재지사족으로서의 가문적 기반

영천 이씨인 이민환의 선대는 원래 영천에 살았는데, 6대조인 麗가 고려 멸망후 국호를 따서 이름을 짓고 군위에 퇴거하면서부터 그 곳을 세거지로 삼았다.[4] 조선에 출사하지 않는 것이 자식에게는 가풍으로 이어졌으나, 망국의 당사자가 아닌 바에야 언제까지 후손들이 새 왕조에 출사하지 않을 수는 없었다.

그리하여 그의 고조 종림은 훈도를 지냈으며,[5] 증조 세헌은 진사시에 합격하여 성균관에서 수학하였는데, 경학과 문장이 뛰어나 己卯諸賢의 추중을 받았다고 한다.[6] 그리고 조부 여해는 참봉을 지냈으며, 백부 광언도 생원시에 합격하였다.[7] 이와 같이 군위에서의 이 가문은 비록 크게 현달하지는 못하였으나 성장하려는 노력을 꾸준히 보이면서 가문 번창의 토대를 닦고 있었다.

가문 번창의 큰 기틀을 닦은 것은 그의 아버지 광준이었다. 그는 의성

---

4) 『萬姓大同譜』상, 영천이씨. 영천이씨는 같은 영천을 본관으로 쓰지만 시조가 다른 두 개 계열이 있다. 고윤수는 그의 논문에서 이민환을 안동 예안에 근거를 두고 있던 이현보로 대표되는 영천이씨 예안파 가문과 혼동함으로써 그로 인해 파생된 여러 가지 기본적인 오류를 범하고 있다. 즉 입향조를 이현으로 본 점, 이현이 예안에서 영천으로 거주지를 옮겨 정착에 성공한 것으로 서술한 점, 이민환대까지 영천을 세거지로 삼고 있었다고 한 점 등을 지적할 수 있다. (「이민환의 『자암집』과 17세기 조선의 요동문제」, 136쪽의 각주 12번) 본문에서 서술하고 있듯이 이민환의 가계는 예안의 영천이씨와는 계열이 다르며, 이민환 가문은 영천에서 군위를 거쳐 의성에 정착하여 세거하였다.

5) 『만성대동보』상, 영천이씨.

6) 『紫巖集』8, 諡狀.

7) 『만성대동보』상, 영천이씨. 『자암집』8, 諡狀. 『사마방목』 이광언.

에 근거지를 둔 평산신씨 권의 딸과 혼인하면서 처가인 의성현 산운으로
이주 정착하였다. 그의 가문에서 처음으로 문과에 급제하였을 뿐 아니라
관직도 정 3품 통정대부 강원도관찰사에 이르면서 가문을 일으켰다. 의
성에서 태어난 아들 民宬과 民寏 형제도 모두 문과에 급제하여 각각 승
지와 형조참판에 이르렀다. 그리고 민환의 아들 정상과 정기 역시 문과
에 급제하여 관직에 진출하였다. 이로써 이 가문은 3대에 걸쳐 내리 문
과 급제자 5명을 배출하면서 일약 명문가로서의 지위를 확고히 하게 되
었다.

  그러한 가문의 명성에 힘입어 혼인도 그에 걸맞게 이루어진 것은 물
론이었다. 이광준은 안동에 거주하는 청주정씨 정사신을 사위로 맞았는
데, 그는 정사성의 동생으로 문과에 급제하여 장례원 판결사에까지 오른
인물이었다. 이민환은 22세에 의성에 거주하던 광주이씨로서 생원시의
장원을 차지한 바 있던 李山岳의 딸과 혼인을 하였다. 하지만 미처 우귀
도 하기 전에 부인이 사망하고 말았다. 이에 24세에 남양홍씨 군수 홍귀
상의 딸을 다시 부인으로 맞아들였으며, 여기서 5남 4녀가 태어났다.[8]

  장녀는 연안이씨로 문과에 급제한 후 관찰사에 오른 이창정의 아들
대군사부 심과 혼인하였다. 그 사이에서 태어난 관징은 이조판서를 역임
하였고, 손자 옥은 부제학을 지냈으며,[9] 증손자 식산 만부는 미수 허목
을 잇는 뛰어난 학자였다. 이 집안은 남인의 대표적인 명문대가였다. 이
창정의 형 광정은 문과에 급제하여 이조판서에 이르렀는데, 그의 세 아
들 현·분·주도 모두 문과에 급제하여 각각 관찰사, 목사, 승지를 역임한
바 있었다. 이민환은 그 중 이분의 딸을 다시 아들 정기의 배필로 취하
였다. 이로써 사위에 이어 며느리까지 이 집안에서 구함으로써 더욱 그
관계를 돈독히 하였다. 창정의 아들 중 진·완·괴도 모두 문과에 급제하

---

8) 이민환의 혼인관계는 『자암집』7, 연보 참고.
9) 이옥은 이민환의 신도비명을 찬술하였다. 『자암집』8, 부록, 신도비명.

여 각각 관찰사, 지평, 부윤을 역임한 바 있었다. 그 아랫대에도 급제와 사환이 이어졌음은 물론이다.

3녀는 의성의 유력한 재지사족인 아주신씨로 문과에 급제하여 승지를 역임한 바 있는 신지제의 아들 홍망과 혼인을 하였다. 신지제는 의성의 藏待書院에 이민성과 함께 배향된 명망있는 인물이었다. 홍망 역시 문과에 급제하여 울산부사를 역임하면서 이 가문은 의성을 대표하는 명문가로 발돋움하였다.

이렇게 이 가문은 중앙의 명망있는 남인가문이나 경상도 지역의 유력한 재지가문과 혼인을 할 수 있는 가문으로 성장하였던 것이다. 이는 역시 문과 급제를 통해 중앙 관료로 성장한 데에 기반하고 있었다고 판단된다.

2) 퇴계학맥의 학문적 기반

이민환은 크게 보면 퇴계학맥에 속하였다. 퇴계 이황의 사후 그 학맥은 안동의 학봉 김성일, 안동·상주의 서애 류성룡, 성주의 한강 정구, 인동의 여헌 장현광 등의 학파로 분기되어 발전하고 있었다. 이민환이 살았던 의성은 지리적으로 안동권과 칠곡·성주권의 중간에 위치해있었다. 그리하여 어느 한 쪽에 치우치지 않고 여러 분파로부터 다양한 영향을 받을 수 있었다. 즉 안동의 김성일와 류성룡, 성주의 정구, 인동의 장현광 등 여러 사람으로부터 영향을 받았다.

가학으로 학문의 기초를 닦은 그는 선조 21년 16세에 청송부사이던 아버지의 명으로 형 민성과 함께 김성일을 방문하였다.[10] 당시 아버지 광준과 김성일은 도의교를 맺은 친밀한 사이였다고 한다. 이 때 김성일

---

10) 이하 이민환의 학연과 관련한 내용으로 별다른 전거가 없는 것은 모두 『자암집』 7, 연보에 의거하였다.

에게 학문의 큰 방법을 질문하고 문인이 되었다. 하지만 21세 때 김성일이 순국함으로써 학업의 인연은 끊어졌다. 하지만 그 인연이 후일 이민환 문집의 발문을 김성일의 적전인 김흥락으로부터 받을 수 있는 계기가 되었을 것이다.

27세이던 선조 32년 겨울 안동 하회에 낙향해있던 류성룡을 찾아가 우복 정경세, 수암 류진 등과 수개월 함께 강학하고 돌아왔다. 이듬해 그는 28세 나이로 별시문과에 급제하였다. 이로써 그는 문과 급제 전인 젊은 시절에 일단 퇴계 이황의 수제자들인 김성일과 류성룡의 양 문하와 다 학연을 맺은 셈이었다.

정구와의 접촉은 확인되지 않으나 형 민성이 정구의 문인으로 급문한 바 있어 간접적인 영향은 받았을 가능성이 있다. 가장 많은 접촉의 기회를 가졌던 이는 역시 장현광이었던 듯하다. 이민환이 장현광에 급문한 시기는 정확히 나타나지 않는다. 형인 이민성의 경우는 선조 36년 겨울에 장현광을 모시고 의성 빙계서원에서 주역을 배웠다고 장현광의 급문록에 나와 있다.[11] 하지만 이 때 이민환은 서울에서 관직생활하고 있었기 때문에 참석하지는 못한 듯하다.

그 후 두 사람의 만남이 기록에 나타나는 것은 55세에 맺은 호소사와 종사관으로의 인연이다. 아마 그 전에 일정한 교류가 있었기 때문에 가능하였을 것으로 짐작된다. 몇 년 뒤인 58세 때는 장현광에게 아버지 광준과 형 민성의 묘지명을 청하였고, 이어 장현광을 모시고 낙동강변의 부지암을 찾은 바 있었다. 그리고 두 아들을 장현광에게 급문케함으로서 형제와 부자 2대에 걸쳐 장현광과 돈독한 인연을 맺었던 것이다. 73세에 경주부윤으로 재직시에는 장현광을 배향한 영천 입암서원 건립에 물력을 보태어 문인으로서의 도리를 다하기도 하였다.

이와 같이 그는 이황의 대표적인 수제자들 그룹인 김성일, 류성룡, 정

---

11) 『여헌선생급문록』 이민성.

구, 장현광과 직간접적인 교류와 인연을 가졌다. 그러한 관계 속에서 퇴계학파의 학맥을 계승하는 영남 남인 관료로서 자리매김하였던 것이다.

3. 관료 생활과 정치적 부침

1) 출사와 붕당간의 갈등

그는 임진왜란 직후인 선조 33년 28세에 별시문과에 급제하여 예문관 검열로 입사하면서 그의 관직생활에 첫발을 내딛었다.[12] 이때 형인 이민성도 3년 전에 이미 문과에 급제하여 출사하고 있었기 때문에 형제가 함께 중앙관계에 진출한 것이었다.

하지만 이때는 이미 붕당간의 갈등이 조정에서 심화되어가고 있던 때였고, 남인이 세력을 점차 잃어가고 있던 때였다. 임진왜란을 거친 후인 선조 31년 남인의 거두 류성룡이 임란 중 화의를 주장하였다는 누명을 쓰고 북인들로부터 집중 공격을 받아 실각하면서 남인은 심대한 타격을 받게 되었다. 이민환이 안동 하회에 낙향해있던 류성룡을 찾아가 학문을 배운 것이 바로 이 즈음이었다. 이어 북인들은 기축옥사의 만연을 문제 삼아 집권 서인을 다시 몰아내는 데 성공하였다. 이후 3당의 세력 균형이 깨어지고, 북인이 정국의 주도권을 점차 장악해가는 과정에 있었던 것이다.

이민환이 출사한 것은 바로 이 시기였다. 아직은 남인이 완전히 힘을 잃은 단계까지는 아니었기 때문에 그는 선조 35년 30세에 예문관 대교,

---

12) 『자암집』7, 연보, 28세조. 이하 이민환의 관직 임명과 관련한 서술은 이민환의 「행장」및 「연보」를 위시하여 『조선왕조실록』, 『승정원일기』, 『죽계일기』, 『여지도서』 등을 참고한 것으로 특별한 경우를 제외하고는 각주를 생략하였다.

봉교로 승진하였고, 32세에 사간원 정언과 시강원 사서 등 청직을 거친 후 선조 38년 33세에는 평안도 어사로 임명되기도 하였다. 이어 33세와 34세에는 예조좌랑과 병조좌랑에 임명되어 행정을 집행하는 부서인 6조에 근무함으로써 앞으로의 관직 생활에 필요한 행정을 익히는 기회를 잡기도 하였다.

하지만 그도 남인의 일원인 이상 언제까지 붕당간의 경쟁과 대립의 소용돌이를 피해갈 수는 없었다. 실제 그는 선조 37년 32세 때 사간원 정언으로 있으면서 북인들의 회재 이언적에 대한 폄훼에 맞서 그 부당성을 자세히 공척하면서 북인들과 불편한 관계에 있었던 사실이 사료에서 확인된다.[13] 형인 이민성 역시 선조 38년 이조정랑에 천거되기도 하였으나 북인들의 반대로 임명되지 못한 바 있었다.[14]

선조 말년 북인이 정권을 오로지 장악하면서 그는 더 이상 중앙 요직에 배치되지 못하고 한직으로 밀려났다. 그의 나이 35세를 전후한 시기의 일이었다. 이어 광해군대에는 북인에서 다시 분파된 소북과의 권력투쟁에서 승리한 대북세력이 주도권을 장악하였기 때문에 남인이었던 그는 여전히 출사에 어려움을 겪었다. 영천군수나 충원현감과 같은 수령직에 한 두 차례 겨우 배치되는데 그쳤고, 중앙의 핵심 관직으로의 접근은 여의치 않았다.

2) 요동 출병과 정치적 시련

이민환이 살았던 시기는 동아시아 국제질서가 급변하는 명청교체기였다. 그 격랑 속에 위치한 조선은 둘 중에 하나를 선택할 것을 강요받았다. 당시 여진족은 거주지역에 따라 건주여진, 해서여진, 야인여진으

---

13)『선조실록』172, 37년 3월 23일 계유.
14)『영남인물고』7, 이민성.

로 크게 나누어진 가운데, 그 하부에 또 여러 부가 있어 상호 대립하면서 주변의 명이나 조선과 대응하고 있었다. 그러던 중 건주여진에서 누루하치라는 걸출한 인물이 등장하여 분열되어 있던 여진의 여러 부를 통합한 후 국호를 후금이라 하고 명을 침공하기 시작하였다. 이에 맞서 명은 楊鎬를 遼東經略으로 임명하고 대군을 편성하여 후금의 도성인 허투알라(赫圖阿拉)를 공략케 하였다.

후금은 명의 공략에 즈음하여 북쪽의 몽고와 남쪽의 조선에 대해서는 이 전쟁에 개입하지 말고 중립을 지킬 것을 요청하였다. 하지만 조선도 동북아의 급변하는 정세에 능동적으로 대처할 수 있는 처지는 아니었지만 어떤 형태로든 점차 그 속으로 빠져들어가지 않을 수 없게 되었다. 일시 관망하던 조선은 드디어 명으로부터 임진왜란 때의 파병 사실을 내세워 대후금 전선에 원군을 파병해 줄 것을 요청받았다. 조선은 공연히 후금을 자극할 의도는 없었지만 의리상 명의 요구를 거부할 수 없었다. 드디어 파병이 결정되었고, 明赴援軍의 진용이 짜여졌다. 1618년(광해군 10) 이웃나라 간의 전쟁에 13,000명에 달하는 조선군이 투입된 것이다.

이 때 이민환은 47세의 나이로 도원수 강홍립의 종사관에 임명되었다. 일반적으로 종사관의 직무는 도원수와 부원수를 보좌하면서 매일 매일의 사건을 기록하고 또 원군 일행을 감찰하는 기능을 가졌으며, 귀국 후에는 국왕에게 견문한 바를 보고하는 것이었다. 이때는 사안이 매우 중하고 규모가 컸기 때문인지 문관출신 종사관 2명과 무관 출신 종사관 2명이 배치되게 되었다. 이민환은 물론 문관출신 종사관으로 차출된 것이다. 儒將 즉 武才를 겸비한 유능한 문신이라는 것이 선택된 표면적인 이유였다. 그는 광해군 9년 비변사에 의해 유장으로 천거된 바 있었다.[15] 북인정권 하에서 중요한 관직에서는 철저히 소외되었지만 생사를 가늠할 수 없는 원정군의 명단에는 이름이 올랐던 것이다.

---

15) 『광해군일기』117, 9년 7월 4일 병인.

이민환과 함께 유장으로 비변사의 천거를 받은 바 있던 남이웅은 도원수 강홍립의 간청에도 불구하고 종사관으로 임명되지 않았다. 그리고 역시 강홍립이 종사관으로 청한 정준도 임명되지 않았다. 대개 종사관의 선발은 도원수의 청을 십분 감안해주던 그동안의 관례를 깬 이례적인 것이었다. 남이웅은 북인의 실세에 속한 인물이었으며, 정준은 당시 권력의 실세였던 이이첨의 심복이었다. 이러한 분위기에서 이민환은 자신의 謙辭대로 '遠外孤蹤' 즉 먼 지방의 외로운 처지에 있는 사람으로서 충당된 것이었다. 그는 조정의 부름에 기꺼이 출전하였다. 강홍립의 입장에서는 앞날을 가늠할 수 없는 원정군으로 출진함에 있어 당시 권력의 실세를 참모로 삼아 동행하고자 한 계책이 좌절된 것이기도 하였다.

이 때 그와 함께 참전한 부원군 진용의 주요 인사들을 살펴보면 형조참판 강홍립이 도원수, 평안병사 김경서가 부원수, 이민환과 정호서가 文從事官, 이정남과 정응정이 武從事官으로 각각 임명된 가운데, 중영장 문희성, 좌영장 김응하, 우영장 이일원 등 무장들이 배치되어 있었다.[16]

조선군은 압록강을 건너 요동으로 들어서서 명군과 합류하였다. 연합군은 명군 88,000명, 조선군 13,000명, 해서여진 2,000명 등 총 10만여 명으로 구성되어 있었다. 1619년 2월에 후금의 수도를 향해 서로, 남로, 북로, 동로 등 4개 방향으로 군사를 나누어 진격하였는데, 조선군은 동로군에 속해있었다.[17] 후금의 수도 60여리 근처에서 벌어진 사르후(薩爾滸) 전투라 불리는 深河戰役에서 서로군과 북로군이 차례로 후금의 철기병에게 격파되었고, 동로군도 미처 후퇴할 틈도 없이 붕괴되었다. 이 전투에서 동로군에 속해있던 조선군의 좌영과 우영이 순식간에 무너졌고, 좌영장 김응하는 장렬하게 전사하였다. 좌영과 우영이 미처 손쓸 틈도 없이 붕괴되는 것을 바라본 중영의 군사들은 사기를 완전히 잃었

---

16) 『연려실기술』21, 폐주광해군고사본말, 深河之役.

17) 김종원, 「호란 전의 정세」, 『한국사』29, 국사편찬위원회, 1995, 231쪽.

고, 원수 강홍립은 더 이상의 무의미한 희생을 막기 위해 잔여 조선군을 이끌고 투항하였다.[18] 이 전투는 명청교체의 분수령이 되는 전투였다. 후금은 요동을 차지할 수 있게 되었으며, 명은 요동을 빼앗겼고, 조선은 명과 통하는 육로를 차단당하게 되었다.

이민환은 자결을 시도하였으나 주변의 만류로 성공하지 못하고[19] 포로로 후금의 수도로 끌려갔다. 포로로 잡혀 있는 동안 그를 시종하던 군관과 사내종도 죽임을 당하는[20] 등 고초와 굴욕은 말할 것도 없었다. 어려운 여건 속에서도 이민환은 조선군 포로들과 함께 조선과 후금간의 연락에 직간접적으로 관여하여 조금이나마 조선에 유리하도록 노력함으로써 포로로서 할 수 있는 데까지 조선을 위한 활동을 하였다.[21] 그리고 무엇보다도 이민환은 지식인답게 그가 겪은 전투와 포로생활, 그리고 후금에 와서 보고 들은 여진과 관련한 정보를 중심으로 두 권의 귀중한 기록물을 남겼다. 『柵中日錄』과 『建州聞見錄』이 그것이다.

이민환은 포로생활 1년 4개월에 드디어 조선으로 돌아오는 기회를 얻었다. 광해군 12년 7월 48세에 압록강을 건너 평양으로 돌아왔다.[22] 평양에 머물면서 그 간의 사정을 조정에 보고하면서 『건주문견록』을 올렸다.[23] 그는 포로 통제와 감시를 위해 수직을 서던 함경도 온성의 藩胡인 필을 통해 각종 정보를 수집한 것으로 나타난다. 번호는 조선의 국경선 주변에 살면서 조선과 본토 여진족의 경계선상에서 공생하던 여진인을 가리킨다. 따라서 우리말로 이민환과 어느 정도 자유로운 소통이 가능하였을 것이다. 조선인과 소통이 가능하기 때문에 수직을 담당하는 임

18) 『연려실기술』21, 폐주광해군고사본말, 深河之役.
19) 『자암집』5, 「책중일록」, 광해군 11년 3월 4일.
20) 『자암집』5, 「책중일록」, 광해군 11년 7월 15일.
21) 고윤수, 앞의 「광해군대 조선의 요동정책과 조선군 포로」.
22) 『자암집』5, 「책중일록」, 광해군 12년 7월 17일.
23) 『자암집』7, 연보, 광해군 12년 7월.

무를 맡았을 것이다. 그런데 번호 인필은 조선과 이민환에 대해 상당히
우호적이어서 건주여진에 대한 많은 정보를 알려주었던 것이다.

『건주문견록』에는 건주여진의 자연 지형을 비롯하여 8기군제도, 무
기체계, 명령체계, 장수들의 가계와 품성과 같은 군사 정보, 명과 대립하
고 있는 주된 원인과 같은 고급 정보도 나름대로 제시하고 있다. 그리고
농업과 가축과 같은 생업 관련 정보, 언어와 문자 생활과 관련한 정보,
그 외 의식주를 비롯한 인사법·혼인·의술·장례 등 일상생활과 관련한
정보 등을 두루 담고 있다. 이는 후금 사회를 이해하는데 빼놓을 수 없
는 귀중한 자료이다. 그 외에도 육진의 번호와 고려촌의 존재 등 조선과
직접 관련된 정보도 제시하고 있다. 하지만 그를 기다리고 있는 것은 싸
늘한 주변의 시선뿐이었다. 평양과 숙천에서 1년여를 머물다가 광해군
13년 6월에 마침내 고향인 의성으로 돌아왔다.[24]

이와 같이 요동의 출병은 그에게는 큰 시련으로서 인생의 전환기였
다. 그는 요동 출병에서 후금에 포로가 되어 죽을 고생을 하였고, 겨우
귀국한 이후에는 항복한 사실로 인해 여러 가지 고초를 겪었다. 급변하
는 복잡 미묘한 국제정세 하에서 국가의 명령으로 출병하였으나, 항복하
여 목숨을 부지하였다는 것이 이후 삶의 짐으로 작용하였고, 상대파에게
공격의 빌미를 제공하였던 것이다.

인조반정 후에도 출사의 어려움은 여전하였다. 서인이 주도하여 광해
군대의 대북세력을 몰아내고 인조를 세운 것이 인조반정이었다. 이후 정
국은 서인이 주도하는 가운데, 광해군대에 같은 압박을 받았던 남인들이
일부 참여하는 상태에서 운영되었다. 이 때 남인으로서는 류성룡의 적통
을 이었던 우복 정경세가 요직에 배치되어 인조의 신임을 받고 있었으
며, 장현광이 인조 초년 산림으로 징소되면서 조야의 중망을 받고 있었
다. 형 이민성도 장령으로 복직하였다.

---

24) 『자암집』7, 연보, 광해군 13년 6월.

제한적이지만 남인에게도 주어졌던 출사의 기회가 이민환에게는 주어
지지 않았다. 그의 발목을 잡은 것은 바로 요동 출병에서 오랑캐인 후금
에게 항복하였다는 낙인이었다. 이것은 관료의 인사에서는 결정적인 흠
으로 작용할 수 있었다. 당사자로서는 다소 억울한 점이 있지만 그것이
대명관계의 복구에 힘을 쏟고 있던 서인이 집권한 당시의 현실이었다.

인조 5년에는 慶尙道號召使 장현광의 종사관에 임명되었다가 사간
원의 탄핵을 받은 바 있었고,[25] 같은 해에 금교찰방에 임명되었을 때도
양사의 탄핵의 받았으며,[26] 인조 13년에 홍원현감에 임명되었을 때 역
시 사간원의 탄핵을 받은 바 있었다.[27] 심지어는 복권이 된 이후인 인조
22에도 사헌부의 탄핵에는 이 내용이 계속 포함되곤 했던 것이다.[28]

3) 국난 극복 활동과 정치적 복권

오랜 시련의 세월을 끝낼 기회가 찾아왔으니, 그것은 후금(청)의 조선
침략이었다. 후금의 조선 침략은 국가적인 차원에서는 엄청난 대전란이
었지만, 이민환 개인에게는 그의 발목을 잡고 있던 족쇄를 풀어낼 수 있
는 기회가 될 수 있었다.

인조 5년 후금이 조선을 침공하였으니, 정묘호란이었다. 조정에서는
중앙군으로 후금의 주력을 막는 한편 후방 지역의 백성들을 규합하여 총
력전에 임한다는 계산이었다. 이에 명망이 있던 지역 인사를 호소사로
임명하여 그들로 하여금 의병을 조직·통솔하고 군량·군기 등을 수집하
는 책임자로 삼았다. 이 때 장현광과 정경세가 경상도호소사, 김장생이
兩湖號召使에 각각 임명되었다.[29]

---

25) 『인조실록』15, 5년 2월 15일 임자.
26) 『인조실록』16, 5년 6월 25일 경신.
27) 『인조실록』31, 13년 4월 17일 병신.
28) 『인조실록』45, 22년 6월 9일 을축.

이민환은 경상도호소사 장현광에 의해 종사관으로 발탁되었다. 이 때 장현광을 중심으로 짜였던 막부의 전모는 명확하지 않다. 다만 그의 문인록에 등재된 문인들의 이력 속에서 산견되고 있을 뿐이다. 장현광은 경상도 일대에 널리 포진되어 있던 그의 문인들을 바탕으로 하여 막부를 구성하고 일을 추진하였다. 그 편성은 대개 경상도를 좌·우도로 나누어 각각 의병대장을 두고, 그 아래에 각 지역 단위로 의병장을 포진시켰다. 그리고 그의 문인들을 그에게 직속시켜 종사관, 또는 軍政·軍糧을 담당하는 등 참모로서의 역할을 맡도록 편제하였다.

이민환은 바로 종사관에 임명되어 호소사 장현광의 참모 역할을 담당하였던 것이다. 이때도 그의 항복 전력을 내세워 사간원에서는 종사관 임명의 반대를 청한 바 있었지만[30] 장현광의 문인록에는 선산에서 소모 활동을 도왔다고 되어 있다.[31] 장계가 서울까지 오고가는 동안에 다소 시간이 걸린 데다가 정묘호란 자체가 단기간에 끝났기 때문에 별다른 문제가 된 것 같지는 않다. 어쨌든 정묘호란이 단기간에 그치고 강화가 성립됨으로서, 그의 좀 더 구체화된 활동상은 볼 수 없지만 그들을 중심으로 영남의 의병이 규합되고 군량·군기를 수합하는 체계가 단시일에 수립될 수 있었고, 그 중심에서 이민환이 일정한 역할을 하였던 것은 사실이다. 하지만 아직 완전히 복권된 상태가 아니어서 조정의 일각에는 여전히 그의 출사나 관직 임명에 대해 부정적인 시각을 가진 자들이 있었던 것도 현실이었다고 생각된다.

그 후 10년 만에 다시 또 청의 침공을 받았으니 병자호란이었다. 이때도 이민환은 의병을 규합하여 문경새재에 이르렀다가 마침 경상도관찰사의 요청을 받아 군영에서 여러 가지 군무를 처결하는 참모로 활약한

---

29) 『인조실록』15, 5년 1월 19일 정해.
30) 『인조실록』15, 5년 2월 15일 임자.
31) 『여헌선생급문록』 이민환.

바 있었다.[32] 그리고 청군을 제압할 방책으로 장차 닥쳐올 해빙기에 주
도권을 장악하기 위하여 미리 전선을 준비케 하는 책략을 내기도 하여
주변 인사들로부터 가장 최선의 방책이라는 평을 듣기도 하였다.[33] 하
지만 그러한 방책도 채 실현되기 전에 조선이 청에 항복함으로써 병자호
란도 단기간에 끝나고 말았다.

결국 조선은 정묘호란으로 후금과 형제의 맹약을, 병자호란으로 청과
군신의 관계를 맺게 됨으로써 후금(청)이 결코 만만한 상대가 아니었음
을 군신들 모두 뼈저리게 느끼게 되었다. 현실을 직접 체험함에 따라 그
전의 요동출병에서도 후금에 굴복한 이들을 여전히 일방적인 비난의 대
상으로 삼기 어렵다는 것을 이해하게 되었다고 본다. 이에 따라 이민환
을 바라보는 군신들의 시선도 그 전과는 달라질 수 있었을 것이다. 이와
관련하여 사관 정태제의 사평은 시사하는 바가 크다. 인조 16년에 군자
감정에 임명된 이민환에 대해 사관 정태제는 "병자호란이후 온 나라가
미개한 상태가 되니 전날 이민환이 포로가 된 사실은 족히 허물이 되지
않는단 말인가"라며 비판적인 사평을 실은 바 있다.[34] 이로 미루어 짐작
컨대 현실에서는 바로 병자호란의 인한 조선의 항복 사실이 이민환의 복
권에 도움이 되는 계기였음을 짐작할 수 있다. 후금에 항복한 것으로 인
해 입은 한 개인의 상처가 나라 전체가 청에 굴복한 사실로 말미암아
치유될 수 있는 계기가 마련된 셈이었다.

그러한 계기에다 이민환 자신이 보여준 국가에 대한 충성과 조정에
대한 신뢰가 보태어졌다. 그는 정묘호란과 병자호란이 일어났을 때 자신
의 열과 성을 다하여 자신의 땀과 능력을 국난 극복에 보태었던 것이다.
그러한 정성과 노력이 없었더라면 말년의 정치적 복권도 쉽지는 않았을

---

32) 『자암집』7, 연보, 인조 15년 1월.
33) 위와 같음.
34) 鄭泰齊, 『史草 上』(한국사료총서 『조선시대사초 Ⅰ』), 인조 16년 3월 25일 무자.

것이다.

　그는 병자호란이 끝난 후인 인조 16년 66세에 이르러서야 능력을 인정받아 비로소 당상관으로 진급하면서 이후 10년간 몇몇 의미있는 관직을 거치게 되었다. 동래부사를 시작으로 장예원 판결사, 호조참의, 형조참판 등 중앙 요직을 거쳐 경주부윤으로 관직생활을 마무리하였다. 치사의 나이를 훌쩍 넘긴 75세 때의 일이었다.

　이상에서 살펴본 이민환의 관직 생활을 요약한다면 30대 전반까지의 관직 입문 시기, 30대 후반부터 50대 전반까지 당쟁과 요동출병으로 인해 시련을 겪은 시기, 50대 후반 이후의 국난극복의 활동을 통해 정치적으로 복권된 시기로 크게 나눌 수 있었다.

4. 향촌 사회 안정책의 모색

　왜란과 호란이라는 대전란을 겪은 후 양반층은 향촌지배질서를 재확립할 필요성을 절실히 느꼈다. 이에 양반 중심 지배질서의 확립을 목표로 하여 양반들간의 결속을 더욱 확고히 다지는 한편 그동안 성장한 하층민들의 요구도 어느 정도 수용하고자 하였다. 의성에서도 그러한 안정책이 모색될 때 이민환은 그 중심에 있었다. 그는 몇 차례에 걸친 의성 지역의 향규를 제정하는 데 중요한 역할을 하였다.

　이민환은 43세이던 광해군 7년 낙향해 있을 때 향중의 권유로 향규를 찬술한 바 있었다. 그는 향규 7綱 35目을 지어 의성 유향소의 기본 강령을 세웠다. 이 시기에 이미 그는 의성을 대표하는 실력과 위상을 갖추고 있었음을 알 수 있다. 그가 만든 향규는 향사당에 게시되어 계속 준행되었다고 한다. 하지만 지금은 그 全文이 전하지 않기 때문에 정확하게는

알 수 없고, 다만 그의 문집에 남아있는 '題鄕規後'를 통하여 그 작성의
전말만을 간략히 확인할 수 있을 뿐이다.[35] 향규의 대체적인 내용은 전
적으로 퇴계 이황의 '鄕立約條'를 따르되,[36] 토속의 不同과 고금의 차
이를 감안하여 일부 수정하였다고 한 것으로 미루어볼 때, '鄕立約條'의
범주를 크게 벗어나지는 않았다고 판단될 뿐이다.

그는 여기서 유향소의 규약을 새롭게 만드는 이유를 풍속이 順厚하고
朴實하던 것이 더 이상 그렇지 않고 '順離 朴散'하여 전과 같지 않음에
있다는 다소 추상적인 이유를 대고 있다. 이는 전란을 통한 혼란과 그리
고 시대적 추세에 따른 하층민의 성장으로 인해 그동안의 양반지배체제
방식에 한계와 저항을 느꼈다는 뜻일 것이다. 그리고 향촌지배체제의 공
고화는 결국 유향소 운영을 담당한 사람에 달렸다고 하면서 합당한 사람
을 얻으면 일향이 숙연할 것이고, 그렇지 못할 경우에는 일향이 해체될
것이라고 하면서 걱정하였다. 그리하여 향풍의 '美·惡'은 규약의 '幸·
不幸'에 달려있고, 규약의 '幸·不幸'은 유향을 맡은 사람의 '賢·不肖'
여하에 달려있다고 하여 운영하는 사람의 중요성을 재삼 강조하고 있다.

62세이던 인조 12년에는 의성의 읍지 『聞韶志』를 편찬하였다. 의성
에는 일찍이 연산군대에 현령으로 재직한 음애 이자가 편찬한 읍지가 있
었으나, 이 때 이민환이 다시 읍지를 편찬하였던 것이다.[37] 이는 의성의
역사를 비롯한 각종 정보를 양반 지배층의 입장에서 정리 기록한 것으로
서 주목된다. 하지만 이 역시 현전하고 있지 않아 자세한 내용은 알 수
가 없다.

병자호란이 끝난 후인 인조 19년 69세 때는 향인들과 함께 운곡사에

---

35) 『자암집』3, 題鄕規後.
36) 이황의 '향중약조'를 따랐다고 되어 있으나 이황의 문집에는 '鄕立約條'로 되어
   있어 이하 향립약조로 표기한다. 『도산전서』59, 鄕立約條序 附約條.
37) 『자암집』7, 연보, 인조 12년.

모여 의성의 향안을 수정하였다.[38] 그리고 76세이던 인조 26년에 의성
유향소의 규약인 鄕會講信約條를 지었다.[39] 이는 33년 전에 이민환 본
인이 작성하였던 7강 35목의 유향소 규약을 수정하는 의미가 있는 것이
었다. 하지만 7강 35목의 규약이 현전하고 있지 않기 때문에 직접 비교
하여 그 차이점을 논하기는 불가능하다. 다만 그 7강 35목이 이황의 '향
립약조'에 전적으로 의존하였다고 하였으니, 이것과 비교하면 한계가 있
으나마 그 차이점을 지적할 수 있을 것으로 판단된다. 이민환의 향회강
신약조는 이황의 향립약조와 비교해 볼 때 다음과 같은 점에서 차이가
있었다.[40]

첫째, 처벌을 통한 규제 뿐아니라 포상을 통한 권장 조항도 함께 설치
되어 있다는 점이다. 즉 懲惡에 대한 조항 뿐아니라 勸善에 대한 조항이
함께 있다는 점이다. 예컨대 향립약조에는 부모에게 불순한 자는 극벌에
처한다고 되어 있는데, 향회강신약조에는 같은 조항도 있지만 여기에 더
하여 효도한 자는 관에 알려서 포장케 한다고 하여 권장하는 조항이 더
첨가되어 있는 것이다.

둘째, 상과 벌을 주는 절차와 방법이 더 구체적으로 명시되어 있다는
점이다. 즉 향립약조에는 악행의 종류에 따라 極罰, 中罰, 下罰에 처한
다는 규정만 있었지, 구체적으로 징계하는 방법은 제시되어 있지 않다.
이에 비해 향회강신약조에는 그 방법이 훨씬 더 구체화되었다. 즉 善籍
과 惡籍을 마련하여 두고 선적에 3회 기재될 때는 수령에게 알려 포장
케 한다고 하였다. 그리고 악적에 3회 기재될 때는 유향소에서 처벌케
하였다. 그리고 사족과 그 아래 신분에 대한 처벌 방법도 차별을 두었다.
鄕吏, 官屬, 村民들의 경우에는 유향소에서 처벌하지만, 사족에 대해서

---

38)『자암집』7, 연보, 인조 19년 1월.
39)『영남향약자료집성』(영남대출판부, 1986) 의성군, 鄕會講信約條.
40)『도산전서』59, 鄕立約條序 附約條.『영남향약자료집성』의성군, 鄕會講信約條.

는 가벼운 경우는 그 자식에게 태를 치고, 중한 경우는 관에 알려 치죄케 함으로써 신분에 따른 구별이 있었다. 다만 당시 사회에서 가장 중시한 부분인 부모에 대한 효, 형제간의 화목, 지아비에 대한 정절 등 3조항은 유향소에서 처리하지 않고 관에 알려 포상이나 치죄케 하였고, 더 중한 경우에는 관찰사에게까지 알려 처리케 하였다.

셋째, 도덕적 규범 위주에서 벗어나 경제적인 측면까지도 거론하고 있다는 점이다. 즉 향회강신약조에는 향립약조에 없는 '賦役 不勤者'에 대한 규제, '田結 隱匿者'에 대한 처벌 조항이 포함되어 있는 점이다. 이는 좀 더 현실적인 문제에까지 유향소가 관여하겠다는 의지의 표명이었고, 사회 변화에 따라 규제할 필요성이 생겨난 것에 대한 반영이었다고 판단된다.

이상에서와 같이 이민환은 의성지역의 재지사족으로서 양반 중심의 향촌사회 안정책 확보에 노력하였다. 당시 양반들은 유향소의 규약을 시대 변화에 맞게 약간씩 수정하면서 그 주도권을 계속 장악하려고 노력하였다. 또한 양반들의 확고한 결속을 향촌 지배의 토대로 삼고자하였기 때문에 향안의 수정을 통한 결속과 읍지 편찬을 통한 기록의 정리에도 관심을 가졌다. 이러한 일련의 작업에 이민환은 의성의 사족을 대표하여 깊숙이 관여하는 지위에 있었던 것이다.

5. 국정에 대한 인식과 대응

이민환은 과거를 통해 정계로 진출한 관료였다. 따라서 관료로서 국정과 관련한 자신의 정리된 생각이 없을 수 없었다. 더구나 그는 종사관으로 요동지역에 파견되어 결국 청에 포로가 되어 장기간 생활하다가 돌아온 특이한 경력을 지님으로써 군정과 관련한 자신만의 시각과 인식을 가지고 있었다.

그러한 그의 국정에 대한 인식은 상소문이나 논설에 잘 나타나 있다. 상소문은 중간에서 차단된 것도 있고, 작성한 후 스스로 올리지 않은 것도 있다, 전달 여부와 관계없이 국정에 대한 인식을 살피는 데는 지장이 없다고 판단한다. 또한 그가 시무와 관련하여 써 둔 별도의 논설들도 있어 그의 현실 인식 파악에 도움이 된다. 그가 작성한 상소나 논설의 상황을 순서대로 살펴보면 다음과 같다.

먼저 그는 48세이던 광해군 12년 후금에서 평양으로 돌아온 직후 조정에 그 간의 사정을 알리는 보고서를 올린 바 있었다. 그 때 포로로 잡혀있으면서 보고 들은 것을 모아 작성한『건주문견록』을 올리면서 이에 덧붙여 외적으로부터의 방비책을 6개 조항에 걸쳐 진언한 바 있었다.[41] 이 '備禦六條'는 修築山城, 申明馬政, 精擇戰士, 優恤邊兵, 精造軍器, 鍊習技藝 등으로 구성되어 있었다.

52세이던 인조 2년에는 낙향해있으면서 對或問 8條를 저술하였다.[42] 가상의 질문자를 내세워 시무와 관련한 것을 묻고, 거기에 대해 자신의 생각을 피력하는 형태를 취한 논설이었다. 8조목은 크게 養民理財의 방안으로 正經界, 改貢案, 行租庸, 用錢貨를 제시하였고, 治兵禦敵의 방안으로 修兵制, 換私奴, 築邊城, 治馬政을 제시하였다.

10년 뒤 62세이던 인조 12년에는 芻蕘問答이라는 역시 문답 형식의 논설을 저술하여 시무 6조를 논하였는데, 調租庸, 行錢貨 變私賤, 務精兵, 謹學校, 嚴科試 등이었다.[43] 대개 대혹문의 내용을 근간으로 하되 학교제와 과거제까지로 더 확장하여 자신의 개혁안을 완성한 것으로 짐

---

41)『자암집』6,「건주문견록」附 備禦六條疏.

42)『자암집』4, 對或問.

43)『자암집』7, 연보, 인조 12년.

작된다. 그러나 이 논설은 현전하지 않기 때문에 연보에 간략히 소개되어 있는 학교제도와 과거제도 개혁에 대한 두 조목 외에는 자세히 알 수가 없어 유감스럽다.

64세이던 인조 14년에는 응지 상소로서 작성하였으나 실제로는 올리지 않은 務精兵과 修馬政을 주장한 상소와[44] 平壤城修築과 錢貨 流通을 주장한 상소[45] 두 편이 있는데, 그 역시 대혹문의 내용 중 한 두 부분을 떼내어 강조한 것이었다.

이와 같이 그는 시무와 관련된 자신의 생각을 3편의 상소와 2편의 논설을 통해 정리하고 피력한 바 있다. 그의 국정에 대한 인식이 전반적으로 잘 드러나 있는 것은 역시 52세에 지은 대혹문 8조였으며, 이를 좀 더 보완 수정하여 완성한 것이 62세에 지은 추요문답의 시무 6조였다고 생각한다. 그 내용은 크게 보면 治兵禦敵의 방안, 養民理財의 방안 그리고 育英選才의 방안으로 요약된다고 생각한다. 아래에서는 상소문도 적절히 참고하면서 세 방안에 대해 구체적으로 살펴보도록 하겠다.

1) 治兵禦敵의 방안

治兵禦敵의 방안은 그가 작성한 거의 모든 상소나 논설에 들어있는 것으로 미루어 그가 가장 많은 관심을 나타낸 부분이었음을 알 수 있다. 이는 그가 요동에 출병하여 실제 전투를 경험하였고 또 후금에 1년 수개월간 포로로 잡혀 있었던 특수한 경험에서 말미암은 것으로 생각한다. 그는 포로로 잡혀 있을 때 누루하치가 요동을 차지해야 하는 필요성에 대해 누차 이야기하는 것을 들은 바 있었고, 이어 요동을 차지한다면 군이 조선과 서로 화평할 필요가 없다는 말을 공공연히 하는 것을 들은

---

44) 『자암집』2, 丙子春擬陳時務疏.
45) 『자암집』2, 上陳平壤城修築錢貨復立疏.

바 있었다. 이에 그는 후금의 침략을 예견하고 그 방어를 위한 방책을 6개 조항으로 제시한 것이 비어 6조였다. 즉 산성의 수축, 군마의 양성, 戰士의 정선, 변방 수비병에 대한 優恤, 무기의 精造, 기예의 연습 등이 었다. 그리고 인조 2년인 52세 때에 낙향해있으면서 그러한 생각을 더욱 가다듬은 것이 대혹문 8개조였는데, 그 중 治兵禦敵의 방안으로 修兵制, , 築邊城, 治馬政 등 4개 조항을 제시한 바 있었다.[46] 그리고 64세 때의 상소에서도 務精兵, 修馬政, 平壤城修築 등을 제시한 바 있었다. 대혹문의 4개 조항을 중심으로 하되, 나머지 상소 내용을 참작하여 살펴 보면 다음과 같다.

첫째, 修兵制이다. 병제에서 제일 중요한 핵심을 精擇厚養이라고 보 았다. 즉 정선해서 택하고 후하게 기르는 것이다. 그런데 현재 조선의 상황은 두 가지 모두가 미흡한 것으로 보았다. 조선은 오로지 농민을 뽑 아 군대에 충당할 뿐이니 '정택'도 아니며, 또 그들에게 주는 것이라고 는 봉족 밖에 없으니 '후양'도 아니라는 것이다. 그리고 임진왜란 후에 설치된 속오군도 이러한 정신에 비추어보면 별 근본대책이 아니라고 보 았던 것이다. 그리하여 그는 봉족제와 속오법을 폐지하고 새로운 병제 방안을 제안하였다.

그는 병사의 精選은 사족, 공사천, 잡류를 막론하고 驍健한 자만을 위주로 엄선하면 한 군현에서 300-400여명 정도를 뽑을 수 있다고 보았 다. 그 군을 3번으로 나누어 1년씩 부방케 하였으니, 3년에 1년씩 부방 하는 셈이었다. 역을 진지 30년이 지나면 역을 면제하게 한다고 하였다. 기병은 復田 2결, 보병은 復田 1.5결을 주되, 기병에게는 馬價를 관에서 지급하거나 혹은 목장의 말을 지급하게 하였다. 그리고 부방하는 동안에 는 전조와 각종 역을 면제해주고 그 집을 우휼하여 미포를 지급하여 따

---

46) 『자암집』4, 대혹문. 이하 治兵禦敵에 관한 서술 중 별다른 전거가 없는 것은 여기 에 의거하였다.

뜻하고 배부르게 지낼 수 있도록 국가에서 책임을 진다는 것이다. 이러한 외에 유인책으로서 실력에 따라 무과를 통해 관직에 나아가거나 또는 加資, 면천, 면역의 혜택을 주는 안을 제기하였다. 정선된 병사는 오로지 훈련에만 힘쓰게 되어 강병이 된다는 것이다. 이렇게 정선하여 후양하는 정책을 쓰면 많은 사람들이 자원하여 원활하게 운영이 되고 강군을 얻어 효율적으로 변방 수비를 할 수 있을 것이라고 주장하였다.

둘째, 換私奴이다. 그는 노비 신분의 세습과 개인의 광범한 노비 점유 현상에 대해 근본적으로 부정적인 시각을 가지고 있었다. 따라서 노비제를 혁파하여 이 노비를 자연스럽게 군대로 돌림으로써 노비제와 군역의 두 가지 문제를 한꺼번에 해결하고자 하였다. 하지만 노비 혁파가 너무 급격하여 졸지에 시행할 수 없다면 점진적으로 노비를 없애면서 군제에서도 효과를 볼 수 있는 방안도 아울러 제시하였다. 공천 중에서도 壯實한 자를 우선적으로 군대에 충정할 뿐아니라 사노 중에서도 강건한 자를 군대로 충당하면서 그 대신에 사노의 소유주에게는 각사의 노를 환급해 준다는 것이다.

이것이 원활하게 운영되기 위해서는 사노비를 계속 줄이고 우선 공노비를 늘여야 하는데, 이에 대한 여러 가지 방안도 제시하였다. 예컨대 노비매매를 금지시키고 이를 어기고 매매된 노비는 屬公한다든지, 사노와 양녀 사이의 소생자는 속공케 하고, 천역을 지고 있는 집의 노비는 모두 속공시키고, 피살된 노비의 자식들은 속공시키는 조처를 일단 시행한다고 하였다.

이를 통해 군대를 강건하게 하여 외적을 막을 뿐 아니라 사천의 폐단까지도 줄이거나 없앨 수 있다고 하였다. 개인의 노비 소유에 대해 부정적인 인식을 가진 것은 당시의 노비 소유인 양반의 입장에서는 인식하기 어려운 부분이었을 것인데, 그 부당성을 지적한 것만 해도 상당히 진보적인 사고였다고 할 수 있다. 여기에다가 사노비 문제를 군역 문제의 해결 방안으로 연결시킨 것도 그의 탁견이라고 하겠다.

셋째, 변방 성곽의 축조였다. 그는 후금의 침입로로 가장 가능성이 많은 통로는 평안도 지역의 세갈래 길인데, 昌城에서 時梗을 거쳐 雲山에 이르는 길, 朔州에서 大朔州를 거쳐 龜城에 이르는 길, 義州에서 麟山·龍川을 거쳐 鐵山에 이르는 길이라고 보았다. 그 중 최전방의 창성·삭주·의주에는 이미 성곽이 축조되어 있으나, 길목의 2차 방어선인 시경·대삭주·구성·철산에는 성곽을 새로 수축해서 다른 지역과 서로 호응할 수 있도록 만드는 것이 급선무라고 주장하였다.[47] 하지만 조정에서 힘을 쏟고 있는 것은 내지인 安州와 요충지가 아닌 慈母城이어서 효율적 방어 전략의 핵심에서 벗어난 것으로 파악하였다.

그리고 영남 지역의 경우도 부산과 진주에는 일찍이 성곽이 수축되었으나, 울산·동래·김해·창원 등은 실로 요충임에도 불구하고 성곽이 수축되지 않은 상황임을 지적하였다. 오히려 조정에서는 내지인 금오산성과 천생산성을 쌓는 데 힘을 쓰고 있다고 비판하였다. 이는 실로 대문과 담장은 버리고 집 안 깊숙한 곳을 지키는 것과 마찬가지라고 그 부당성을 지적하였다.

넷째, 군마의 양성이었다. 기병 위주의 후금에 대적하기 위해서는 조선도 기병을 양성할 수밖에 없고, 이를 위해 전마를 많이 길러야한다고 주장하였다. 그는 후금의 말 키우는 방법을 소개하면서 조선도 더 야성을 살릴 수 있도록 말을 강하게 키워야 함을 주장하였다.[48] 그리고 이 말을 갑사들에게 반급하여 직접 사육하면서 훈련에 임하게 해야 한다고 하였다.

그 외에 그는 변방 주민에 대한 우휼을 주장하였다. 변방 지역의 피폐를 막기 위해서는 수령 변장으로 하여금 기에 훈련과 성곽 축조 외에

---

47)『자암집』6,「건주문견록」附 備禦六條疏.
48) 위와 같음.

일체 공부나 요역을 변민들에게 부과하지 말게 할 것을 주장하였다. 그리하면 내지의 사람들도 변지로 이주하려는 자가 늘어나서 변방이 명실공히 튼실해지는 기반이 된다고 보았다.[49] 또 무기의 정비를 주장하였다. 후금에서는 화살로 갑주를 쏘게 하여 갑주를 뚫고 들어가지 못하면 궁인을 죽였고, 능히 뚫고 들어가면 갑인을 죽였다고 자신의 목격담을 전하면서 이런 방법으로 인해 후금의 무기가 대단히 정교하고 예리하다고 지적하였다.[50] 그리고 기예의 연습을 들었다. 후금의 군사들은 튼튼한 갑주를 입고 말을 타고 빠르게 돌진하는 기병 전술이 장기라고 지적하면서 이를 제압할 수 있는 방법을 제시하였다. 후금 군사들로 하여금 60~70보 가까이 접근하게 만들면 이미 그들의 빠른 돌진을 막기 어려우므로 그 정도 근접하기 전에 제압하는 방법을 찾아야한다는 것이다. 조선의 군사들로 하여금 120보 정도 거리에서 활을 쏘아 갑주를 관통할 정도가 되도록 훈련을 하여야 한다는 것이었다. 후금 군사들이 가장 겁내는 것이 바로 편전인데, 이는 편전이 먼 거리에서 갑주를 뚫을 정도의 무기이기 때문이라고 하면서 편전의 적극적인 활용을 강조하였다.[51]

이상에서와 같이 그의 치병어적에 대한 주장은 여러 가지 문제와 얽혀있어 쉽게 시행하기 어려운 것도 있지만, 당장 시행할 수 있는 것도 있었다. 무엇보다도 그의 주장은 그가 직접 전장에서 부딪치거나 전투를 관전하면서 적의 장단점을 파악한 것을 토대로 하여 제시한 것이기에 매우 현실성이 뛰어난 것이 특징이었다고 하겠다.

---

49) 위와 같음.
50) 위와 같음.
51) 위와 같음.

2) 養民理財의 방안

養民理財의 방안으로는 대혹문 8조 가운데 正經界, 改貢案, 行租庸, 用錢貨 조항이 핵심이다.[52] 그는 전세의 기초가 되는 토지의 측량을 정확히 한 위에 조세와 노동력의 징발을 할 것과 그리고 공안의 개정을 통한 농민 부담의 합리성을 확보할 것, 그리고 동전의 유통을 주장하였다.

첫째, 正經界이다. 그는 경계가 바르지 못하면 부역이 균등하지 못하기 때문에 어진 정치는 반드시 경계를 정하는 데서 시작된다고 하면서 경계를 정확히 할 것을 강조하였다. 경계를 정확히 한다는 것은 곧 量田을 정확하게 한다는 것이었다. 근본적으로 양전의 등급을 정함에 있어서 부세를 많이 거두겠다는 데 초점을 맞추지 말고, 백성들을 편하게 하고 역을 균등하게 한다는 데 역점을 둘 것을 주문하였다. 양전의 임무는 그 지방 사정을 가장 잘 아는 사람인 수령에게 맡겨서 3년을 기한으로 사업을 완료케 할 것을 주장하였다. 그리고 5결이 시작되는 지점에 석표를 세워 전답의 상황을 새겨 넣게 한 점도 특징적인 것인데, 이로써 업무 파악의 효율성을 기할 수 있을 뿐 아니라 향리들이 농간을 부려 변개하는 것을 방지할 수 있다고 하였다.

둘째, 공안의 개정이다. 공물 징수에서 문제가 되는 것은 한 군현에서 감당해야하는 공물의 종류가 너무 많아서 수십종에 이른다는 점이라고 진단하였다. 그러니 실제 그 공물 중에는 군현에서 생산되지 않는 것이 있고, 이런 경우는 무역을 해서 충당해야하니 부담이 가중된다는 것이었다. 이를 시정할 수 있는 방법은 한 군현에서 감당하는 공물의 수를 실제 그 지방에서 나는 토산물 한 두 종으로 줄이는 것이라고 하였다. 그리고 징수 과정에서 발생하는 인정 문제를 해결하는 것 역시 급선무라고

---

52)『자암집』4, 대혹문. 이하 養民理財에 관한 서술 중 별다른 전거가 없는 것은 여기에 의거하였다.

지적하였다.

셋째, 田租와 身庸의 시행을 주장하였다. 전조는 이미 시행하고 있는 제도이나 그 액수를 조금 높게 조정하여 제시하고 있다. 즉 논 1결당 大米 10두를 납부케 하고, 밭 1결당 黃斗 1석 또는 小米 10두를 납부케 하였다. 身庸의 주장이 특기할 점이다. 조선에서는 요역을 부과함에 있어 토지를 단위로 하였는데, 그는 이를 사람에게 부과하되 신분을 막론하고 모든 사람을 대상으로 부과할 것을 주장하였다. 즉 남자 나이 17세나 18세가 되면 위로 사족세가에서 아래로 공사천에 이르기까지 신역이 없는 자는 2필, 신역이 있는 자는 1필을 매년 납부케 한다는 것이었다. 이를 35년간 내면 면제해준다고 하였으니 52세나 53세가 되면 면제가 되는 셈이었다. 이 주장은 일단 요역을 양반에게도 부과하여 그동안 양반이 누렸던 특권을 부정하였다는 점에서 대단히 큰 의미가 있는 주장이었다고 하겠다.

넷째, 화폐의 주조와 유통이었다. 그는 현재 교환의 수단으로 쓰이는 면포가 운반과 내구성에서 불편하고 부적절하니 동전을 주조하여 사용할 것을 주장하였다. 특징적인 점은 민간에서도 주조를 원하는 사람이 있으면 원료인 동을 2근 납부하면, 주조하여 동전 1근을 내어주는 식으로 운영을 하여 주조를 활성화한다는 방안이었다. 재료가 되는 동철의 확보는 일본으로부터 수입할 것을 주장하였다. 그리고 각종 세금을 돈으로 내게 함으로써 유통을 확대할 것을 주장하였다. 이미 개성과 같은 상업의 선진 지역에는 관청의 명령이 아니어도 동철을 화폐로 잘 사용하고 있는 상황임을 소개하면서 이를 조정에서 주관하여 시행한다면 어려울 것이 없이 유통이 활성화할 것임을 지적하였다.

3) 育英選才의 방안

이민환은 비어 6조나 대혹문 8조에서도 제시한 그런 방안이 효과를 거두기 위해서는 역시 최종적으로는 사람이 중요하다고 하였다. 그리하여 추요문답에서는 그 개혁을 감당할 국가의 인재를 육성하고 선발하는 방안에 대해 논하였다. 이로써 그의 개혁안 구상은 완결되었던 것이다. 하지만 아쉽게도 추요문답은 현전하지 않고, 다만 연보에 학교제도와 과거제도 두 조항에 대한 간략한 소개가 있을 뿐이다.[53] 여기서는 이를 중심으로 살펴보겠다.

학교 교육에서 가장 중시하여야 할 것은 言行이고, 그 다음이 窮經이며, 마지막이 文藝라고 지적하면서 그를 통하여 궁극적으로는 인륜을 밝히는 것이 학교의 목표라고 주장하였다. 그런데 조선의 학교 교육의 문제는 학교 교육과 과거 시험이 밀접한 연관성을 가지고 있지 않은 데서 파생한다고 파악한 듯하다. 그리하여 학교의 상위 단계로 승급하기 위해 치는 시험이 바로 과거시험의 단계가 되도록 학교 교육과 과거 시험을 일치시킨 것이 특징이었다.

8세 이상부터 禮讓을 몸에 익히고 『소학』과 『가례』를 배우며, 15세 이후에 四書와 諸子史를 배우게 하였다. 20세 이후에 각 군현의 향교에서 공부를 배우고, 이들을 대상으로 매식년에 수령과 師長이 주관하는 엄격한 시험을 거쳐 주의 향교로 승급케 하였다. 매식년 지방에서는 주의 향교 학생을 대상으로 감사가, 서울에서는 사학 학생을 대상으로 한성부가 주관하는 사서 시험을 통해 선발한 합격자 명단을 예조로 올린다. 전국에서 선발된 이들을 대상으로 예조에서는 다시 사서를 시험과목으로 한 합격자를 선발하는데, 이 합격자를 생원이라 하여 성균관에서

---

53)『자암집』7, 연보, 인조 12년. 이하 학교제도와 과거제도에 대한 서술은 이에 의거하였다.

공부하게 하였다. 성균관에서는 5년 동안 오경에 힘쓰게 한 후 오경을 대상 과목으로 하여 과거를 쳐서 합격한 자에게 급제를 주어 관료 후보 군으로 확보한다는 방안이었다.

결국 공교육기관을 '군현 향교 → 주목 향교(사부학당) → 성균관'의 3단계로 설정하고 각 상위학교로 승급할 때 시험을 통해 승급시킴으로써 공교육기관의 승급과 과거 시험 합격의 상관성을 높인 것이다. 즉 주목 향교나 사부학당에서 공부한 학생만을 대상으로 하여 생원을 선발하였고, 이 생원이 성균관에서 일정기간 수학한 후 시험을 통과하면 급제가 되는 체계였다. 이로써 공교육기관을 교육기관으로서 활성화시키고 그 신뢰성을 높여 명실공히 인재를 양성하는 기관으로 삼고자 함이었다.

6. 맺음말

이민환은 17세기 전반기 영남남인 관료를 대표하던 인물 중의 한명이었다. 당시 영남 남인의 현실에 대한 대응인식과 자세를 보여주는 좋은 사례이다. 그의 가문은 영천이씨로 대대로 영천에 세거하다가 조선초 군위를 거쳐 아버지대에 의성에 정착하였고, 이후 의성에 뿌리를 내렸다. 그의 가문은 3대에 걸쳐 5명의 문과급제자를 배출하면서 의성을 대표하는 명문가가 되었다. 그는 퇴계 이황의 수제자들인 김성일, 류성룡에게서 직접 수학한 바 있었고, 중년 이후에는 특히 장현광의 영향을 많이 받음으로써 영남 퇴계학파의 정맥 상에 위치하였다.

그의 관료생활은 출사기, 시련기, 복권기 등 크게 세 시기로 나눌 수 있었다. 먼저 그가 출사한 시기는 북인이 정권을 장악해가던 시기로 입사 초반에는 청요직을 거치기도 하였지만 곧 북인과의 갈등으로 중앙의 핵심부에서 벗어나 주변부를 전전한 시기였다. 다음으로는 흥기하는 후금을 공격하기 위해 명이 요청한 부원군에 종사관으로 출병하여 결국 후금의 포로가 되어 어려움을 겪고, 귀국 후에도 항복한 전력으로 인해 고통받던 시기였다. 하지만 정묘호란과 병자호란을 거치면서 그는 복권될 수 있는 기회를 잡았으며, 이후 인생의 마지막을 의미있는 관직생활로 마감하게 되었다.

그의 현실에 대한 대응 의식과 자세는 향촌에서의 활동과 국정에 대한 인식을 통해 살펴볼 수 있었다. 먼저 그는 의성 유향소의 규약을 정비하고 읍지를 편찬하는 데 앞장섬으로서 양반 중심의 향촌지배체제를 유지하는 데 힘을 보태었다. 그가 정한 유향소의 규약은 이황의 규약을 중심으로 하되, 양난을 겪으면서 새롭게 바뀐 향촌사회질서를 고려하여 작성한 것이 특징이었다.

다음으로 그의 국정에 대한 관심과 인식은 크게 治兵禦敵, 養民理財, 育英選才의 방안에 집중되어 있었다. 치병어적에 대한 방안은 후금 침공 예상로에 대한 산성의 수축, 병제의 개혁을 통한 정병의 모집, 사노를 군대로 유도하여 군액도 늘이면서 노비제도도 개혁하고자 한 점, 모집된 정병에 우대책, 후금군을 격파할 수 있는 훈련법, 기마병을 위한 말의 확보책 등으로 매우 현실적인 것이 특징이었다. 그리고 양민이재의 방안으로는 양전사업을 통한 부세제도 개혁의 토대 마련, 신역대상의 전신분층으로의 확대, 공안의 정비를 통한 각종 폐단 제거, 화폐의 유통을 통한 실질적인 편의성 도모 등을 제기하였다. 특히 양반에게도 역의 부담을 지운 것이라든지, 화폐 유통의 필요성을 강조한 것은 특기할 부분이다. 이러한 제반 개혁도 그 개혁을 담당할 사람이 가장 중요하다는 판단 하에 육영선재의 방안을 모색하였는데, 학교 교육과 과거를 일치시킴으로써 공교육의 활성화를 도모한 점이 특징이었다.

이와 같이 이민환이 제기한 현실에 대한 각종 개혁 주장은 17세기 초반 영남 남인의 현실에 대한 인식과 대응 자세의 일단을 보여주는 것으로서 상당히 선구적인 의미가 있는 것이었다고 생각한다.

제4장 대산 이상정의 처지와 현실대응

1. 머리말

大山 李象靖[1711(숙종 37)~1781(정조 5)]은 18세기 영남지역 남인
의 중심인물이었다. 학맥으로는 퇴계 이황의 학통을 적통으로 이어 받았
을 뿐아니라 여러 가지 면에서 이황과 닮은 점이 많아 속칭 '小退溪'로
불린 인물이다. 영남지역 특히 경상좌도의 남인들은 거의 퇴계를 존숭하
여 그의 학문적 전통을 계승하고 있었는데, 이상정은 퇴계보다 약 200년
뒤의 인물이었다.

주지하듯이 18세기경 남인은 중앙정계에서의 주도권 다툼에서 멀어
져 있었다. 서인-노론으로 이어지는 붕당이 집권을 공고히 한 가운데,
비록 영조대에 탕평책이 표방되었다고는 하지만 남인에게 그다지 영향
력있는 관직이 주어지지는 않았다. 남인 중에서도 영남 지역의 남인의
처지는 더욱 궁색하기 마련이었다. 그러나 영남 사족의 주류는 남인을
포기하지 않고 끝까지 고수하였다.

이 글은 18세기 영남 남인의 대표격인 존재였던 이상정의 현실에 대
한 인식과 대응을 살피는 것이다. 영남 남인에 속한 대산 이상정이 현실
을 어떻게 바라보고 어떻게 이해하였으며, 어떤 대응자세를 취하였는가
를 살펴보는 것이 주된 내용이다. 이는 당시 영남지역 남인들의 일반적
인 인식과 대응을 파악하고 가늠하는 데 하나의 준거가 된다. 영남 남인

에 대한 이해의 폭을 확대하고, 나아가 한 붕당이 지닌 정치사회적 성격을 규명할 수 있을 것으로 기대한다. 다만 사상적인 측면에서의 대응으로 간주할 수 있는 理氣心性論에 대한 논의는 철학계에서 활발하게 논의된 바 있으므로 여기서는 논외로 하되, 이상정의 현실 대응의 하나로 인식하는 관점만을 보태고자 한다.

2. 가계와 학맥

이상정은 1711년(숙종 37) 안동부 소호리 한산이씨 가문에서 태어났다. 고려말 유학자인 이곡과 이색의 후손으로 대대로 한양에서 살았다. 그의 집안이 안동으로 이주한 것은 고조인 홍조대였는데, 홍조는 광해군 대에 폐모론이 일어난 것을 계기로 낙향을 도모하던 중 외조부인 서애 류성룡의 권유에 따라 안동에 정착하게 되었다. 고조인 홍조가 현감을 지낸 것을 제외하면 그 이후 직계는 모두 관직에 나아가지 못하고 처사로 지냈으니, 그리 현달한 가계는 아니었다.

그의 가계에서 특기할 점은 어머니가 재령이씨로 갈암 이현일의 손녀이자 밀암 이재의 딸이었다. 이현일은 이황의 학통을 학봉 김성일, 경당 장흥효를 거쳐 이어받았을 뿐아니라 산림으로서의 위망을 가지고 숙종대 조정에 나아가 이조판서에까지 이르면서 영남 남인을 대표하던 존재였다. 이 재령이씨를 외가로 두었으니 그는 혈연적인 인연에 더하여 학문적 연원까지도 깊게 영향을 받게 되었다.

이로써 그는 가계 상으로 볼 때 퇴계의 양대 학맥을 형성한 류성룡 가문과 일정한 인연을 가지고 있었고, 또한 김성일을 통해 퇴계 학통을 계승한 이현일 가문과도 인연을 가진 셈이었다. 영남 남인 사회에서 두각을 나타낼 혈연과 학연 면에서의 조건은 두루 갖춘 셈이었다고 할 수 있다. 과연 그는 14세때부터 외조부인 이재에게 나아가 수학하면서 착실하게 학문적 실력을 닦았으며, 그를 바탕으로 삼아 중년에는 자신의 견해를 우뚝하게 드러낼 정도의 실력을 갖추게 되면서 이재를 통해 이황의 적통을 계승하는 위치에 서게 되었다.

그는 서애와 학봉 모두와 일정한 연결점을 가지고 있어 둘을 아우를 수 있는 입장이었다. 퇴계학통 내의 양대 학파를 가계와 학맥을 통해 아우를 수 있는 처지에 있었고, 무엇보다 학문적 능력을 갖추고 있었다.[1] 실제 학봉 학맥을 이현일과 이재를 통해 적통으로 이어받았으며, 서애 학맥에 속한 이들까지 일정 부분 아우르게 됨으로써 영남지역 남인사회를 통합할 수 있었다. 나아가 사상적으로 퇴계 학설에 기반을 두되, 율곡 학설까지 포용하는 새로운 이해 방식을 통해 둘을 통합하고자 하였다.[2] 새로운 시대를 예견하는 새로운 대응 방식의 제시였다. 이상정을 통해 통합된 힘은 다시 영남 지역의 결속을 가져왔고, 이후 영남 남인의 특징이 뚜렷하게 아래로 내려갈 수 있는 토대를 확고히 하게 되었다. 여기에 대산의 영남 남인 사회에서 가지는 의미와 위치가 있다.

---

1) 이상정의 강학활동과 학문적 교류에 대해서는 다음 논고에 자세하다. 김명자, 「대산 이상정의 학문공동체 형성과 그 확대」, 『조선시대사학보』69, 2014.
2) 이 부분에 대한 철학계의 연구 성과는 다음의 논고들에 자세하다. 전병철, 「대산 이상정 성리설의 회통적 성격」, 경상대 박사학위논문, 2007. 김경호, 「대산 이상정의 율곡비판과 퇴계학의 옹호」, 『율곡사상연구』16, 2008. 박원재, 「대산 성리설의 사상사적 문제의식과 논리구조」, 『국학연구』19, 2011.

〈도 1〉 이상정의 학맥도

3. 출사와 좌절

이상정은 25세라는 비교적 젊은 나이에 문과에 급제하였으나 치사하는 나이인 70세에 겨우 당상관에 올랐다가 이듬해에 사망하였다. 비범하였지만 순탄하지 않았을 그의 관직생활을 단적으로 보여준다.

그는 영조 11년(1735) 25세 때 진사시와 증광시 문과에 연이어 급제하였다. 이듬해인 26세에 승문원 權知副正字에 보임된 이래 28세에 연원 찰방, 29세에 승문원 부정자, 32세에 승문원 正字, 37세에 예조좌랑과 병조좌랑, 41세에 예조정랑에 띄엄띄엄 임명된 바 있었다.[3] 그러나 그는 거의 부임하지 않거나 부임하였다가도 곧 그만두는 경우가 많았다.

다만 43세이던 영조 29년(1753) 연일현감에는 부임하여 3년간 고을을 다스렸다. 그의 생애에서 거의 유일하게 장기간 관직생활을 한 경우이다. 궁벽한 해읍인 연일현의 수령생활은 많은 것을 생각하게 하는 좋은 경험이 되었다. 그동안 일본사신을 접대하는 接慰官에 차임되어 동래를 다녀오기도 하였고, 경상도 지역에서 열리는 과거의 시험관에 차출되어 활동하기도 하였다. 수령 자리에 있을 때에도 이상정은 더 이상의 벼슬살이에 대한 생각은 거의 없는 듯하였다. 관찰사에게 올린 편지에서도

---

3)『대산전서』제 3책, 연보, 해당조를 참고하였다. 이하 관력도 이에 근거하였다.

다음과 같이 술회한 바 있었다.

　　비록 지난번 어버이를 모실 적에 맛있는 음식으로 봉양하려는 마음이
급하여 벼슬하기는 했으나, 오히려 감히 두리번거리며 이득을 얻으려는
태도는 보이지 않았습니다. 하물며 지금 부모님이 돌아가신 뒤로 만가지
생각이 싸늘하게 식었으니, 어찌 다시 인끈을 매고 벼슬길에 나아갈 생
각이 있겠습니까.4)

　그러던 차에 고을 빈민들을 구제하기 위해 결단을 내린 일이 잘못되
어 처벌을 받은 일은 더욱 그를 위축시키기에 충분하였다. 그는 빈한한
이들을 구제하기 위한 목적으로 예전부터 해오던 관행대로 製鹽을 한
때 허용한 적이 있었다. 그러나 국가의 통제를 벗어나 사사로이 행하는
제염은 당시에 이미 불법적인 행위로 규정되어 있었기 때문에 암행어사
에게 적발되어 마침내 고신을 빼앗기고 하향하게 되었다.
　얼마 뒤 제한에서 풀려 다시 관직에 오를 수 있게 되었으나 관직 제수
를 둘러싸고 결정적인 사건이 일어났다. 48세되던 영조 34년(1758) 사간
원 정언에 특제되었으나 이현일의 외증손이라는 것이 알려지면서 임명
이 취소되는 좌절을 맛보았다. 청요직에 오를 기회가 봉쇄된 것이다. 그
이유가 명백해지면서 이후 관직 임명의 기회조차도 잘 오지 않았다.
　숙종대 외증조부인 이현일은 비록 남인의 처지였지만 서인 출신이었
던 인현왕후 민씨의 폐출에 깊은 우려를 나타내면서 그 대접에 소홀할
수 없음을 힘써 강조한 바 있었다. 그런데 그것을 주장하는 글 가운데에
서인들로부터 비방을 초래케 한 문구가 들어있었다. 바로 '自絶于天'이
라는 대목이었다. 전체적인 전후 맥락을 모두 이해하는 상태에서 본다면
크게 문제삼을 것이 없었으나 서인들은 그 문구를 이현일을 공격하는 자
료로 적극 활용하였다. 남인의 정신적 지주라고 할만한 산림 이현일의

----

4)『국역 대산집』2, 李方伯彝長께 올림, 갑술년(1754, 영조 30), 77쪽.

발목을 확실하게 잡을 수 있을 뿐만아니라 영남 남인 전체를 곤경에 빠뜨릴 수 있는 좋은 구실을 확보한 셈이었다. 서인은 두고두고 이를 강조하면서 영남 남인을 압박하였다.

영조가 등극하였지만 이현일은 罪籍에서 완전히 풀리지 않고 있는 상태였다. 직계 후손들의 앞날에 제약이 가해진 것은 당연한 조처였다. 이현일의 아들인 이재가 살얼음판을 걷는 듯 조심스런 일생을 산 것도 그 때문이었다. 그런 가운데 이현일의 제자이자 이재의 문하에도 출입한 바 있던 안동 출신 제산 김성탁이 영조의 시종신으로 있으면서 약간의 신임을 입고 있던 때에 이현일에 대한 신원을 주장하였다.[5] 영조와 노론의 공격으로 김성탁은 큰 화를 당하게 되어 제주도로 유배되었고, 그 후 전라도 광양으로 이배되었다가 유배지에서 사망하였다. 이 역시 이상정의 출처관에 큰 영향을 끼치게 되었다. 이상정은 평소 김성탁을 깊이 존경하면서 의지할 수 있는 상대로 여기고 있었을 뿐아니라 집안 차원에서도 각별한 인연과 관계를 가지고 있었다. 그 김성탁이 자신의 외증조부 신원을 도모하였다가 화를 입어 결국 죽음에 이르렀으니 그로 인한 충격은 대단히 컸다.

그러던 중 십여년이 흐른 1771년(영조 47) 61세이던 적지 않은 나이에 강령현감이라는 조그만 고을의 수령에 제수되었다. 이때는 인사를 주관한 책임자인 이조판서가 대사간으로부터 논핵을 받았다. 자신을 추천한 사람이 피해를 보는 이런 분위기 속에서 이상정은 스스로 사직서를 내지 않을 수 없었다. 이러한 두 차례에 걸친 관직 제수의 좌절은 더 이상 관직에 미련을 가질 수 없는 처지임을 재삼 확인시켜 주었다.

이상에서 보았듯이 이상정은 비록 문과에 급제하여 관직에 진출하였다. 그러나 이현일의 외증손이라는 점이 큰 흠결로 작용하였고, 더구나 평소 존경하던 김성탁이 이현일의 신원을 주청하였다가 유배를 당한 사

5) 『영조실록』44, 13년 5월 22일 기유.

실로 인해 관직에 대한 미련을 거의 접은 상태가 되었다. 또한 현감 재직시 법에 저촉되어 파직된 사실도 출사에 대한 흥미와 의지를 꺾는 요인으로 작용하였다. 위와 같은 이유로 이상정은 출사를 꺼리는 대응을 보였고, 이는 이황의 '難進易退'의 행태와 비슷한 부분이 있었다. 다만 이황은 본인의 자유의지에 의해 출처를 반복하였다면, 이상정은 강제된 측면이 있다는 점에서 차이가 있었다.

4. 인재선발과 교육의 개혁

이현일이 신원되지 못한 채 죄적에 남아 있는 상황은 외증손인 이상정의 현실 대응에 있어 여러 가지를 제약하는 요소로 작용하였다. 비록 문과에 급제하였지만 순탄치않은 출사에 대해서는 앞에서 이미 논급한 바와 같다. 이 제약은 비록 관직 진출에만 국한되지 않고 다른 부문의 활동까지도 위축시키기에 이르렀다. 현실 문제에 대해 적극적인 의견 표현을 하기 어려워진 것이다. 실제 관직 제수에 제동이 걸린 경험은 그 점을 더욱 선명하게 환기시키기에 족한 것이었다. 결국 그가 할 수 있는 것은 학문에 침잠하는 것 외에는 별다른 길이 없었다.

그러나 그런 가운데 약간의 경세에 대한 관심을 표명한 것이 전해지고 있는 것도 있다. 그 중의 하나가 교육과 관련된 문제이고 그와 연결 선상에서 제기된 인재등용의 방식에 대한 논의라고 할 수 있다. 이상정은 교육과 인재선발이 서로 결부되어 상호 영향을 끼치는 문제라는 인식을 가지고 있었다. 교육의 문제를 해결하기 위해서는 인재선발의 방식을 먼저 바꿀 필요가 있다고 보았다. 인재선발 방식에 변화를 주어 교육의 변화를 유도하고, 교육이 바뀌면 사회의 기풍도 자연스럽게 바람직한 방향으로 변화할 것으로 보았다.

이상정의 이러한 인식은 외증조인 이현일이 제기하였던 개혁안과도 일맥상통하는 점이 있어 그를 계승한 것으로 보인다. 일찍이 이현일은 選士法을 주장한 바 있었다. 그는 치세의 근본이 '正風俗'·'得賢材'에 있는데, 기존의 詩賦에 치중한 과거로는 이의 실현이 불가능하다고 보아 인재 선발 방식의 개혁을 통해 교육과 사회 습속을 바꾸고자 하였다. 방안으로는 程子·朱子가 제시한 貢擧의 법을 현실에 맞게 수정하여 기존의 과거와 함께 병용할 것을 주장한 바 있었다.[6] 인재 선발 방식의 개혁을 통해 교육과 사회 습속을 변화시키려 한 점, 과거 시험 과목이 가지는 문제점에 대한 인식은 거의 같다. 다른 점은 이현일은 과거를 존치시키면서 새로운 인재 등용 방식을 만들어 두 가지 방안을 병행하려는 안을 제시하였고, 이상정은 후술하듯이 과거제를 대신할 수 있는 다른 인재선발 방식을 만드는 안을 제시한 점이었다.

이상정이 인재선발 방식의 개혁을 위해 할 수 있는 것은 일단 개혁안을 구상 작성하고, 기회가 될 때 임금에게 알려 그를 실천케 하는 것이었다. 그 외에 그가 할 수 있는 일은 별로 없었다. 그는 29세이던 1739년(영조 15) 인재선발 방식에 대해 비판적인 견해를 피력한 논설인 「科擧私議」을 작성한 바 있었다.[7] 그 후 과거제 개혁에 대한 그의 견해는 71세이던 1781년(정조 5)에 참의 벼슬을 사양하면서 올린 상소인 소위 '九條疏'에서 개진된 바 있었다.[8] 정조라는 새로운 군주의 등극에 임하여 당상관에 임명된 기회를 활용하여 사직소를 올리면서 군주가 갖추어야 할 자질과 정치의 요체에 대해 설파하였다. 총 9개조로 이루어진 조항은 군주의 자질 함양과 관련한 조항과 현실 정치의 개혁에 대해 원론적인

---

6) 우인수, 『조선후기 산림세력연구』, 일조각, 1999, 85쪽.

7) 『국역 대산집』7, 잡저, 科擧私議.

8) 『국역 대산집』2, 三辭刑曹參議仍陳勉君德疏.

내용을 포함하고 있다.

그는 단순히 인재 선발 방식의 변화 뿐 아니라 공부하는 습속을 바꾸려는 의미에서의 개혁에까지 그 목적을 두고 있었다. 평소 사류들의 교육에 문제가 있기 때문에 인재가 투박해지고 결국 그것은 정치문란으로 연결된다고 진단하고 있었다. 따라서 교육의 문제를 인재선발 방식, 즉 과거제의 개혁을 통해 해결하고자 하였던 것이다.

그가 인재 선발과 관련하여 요순삼대를 이상적으로 지향하였으나 적어도 한과 진의 시대만 하더라도 옛 제도가 남아있어 그런대로 괜찮았던 시대로 간주하였다. 그러나 수와 당 이래 과거제도가 시행되면서 오로지 시문을 짓는 재능만으로 인재를 선발하는 방식으로 굳어지면서 현재에 이르기까지 이르고 있다고 이해하였다. 그리하여 어려서 배운 것이 장성하여 행하는 터전이 되지 못하고 자신을 닦은 것이 백성을 새롭게 하는 근본이 되지 못하는 상황이 되었다는 인식을 가지게 되었다. 그로 인한 문제점이나 폐해를 다음과 같이 지적하였다.

① 성인의 시대가 멀어지고 가르침이 해이해지면서 詞章과 記誦만으로 선비를 취하는 법을 삼았고, 또 門蔭과 世祿을 그 가운에 겸해두고는 資級에 따라 이곳저곳으로 옮겨서 여러 집사의 일을 충당시키니, 인재를 얻기가 어렵고 치화가 예스럽지 못함이 당연합니다.[9]

② 오늘날 선비를 시험하는 법을 한번 말씀드리자면, 製述은 오로지 詞章만 다루고 講經은 오로지 記誦만 일삼기 때문에, 바야흐로 사려가 순수하고 한결같으며 정신이 고요하고 전일한 시기에 온통 명성과 벼슬을 위한 길로 마음을 내달리느라 근본을 버리고 말단을 좇으며 화려함을 따르고 충실함을 잊고서 골몰하여 빠져들거나 허둥대며 기뻐하지만 스스로 그런 줄도 모르고 있습니다. 요행히 벼슬을 얻게 되면 평생 애를 써서 겨우 얻었던 것은 전혀 쓸모

---

9) 『국역 대산집』2, 三辭刑曹參議仍陳勉君德疏, 49-50쪽.

가 없어지고 세상일에 수응하기 위한 글을 그제서야 배우기 시작
하니, 행하는 바는 평소에 배운 것이 아니고 베푸는 바는 평소에
길렀던 것이 아닙니다. 그러니 인재가 예스럽지 못하고 풍속이 점
점 못해지고 治化가 점점 엷어지는 것이 또한 어찌 괴이하게 여길
만한 일이겠습니까.10)

이상정이 인재 선발 방식의 개혁과 변화를 촉구하고 나선 근본 이유
는 그것을 통해 세상 사람들이 학문하는 습속 즉 교육을 바꾸고자 한
것이다. 과거제로 말미암은 일반 사류들의 공부하는 모습은 개탄스럽기
짝이 없는 일로 비쳤다. 그는 평소 이와 관련하여 다음과 같은 인식을
하고 있었다.

① 지금 사람들이 어렸을 때부터 과거 시험의 구렁텅이에 빠져 이 일
　을 크게 여기고 압도되어 머리를 숙이고서 그저 종신토록 떨쳐 일
　어나지 못한다. 반드시 과감하고 신속하게 떨쳐 일어나 잗단 사람
　이 되지 않아야 타고난 천성을 저버리지 않는 것이다.11)
② 조금 글을 지을 줄 알게 되면 詞賦 형식의 글을 지어보게 하고,
　겨우 붓을 잡을 줄 알게 되면 試券 작성하는 방법을 가르친다. 부
　형은 이러한 순서에 따라 인도하고 자제는 진력하여 그대로 따라
　학습하여, 1년 내내 오로지 글짓기만을 일삼느라 입술이 마르고
　목이 타들어 가는데 간혹 한번 앉으면 수백 편을 짓는 경우 있
　다.12)
③ 明經을 위한 공부는 그 폐해가 가장 오래되었으면서도 더욱 심하
　다. 10세 이상으로 조금 외는 재주가 있으면 글을 짓는 것을 가리
　킬 여가도 없이 급급하게 이쪽을 공부하여 吐와 언해를 익히고 훈
　구를 꿰맞추는데, 마음으로 터득한 것에 힘쓰지 않고 오로지 입으
　로 외는 것만 일삼으며 의미를 강론하려 하지 않고 모조리 외우려

10) 『국역 대산집』2, 三辭刑曹參議仍陳勉君德疏, 46-47쪽.
11) 『국역 대산집』7, 잡저, 晩修錄(1739, 영조 15), 241쪽.
12) 『국역 대산집』7, 잡저, 科擧私議, 399-400쪽.

고만 한다. 종횡으로 말을 하면서 술술 막히는 것이 없지만 반면 가리키는 의미와 심오한 의리에 대해서는 가마득히 아무것도 모른다.13)

이러한 교육을 둘러싼 폐습은 인재 선발 방식의 변화를 통하여 바꿀 수 있다고 보았던 것이다. 그를 통해 교육을 바꾸고 결국 사회 습속까지 바꾸고자 한 것이다.

우선 오늘날 인재 중에 누가 어질고 누가 어질지 않으며 누가 우수하고 누가 열등한지를 정밀히 살펴서 忠厚하고 寬大하며 通明하고 강직한 선비를 취하며, 조급하고 탐학하며 약삭빠르고 자만하는 무리를 내치며, 기국과 식견을 우선하고 문장과 기예를 뒤로 하며, 본질을 숭상하고 부화함을 멀리하며, 겸양과 염치의 기풍을 일으키고 悠遠하고 장구한 법규를 보전한다면 정신이 집중하는 곳에 氣化가 뒤따라 변하게 될 것입니다.14)

그는 실제의 공부에 힘쓰고 부박한 문장을 끊어버리며, 도의를 중시하고 詞藝를 뒤로 하며, 질박함을 숭상하고 화려함을 천시함으로써 요행을 구하여 치달리는 습속을 고치고 실속이 없으면서 재주부리는 폐단을 종식시킬 수 있다고 보았다.15) 그렇게 된다면 사람의 마음과 선비들의 추향이 변화되는 줄도 모르는 사이에 저절로 완성에 이를 것으로 생각하였다.

제도 개혁의 모범은 근본적으로 『禮記』 「王制」와 宋代 程顥의 차자에서 찾았다. 전자는 학교의 교육과 인재의 추천에 관한 것으로 지역에서 우수한 자를 중앙으로 추천하여 교육시키고, 그 중 우수한 자를 왕에

---

13) 『국역 대산집』7, 잡저, 科擧私議, 401쪽.
14) 『국역 대산집』2, 三辭刑曹參議仍陳勉君德疏, 50쪽.
15) 『국역 대산집』2, 三辭刑曹參議仍陳勉君德疏, 47쪽.

게 보고하여 관리로 삼는다는 원칙이었다. 후자는 정호가 올린 것으로
학교를 정비하고 스승을 높이고 선비를 뽑을 것을 청하는 차자를 가리키
는데, 덕업을 갖추어 사표가 될만한 사람을 추천하게 한 뒤에 학식이 높
은 사람을 스승으로 삼게 하고, 다른 사람들은 그의 교육을 받게 한 뒤
에 우수한 사람은 태학의 스승으로 삼고 그 다음의 사람들은 천하의 학
교에 나누어 가르치게 하며, 선비를 뽑아 가르치되 縣學에서는 우수한
사람을 州學으로 추천하고, 주학에서는 또 우수한 사람을 태학으로 추
천하도록 하자는 것이다.

이를 기본 정신으로 하여 우리나라 현실에 맞게 변용하고자 하였다.
우선 훌륭한 교사를 확보하는 일이 우선이라고 생각하여 능력있는 사람
을 추천하여 뽑은 다음 태학과 지방 군현의 학교에 차례로 나누어 배치
토록 하였다. 그런 후 여덟살 이상의 아동을 庠과 塾에 모아 灑掃應對
와 孝悌忠信 등을 집중적으로 가르친 후 우수한 자를 주현의 학교로 입
학시켜 궁리와 正心, 修己와 治人의 도에 대해 배우게 한다. 또 3년 뒤
에 그 중 우수한 자를 선발하여 도의 학교로 보내고, 또 3년 뒤에 우수한
자를 태학으로 보내 또 3년간 가르치게 한다는 것이다. 그러면 수기와
치인의 연마가 저절로 이루어질 것으로 보았다. 그 후 어짊과 능력을 따
져 관리로 채용하게 할 것을 주장하였다.[16]

5. 맺음말

이 글은 이상정의 위상과 현실에 대한 의식 및 대응 자세를 그의 출처
와 좌절, 교육과 과거제의 개혁을 중심으로 살폈다. 이상정은 변화하는

---

16) 『국역 대산집』7, 잡저, 科擧私議, 404-405쪽.

사회 환경 속에서 어떤 새로운 전망을 하였는가? 그가 한 일과 하지 못한 일, 그리고 그의 대응의 모습과 한계를 지적하였다. 이를 통해 퇴계학파에 속한 18세기 영남 남인 출신의 학자적 관료의 인식과 대응 양상을 이해하고자 하였다.

이상정은 25세라는 젊은 나이에 문과에 급제하여 관직에 진출하여 70세가 되어서야 겨우 당상관에 올랐다가 이듬해에 사망하였다. 결코 순조롭지 않았을 그의 평생을 단적으로 보여준다. 노론으로부터 집중 견제의 대상으로 죄적에서 벗어나지 못한 이현일의 외증손이라는 점이 근본적인 큰 흠결로 작용한 때문이었다. 그리고 이현일의 신원에 앞장섰던 존경하던 선배들이 화를 당하는 현실에서 관직에 대한 미련을 접을 수밖에 없었다. 또한 현감 재직시 법에 저촉되어 파직된 사실도 출사에 대한 흥미와 의지를 꺾는 요인으로 작용하였다.

그런 가운데서도 그는 갈암 이현일의 개혁 방안을 이어받아 특히 인재선발 방식의 개혁에 관심을 가졌다. 그는 29세이던 영조대에 이미 기존의 인재선발 방식에 대해 비판적인 견해를 피력한 논설인 「科擧私議」을 작성한 바 있었으며, 71세이던 정조대에도 군주의 자질 함양과 현실 정치의 개혁에 대해 논하면서 단순히 인재 선발 방식의 변화 뿐 아니라 공부하는 습속을 바꾸어 현실의 제반 문제를 해결하려는 쪽으로 관심을 확장시키고 있었다. 인재선발 방식의 개혁을 지렛대로 삼아 교육을 통해 현실의 문제를 해결하고자 하였던 것이다.

요컨대 이상정은 이현일을 통해 계승한 퇴계학파를 재정비함으로써 새로운 시대를 모색하고 대비하고자 한 데 의미를 부여할 수 있다.

제5장 입재 정종로의 사회적 위상과 현실대응

1. 머리말

立齋 鄭宗魯[1738(영조 14)~1816(순조 16)]는 영남 지역 상주에서 살았던 남인 학자였다. 그가 생의 대부분을 보낸 18세기는 영남지역 남인의 정계에서의 영향력이 현저하게 줄어든 시기였다. 인조반정이후 서인－노론으로 이어진 붕당이 정국을 주도하게 되면서 영남지역의 남인은 더 이상 주도 집단으로 나서지 못하는 상태가 지속되고 있었던 것이다. 숙종대에 남인들이 정국의 주도권을 일시 장악한 적이 있었을 때도 근기 남인들이 주도하는 가운데 영남 남인들은 그를 지지해주는 정도에 그쳤다. 그나마 숙종 20년 갑술환국으로 남인이 도태되면서 영남 남인 세력은 더욱 위축되었다.

이 시기 영남지역의 학문적 분위기도 퇴계 이황 이래의 성리학을 묵수하고 반추하는 일에 많은 이들이 열중하였던 것 같다. 영남 남인들의 현실 안주적인 모습임과 동시에 새로운 문화의 유입과 수용이 격리 차단된 데서 비롯된 현상으로 보인다. 정종로도 그러한 영남 남인들의 모습과 크게 다르지는 않았다고 생각한다. 다만 17세기 중반 경세론에 관심을 가진 이휘일·현일 형제나 홍여하 같은 인물들, 18세기 초반 국정 전반에 걸친 개혁안을 제시한 정만양·규양 형제도 하나의 흐름을 형성하고 있었다.

지금까지 정종로에 대한 연구는 조선후기 성리학을 논하는 장에서 가끔 소개된 정도였다. 현상윤은 조선후기 성리학을 주리파와 주기파로 구분하여 설명하는 과정에서 정종로를 절충파로 분류한 바 있었다.[1] 이어 배종호도 역시 그의 성리학을 정경세와 함께 절충파로 분류 파악하였고,[2] 강주진도『立齋集』해제에서 위의 설에 따라 절충적 입장에 있었음을 서술한 바 있었다.[3] 그러나 최영성은 조선후기 퇴계학파의 발전 모습에 대한 부분에서 그를 이현일, 이재, 이상정, 류치명 등 여러 퇴계학파의 학자들과 함께 다루면서 그의 성리학설이 주리적 입장에 있었음을 강조하여 대조를 이루고 있다.[4] 그리고 유명종은 그의 저서에서 정종로의 太極動靜說을 한 항목으로 설정하여 간략히 논한 바 있었다.[5]

여기서는 정종로라는 한 남인 학자의 삶을 조명해보고자 한다. 영남 남인 학계 내에서의 위상을 점검하고 중앙정계로부터의 주목과 그에 대한 그의 대응 등에 초점을 맞추어 살펴보고자 한다. 이를 통해 영남 남인의 정치적 소외가 지속된 상황에서 그 대표적 학자가 받은 대우와 그의 현실에 대한 대응 방식을 살필 수 있을 것이다. 정종로에 대한 본격적 조명이 이루어지지 않은 상태이기 때문에 그에 관한 연구를 촉발하는 의미도 있다.

---

1) 현상윤,『조선유학사』, 민중서관, 1971, 424-426쪽.
2) 배종호,『한국유학사』, 연세대출판부, 1981, 201-202쪽.
3) 강주진, 「입재집 해제」,『立齋全集』상, 여강출판사 영인본, 1990, 16-17쪽.
4) 최영성,『한국유학사상사(조선후기편)』Ⅳ, 아세아문화사, 1995, 293-297쪽.
5) 유명종,『조선후기 성리학』, 이문출판사, 1985, 306-311쪽.

2. 가계와 가문내의 위상

정종로는 진주 정씨 인모와 홍여하의 증손녀인 부계 홍씨 사이에서
태어났다. 자는 士仰, 호는 立齋이다. 그가 태어날 즈음 어머니 홍씨는
선조인 우복 정경세가 위엄이 있는 엄숙한 몸차림으로 문안으로 들어오
는 태몽을 꾸었다고 한다. 이로써 대학자의 탄생이 예고된 셈이었다. 그
러나 불행하게도 태어난지 4일만에 어머니를 여의고, 유년기를 함창의
외가에서 보내다가 9세경에 상주의 본가로 완전히 돌아왔다.[6]

〈도 1〉 진양정씨 정종로 가계도[7]

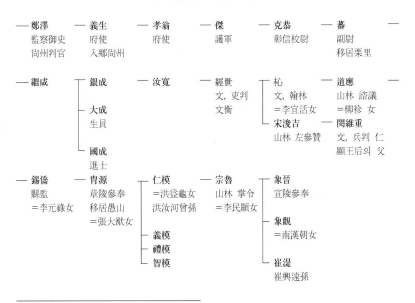

────────────

6) 『立齋別集』7,(민족문화추진회 영인 한국문집총간, 2000) 행장(이승배 찬). 『입재
   별집』10,(여강출판사 영인본, 1990), 연보, 영조 22년(9세). 이하 가계에 대한 설명
   으로 별다른 주가 붙어있지 않는 것은 이들에 의거한 것이다.
7) 우복선생기념사업회, 『진양정씨족보』, 대보사, 1993. 『입재전집』하, 세계도, 여강
   출판사 영인본, 1990, 581쪽.

그의 선대가 상주에 터를 잡은 것은 16대조 정택이 상주판관을 지낸 것이 인연이 되어 상주의 세력가였던 상산김씨 김득배와 사돈관계를 맺었기 때문으로 추측된다. 그 후 그의 가문이 명문으로 발돋움한 것은 중흥조라 할 수 있는 6대조 정경세부터였다.

정경세는 서애 류성룡에게서 학문을 배워 퇴계학맥의 적전으로 이름을 날렸다. 성리학 전반에 걸쳐 조예가 깊었으며, 특히 예학에 일가견이 있었다. 문과에 급제한 후 주로 인조대에 활약하였는데, 이조판서로 銓衡을 담당하였을 뿐아니라 兩館大提學으로 文柄을 잡는 등 당시 영남 남인의 대표적 관료이자 학자였다. 중앙정계에서의 왕성한 활동으로 인해 전국적인 차원에서의 교우관계를 가지고 있었는데, 사계 김장생의 제자인 동춘당 송준길을 사위로 맞게 된 것도 그러한 그의 위상에서 비롯된 것이기도 하였다. 송준길은 후일 서인 – 노론의 핵심인물로서 정경세 집안이 서인 – 노론의 명문과도 일정한 인연을 가지게 되는 중요한 연결고리가 되었다.[8]

정경세의 학문은 스승인 류성룡의 셋째아들로 안동에서 이주하여 상주에 복거한 수암 류진을 거쳐 손자 무첨재 정도응에게로 연결되었는데, 바로 정종로의 고조이다. 정도응은 류진의 딸을 배필로 맞이함으로써 류씨가문과 학통과 혼인관계에서 중첩된 인연을 쌓았다. 정도응은 평생 과거에 나가지 않고 학문에 전념하였는데, 학덕을 인정받아 산림으로 조정에 징소되기도 한 학자였다.

증조부 정석교는 참봉과 현감을 지낸 인물인데, 선대에 의해 마련된

---

8) 송준길은 민유중을 사위로 맞이하였고, 민유중은 딸을 숙종비(인현왕후)로 납비한 명문이었다. 이로써 우복 정경세 집안은 서인, 노론의 명문가인 송씨와 민씨 집안과 인연을 가지게 되었다. 송씨 집안과 민씨 집안에서는 후대까지도 우복에 대해 '우복선생'이라 하지 않고 '우복할아버지'라고 지칭할 정도로 그에 대한 친밀함과 존경의 마음을 가지고 있었다고 한다.(우복의 14손손이자 입재의 8대손인 전대구 교육대학교 총장 정관 박사의 전언)

세업을 유지하고 집안의 여러 문적들을 정리하는 데 중요한 역할을 담당
하였다. 특히 현재 우복 종택에 소장된 전적 중에는 '鄭錫僑希伯'이라는
인장이 상당수 날인되어 있는데, 이는 많은 전적들이 정석교 대에 새로
마련되었거나 정리되었음을 의미한다.[9]

조부 정주원은 그 동안 세거지였던 율리를 떠나 우산으로 이거하였
다. 원래 우산에는 정경세가 세운 아담한 서실이 있었고, 그 동안도 자손
들이 율리와 우산을 왕래하다가 이 때에 와서 완전히 이주하였던 것이
다. 그렇게 된 데는 영조가 정경세의 학덕과 종사에 미친 공적을 치하하
여 우산 일대의 동서 2Km, 남북 4Km에 이르는 토지를 사패지로 내린
것이 큰 요인으로 작용하였으리라 짐작된다.[10]

정경세와 정도응의 학문적 성취는 위와 같은 사회적·경제적 기반 위
에서 정종로에 와서 다시 한번 꽃을 피우게 되었다. 그는 일찍부터 집안
의 큰 일도 잘 처리하면서 가문을 현창하는 일에 앞장섰다. 21세 약관의
나이에 가문의 숙원사업이었던 6대조 정경세의 신도비를 세우는 일을
주선하여 완성시킨 바 있었다.[11] 그리고 25세에는 정경세의 묘 아래에
있는 齋舍를 중건하였으며, 44세에는 고조 정도응의 묘 아래에 있는 재
사를 중수하였다.[12] 무엇보다도 68세에는 여러 선조들의 행장을 지어
가문의 역사를 전하게 하였는데, 이 때 고조 정도응, 조부 정주원, 부 정
인모, 삼촌 정의모·예모·지모 등의 행장을 지었다.[13]

---

9) 김학수, 「상주 우복종택 소장 筆札類의 현황과 내용」, 『韓國簡札資料選集 I -鄭經
   世篇-』, 한국정신문화연구원, 2001, 14쪽.
10) 위와 같음. 이 때 그 일을 주선한 이가 상주목사 송요좌와 경상도관찰사 민백상
   이었다고 하는데, 각각 송준길과 민유중의 증손으로서 우복 집안을 도우는 일에
   발벗고 나선 것이었다. 우복의 후손들은 이 사패지를 가리켜 '七里江山'이라 부른
   다고 한다.(앞의 정관 박사 전언)
11) 『입재별집』10, 연보, 영조 34년(21세).
12) 위의 연보, 영조 38년(25세)·정조 5년(44세).
13) 위의 연보, 순조 5년(68세).

그는 만년의 원숙한 경지에 이르러서야 비로소 저술활동에 착수하여 여러 가지 논설을 연이어 저술하였다. 66세에 太極圈子說과 太極動靜說, 67세에 愚山誌, 68세에 大舜論, 69세에 五常說과 孟子論, 70세에 理發氣發說, 71세에 論語衍義, 72세에 顔子를 각각 저술하였으며, 73세에는 群書衍語 40여책을 완성하면서 그의 저작활동을 거의 마무리하였다.[14]

한편 뛰어난 학식과 탁월한 문장력으로 말미암아 원근에서 묘갈명이나 행장 등 글을 부탁하는 인사들이 줄을 이었는데, 이를 귀찮다하지 않고 성실하게 부탁을 들어주었다. 그의 표현대로 조상에 대한 효성에서 나온 부탁을 사양하는 것은 사람의 도리가 아니라면서 힘자라는 데까지 들어주었던 것이다.[15] 문자의 수수 측면에서 대단히 충실한 삶을 살았던 것이다.

그는 사후 19년이 지난 1835년(헌종 1)에 문집 24책이 발간되었으며,[16] 이듬해에 상주의 愚山書院에 배향되었다.[17] 후일 우복 정경세의 불천위에 이어 정종로도 사천으로 불천위에 모셔짐으로써 한 가문에 두 분의 불천위가 있는 귀한 예가 되었으니, 가문에서의 그의 위상을 짐작할 수 있다.

3. 영남남인 학계에서의 위상

정종로는 어려서부터 가학을 계승하였다. 6대조 우복 정경세, 고조 무

---

14) 위의 연보, 해당 연월조.
15) 위의 연보, 순조 15년(78세).
16) 위의 연보, 헌종 원년.
17) 위의 연보, 헌종 2년.

첨재 정도응으로 이어지는 탄탄한 학자 집안이었던 것이다. 9세에 함창 외가에서 상주의 본가로 돌아온 정종로는 10여년 동안 조부와 중부의 지도를 받았다. 그는 조부 정주원으로부터 공부를 배우기 시작하여 13세 때부터 19세까지 한창 성장할 나이에 중부 정의모에게 수학하면서 가학을 닦았다. 俗學 외에 유학 공부가 있다는 것을 알고 과거를 단념하게 된 것도 중부로부터 받은 가르침 때문이었다. 그런데 19세에 조부와 아버지, 중부를 연이어 여의는 아픔을 겪었다. 이후 숙부 정지모 밑에서 거의 20년의 세월동안 뚜렷하게 스승을 두지 않고 학문에 전념한 듯하다.18)

20대에는 중국의 역대 사서와 문장가들의 서적 수천권을 읽어 그 이치를 얻었다. 그러나 문장은 한낱 작은 기술에 불과하다는 것을 깨달았고, 나이 30에 작심한 바가 있어 '三十而立'의 뜻을 취해서 스스로 호를 입재라고 하고 드디어 居敬窮理의 유학공부에 전념하게 되었다. 이 때 공부의 모범으로 삼은 사람이 주자와 퇴계였다. 『소학』을 늘 손에 들고 그 실천에 힘썼으며, 이어 四書와 『심경』·『근사록』 등에 전념하였다.

40세가 되던 해 독학의 한계를 느낀 정종로는 오랜 학문에의 침잠을 깨고 주변의 여러 뛰어난 학자들과 본격적으로 접촉하기 시작하였다. 대산 이상정, 남야 박손경, 백불암 최흥원 등 당대 영남 남인의 대표적인 학자였던 세 사람을 모두 찾아뵙고 자신의 학문을 확인하였다. 이상정에 대해서는 스스로 문인으로 자처하기도 하였다. 그리고 손재 남한조, 천사 김종덕을 방문하여 道義交를 맺는 등 평생의 학문 동지로 삼는 기회를 만들었다. 그는 남한조의 딸을 자부로 맞이하여 사돈관계를 맺었으며, 최흥원의 손자를 사위로 맞이함으로써 인연을 더하기도 하였다.

그러나 그들과 함께하는 세월이 오래 지속되지는 못하였다. 정종로의

---

18) 『입재별집』7, 묘지명(류심춘 찬), 묘갈명(정원선 찬), 행장(이승배 찬). 이하 그의 학업과 관련하여 별다른 전거가 제시되지 않은 것은 이에 의거한 것이다.

나이 44세 때에 이상정, 45세 때에는 박손경, 49세 때에는 최흥원이 차례로 사망하였다. 이렇게 연이어 영남의 대표적인 학자들이 사망함으로써 정종로는 자연스럽게 그들을 이어 영남을 대표하는 학자로 자리잡게 되었다. 이 시기 그와 어깨를 견줄만한 학자로는 같은 이상정의 문하로서 친밀하게 교류했던 14세 연상의 천사 김종덕, 6세 연하의 손재 남한조, 9년 연상의 만곡 조술도 등이었는데, 정종로는 김종덕보다 19년을 더 생존하였고, 남한조보다는 7년을 더 생존하였으며, 조술도보다는 13년을 더 생존하였다. 결국 정종로는 학문이 원숙한 경지에 이르렀던 50대부터 79세로 사망할 때까지 약 30년동안 영남 남인 학계를 대표하는 위치에 있었다.

그리하여 그는 청대 권상일, 대산 이상정과 함께 당대 퇴계학파의 삼고봉으로 꼽혔으며, 또는 대산 이상정과 쌍벽을 이루었다는 의미에서 '좌대산 우입재'라 칭해지기도 하였다.[19] 그리하여 원근인사로서 그를 아는 사람이든 모르는 사람이든 모두 정종로를 선생이라고 칭하였고, 이름을 부르지 않았다고 한다.[20] 우의정 채제공으로부터는 '경학과 문장이 蔚然하여 영남의 제일인자'라는 극찬을 받기도 하였다.[21]

뛰어난 학문과 문장력으로 인해 정종로의 주변에는 늘 배우려는 사람들이 운집하였다. 그가 평생에 배출한 문인은 약 250명이 되었다. 그는 37세에 마을의 어린아이를 위해 큰 고목나무 아래에서 매월 초하루와 보름에 강의를 베풀어 동네 소년들을 가르친 바 있었다.[22] 57세 때는 山泉書塾에서 문인과 원근의 선비를 대상으로 수개월동안 강학하였으며,[23] 61세 때는 講學條例를 정하여 鄕內에 배포하기도 하였다.[24] 그리

---

19) 『雄州典故』(박약회 상주지회, 1998) 진양정씨, 894쪽.
20) 『입재별집』7, 묘갈명.
21) 『입재별집』10, 연보, 정조 13년(52세).
22) 위의 연보, 영조 50년(37세).
23) 위의 연보, 정조 18년(57세).

고 64세 겨울에도 松塾에서 유생을 위한 강의를 개설하는 등25) 교육 활동에 남다른 애정을 가지고 임하였다.

그는 말년까지도 교육에 대한 강한 열의를 보여 특별 강의를 진행하였다. 71세에는 문인 제자를 대상으로 『심경』을 강의하였고, 이듬해에는 상주의 修稧舍에서 『대학』을 강의하였으며, 그 이듬해에는 『논어』를 강의하였으며, 또 그 다음해에도 강의를 진행하였는데, 매번 약 100여명의 문생들이 운집하여 경청하였다.26) 특히 세상을 떠난 해인 1816년에도 상주 도남서원 원장 이경유의 청을 받아들여 79세의 노구를 이끌고 『중용』을 강의하였는데, 강의를 듣기 위해 낙동강의 좌우에서 모인 자가 수백명이 되었다.27) 이 특강을 마지막으로 그는 6월에 세상을 떠났는데, 그의 음덕을 기리기 위해 장례식에 참석한 자들이 무려 칠백명에 이르렀다.28)

그런데 정종로의 학통과 관련하여서는 약간의 정리되어야 할 부분이 있다. 크게 보면 퇴계학통에 속하지만 그 내부에서 보았을 때 누구의 학통을 이었는가 하는 것이다. 정종로의 사승관계에 초점을 맞추어 학맥도를 제시하면 다음과 같이 정리될 수 있다.

---

24) 위의 연보, 정조 22년(61세).
25) 위의 연보, 순조 원년(64세).
26) 『입재별집』7, 행장. 『입재별집』10, 연보, 순조 8-16년(71-79세).
27) 위와 같음.
28) 『입재별집』10, 연보, 순조 16년(79세).

〈도 2〉 정종로의 학맥도

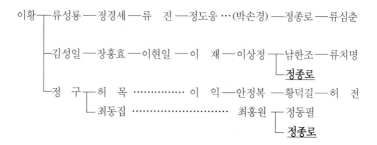

위 학통도에서 보듯이 정종로와 관련한 사승관계는 당대 영남의 三老라고 불리던 이상정, 최홍원, 박손경 모두의 문인으로 정리되어 있다. 여러 사람에게서 공부를 배우는 경우가 허다하였기 때문에 이러한 현상은 일견 지극히 당연하고 자연스러운 현상으로 볼 수도 있다. 또한 후대 문인록을 작성할 때 문인의 수를 되도록 늘이려는 것이 인지상정인 까닭에 왠만한 관계를 맺은 사람들은 모두 포함시키려는 경향에서 비롯된 것으로 볼 수도 있겠다. 정종로의 사승관계 및 학통과 관련하여서는 아래와 같이 크게 네가지로 정리해 볼 수 있다.

① 대산 이상정의 문인설

이는 정종로 스스로가 이상정의 문인으로 자처한 데 근거하고 있다. 정종로는 40세이후 영남의 여러 지역에 흩어져 있던 학자들을 방문하며 본격적으로 교유하기 시작하였다. 그 때 이상정을 찾아가 며칠 머물며 평소의 의문점에 대해 질의한 바 있었다. 이후 정종로는 긴 시간 많은 가르침을 받은 것은 아니었다고 하면서도 평소에 존경하던 큰 학자이기에 옛사람의 예에 따라 이상정의 문인으로 자처한다고 하였다.[29] 대산

---

29) 『입재별집』9, 부록, 언행록, 37쪽.

의 사후 그를 경모한 사실은 대산의 高山雜詠에 차운한 시에서도 잘 나타나고 있다.[30] 그리고 주고받은 편지글을 정리한 문집에서도 유독 이상정에 대해서만은 '上大山李先生'이라하여 '선생'으로 지칭하였다. 이로 볼 때 정종로가 생전에 이상정을 스승으로 삼고 그 문인으로 자처한 것은 명백하다고 하겠다.

나아가 학통상에서도 이상정의 학통에 포함시킨 경우도 있다.[31] 하지만 퇴계의 학통상의 큰 흐름에서 판단할 때 정종로가 이상정의 학통을 이어받아 그것을 후대에 이어주었다고 파악하는 데 동의하는 사람은 많지 않을 것 같다. 문인이라는 사실과 학통을 계승한다는 사실은 반드시 일치하지 않을 수도 있기 때문이다. 당대에 문인으로 자처했다고 하더라도 후일 다른 사정들에 의해 학통은 달리할 경우가 생길 수 있는 것이다.

② 백불암 최흥원의 문인설

근래 정종로를 최흥원의 문인으로 파악하려는 경향이 있다.[32] 정종로가 영남 지역의 학자를 방문하러 다녔을 때 최흥원 역시 그 대상자 중의 한 명이었다. 당시 최흥원은 이상정, 박손경과 함께 영남의 三老로 꼽히던 인물이었다. 따라서 정종로가 그를 방문한 바 있고, 이후 편지를 주고받은 바 있었다. 사실 정종로는 위의 삼로 중에서는 최흥원을 가장 빈번하게 방문한 것으로 스스로 술회한 바도 있다.[33] 그리고 최흥원의 손자를 사위로 맞는 인척관계를 맺기도 하였다.

그러나 정종로를 최흥원의 문인으로 파악한 데는 약간의 의문이 있

---

30) 『입재집』6, 敬-次高山雜詠.
31) 금장태, 『퇴계학파와 리철학의 전개』, 서울대출판부, 2000, 5-6쪽. 여기서 그는 서애 문파의 학통도에서는 정종로를 제외하고 있어 학통과 관련한 입장을 분명히 하고 있다.
32) 한국국학진흥원, 『영남지방의 퇴계학맥도』, 예문서원, 2002.
33) 『입재별집』9, 부록, 언행록, 37쪽.

다. 이상정의 경우에서와 같이 정종로 자신이 그렇게 분명하게 표현한
사실이 없을 뿐아니라, 문집에 실린 편지글에서도 이상정의 경우와는 달
리 '上崔百弗巖' 또는 '上百弗巖'이라하여 존칭을 하기는 하였지만 '선
생'으로 지칭하지는 않았기 때문이다.[34] 이는 앞에서 보았듯이 대산 이
상정에 대해 매번 '선생'이라 깍듯이 칭한 것과는 구별된다. 한편 정원
선이 지은 묘갈명에도 이상정, 최흥원, 박손경 세 사람을 방문하여 도를
물었다고 하면서도 최흥원과 박손경은 '공'으로 표현한 데 비해 이상정
은 '선생'으로 표현하여 달리 인식하고 있음을 볼 수 있다.[35] 그리고 무
엇보다도 최흥원의 문인록에도 정종로가 문인으로 등재되어 있지 않다
는 점에 유의하여야 할 것이다.[36]

③ 남야 박손경의 문인설

이는 정도응의 학통을 박손경을 통해 계승한 것으로 파악하려는 것이
다.[37] 짐작컨대 정종로가 이상정이나 최흥원보다 박손경을 조금 더 먼
저 방문한 사실과[38] 정종로가 어린 시절부터 중부 정의모의 처남인
관계로 정씨가를 방문한 박손경을 많이 뵌 사실에[39] 근거하고 있는
듯하다.

그러나 박손경이 정도응의 학통을 직접적으로 계승한 것도 아니어서
그 학통계승 관계가 명확하지도 않으며, 정종로를 박손경에게로 연결시

---

34) 다만 『입재별집』2에 실려있는 편지 중 '답백불암최선생'이라 하여 선생이라 지칭
    한 편지가 한 통 있다.
35) 『입재별집』7, 묘갈명(정원선 찬).
36) 『百弗菴言行錄』7(경주최씨 칠계파종중 영인본, 1999), 급문록.
37) 한국국학진흥원, 『영남지방의 퇴계학맥도』, 예문서원, 2002.
38) 연보에는 같은 해이지만 박손경에 대한 방문이 조금 더 빠른 것으로 나타나 있다.
    『입재별집』10, 연보, 정조 원년(40세).
39) 『입재별집』9, 부록, 언행록, 37쪽.

키기에도 그렇게 근거가 튼튼한 것 같지 않다는 데에 문제가 있다. 이는 결국 정종로의 학통을 정도응에게로 연결시키려 할 때 그 연대가 너무 떨어지는 단점을 보완하려는 고심에서 비롯된 것이 아닌가 생각한다.

④ 무첨재 정도응의 학통 계승설

가학을 계승한 것으로 파악하여 연대는 다소 멀지만 바로 고조 정도 응에게로 연결시키는 것이다. 가학에 연원을 두고 있었다는 지적은 주변 인물을 중심으로 일찍부터 있었던 듯하다.[40] 연대가 다소 멀다는 흠은 있지만 학통상으로는 가장 현실적인 설로 볼 수 있다.

그러한 학통의 가닥이 굳어지게 된 시기는 순조 5년에 본격적으로 일 어났던 屛虎是非를 상정해볼 수 있다. 병호시비는 서애 류성룡과 학봉 김성일의 序次를 두고 일어난 시비로서 퇴계학파의 적통 문제가 근본적 으로 내재되어 있었기 때문에 양진영이 한 치의 양보없이 격돌한 사건이 었다. 전체적으로 그 틀 속에서 정종로의 학맥과 학통이 정리되었다고 보인다.

당시 영남의 유림들은 학봉 김성일, 서애 류성룡, 한강 정구, 여헌 장 현광 4인의 문묘 종사를 청원하는 상소를 준비하고 있었는데, 이 때 학 봉과 서애 두 사람 중 누구를 먼저 내세우는가를 두고 병호시비가 본격 화되었던 것이다. 이후 이 시비는 갖가지 형태로 60년 이상 지속되다가 고종 8년 흥선대원군에 의해 호계서원이 철폐됨에 따라 호계서원에 있 던 퇴계의 위패는 도산서원으로, 서애의 위패는 병산서원으로, 학봉의 위패는 임천서원으로 각각 가져가고 호계서원은 비워두는 것으로 결말 이 나고 말았던 것이다.[41]

양쪽 진영에 두루 활발한 교유관계를 가졌던 정종로로서도 이 사건을

---

40) 『입재별집』10, 연보, 정조 20년(59세) 7월 13일.
41) 신석호, 「屛虎是非に就いて(上,下)」, 『靑丘學叢』1·3, 1930·1931.

거치면서 선택을 강요받았을 것으로 짐작된다. 정종로 사후에도 병호시비는 계속되었고, 이에 따라 그의 후손들과 문인인 류씨들에 의해 학통 정리가 더욱 굳어지게 되었다고 생각한다. 하회 류씨들의 처지에서는 수암 류진에게로 학통을 직접 연결시키기에는 대수가 너무 먼 고민이 있었다. 그 중간에 정종로를 통해야만 그런대로 서애 문파의 주맥이 무리없이 이어질 수 있었기 때문에 정종로를 서애 학통 속에 확고히 위치시켜 둘 필요성이 절실했다고도 볼 수 있다. 정씨 집안과 류씨 집안은 서로 교차하며 사제 관계를 맺어온 오랜 전통이 있었던 것이다. 또한 대산 이상정 다음을 잇는 학봉 문파의 적전이 병호시비를 거치면서 남한조 - 유치명 - 김흥락으로 큰 줄기가 잡히면서 정종로의 입지가 더욱 옹색하게 된 점도[42] 또 다른 요인으로 생각해볼 수 있다.

유심춘은 정종로의 묘지명에서 정종로가 대산 이상정을 선생으로 표현하면서 학문의 大要를 물었다고 밝히고 있으나 후반부의 학통을 서술하는 부분에서는 정경세가 류성룡을 이어 퇴계 이황의 적전이었음을 분명히 하면서, 정종로가 가학을 계승하였음을 밝혔다.[43]

정종로 사후 18년이 지나 이승배가 지은 정종로 행장에서도 대산 이상정을 선생으로 표현하며 가르침을 받은 사실을 지적하고는 있지만 행장의 후미에서 학통을 정리하는 부분에서는 우리나라의 도학이 퇴계에 의해 집성되었고, 그것이 류성룡에서 정경세로 전해졌으며, 정종로가 정경세의 주손으로서 적전을 이었다고 학통을 정리한 바 있다.[44]

이상에서와 살펴본 바와 같이 정종로가 대산 이상정의 문인이었음은 분명하다고 할 수 있겠으나, 학통은 류성룡 - 정경세 - 류진 - 정도응으

---

42) 병호시비의 한 요인이 되었던 것 중 이상정의 『大山實紀』의 내용을 둘러싸고 서애 후손과 대산 후손 간에 논란이 있었기 때문에 서애 쪽에서는 대산 쪽에 대해 우호적일 수 없었던 점이 있다. 신석호, 위의 논문.

43) 『입재별집』7, 묘지명.

44) 『입재별집』7, 행장.

로 이어지는 계통을 가학으로 계승한 것으로 파악할 수 있겠다. 그 외 최홍원의 문인으로 보거나 박손경의 학통을 계승한 것으로 파악하는 것은 그 근거가 미약하다고 할 수 있겠다. 요컨대 정종로는 간접적인 사승 관계가 있지만 일단 퇴계학통의 적통 한줄기를 잇는 확실한 위치에 있었다는 것은 분명하다.

4. 중앙정계의 徵召와 그 대응

정종로가 처음 관직을 제수받은 것은 그의 나이 52세 때인 정조 13년이었다. 이 때 학행으로 광릉참봉(종 9품)에 임명되었고, 곧 이어 차례를 뛰어 넘어 의금부도사(종 5품)에 임명되었으나 벼슬길에 나아가지는 않았다.[45]

의미가 있는 관직의 제수는 그로부터 7년 후인 정조 20년에 이루어졌다. 사포서 별제(정 6품)에 이어 곧 사헌부의 지평(정 5품) 벼슬에 임명된 것이었다.[46] 사헌부는 백관에 대한 규찰을 담당하던 부서로서 사간원, 홍문관과 함께 삼사로 불리며 언론을 주도하던 곳이었다. 사간원이나 홍문관의 관원은 반드시 문과 출신으로만 임용토록 법제화되어 있었으나, 사헌부는 그러한 규정이 없었던 관계로[47] 인해 산림들의 주요한 진출로로 주로 이용되던 곳이었다. 그리하여 문과인 東班, 무과인 西班에 대비하여 음직의 南班으로서 임명된 臺官이라는 의미의 南臺라는 관용어로 특별히 불렸다. 그리고 지평은 조정으로부터 인정을 받은 산림이 흔히 임명되던 일종의 기준이 되는 관직이었던 것이다.[48]

---

45) 위와 같음.
46) 『입재별집』7, 행장. 『정조실록』45, 20년 7월 19일 임술.
47) 『경국대전』, 이전, 경관직, 사헌부·사간원·홍문관.

이 때 그는 학덕이 영남 지역에 널리 알려져 있었던 점이 높이 평가된 데다가 우복 정경세의 후손이라는 점 또한 높이 평가되어 하서 김인후의 후손인 김수조와 함께 등용되었던 것이다.[49] 특히 정조는 정종로를 지평에 임명한 직후 정경세에게 제문을 내리고 관리를 보내어 제사를 지내게 할 정도로 각별한 관심을 나타낸 바 있다.[50] 이 때 이를 경축하고 일을 도와주기 위해 모인 주변의 사람들이 1,000여인이 넘었을 정도로 성황을 이루었다고 한다.[51] 그리고 정조는 정종로에게 산림의 징소시에 흔히 이용된 바 있던 역마를 타고 서울로 올라오기를 명하였다.[52]

이 시기 그가 중앙의 정치세력으로부터 주목을 받은 것은 남인의 영수였던 채제공과의 역학관계에서 이해되어야 한다. 채제공은 근기지역 남인의 대표로서 당시 남인을 이끄는 중심인물로 허목 - 이익 - 오광운으로 이어지는 계보를 잇는 인물이었다. 그는 정조에 의해 추진되는 일련의 개혁정치에 적극 동참함으로써 정조의 신임하에 남인의 입지를 넓혀가고 있었다. 특히 정조 12년에 우의정으로 발탁되어 23년 사망할 때까지 일시적인 부침을 제외하고는 계속 정승 자리를 유지하며 당시 정국을 주도하는 하나의 축을 담당하고 있었다.[53] 정종로가 중앙으로부터 관직을 제수받은 시기는 바로 이 시기였던 것이다.

채제공은 정조와 자신의 정치적 기반의 확장을 위해 영남 남인에 주목하였고, 서로 도움을 주고 도움을 받는 상호 협력관계를 유지하고 있었다. 정종로의 징소는 영남을 자신의 지지세력으로 확보하려는 정조와

---

48) 우인수, 『조선후기 산림세력연구』, 일조각, 1999, 31-34쪽.

49) 『정조실록』45, 20년 7월 19일 임술.

50) 『정조실록』45, 20년 8월 13일 을유.

51) 『입재별집』10, 연보, 정조 20년(59세) 9월.

52) 『정조실록』45, 20년 7월 19일 임술.

53) 정조대의 정국 추이를 살피는 데는 다음의 연구가 도움이 되었다. 박광용, 「조선후기 탕평연구」, 서울대 박사학위논문, 1994. 김성윤, 『조선후기 탕평정치연구』, 지식산업사, 1997.

채제공의 의도가 들어있는 것이었다. 전부터 있어왔던 근기지역의 남인인 소위 '京南'과 영남지역의 남인인 '嶺南' 사이의 제휴의 연장선상에 있던 것이었다.[54] 영남지역의 인사들은 소위 '嶺南萬人疏'로 대표되는 상소운동으로 중앙의 '京南'을 지원하였고, 집권한 근기 지역의 남인들은 영남에 대해 여러 가지 우대책을 반대급부로 제시하였던 것이다. 영남지역의 일부 인사들을 그나마 관직으로 이끈 것, 영남 남인의 상징처인 도산서원에서 특별히 과거시험을 보이면서 관심을 표한 것, 그리고 『영남인물고』의 편찬 등은 바로 단적인 예인 것이다.[55] 영남남인은 근기남인들을 매개로 하여 중앙과의 한가닥 연결고리를 마련하고 있었던 셈이다.

그러나 정종로는 관직은 받아들이되 출사하지는 않았다. 그는 산림으로 징소되었던 것인데, 이미 이 시대에는 산림의 역할이 축소될 데로 축소되어 커다란 의미를 가질 수 없는 상태임을 잘 알고 있었기 때문이었을 것이다. 영조가 당쟁을 격화시킨 책임자로 산림을 지목하면서 지속적으로 산림의 정치적 간여를 막는 억압책을 편 이후 산림의 권위는 정치적으로 많이 약화되었다. 기본적으로 영조의 산림에 대한 정책을 이어받은 정조는 한 걸음 더 나아가 학문적 실력을 바탕으로 스스로 君師를 자처하면서 산림이 가졌던 학문적 권위까지도 함께 가지려 하였다.[56] 이런 상황에서 산림의 정치적 기능은 더욱 약화되었고, 정종로도 산림으로서의 출사에 적극적으로 임할 어떤 큰 의미를 찾기 어려웠을 것이다.

---

54) 이수건, 「조선후기 '嶺南'과 '京南'의 제휴」, 『이우성정년기념 민족사의 전개와 그 문화』상, 1990.

55) 위와 같음. 정종로도 정조 19년 사도세자 추숭 상소에 참여한 바 있었고,(『입재별집』10, 연보, 정조 19년(58세) 4월) 『嶺南人物考』편찬 사업에서는 상주지역 인사들의 사적 정리를 주관하는 일을 맡은 바 있었다.(『입재별집』10, 연보, 정조 22년 (61세) 9월)

56) 우인수, 앞의 『조선후기 산림세력연구』, 195-206쪽.

중앙에서도 적극적으로 정종로의 출사를 강권하지는 않았다고 보인다. 중앙 정계 남인의 중심인물이었던 채제공의 입장에서는 자신들의 세력을 옹위해줄 외곽 지지세력의 확보 목적은 그 정도로도 충분히 채워졌다고 판단하였을 것이고, 실질적인 출사까지가 아쉬운 상황은 아니었다고 할 수 있는 것이다. 그리고 정조의 입장에서는 유자를 존중한다는 유교국가의 명분을 얻고 싶었을 것이고, 또한 자신에 우호적인 지지층의 확보에 근본적인 목적이 있었을 것이다. 실제 출사하여 자신을 곁에서 보좌하면서 자신의 학덕을 닦는데 도움을 기대하지는 않았던 것이다.

또한 그의 연령도 출사를 막는 하나의 요인으로 작용하였을 것이다. 정종로가 지평에 임명되었을 때는 이미 연령상으로 59세여서 출사하기에는 적지 않은 나이였다고 보인다. 그리하여 2년 후인 정조 22년 61세 때도 다시 지평에 임명되었으나 역시 나아가지 않았던 것이다.

다만 그는 정조의 특별명령으로 제수된 지방 수령직은 한차례 맡은 바 있었다.[57] 정조 21년(1797) 강령현감으로 임명된 바 있었으나 연로한 모친을 모셔야 한다는 간절한 사정으로 인해 상주 인근의 함창현감에 특별히 임명되었던 것이다.[58] 몇 달간의 재직 기간 동안 그는 향음주례를 행하였고, 각종 세금을 징수하는 데 공정하게 잘 처리함으로써 현민들로부터 '살아있는 부처가 왔다'는 칭송을 듣기도 하였다.[59] 그의 관직 생활은 그 정도에서 그쳤을 뿐 더 큰 역할은 여러 가지 시대적 제약으로 말미암아 이루어지지 못하였다. 순조대에도 장령에 임명되었으나 출사하지 않았고 대신에 군주의 은덕에 보답하기 위한 상소를 작성한 바 있었다. 이 상소에서 그는 군주가 갖추어야 할 자질과 덕목을 12가지로 나누어 제시하였다. 이 상소는 비록 올리지는 못하였으나 그의 인식을 잘

---

57) 『정조실록』46, 21년 6월 29일 무술.
58) 『입재별집』7, 행장.
59) 위와 같음.

보여주고 있다.[60)

주지하듯이 영남지역은 숙종대 갑술환국이후 권력의 핵심에서 멀어
져 있었다. 선조대의 류성룡, 인조대의 정경세, 숙종대의 이원정·이현일
과 같은 역할을 해줄 인물의 부재로 권력을 상실한 상태가 지속되고 있
었던 것이다. 탕평정치가 표방된 영·정조대에 남인은 한 명의 산림도 배
출하지 못하였다가 정조대 말에 비로소 정종로가 징소되었던 것이다. 그
런 만큼 정종로의 징소는 남인에게 하나의 좋은 기회일 수도 있었다. 중
앙 조정으로부터의 관직 제수는 비록 미관말직이나마 그 자체 군주로부
터 임명받는 소중한 것이었다. 더구나 산림으로 지목된 자체는 조정으로
부터 영남 남인의 상징적 존재로 인정받았다는 징표로서 영남 일대에 그
의 명성을 널리 떨치는 데 큰 작용을 하였을 것은 틀림없다고 하겠다.

그러나 정종로는 실제 출사하는 적극적인 현실 대응보다는 자신의 몸
을 깨끗이 보전하려는 대응 자세를 보였다고 할 수 있다. 당시 유교 국
가에서는 출사와 미출사 두 가지 모두 선비의 몸가짐으로 인정되던 방식
이었지만, 그의 적극적이지 않은 소극적인 출처관을 엿볼 수 있다. 이는
활로 모색이 시급하였던 영남 남인의 처지에서는 매우 아쉬운 일이 아닐
수 없었다.

5. 맺음말

입재 정종로는 인조대의 명신 우복 정경세의 6대손으로 태어났다. 정

---

60) 『입재집』8, 擬上疏(순조 14년). 12가지를 제시하면 다음과 같다. ①節嗜慾以養壽
命, ②愼起居以重威儀, ③敦學問以廣知見, ④道中庸以篤踐履, ⑤勵精神以察政理,
⑥納諫爭以開言路, ⑦祛偏私以示公正, ⑧明黜陟以分邪正, ⑨振淹滯以收賢才, ⑩
雪冤枉以召和氣, ⑪廓乾斷以摠權綱, ⑫嚴贓汚之法 使膏澤下於民

종로 역시 출중한 학문적 자질과 가문적 위상을 바탕으로 하여 그 뛰어
난 선조의 위업을 계승코자 하였다.

먼저 학문적으로 볼 때 어려서부터 조부와 중부로부터 공부를 배워
가학 계승의 탄탄한 토대를 구축한 다음 40대 이후로는 대산 이상정, 남
야 박손경, 백불암 최흥원을 위시하여 천사 김종덕, 손재 남한조 등 수
많은 학자들과 접촉하면서 학문적 깊이를 더해갔다. 그리하여 50대 이후
약 30년 동안 영남의 남인 학계를 대표하는 인물로 우뚝 서게 되었던
것이다.

그는 폭넓은 학문적 접촉으로 말미암아 퇴계학통 중에서도 학봉 김성
일 문파의 적전인 대산 이상정의 문인으로 자처한 바 있었다. 하지만 학
통상으로 보았을 때는 역시 서애 류성룡 문파를 계승한 적전으로 위치
지어졌다고 볼 수 있다. 이러한 인식은 병호시비와 같은 당시 영남 남인
사회의 갈등으로 인해 더욱 굳어져갔다고 보인다.

한편 그는 위와 같은 학문적 성취를 바탕으로 하여 중앙 조정으로부
터도 주목을 받았다. 정치적으로 볼 때 당시 영남 남인은 이미 권력에서
는 상당히 멀어져 있던 상황이었고, 다만 근기 지역의 남인과 연계하여
일정한 역할을 하고 있던 상태였다. 정조대 근기 남인의 영수로 조정에
서 활약하던 채제공이 영남 남인과의 제휴를 모색할 때 영남 남인의 상
징적 존재로 주목한 이가 바로 정종로였던 것이다. 이러한 정치적 배경
하에서 정종로는 영남 남인을 대표하는 산림으로 조정에 징소되었다.

영남 남인이 산림으로 징소된 것은 영·정조대를 통틀어 유일한 경우
였는데, 선조대의 한강 정구, 인조대의 여헌 장현광, 숙종대의 갈암 이현
일로 이어진 영남 남인계 산림의 맥을 잇는 의미가 있는 것이었다. 그러
나 정종로는 당시 정치적인 상황과 산림이 가진 역할의 한계, 그리고 연
령상의 이유로 여기에 적극적으로 대응하지 않았다. 이후 정조와 채제공
의 사망에 따른 정국 상황의 변화로 인해 더 이상의 기회를 얻기가 어렵

게 되었던 것이다.

요컨대 정종로는 역사적으로 두 가지 측면에서 크게 주목된 존재였다. 하나는 영남지역의 퇴계학통에서 차지하는 높은 위상이었고, 또 다른 하나는 중앙정계에 의해 산림으로 징소되었다는 점이었다. 이 두 가지는 상호작용으로 인해 상승효과를 가져왔다고 볼 수 있다. 퇴계학통에서의 지위는 중앙정계로부터의 인정과 징소로 인해 더욱 굳어질 수 있었을 것이고, 산림으로의 징소 자체는 퇴계학통에서 차지하는 평상시 그의 학문과 위상에서 비롯된 것이었기 때문이다. 하지만 위의 두 가지가 가진 의미가 다소 퇴색한 것은 당시 역사적, 시대적 상황에서 비롯된 것으로 매우 아쉬운 일이었다고 하겠다.

제6장 계당 류주목과 민산 류도수의 현실인식과 대응

1. 머리말

溪堂 柳疇睦[1813(순조 13)~1872(고종 9)]은 조선조말의 유학자이다. 그는 퇴계 이황의 수제자인 서애 류성룡의 학통을 이어받았다. 류성룡의 9대손이기도 하였다. 그리고 閔山 柳道洙[1820(순조 20)~1889(고종 26)]는 류주목의 적전 제자로 조선의 마지막 유학자로서의 대미를 장식한 인물이었다.

류주목과 류도수에 대한 역사학계의 선행 연구는 별로 많지 않은 편이다. 백도근이 류주목이 올리려고 썼다가 올리지는 않은 상소인 '擬上六條疏'를 분석 소개한 바 있는데,[1] 이 글은 본격적인 분석에는 미치지 못하여 소개 이상의 의미를 가지기 어렵다. 그리고 류도수가 소두로 활약한 만인소와 관련해서는 정진영이 19세기 영남남인의 만인소를 분석하는 가운데 논급한 바 있다.[2] 그 외 퇴계 학맥이나 서애 계열 학맥을 논하는 글에서 논급되면서 간단히 소개되거나 또는 이름 정도가 거론된 경우가 있었을 뿐이다.[3] 그들에 대한 연구는 전무하다고 해도 과언이 아

---

1) 백도근, 「擬上六條疏를 통해 본 계당 류주목 선생의 사상」, 『상주문화연구』5, 1995.
2) 정진영, 「19세기 후반 영남유림의 정치적 동향 -만인소를 중심으로-」, 『지역과 역사』4, 1997.
3) 장지연(류정동 역), 『조선유교연원(하)』, 삼성미술문화재단출판부, 1979, 495쪽. 한국인물유학사편찬위원회, 『한국인물유학사』4, 한길사, 1996, 1930쪽. 최재목, 「우복 정경세와 상주지역의 퇴계학맥」, 『한국의 철학』28, 2000, 171쪽. 안병걸·김용

닐 정도의 얕은 수준에 머물고 있다.

근래 그들의 문집이 영인 보급된 바 있어 연구를 위한 토대가 마련되었다. 류주목의 저작들은 『溪堂全書』로 총 3책으로 영인되어 간행되었는데,[4] 여기에는 이우성의 해제가 있어 길잡이 구실을 하고 있다.[5] 그리고 류도수의 경우에도 『閩山文集』과 『國譯 閩山別集』이 출간되어 편의를 제공하고 있다.[6]

여기서는 이들 책을 주된 자료로 이용하여 다음의 문제를 다루고자 한다. 먼저 류주목과 류도수의 가계에 대해 살펴봄으로써 그들을 이해하는 하나의 자료로 삼고자 한다. 다음으로는 학통상에서 그들이 지닌 특징과 의미를 살피고자 하였다. 이는 곧 그들이 속한 학맥 전체의 성격을 규정하는 것이기도 하다. 마지막으로는 그들이 보여준 현실에 대한 대응 의식과 자세에 대해 살펴봄으로써 정치사회적 상황 속에서의 그들의 역사적 위상을 조망하고자 한다. 이상의 작업을 통해 류주목과 류도수가 조선의 역사에서 지닌 좌표가 설정될 수 있을 것으로 기대한다.

2. 가계와 가문적 배경

계당 류주목은 풍산류씨 서애 류성룡의 제 삼자인 류진에서 분파한 소위 愚川派에 속하였다. 류진은 안동 하회에서 상주 가사리에 이거하여 정착하였다. 상주지역에는 부친인 류성룡이 일찍이 상주목사로 재임

헌, 「영남학맥의 흐름과 인물」, 『퇴계학』13, 2002, 218-219쪽. 금장태, 『유학근백년』2, 한국학술정보, 2004, 203-211쪽.

4) 류주목, 『溪堂全書』, 계당선생문집 간행위원회, 아세아문화사, 1984.

5) 이우성, 「계당전서 해제」, 『계당전서』상, 아세아문화사, 1984.

6) 류도수, 『閩山文集』, 대보사, 1996 ; 『국역 민산별집』, 성문기획인쇄, 2006.

시에 학문을 가르쳤던 제자들이 다수 포진되어 있던 곳이기도 하였다. 이러한 학연을 바탕으로 그들 집안과 혼인관계까지 맺으면서 안정적으로 상주에 정착할 수 있었다.

그는 아들 류천지를 상주의 유력 재지사족이자 서애 류성룡의 문인인 이준의 딸과 혼인시켰다. 그리고 서애의 적전으로 상주의 율리에 세거하던 정경세의 손자 정도응을 사위로 맞이하였다.[7] 류진은 정경세로부터는 학통을 이어받아 다시 그 학통을 정도응에게 전하였기 때문에 정씨 집안과는 학문과 혼인을 상호 교차하여 주고받으면서 각별한 결속을 유지하게 되었다.

풍산류씨의 가계도를 간략하게 제시하면 다음 <도 1>과 같다.[8]

---

7) 현 상주시 청리면 율리이다. 이곳은 정경세의 고조인 정번이래 세거하던 곳인데, 정경세의 현손인 정주원대에 우산 즉 현 상주시 외서면 우산리로 이거하였다. 우산에는 원래 정경세가 마련한 溪亭이라는 조그만 서실이 있어 왕래하면서 지낸 곳이었는데, 정주원대에 완전히 이주한 것이다. 정주원의 손자 입재 정종로는 이곳에서 성장하였다. 우인수, 「입재 정종로의 영남남인 학계내의 위상과 그의 현실 대응」, 『동방한문학』25, 2003, 112-114쪽.

8) 이 가계도는 본 글의 논지 전개에 필요한 부분만을 대상으로 하였기 때문에 논지와 큰 상관이 없는 부분은 최대한 생략하였다. 따라서 장자의 경우에도 생략된 경우가 있으며, 후손이 없는 것으로 나타나는 경우도 절손된 가계가 아니라는 점을 밝혀둔다. 이 가계도 작성에는 다음의 족보를 참고하였다. 풍산류씨문충공서애종파보소, 『豊山柳氏 文忠公西厓宗派譜』, 1978. 풍산류씨세보편찬위원회, 『豊山柳氏世譜』, 1985. 수암종택, 『豊山柳氏 文忠公西厓派 愚川世譜』, 2002. 풍산류씨 병촌파보간행소, 『豊山柳氏 屛村派譜』, 1980.

〈도 1〉 풍산류씨 가계도

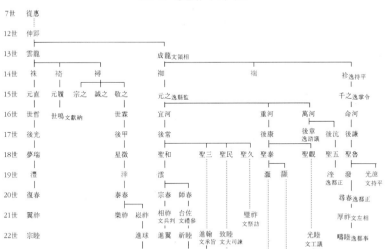

우천파는 류진이래 상주 가사리에 거주하다가 그의 현손인 류성로대
에 이웃 마을인 우천리로 이거하여 정착하였다.9) 우천파라는 이름은 여
기에서 유래하였다. 이곳은 낙동강과 위천이 합류하고 속리산·팔공산·
일월산의 지기가 모이는 二水三山의 명당으로 알려져 있다.

류성로의 손자인 강고 류심춘에 이르러 다시 학문적인 중망을 받으면
서 서애 학통의 주맥으로 우뚝서게 되었다. 류심춘은 류성로의 둘째 아
들인 류광수의 아들이었으나, 큰 아버지 류발이 25세의 나이로 후사없이
세상을 떠났기 때문에 양자로서 그의 대를 잇게 되었다. 정조 10년
(1786) 생원시에 합격하였고, 이어 학행으로 천거되어 세자익위사 익찬
과 익위에 임명되었으며, 순조 30년(1830)에 돈녕부 도정에 임명되었으
나 모두 출사하지 않고 학문과 교육에 전념하였다.10)

---

9) 현 상주시 중동면 가사리이다, 우천리는 현 우물리로 수암종택이 위치해 있다.

류심춘의 아들인 낙파 류후조는 음서로 관직에 진출하여 부사로 재직 시인 철종 9년(1858) 61세로 문과에 급제하였다. 흥선대원군의 집정시기 에 남인계 중용책에 따라 초고속으로 승진을 거듭하여 고종 3년(1866)에 우의정에 임명되었고 이듬해에 좌의정에 이르렀다.[11] 영남지역 남인에 서 정승이 배출된 것은 서애 류성룡에 이어 약 300년만에 처음있는 일 이었다.

류주목은 학자 류심춘의 손자이자 정승 류후조의 아들로서 학문적 적 통과 世臣의 가계를 함께 이었다. 어려서부터 22세에 이르기까지 조부 에게서 학문적 기초를 닦았다. 조부로부터 학문적 자질을 인정받았으며, 그 가르침을 받아 爲己之學에 전념하게 되었다. 과거에 응시한 바는 있 으나 과장의 부정을 목격하고는 더 이상 과거에 미련을 두지 않고 학문 에만 정진하였다. 고종 4년(1867)에 동몽교관에 임명되었고,[12] 이듬해에 는 장악원 주부, 공충도 도사에 임명되었으나 모두 사양하고 부임하지 않았다.[13] 그는 성리학, 예학, 역사학, 보학에 두루 통달하여 그에 관한 방대한 저서를 남기고 있다.

한편 류도수는 겸암 류운룡의 10대손이다. 안동 하회에 근거해 있던 그의 가계는 류운룡의 손자인 류경지 대에 안동 북후의 월전리로 이거하 였다. 여기서 5대 100여년을 살다가 다시 의성의 사촌으로 근거지를 옮 겼다. 의성의 사촌에 입향한 이는 류도수의 증조인 병촌 류태춘이었다. 류태춘은 의성 사촌에 세거하고 있던 안동김씨 김남웅의 사위인 인연으 로 처가가 있는 곳으로 이거한 듯하다. 이거할 당시 그는 35세의 나이였 으며, 57세인 아버지 행과 어머니를 모시고 있었다.[14] 여기서 그는 손

10) 류심춘에 대한 약력은 그의 연보에 의거하였다. 『江皐文集』, 연보(경북대 소장본).
11) 류후조의 약력에 대한 서술은 그의 연보에 의거하였다. 『洛坡文集』, 연보(대보사, 1995).
12) 『승정원일기』128, 고종 4년 12월 12일 신묘.
13) 『승정원일기』128, 고종 5년 5월 7일 계미. 『계당전서』, 부록, 행장(류도수 찬).

위 처남인 5세 연상의 천사 김종덕과 교유하면서 학문을 닦았다. 이로부터 의성 사촌에 풍산류씨 병촌파가 뿌리를 내리게 되었다.

　풍산류씨와 안동김씨의 인연은 사실 이것이 처음은 아니었다. 이미 11대조 류중영이 안동김씨 광수의 딸과 혼인하였고, 그의 둘째아들 류성룡이 외가인 의성 사촌에서 태어난 바 있었다. 서애 류성룡의 탄생과 관련한 일화는 지금도 사촌지역에 회자되고 있다. 이러한 인연으로 해서 풍산류씨와 안동김씨 사이에는 매우 친밀한 관계가 계속 유지되었다. 안동김씨는 풍산류씨의 유력한 혼반 중의 하나였다.[15] 이런 배경에서 류태춘도 사촌의 안동김씨와 혼인을 맺게 되었고, 또한 처가가 있던 사촌으로 이거하여 정착하게 되었던 것이다.

　류도수는 순조 20년(1820)에 류진구의 아들로 태어났으나 첫돌이 되기 전에 아버지를 여의었다. 아버지 류진구는 낙조의 아들이었으나 숙부인 숭조의 양자가 되었었다. 이에 류도수는 어려서 주로 조부 낙조의 관심과 학문적 영향을 받으며 성장하였다. 날마다 책상을 대하였고, 독서를 게을리하지 않아 일가를 이루었다. 고종 4년(1867) 그의 명성을 들은 의성현령이 선비를 교도하는 임무를 맡겼으나 사양하였고, 또 경상도관찰사의 천거에 유력자로 지목되었으나 성사되지는 못하였다. 그는 상주 도남서원에서 열리는 강회에도 참석하면서 교유범위를 넓혔으며, 『相鑑博議』등의 저술에도 힘쓰는 한편 스승 류주목의 예론서인 『全禮類輯』의 교정을 감당하기도 하였다.[16]

---

14) 풍산류씨 병촌파보간행소, 『풍산류씨 屛村派譜』, 1980.
15) 김명자, 「16-19세기 풍산류씨 하회파의 혼반」, 『국학연구』12, 2008.
16) 이상 류도수에 대한 설명은 그의 행장을 참고하여 기술하였다. 『민산문집』8, 부록, 행장(김도화 찬).

3. 퇴계-서애 학통의 계승과 그 특징

조선성리학에서 퇴계 이황의 학통은 면면히 이어졌으며, 높은 위상을 차지하고 있었음은 주지의 사실이다. 이 학통은 지역적으로는 영남 지역을 중심으로 하여 주로 전승되었고, 정치적으로는 남인 계통을 중심으로 유지 계승되었다.

이황의 학통은 수제자급 적전제자를 통해 몇 개의 계열로 나누어져 계승되었다. 크게 나누면 세 개의 계열을 주로 꼽는데, 서애 류성룡과 학봉 김성일, 그리고 한강 정구의 계열이다. 이 세 개의 계열은 각기 처한 환경에 의해 현실에 대응하는 의식이나 행동에서 약간의 차이를 보이기도 하였고, 지역적인 분포에서도 차이를 보이기도 하면서 퇴계학맥의 폭과 깊이를 넓혀나갔다. 세 계열은 사안에 따라 상호 협조와 교류, 경쟁과 갈등을 교차하면서 발전하였다.

계당 류주목과 민산 류도수는 퇴계학통을 서애 류성룡을 통하여 이은 서애계열에 속한 인물이었다. 즉 류성룡의 학통은 그가 상주목사로 재직 시에 가르친 바 있는 상주지역의 유력한 재지사족이었던 우복 정경세에게로 이어졌다. 정경세는 류성룡의 셋째 아들 수암 류진에게로 학문을 전하였는데, 이러한 인연은 류진이 거주지를 하회에서 상주 가사리로 옮기면서 더욱 긴밀하여졌고, 그 학통이 상주지역을 중심으로 번성하게 되는 계기가 되었다.

류진의 처지에서 보면 정경세를 통해 아버지 서애의 학통을 계승한 셈이었다. 이에 류진의 학통은 다시 두 갈래로 나뉘어져 계승되었다. 즉 상주지역을 중심으로 한 계열과 하회를 중심으로 하는 계열로 다시 나누어진 것이다. 먼저 상주지역을 중심으로 하는 계열은 정경세의 손자 무첨재 정도응이 장인인 류진의 학통을 이어받아 가학을 통해 현손인 입재 정종로에게로 전수하였고, 정종로는 강고 류심춘에게 전하였다.

이러한 정경세 가문과의 각별한 인연을 계당은 조부 류심춘의 행장에서 "대개 우리 문충공(류성룡)께서는 퇴계 이선생(이황)에게서 학문을 배웠고 수암(류진)과 어은(류천지)이 독실히 문정에서 태어나 풍요로운 후손으로 드리웠다. 수암은 또 우복 정경세 선생을 좇아 배웠는데, 정선생의 학문은 우리 문충공에게서 얻어 세칭 도산 再傳의 적자가 되었다. 부군(류심춘)은 입재 정종로 선생을 우복의 손자이자 吾家의 연원이라고 하고 드디어 가서 배웠다."[17]라고 하였으며, "부군이 입재를 대하기를 마치 수암이 우복을 대하는 것처럼 하였다."고 하였다.[18]

류심춘의 학통이 바로 손자인 류주목에게로 이어졌으며, 류주목의 학통은 민산 류도수에게로 이어졌다. 류도수는 어려서 조부 낙조의 영향아래 공부를 시작하여 같은 사촌에 거주하던 율원 김양휴에게 의심나는 부분을 많이 질문하면서 성장하였다고 한다.[19] 그 후 정확하게 언제였는지는 확실치 않으나 류도수가 찬술한 류주목 행장에 의하면 급문한지 20여년이 되었다고 한 표현에서[20] 30대초에 류주목에게 급문한 것을 미루어 짐작할 수 있다. 아마 그런 인연으로 상주 도남서원의 강회에도 열심히 참석하였던 것으로 짐작된다.[21] 그는 류주목의 생전에는 스승을 위해 스승의 부친인 우의정 류후조에게 올리는『상감박의』를 저술하였고, 스승의 사후에는 문인들을 대표하여 그의 행장을 지었다. 나아가 흥선대원군의 봉환을 주장하는 상소운동이 일어났을 때 소두로 추천받을 정도로 영남 일대에서는 중심인물로서의 위치를 확보하고 있었다.

---

17)『계당전서』16, 王考江皐府君家狀.

18) 위와 같음.

19) 김양휴는 안동김씨로 손재 남한조와 입재 정종로의 문인이다. 김양휴,『栗園遺稿』, 율원학계, 1995.

20)『계당전서』, 부록, 행장, 801쪽.

21)『민산문집』8, 부록, 행장, 139쪽.

한편 하회계열은 류진의 학통을 류원지 - 류의하 - 류후장 - 류성화 - 류규 - 류이좌 - 류도휘로 이으면서 주로 류씨 가문 내부에서 학통을 전수하였다.

위의 학통 상황을 제시하면 다음의 <도 2>와 같다.[22]

〈도 2〉 서애 류성룡 계열의 학통도

서애 류성룡 계열의 학통이 지닌 특징을 지적하면 다음과 같다. 이 특징들은 학봉 김성일 계열이나 한강 정구계열과 비교하는 관점에서 보면 더욱 부각되어 두드러지게 나타나는 점이다. 계열별로 당연히 학문 내적인 측면에서의 차이점이나 특징도 있겠으나, 여기서는 외형적인 측면에서 나타나는 특징을 중심으로 살펴보고자 한다.

첫째, 가학으로 이어지는 경향성이 강하였다는 점이다. 위의 서애 류성룡 계열의 학통도에 보이는 학자들 가운데 류씨는 모두 서애의 직계 후손들이었다. 즉 류성룡의 학통을 이은 류진은 그의 아들이고, 류심춘은 류진의 6대손이며, 류주목은 류심춘의 손자이다. 이러한 경향은 하회파에서 더욱 두드러지게 나타나는 현상이었다.

둘째, 풍산 류씨와 진양 정씨로 교차하면서 학통이 전수된 특징이 있다. 서애 류성룡이 상주목사로 재직시에 우복 정경세가 執贄하면서 사제관계를 수립한 이후 류씨와 정씨는 학통상에서나 혼맥에서 각별한 관계를 유지하였다. 류성룡의 학통은 정경세를 거쳐 류진에게로 이어졌다.

---

22) 이 학통도는 한국국학진흥원, 『영남지방의 퇴계학맥도』(예문서원, 2002)를 주로 참고하여 가감하였다.

더욱이 류진은 하회에서 상주로 이거하기까지 함으로써 이후 정씨와 동일한 생활권에서 거주하였다. 류진은 정경세의 손자이자 자신의 사위인 정도응에게 학통을 전하였다. 정도응의 학통은 그의 현손 정종로에게로 이어졌으며, 정종로는 류심춘에게 학통은 전하였다.

셋째, 사승관계의 계보가 직접 연결되지 못하고 간접적으로 연결되는 경우가 있다는 점이다. 정도응에서 현손 정종로로 이어지는 경우 상당한 연대의 공백이 보인다. 이 점은 한강 정구계열에서도 허목과 이익을 잇는 부분에서 보이는 점이다. 하지만 학봉 김성일계열에서는 보이지 않는 면이라고 하겠다. 아마 적통이 류씨 내의 가학으로 연결되거나 또는 주로 정씨와 사승관계를 주고받는 등 상대적으로 협소한 인적 범주를 가진 점도 하나의 원인으로 작용하였다고 생각된다.

넷째, 지역적 분포 특징이다. 즉 안동을 중심으로 하여 그 서남쪽 지역에 서애 류성룡 계열의 학맥이 주로 포진하고 있고, 안동을 중심으로 하여 그 동북쪽 지역을 학봉 김성일 계열이 차지하고 있는 현상을 볼 수 있다. 이는 류성룡과 김성일의 가문이 하회와 천전에 본거지를 두어 각기 안동의 서쪽과 동쪽을 양분하여 차지한 이래 출입하는 문인의 경우도 서로 피하여 입문하는 경향이 있었기 때문에 일어난 자연스런 현상이었다고 판단된다.

다섯째, 류씨 가문은 영의정을 지낸 서애 류성룡이래 정승가로서의 위상을 가지고 있었기 때문에 그렇지 않은 가문과는 현실의 대응의식이나 자세에서 아무래도 약간의 차이가 없을 수 없었다고 보인다. 다시 300년만에 낙파 류후조가 정승으로 출사하게 되었다. 아들인 류주목이나 류주목의 제자인 류도수도 음양으로 그를 보좌하기 위해 전력을 기울였다. 조정에 협조적인 태도는 경우에 따라서는 비타협 저항과는 조금 거리가 있을 수 있는 모습이었다. 이는 현실대응의식과 자세에서 다른 계열과는 다른 특징을 보일 수 있는 여지가 있는 것이다.

이상에서 서애 계열 학통이 지닌 특징을 5가지로 지적하여 살펴보았다. 이러한 서애 계열 학통이 지닌 특징들은 류주목과 류도수에게로 전수되었다. 그리고 그 특징들은 그들에 의해 충실히 계승되면서 더욱 뚜렷해지고 발전된 점이 있는 것이다.

4. 계당과 민산의 현실대응의식과 자세

계당 류주목과 민산 류도수가 살았던 시기는 대내외적으로 매우 어려운 시련기였다. 대외적으로는 서양 열강들이 점차 동아시아로 밀려들고 있던 상황이었다. 중국과 일본이 먼저 반강제적 개항을 하였다. 이어 조선은 병인양요와 신미양요라는 두 차례에 걸친 프랑스와 미국의 침략을 받은 것을 비롯하여 서구 열강의 간헐적인 통상 요구를 받고 있었다. 대내적으로는 봉건사회의 갖가지 모순들이 분출되는 가운데, 조정은 이를 효과적으로 제어하지 못하는 상황이 지속되고 있었다. 국왕권이 약해지면서 생긴 권력의 틈을 소수의 외척가문이 파고들었다. 관직을 독점한 소수 가문을 중심으로 부정부패가 만연되었다. 다수의 사류들은 정권에서 소외되었으며, 조선의 관료사회는 점차 自淨 능력을 상실해가고 있었다. 그 피해를 고스란히 떠안게 된 피지배층은 민란이라는 저항을 시도하게 되었다.

계당과 민산이 속한 영남 남인은 서인 - 노론이 장기 집권함에 따라 오래전부터 정계의 주류에서 밀려나 있었다. 남인은 17세기말 숙종대 갑술환국이후 정계의 주도권을 상실한 채 정권의 주변부를 맴돌고 있었다. 물론 정조대에 채제공으로 상징되는 근기남인이 한 때 정국의 한 축을 형성하고 있었을 때 영남지역이 일시적으로 주목을 받은 적은 있었다.

그러나 그 후 노론 외척가문이 주도하는 세도정권하에서 다시 소외되었고, 간혹 개별적인 차원에서의 출사가 명맥을 잇고 있었을 뿐이다.

풍산 류씨의 경우에도 서애 류성룡 이후 오랫동안 정계 진출이 원활하지 못하였다. 그렇다고 출사가 완전히 끊어진 것은 아니었다. 주로 류성룡의 첫째 아들 계통인 찰방공파에서 18세기말 19세기에 문과급제자를 다수 배출하면서 명문가의 명맥을 유지하고 있었다. 즉 류성룡의 8대손 류상조와 류이좌가 각각 문과에 급제하여 병조판서와 예조참판에 이르렀으며, 류벽조는 급제 후 찰방을 역임한 바 있었다. 9대손에서는 류진한이 승지, 류치목이 대사간, 류광목이 공조참의에 이르렀다. 10대손에서는 류도창이 교리, 류도휘가 승지, 류도위가 교리를 역임하였으며, 11대손에서는 류지영이 승지에 이르렀다. 이렇게 주로 18세기말 19세기 중엽에 걸쳐 류성룡의 장남 여의 가계에서 10명의 문과급제자를 낸 가운데, 7명이 당상관의 고위직에 임명된 바 있었다.

그리고 류성룡의 셋째 아들 계통의 우천파에서는 류성룡의 6대손 류광억이 문과에 급제하여 지평을 역임한 바 있었다. 이 계파에서 특기할 것은 무엇보다도 8대손 류후조가 음서로 관직에 진출하였다가 문과에 급제한 후 승진을 더하여 우의정을 거쳐 좌의정에 이르렀다는 점이다. 이는 류씨 문중을 넘어서서 영남 남인 전체에서 보더라도 서애 류성룡 이후 300년 만의 정승 배출이었다. 류후조는 고종대 홍선대원군의 집권기에 정승으로 발탁되어 류씨를 대표하는 존재로, 나아가 영남 남인을 대표하는 존재로 우뚝 서게 되었던 것이다.[23)]

따라서 퇴계학맥에 속한 류씨 가문의 학자들에게는 학자로서의 기본적인 인식과 태도를 지니고 있으면서도 재상가의 후손들이라는 인식이

---

23) 당시의 최고권력자 홍선대원군은 영남을 자기 권력의 기반으로 삼고자 한 면이 있었고, 그것을 대변해줄 존재로 류후조에 주목하였다. 하지만 대원군이 시행하는 모든 정책에 영남 유림을 일사불란하게 움직이게 하기에는 류후조로서도 한계가 있었다. 정진영, 앞의 「19세기 후반 영남유림의 정치적 동향」, 181-194쪽.

저변에 흐르고 있었다. 특히 류주목은 바로 정승 류후조의 아들이자 동시에 퇴계학맥의 서애계열의 적통을 이은 대학자 류심춘의 손자였다. 학자의 후손이자 정승의 아들이라는 서로 다를 수 있는 처세를 적절히 조화시켜야 하는 어려움이 있었을 것이다. 서애와 아들 수암의 관계, 낙파와 아들 계당의 관계가 비슷하게 300년 시차를 두고 나타난 것이다. 그리하여 계당은 수암의 말을 빌어 "우리는 世臣의 집이라 나라에 일이 있으면 산야 처사들의 偃蹇한 태도를 본 받아서는 안된다."라며 세신의 집안임을 상기시키면서 처사들의 행태와는 다른 처신을 하여야한다는 의무감을 강조하고 있는 것이다. 그러나 한편으로 세신의 집안이라는 인식은 체제에 대한 저항보다는 체제에 대한 협조나 순응의 대응을 보이는 쪽으로도 작동될 수 있는 양면성을 가진 것이었다.

계당의 현실에 대처한 양태를 보면 퇴계학맥을 잇는 학자로서의 대응 모습과 조정의 고위 관료를 아버지로 둔 자식으로서의 대응 모습이 함께 보인다. 물론 두 가지가 함께 결합되어 표출되어 엄밀하고도 명확하게 구분하기 어려운 경우도 있겠지만 정도의 차이라는 점에서는 구분이 가능할 듯도 하다. 예컨대 여러 저술 활동이 전자의 모습이 더 많이 투영된 결과라면, 6조소상소라든지 병인양요때의 의병 창의 등은 후자에 의해 1차적으로 더 추동된 모습이라고 하겠다.

여기서는 그의 현실을 바라보는 인식이 비교적 잘 드러나 있는 6조상소의 분석을 통하여 그의 현실 대응 인식을 살펴보도록 하겠다. 6조소는 우의정으로 재직하는 부친이 올리는 상소를 계당이 대신 작성한 것이다. 본인의 이름으로 올린 것이 아니라 대신 지은 것이라는 점과 실제 국왕에게 올리지는 못하였다는 점에서 한계는 있지만 그의 의식 세계를 파악하는 데는 큰 지장이 없다고 생각한다.

크게 여섯 개 조항으로 제시되었는데, 勤聖學, 嚴邪禁, 得賢才, 修武備, 淸仕路, 定民志 등이다.[24] 이 중 권성학, 득현재, 청사로, 정민지 등

4개조는 체제 정비와 안정을 위해 꼭 필요한 것이기는 하지만 어느 시대에나 적용할 수 있는 일반적인 대책이었다고 할 수 있다. 좀 더 19세기의 현실과 밀접한 관련을 가진 것은 엄사금과 수무비 두 조항이라고 생각한다. 따라서 이 두 조항에 대해 좀 더 자세하게 살펴볼 필요가 있다.

먼저 엄사금에서는 조선에 유입되어 있던 천주교에 대한 대책이었다. 그는 천주교나 천주교 신자들을 유교적 질서를 문란케하는 존재일 뿐아니라 국내의 사정을 국외 세력들에게 전달하는 반국가적인 존재로 간주하여 엄하게 다스릴 것을 주문하고 있다. 그리고 수무비에서는 밀려오는 서구 열강들에 맞서서 나라를 보존하기 위한 방안을 제시하고 있다. 문경새재 주변의 험준한 곳을 중심으로 군영을 설치하여 5만명의 병사를 양성할 것을 제시한 것이 여러 가지 대책 중의 하나이다.

그가 제시한 방안들은 척사위정에 철저하였던 전형적인 유학자의 인식과 대응임을 알 수 있다. 이는 홍선대원군이 표방한 천주교도 탄압이나 통상거부정책과 맥을 같이 하는 인식이었다. 그 정권에 몸을 담고 있으며 더구나 정승의 지위에 있는 부친이 그에 동조하지 않을 수는 없었을 것이다. 오히려 그러한 홍선대원군의 정책을 지지하는 기반을 제공하여야하는 처지에 있었음을 고려할 때 정치적인 고려가 전혀 없었다고 할 수 없을 것이다. 이 점을 계당은 십분 이해한 상태에서 상소를 작성하였을 것이다.

또한 그는 국가와 민족이 위기에 처하였다고 판단되는 비상시에는 분연히 일어날 줄 알았다. 프랑스 군함이 강화도를 침범한 병인양요가 일어났을 때 의병장에 추대되어 낙동진에 진을 치고 진군할 차비를 하였다.[25] 이 때 그는 모친상을 당한 상주의 처지였음에도 불구하고 국가와 민족의 위험을 더 우선시하였던 것이다. 물론 이는 정승으로 조정에 출

---

24) 『계당전서』2, 擬上六條疏(代家大人作), 31-41쪽.

25) 『계당전서』, 부록, 행장.

사해있는 아버지를 염두에 둔 대응이기도 하였다. 따라서 그의 상중 거병은 충과 효를 동시에 실천하는 어쩔 수없는 선택이었다고 할 수 있을 것이다.

그 외 계당은 퇴계 이황과 고봉 기대승을 위시한 역대 학자들의 성리설을 취합하여 정리한『四七論辨』, 古今中外 예학자들의 예론을 유형별로 엮어 일목요연하게 제시한『全禮類輯』, 그리고 당쟁의 기원과 그 전개 과정을 특정 당파의 시각을 배제한 채 시기 순으로 정리한『朝埜約全』등 방대한 저술 활동을 한 바 있었다.26) 그는 이들을 저술함에 있어 자신의 주장이나 주관을 거의 배제한 상태에서 여러 사건이나 다른 사람의 견해를 되도록 객관적으로 소개한다는 자세를 견지하였다. 판단은 독자에게 맡기면서 충실한 자료제공자로서의 역할을 자임한 것이다. 자료의 취사선택과 배열에 따라 편찬자의 의도가 전혀 반영되지 않는 것은 아니지만 지적 긴장감이 감소하는 것도 사실이다. 하지만 이러한 저술 작업은 현실과 관련된 자신의 관심 분야에 대한 나름의 대응 방식의 하나였다고 하겠다.

계당의 이러한 현실인식과 대응 자세는 문인에게로 자연스럽게 이어졌다. 그의 적전인 민산 류도수도 스승과 거의 비슷한 대응 의식과 자세를 보였다. 그는 정승으로 있는 스승의 아버지인 류후조를 위해『상감박의』를 저술하여 스승을 통해 전달하였다.27) 이 책은 중국의 상고부터 송대에 이르기까지의 역대 명재상들의 사적을 후세인의 평과 더불어 기술하고 말미에는 이에 대한 자신의 생각을 덧붙인 것이다. 이를 통해 현실을 바라보는 그의 의식의 편린을 살펴볼 수 있다.

또한 민산 류도수는 시국을 걱정하여 영남지역 사류들이 올리는 상소

---

26) 이우성, 앞의「계당전서 해제」. 그 외 우리나라 성씨를 총괄 정리한『海東姓譜』 40권을 펴낸 바 있는데, 앞의『계당전서』에 실리지는 못하였다.

27)『민산문집』8, 부록, 행장.

에 소두로서 활약하면서 현실 문제에 직접 참여하였다.[28] 당시 고종이 성년이 되어 친정을 선포함에 따라 흥선대원군은 10년에 걸친 섭정을 끝내게 되었는데, 그 과정에서 일이 원만하고 매끄럽게 처리되지 못하여 흥선대원군은 양주로 내려가 칩거하는 것으로 그에 대한 섭섭함을 표현하기에 이르렀다. 흥선대원군의 항의성 칩거는 정치적 권력 다툼이라는 면도 있었지만 동시에 부자의 의리에 손상을 입히는 윤리적인 문제도 함께 결부되어 있었다.

영남의 유림들은 전자 즉 흥선대원군의 복권을 고려하지 않은 것은 아니지만 후자에 더 큰 명분의 비중을 두고 흥선대원군 봉환을 위한 상소운동을 벌이기에 이르렀다.[29] 이 상소 운동에 민산 류도수가 소두로 추대되어 활약을 하였다. 이는 유소를 전달하여 현 시국에 대한 자신들의 의견을 개진하는 영남 유림의 전통을 계승한 것으로 행동으로 실천하는 그의 현실 대응의식과 자세를 잘 보여주고 있다. 결국 그는 상소로 인해 유배에 처해지는 고초를 겪게 되었다. 그는 적소에 있으면서도『대학』의 요체를 도표로 만들고 각 조목별로 의견을 붙여 저술한『北遷芹曝錄』을 국왕에게 바쳐[30] 군주에 대한 유학자로서의 도리를 다 하였다.

이상과 같이 계당과 민산은 유학자로서의 삶에 충실하여 학문을 닦아 학통을 이었을 뿐 아니라 현실 문제에 대해서도 관심을 가지고 여러 가지 저작 활동을 하였음을 알 수 있었다. 나아가 행동으로 자신들이 지닌 신념을 관철시키려한 점에서 현실 문제에 대해 적극적인 대응 자세를 가졌음을 보여주었다. 지식인으로서 현실 문제를 치열하게 고민하고 또 실천하는 삶을 살았던 조선조 마지막 유학자였다고 하겠다. 비록 그들의

---

28)『민산문집』8, 부록, 행장.
29) 상소의 전개 과정에 대해서는 다음 논고에 자세하게 분석되어 있다. 정진영, 앞의「19세기 후반 영남유림의 정치적 동향」, 206-214쪽.
30)『민산문집』8, 부록, 행장.

대응이 이후 사회가 지향한 방향과 반드시 일치하지 않는 면도 있었지만 그러한 대응에서 보여준 그들의 의기와 정신만큼은 높이 평가할 만한 가치가 충분하다고 본다.

5. 맺음말

계당 류주목과 민산 류도수는 조선조 말 영남의 유학자였다. 류주목은 8대조 류진이래 상주 지역에 정착한 풍산류씨 우천파에 속한 인물로 정경세의 후손들과 학문과 혼인을 주고받는 각별한 관계를 유지하고 있었다. 류도수는 안동 하회에서 월전을 거쳐 의성 사촌에 정착한 풍산류씨 병촌파의 일원으로 류주목의 수제자 반열에 든 인물이었다.

그들은 퇴계학통의 주맥을 서애 류성룡을 통해 이어받았다. 즉 류주목은 류성룡 – 정경세 – 류진 – 정도응 …… 정종로 – 류심춘으로 이어지는 학통을 이어받았고, 이를 류도수에게 전하였다. 퇴계학맥의 정통 줄기 중의 하나를 이어받았다는 점과 동시에 영남 학맥의 주맥을 소중히 이었다는 점에서 역사적 의의가 있다.

이 학통의 외형적인 측면에서 드러나는 특징으로는 가학으로 이어지는 점이 강하였다는 점, 류씨와 정씨를 교차하면서 학통이 전수되었다는 점, 사승관계에서 간접적으로 연결되는 경우가 있다는 점, 안동을 중심으로 서남지역에 지역적으로 많이 분포한다는 점, 정승을 지낸 류성룡의 후손들이 많은 만큼 '世祿之臣'으로서의 현실대응자세를 견지한 점 등을 들 수 있었다.

한편 그들은 현실 문제에 대해 적극적으로 대응하는 면을 보였다. 먼저 류주목의 경우 6조소를 통해 그의 현실을 바라보는 대응 의식을 짐작할 수 있는데, 천주학과 서양세력에 대한 배척의 논조가 잘 드러나 있다. 그리고 실제 천주교도 박해 문제로 프랑스함대의 공격을 받은 병인양요가 일어났을 때는 의병을 조직하는 대응 자세를 보이기도 하였다. 그 외 그는 성리학, 예학, 사학, 보학에 대한 해박한 지식을 토대로 현실에 부응한 저술활동에 종사하기도 하였다.

류도수도 스승의 뜻을 이어받아 현실 문제에 소홀하지 않았다. 『상감박의』를 지어 올려 정승인 족조 류후조를 보좌하였고, 대원군이 실각하고 칩거함으로써 드러난 부자간의 의리 문제의 해결을 촉구하기 위한 상소운동에 소두로 참여하기도 하였다. 결국은 성공하지 못하고 유배에 처해지고 말았지만 의리를 중시하면서 실천하는 마지막 유림으로서의 모습을 잘 드러내주었다.

결국 계당 류주목과 민산 류도수는 본원에 주력하여 원칙에 투철한 영남 퇴계학맥의 특징을 몸소 실현한 유학자였다. 그들이 보여준 학문하는 자세와 현실에 대응하는 의식, 그리고 의리를 중히 여기는 태도는 역사적으로 높이 평가할만한 가치가 있다고 하겠다.

제7장 사미헌 장복추 문인집단의 규모와 활동

1. 머리말

四未軒 張福樞[1815(순조 15)~1900(광무 4)]는 조선말기 영남지역을 대표하던 성리학자였다. 성리학에 대한 조예가 깊었을 뿐 아니라 옛 성현의 가르침을 독신하고 실천을 역행한 인물이었다. 이에 세상 사람들이 추종하여 배우려는 자들이 구름같이 모여들어 일생동안 수많은 제자를 양성하였다.

그는 46세 때인 1860년에 선조인 여헌 장현광이 만든 학규를 모범으로 하여 가르치는 일에 매진하기 시작하였다.[1] 이때부터 원근에서 많은 문인들이 모여들기 시작하여 하나의 무리를 형성할 정도가 되었다. 이후 때때로 주변의 적절한 곳에서 특별 강회를 열기도 하였다. 예컨대 64세에는 한주 이진상과 함께 神光寺에서 『중용』을 강한 바 있었고, 70세 때는 慕遠堂, 71세에는 창녕의 洛濱齋, 72세에는 晴川書堂에서 강회를 연 것이 그러한 것들이다.

드디어 76세에는 자신의 강학처를 마을 가까운 곳에 마련하여 이름짓기를 求勗齋라 하였다. 구욱재는 일찍이 선조인 장현광이 영천의 입암에 晚勗齋를 지었던 사실을 연상케 하는 것이다.[2] 79세에는 東洛書堂

---

1) 장복추,『사미헌전집』하, 연보, 철종 11년. 이하 강학처와 관련한 서술은 이 연보에 의거하였다.

2) 김필수,「사미헌 장복추」,『한국인물유학사』4, 한길사, 1996, 1865쪽.

에서 강회를 열었고, 80세에는 성주 墨坊으로 거처를 옮겨 松壇에서 강회를 여니 원근에서 수백명이 모여들었다고 한다. 81세에는 거창 娥林의 唐洞으로 거처를 옮겼다가 84세에 다시 고향인 角里로 돌아왔다. 이렇게 평상시의 강의와 특별한 강회를 통해 그의 문하를 거쳐간 문인들은 무려 700여명을 넘어서는 엄청난 수준이었다.

이 글은 바로 그 장복추 문인집단의 특징과 문인들의 활동을 문인록을 통해 살펴보고자 한 것이다. 이를 위해 먼저 문인록의 판본을 비교하면서 문인 등재의 착종 상태를 살핌으로써 그간의 사정을 밝히고 이후 논지의 토대로 삼고자 한다. 그리고 이를 근거로 하여 문인집단의 규모를 밝히고 그 특징을 살피도록 하겠다. 또한 장복추로부터 영향을 받은 문인들이 변혁기에 어떻게 살았으며, 어떤 의미있는 활동을 하였나를 밝힘으로써 사미헌 학파가 가지는 위상과 성격을 살피도록 하겠다.

2. 문인록의 분석

門人은 스승으로부터 가르침을 받은 제자를 가리킨다. 문인을 표현하는 데는 門下, 門下生, 門生, 敎生, 侍敎生, 侍生, 侍下生, 敎下生, 及門子 등 실로 다양한 단어가 사용되었다. 사제 관계는 직접 만나 가르침을 주고받았을 때 가장 확실하게 성립하는 것이다. 그 기간의 장단과 횟수의 다과는 그리 문제가 되지 않았다고 본다. 또한 직접 만나지는 못하였으나 편지 한 두번 주고받으면서 가르침을 받은 경우도 문인으로 자처할 수 있었다.

하지만 문인으로 자처하면서 스승으로 섬기고, 또 스승으로 자처하면서 제자로 인정하는 것은 일차적으로 두 사람간의 인식의 문제였다. 사제 관계라고 하는 것이 법적인 구속력이 있는 증명서로 증명될 수 있는 것이 아닌 이상 어느 한쪽이 그 관계를 파기하거나 부정한다면 정상적인 사제관계가 성립되기 어려운 것도 사실이다. 예컨대 스승 쪽에서 제자를 파문한 경우나, 제자 쪽에서 스승을 부정하는 경우도 온전한 사제관계로 인정받기 어려운 점이 있다. 그리고 주는 사람은 가르침을 주었다고 생각하지만, 받은 쪽에서는 배운 것이 아니라 상호 토론한 데 불과하였다고 생각한다면 사제 관계라고 하는 것이 일방적으로 성립되기 어려운 면이 있는 것이다. 여기에 후일 사제 관계를 두고 시비가 일어나게 되는 소지가 있는 것이다. 더구나 그 시비라고 하는 것이 사제관계의 당사자인 한 쪽이 사망한 후에 또는 두 쪽 모두 사망한 후에 일어나는 경우가 많아 더욱 시비 판단을 어렵게 만들고 있는 것이다.

어쨌든 조선시대 큰 학자의 경우 문인에 속하는 인물에 대해서는 후대에 문인록이 작성되어 있는 것이 일반적이었다. 문인록이 문인 전체를 모두 망라했다고는 볼 수 없지만, 현실적으로 그 만큼 일정한 기준 하에 일목요연하게 조사해놓은 자료도 없는 실정이다. 따라서 문인에 대한 각종 분석은 일단 기 조사 작성된 문인록에 일차적으로 의지할 수밖에 없다. 그런데 문인록은 한번 편찬 후에 완결되는 경우도 있지만, 누락된 문인이 추후 발견되거나 나타나면 후일 문인록을 증보하는 과정을 거치면서 문인이 첨가되기 마련이었다.

장복추의 경우에도 문인록이 처음 편찬된 이후 몇 차례에 걸쳐 부분적인 문인록 증보 작업이 행해졌다. 그 증보 과정을 면밀히 살펴보면 문인의 정보에 대한 상당한 시사점을 추적해 볼 수 있다. 문인에 대한 분석을 문인록 분석에서부터 시작하는 이유가 여기에 있다.

장복추 문인과 관련된 자료들은 필자가 파악한 바로는 대개 다음과 같은 순으로 정리 편찬되고 보완되어 왔다. 직접 장복추에게서 공부를 배우는 문인들의 명단이 정리되기 시작한 것은 녹리서당을 중심으로 한

學契案이 만들어지면서였다. 녹리서당의 학계안에는 문인의 인명, 자호, 생년, 본관, 거주지 등이 명기되어 있다. 장복추 사후인 1906년에는 『四未軒文集』 11권 6책이 목판본으로 출간되었다. 하지만 이때는 문인록은 정리되지 못한 듯 이 문집에는 포함되지 않았다.

문인록이 작성되어 문집에 포함된 것은 『四未軒先生全集』上·下 두 권이 영인 편찬된 1972년의 일이었다. 여기에는 1906년의 본집 11권 뿐 아니라 그 뒤에 수습된 저술들이 첨가되었으며, 부록으로 급문록이 말미에 수록되었다. 급문록의 범례에 의하면 학계안 등의 자료와 만사나 제문 등을 참고하여 400여인의 문인을 수록한다고 하였다. 정확하게는 428명의 문인이 등재되었다. 순서는 『여헌급문제자록』을 모범으로 하여 연령순으로 정리한다고 하였다. 구성은 문인록의 범례, 문인 총 목록, 문인 각 개인에 대한 설명의 순으로 구성되었다.

그 후 1980년에 들어와 장복추에 대한 현창사업이 장복추 후손과 문인 후손들을 중심으로 박차를 가하게 된 듯하다. 그리하여 사미헌장선생유적비건립추진위원회가 결성되어 활동을 시작하였고, 1984년에 『四未軒張先生遺蹟碑文 附諸子錄』이라는 간단한 프린트물을 편찬 배포하였다. 여기에 급문록이 첨부되어 있는데, 문인들의 성명, 자호, 본관, 생년, 후손 거주지 등을 중심으로 간략하게 664명이 정리되어 있다. 그리고 역시 이 무렵에 『녹리급문제자록』이라는 필사본이 단행본 형태로 만들어지기 시작하였다고 보인다.[3]

---

3) 현재 장복추 문중에서는 『녹리급문제자록』이라는 필사본을 소장하고 있으나, 이의 첫 필사 연대는 적어도 1972년 문집 편찬 이전의 것이 아니라 그 이후의 것임이 거의 확실하다. 이는 다음과 같은 사항들 때문에 그렇게 추정된다. 문인록의 맨 앞의 범례는 원래 장책된 책에 직접 쓰인 것이 아니라 별지에 쓴 것을 맨 앞부분에 풀로 붙여 놓은 점. 범례에 1972년 문인록에는 400여인을 수록한다고 하였으나 여기에는 600여인을 수록한다고 밝혀 놓은 점. 이후 1985년, 2006년 보완된 문인록의 범례에도 600여인으로 되어 있는 점. 1972년에는 1번으로 수록된 이종기가 여기서는 빠져있으며, 이 역시 1985년 이후 보완본에도 그러한 점. 16번 하

374 朝鮮後期 嶺南 南人 研究

그리고 1985년에『四未軒集』을 上·下 두 권으로 500질을 다시 발간
하기에 이르렀다. 문집의 원문 내용은 앞의 1972년의 것과 거의 같으나
그 동안 장복추와 관련한 연구 논문이나 강연문 등을 첨가하여 영인한
것이 특징이다. 그리고 문인록이 특히 대폭 증보 수정되는 변화가 있었
다. 이 때 수록된 문인은 총 682명이었다. 1972년에 편찬된 문인록 이
후 추가로 새롭게 문인으로 인정되어 254명이 추가된 것이다. 구성 형
태는 역시 1972년 문인록과 같이 범례, 문인목록, 문인 설명 순으로 구
성되었다.

2003년에는 민족문화추진회가 추진한『한국문집총간』발간 사업에
『四未軒集』이 316집으로 수록되었다. 여기에는 1906년에 편찬된 본집
11권 6책을 저본으로 하여 영인한 것이었기 때문에 문인록은 수록되어
있지 않다.

2004년에는 사미헌장선생기념사업회에서『조선후기 영남의 儒宗 사
미헌선생의 생애와 학문사상』이라는 간략한 프린트물을 만들어 배포
하였다. 여기에는 장복추에 대한 연구를 종합하여 그의 일생과 사상을 소
개하고 있다. 문인과 관련하여 주목할 점은 그간 유림 사회에 구전되었다
고 하던 4秀 10君子의 구체적 인물에 대해 처음으로 활자화한 사실이다.

2006년에는『四未軒全書』가 다시 출간되었다.[4] 이는 1985년본을 저

재만이 누락되어 있는 데, 1972년 1985년 2006년의 문인록에는 모두 하재만이 수
록되어 있는 점으로 미루어 이 부분은 필사시 실수로 누락된 듯함. 1972년 46번
에 수록된 장석주가 누락되고 장귀택이 수록되어 있으며, 이 점 역시 1985년 이
후 보완본에도 그러한 점 등이다. 이러한 점들로 미루어 볼 때『녹리급문제자록』
은 1972년 이후 적어도 이종기 문인 여부 갈등을 거치고 난 이후에 필사된 것이
거의 확실하다고 하겠다. 따라서 이 책이 첫 문인록으로서의 가치를 점하기는 어
려운 듯하고, 역시 현존하는 자료로는 1972년 문집에 실린 문인록이 첫 문인록으
로서의 지위를 가진다고 하겠다.
4) 사실 2006년에 편찬되었다는 것이 책의 어느 부분에도 명확하게 나타나 있지 않
다. 다만 이의 편찬을 주도한 장복추의 5대손 장세완의 전언에 의해 2006년으로
명시한다. 200질을 복사하여 배포하였다고 한다.

본으로 복사한 것이나 연구논문이나 강연문 등을 뺀 상태로 복사하였다. 그리고 책의 이름도 『사미헌집』에서 『사미헌전서』로 바꾸었다.[5] 다만 문인록에는 그동안에 밝혀진 새로운 사실들을 반영하여 또 한 차례의 수정이 더 가해졌다. 전체 문인의 수는 1985년 때보다 65명이 더 추가되어 총 747명으로 늘어났다. 전체 구성은 예전과 같았다. 다만 문인목록의 중간 한 페이지에 68명의 문인 명단이 추가되어 있으나,[6] 이들은 목록에만 추가되어 있을 뿐 뒷부분의 문인 설명 부분에는 추가되어 있지 않다. 하지만 747명은 이들까지 모두 포함한 수치임을 밝혀둔다.

이상의 과정을 연대순으로 일목요연하게 제시하면 다음 표와 같다.

연대	발간 서책	비고
미상	『(녹리서당)학계안』 필사본	이후 추가 작업 진행
1906년	『四未軒文集』11권6책, 木版本	급문록 없음
1972년	『四未軒先生全集』上·下, 영인본, 500질 발간	제 1차 급문록 정비
1985년경 추정	『녹리급문제자록』 필사 단행본	문중 소장
1985년	『四未軒集』上·下, 영인본, 500질 발간	제 2차 급문록 정비
2003년	『四未軒集』영인본, 民族文化推進會, 『韓國文集叢刊』제 316집 수록	본집 11권, 급문록 없음
2006년	『四未軒全書』上·下, 복사본, 200질 발간	1985년본의 복사본이나 급문록에는 첨가한 부분 있음. 제 3차 급문록 정비

---

5) 그런데 『사미헌전서』의 말미에 첨부된 출판사항을 알리는 별지에는 발행일을 1978년11월 30일이라고 밝히고 있다. 이에 여러 학자들이 이 책을 인용하면서 1978년에 편찬된 것으로 간주한 바 있다.(정우락, 「장복추 문학의 사상적 기저와 그 작품의 경향」, 『어문론총』45, 2006. 권진호, 「사미헌 장복추의 학문활동과 산문세계」, 『어문론총』45, 2006) 하지만 별지를 자세히 보면 1978년에는 존재하지도 않은 사미헌선생유적비건립추진위원회가 발행인으로 되어 있음을 볼 때 뭔가 대단한 착오가 있었던 듯하다. 요컨대 『사미헌전서』는 1978년에 출판된 것이 아니라 후손의 전언과 같이 2006년에 1985년본 『사미헌집』을 저본으로 하여 복사하면서 책명을 바꾼 것이다.

6) 『사미헌전서』하, 486쪽.

이상에서와 같이 결국 문인록은 지금까지 크게 3차에 걸쳐 편찬 보완되었음을 알 수 있다. 즉 1972년 『四未軒先生全集』, 1985년 『四未軒集』, 2006년 『四未軒全書』등 각각 문집이 편찬된 시기이다. 이하에서는 위 3가지 판본에 나오는 문인록을 상호 비교하여 문인의 착종 상태를 일단 분석하고자 한다. 이 상황을 비교하여 표로 제시하면 아래와 같다.

	1972년 영인본 『四未軒先生全集』의 급문록	1985년 영인본 『四未軒集』의 급문록	2006년 복사본 『四未軒全書』의 급문록
개관	-문인목록과 급문록 편찬	-문인목록과 급문록 불일치 -목록에 없는 인물 급문록 말미에 있음	-1985년본과 거의 일치 -목록에 두장 중간에 첨가 -목록과 급문록 불일치 ;목록에 없는 인물 급문록 말미에 있음. 일부는 중간 추가 목에 있음
문 인 수	-인원수 428명	-인원수 682명으로 254명 증대 -18쪽의 이수까지는 1972년본과 일치 -18쪽부터 1972년과는 차이가 있음	- 인원수 747명으로 65명 추가 증대 - 문인록 목록 중간에 한 페이지 68명이 추가되어 있음(『사미헌전서』하, 486면) -68명 중 장석지, 장석윤, 장윤원은 이미 1985년 문인록의 인원수에 포함되었기 때문에 이들을 제한 65명이 실제 추가로 늘어난 셈임
문인 수정	-1번 만구 이종기 수록 -46번 장석주 수록	-만구 이종기 삭제 -46번 장석주 대신 장귀택 수록	-만구 이종기 삭제 -46번 장석주 대신 장귀택 수록 -문인록 목록 첨가 부분에 장석주 재수록
판본 상태	-「녹리급문제자록」의 1쪽과 2쪽사이에 녹리급문제자록목록 10페이지 첨가되어 있음	-「녹리급문제자록」의 범례가 있는 1쪽의 페이지 숫자를 없애고, 녹리급문제자록 목록부터 1페이지로 하였음 -「녹리급문제자록」뒤에 「학계서당기」, 「각리서당기」, 「묵방정사기」등이 추가 되어 있음	-『四未軒集』의 급문록 방식과 동일함

문인록에 대한 세간의 정리 유포는 사실 한 차례 더 있었다. 즉 1980

년에 역경연구원에서 편찬한 『유학연원록』에 장복추의 문인록이 등재 소개되어 있다.[7] 여기서는 1972년 간행 『사미헌선생전집』하, 「급문록」을 참고한 듯하나, 다만 두 가지 사실만이 다르다. 하나는 문집의 급문록의 제일 첫 번째 수록되었던 이종기를 제외한 것이고, 다른 하나는 제일 마지막 부분에 문집의 급문록에는 없던 이호석과 곽린을 추가하여 놓은 사실이다. 그런데 곽린은 앞 쪽에 이미 등재되어 있는 인물을 중복으로 잘못 등재하였고, 이호석은 1985년이나 2006년의 문인록 수정시에도 없는 인물인데 추가되어 있다. 이종기를 문인에서 제외한 것은 편찬자인 김병호도 문인 시비 문제를 인지하고 있었던 듯하다.

3. 문인집단의 규모와 특징

앞에서 이미 살펴본 바와 같이 장복추 문인집단의 규모는 문집이 새롭게 영인될 때마다 보완 증보되어왔음을 알 수 있었다. 즉 1972년의 경우 428명, 1985년의 경우 682명, 2006년이 경우 747명으로 최종 정리되었다. 여기서는 가장 최근의 것을 가장 많이 보완된 것으로 판단하여 2006년에 정리된 747명의 문인을 대상으로 하여 문인집단에 대한 분석을 하도록 하겠다.

첫째, 거주지별 분포 분석이다. 이를 통해 문인의 지역적 범위를 살필수 있다. 여헌 장현광의 급문록을 모델로 작성하였기 때문에 장복추의 문인록에는 각 문인들에 대한 설명의 말미에 후손들의 거주지가 기재되어 있다. 거주지가 문인 당대의 거주지가 아니라 후손의 거주인 점이 조금 문제는 될 수 있으나, 시기적으로 큰 차이가 나지 않는 관계로 문인

---

7) 김병호, 『유학연원록』, 역경연구원, 1980.

당대의 거주지로 간주하여 분석하여도 대세 파악에는 큰 무리가 없을 것으로 생각하였다.

747명 문인 중 후손들의 거주지가 밝혀져 있는 문인은 602명에 달하였는데, 문인들의 거주지를 군현단위로 제시하면 다음과 같다. 성주가 가장 많아 132명이 거주하고 있었으며, 칠곡이 89명, 인동이 66명으로 그 뒤를 이었다. 다음으로 거창 47명, 합천 39명, 금릉 27명, 창녕 26명, 선산 25명 등의 순으로 문인이 분포되어 있었다. 10명대의 분포를 가진 군현으로는 대구와 산청이 각각 15명, 고령과 의령이 각각 14명, 고성 11명, 청도 10명 등이었다. 그 외 군위와 무주가 각각 9명, 함안과 창원이 각각 8명, 밀양 7명, 영천 6명, 김해 5명, 경산·상주·함양이 각각 4명, 의성과 하동이 각각 2명, 진주·경주·현풍·영일이 각각 1명이었다.

위의 문인들의 거주지 상황을 통해서 당연한 이야기 같지만 장복추의 거주지와 가까운 지역에 많은 문인들이 분포하고 있었다는 사실을 확인할 수 있었다. 칠곡 89명, 인동 66명, 성주 132명인 사실이 그를 뒷받침해준다. 이 세 중심지역에 분포한 문인이 287명으로 전체 문인 747명의 38%를 차지하고 있었다. 그 다음으로는 서남쪽의 거창, 합천, 창녕과 북쪽의 금릉, 선산 등에 영향력이 비교적 강하여 이들 군현이 부심지역에 해당하였다. 이 부심지역에 거주한 문인이 총 164명으로 전체 문인 747명의 약 22%를 차지하였다. 핵심지역과 부심지역의 문인을 합하면 총 451명으로 전체 문인747명의 60%에 해당하는 문인이 집중되어 있음을 알 수 있다. 거주지가 문인록에 명시되지 않은 인물 중 위의 지역에 거주한 경우가 더 있었을 것까지를 감안한다면 그 집중성은 더욱 높아질 가능성이 크다. 이는 교통의 편의 때문에 접근성이 좋은 주변지역에서 많이 급문한 때문이라고 생각된다. 또한 장복추 자신의 행동반경도 이 범주를 크게 벗어나서 않았기 때문인 것으로 보인다.

따라서 경상도의 학문적 중심 권역을 크게 안동권, 상주권, 경주권,

성주권, 진주권 등 다섯 곳으로 나누어 볼 때, 성주권을 제외한 안동권, 상주권, 경주권, 진주권에서 온 문인이 없거나 극히 적다는 점을 지적하지 않을 수 없다. 장복추의 흡인력이 경상도 지역 전체에는 미치지 못하였다는 점을 보여주는 것으로 그의 한계이기도 하다. 그의 영향력은 성주권 이외 여타 권역의 중심부에는 거의 미치지 못하였고 다만 그들 주변부의 일부를 포괄하는 선에 그쳤음을 알 수 있다.

둘째, 성관별 분석이다. 성씨별로는 장복추와 같은 인동 장씨가 총 133명으로 전체 문인 747명의 17.8%를 차지하고 있었다. 이는 6명에 한 명 꼴에 해당하는 수치로 그 만큼 적지 않은 비중을 차지하고 있었음을 알 수 있다. 장복추가 거주한 칠곡이나 인동 지역 인근에 그 만큼 인동 장씨가 많이 분포하고 있었던 점에 일차적인 원인이 있고, 또 같은 문중의 뛰어난 어른에게 가서 공부를 배우던 관행과도 관련이 있겠다. 인동 장씨 외 문인의 성관별 분석은 역사적으로 큰 의미가 없기 때문에 생략한다.

셋째, 한주 이진상의 문인과의 중복 문제이다. 동 시대에 대유학자 이진상이 성주에 거주하고 있었다. 따라서 성주 지역의 장복추 문인 132명 중에는 상당히 많은 수가 이진상의 문인이기도 하였다. 그 외에도 성주 인근에 거주지를 두고 있던 장복추의 문인들 중 상당수도 역시 이진상이나 또는 이진상의 학문적 계보에 속하는 이들의 문인으로 중첩되어 있었다고 보인다. 물론 이러한 것은 전통시대에 매우 자연스러운 현상이었다.

이상에서 살핀 바와 같이 장복추 문인들에 대한 분석을 통하여 확인할 수 있었던 특징은 그의 문인 집단이 칠곡, 인동, 성주를 중심으로 한 지역에 집중한 가운데, 인동 장씨의 문중 제자가 가장 다수를 차지하였으며, 또한 문인들 중 한주 이진상에게도 함께 출입한 제자가 상당히 많았다는 사실이다.

한편 숫자를 통한 문인 규모 과시 이전에 근본적으로 검토되어야 하는 더 기본적인 것이 있다. 단순히 문인이 이렇게 많았으니 훌륭했다는 식과 같은 분석 결과에는 큰 의미를 부여하기 어렵다. 중요한 것은 문인들의 선생에 대한 존경도인데, 이는 선생을 중심으로 한 학파의 형성과도 밀접한 연관을 가지고 있다. 즉 문인들의 선생에 대한 학문적 인격적 존경도에 따라 학파가 형성이 되고, 그것이 하나의 학파로서의 의미를 가지기 위해서는 문인들의 결속력이 중요한 요소라고 할 수 있다. 즉 문인들간에 같은 선생에게서 배웠다는 동문의식이 있었느냐, 그리고 그 의식이 어느 정도 강했느냐는 것이다.

하지만 이 부분은 급변하는 시대 조류의 영향으로 더 이상 성리학적 기본 질서와 학문적 경향이 더 이상 존재의 의미를 크게 가질 수 없을 정도로 변화한 세상이 됨으로써 크게 의미를 가지기 힘들게 되었다. 장복추에게서 배운 전통적 학문이 큰 의미를 가지기 어려운 세상으로 바뀐 것이다. 따라서 그 영향의 정도를 파악하는 척도도 그 이전의 전통적 잣대를 그대로 사용하는 것은 무리가 있다고 하겠다. 이 점이 사실 장복추의 한계이자 장복추 문인집단의 한계이다. 아울러 이 점을 명확히 분석하지 못하는 본 글이 가지는 근본적 한계이기도 하다.

4. 문인들의 활동과 그 의미

장복추로부터 전통 유학교육과 인성교육을 받으면서 영향을 받은 문인들이 근대 변혁기에 어떻게 살았으며, 어떤 의미있는 활동을 하였나라는 문제는 교육자인 장복추와 그 학파가 가지는 존재의 의미와 위상을 살피는 데 대단히 중요한 요소라고 생각한다.

장복추가 제자들에게 교육을 하던 시기인 19세기 중엽이후의 조선사회는 격동의 시기였다. 먼저 내부적으로는 봉건체제의 해체라는 급격한 소용돌이 속에 있었다. 1862년 임술농민항쟁은 전국의 70여개 군현에서 봉건체제의 모순을 극복하고자 한 농민들의 몸부림이었다. 고립 분산적이었던 이 농민항쟁은 30년 뒤인 동학농민전쟁 단계에서는 좀 더 조직적인 밑으로부터의 변혁의 움직임이었다. 이러한 내부의 모순을 조선정부는 근본적이고도 효율적으로 해결하지 못하고 임시미봉책에 의존하고 있었다.

한편 외부적으로는 제국주의 열강의 침략에 대응해야 하는 어려움에 처해 있었다. 구미 제국의 통상 요구에 대한 거부, 프랑스와 미국의 무력적 침략에 대한 격퇴의 과정을 거쳐 결국 일본에 의해 강제 개항을 당하게 되었다. 이어 조선은 그에 대한 지배권을 둘러싸고 일진일퇴하던 중국과 일본의 틈바구니에 낀 채 격랑을 헤쳐 나가야하는 상황으로 되었다.

대내외적인 어려움에 직면한 조선은 현실을 타개하기 위해 일련의 개혁을 추진하였다. 그리고 시시각각 조여 오는 일본의 영향력에 맞선 항거의 움직임도 거셌다. 하지만 그러한 성과가 미처 빛을 보기 전에 그리고 내부의 모순을 미처 해결하지 못한 채 결국 일본의 식민지로 전락하게 되었다.

이와 같은 격변의 시대를 산 장복추와 그의 문도들은 이 현실에 대해 어떠한 대응 의식을 가졌으며 어떤 대응 자세를 취하였던가. 이를 장복추의 대표적인 문도로 운위되는 사람들을 실마리로 삼아 살펴보는 것이 한 방편이 될 것 같다.

세간에 장복추의 제자들 중 뛰어난 제자들을 가리키는 말로 4분의 빼어난 분과 10명의 군자를 지칭하는 四秀 十君子라고 하는 표현이 회자되고 있는 듯하다. 四秀는 강호 김숙자의 사손인 金鎭學, 점필재 김종직의 사손인 金昌鉉, 동강 김우옹의 사손인 金護林, 덕계 오건의 사손인

吳致仁을 가리키는 말이다. 4수는 뛰어난 조상의 주손에 대한 존중의 의미와 그 가문의 대표격이라는 데 대한 예의의 표현이라고 생각된다. 그리고 한편으로는 그러한 유력 가문의 사손들이 장복추에게 급문한 점을 특기하여 부각한 것이었다고 생각된다.

다만 김호림과 오치인의 경우는 1972년의 급문록과 1985년의 급문록에는 수록되어 있지 않다가 2006년의 급문록에 그것도 목록부분에 추가된 인물들이다. 더 정확하게는 두 사람 중 김호림의 경우는 사실 1984년에 사미헌장선생유적비건립추진위원회가 펴낸 프린트물 소책자『사미헌장선생유적비문 부제자록』에 수록된 급문록에는 수록되어 있다. 따라서 4수가 운위된 것은 적어도 1985년 이후의 일이라고 보는 것이 순리일 것 같다는 생각이 든다. 왜냐면 그들의 위상을 감안해볼 때 두 차례에 걸친 급문록의 편찬으로 600여명 이상이 수록된 명단에 그들이 누락되었다는 것은 아무래도 자연스럽지 못한 부분이 있기 때문이다.

한편 十君子로 칭해진 인물들은 비교적 장복추의 현실 대응 방식과 자세에 공감하면서 학문적으로나 생활 방식에 있어 그를 충실히 계승한 인물을 지칭한 것으로 보아도 좋을 듯하다. 10군자는 유림에 구전되어 오던 것이라고 하는 말도 있는데, 구체적인 이름이 활자화한 것은 2004년 사미헌선생기념사업회에서 간략한 프린트물로 펴낸『조선후기 영남의 유종 사미헌선생의 생애와 학문사상』이라는 소책자라고 판단된다. 여기에 의하면 10군자는 현재 문인의 수위에 있는 장승택을 위시하여 이기에 윤주하, 예학에 장석영, 도학에 송준필, 문장에 조긍섭, 역학에 장윤상, 의리에 이기형, 위명에 장지연, 효행에 장석빈과 장시택 등 분야별로 뛰어난 10명의 문인을 가리킨다고 한다.

그런데 1972년 문인록 편찬 당시 문인들의 수위에 위치하였다가 그 이후 문인에서 제외된 만구 이종기가 10군자에 포함되어 있지 않은 것으로 미루어 볼 때, 그가 문인에서 제외된 이후 10군자가 운위되기 시작하였거나 아니면 인물의 교체가 있었을 가능성이 있다고 생각된다. 또한 10군자에 속한 인물 중 장지연의 경우 1972년과 1985년의 급문록에는 이름이 등재되어 있지 않은 점으로 미루어 볼 때 그 이후 10군자가 운위되었을 가능성도 배제할 수 없다. 참고로 장지연은 1984년에 사미헌장 선생유적비건립추진위원회가 펴낸 프린트물 소책자『사미헌장선생유적비문 부제자록』에 수록된 급문록에는 수록되어 있고, 이어 2006년의『사미헌전서』의 급문록에는 목록 부분에 추가된 형태로 수록되어 있다.

10군자로 지칭된 시기와 관련없이 그들이 장복추의 10명의 뛰어난 제자에 포함된 데는 그만한 이유와 타당성이 있을 것이라는 점은 어느 정도 인정할 수 있을 것이다. 따라서 그들이 장복추의 정신과 생활태도를 가장 잘 계승한 인물들이라는 데는 별 다른 의문이 있을 수 없겠다. 따라서 이들을 중심으로 하여 현실에 대한 대응 자세와 학문적 행적 및 생활 양식에 대해 살펴보는 출발점으로 삼고자 한다.

먼저 그의 문도들의 행적에서 특기할 것은 외세에 저항하는 지사형 인물들이 다수 있었다는 점을 지적할 수 있다. 그들이 장복추로부터 저항의식을 배웠다는 직접적인 증거를 찾기는 어렵다. 하지만 문인 그룹에서 체제 저항적인 대응 자세를 지향한 인물들이 다수 배출된 것은 급변하는 사회에 맞선 지식인으로서의 책무에 대한 공감대가 문인 그룹에 형성되어 있었다고 볼 수 있겠다.

대표적인 경우가 파리장서 사건이었다. 파리장서 사건은 3.1운동이 기독교, 불교, 천도교계의 연합에 의해 그 계기가 마련된 이후 여기에서 소외된 유교계의 대응으로 촉발된 것이었다. 유교계에서 독립에 대한 당위성과 염원을 담은 장문의 독립청원서를 작성한 후 전국 유림의 서명을 받아 파리에서 열리고 있던 평화회의에 제출함으로써 우리나라의 독립에 대한 의지를 만천하에 알리는 데 목적이 있었다. 장석영과 송준필이 초기단계부터 적극적으로 참여한 가운데 곽종석이 작성하여 김창숙과 함께 수정한 청원서가 채택되었고, 마침내 김창숙을 통해 중국 상해로까지 운송되었다. 상해에서 청원서는 영어로 번역되어 파리로 우송되었다.

이 청원서에는 총 137명의 유림이 서명하였는데,[8] 그 중에는 장복추 문인이 무려 24명에 달하였던 것이다. 10군자로 꼽히는 張錫英·宋浚弼·李基馨을 위시한 宋鎬完·李萬成·李能學·李啓源·李鉐均·宋鴻來·成大湜·崔鶴吉·卞穰錫·尹寅夏·宋鎬坤·宋鎬基·李季埈·李鉉昌·李德厚·金在明·尹哲洙·李承來·李璟均·宋在洛·李基定 등이 그들이었다. 이들의 서명은 발각 되었을 시 겪을 온갖 고초를 각오한 매우 비장하고도 용감한 행동이라 아니할 수 없을 것이다. 그리고 더욱 돋보이는 것은 예견되는 일제의 탄압으로부터 미래의 재목이 될 젊은 세대의 희생을 최대한 막으려는 의도로 주로 40대 이상의 장노년층에서 서명에 가담하였다는 사실이다.[9]

특히 장석영은 비록 채택되지는 않았지만 곽종석의 부탁을 받고 독립청원서를 작성하는 등 파리장서 사건에 계획 단계부터 깊이 관여한 인물이었다. 사실 그는 그 전부터 항일운동에 매우 적극적인 면모를 보였었는데, 1905년 을사늑약이 체결되었다는 소식을 접하고는 을사오적의 처형을 주장하는 상소를 올린 바 있었고, 1907년 국채보상운동이 일어났을 때는 칠곡지방 국채보상회 회장으로 활동한 바도 있었다. 그리고 1919년 3.1운동이 전국으로 퍼져나갈 때는 동문인 송준필, 이기정, 성대식 등과 함께 성주 장날의 독립만세운동에 깊숙이 적극적으로 관여하였다. 결국 파리장서와 만세운동 건으로 일제에 의해 징역 2년형을 선고받고 5개월간 옥고를 치룬 바 있다.[10]

---

8) 파리장서의 판본과 서명자에 대한 자세한 분석은 다음의 논고를 참고하라. 임경석, 「유교지식인의 독립운동-1919년 파리장서의 작성 경위와 문안 변동」, 『대동문화연구』37, 2000. 임경석, 「파리장서 서명자 연구」, 『대동문화연구』38, 2001.

9) 임경석, 위의 「파리장서 서명자 연구」, 435-436쪽.

10) 오세창, 「파리장서와 송준필」, 『한국근현대사연구』15, 2000.

송준필 역시 곽종석, 장석영, 김창숙 등과 계획단계부터 파리장서 사건을 주도하였다. 그는 특히 '通告國內文'을 작성하여 전국의 유림들에게 배포함으로써 파리 평화회의에 독립 청원서를 제출한다는 사실을 알리는 역할을 담당하였다. 그리고 그의 세거지인 성주의 百世閣이 파리장서에 서명한 유림들의 명첩을 모우는 중심 장소로 활용되었던 것이다. 또한 장석영과 함께 성주 장날의 3.1만세운동에 깊숙이 관여하였다. 후일 파리장서 사건과 3.1만세운동건으로 장석영과 함께 5개월에 걸친 옥고를 치루었다.[11]

다음은 은둔하여 자신의 한 몸을 깨끗이 함으로써 소극적인 저항을 한 처사형 인물을 또 하나의 유형으로 지적할 수 있겠다. 장복추가 바로 이 유형에 속한 인물이라고 볼 수 있기 때문에 문인들 중에도 많은 이들이 여기에 속하였다고 생각된다. 장복추는 1895년 을미사변이 터져 당시 인동 일대의 유림들로부터 의병을 일으킬 것을 요청받았을 때 군사에 어두운 서생이 무모하게 참여할 경우 목적을 이루기 전에 화만 자초할 뿐이라는 점을 내세워 완곡히 사양하였다는 것으로 미루어 볼 때 행동을 요구하는 시대의 현실 문제에 적극적인 대응 자세를 보인 인물은 아니었던 듯하다. 10군자로 칭해지는 문인 중에서 장복추 문인 그룹의 수문인 장승택과 1910년 이후 은둔에 들어간 조긍섭이 대표적인 인물이라고 하겠다.

장승택은 장복추의 적전으로서 장복추의 임종시에 후진을 인도하는 책무를 유언으로 당부받았던 인물이다.[12] 장복추 묘비의 찬술도 그의 몫이었다. 비록 세상일에 전혀 무관심한 것은 아니어서 세상사에 대해 걱정을 토로하는 글을 짓기도 하였다. 세상의 폐습과 관련하여 무리한 징세의 시정과 일본 상인에 의한 상권 침해의 금단 등 12가지를 제시한

---

11) 위와 같음.
12) 장복추, 『사미헌전집』하, 연보, 고종 37년(1900년) 4월.

바도 있었으며, 동학당의 비행을 열거하고 동학의 2대 교주 최시형을 역적으로 규탄하기도 하였다.[13] 하지만 을미사변 이후 거창으로 장복추를 찾아뵌 자리에서 마침 방문한 대계 이승희와 벌인 시사에 대해 토론의 분위기로 미루어 짐작컨대 적극적인 행동으로 연결될 정도는 아니었던 듯하다. 이 때 이승희는 명성황후 민씨를 살해한 범인에 대해 한 하늘을 같이 이고 살지 못할 원수로 규정하면서 의병을 일으켜 복수할 것을 주장한 데 대해, 장승택은 비록 그러한 의리가 있다고 하더라도 그 때를 얻지 못하면 적을 물리쳐 복수하는 것은 불가능하다는 점을 내세워 소극적인 자세를 견지하였던 것이다.[14] 스승인 장복추처럼 그 역시 1910년 이후 은둔하여 두문불출하며 학문에 침잠하는 길을 걸었다.

조긍섭은 20세에 장복추에 집지하여 가르침을 받으면서 문인이 되었다. 하지만 그는 서산 김홍락과 만구 이종기를 연이어 방문하면서 두루 가르침을 받으면서 학문적 기반을 탄탄히 하였다. 그러나 그의 빼어난 문장과 학문적 자질을 세상에 펼치기도 전에 나라가 일제의 강점하에 들어가면서 은둔의 길을 택하게 되었다. 이후 비슬산 북쪽의 정산서당과 서쪽의 구계서당을 중심으로 하여 후진 양성과 학문 연구에 몰두하다가 세상을 떠났다.[15] 비록 그가 은둔의 길을 택하였다고는 하지만 세상사에 완전히 무심한 것은 아니어서 1919년에는 어떤 사람의 부탁으로 '일본총독과 동포대중에게 보내는 글'을 초하였다가 발각되어 구속된 바도 있었고, 고종이 세상을 떠난 뒤 유림에서 복을 입자는 의론이 일어났을

---

13) 장승택, 『농산문집』6, 잡저, 撥憫私議·斥東匪文(국립중앙도서관 소장본, 古朝46-가1140).

14) 장승택, 『농산문집』15, 부록, 행장(류필영 찬).

15) 강구율, 「심재 조긍섭 시세계의 제양상 연구」, 『영남학』11, 2007, 76-79쪽. 조긍섭의 영남학맥 내에서의 역할이나 그의 수양론에 대해서는 다음의 논고가 참고가 된다. 강동욱, 「한말 영남학계와 심재의 역할」, 『영남학』11, 2007. 임종진, 「심재 조긍섭의 수양론」, 『영남학』11, 2007.

때는 "자고로 항복한 임금을 위해 복을 입었다는 글은 본 적이 없다"는 異論을 제기한 바도 있었다.16) 하지만 크게 볼 때 그는 스승인 장복추와 비슷하게 자신의 한 몸을 깨끗이 보전하기 위해 세상을 등지는 은둔의 길을 택함으로써 소극적 저항의 길을 걸었다고 하겠다.

이상에서와 같이 외세의 압력에 대해 적극적으로 저항하는 대응 자세를 보인 지사형 인물도 있었으며, 또한 은둔의 길을 택하여 자신의 한 몸을 온전히 함으로써 의리를 지키려는 소극적인 저항의 처사형 인물도 있었다고 생각한다. 그 외에도 격변하는 시대에 조응하여 체제의 변혁을 주장한 개혁론자를 상정해볼 수도 있는데, 사미헌 학파에서는 쉽지 않은 일이었을 것으로 생각한다. 그리고 한편 시대의 변화에 잘 순응하여 출세를 지향한 인물도 더러 있었을 것으로 짐작되나 여기서는 자세히 다루지 않는다.

5. 맺음말

장복추의 문인록은 지금까지 크게 3차에 걸쳐 편찬 보완되면서 문집에 실렸다. 1972년의 『四未軒先生全集』, 1985년의 『四未軒集』, 2006년의 『四未軒全書』 등에 수록된 급문록이 그것이다. 장복추 문인집단의 규모는 문집이 새롭게 영인될 때마다 문인이 추가되면서 커졌다. 1972년 문집의 급문록에는 428명, 1985년 문집의 급문록에는 682명, 2006년 문집의 급문록에는 747명으로 최종 정리되었다.

문인들의 거주지를 추정해 보면 장복추의 거주지와 가까운 칠곡, 인

---

16) 금장태·고광직, 「심재 조긍섭」, 『유학근백년 -영남계열의 도학-』, 한국학술정보, 2004, 218-219쪽.

동, 성주의 세 중심지역에 분포한 문인이 287명으로 전체 문인의 38%를 차지하고 있었다. 그 다음으로는 서남쪽의 거창, 합천, 창녕과 북쪽의 금릉, 선산 등에 비교적 문인 수가 많이 분포하고 있었다. 이는 달리 표현하면 장복추의 흡인력이 주로 성주권에 집중되어 있었고, 다른 권역에는 미치지 못하였다는 점을 보여주는 것이다.

성씨별로는 장복추와 같은 인동 장씨가 총 133명으로 전체 문인 747명의 약 18%라는 많은 비중을 차지하고 있었던 것 역시 이 문인집단이 가지는 하나의 특징이라고 하겠다. 그리고 같은 시기 인근에 거주하였던 한주 이진상의 문인과 많이 중복된다는 것도 자연스러운 현상이기는 하지만 특징적인 것으로 지적할 수 있었다.

장복추가 제자들에게 교육을 하던 시기인 19세기 중엽이후의 조선사회는 격동의 시기였다. 따라서 장복추로부터 전통 유학교육과 인성교육을 받으면서 영향을 받은 문인들이 근대 변혁기에 어떻게 살았으며, 어떤 의미있는 활동을 하였나 라는 문제는 교육자인 장복추와 그 학파가 가지는 존재의 의미와 위상을 가늠해볼 수 있는 대단히 중요한 요소로 판단하였다. 장복추의 문인에는 장석영과 송준필과 같이 외세의 압력에 대해 적극적으로 저항하는 대응 자세를 보인 지사형 인물도 있었으며, 장승택과 조긍섭과 같이 은둔의 길을 택하여 자신의 한 몸을 온전히 함으로써 의리를 지키려는 처사형 인물도 있었음을 살폈다. 두 유형은 현실에 대한 대응 의식과 자세는 서로 달랐지만 모두 시대를 고민하는 지식인이 선택할 수 있는 길이었다고 생각한다.

제 4 편
영남 남인의 삶과 생활

제1장 지산 조호익의 유배생활

1. 머리말

芝山 曺好益[1545(인종 1)~1609(광해군 1)]은 퇴계 이황 문하의 뛰어난 남인 학자 중의 한 명이었다. 그는 10세 때 중형 光益과 함께 周博에게 공부의 기초를 배운 이후, 17세 때에 퇴계 이황의 문하에 입문하여 26세 때 이황이 사망할 때까지 약 10년동안 학문을 닦았다. 48세 때 임진왜란을 맞이하여서는 평안도 지역에서 의병을 규합하여 많은 공을 세웠으며,[1] 조정에 발탁된 후 여러 지역의 수령을 역임한 바 있다. 그 후 고향이나 다름없던 영천에 은퇴하여 학문 도야와 후학 양성에 전념하면서 말년을 보냈다.[2] 학문적으로는 특히 예학과 역학에 조예가 깊었으며,[3] 문학적으로는 산수유람기의 새 지평을 연 인물로도 주목받았다.[4]

---

1) 이장희, 「지산 조호익과 임진왜란 -의병활동을 중심으로-」, 『한국의 철학』26, 1998.

2) 김학수, 「17세기 초반 영천유림의 학맥과 장현광의 임고서원 제향논쟁」, 『조선시대사학보』35, 2005.

3) 금장태, 「지산 조호익의 사상」, 『퇴계학파의 사상』1, 집문당, 1966. 고영진, 「지산 조호익의 예학사상」, 『한국의 철학』26, 1998. 신귀현, 「지산 조호익의 철학사상」, 『한국의 철학』26, 1998. 엄연석, 「조호익 역학의 상수학적 방법과 의리학적 목표」, 『대동문화연구』38, 2001. 김인철, 「퇴계와 지산의 주역 해석」, 『한국의 철학』36, 2005. 김종석, 「지산 조호익의 생애와 학문」, 『지초향기 가득한데 문자향은 그윽하고』, 한국국학진흥원, 2007.

4) 황위주, 「지산 조호익의 시문학 세계」, 『한국의 철학』26, 1998. 안득용, 「16세기

그런데 조호익은 당시의 일반적인 유학자와는 달리 독특한 경험을 한 이력의 소유자였다. 바로 32세부터 48세까지 17년 동안 유배생활을 하였다는 사실이다. 인생의 황금기라 할 수 있는 3·40대의 유배생활은 그의 인생을 송두리째 바꾸어놓았다. 따라서 조호익을 논하면서 유배생활을 빼놓거나 유배와 연관 짓지 않고서는 어떤 이야기도 허전할 수밖에 없다고 해도 과언이 아니다. 따라서 그에 대한 지금까지의 연구에서도 유배에 대한 논급은 빠짐없이 들어가는 핵심 단어였다. 하지만 그의 유배나 유배생활을 중심 주제로 삼아 구체적으로 연구한 바는 없다.

이에 여기서는 조호익의 유배생활에 대해 살펴보고자 한다. 근래 한국사학계에서는 유배생활에 대한 관심이 많이 베풀어져 이 분야에 대한 연구가 상당히 진척된 상황이다.[5] 이에 힘입어 먼저 유배형에 처해진 조호익의 정확한 죄목과 함께 그 과정에 대해 살펴보고자 한다. 다음으로는 창원에서 강동에 이르는 유배길의 노정과 평안도 강동이라는 유배지의 환경에 대해 살피겠다. 그리고 유배지에서의 일상생활을 구속과 외로움, 교육과 교화활동, 명산 유람 등으로 나누어 다루고자 한다.

본 연구는 조호익의 유배생활이라는 새로운 면모에 초점을 맞추어 살핌으로써 그에 대한 이해를 한 단계 더 심화시키는 데 목적이 있다. 나아가 조선시대 지식인의 유배생활에 대한 새로운 한 사례를 첨가한다는

후반 영남 문인의 산수유기 -지산 조호익 산수유기에 나타난 자연인식과 형상화를 중심으로-」,『어문논집』55, 2007. 나종면,「문화 : 예사람의 명산유람 -지산 조호익을 중심으로-」,『온지논총』18, 2008. 전송열,「지산 조호익의 '유묘향산록'에 대한 고찰」,『열상고전연구』28, 2008. 정시열,「지산 조호익의 한시연구」,『한국한시연구』16, 2008.

5) 김경숙,「조선시대 유배형의 집행과 그 사례」,『사학연구』55·56, 1998. 심재우,「조선전기 유배형과 유배생활」,『국사관논총』92, 2000. 심재우,「조선후기 형벌제도의 변화와 국가권력」,『국사관논총』102, 2003. 정연식,「조선시대의 유배생활 -유배가사에 나타난 사례를 중심으로-」,『인문논총』9, 서울여대 인문과학연구소, 2002. 지철호,「조선전기의 유형」,『법사학연구』8, 1985. 김지수,「조선조 전가사변율의 역사와 법적 성격」,『법사학연구』32, 2005.

데도 의미가 있다고 하겠다.

2. 전가사변의 경위

조호익의 본관은 창녕으로 고려 태조의 사위로서 평장사를 지낸 謙의 25세손이었다. 고려말의 혼란기에 강계도병마사를 지낸 7대조 信忠이 경상도 영천에 은거하여 살기 시작하면서 영천과 인연을 맺었다. 그 뒤 증조모 박씨가 친정의 제사를 걱정하여 창원으로 옮겨 살게 되었는데, 그곳에서 조호익은 아버지 允愼과 인동장씨 사이에서 5형제(繼益·光益·希益·好益·謙益) 중의 넷째 아들로 태어났다. 조호익은 말년에는 다시 선대의 터전이었던 영천에 자리잡아 은거하게 되었다. 6대조 尙明이 덕원부사, 증조부 致虞가 사용원정, 조부 孝淵이 예조정랑을 역임하는 등 조선조에 들어서도 크게 현달하지는 않았지만 사환이 이어지던 가문으로서 창원과 영천에 일정한 근거지를 가지고 있었음을 알 수 있다.[6]

사건이 발생한 1575년(선조 8) 조호익은 31세로 어머니의 삼년상을 막 마무리할 무렵이었다. 그 해 2월 16일 성균관 典籍으로 근무하던 崔滉이 경상도 都事로 부임하였다. 도사는 관찰사를 보좌하여 도정을 담당하던 종 5품의 관원으로 亞監司라 불리기도 하는 직책이었다. 당시 경상도 관찰사는 1574년 10월부터 재직하고 있던 尹根壽였다.[7]

갓 부임한 최황이 군적을 정리하는 임무를 띠고 창원에 온 것이 그 해 3월경이었다. 최황의 전임자는 공교롭게도 1574년 윤12월 13일부터

---

6) 『국역 지산집』2, 연보·행장·신도비명.

7) 윤근수는 동서분당 이후 형 두수와 함께 서인의 중심인물로 활약한 바 있다. 하지만 당시는 아직 동서분당 이전이거나 막 시작한 시점이기 때문에 조호익의 처벌에 당파간의 이해관계가 결부되었다고 보기는 어렵다.

1575년 2월까지 약 두 달 남짓 근무한 주박이었다. 주세붕의 아들인 주박은 조호익이 10세때 글을 배운 인연이 있던 바로 그 사람이었다. 근무 기간이 두 달 밖에 되지 않아 큰 도움은 받지 못하였겠지만 여러 가지 배려를 받았을 수도 있었겠다는 생각이 든다. 전임자 주박과 후임자 최황의 존재가 우연치고는 너무 선명하게 대비되는 부분이어서 지적해둔다.

최황은 군적을 정리하는 檢督의 일을 지역의 유력자에게 맡김으로써 일이 원활하게 추진되기를 바란 듯하다. 그 적임자로 지목된 이가 창원 지역에서 유력한 재지기반을 가지고 있던 조씨 집안의 조호익이었다. 사족인 조호익이 군적을 정리하는 일에 선뜻 나설 리가 없었다. 더구나 조호익은 어머니 상을 당하여 아직 상복을 벗지 않았다는 나름의 사유가 있었으며, 또한 상중의 병으로 인한 신체의 쇠잔함도 또 하나의 이유로 첨가될 수 있었다.

군적 정리의 임무를 부과하려는 최황과 그 업무를 맡지 않으려는 조호익 사이에 구체적으로 어떤 말들이 오고 갔는지는 확실치 않다. 다만 이 과정에서 최황은 한 도의 도정을 책임지고 맡은 도사로서 자신의 명이 서지 않음에 대하여 대단히 분개하였고, 이를 자신이 가진 힘으로 누르려고 하였다는 사실은 분명하다. 그리고 조호익 역시 아무런 저항없이 무조건적으로 최황의 지시를 따랐다고 보기도 어려운 점이 있다. 최황은 군적 담당 업무를 맡지 못하겠다면 군정 50명을 내어놓으라는 무리한 요구를 하기에 이르렀고, 조호익은 자신이 소유한 노비 15명을 바쳤으나 제시한 목표액을 충족시키지는 못하였다.[8] 더구나 중한 병을 앓고 있던 중이어서 公廳의 뜰에 나아가서 직접 그 사정을 아뢰지도 못한 듯하다. 이에 최황은 노여워하여 잡아다가 엄하게 刑杖을 쳤으며, 그 다음날에도 잡아가기를 그치지 않았다. 조호익은 병이 심하여 더 이상 어쩌지 못

---

8) 『국역 지산집』2, 부록, 행장(김육 찬). 『여헌속집』8, 지산 조공 행장.

하였다. 이에 최황은 더욱 노여워하여 마침내 土豪라고 지목하고 狀啓를 올려 먼 변방으로 유배가게 하였다.9)

최황이 어떤 평가를 받던 인물이었던가를 이해하는 것도 이 부분에 대한 명확한 자료가 남아있지 않은 상황에서 이해에 도움이 된다. 최황[1529년(중종 24)~1603년(선조36)]은 한양 사람으로 1566년(명종 21) 별시문과에 급제하여 관직에 나아가 좌찬성에 이른 인물이었다. 경상도 도사로 있으면서 軍籍을 잘 다스린 것이 이력에 특기되어 있다.10) 조호익이 유배형에 처해질 당시는 당쟁이 발생하기 전이었기 때문에 그의 처벌은 당쟁과는 무관한 것으로 이해하는 것이 옳을 것이다. 다만 그 이후에는 당쟁이 시작된 상태였기 때문에 인물의 평가에는 당파의 시각이 상당히 투영되어 있다고 할 수 있다. 광해군대의 북인에 의해 편찬된『선조실록』에 나타나는 최황에 대한 평가는 대단히 부정적이었다.

① 성품이 본디 조급하고 망령스러워 교만하고 발끈 성내는 기가 있었다. 논의는 과격하고 용심이 교사스러웠다.11)
② 덕의와 행검이 없고 비행으로 추세하여 자리나 채우고 녹만 허비할 뿐이다.12)
③ 사람됨이 각박하고 偏急하며 남을 해치기를 좋아하였다.13)

그러나 인조반정이 일어난 후 서인들이 주도하여 새로 편찬한『선조수정실록』에 나타나는 최황에 대한 평가는 호의적인 부분이 있다.

④ 최황은 청렴하고 재간이 있었으므로 상이 특별히 임명한 것

---

9) 위와 같음.
10)『한국민족문화대백과사전』, 최황.
11)『선조실록』19, 18년 4월 28일 기사.
12)『선조실록』74, 29년 4월 11일 정미.
13)『선조실록』165, 36년 8월 1일 갑신.

이다.14)

⑤ 최황은 관청에서 일을 처리함에 있어 본래 민첩하다는 칭찬이 있었다. 다만 성품이 각박하고 도량이 좁아서 좋아하는 사람이 없었다.15)

인물에 대한 평이 교차하는 가운데 공통적으로 지적되고 있는 것은 최황이라는 인물의 성격이 각박하고 도량이 좁아 발끈하고 성내는 기질이 강하였다는 점이다. 시작은 군적의 정리라는 공무에서 출발하였더라도 한 번 밉보인 인물에게는 사적인 감정을 개입시켜 엄청난 화를 입힐 수도 있겠다는 생각이 든다.

어쨌든 최황은 조호익을 향촌에 무단하는 토호로 규정하여 처벌할 것을 상부에 보고하였다. 이와 관련해서는 1663년(현종 4)에 작성된 시호를 청하는 김석주의 소에는 "최황이 관가의 명령을 어긴 토호라고 조정에 계문하였다"고 하여 최황이 조정에 보고한 것으로 되어 있다.16) 그리고 1677년(숙종 3) 도잠서원의 사액을 청원하는 소에도 "최황이 자신을 깔본다고 의심하면서 명령을 어긴 데 대해 노하여 토호라고 지목해 죄주기를 조정에 청하였다."라고 하여 역시 최황이 조정에 청한 것으로 되어 있다.17) 사건 발생 후 100여년이 흐른 뒤의 기록이어서 확언하기는 어렵지만 도사 최황이 직속상관인 관찰사에 보고하고, 관찰사가 조정에 보고한 것으로 보는 것이 자연스럽다는 생각이다.

결국 조호익은 향촌에 무단하는 토호로 간주되어 전가사변의 형에 처해졌다. 이 상황을 전해주고 있는 가장 오래된 일차적 사료는 『선조수정실록』의 기록인데, 다음과 같이 서술되어 있다.

---

14) 『선조수정실록』15, 14년 5월 1일 계해.
15) 『선조수정실록』37, 36년 8월 1일 갑신.
16) 『국역 지산집』2, 부록, 시호를 내려주기를 청원하는 소, 119쪽.
17) 『국역 지산집』2, 부록, 도잠서원에 사액해주기를 청원하는 소, 103-104쪽.

유생 조호익이 군사를 모집하여 적을 토벌하고 江東縣에 주둔하였다. 호익은 昌原 사람으로 지조와 덕행이 있었는데, 남의 무함을 당하여 軍籍에 관련된 사건에 연루되어 강동에 全家徙邊되었다. 그곳에서 생도들을 가르쳤는데, 향리에서 그를 존경하였다.[18]

전가사변은 극변 지역에 처자를 함께 입거시킨 조선 특유의 형벌이었다.[19] 세종대 이래 평안도와 함경도를 충실히 한다는 명분하에 그 지역이 전가사변의 대상지로 주로 이용되었다. 그 대상이 된 자는 대개 도적, 도적의 뒤를 봐준 우두머리, 윗사람을 능멸한 자, 풍기를 문란케 한 자, 양인을 억압하여 천인으로 만든 자 등이었다.[20]

그 후 전가사변의 대상으로 豪强品官이 추가되었다. 1516년(중종 11) 중종이 형조에 내린 수교에 그와 관련한 내용이 규정되었으니, "호강한 품관으로[21] 향촌에서 권세로 억압하고 백성을 침탈하는데 관리가 능히 금하기 어려운 자는 적발하여 조사한 후 전가사변 하라."는 내용이었다. 이는 1543년(중종 38)에 편찬된 『대전후속록』에 수록되었다.[22]

이듬해인 1544년(중종 39)에도 변방을 채우기 위한 목적으로 다양한 죄목에 해당하는 자를 대거 전가사변의 대상으로 지정한 바 있었다.[23]

---

18) 『선조수정실록』26, 25년 7월 1일 무오. "儒生曺好益募兵討賊 屯江東 好益 昌原人 有志行 爲人所誣 坐軍籍時事 全家徙江東 敎授生徒 鄕里尊之"

19) 전가사변율의 역사적 전개와 성격에 대해서는 김지수, 앞의 「조선조 전가사변율의 역사와 법적 성격」에 자세하다.

20) 『세종실록』115, 29년 3월 21일 계미. 『세종실록』116, 29년 윤4월 15일 병자. 『문종실록』8, 1년 7월 24일 경신. 『세조실록』27, 11년 11월 15일 기미.

21) 품관은 流品官의 준말인데, 유품 즉 문·무산계를 받은 양반이나 기술관에 속하는 관리이거나 또는 그러한 직을 받을 수 있는 산관을 가진 사람들까지 포함되는 개념이었다.

22) 『大典後續錄』5, 「형전」, 雜令. "豪强品官 武斷鄕曲 陵虐百姓 吏不能禁者 摘發推考 全家徙邊[정덕11년(중종11, 1516) 7월 27일 형조수교]"

23) 『중종실록』101, 39년 1월 1일 경자. "下三道의 豪强한 品官으로서 鄕曲을 武斷하여 民田을 억지로 빼앗고 약한 자를 침해하고 수령을 恐嚇하고 아전을 威制하고

이때도 가장 먼저 거론된 것이 '호강품관'으로서 조정에서 중앙집권적인 지방 통치의 강화를 위해 상당히 강조하고 있던 부분이었음을 알 수 있다. 그 후에도 전가사변의 사례는 실록에서 종종 발견된다. 1550년(명종 5)에도 '武斷鄕曲'한 죄목으로 鄭瑞이라는 자가 전가사변에 처해진 사실이 기록되어 있고,24) 1551년(명종 6)에는 삼의정이 나서서 전가사변의 율을 강력하게 적용하여 처벌할 것을 촉구하기도 하였다.25)

　이러한 토호들의 '무단향곡'에 대한 조정의 엄격한 분위기가 유지되는 가운데 조호익이 이 죄목으로 걸려든 것이었다. 물론 사족에 대한 전가사변에 대해 그 가혹함이 거론되지 않았던 것은 아니다. 전가사변은 가족 전체의 이주를 강제하고 있는 종신형에 해당되었기 때문이다. 사족이 전가사변에 처해져서 함경도나 평안도에 들어가서 살게 되면, 그 자신이 죽은 후에라도 그 아내와 딸이 모두 변방 사람들에게 시집가게 되니 차마 그 자손으로 하여금 그 오욕을 받게 할 수 없다는 것이 당시 양반 관료들의 법의식이었다. 그리하여 중종대에는 사족 중에서 생원·진사와 문무과 자손 및 내외 二祖에 顯官이 있는 경우에는 전가에서 제외하여 차율을 적용하게 한 바 있었다.26) 그리고 전가사변에 해당되더라도 더러 그에 준하는 유배형에 처하여 형벌이 본인에게만 한정되게 한 경우도 있었다.27) 또한 조호익보다는 뒷날의 경우이기는 하지만 선조는

貢賦를 멋대로 거역하고 官物을 모두 차지한 자와, 庶人이나 賤口로서 제가 호강하고 가멸한 것을 믿고 士族을 능멸한 자와, 한집에 거주하는 여종의 지아비나 雇工 외의 軍役을 피한 良民을 법을 어기고 차지한 자와, 公賤·私賤을 숨겨두고 부린 자와, 土豪로서 公債를 많이 받고 바치지 않은 자와, 綱常을 범하여 情理가 매우 중한 자와, 文記를 위조하고 간사하게 속인 것이 드러나고 조리에 어그러지는데도 송사하기를 좋아한 자와, 鄕吏나 書員으로서 元惡을 범한 자와, 水軍의 鎭撫로서 鎭將을 조롱하고 침해하여 폐단을 일으킨 자와, 兩界에서 도망하여 옮아온 邊方의 백성을 받아들여 붙어살게 한 자를 뽑아서 다 변방에 채우게 하였다."

24) 『명종실록』10, 5년 1월 17일 임오.
25) 『명종실록』12, 6년 11월 2일 병술.
26) 김지수, 앞의 「조선조 전가사변율의 역사와 법적 성격」, 152쪽.

'무단향곡'한 죄로 전가사변에 처해진 고덕준이라는 자의 처벌을 두고, "土人도 전가사변 시키는가?"라고 반문하면서 다시 회계할 것을 지시한 바도 있었다.[28)

이후 이 규정은 그 정신은 유지하되, 형벌 내용은 전가사변 대신 삼천리밖 유배형에 처하는 것으로 바뀌어 영조대에 편찬된 『속대전』에 규정되었다. 즉 "호강한 품관으로 향촌에서 권세로 억압하고 백성을 침탈하는 자는 장 100대를 치고 삼천리 밖으로 유배시킨다."로 되었다.[29) 전가사변은 성종대에 완성된 『경국대전』단계에서도 '장일백유삼천리'에 준하는 형벌로 간주되고 있었다. 조선조의 형벌제도는 대개 명나라 『대명률』을 준용하여 사용하였는데, 그 중에는 중국과 조선의 사정이 다름으로 말미암아 발생하는 차이를 조정하는 준칙이 있었는데, 전가사변도 그에 해당되는 것 중 하나였던 것이다.[30) 이에 따라 조호익의 형벌에 대한 표현에도 사람에 따라 전가사변과 유배로 혼용되어 사용되고 있는 것이다.

조호익의 전가사변의 장소는 평안도 강동현으로 결정되었다. 강동현은 평양의 오른쪽에 위치한 조그만 현이었다. 그나마 국경지역이 아닌 것이 다행이라면 다행이었다. 강동현은 거주지 창원에서 볼 때 2,000리 떨어진 곳이었다. 그는 1576년(선조 9) 3월 32세의 나이에 가족인 부인과 함께 평안도 강동현으로 유배길을 떠났다. 그의 연보에는 '發江東謫行'이라고 표현하였다.[31)

---

27) 『명종실록』12, 6년 11월 2일 병술.

28) 『선조실록』114, 32년 6월 25일 임인.

29) 『續大典』5, 「형전」, 금제. "豪强品官武斷鄕曲陵虐百姓者 杖一百流三千里"

30) 『경국대전』5, 「형전」, 罪犯准計. 변방 먼곳에 충군되는것, 노가 되는 것, 전가가 변방에 옮겨지는 것, 잔역의 역리로 소속되는 것 등은 모두 장 일백, 유 3000리에 준한다(邊遠充軍者 爲奴者 全家徙邊者 屬殘驛吏者 並准杖一百流三千里).

31) 『국역 지산집』2, 부록, 연보, 선조 9년 32세조, 6쪽.

3. 유배길의 노정과 모습

1576년(선조 9) 3월의 어느날 새벽 32세의 조호익은 창원 집을 출발하였다. 그의 최종 목적지는 당연히 평안도 강동현이었다. 그의 행로는 자신이 유배길을 문학적으로 표현한 「西征賦」에 잘 나타나 있다.[32] 그러나 일기가 아니라 문학 작품의 형태이기 때문에 많은 부분이 생략되어 있고, 또한 시적으로 표현되어 있어 실상을 구체적으로 파악하는 데는 한계가 있다. 대개 「서정부」에 표현되어 있는 지명을 중심으로 창원에서 강동까지의 이동 경로를 파악하면 다음과 같다.

창원 출발 → 영포역 → 낙동강 → 靈鷲山(창녕) → 포산(현풍) → 성산 → 감주(개령) → 금오산 → 기주(선산) → 唐橋(함창) → 兎灘(문경) → 조령 → 金灘(충주) → 駒城(용인) → 한강 → 한성 → 벽제역 → 임진강 → 송경(개성) → 鵠嶺(송악산) → 龍泉(서흥) → 봉산 → 황주 → 중화 → 평양 → 강동 도착

이상과 같은 조호익의 유배길을 지도에 간략히 표시하면 다음 지도와 같다.

창원에서 출발하여 목적지 강동을 향해 거의 직선에 가까운 도로를 선택하여 갔음을 알 수 있다. 다만 개령 쪽에서 약간 길을 우측의 선산으로 돌아간 감이 있다. 이는 선산에 살던 從母를 만나보고 가기 위해 길을 약간 우회한 것인지, 아니면 조령을 넘기 위해 중간에 길을 약간 바꾼 것인지 정확하게는 알 수 없다. 조령을 넘을 즈음에는 수레바퀴가 부서지고 말이 넘어지는 등의 어려움을 겪었으며, 충주에서는 비를 만나 옷이 젖어 추위에 시달리기도 하였다.

---

32) 『국역 지산집』1, 부, 西征賦.

조호익이 유배길을 떠나는 모습 역시 「서정부」에 나타난 기록을 토대로 하여 재구성할 수 있다. 조호익과 함께 전가사변의 대상이 된 식구는 부인 허씨로서 許磁의 손녀였다. 두 사람 사이에 태어난 자식이 있었다면 당연히 포함되어야겠으나 둘 사이의 자식이 없는 상태였기 때문에 부부 만이 대상이었다. 조호익이 길을 떠날 때 부인도 함께 갔는지, 아니면 조호익이 먼저 가서 자리를 잡고 난 후 부인이 나중에 왔는지는 현재의 기록

——— 조호익의 유배 노정

만으로는 분명하지 않다. 다만 전가사변의 형에 처해졌기 때문에 함께 길을 떠났을 가능성이 더 크다. 유배길에는 유배를 호송하는 관리가 당연히 있었다. 유배지까지 호송하는 임무를 맡는 자는 유배자의 신분에 따라 차등이 있었는데, 조호익은 벼슬이 없는 사인의 신분이었기 때문에 역졸이 호송을 책임졌다.

언제 돌아올 기약도 없는 유배길이었기 때문에 사정이 허락하는 가까운 친족들이 함께 따라 나섰다. 백형은 개령까지 함께 하다가 돌아갔으며, 동생 겸익은 끝까지 동행한 듯하다. 중형 광익은 선산 부근에서 조우하여 벽제역까지 동행하다가 이별하였다. 그리고 숙부도 며칠을 함께 가다가 중간에서 돌아갔다. 소식을 듣고 찾아오는 친구들은 그에게 큰 힘

이 되고 또 위안이 되었다. 행로 상에 거주하는 친척을 만나기도 하였다. 선산의 경우와 같이 지나가는 고을의 수령 중에 간혹 조호익 일행에게 특별한 관심을 보이는 경우도 있었다.

조선시대에 유배형에 처해진 사람은 자비로 목적지까지 가야 하였다. 그러니 운송수단으로서의 말과 숙식비의 조달을 자비로 해야 하는 것이다. 조호익의 경우는 전가사변의 형태였기 때문에 식구들이 유배지에 가서 생활할 수 있도록 되도록 많은 살림살이를 가지고 가야 하였다. 그러니 혼자 떠날 때보다는 짐이 훨씬 더 많을 수밖에 없었다. 소가 끄는 짐 싣는 수레가 동원되었다. 조호익을 비롯한 양반 친족들은 말을 타고 이동하였다. 말고삐를 잡는 僕夫가 동행하였고, 그 외 심부름을 하는 從者도 함께 갔다. 부인의 경우에는 가마를 타고 갔을 것이기 때문에 그에 필요한 인원들이 함께 하여야 하였다.

대체로 하루에 80-90리를 가도록 규정은 되어 있었으나 반드시 그렇게 지켜야 하는 것은 아니었던 듯하다. 새벽부터 출발하고, 어둠 속에도 걸었다는 묘사가 있는 것으로 보아 힘든 노정이었다. 그러나 매일 그렇게 새벽부터 밤중까지 갔던 것은 아니었을 것이다. 약간의 융통성을 발휘한 구간도 있었을 것으로 짐작이 된다. 그러나 군주의 명령으로 행하는 일이고 자신도 당당한 양반 사족으로서의 자부심을 가지고 있는 한 그 융통성의 범위가 크게 넓지는 않았을 것으로 생각한다.

조호익 일행이 유배길에서 이용한 숙박처는 「서정부」에 네 가지 정도가 등장하고 있다. 郵亭 즉 역참, 野店으로 표현한 객점, 傳舍, 假館 등이 그것이다. 관에서 운영하는 공공적인 숙박처도 있었고, 사설 숙박처로 추정되는 곳도 이용하였다.

이 많은 인원과 우마가 먹고 자면서 2천리 길을 이동하여야 하였으니, 그 부담해야 하는 경비만도 만만찮았을 것이다. 「서정부」에는 황해도 지역을 통과할 즈음 노자돈이 떨어져서 어려웠던 상황을 다음과 같이 묘사하고 있다.

> 전대의 돈 다 떨어져 주머니가 비었으매
> 종자가 화난 듯한 기색을 보이누나.
> 날을 걸러 밥먹어도 남은 돈은 하나 없고
> 날을 이어 길 왔는데 길은 아니 끝나누나.33)

　아무리 의지가 굳센 조호익으로서도 고향을 떠나 기약할 수 없는 유배길을 떠나는 마당에 흔들리는 마음이 생기지 않을 수가 없었다. 그럴 때마다 그는 다음과 같이 마음을 다잡곤 하였다.

> 군자는 곤란한 데 처해서도 평안하니
> 아홉 번을 죽더라도 맘바꾸지 아니하리.
> 나의 마음 굳세어서 흔들리지 않음이여
> 물과 불 속이라도 난 들어갈 수가 있네.
> 하물며 몸 밖에서 오는 걱정거리를
> 내 일찍이 어찌 족히 마음속에 담아두리.34)

　군자를 여러 차례 논급하면서 자신을 다잡고 있었다. "군자는 도 지키는 게 중하거니 오랑캐 땅에서도 행할 수가 있다했네."라고35) 술회한 대목에서는 희망을 잃지 않으려는 모습을 간취할 수 있다. 그러면서도 "오호라 하늘이 그리한 걸 어찌하리. 애오라지 맘 편하게 한가로이 지내리라."라고36) 한 대목에서는 약간의 체념도 묻어난다.

---

33) 『국역 지산집』1, 부, 서정부, 12쪽. "囊錢盡而垂橐 致從者之慍見 食併日而無餘兮 路併日而不盡"
34) 위의 서정부, 9쪽. "君子處困而可亨兮 庶九死而不移 確貞固而不拔兮 雖水火吾猶可入 況在人之外累兮 曾何足以屑屑"
35) 위의 서정부, 13쪽.
36) 위의 서정부, 14쪽.

　강동현에 도착하여서는 관아에 도착 사실을 신고하고 임시로 거처할 곳을 배정받았다. '달팽이 집' 같은 집이라고 묘사하고 있다.[37] 이로써 본격적인 변방에서의 생활이 시작된 것이다.

4. 유배생활의 실상

1) 유배의 구속과 고통

　전가사변의 형벌은 거주지를 변경지역 군현으로 옮기는 종신 추방형이었다. 형벌을 받은 이상 벼슬길에 오르는 것은 원천적으로 차단되었으며, 자신의 원래 본거지에서 멀리 떨어져 거주하기 때문에 그동안 쌓아두었던 인간관계가 제약을 받을 가능성이 컸다. 그리고 그 자식들의 장래에도 그 제약이 그대로 대물림된다는 점에까지 생각이 미치면 감내하기 어려운 고통으로 와 닿았을 것이다.

　나머지 일상적인 생활은 보통 사람들과 크게 다를 바 없었다. 다만 거주지 군현을 벗어나지 않는다는 전제하에서이다. 거주지를 벗어날 경우에는 관의 허가를 받아야하였다. 이들을 관리할 의무가 기본적으로 관에 부여되어 있었기 때문이다. 만약 무단으로 거주지 군현을 이탈하였을 경우에는 엄청나게 가혹한 형벌이 기다리고 있었다.

　조호익은 강동현에 도착하여 지씨 성을 가진 사람의 '달팽이 집'같은 집에 머물렀다.[38] 아마 관청에서 주선해준 집이었을 것이다. 대개 유배를 온 사람의 경우 숙식은 원칙적으로 해당 고을의 책임하에 제공토록 되어 있었다. 유배자를 맡아 관리하는 사람을 保授主人이라고 하였다.

---

37) 위의 서정부, 13쪽.
38)『국역 지산집』2, 부록, 연보, 선조 9년 32세조, 6쪽.

지씨 성을 가진 자가 조호익의 보수주인인 셈이었다.39)

마을 사람들이 돌아가면서 유배인에게 음식을 제공토록 되어있었다. 그러나 마을 사람들의 입장에서도 유배자의 생활을 전적으로 책임져줄 수는 없었을 뿐 아니라 유배자의 처지로 부족한 대우에 대해 항의하는 것도 사실상 불가능한 것이었기 때문에 그저 굶어죽지 않을 정도의 궁한 상태로 지내기 일쑤였다. 하지만 유배자가 어떤 사람인가에 따라서는 대우가 달라지기도 하였다. 우선 수령부터 유배자의 신분이나 지위, 배경 등에 신경을 쓰지 않을 수 없었고, 이러한 점은 당장 유배자의 생활환경에 직접적인 영향을 끼치는 부분이었다.

조호익의 경우는 단순한 유배가 아니라 전가사변의 형태였기 때문에 현지에 적응할 일정기간이 지나면 자력으로 생계를 유지하면서 살아야 하였을 것이다. 경제적인 여유만 된다면 노비를 거느리고 땅을 사서 농사를 지으면서 생계를 유지할 수 있었다. 또 관청의 협조를 얻어 새로운 단독 집을 짓고 살 수도 있었다. 조호익도 그러하였다. 그는 유배를 온 다음 해에 적절한 터를 얻어 살 집을 새로 마련하였다.

1577년(선조 10) 조호익의 나이 33세 때 강동 읍내에서 동쪽으로 5리 정도 떨어진 高芝山 아래에 집을 지어 살 곳을 마련하였다. 깊숙한 산골짜기의 숲이 우거진 곳에 우묵한 돌구멍이 있어 흘러나온 샘물이 깊은

---

39) 이 지씨 성을 가진 사람의 손자가 90여세 무렵에 자신을 찾아온 조호익의 후손에게 자신이 어렸을 때 할아버지로부터 들었던 조호익에 대한 이야기를 전해주고 있어 흥미롭다. 그는 조호익의 용모가 '키가 보통 사람 이상이고, 얼굴 모습은 훤칠하면서도 길쭉하였다'고 자신이 들은 바를 조호익 후손에게 전해주었다. 지씨의 입장에서는 조호익이 학문이 뛰어난 남다른 사람이었을 뿐 아니라 임진왜란 때 유배에서 풀려나서 의병장으로 활약하였고, 급기야 고을의 수령에까지 오르는 등 극적인 삶을 산 주인공이었기 때문에 그가 일생동안 접한 사람 중에 가장 기억에 뚜렷하게 남는 인물이었을 것이다. 지씨는 그런 대단한 인물이 자신의 집에 일시 거주하였던 사실을 아마 자랑스럽게 손자에게 전해주었을 것이다. 『국역 지산집』 2, 부록, 연보, 선조 9년 32세조, 6쪽.

못을 이루었는데, 돌을 던지면 옥이 부딪히는 소리가 울렸다고 한다. 조
호익은 그 못 옆에 축대를 쌓아 鳴玉臺라 이름 붙였고, 서재로 쓰는 집
은 遂志齋, 당은 風雷堂이라 하였다.[40] 그리고 주변에는 종들이 거처할
간단한 집도 지었을 것이다. 아마 창원에서 가져온 물력으로 집 짓는 경
비를 충당하였을 것이다.

그는 수지재의 좌우에 도서를 비치해 놓고 그 가운데 앉아 정밀하게
연구하고 깊이 생각하면서 학문에 정진하였다.[41] 그 수지재의 생활을
다음과 같은 두 편의 시로 담아 남겼다.[42]

> 자그맣게 터 닦아서 얽어낸 몇 칸의 집
> 창을 열면 산 형세가 눈앞에 어지럽네.
> 아침 소리 직직함은 원래 상이 없는 거고
> 밤 고요해 영령하매 소리 있음 깨닫누나.
>   (하략)
> 처세술이 어긋나매 잘못된 걸 알겠나니
> 용렬한 몸 시골 구석 살아감이 합당하네.
> 무심하게 막대 짚고 골짜기 숲 나서고
> 흥이 일면 구름 따라 시냇가 지나가네.
>   (하략)

낯설고 물선 먼 변방에서의 새로운 생활이 녹녹치 않았을 것이다. 강
동에 온지 10여년쯤 흐르면 이제 체념할 것은 어느 정도 체념하고 살지
만 그래도 현지에 적응하며 살기가 쉽지만은 않았다. 그는 처세에 능하
지 못한 자신의 처지를 세상살이의 어려움과 함께 다음과 같은 시로 표

---

40) 『국역 지산집』2, 부록, 연보, 선조 10년 33세조, 7쪽.
41) 위와 같음.
42) 『국역 지산집』1, 시, 遂志齋 2수, 92쪽. "半畝經營數架成 拓臆山勢政縱橫 朝吹職
    職原無象 夜靜泠泠悟有聲 …… 處世乖違始覺迷 疎慵端合保幽棲 無心持杖出林谷
    有興隨雲過石磎 ……"

현하였다.[43)]

> 견책받고 천리나 먼 이곳까지 와
> 관서 땅서 십년이나 보내는 신세.
> 세상살이 지낼수록 험난만 하고
> 인정은 오랠수록 더욱 새롭네.
> 길 궁하여 가다가는 또 넘어지고
> 성품 못나 걸핏하면 꾸짖음 받네.
> 책 속의 벗 의지하여 내 지내나니
> 한가할 때 다시금 또 가까이하네.

  귀양살이 어려움으로 고단할 때 직접 찾아주는 정다운 친구나 또는
안부를 묻는 친구의 편지 한 장은 큰 위안이 되었다. 그 순간만은 고단
함과 쓸쓸함을 잊을 수 있었으리라. 1577년(선조 10) 조호익이 고지산
아래에 새로운 집을 마련한 소식을 들었던지 율곡 이이가 술을 보내고
시를 지어 보내면서 위로하였다.[44)]

> 신용탄 가 서재 안의 도학 공부하는 사람
> 번잡스런 객은 문 앞 찾아들지 않으리라.
> 가을 이슬같이 맑은 술 한 병을 보내니
> 책 읽느라 바짝 마른 입술 가끔 적시게나.

  1583년(선조 16) 유배생활 7년 정도가 흐른 39세 되던 해 가을에 한

---

43) 『국역 지산집』1, 시, 강동에서 우연히 제하다, 22쪽. "譴深千里遠 關外十年身 世
    路經逾險 人情久益新 途窮行復躓 性拙動多嗔 賴有書中友 閑來更自親"
44) 『국역 지산집』2, 부록, 연보, 선조 10년 33세조, 7-8쪽. "神春灘上下帷人 想得門無
    好事賓 寄與一瓶秋露色 倦來時潤讀書脣" 조호익이 율곡 이이와 어떤 경위로 친분
    이 있었는지는 명확하지 않지만 선조 4년 경연석상에서 기대승에 의해 현명한 인
    재로 함께 추천된 바 있었다. 위의 책, 4쪽.

강 정구가 직접 찾아왔다.[45] 주지하듯이 정구는 퇴계선생에게 수학한 동문으로 조호익과는 정의가 가장 친밀하던 사이였다. 당시 정구는 자신의 형인 정곤수가 수령으로 있는 경기도 파주에 들렀다가 친구 생각이 나서 내친김에 평안도 강동까지 찾아온 것이었다. 얼마나 반갑고 또 고마웠겠는가.

아무리 그러해도 가족만큼 애가 타는 이가 있겠는가. 1578년(선조 11) 34세 되던 해 3월 중형인 광익은 다른 관직을 마다하고 평안도 도사를 자원하여 부임하였다.[46] 자신의 관할 구역 내에서 귀양살이하는 동생에게 큰 위안과 함께 도움을 주고자 한 것이다. 실제 틈틈이 짬을 내어 강동의 동생 집을 방문하였다. 하지만 두 달 만인 그 해 5월에 임지에서 병을 얻어 세상을 떠나고 말았다. 형의 죽음이 자신과 전혀 무관한 것이 아니었기에 아마 견디기 힘든 시간을 보냈을 것이다.

그렇게 세월이 흘러 유배온 지 10년정도 흐른 후 세상으로부터 조호익은 서서히 잊혀져가고 있었다. 또 언제 풀릴 지도 모르는, 아니 풀리지 않을 수도 있는 형벌이기에 쓸쓸함은 더욱 깊어갔다. 세상인심의 각박함도 그를 아프게 짓눌렀다. 아무리 군건한 뜻을 지닌 사람이라도 견디기 어려운 세월이었다. 그 때의 그 쓸쓸하고 참담한 심경을 그는 다음과 같은 두 편의 시로 풀어내었다.

> 푸른 산이 겹겹으로 둘러싸인 속에 살아
> 친구들은 십년토록 꿈속서도 아니 오네.
> 밤 깊어서 푸른 산 마주 보고 있으면서
> 뜰 가득한 달빛 속에 그대로 앉아 있네.[47]

---

45) 『국역 지산집』2, 부록, 연보, 선조 16년 39세조, 10쪽.
46) 『국역 지산집』2, 부록, 연보, 선조 11년 34세조, 8쪽.
47) 『국역 지산집』1, 시, 회포를 풀다, 57쪽. "身在重重碧四圍 十年親故夢來稀 夜深獨
　　對靑山久 明月滿庭人未歸"

변방 온지 십 년인데 돌아갈 길 막혔으매
꿈속 혼은 몇 번이나 동쪽으로 날아갔나.
가슴속에 꽉 찬 수심 석양질 때 더하였고
주룩 흐른 슬픈 눈물 봄바람에 씻었어라.
골짝 속서 교유 끊고 성현의 책 펴들고
산골에서 두려우매 군센 활을 끼고 있네.
후세에 어느 누가 황보의 뜻 지녔는가
홀로 품은 원망과 한 창공에 맺히었네.[48]

아무래도 견디기 어려운 것은 고향 생각이었다. 고향의 산천과 고향
의 사람들, 한시도 잊히지 않는 존재들이었다. 그 그리움은 자신이 처한
현실 속의 고통으로 말미암아 더욱 크게 느껴졌을 것이다. 특히 지방을
써서 홀로 조상에 대한 제사를 지낼 때는[49] 더욱 가족에 대한 그리움이
뼛속까지 스며들었을 것이다.

그는 사무치는 그리움과 외로움을 달래기 위해 수도 없이 산에 올라
남쪽 고향 하늘을 바라보았다. 이름도 아예 망향대라고 명명하였다. 땅
의 길이를 줄일 수 없음을 안타까워하면서 오르고 내렸다가 또 오르기를
거듭하였다. 그 심정은 망향대에서 읊은 다음의 시에 잘 나타나있다.[50]

관서 땅에 유배온지 지금까지 몇 해인가
평생토록 서검 들고 진애 떠돎 슬프구나.
땅의 길이 늘리거나 줄일 도리 없기에

---

48) 『국역 지산집』1, 시, 강동 동헌의 판상에 걸린 시의 운을 써서 짓다, 111쪽. "投荒
十載阻歸路 魂夢翩翩幾向東 稠疊愁心添落日 汍瀾悲淚洒春風 絶游深谷披賢傳 戒
懼孤村臂勁弓 後世誰存皇甫志 獨將冤憫結蒼空"
49) 『국역 지산집』2, 부록, 연보, 선조 9년 32세조, 7쪽.
50) 『국역 지산집』1, 시, 망향대를 읊은 시, 120쪽. "關西落拓今幾年 一生書劍悲塵埃
坤倪不可伸又縮 故園徒煩魂夢回 憑高何處仲宣樓 便築小臺依崔嵬 愁來曳杖時幾登
凝然獨立寒眸開 …… 楚山嵯峩魂已飛 蜀天浩渺愁難裁 彷徨終日望未了 一聲又被
冤禽哀 歸來倚榻更黯黙 時復拭眼登吾臺 願敎夸娥負玆山 千里直到家山隈"

꿈속에서 고향 땅을 번거로이 오가누나.
높다란 곳 그 어디가 중선루 거기런가
높은 곳에 자그마한 대를 쌓아 놓았다네.
수심 속에 막대 짚고 몇 번인가 올랐던가
우두커니 홀로 서서 눈을 들어 바라봤네.
    (중략)
막힌 산들 우뚝한데 혼은 이미 날아가고
고향 하늘 아득하여 수심 금키 어렵네.
하루 종일 서성이며 바라보고 있노라니
원통한 새 슬픔 담아 한 소리 울어대네.
돌아와서 자리 앉자 다시금 또 암담하여
눈을 씻고 다시금 또 대에 올라 바라보네.
바라노니 과아께선[51] 이 산을 업어다가
천리나 먼 고향 곁에 옮겨놓아 주소서.

조호익은 유배지에서 인심을 얻었는지 가끔 휴가를 얻어 고향을 다녀
오기도 하였다. 연보에는 1582년(선조 15) 38세 때와 1588년(선조 21)
44세 때 휴가를 얻어 고향을 다녀온 것으로 나타나있다. 대략 6년에 한
번 꼴로 봄철에 고향을 다녀온 셈이다. 주로 선영에 성묘한다는 것이 주
된 사유로 제시된 듯하다.

38세 때는 5월에 말미를 받아 선영에 성묘하였고, 오는 걸음에 상주
에 이르러 이종형인 정원침의 상에 곡하기도 하였다.[52] 44세 때도 봄에
휴가를 받아 고향으로 와서 선조의 묘소를 살펴보았다.[53] 꿈같은 시간
이 금세 흐르고 난 뒤 떨어지지 않는 발길로 강동으로 돌아가야 하는
심정을 읊은 시가 전하고 있다.[54] 기약할 수 없는 유배생활 12년이 흐른

---

51) 과아는 '愚公移山' 이야기에 나오는 산을 옮기는 괴력의 신이다.
52) 『국역 지산집』2, 부록, 연보, 선조 15년 38세조, 10쪽.
53) 『국역 지산집』2, 부록, 연보, 선조 21년 44세조, 11쪽.
54) 『국역 지산집』1, 시, 말미를 받아서 고향에 왔다가 다시 강동으로 돌아가다(무자

시점이었다.

> 옛날에 노닐던 곳 찾아와 보니 / 안부 물음 십년이나 지체되었네.
> 백발이 다 되어서 뒤늦게 만나 / 청산 향해 하염없이 눈물 떨구네.
> 촛불 가물대는 밤에 함께 자고는 / 소매 속에 이별시를 넣어 주누나.
> 이별하면 언제 다시 올지 모르니 / 뒷날 만날 기약일랑 묻지를 마소.

2) 교육과 교화 활동

조호익이 유배 당시에 이미 상당한 수준의 학업을 닦은 상태였다. 16세에 이미 생원·진사·문과시의 초시에 모두 합격한 바 있었을 뿐 아니라, 특히 17세부터 26세 때까지 당대 최고의 학덕을 자랑하던 퇴계 이황에게 나아가 학문을 닦았던 경험을 가지고 있었다. 그러한 객관적인 몇 가지 사실만으로도 강동현 인근 지역에 소문이 파다하게 나기에는 충분하였다.

조호익에게 공부를 배우려는 학도들이 원근에서 몰려들었다. 유배를 온 처지였어도 학생들에게 공부를 가르치는 것에는 아무런 제약이 없었다. 무오사화로 평안도 희천에서 유배생활을 하던 김굉필이 이웃 고을 수령의 아들인 조광조를 가르친 사실은 굳이 거론할 필요도 없이 두루 아는 일이다. 1577년 유배온 지 2년인 33세에 고지산 아래에 새로운 서재를 지은 이후 본격적으로 학생들이 몰려온 듯하다. 연보에는 수백명이나 되었다고 표현하고 있다.[55] 하여튼 서재에 수용할 수 없을 정도로 많은 학생들이 온 듯하다.

몇 년 뒤에는 몰려드는 학생들을 수용할 공간을 따로 마련하여야할

년 1588년 봄), 23쪽. "來尋舊遊地 生死十年遲 白首過逢晚 靑山涕淚垂 連牀殘燭夜 拖袖贐行詩 此別歸難料 且休問後期"

55) 『국역 지산집』2, 부록, 연보, 선조 10년 33세조, 8쪽.

형편이 되었다. 드디어 산승 몇 사람으로 하여금 고지산 골짜기 깊숙한
곳에 절을 짓게 하여 제생들이 학업을 익히는 곳으로 삼게 하였다. 고지
사는 바로 그런 목적으로 지어진 절이었다. 조호익은 서재와 고지사를
왕래하면서 학생들을 지도하고, 또 경치를 감상하며 시를 읊조리기도 하
였다.56) 조호익으로서도 보람되고 의미있는 좋은 소일거리를 마련한 셈
이었다. 그를 대하는 주변의 시선이나 대접도 그 전과는 비교할 수 없을
정도로 나아졌을 것이다.

조호익은 학생들에게 게으른 모습을 보인 적이 없었다. 날마다 반드
시 닭이 울 때면 일어나서 머리를 빗고 옷을 갖추어 입은 다음, 책을 보
면서 새벽을 다 보내거나 혹은 고요히 앉아서 아침이 오기를 기다렸다.
한가할 때에도 옷깃을 바르게 여미고 꼿꼿한 자세로 앉아서 종일토록 흙
으로 빚은 사람처럼 움직이지 않으면서 사색에 잠겼다. 학생들을 가르침
에 있어서는 날씨가 아주 춥거나 더운 때에도 병이 나지 않았으면 師席
에 앉아서 강론하기를 폐하지 않았으며, 성현들의 글을 잠시도 손에서
놓지 않았다.57) 좀 더 체계적인 교수를 위하여 學課의 규칙도 만들었다.
조호익은 학도들이 그동안의 습속에 오래 젖어 있어서 이를 떨쳐버리기
가 쉽지 않음을 알고 규칙을 엄하게 세우고 게을리 하지 않도록 권려하
였다. 이로써 평안도 지역에 학문의 기풍이 크게 일어나게 되었다.58)

그는 학생들과 인근의 주민들을 대상으로 향음주례를 행하여 유교적
인 습속을 전파하고자 하였다.59) 당시 평안도 지역에는 향음주례와 같
은 고례를 잘 행하지 못하였는데, 조호익이 단을 설치하고 향음주례를
행하여 읍양하는 절차를 제대로 선보였던 것이다. 나아가 당시 유학자들

---

56) 『국역 지산집』2, 부록, 연보, 선조 13년 36세조, 9쪽. 어느 해에 지었는지 상세하
    지 않기 때문에 우선 이곳에 붙여둔다.
57) 『국역 지산집』2, 부록, 행장(김육 찬), 67쪽.
58) 『국역 지산집』2, 부록, 연보, 선조 12년 35세조, 9쪽.
59) 『국역 지산집』2, 부록, 연보, 선조 11년 34세조, 8쪽.

이 평상복으로 즐겨 입던 옷인 심의와 치포관을 스스로 만들어 입었다. 예기를 바탕으로 하고, 명나라 학자 구준의 설을 참고하여 옛날의 제도대로 만들어 가끔 착용하였다. 이를 접한 관서 지방의 백성들은 모두 경탄하였다고 한다.[60] 조호익은 그 모습을 시로 다음과 같이 표현하였다.[61]

치포관과 심의의 옛날 제도 순박하니
당우시대 남은 모습 꾸밈없는 참이라오.
변방 풍속 놀래킨다 괴이하게 생각 마소
은주 시대 이상의 몸이 되게 한 것일세.

이 때 평안도 지역에서 가르친 학생 중에서 뛰어난 이로는 朴大德, 尹瑾, 金翼商, 洪德輝, 羅孝直, 尹瑜, 尹瑛 등이 있는데, 모두 도학과 충의로써 세상에서 칭해졌다. 그 가운데서도 박대덕이 더욱 드러나서 후일 학령서원에 배향되었다.[62] 후일 임진왜란이 일어나서 의병을 규합할 때도 이들 문인 집단이 큰 역할을 하였다.[63]

조호익에게 공부를 배운 사람이 이 지역민에게 한정된 것은 아니었다. 바로 강동현이나 인근 지방의 수령으로 온 이들의 자제들을 가르치기도 하였다. 1581년 37세 때는 강동현감 이정현의 손자인 10세의 이시직을 가르치기도 하였다. 이시직은 어린 시절부터 눈에 띄는 재목이었던 듯 선생인 조호익으로부터도 '이 후생은 두렵게 여길 만하다.'라는 칭찬을 들었다고 한다.[64] 후일 문과에 급제하여 벼슬을 하던 이시직은 병자

---

60) 위와 같음.

61) 『국역 지산집』1, 시, 심의, 61-62쪽. "緇撮深衣古制淳 唐虞遺像是天眞 相逢莫怪多驚俗 喚做殷周以上身"

62) 『국역 지산집』2, 부록, 연보, 선조 12년 35세조, 9쪽.『국역 지산집』2, 부록, 다시 시호를 내려주기를 청한 상언, 129쪽.

63) 조호익을 위시한 그의 문인집단의 의병활동에 대해서는 이장희, 앞의 「지산 조호익과 임진왜란」에 자세하다.

호란을 맞이하여 강화도에서 순절하였다.

1586년 42세 때 가르친 김육도 같은 경우에 해당하는 예로 특기할 만한 인물이었다. 김육의 조부인 김비는 강동현감으로 재직하면서 자신의 아들인 김흥우·흥효 형제에게 선생의 문하에서 공부하게 하였는데, 7세의 김육 또한 아버지인 김흥우를 따라 배우기를 청하여 대단한 장려와 가르침을 받았다.[65] 그 뒤 1592년 임진왜란이 발발한 후 13세의 김육은 그의 숙부 김홍효와 함께 가족 수백명을 데리고 와서 강동에서 함께 우거한 바 있는 인연이 첨가되었다.[66] 잠곡 김육은 후에 진사시에 급제하고 성균관에서 수학하던 중인 1611년(광해군 3) 정인홍이 이황을 극렬하게 비난하는 상소를 올리자, 이에 격분하여 정인홍의 이름을 유생들의 명부인 靑襟錄에서 삭제하는 것에 앞장섰다가 성균관에서 쫓겨나기도 하였다. 김육이 이러한 행동을 하게 된 데에는 자신의 어릴 적 스승의 스승인 이황에 대한 우호적인 인식이 어느 정도 작용하였으리라 생각한다. 그는 후일 문과에 급제하여 벼슬에 나아간 후 정승에 이르렀으며, 대동법의 확대 실시에 큰 공을 세운 바 있다. 조호익이 세상을 떠났을 때는 산소 곁에 여막을 짓고 석달동안 시묘함으로써 스승에 대한 의리를 다하였다.[67]

이렇게 조호익이 강학에 힘써서 평안도 지역의 문풍이 진작된다는 소문이 경향 각지로 퍼져나갔다. 드디어 1588년(선조 21) 44세 되던 해에는 조정의 대관들이 번갈아 나서서 조호익의 석방을 청하기에 이르렀다.

---

64) 『국역 지산집』2, 부록, 연보, 선조 14년 37세조, 9-10쪽.
65) 『국역 지산집』2, 부록, 연보, 선조 19년 42세조, 10쪽.
66) 『국역 지산집』2, 부록, 연보, 선조 25년 48세조, 12쪽.
67) 정몽주를 모신 영천 임고서원에 후일 장현광의 병향·배향을 둘러싸고 조호익과 장현광의 문인이 격돌하였을 때, 승지였던 김육은 조호익 문인집단을 지원하여 배향으로 결정짓는 결정적인 역할을 수행하기도 하였다. 이에 대해서는 김학수, 앞의 「17세기 초반 영천유림의 학맥과 장현광의 임고서원 제향논쟁」, 84-85쪽 참조.

이때 선조는 조호익의 공을 다음과 같이 높이 평가하였다.

> 조호익에 대한 일은 나 역시 모르는 바가 아니다. 하지만 관서는 본래 문헌이 없었는데, 조호익이 귀양살이를 한 뒤로 사람들이 학문을 알게 되어 스승으로 삼아 따르는 자들이 매우 많다고 한다. 그러니 우선은 조호익을 더 머물러 있게 하여 권면하고 장려하는 계제가 되게 하라.[68]

공은 충분히 인정하되, 아직은 풀어줄 때가 아니라는 판단이었다. 이에 이듬해인 1589년(선조 22) 평안도 유생 황경화 등이 상소를 올려 억울함을 풀어주기를 청하였다. 그러나 선조는 윤허하는 대신 손수 '關西夫子'라는 네 글자를 크게 써서 특별히 하사하고 장려하였다.[69] '평안도 지역의 공자'로 국왕이 칭송하면서 격려하였으니, 형벌은 풀린 것이나 마찬가지였다. 다만 사면의 시행 시기만을 조금 늦추고 있었을 따름이었다.[70]

조호익의 유배로 인해 진작된 이 지역의 문풍은 그를 기점으로 하여 면면히 이어졌던 듯하다. 이 같은 사실은 300년 남짓 지난 철종조에 판서를 지낸 바 있는 홍우길이 전하고 있는 다음과 같은 일화에서 확인할 수 있다. 홍우길이 평안도 성천부사 시절에 학문과 덕행이 돋보이던 한 관속이 있어 그 연원을 물었던 적이 있었는데, 그 관속이 지산 조호익에게 연원이 닿는다고 답하였다고 한다.[71] 그 학맥이 수백년을 이어진 셈이니 큰 선비가 한번 뿌린 씨앗의 혜택이 어디까지 미치는가를 여실히

---

68) 『국역 지산집』2, 부록, 연보, 선조 21년 44세조, 11쪽. "批曰 曹好益之事 予亦非不知之 而第關西一路 素無文獻 自好益謫居之後 人知問學 從師者甚衆云 姑留好益 以爲勸奬之階也"

69) 『국역 지산집』2, 부록, 연보, 선조 22년 45세조, 11쪽.

70) 조호익에 대한 사면은 1592년 임진왜란이라는 국난이 극적인 계기가 되어 단행되었다.

71) 『국역 지산집』2, 부록, 연보, 선조 10년 33세조, 8쪽.

보여주는 예라고 하지 않을 수 없다.

3) 산수유람

조호익은 비록 전가사변된 유배인이었지만 양반 사족의 신분이었다. 거기에다가 결코 뒤떨어지지 않는 집안의 품격을 갖추고 있었던 데다가 무엇보다도 뛰어난 학문적 실력을 바탕으로 인근 자제들을 교육시키는 스승으로서의 확고한 지위를 가지고 있었다. 여기에 수령의 자제들까지 공부를 가르치게 되는 상황까지 겹치게 되면 운신의 폭은 훨씬 더 넓을 수 있었다. 해당 강동현을 벗어나 잠시 유람을 다녀오는 것은 여건만 허락한다면 불가능한 일이 아니었다.

1585년(선조 18) 유배된 지 9년이 지난 41세 되던 해의 4월 18일(음력)부터 5월 4일까지 16일간의 일정으로 묘향산을 유람하고 돌아왔다. 묘향산은 관서지역의 진산으로 우리나라 4대 명산 중의 하나였다. 성천에 있는 향풍산 유람은 묘향산 유람을 다녀온 지 한 달만인 6월 6일(음력)부터 8일까지 3일간에 걸쳐 또 다시 이루어졌다. 두 차례의 유람은 모두 강동현을 벗어났기 때문에 관의 허가를 받아야 하였다. 그러나 실제 조호익이 관의 허락을 받았는지의 여부는 확인할 자료가 없다. 관의 허락을 받았든 받지 않았든 다녀온 것은 분명한 사실이다. 따라서 관의 허가 여부를 떠나 그 정도 유람은 조호익이 마음만 먹으면 할 수 있는 상태였다는 점만을 지적해두고자 한다.

묘향산과 향풍산의 두 유람에 대해서는 조호익이 기록으로서 유람기를 남겼기 때문에 저간의 사정은 잘 파악할 수 있다.[72] 이 유산기를 통하여 조호익이 유람 기간 동안 새로운 사물이나 경치, 또는 상황에 접하였을 때 대응하는 인식이나 자세를 통하여 그의 풍모를 짐작할 수 있다.

---

72) 『국역 지산집』1, 잡저, 遊妙香山錄, 遊香楓山錄.

그의 유산기에는 도학자로서의 모습이 잘 나타나있으며, 유배인으로서의 좌절과 분노 그리고 체념에 입각한 달관의 모습까지 엿보인다. 무엇보다 묘향산기에서는 새로운 방식의 서술을 시도하는 매우 독창적인 면모를 보인 점은 유산기 서술의 새로운 경지를 개척하였다는 점에서 특기할 만하다는 평가를 받고 있다.[73] 그의 유산기에는 단순히 경치만을 장황하게 경탄하는 서술로 채워진 것이 아니라 유학자로서 세상의 이치를 합리적으로 탐구하고 인생을 관조하면서 음미하는 내용들로 채워져 있다.

여기서는 유배생활 중 일상 탈출의 하나로서 산수 유람이 가지는 의미에 대해 간단히 지적하고자 한다. 강동에서 묘향산까지는 5~6일 정도 걸리는 거리였다. 묘향산 유람은 慈山에 사는 李汝寅의 주선으로 이루어졌다. 조호익과 이여인이 어떤 관계인지는 명확하지 않다. 이여인은 동생 여경을 동반하였고, 조호익은 승려 혜림을 동반하였으며, 중간에 宋仁叔이 합류하여 함께 유람하였다. 조호익이 타고 갈 좋은 말도 이여인이 제공하여 주었다. 말고삐를 잡거나 또한 잔심부름을 할 종자들도 각각 동행하였다.[74] 어쨌든 조호익은 16일간의 유람을 주선하고 말까지 제공하였을 뿐 아니라 자신과 말 상대가 될 만한 수준이 되는 이여인과 송인숙이라는 사람을 친구로 두었으며, 또한 자신의 여행에 도움을 줄 승려를 동원할 수 있는 능력까지 갖춘 셈이었다. 이로 미루어 볼 때 조호익의 어느 정도 안정된 유배생활의 모습을 짐작할 수 있다.

그러한 모습은 이어 단행된 향풍산 유람에서 더욱 잘 드러난다. 이때는 묘향산보다는 가까운 거리였고, 일정도 3일로 짧았지만 더 많은 인원이 함께 하였다. 이 유람을 주선한 金叔厚, 묘향산에 이어 향풍산 유람

73) 전송열, 앞의 「지산 조호익의 '유묘향산록'에 대한 고찰」, 129-135쪽.
74) 묘향산 유람을 마치고 보현사에 다다를 즈음 馬僕이 마중나와 기다리고 있었다고 되어 있다. 『국역 지산집』1, 잡저, 遊妙香山錄, 321쪽. 향풍산 유람에는 종자 한 명을 대동한 사실이 명시되어 있다. 『국역 지산집』1, 잡저, 遊香楓山錄, 328쪽.

에도 동행한 승려 혜림, 그리고 또 다른 승려 인호, 문인으로 확실하게
확인되는 尹瑜·尹瑾·金翼商, 그 외 張光範과 張珠 등이 유람기에 등장
하고 있다. 이때도 조호익은 말을 타고 종자 한 명을 대동하고 있었음이
확실하며, 이로 미루어 참가한 다른 사람들도 각자 말을 타고 종자를 동
행하고 있었을 가능성이 크다.[75]

묘향산까지 왕복에 8일, 묘향산 유람에 8일이 소요되었다. 묘향산 유
람은 산 입구의 보현사에서 출발하여 최고봉인 향로봉에 다다랐다가 다
시 보현사에 도착하는 것으로 마무리되었다. 묘향산 속에서 숙박한 날만
거의 7~8일인데, 숙박처는 거의 사찰이거나 곳곳에 배치되어 있는 암자
였다. 사찰이나 암자에서의 숙박시에 도움을 받고 또한 길 안내를 겸하
여 승려 혜림이 유람에 동행하게 되었을 것이다. 향풍산 유람시에도 승
려 두 명을 대동하고 있었다. 최고봉인 영취봉에 올라 멀리 묘향산과 구
월산 그리고 서해를 감상할 수 있었으며, 김숙후의 집과 사찰에서 각각
하루씩 묵었다.

조호익이 향풍산 유람을 끝내고 절에서 보내는 둘째날 밤에 김숙후와
두견새 소리를 들으며 나눈 다음의 대화는 그의 유배자로서의 비감이 잘
서려있다.

> 내가 이르기를 "…… 형세를 가지고 말한다면, 저 새는 날 수가 있으
> 며, 자네는 자유스러운 몸이고, 나는 억류되어 있는 몸이다. 나는 새는
> 아무리 멀어도 가지 못하는 곳이 없고, 몸이 자유스러운 자는 돌아가고
> 싶으면 곧바로 돌아갈 수 있는 반면, 억류되어 있는 자는 돌아갈 기약이
> 없다. ……" 하자, 김숙후가 탄식하면서 말하기를, "그만 하십시오." 하
> 였다.[76]

---

75) 그 중 윤유는 걸어서 간 것으로 명시되어 있고, 물론 승려들은 당연히 걸어서 갔
　 다. 『국역 지산집』1, 잡저, 遊香楓山錄, 328쪽.
76) 『국역 지산집』1, 잡저, 遊香楓山錄, 336쪽. "余曰 …… 以勢言則彼爲飛類 君能自
　 由 我則囚纍 飛者無遠不歸 自由者歸則便歸 囚纍者無時可歸 …… 叔厚喟然曰 君

그 외에도 조호익은 가끔 유람을 다닌 듯 1592년 4월에도 어느 지역
인지는 구체적으로 나오지 않지만 산사를 유람하였다는 기록이 연보에
보인다.[77] 아마 강동 지역 내의 산사 유람이었을 가능성이 크다. 이 경
우에는 특별한 제약은 없었을 것으로 보이기 때문에 유배기간 동안 관내
의 짧은 유람은 더러 있었을 것으로 짐작된다.

5. 맺음말

퇴계 이황의 제자인 조호익은 32세에서 48세까지 17년간의 인생의
황금기에 유배생활을 한 특이한 경력의 소유자였다. 조호익의 유배생활
을 전가사변된 경위부터 시작하여 유배길에서의 여러 모습, 그리고 유배
지에서의 생활을 구속의 고통, 교육활동, 산수유람 등의 측면으로 나누
어 살펴보았다. 다만 비슷한 시기 다른 유배자들의 생활과 적극적인 비
교를 하지 못한 점은 본 글의 한계이자 남겨진 과제이다.

조호익은 창원에 거주하던 32세 때 그에게 군적 정리를 담당케 하려
던 경상도도사 최황의 미움을 사서 결국 향곡에 무단하는 토호로 지목되
어 평안도의 강동현으로 전가사변되는 형에 처해졌다. 전가사변은 죄인
의 처자식도 모두 함께 변방으로 옮겨져서 대대로 그 곳에서 살아야한다
는 점에서 죄인 본인에게만 해당되는 유배보다 더 가혹한 형벌이었다.

창원에서 강동에 이르는 유배길의 모습은 그가 문학적으로 표현해놓
은 「西征賦」의 분석을 통하여 어느 정도 파악할 수 있었다. 수레에 가재
도구를 모두 싣고 말을 타고 길을 떠났다. 마부와 종자를 대동하였으며,

且休矣"
77) 『국역 지산집』2, 부록, 연보, 선조 25년 48세조, 12쪽.

형제와 친척이 자신의 형편에 맞추어 일정 거리를 동행하다가 돌아가곤 하였다. 목적지까지 이르는 길에서의 모든 경비는 본인이 부담하여야 하였다. 이송하는 책임자는 역졸이었다.

목적지인 강동현에 도착하여서는 관에 신고한 후 임시거처를 배정받았다. 그러다가 적당한 곳에 집을 짓고 정착하였다. 외로움과 그리움, 그리고 불편함의 연속이었다. 시에 그러한 모습이 잘 묻어나 있다. 그런 가운데 그는 학문을 닦은 지식인답게 자신의 처지를 비교적 잘 수용하면서 그것을 학문을 깊이 하는 기회로 승화시켰다. 학식이 있었기 때문에 주변 지역의 많은 학생들이 배움을 청하면서 모여들었다. 집에 다 수용할 수 없었기 때문에 별도의 장소를 마련하여야 할 지경이었다. 이 때 인연을 맺어 길러둔 이 지역의 문도들은 후일 임진왜란으로 해배된 조호익이 의병을 일으켰을 때 큰 힘이 되었던 존재들이었다. 그리고 이시직이나 김육 같은 인재를 만나 가르친 것도 큰 보람이었을 것이다.

한편 전가사변형에 처해졌다고는 하지만 해당 현의 범위를 벗어나지만 않으면 비교적 자유롭게 살 수가 있었다. 그리고 학식이 있는 사족의 신분이었기 때문에 감독 책임을 진 수령들도 대개 융통성있게 대하였다. 수년에 한 번 정도씩은 말미를 받아 고향에도 다녀왔으며, 인근 지역에 소재한 묘향산과 향풍산을 유람하기도 하였다.

특기한 점은 자신에게 닥친 시련을 담담하게 받아들이면서 특히 지신을 무고한 최황에 대해서도 유배생활동안 원망하는 말을 한마디도 입 밖에 내지 않았다는 사실이다. 이는 최황으로 하여금 스스로 잘못을 뉘우치면서 후회하게 만들었으며, 나아가 임금 앞에서 조호익을 구명하는 모습으로 나타나게 하였다. 선조로부터 '關西夫子'라는 칭호를 받은 도학자다운 면모라고 하지 않을 수 없다. 17년동안의 逆境을 학문 도야의 기회로 승화시켰으니 불행이라고만 할 수 없는 부분이 있다고 생각한다.

제2장 무의공 박의장 가문 사람들의 삶의 궤적

1. 머리말

조선후기 무안 박씨 영해파는 영남지역의 남인 명문가 중의 하나로 존재하였다. 명문가로 발돋움하게 된 것은 이 가문 출신들의 부단한 노력의 결과였다. 과거의 급제와 이에 이은 관직에의 진출, 국가에 대한 충성, 부모에 대한 효와 가족간의 우애, 학문과 교육에 대한 끊임없는 관심과 열정, 가격의 신장에 도움이 되는 가문들과의 혼인, 위의 것들이 가능할 수 있는 기반이 되는 경제적인 부의 확보 등이 복합적으로 작용한 결과인 것이다.

무안박씨 영해파 가문의 격을 신장시킨 중심에 朴毅長[1555(명종 10)~1615(광해군 7)]이 있었다. 그는 임진왜란이라는 국난 극복에 앞장서서 선무원종1등공신에 책봉된 장군이었다. 국가가 위기에 처하였을 때 경주판관과 경주부윤으로 재직하면서 몸을 사리지 않고 최전선에서 적을 공격하고 막아냄으로써 경주 한 지역을 온전히 보존하였다. 경주지역을 보존하였기 때문에 경상도 동북부지역이 큰 피해없이 온전할 수 있었으며, 왜적이 의도한 작전을 차단시킬 수 있었다는 점에서 그 의미는 매우 크다고 하겠다.

박의장 이후 영해파는 영남지역의 명문으로 일약 발돋움할 수 있었으며, 이어 이를 유지 발전시키려는 후손들의 끊임없는 노력이 지속되었다. 무인 가문이라는 한계를 벗어나서 학문을 하는 문인을 배출하는 가문으로 성격을 변화시키려는 노력이 많이 경주되었다. 문인을 무인보다 우선시하고 더 귀하게 여긴 당시의 사회 풍조와 관련된 것이었겠는데, 그의 가문도 그러한 시류에서 벗어나 있을 수 없었던 것이다. 후손들에 대한 학문 연구의 강조와 그러한 분위기를 조성하기 위한 혼반의 조성 등으로 일단 무인풍에서 문인풍으로 가문의 분위기를 쇄신하는 데 성공하였다. 그리하여 그의 후손들 중에는 무인도 계속 배출되었지만, 문과에 급제하거나 생원·진사시에 급제하는 이도 많이 배출되었으며, 더러는 학문적 실력을 인근에서 인정받는 학자도 배출되기에 이르렀다.

여기서는 무안 박씨가 영해에 입향하여 한 파를 형성하게 된 과정을 먼저 살펴보고자 한다. 그리고 그 영해파를 명문의 반열에 올려놓는 데 결정적 기여를 하였던 인물인 임란공신 박의장에 대해 살펴보고자 한다. 임란 극복의 선봉에 서서 능력있는 장군으로서의 활약상을 구체적으로 살펴볼 것이고, 나아가 9년 동안 경주의 수령으로서 탁월한 행정력을 발휘한 목민관으로서의 활동을 살펴보고자 한다. 마지막으로는 박의장 이후 이름난 그의 후손들을 중심으로 그들의 활동을 살핌으로써 무반 가문에서 문반 가문으로의 전환에 힘쓴 무안 박씨 영해파의 삶의 궤적을 파악하고자 한다.

2. 무안 박씨 영해파의 가계

무안 박씨가 경상도 영해지역과 인연을 맺은 것은 朴之蒙이 조선전기에 영해에 정착하면서였다. 조선 개국에 협력한 공이 있던 義龍의 증손인 頤가 영덕군수를 역임한 바 있었는데, 이때 일찍 부모를 여의고 그에게 의탁하고 있던 조카 지몽이 인근 영해의 수려한 산수에 반하여 돌아가지 않고 정착할 것을 결심하게 되었다. 그리고 이 지역의 유력가문 출신인 박종문의[1] 딸과 혼인하여 인량리에 정착하였다. 연산군 대의 권신인 임사홍의 고종이었던 지몽은 임사홍의 전횡이 장차 자신에게 화를 불러올 것이라 염려하여 멀리 떨어진 곳에 정착하게 되었다고 한다.

16세기 초에 박지몽의 아들 榮基와 손자 世廉 부자는 인량리에서 남쪽으로 2킬로미터 정도 거리에 위치한 원구리로 거주기반을 옮겼다. 원구리는 원래 영양남씨에 의해 개척되기 시작한 곳이었는데, 인량리에 비견될 정도로 넓은 토지에다가 안정적인 수원을 확보하고 있었다. 영양남씨와 결혼한 것이 주요한 계기로 작용하였다. 즉 영기의 매부가 원구리를 처음 개척한 영양남씨 남한립이었으며, 세렴 또한 영양남씨인 남시준의 딸과 혼인하는 등 중첩적인 통혼관계를 형성하고 있었던 것이다. 세렴의 아들인 의장은 바로 원구리에서 태어났다.

영해 입향조인 지몽은 원기, 양기, 영기, 창기, 인기 등 다섯 아들을 두었다. 장자 원기는 1513년(중종 8) 진사시에 합격하였으며, 그 아랫대에서는 4대에 걸쳐 문과급제자 5명을 연속으로 배출하면서 일약 명문가로 급부상하였다. 원기의 차자 전을 위시하여 손자 선장, 증손 간, 현손 돈복과 안복이 그들이었다.

전은 아버지 원기와 어머니 선산 문씨의 사이에서 태어났다. 1546년(명종 1) 33세의 나이에 增廣文科에 병과로 급제한 후 성균관 전적, 사헌부 감찰, 예조좌랑, 북평사 등의 관직을 거쳐 호조정랑에 임명되었다.[2] 천성이 강직하고 절개가 곧아 불의에 굽히지 않았다고 하며, 문집으로 『松坡逸稿』를 남겼다.

---

1) 박종문은 영해지역의 유력가문 출신으로 젊은 나이에 무과에 급제하여 함길도 도사로 재임 시에 이시애의 난을 토벌하다가 순절한 인물이었다.
2) 『국조문과방목』7, 명종조 병오(원년) 증광방.

〈도 1〉 무안 박씨 영해파 세계도[3]

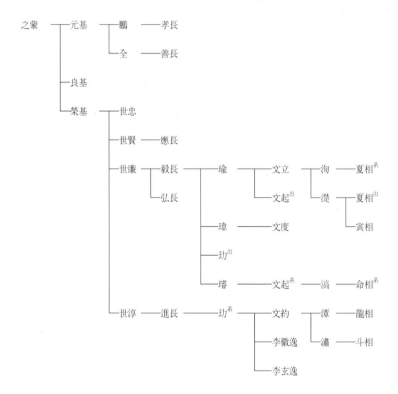

선장은 아버지 전과 어머니 웅천 주씨 사이에서 태어났다. 4세 때 아버지를 서울에서 여의었고, 10세 때 어머니를 따라 경상도 榮川 즉 오늘날의 榮州에 있는 외가에 내려가서 성장하였다. 그 곳에서 그의 사부이자 장인이기도 한 남몽오의 문하에서 수학하였다. 이때부터 이 가계는 영주에 근거지를 두게 되었다. 아들 간의 급제 소식에 분발하여 2년 뒤

---

3) 이 세계도는 『무안박씨영해파세보』(영해파세보편찬위원회, 2007)를 참고하여 만들었는데, 본 글의 서술에 직접적으로 관련이 없는 가계나 인물의 경우는 많은 생략을 하였다.

인 1605년(선조 38) 51세의 늦은 나이로 증광문과에 급제하였으며, 성균관 전적, 예안 현감, 경상도 도사 등을 역임하였다.[4] 시조「五倫歌」를 남겼으며, 문집으로『水西集』이 있다.

간은 아버지 선장과 어머니 영양 남씨의 사이에서 태어났다. 1603년(선조 36)에 식년문과에 급제하여 判校에 이르렀다.[5] 아들 안복도 1624년(인조 2)에 생원시에 합격하였고, 1639년(인조 17)에 식년문과에 급제하여 관직이 좌랑에 이르렀다.[6] 이와 같이 장자 元基系는 비록 문과 합격자를 대를 이어 배출함으로써 기염을 토하였으나, 당상관 이상의 고위 관직자를 배출하지는 못하였다는 점에서는 한계가 있었다고 할 수 있다.

한편 지봉의 아랫대에서 자식이 가장 번성한 것은 셋째아들 영기 쪽이었다. 영기는 용양위 우부장을 역임하였다. 후일 손자 의장의 현달함으로 인해 통훈대부 공조참의에 추증되었다. 영해신씨와의 사이에 아들 4형제를 두었는데, 세충, 세현, 세렴, 세순이다. 그의 아랫대에서는 내리 3대에 걸쳐 무과 급제자 7명을 배출하였다. 세현·세렴·세순 형제, 세렴의 아들 의장·홍장 형제, 의장의 아들 유·늑 형제가 그들이었다.

세현은 영기의 제 2자로 퇴계 이황의 문인이었으며, 무과에 급제한 후 선전관, 김해부사를 거쳐 수군절도사에 이르렀다. 이황의 질녀와 혼인하였으며, 이황은 이 인연으로 박씨 가문에 '慶壽堂'이라는 당호를 친필로 써서 보내주었다고 한다.[7] 慶壽는『周易』의 '積善之家 必有餘慶'의 慶과 洪範의 '五福一曰 壽'의 壽를 따서 지은 것이었다.[8] 후일 경수당의 편액은 영기의 3자 세순의 집에 걸리게 되었다.

세렴은 영기의 셋째 아들로 1558년(명종 13)에 무과에 급제하여 영일

---

4)『국조문과방목』8, 선조조 을사(38년) 증광방.

5)『국조문과방목』8, 선조조 계묘(36년) 식년방.

6)『국조문과방목』10, 인조조 기묘(17년) 식년방.

7) 권순일,『무안박씨 영해파연구』, 일일사, 1992, 51-52쪽.

8) 이재,『밀암집』13, 경수당중수기.

현감, 의주 판관 등을 역임하였다. 무예와 더불어 경서에도 밝았기 때문에 무반으로서 선비의 풍모를 가진 인물로 칭송되었다. 영양 남씨 남시준의[9] 딸을 부인으로 맞이하여 의장·홍장 형제를 두었다. 세렴이 원구리로 이주한 이후 경제적인 기반을 비약적으로 확대하였다. 일반적으로 토지보다 노비의 재산가치가 높았던 현실에 반해 무안박씨가의 경우 토지의 비중이 높고 규모도 방대하였다. 이 시기 토지의 생산성이 점차 높아짐에 따라 노비보다 토지의 재산 비중이 상승하게 되었는데, 세렴은 바로 이러한 경제적 흐름에 가장 적절하게 대응하였다고 볼 수 있다. 한편 그는 임진왜란으로 흉년이 거듭하여 굶주리는 자가 길에 가득할 때 이를 민망하게 여겨 큰 솥을 설치하여 죽을 끓여 놓고 북을 울려 알려서 굶주리던 사람들을 구휼하는 인정도 베푼 인물이었다.

세순은 영기의 넷째 아들로 무과에 급제하여 첨지중추부사에 이르렀다. 임진왜란에 공을 세워 선무원종 2등공신에 책봉되었다. 특히 조카 의장이 경주부윤으로 있으면서 명 구원군의 군량이 부족하여 애를 먹고 있을 때, 쌀 700섬을 지원하기도 하였다. 이재에 밝아 물려받은 재산을 토대로 하여 상당한 부를 축적해서 이후 가문 중흥의 경제적 기반을 마련하였다. 이황으로부터 받은 경수당 편액이 그의 집에 걸렸다. 아들 진장은 무후하여 박의장의 셋째 아들 늑을 양자로 맞이해 가계를 이었다.

의장은 영기의 셋째 아들 세렴의 장자였다. 퇴계 이황의 문인인 유일재 김언기의 문하에서 유학의 기초를 닦았으며, 역시 이황의 문인인 성재 금난수와도 종유하였다. 1577년(선조 10) 무과에 급제하여 훈련원 봉사, 군기시 직장, 경주 판관, 경주 부윤, 경상좌도 병마절도사와 수군절도사 등을 역임하였다. 특히 임진왜란기에 경주 판관과 부윤을 지내면서

---

9) 남시준은 이황과 사돈관계에 있었다. 점차 학문을 존중하는 숭문의 분위기가 사회적으로 확산되는 가운데 아들과 손자에게 학문적 교양을 강조하는 교육을 행함으로써 후일 무의공종가가 문한적 소양을 갖추게 되는 토대를 닦았다.

왜적에 뺏긴 경주를 탈환하고 이후 굳건히 지키는 큰 공을 세웠다. 후에 宣武原從功臣 1등에 책봉되었으며, 정조조에 武毅公의 시호를 하사받았다.[10]

홍장은 1580년(선조 13) 형에 이어 무과에 급제하였다. 만호, 선전관의 벼슬을 거쳐 제주 판관으로 재직시 임진왜란을 맞이하였다. 임진왜란기에는 濟州助防將, 영암군수, 대구부사, 군자감정, 장악원정 등을 역임하였으며, 특히 1596년(선조 29)에는 통신사의 부사로 정사인 황신과 더불어 일본을 다녀왔다. 그 때 일기인 東槎錄을 남기기도 하였다. 귀국후 순천부사를 거쳐 상주목사에 임명되었으나 병으로 부임하지 못하였고, 1598년 41세의 나이로 사망하였다.[11]

유는 아버지 박의장과 어머니 영천이씨 사이에서 맏아들로 태어났다. 1593년(선조 26)에 무과에 급제하여 훈련원 주부, 장기현감, 영산현감 등을 역임하였다. 늑은 의장의 셋째 아들로 1618년(광해군 10)에 무과에 급제하여 선전관, 회령 판관, 오위도총부 경력 등의 관직을 거쳤다.

이와 같이 영해파는 입향 직후부터 자손이 번성하였을 뿐만 아니라 문·무과에 급제자를 대를 이어 다수 배출함으로써 점차 이 지역을 대표하는 명문가로서의 기반을 구축하게 되었다. 특히 박의장은 임진왜란 당시 경주판관으로 있으면서 경주성 탈환 작전을 성공으로 이끌었으며, 이어 경주부윤으로 장기간 재임하면서 경주를 왜적으로부터 수호하는 한편 전화로부터 경주를 복구하는 데 큰 공을 세움으로써 무안박씨 영해파를 대표하는 인물로 자리 잡게 되었다.

---

10) 『정조실록』17, 8년 3월 11일 병신. 박의장의 이력과 행적은 다음 논고에 일목요연하게 표로 정리되어 있어 참고가 된다. 정구복, 「무안박씨 무의공가의 사회경제적 기반과 소장고문서의 성격」, 『고문서집성 82 -영해 무안박씨편(Ⅰ) : 무의공(박의장) 종택- 』, 한국학중앙연구원, 2005, 43-44쪽.

11) 박홍장의 생애와 임란 활동 및 동사록에 대해서는 아래의 저서를 참고하라. 장동익, 『농아당 박홍장의 생애와 임란구국활동』, 경북대 퇴계연구소, 2002.

3. 박의장의 임란 구국활동

1) 학문 도야와 출사

박의장은 어려서부터 영리하고 소탈한 성격이었다. 동생인 홍장과 함께 동네 아이들과 竹馬를 타고 전쟁놀이를 즐겼으며 몸집이 크고 성격이 엄정하였다고 한다. 13세 때부터 부친과 중부 세현의 주선으로 퇴계 이황의 제자인 유일재 김언기 문하에 나아가 공부를 배웠다. 경서와 사서를 배움에 있어, 한 번 본 것은 다 외울 정도로 총명하였다고 한다. 그런 가운데 병서도 익히면서 문무를 겸비하고자 노력하였다.

김언기 문하에서 오봉 신지제, 노천 권태일과 함께 수학하면서 특히 깊은 친분을 쌓았다. 어느 날 세 사람은 서당에서 쓸 땔감을 구하러 산에 갔다가 마침 나무를 하고 있는 노인을 만나 땔감을 조금 얻으려 하였다. 노인은 떨떠름한 표정을 짓다가 급기야 욕을 하기 시작하였고 마침내 서로 간에 밀고 당기는 다툼으로 번졌다. 다툼의 와중에 균형을 잃은 노인은 그만 언덕으로 굴러 떨어져 죽게 되었다. 세 사람은 함께 관가로 가서 서로 자신을 처벌해 달라고 주장하였다. 이 광경을 한참 동안 지켜보던 수령은 노인의 자식에게 "보아하니 이 세 명은 훗날 나라를 위해 큰일을 할 재상감들이니, 네 아비의 죽음은 안타깝지만 한 번만 용서하도록 해라"라며 간곡하게 타일러 무사할 수 있었다고 한다. 풀려난 세 사람은 함께 노인의 장례를 정중하게 치러 주었다. 친구의 잘못을 공동으로 책임지려 하였던 세 사람의 신의와 우정을 보여 주는 사례로 전해오고 있는 이야기이다.

드디어 세상을 구제할 깊은 뜻을 품고 1577년(선조 10) 23세 때 무과에 응시하여 급제하였다. 전대의 사적과 어려운 글의 뜻을 묻는 시험관의 질문에 박의장은 평소 배우고 익힌 대로 막힘없이 정확하게 잘 답변하였다. 이에 시험관은 '과연 문무를 겸비한 장수의 재목'이라고 하면서 칭찬을 아끼지 않았다고 한다. 무과에 급제한 후에도 이황의 문인인 성재 금난수와 교류하면서 유학에 대한 관심을 놓지 않았다.

무과에 급제한 후 權知訓鍊院奉事 즉 훈련원의 임시직에 제수되면서 관직생활을 시작하였다. 그러다가 1587년(선조 20) 33세 때 군기시 참봉에 임명되면서 비로소 실직에 제수되었다. 이듬해인 1588년에는 한 해 동안 군기시의 부봉사, 봉사, 직장, 주부를 거쳐 연말에는 종4품 조봉대부로서 진해현감에 임명되는 초고속 승진을 하였다. 이는 비록 실직에 임명된 해는 짧았지만 임시직에 있는 기간에도 직급은 계속 높아져 있었기 때문에 가능한 일이었다.

진해현감은 박의장이 처음으로 맡은 수령직이었다. 이제 한 고을을 책임지게 된 것이다. 명령이 엄하고도 분명할 뿐 아니라 일을 판단함에 용단이 있고 공평하여서 백성들이 두려워하면서도 좋아하여 몇 달 이내에 진해 한 고을이 잘 다스려졌다고 한다. 어렸을 때부터 익힌 유학적 소양에 힘입은 바 크다고 생각된다. 한동안 인근의 함안 고을의 수령을 겸한 적이 있었는데, 이때도 산적해 있던 결재 서류들을 민첩하게 처리하여 탄복하지 않는 사람이 없었다고 한다.

1591년(선조 24) 37세 때 경주부 판관에 임명되었다. 판관은 큰 규모의 고을에 배치되어 수령을 도와 행정과 군정을 보좌하던 관직이었다. 武才가 있던 박의장이 경주의 판관으로 임명된 것은 이듬해 발발한 임진왜란을 염두에 둔다면 가히 하늘이 도운 인사였다고 하지 않을 수 없을 것이다.

2) 왜군 격퇴의 선봉장

1592년 4월 박의장은 경주 판관으로 재임시에 임진왜란을 맞았다. 경주 소속 군사를 이끌고 병마절도사 이각과 함께 동래성을 구하기 위해 달려갔다. 적의 형세가 너무 어마어마한 것을 본 이각이 퇴각하려 하자 그의 비겁함을 준엄하게 꾸짖은 바 있었다. 그러나 동래성을 위시한 해변의 여러 성이 차례로 함락을 당하자 어쩔 도리가 없어 다시 군사를 거느리고 경주로 돌아왔다.

하지만 경주의 백성들도 이미 동요하여 흩어지고 있었을 뿐만 아니라 경주부윤 윤인함도 적극적인 방어를 포기하고 있는 상태였다. 이에 박의장은 장기현감 이수일과 함께 수하 군사들을 적절히 배치하여 경주성을 지키고자 하였다. 전방에서 적세를 정탐하는 자들도 모두 달아나 버렸기 때문에 적병이 고을 경계까지 침범한 사실도 성중에서는 모르고 있었다. 갑자기 성 밖에서 포성이 들려오면서 적의 선봉이 다다른 것을 본 군사들이 밧줄을 타고 성 밖으로 달아났다. 박의장이 이수일과 더불어 얼마 안 되는 군사를 이끌고 성문을 열고 나가서 싸우고자 하였으나 중과부적으로 곧 와해되고 말았다.

경주성 방어를 할 수 없이 포기하고 경주부윤이 머물고 있는 곳으로 가서 후일을 도모하고자 하였다. 이 때 주변의 어떤 이는 마땅히 임금이 머물고 있는 행재소로 달려가야 한다고도 하였으나, 박의장은 임금이 맡긴 고을을 지키는 자는 마땅히 그 고을에서 죽어야 한다고 하면서 드디어 남은 군사들을 이끌고 경주 인근의 죽장현으로 옮겨갔다. 여기에 임시 거점을 마련한 후 흩어져 있던 관군과 숨어 있던 백성들을 불러 모았다. 대장간도 설치하여 화살과 같은 무기를 만들어서 나누어 가졌다.

관군과 백성들을 수습한 박의장은 6월 궁수를 이끌고 草堤에서 왜군과 크게 싸워 물리쳤으며,[12] 7월 초에는 영천 탈환전에 앞서 자인에 있

---

12) 『국역 관감록』속편 상, 연보, 선조 25년 6월 25일조, 관감록역간추진위원회, 1979, 250쪽. 『觀感錄』은 눈으로 보고 느낀 기록이라는 뜻으로 박의장의 아들 선이 아버지의 일대기를 가전이라는 형식으로 쓰고 또 유사, 비명, 만시, 제문 등을 합쳐 명명한 것이다. 그 뒤 6세손 정걸이 빠진 글을 더 모우고 박홍장의 기록 약

던 왜적을 격퇴하여 경산과 청도를 오가던 왜적의 통로를 끊었다.[13] 7월 26일 드디어 영천성 탈환전이 시작되었다.[14] 이때 영천성은 밀고 들어오는 수만의 왜군에 의해 변변한 저항 한 번 하지 못하고 왜군이 상륙한지 7일 만에 함락된 상태였었다. 왜군의 주력부대는 곧장 서울을 향해 북상하였고, 일부 주둔군만이 영천성에 남아 있었다. 낮에는 사방으로 나가서 노략질을 하고 밤에는 굳게 성문을 닫고 웅거하고 있었다.

박의장은 영천 의병장 정세아와 신령 의병장 권응수 등이 관군과 연합하여 영천성을 공격할 때 성문 하나를 맡아 힘을 보탰다. 조선군 총병력은 3,560여 명이었다. 엄정하게 군기도 다잡았다. 먼저 결사대 500명이 남천으로 돌격하였다. 왜군 1,000여 명이 성 위에 올라와 의병군을 향해 조총을 비 오듯 쏘아댔다. 의병들은 긴 사다리와 방패를 가지고 돌격 태세를 갖추었고, 왜군은 성문을 열고 모두 나와 역습을 시작하였다. 권응수는 결사대를 이끌고 왜군의 중앙을 돌격하여 단번에 왜적 일곱 명의 머리를 베어 버렸으며, 다시 土山 위로 돌아와서는 활로 왜적 수십 명을 쏘아 죽였다. 치열한 격전 끝에 사기를 잃은 왜군은 성안으로 철수하였다.

간을 부록으로 하여 총 4권 2책으로 만들어 밀암 이재의 서문을 받아 책으로 엮었으며, 7세손 성주가 영해 수령으로 온 鄭玉의 발문을 받아 영조 33년에 완성하였다. 그 후 속편이 상하 2권으로 만들어졌는데, 상권은 연보이고 하권은 그동안 수습된 몇 가지 자료와 시호 관련 자료들이었다. 이때는 외예손인 재령 李周遠의 후기를 받았다. 여기에 다시 '경주복성사증부'라 하여 경주성을 탈환한 공이 오로지 박의장에 의해서였음을 여러 자료를 통해 증명하는 글이 9세손 계영에 의해 쓰여졌으며, 이에 대해 李野淳의 발문을 받아 보증하였다. 그 뒤 1979년에 한글 번역본을 이수락의 번역으로 내었다. 이 때 위의 모든 것을 원문대비 번역하였을 뿐아니라 말미에 추가로 발견된 시 몇 수와 동도복성비문, 조선왕조실록의 박의장 관련 기사 일부, 박홍장의 연보 및 실록 기사 등을 첨부하여 번역하였으며, 14세손 문락의 발문을 실었다. 본 글에서는 주로 이 번역본을 이용하였다.

13) 『국역 관감록』속편 상, 연보, 선조 25년 7월 6일, 250쪽.
14) 최효식, 『임란기 경상좌도의 의병항쟁』, 국학자료원, 2004, 192-195쪽.

날이 어두워지자 연합군은 부대의 편제를 크게 두 개로 나누어 대오를 새롭게 정비하였다. 박의장·권응수 등은 영천성의 서북방을 담당하고, 정세아·정대임·김윤국 등은 동남방을 담당하는 것이었다. 마침내 27일 새벽, 결전의 날을 맞았다. 의병들을 배불리 먹이고 북을 울려 군사를 집합시켜 총 점검을 마친 후 동남쪽을 맡은 영천 의병들이 먼저 남문을 집중 공략하였다. 서북쪽을 담당하였던 박의장·권응수의 부대도 동시에 공격을 시작하였다. 읍성을 에워싼 수천 명의 관군과 의병들은 몇 차례에 걸친 진퇴 끝에 성문을 파괴하고 소리를 지르면서 거센 파도와 같이 성안으로 밀고 들어갔다.

이렇게 사방에서 의병과 관군의 연합군이 진격해 들어가자 천지가 진동하였다. 왜군은 완전히 전의를 상실하였다. 백병전이 전개되어 왜군 수백 명을 참살하였다. 왜군은 관사 안이나 창고 안에 숨기도 하였고, 지붕 위에 올라가 발악하기도 하였다. 마침 바람이 크게 불었다. 의병들은 미리 준비해 두었던 나무에 불을 질렀고 순식간에 화염이 충천하였다. 이 사이에 포로가 되었던 조선인들이 앞을 다투어 도망쳐 나왔다. 영천성 내의 관아와 객사를 비롯하여 명원루와 창고 등 거의 모든 건물이 불에 탔다.

치열한 공략으로 왜군은 갈 곳을 알지 못하고 서로 밟혀 죽은 자와 불에 타 죽은 자가 이루 말할 수 없었다. 천여 명에 달하였던 왜군 중 살아서 도망간 자는 수십 명에 지나지 않았다. 말 200필과 총검류 900여 자루도 노획하였다. 포로가 되어 잡혀 있던 조선인 1,000여 명도 구출하였다. 아군의 피해도 적지 않아 전사자가 83명, 부상자가 238명에 달하였다.

영천성의 수복은 각지의 의병들과 관군들이 연합하여 얻은 값진 대승리였다. 하나의 목표를 위해 개별 행동을 버리고 일사불란한 지휘 통제에 따라 행동하였기 때문이다. 특히 전투 현장에서 직접 지휘한 박의장과 권응수의 경우 무관 출신으로서 군사지휘 경험이 많았던 점이 유리한 요인으로 작용하였다. 영천성 수복으로 왜군 침략로의 한 방면을 봉쇄하였을 뿐 아니라 왜군 보급로에 막대한 지장을 초래하는 효과가 있었다. 군위와 의성에 주둔하였던 왜군들도 견디지 못하고 지레 물러가지 않을 수 없었다. 그리고 이어 경주에 모인 적을 칠 수 있는 발판을 확보한 셈이었다. 왜군에 대한 반격전의 신호탄이었다.

영천의 수복으로 자신감을 얻은 조선군은 경주성 탈환 작전에 돌입하였다. 영천에 이어 경주까지 수복할 수 있다면 왜적의 통로를 차단할 수 있는 거점을 마련하는 셈이어서, 장차 경상좌도 방면을 온전히 회복할 수 있는 기틀을 마련하는 의미가 있었다. 이에 앞서 박의장은 다시 자인으로 가서 왜적을 소탕하여 경산과 청도를 오고 가는 왜적의 통로를 끊었다.[15]

경상좌병사 박진은 영천성 탈환에 크게 자극을 받은 듯 경주성 탈환전에는 주도적으로 나섰다. 8월 21일 1차 경주성 탈환 작전은 11개 군현 약 37,000여 명에 달하는 관군과 의병이 연합하여 참가하였다. 경주성 수복전은 8월 21일 새벽부터 시작되었다. 총대장인 박진은 공을 앞세워 치밀한 작전도 없이 서둘러 공격 명령을 내렸다. 관군과 의병은 경주성을 동서북 삼면에서 포위하고 진격하였다. 성안에는 영천성전투 이후 주변에 흩어져 있던 왜군이 합세하여 총 1만여 명이 웅거하고 있었다.

영천성 수복에 고무된 군사들은 경주성을 포위하고 총공격을 하였다. 서문 쪽을 맡은 영천 의병들이 먼저 공격해 들어가자 놀란 적은 동문을 열고 도망치기 시작하여 복성에 성공하는 듯이 보이기도 하였다. 그러나 언양으로부터 와서 근처에 매복하고 있던 왜의 지원군이 들이닥쳤다. 배후를 공격당한 조선군이 포위되어 도리어 협공을 당하는 처지가 되었다. 사실 왜군은 조선군의 읍성탈환계획을 감지하고 있었다. 그래서 언양에

---

15) 『국역 관감록』속편 상, 연보, 선조 25년 8월 7일, 251쪽.

있던 대병력이 백율산 향교 근처에 흩어져 주둔하고 있었고, 또 다른 한 부대는 모량역 근처에 대기하고 있었다. 이를 조선군 쪽에서는 전혀 모르고 있었던 것이다.

치열한 혼전 속에서 조선군이 밀리기 시작하였다. 그 사이 경주판관 박의장은 어깨에 부상을 입었고, 영천 의병장 권응수는 말에서 떨어져 낙상하였다. 이 전투에서 조선군은 왜적을 1,000여 명 가까이 사살하였다. 그러나 더 이상 버티기가 어려워 흥해와 영일군수가 이끄는 관군이 먼저 도망쳤고, 경상좌병사의 군사도 버티지 못하여 안강 북쪽으로 달아나기 시작하였다. 특히 서문 쪽에 배치되어 끝까지 항전하던 영천·경주·영일·울산 지역의 의병 쪽에서 희생이 컸다. 영천 의병장 정세아의 아들 정세번은 아버지를 구하고 장렬하게 전사하였다. 이 제1차 경주성전투에서 무려 2,000여 명에 달하는 조선군이 전사하였다. 경주 서천의 물이 피로 붉게 변하였다고 한다.16)

1차 전투에서 경주성 탈환에 실패한 조선군은 대규모로 공격하던 작전을 바꾸어 소규모 군사로 자주 공략하는 방법을 채택하였다. 안강에 주둔한 좌병사 박진은 흩어진 군사를 수합한 다음 박의장으로 하여금 군사를 거느리고 낮에는 성 밑으로 달려가 돌격하여 위엄을 보이고 밤에는 산 위에다 횃불을 벌여서 포를 쏘아 놀라게 하도록 하였다.

드디어 9월 7일과 8일에 걸친 2차 경주성 탈환 작전이 시작되었다. 이 작전은 경주판관 박의장의 지휘 아래 이루어졌다. 박의장은 관군과 의병군을 통합 지휘하여 경주성에 주둔하고 있던 5,000여 명의 왜군을 격퇴하였다. 결사대와 치중대, 향병부대로 조직하고 유격전법을 사용하여 대승을 거둘 수 있었다. 특히 군기시 화포장인 경주 출신 이장손에게 신무기인 비격진천뢰를 만들게 하여 탈환 작전에 사용하였다. 비격진천

---

16) 이상 경주성 1차 탈환 작전에 대한 서술은 다음의 저서를 참고하여 가감하였다. 최효식, 『임란기 경상좌도의 의병항쟁』, 국학자료원, 2004, 55-61쪽.

뢰는 마름쇠와 철편 등을 인화 장치와 함께 하나의 원구를 만들어 대완구에 실어서 발사하면 오·육백보를 날아서 땅에 떨어진 지 한참 있다가 그 속에서 불이 일어나 폭발하는 신무기였다. 경주성 안으로 날아든 이것을 처음 본 왜병들이 둘러서서 구경하다가 많이 살상되었다.

신무기를 앞세운 조선군의 집요한 공격에도 불구하고 왜군의 방어전도 만만치 않아 전투는 오랫동안 계속되었다. 총공세를 펼치는 조선군에 밀린 왜병들은 드디어 4만 석에 달하는 식량을 남겨 둔 채 서생포와 부산으로 도주하였다. 이에 경주성은 의병과 관군에 의해 수복되었다. 왜군에게 함몰된 지 100여 일만의 일이었다.

경주성의 수복은 영천성의 수복과 더불어 임진왜란사에서 큰 의미를 갖는 일대 쾌거였다. 경주는 그 자체로 巨鎭이 설치된 요충지였을 뿐 아니라 경상도의 동북부지역을 온전하게 확보할 수 있는 요지였기 때문이다. 더구나 왜군의 보급로와 통신망을 차단하게 되어 왜군에게 막대한 차질을 안겨 주었다. 당시 조선 조정에서는 경주성 수복의 공을 이순신의 공과 다를 바 없는 것으로 평가하였으며, 비로소 경상좌도에 생기가 돌기 시작하였다고 하며 크게 고무되었다.[17] 결과적으로 조선이 임진왜란을 극복할 수 있는 하나의 요인으로 작용하였다. 영천성과 경주성의 탈환은 임진왜란사에 길이 남을 전투라고 하지 않을 수 없다. 박의장은 이 역사적인 쾌거의 중심에 있었던 것이다.

1593년 3월에는 군사 300여 명을 거느리고 대구 巴岑에서 왜적 2,000여 명과 맞서 수십 명의 목을 베고 수백 필의 말을 빼앗는 등 큰 전공을 세웠다.[18] 이 때 왜적은 경주를 빼앗겨 좌도로 통하는 길이 막히자 밀양, 청도를 통하여 대구로 왕래하고 있었는데, 이를 차단시키기 위

---

17) 이상 경주성 2차 탈환 작전에 대한 서술은 다음의 저서를 참고하여 가감하였다. 최효식, 위의 책, 61-67쪽.
18)『선조실록』37, 26년 4월 15일 기해.『국역 관감록』속편 상, 연보, 선조 26년 3월 10일, 253쪽.

해 대구 파잠(오늘날 파동으로 추정)에 매복해 있다가 팔조령을 넘어 대구로 들어오는 왜군을 크게 격퇴한 것이었다. 이어 양산까지 진출하여 야짜고개에서 왜적을 크게 무찔러 왜적의 북상을 견제하였다.[19] 5월에는 울산군수 김태허와 함께 울산의 적을 쳐서 50여 명을 베는 전과를 올렸다. 이상의 공을 인정받아 박의장은 당상관으로 특진되면서 경주부윤이 되었다.[20]

8월에는 왜병이 안강에 주둔한 명나라의 군사를 급습해 200명을 죽이자 병사 고언백과 함께 적을 추격해 무찔렀다. 9월에는 가장 힘써 싸워 계속 승전보를 올리는 데 대한 표창으로 옷 한 벌을 하사받았다.[21] 11월의 백부상에 이어 12월에는 부친상을 당하였으나 전란 중이라 임종하지 못하였다.[22]

1594년 2월 양산에 주둔하고 있던 왜적이 경주의 남쪽으로 쳐들어오자 군사를 거느리고 가서 돌격전을 펴서 격퇴하였다. 3월에 기장 임랑포에 있던 왜적이 언양현을 지나 경주 남쪽에까지 진입하여 노략질을 하자 급습하여 물리치고, 적에게 잡혀 있던 백성 317명을 구해냈다.[23] 5월에 또 기장의 왜적이 경주 남쪽 묵장촌을 침범하여 노략질을 하자 이를 물리쳤으며, 7월에는 경주의 동쪽으로 침범한 왜적을 매복을 하였다가 쳐서 물리쳤다. 1595년 10월에 경주를 군건하게 지킨 공으로 종 2품 가선대부로 승지하였다.[24]

1597년 정유재란으로 왜군이 재침을 하자 8월에 화왕산성으로 가서

19) 『선조실록』39, 26년 6월 6일 기축. 『국역 관감록』속편 상, 연보, 선조 26년 3월, 253쪽.

20) 『선조실록』38, 26년 5월 23일 병자.

21) 『선조실록』47, 27년 1월 21일 경자. 『국역 관감록』속편 상, 연보, 선조 26년 9월, 254쪽.

22) 『국역 관감록』속편 상, 연보, 선조 26년 11월·12월, 254-255쪽.

23) 『선조실록』56, 27년 10월 10일 갑인.

24) 『국역 관감록』속편 상, 연보, 선조 28년 10월, 258쪽.

곽재우와 만나 방어책을 논의하였으며, 이어 9월에 팔공산성에 들어가서 경상도 관찰사를 위시하여 인근 군현의 수령들과 함께 산성을 지켰으나, 관찰사가 중론을 무시하고 홀로 나아가 왜적과 싸우다가 패전함으로써 뿔뿔이 흩어지게 되었다. 경주 관군을 이끌고 9월 말에 영천 창암에서 적을 만나 크게 물리쳤으며, 10월에는 안강에서 크게 싸워 물리쳤다. 이로써 왜적은 다시 크게 꺾여 울산으로 내려가 웅거하였다. 11월에는 명 총병 이여매의 영에 배속되어 1,000명의 병사를 거느리고 명군 5만 명의 뒷바라지를 했다. 12월에 조명연합군의 일원으로 울산 島山城 전투에 참여하였다. 수일간에 걸친 포위 공격에도 결국 도산성을 함락시키지 못하였고, 왜의 구원군이 도착함으로써 경주로 다시 퇴각하게 되었다. 이 때 추격해 오는 왜적을 격퇴하기 위해 경주 토병들을 급히 보내 적의 퇴로를 차단한 다음 세 번 싸워 세 번 모두 이겼다고 한다.[25] 하지만 도산성 공방전 때 많은 경주의 장졸들이 희생되었기 때문에 특별히 그들을 위한 제문을 지어 영전에 바치기도 하였다.[26] 1598년 5월에는 전마 1필을 하사받았다.[27] 이는 경주에 주둔한 명군의 군량 지원을 위해 700섬의 곡식을 내놓은 데 대한 포상이었다. 이 700섬의 군량은 박의장이 숙부인 세순에게 부탁하여 흔쾌히 지원받은 것이라고 한다.

임진왜란이 끝난 후 박의장은 1599년 성주목사 겸 방어사, 1600년 경상좌도병마절도사를 지냈다. 병으로 고생하다가 1608년 경상좌도절도사로 복귀하였고, 1611년 인동부사를 거쳐 다시 경상좌병사 및 공홍도수사를 지냈다. 1615년(광해군 7) 경상도수사를 마지막으로 관아에서 순직하였다.

그는 주변 사람들로부터 존경을 받을 만한 인격을 갖추었고, 또 실제

---

25) 『국역 관감록』속편 상, 연보, 선조 31년 정월, 264쪽.
26) 『국역 관감록』3, 습유, 전투에서 죽은 군사들에게 드리는 제문, 143-145쪽.
27) 『선조실록』100, 31년 5월 15일 기해.

모범을 보였다. 자신과 자신의 가족에게 더 엄격한 잣대를 적용하는 선비의 풍도가 있었던 것이다. 사실은 그런 점이 바탕이 되어 사람들의 마음을 움직여 일치된 힘을 이끌어낼 수 있었고, 단결하여 무패의 신화를 이어갈 수 있었을 것으로 생각한다. 그는 수많은 전투에 참여하여 공을 세웠으나 자신의 입으로 그 공을 말하지 않았으며, 상부에 보고를 올릴 때도 적을 무찌른 숫자를 하나도 속임이 없었다고 한다.[28] 맏아들 유가 진중에 같이 있었기 때문에 남들이 군공에 참가케 하기를 권하면 단호하게 거절해서 말하기를 "지금 백성들은 굶어 죽는 자도 있는데 저는 아비의 덕에 먹고 지나는 것만도 다행한 일이라 어찌 감히 적은 공로로 보수를 받으리오."하면서 끝내 허락하지 않았다고 하며, 그리고 막내아들 서자 무의 나이가 차차 장성하니, 가족들이 군에 뽑힐까 염려하여 납속을 써서 군의 면제를 받고자 하였을 때도 "군에 가는 것은 저의 직분이라"고 하면서 기어이 종군케 하였다고 한다.[29]

3) 경주의 목민관

박의장은 전란 중 경주 판관으로 2년, 이어 경주 부윤으로 7년 도합 9년을 경주의 목민관으로 재임하였다. 그는 전투가 있을 때마다 군사를 이끌고 전장에 나가 싸우는 장수였지만, 돌아와서는 경주의 府政을 책임져야 하는 수령이었다. 여기서는 수령으로서의 박의장의 활약상을 조명해보기로 한다.

경주는 왜란 초기에 적의 수중에 넘어갔다가 격렬한 전투 끝에 다시 탈환한 지역이었다. 수복한 직후 경주의 상황은 처참하기 짝이 없었다. 흩어진 백성들은 돌아오지 않았고, 많은 성내의 시설물들은 전투 중에

---

28) 『선조실록』98, 31년 3월 22일 정미.
29) 『국역 관감록』2, 가전, 128쪽.

파괴되었다. 거리마다 밥짓는 연기가 없고, 개와 닭소리가 들리지 않는다고 하였다. 백성들을 다시 모우고, 시설물이나 집을 정비하는 것은 모두 수령인 박의장의 몫이었다. 다행히 도망간 왜적이 미처 가져가지 못한 곡식을 거두어 군량으로 쓰는 한편 굶주린 백성들에게 나누어주면서 겨우 수습하기에 이르렀다.

경주는 경상좌도의 근본이 되는 거읍이었고, 전략상으로도 적과 마주하고 있는 최일선의 거점 지역이었다. 그러니 자연 경주에 주둔하는 군대가 많을 수밖에 없었다. 조선군도 있었고, 명의 구원병도 있었다. 그 와중에서 경주의 관민이 감당하고 겪어야 하는 고통이 한두 가지가 아니었다. 장수들을 접대하는 일, 군병들이 소란을 피우는 일, 중국 사신의 왕래하는 일, 명 구원병에 대한 뒤치다꺼리, 군량 운반과 마초 조달하는 일, 교량을 놓고 인부와 말을 내는 일, 향도와 파발을 세우는 일 등이 경주 관민이 감당해야 하는 대표적인 일들이었다.[30]

특히 임진왜란이 일어난 이듬해 동남해안으로 퇴각한 왜군을 쫓아 명의 대부대가 경주에 주둔하게 되었으며, 나중에 정유재란이 일어났을 때도 명의 대부대가 경주에 주둔하였다. 그들에 대한 공궤를 경주부윤이 감당하여야 하는 일이었다. 비록 장계를 올려 경주부의 어려움을 호소하면서 체직시켜 줄 것을 건의하기도 하였지만, 어려운 여건 속에서도 박의장은 비교적 업무를 잘 처리한 듯하다. 그리하여 부친상을 당하여 상중에 있는 그를 경주부민 300여명이 연명으로 관찰사에게 호소하여 하루 빨리 경주로 복귀시켜 줄 것을 청하는 진정서를 올리기도 하였다.

이 때 경주 백성들은 그의 행정 능력을 평가하기를 "모든 일에 처리를 잘하고 백성을 부리되 질서가 있고 재물을 쓰는데 절도가 있어서 그 많은 공급을 한 번도 떨어지게 한 적이 없었고, 그 복잡한 사무를 일제히 정돈하여 명 장군들도 기뻐하였다. …… 고을 백성들이 부모와 같이

---

30) 『국역 관감록』2, 가전, 비변사에 폐막을 진술하고 이어서 해직을 청하는 글, 107쪽.

쳐다보고 干城과 같이 의지하여 지금에까지 이르렀다"고 하였다.[31] 물론 상투적인 표현 속에 약간의 과장이 섞여 있을 수도 있지만 그가 백성들에게 어떻게 비치었는가를 잘 나타내준다. 이에 힘입어 관찰사도 경주부민들의 건의를 첨부하여 경주의 관청일이나 민정을 수습할 이는 박의장뿐이라고 하면서 그의 起復을 강력하게 청하였던 것이다. 이에 그는 국가의 명을 받고 곧 경주 임소로 복귀하지 않을 수 없었다.

그는 군인을 뽑는 데도 3등분으로 나누어서 군관이나 射牌는 관에서 먹이고 입히어서 적을 막게 하였고, 그 나머지 병정 노릇을 못할 자는 농사를 짓게 하였는데, 잡역은 면해주어서 농사짓는 데 지장이 없게 하였다. 혹 병적에 이름을 올린 자가 백성들에게 부당하게 물건을 취하면 비록 사소한 일이라도 군법으로써 엄하게 다스렸다. 이렇게 함으로써 군인이나 농민이 각각 자신의 직업에 안착하게 되었고, 고을과 거리가 안온하게 예전의 모습을 되찾을 수 있었던 것이다.[32]

또한 아전들의 농민 침탈을 막는 데도 남다른 지혜를 발휘하였다. 혹 백성들이 아전들에게 침탈을 당한 사실이 있으면 고을에서도 경험 많고 능한 사람을 시켜서 세밀하게 조사를 펴는 까닭으로 아전들의 털끝만한 착취도 없었다. 그리하여 백성들이 개와 닭 같은 것도 안심하고 기를 수 있었다고 하며,[33] 관청의 향리들이 동네에 와서 조르거나 소리치는 일이 없었다고 한다.[34] 자신이 부리는 아랫사람에 대한 신치도 매우 엄하여 혹 쇠고기를 반찬으로 들이면 반드시 그 출처를 물었으며, 새로 지은 버선이나 행건을 신고 있으면 반드시 누구에게서 얻은 것인가를 물어서 혹시 있을지도 모르는 비리와 부정을 막으려고 하였다.[35]

---

31) 『국역 관감록』1, 가전, 순찰사가 기복을 청하는 장계, 33쪽.
32) 『국역 관감록』1, 가전, 부민들이 유임을 원하는 글, 37-38쪽.
33) 『국역 관감록』1, 가전, 부민들이 유임을 원하는 진정서, 41쪽.
34) 『국역 관감록』1, 가전, 부민들이 유임을 원하여 임금에게 올리는 글, 52쪽.
35) 『국역 관감록』3, 습유, 유사, 157쪽.

1593년과 1594년에 걸쳐 흉년이 들고 역질이 유행하여 시체가 골짜기를 메우고 해골이 산같이 쌓였을 때 박의장이 밥을 먹이다가 죽을 먹이다가 도토리를 먹이기까지 하여 죽을 사람을 살린 것이 수도 없이 많았다고 한다.[36] 그리고 경주에 주둔한 장수들의 부당한 처사로부터 경주 향리와 부민들을 보호하는 데도 적극적이었다. 경상좌도 병마우후가 자신이 거느린 군사에 대한 대접을 소홀히 한 점과 제사에 대촉을 바치지 않고 중촉을 바쳤다는 죄목으로 경주의 향리를 군령으로 과도하게 다스려 혹독하게 매질한 데 대해 이 사실을 관찰사에게 보고하여 알리고 그 시정을 촉구하였다.[37] 나아가 각 진의 군인들이 밤이 되면 거리를 횡행하고, 낮이면 산과 들에 사냥하면서 논과 밭을 말타고 망치기가 일쑤이며, 심지어 왕래하는 부녀자를 함부로 폭행하는 경우도 있어서 그 무리함이 왜적과 다를 바가 없다고 하면서 그들의 행태를 고발하기도 하였다.[38]

또한 '경주 지역 백성과 군인들이 적에게 붙는 자가 없으니 세금과 부역을 일체 경감하고 특별히 대우하라'고 한 임금의 명령과 '경주 군인들은 식량을 대어주고 특별 대우할 것이'라고 한 체찰사의 지시를 거론하면서 실제 이 명령과 지시가 지켜지지 않고 있는 현실을 지적하고 경주지역 군인들에 대한 대우를 향상시켜 급료를 지급해 줄 것을 요구하기도 하였다.[39] 왜냐면 경주에 주둔하고 있는 다른 진 소속 병사들은 급료를 지급받는 데 비해, 경주지역의 병사들은 土兵이라 하여 급료를 지급받음이 없이 온갖 궂은일은 도맡아 복병, 파발, 후망, 정탐 등에 동원되어 밤낮 선두에서 적을 지키고 있었기 때문이다.[40]

---

36) 『국역 관감록』1, 가전, 부민들이 유임을 원하여 임금에게 올리는 글, 51쪽.
37) 『국역 관감록』1, 가전, 순찰사에게 해직하기를 비는 글, 56-57쪽.
38) 『국역 관감록』1, 가전, 다시 올리는 글, 74쪽.
39) 『국역 관감록』2, 가전, 각 고을 군민 다스리는 폐단을 진술하는 글, 91-97쪽.
40) 『국역 관감록』2, 가전, 비변사에 폐막을 진술하고 이어서 해직을 청하는 글,

수령으로서 관내 교육문제에 대해서도 남다른 관심을 가지고 있었다. 무인이지만 문을 겸하였던 관계로 유생들에 대한 관심도 각별하였다. 비록 오랜 전란을 겪은 이후지만 나라에 필요한 인재를 키우는 교육을 소홀히 해서는 국가의 미래가 없다는 생각에서 교육을 권면하였다. 이를 위해 경주의 대표적인 서원으로 회재 이언적을 모신 옥산서원의 유생들에게 학문을 권면하는 글을 쓰고, 이어 5개조의 약조를 정하여 후학들의 교육을 진작시키고자 하였다.[41]

이와 같이 박의장은 무장이지만은 어릴 때부터 체득한 학문적 소양을 바탕으로 전란 속의 경주를 추스르고 수습하는 데 뛰어난 능력을 발휘하였다. 그리하여 경주부민들은 그를 부모와 같이 여겨 혹시 그가 체직되거나 승진하여 경주를 떠날까 걱정하여 기회가 있을 때마다 관찰사나 암행어사 또는 국왕에게 유임을 청하는 진정서를 올렸던 것이다.

4. 무에서 문으로

박의장은 부인 영천 이씨와의 사이에 4남을 두었다. 瑜, 瑋, 玏, 璿이 그들이다. 그의 후손은 이 네 아들을 가지로 하여 무성하게 퍼져 나갔다. 무의공의 후손들은 무반가로서의 긍지를 지니면서도 문반가로의 전환을 끊임없이 시도하였다. 이를 위해 장서를 모아 언제든지 공부할 수 있는 토대를 만든 것은 물론이거니와 문인 가문과의 혼인을 통해 인적 쇄신을 도모하였다. 그러한 노력의 결과 큰 학자의 문하에서 학문을 닦고 또 그들과 교류할 수 있는 가문으로 전환하는 데 성공하였다. 그야말로 문과

107쪽.

41) 『국역 관감록』3, 습유, 옥산서원 제생들에게 훈계하는 글 및 약조, 147-149쪽.

무를 겸비한 가문으로 성장한 것이다. 아래에서는 그 과정을 이름난 후 손들을 중심으로 살펴보고자 한다.

1) 장자 유와 그 후손들

장자 유[1576(선조 9)~1618(광해군 10)]는 일찍부터 조부인 세렴의 가르침을 받았다. 어려서부터 『소학』을 익혔으므로 세상에 나가거나 집 안에 있을 때의 행사에 대해 모두 옛사람을 모범으로 삼았으며 소년기 때부터 이미 노성한 사람이라는 일컬음을 들었다. 임란 중에는 아버지 박의장을 도와 활약하였다. 1593년(선조 26) 18세에 무과에 급제하였다. 이때는 임진왜란이 한창이던 중이라서 과거가 엄격하게 실시되지 못하 였다. 특히 무과의 경우는 전란 수습을 목적으로 수천 명을 선발하기도 하였다. 이에 그는 전쟁이 종결되고 제도가 정비된 1599년에 실시된 과 거에 다시 응시하여 당당히 합격하였다. 임란 이후 출사하여 훈련원주부 를 거쳐 장기현감, 영산현감, 강령현감, 거제현령 등의 지방관을 역임하 였다. 비록 무예로써 세상에 나아갔지만 동작과 행실이 조용하고 얌전하 여 한결같이 선비와 같았다고 한다.

박유는 어머니 영천이씨로부터 종가 건립을 위한 재원으로 목면 400 필을 물려받았으나 43세의 나이로 사망하면서 뜻을 이루지 못하였고, 재 원도 이리저리 흩어져 버렸다. 그러나 도곡으로의 이주를 유훈으로 남겨 결국 실현시켰다. 두 아들 문립과 문기는 할머니와 어머니, 그리고 가문 의 문풍을 진작시키려는 숙부 늑과 선의 보살핌을 받으며 자랐다. 1630 년대 초반 드디어 아버지의 유훈에 따라 문립은 숙부 선과 함께 도곡리 이주를 단행하였다. 문립은 선우당 이시의 문하에서 수학하였는데, 스승 의 가르침을 따라 효제와 면학을 몸소 실천하면서 자제들을 훈도하였다. 만년에는 도곡리 인근에 수천정을 짓고 유유자적하였다. 문기는 나중에 출계하여 숙부 선의 양자가 되었다.

문립의 아들 순은 25세로 일찍 사망하여 동생 초의 아들 하상으로 대를 잇게 되었다. 하상은 호를 百忍齋라 하였는데, 평소에 매사를 참고 순리를 따라 거스르지 않는 옛사람의 아름다움을 따르겠다는 각오를 담은 것이었다. 하상의 아들이자 박의장의 5대손인 정걸(1683~1746)은 밀암 이재의 문인으로 문장과 학행으로 덕망이 높았다. 이재로부터 학문을 닦을 만한 사람이라는 칭찬을 들었다. 제산 김성탁을 비롯하여 포헌 권덕수 등과 도의로써 교유하였다. 문집 『남포집』 2권이 있다. 또 박의장 이후 선대의 역사를 일괄 정리함으로써 무안박씨 종가의 내적 결속을 위한 기반을 마련하였다.

당시 무의공 종가는 연이은 喪禍로 인해 매우 힘든 시기였다. 정걸은 1721년과 1725년 사이에 전염병으로 아버지 박하상, 어머니 의성김씨, 동생 박정열, 큰며느리 고성이씨의 상을 연달아 당하면서 경제적으로나 정신적으로 감당하기 어려운 시기를 보냈다. 그는 당시의 힘겨운 삶에 대한 기록을 「辛乙禍變錄」으로 남겨 후손들을 경계하고자 하였다. 10대손 회찬 역시 학문에 전념하여 유고집을 남겼다. 11대손 재우는 동생 재형과 함께 정재 류치명의 문인으로 학문을 닦았으며, 계당 류주목, 서산 김흥락 등과 교유하였다. 문집으로 『근암집』을 남겼다.

2) 제2자 위와 그 후손들

제2자 위[1584(선조 17)~1607(선조 40)]는 옥포해전의 명장으로 선무공신 3등에 봉작된 息城君 李雲龍의 딸과 혼인하였으나 24세의 젊은 나이로 사망하였다. 아들 문도는 1630년(인조 8)에 비변사에서 인출한 『소학』 200권을 반급해 주기 위한 목적으로 개설한 임시 과거인 庭試에서 우수한 성적을 거두어 『소학』을 하사받았으나 급제로 연결되지는 못하였다.[42] 이때 정시에서는 별도의 급제자를 선발하지 않고 장원부터 차하에 해당되는 사람에게 『소학』 한 부씩을 하사해 주는 데 그쳤기 때문이다.

손자인 휴와 서는 모두 다시 무과에 급제하여 가풍을 이었다. 증손자인 이상이 갈암 이현일의 문하에서 학문을 닦고 1710년(숙종 36) 39세 때 생원시에 급제함으로써 다시 가문에 문풍을 진작시키기 시작하였다.

3) 제3자 늑과 그 후손들

제3자 늑[1594(선조 27)~1656(효종 7)]은 광해군대의 무신으로 정묘호란 때 활약하였다. 당숙인 진장에게 출계하여 경수당 세순의 뒤를 이었다. 1618년(광해군 10) 25세 때 무과에 급제하여 선전관, 회령판관, 오위도총부 경력 등의 관직을 거쳤다. 오위도총부 도사로 재임 시에 정묘호란을 당하여 인조를 모시고 강화도로 피난한 바 있다. 이듬해에 모친상을 당하여 고향에 돌아온 후 벼슬을 그만두고 학문연구와 후진양성에 주력하였다. 특히 이즈음 아우 선과 함께 우애를 다지면서 가문의 중흥에 골몰하였다. 만년에 집 근처에 琴書軒이란 집을 짓고 수천 권의 장서를 마련하여 후일 가문에 문풍을 진작시키는 기반을 닦았다.

또한 그는 가문에 문풍을 진작할 목적으로 혼인에도 각별히 유의한 듯하다. 아들을 의성의 아주신씨 신홍망의 딸과 혼인시켰는데, 신홍망은 신지제의 아들로서 문과에 급제한 아주신씨 가문의 중추적 인물이었다. 그리고 두 딸을 모두 재령이씨에게 시집보냄으로써 이휘일·현일 형제를 사위로 맞이하였다. 존재 이휘일은 당대 석학으로 이름을 날렸으며, 특

---

42) 『인조실록』23, 8년 9월 1일 정축, 6일 임오. 이 때 정시에서는 별도의 급제자를 선발하지 않았다. 다만 장원을 한 이원진은 殿試에 직부할 자격을 얻어 그해 10월에 열린 별시에 급제하였다. 그 다음을 한 오첨경 등은 會試에 직부할 자격을 얻었다. 그리고 장원부터 次下에 이르기까지는 모두 『소학』을 한 부씩 하사받았다.

히 갈암 이현일은 이황 ― 김성일 ― 장흥효로 이어지는 퇴계학통의 적
전으로서 영남학계를 대표하는 유현으로 성장하였다. 영남학통에서 뚜
렷한 족적을 남기고 있는 두 사람을 사위로 택함으로써 그의 집안은 사
위들의 영향 아래 확실하게 문풍을 진작시키는 가문으로 급선회할 수 있
었다.

늑의 손자 담은 존재와 갈암의 문인으로 학문을 닦았고, 숙은 갈암과
밀암 이재 부자의 문하에서 학문을 닦았다. 그리고 담의 아들 용상은 밀
암의 문하에서 학문을 닦아 1721년(경종 1) 42세 때 진사가 되었다. 밀
암은 용상을 가리켜 자신이 가르친 사람 중에 가장 뛰어나다며 칭찬하였
다고 한다. 관직에 뜻을 두지 않고 고향에서 학문에 정진하는 한편 후학
을 양성하는 데 힘썼다. 영남의 이름 있는 학자였던 김성탁·권상일·이
광정 등과 교유하였다. 『畸軒集』이 세상에 전한다. 숙의 아들 두상은
1741년(영조 17) 32세 때 문과에 급제하여 사헌부감찰에 이르는 성과를
거두기도 하였다.

4) 제4자 선과 그 후손들

제4자 선[1596(선조 29)~1669(현종 10)]은 아버지 박의장이 경주부
윤으로 재직할 당시 관아에서 태어났다. 1611년 16세 때 인동부사인 아
버지의 치소에서 대학자인 여헌 장현광에게 나아가 학문을 배웠다. 장현
광은 박선의 성실하고 바른 태도를 보고 칭찬을 아끼지 않았다고 한다.
성품이 착하고 온순하며 단아하고 근신하였다. 무의공이 경상좌수사로
재직할 때 좌수영 근처에 왜인들의 시장이 있어서 진귀한 물건이 많이
있었으나 취하여 가까이 하지 않는 등 이미 남다른 데가 있었다. 그리하
여 박의장도 "뒷날 門戶를 부지할 사람은 반드시 이 아이일 것이다"라
고 하면서 기대하였다고 한다.

후에 하회의 풍산류씨 서애 류성룡의 손녀와 혼인하였다. 부인의 작은 아버지인 수암 류진이 박선의 인품을 높이 평가하여 질서로 삼은 것이었다. 이후 박선은 수암을 스승으로 모시고 학문을 닦았다. 수암을 사표로 삼아 儀式을 흠모하고 본받아 뜻은 격양하며 공손함을 간직했고 행실은 성실하고 돈독함에 힘썼다고 한다.

집 근처에 二五堂이라는 조그마한 집을 짓고 스승인 수암의 가르침에 따라 더욱 독서와 실천에 힘을 쏟았다. 이오의 이는 陰과 陽을, 오는 五行을 가리킨 것이겠는데, 우주만물의 이치의 근원을 의미하는 것이다. '궁하더라도 올바름을 잃지 말라'는 뜻의 '窮不失義' 네 글자를 쓴 족자를 벽에 걸어 놓고 자신을 단속하였다. 1630년경에 현재의 영덕군 축산면 도곡리로 이거하면서 충효당을 신축하였다. 1644년에는 이미 세상을 떠난 맏형 집안을 위하여 현재의 무의공종택을 건립해 주었다. 이는 맏형의 둘째 아들 문기를 자신의 양자로 들인 것과도 무관하지 않은 것으로 추정된다.

박의장 관련 기록을 모아 『관감록』을 지어 선대의 위업을 정리하였고, 선대의 행적을 찾아 모아 글을 청하여 묘갈을 세우고 齋舍와 廚房을 지어 모든 儀物을 구비하였다. 예법을 상고하여 영해에 처음 터를 잡은 고조부를 不祧位로 정하여 종족의 결속을 다졌다. 또한 선대의 분묘가 있는 곳의 지명과 형국을 자세히 기록하여 남김으로써 실전되지 않도록 조처하였으며, 제사의 예법에 대해서도 거듭 경계하는 글을 후손에게 남겼다.

무반가의 전통 위에 문반가로서의 전환을 위한 기반을 마련하기 위해서도 애썼다. 일찍 세상을 떠난 형들의 자식들을 자신의 자식 돌보듯이 하여 바르게 성장할 수 있는 울타리 역할도 하였다. 손자 호가 소과에 합격하였을 때 누구보다 기뻐하면서 한편으로 경계한 다음과 같은 말에서 세상을 사는 문인 선비의 자세가 잘 드러나 있다.

　　사람의 집에 자손이 떨치고 일어나는 것은 반드시 겸양과 공손으로 이루어지고 쇠하고 실패하는 것은 반드시 교만하고 자만하여 스스로 취하게 되나니 어찌 두렵게 여기지 않겠느냐. 더구나 천지의 조화로 태어남에 다른 동물로 되지 않고 사람으로 되기가 어려우며, 이미 사람으로 되더라도 남자로 되기가 어려우며, 남자로 되더라도 선비로 되기가 또 어렵다. 다행히 이 세 가지의 어렵다는 것을 다 얻었으니 어찌 이 일생을 헛되게 지나쳐 버리겠느냐.[43)]

　　행장을 쓴 류치명은 해안에 위치한 영해지방의 문화가 창달하지 못하였다가 한결같이 유교로써 문호를 세우게 된 것은 실로 박선의 계도에 힘입은 바가 크다고 그의 일생을 칭송하였다. 만년에 경상도관찰사의 추천으로 동몽교관에 제수되었으나 사양하고 나아가지 않았다. 세상을 떠난 후 향중 선비들이 陶溪精舍를 지어 위패를 모시고 덕을 기렸다.『陶 篛集』4권 2책이 세상에 전한다.

　　손자 호는 12세에 석계 이시명에게 나아가 수학하였으며, 이를 계기로 이휘일·현일 형제와 더불어 강학을 하게 되었다. 장성해서는 학사 김응조의 문하에서 학문을 닦았다. 1660년 36세에 진사시에 합격함으로써 문풍을 진작시키고자 한 조부의 여망에 부응하였다. 후에 학행으로 천거되어 경릉참봉에 제수되었는데, 당시 이현일이 이조판서인 인연으로 司 圃別檢이 되었다. 이어 尙衣院 別提를 거쳐 공조정랑을 역임하기도 하였다. 종조부 늑에 의해 혈연적 인연을 맺게 된 재령이씨 일문의 후원으로 출사가 순조로울 수 있었으나, 숙종 대 갑술환국으로 남인이 몰락함에 따라 낙향하게 되었다. 인근 지역에 명망이 있어서 대사간에 이른 의성김씨 지촌 김방걸의 딸을 며느리로 맞이하여 가문의 격을 높이기도 하였다. 또한 그는 박의장의 후손들을 중심으로 하는 족계가 별도로 설립되어 운영되는 시점에서 후손들의 돈목을 강조하며 족계를 중수하고 서

---

43)『국역 도와집』4, 부록, 「행장」(류치명 찬).

문을 지었다. 그는 서문에서 조상에 대한 추모가 중요하기는 하지만 그
보다는 당대를 사는 후손들 간의 신의와 화목이 더욱 필요함을 강조한
바 있다. 『懦齋集』 2권이 세상에 전한다.

5. 맺음말

  무안 박씨는 조선초기에 영해에 입향하여 한 파를 형성하게 되었다.
영해에 처음 정착한 그들은 문과와 무과를 통한 활발한 관직 진출로 명
성을 얻기 시작하였다. 문과에 내리 4대에 걸쳐 급제자를 낸 계열은 영
해를 떠나 외가를 따라 영주에 정착하였다. 영해에 그대로 남은 가계 중
대표적인 영기 계열의 경우 무과 급제자를 집중적으로 배출하면서 무반
가로서의 명성을 떨쳤다. 그 중심에 박의장이 있었다. 박의장은 임란 공
신으로 영해파를 명문의 반열에 올려놓는 데 결정적 기여를 하였다.
  그는 임진왜란기에 경주의 수령으로 구임하면서 왜적과 마주한 최전
선을 지키는 장군으로서 맹활약을 하였다. 영천성을 수복하는 데 힘을
보태었고, 이어 경주를 수복하는 데 주도적인 역할을 하였을 뿐 아니라
그 이후 경주를 거점으로 왜적 방어와 소탕에 힘을 쏟았다. 경주를 중심
으로 하여 울산, 영천, 자인, 대구로 이어지는 방어선이 그가 주로 활약
한 지역이었다. 그가 경주를 거점으로 하여 이 지역을 확고하게 지킴으
로써 경상도의 동북지역이 보전될 수 있었고, 왜군의 전략에 막대한 차
질을 주어 임진왜란을 극복하는 데 지대한 공을 세웠던 것이다.
  또한 그는 경주 지역의 목민관으로서의 역량도 잘 발휘하였다. 전쟁
기라는 특수한 상황에서 임진왜란 초기 왜적에게 일시 함락되어 붕괴되
었던 경주를 복구하였을 뿐 아니라 백성들이 온전한 삶의 공간에서 안심

하고 살 수 있는 터전으로 만들었던 것이다. 그 바탕 위에서 경주에 머무는 수많은 조선군과 명의 구원군을 접대하고 뒷바라지하는 행정력을 발휘하였다. 그리하여 경주민들로부터 끝없는 신망을 입어 임진왜란기 9년 동안 경주의 목민관으로서 읍정을 관장하였다.

그의 이름난 장군으로서의 명성과 어진 목민관으로서의 명망은 무안 박씨 영해파를 일약 명문으로 발돋움하게 하였다. 뿐만 아니라 경제적으로도 그에 걸맞은 명성을 누릴 수 있는 기반을 마련하였다. 이를 기반으로 하여 그의 아랫대부터는 무반가에서 문반가로의 변화를 적극적으로 모색하기 시작하였다. 셋째와 넷째 아들인 능과 선의 노력으로 점차 변화하기 시작하였다. 선대가 모은 경제력을 바탕으로 수천권의 장서를 모아 문반가로의 전환의 토대를 마련하였다. 그리고 문반가로서의 명성을 가진 가문과 적극적으로 혼인을 맺어 가문의 분위기 일신에도 노력하였다. 그 중 대표적인 것이 재령이씨 존재 이휘일과 갈암 이현일을 사위로 맞이한 것을 들 수 있을 것이다. 이러한 노력의 결과 영해파에서도 생원·진사시에 급제하거나 문과에 급제하는 이도 나타났으며, 비록 큰 학자를 배출하지는 못하였지만 큰 학자의 문하에서 학문을 닦거나 교류하는 문인을 배출할 수 있었다. 이로써 점차 무반가에서 문반가로의 전환에 성공하였다고 하겠다.

무보다 문을 숭상하였던 조선후기의 사회 분위기 속에서 가문을 격을 높이기 위해 치열하게 노력한 사례를 이 무안 박씨 영해파는 잘 보여주고 있다. 이는 문과 무 두 축을 바탕으로 균형있게 성장하지 못하고 문에 너무 치중하여 무를 상대적으로 소홀히 하도록 만든 조선사회의 탓이기도 할 것이다.

제3장 경당 장흥효 가문의 제사 관행

1. 머리말

제사는 조선조 사족의 생활상과 관련하여 일찍부터 주목의 대상이 되었다. 고려말에 도입된 주자가례 보급의 정도를 가늠하는 징표로 활용되기 때문에 성리학적 질서의 확립 정도를 파악하는 요소로서의 의미가 있었다. 그리고 제사는 재산 상속제와도 밀접한 연관을 지니고 있었기 때문에 재산 상속제의 변화와 궤를 같이 하는 요소로서 주목되었다.

근래 고문서나 일기가 역사 연구의 자료로 각광을 받으면서 제사에 대한 분석도 새로운 전기를 마련할 수 있게 되었다. 양반가에서 제사와 관련하여 작성한 문서가 남아있는 경우도 있었으며, 제사와 관련하여 자손에게 지침을 내려주는 형태로 작성된 문서도 있었다. 사족들이 남긴 일기에는 제사에 대한 기록이 꼼꼼하게 기록된 경우가 많았고, 일기 분량이 많을 경우에는 십수년 또는 수십년동안의 제사 모습을 추적 복원할 수 있었다. 사족의 제사에 대한 실상이 연속성을 가지면서 구체화될 수 있게 된 것이다.

정긍식은 묵재일기를 통해 16세기 중엽경상도 성주에서 귀양살이하던 서울지역 사족인 이문건 가문의 제사 모습을 분석하였다.[1] 그리고 이어 16세기 후반의 상황을 알려주는 일련의 제사 관련 문서의 분석을 통

---

[1] 정긍식, 「묵재일기에 나타난 家祭祀의 실태」, 『법제연구』16, 1999.

해 경상도 안동지역 진성이씨 집안의 제사 모습도 분석한 바 있다.[2] 김명자는 17세기 전반의 상황을 알려주는『계암일록』을 통해 예안지역 김령 가문의 제사 실태를 분석하였다.[3] 우인수는 이유태가 남긴 정훈의 분석을 통해 17세기 전반 충청도 공주지역 사족의 제사 관행을 제시한 바 있다.[4] 정구복은 제사 분담을 위해 작성한 고문서 분석을 통해 18세기 경상도 안동지역 고성 이씨가의 제사 풍속 사례를 분석한 바 있다.[5]

이렇게 16세기에서 18세기에 걸쳐 있는 일련의 연구를 통해 제사 관행의 변화하는 모습을 짐작할 수 있게 되었다. 그러나 일정한 경향성을 정확하게 짚어내기에는 사례의 수가 아직은 부족한 형편이다. 사례가 늘어나서 시간적 지역적 공백이 적어질수록 경향성의 정확도는 커질 것이다.

이 글에서 분석의 대상으로 삼은 자료인 경당일기는 17세기 초의 상황을 파악할 수 있다는 점에서 시계열상 기존의 연구에서 빠진 시기를 채워줄 수 있는 자료라고 할 수 있다. 누락된 시기의 복원에 활용되어 시계열의 완전성을 확보하는 데 일조할 수 있는 것이다. 기존에 알려진 사실과 부합하는 부분에서는 사실을 재확인하는 사례를 하나 더 첨가하는 의미가 있다. 그리고 기존의 부족한 이해를 보완할 수 있는 부분이 있다면 중요한 구체적 준거를 새롭게 밝혔다는 의미가 있을 것이다. 또한 지역적으로는 영남 북부지역 남인 가문의 제사 관행을 이해하는 데도 직접적인 도움을 줄 수 있는 사례를 추가하는 의미도 있다.

---

2) 정긍식, 「조선중기 제사계승의 실태 -안동 주촌 진성이씨 가문의 예-」, 『조선의 정치와 사회』, 2002.

3) 김명자, 「계암일록을 통해본 17세기 전반 제사의 실태와 그 특징」, 『안동사학』9·10, 2005.

4) 우인수, 「조선후기 한 사족가의 생활양식」, 『조선시대사학보』12, 2000.

5) 정구복, 「1744년 안동 고성이씨가의 家祭定式」, 『고문서연구』13, 1998.

2. 장흥효와 경당일기

敬堂 張興孝[1564(명종 19)~1633(인조 11)]는 영남 남인을 대표하는 학자 중의 한 명이었다. 본관은 안동인데, 그의 가문은 조선의 개국에 참여하여 개국1등공신에 책봉된 11대조 張思吉이래 조선초에는 사환이 계속 이어져 번성하였다. 하지만 연산군대의 사화기를 거치면서 일족들이 화를 피하고자 흩어져 은둔하기 시작하였는데, 이즈음 6대조 儀가 안동 金溪里의 春坡로 낙향하여 살기 시작하였다. 이후 그 직계 후손들이 안동장씨 춘파파를 형성하게 되었다. 낙향한 이후로는 버슬도 거의 끊어져서 증조 以武가 別侍衛 司正, 조 翁이 英陵參奉, 부 彭壽가 部將을 역임하는 등 주로 하급 무관직을 지냈을 뿐이다.[6]

장흥효대에 와서 학문에 두각을 나타내기 시작하였다. 그는 일찍이 퇴계 이황의 고제로 인근 마을에 살던 학봉 김성일에게 나아가 학문을 배웠다. 김성일 사후에는 서애 류성룡과 한강 정구를 찾아 스승으로 모시고 학문을 닦았다. 퇴계의 뛰어난 제자인 세 명의 학자를 모두 스승으로 모신 셈이었다. 그리고 그는 딸인 계향[7]을 제자인 석계 이시명에게 시집보내어 존재 이휘일과 갈암 이현일이라는 출중한 두 외손자를 얻었다. 그의 학통은 외손인 존재·갈암 두 형제에게로 전해졌다. 이에 그는 퇴계학통을 학봉을 통해 이어받아 존재와 갈암에게 전한 인물로 자리매김 되었다.

장흥효는 초야에 묻혀 학문에만 평생을 바친 순수한 학자였다. 온축

---

6) 안동장씨대동보편찬위원회, 『안동장씨대동보』, 2001.

7) 장계향은 '女中君子'로 불리던 출중한 인물로서 여러 아들을 훌륭하게 키운 것으로 원근에 성망이 자자하였다. 이조판서를 지낸 아들 이현일의 현달함으로 인해 정부인으로 추증되었기 때문에 흔히 정부인 장씨라 불린다. 『음식디미방』이라는 양반가의 요리서를 펴낸 바 있어 이 부분에서도 많은 조명을 받고 있다.

된 학문적 성과가 많았을 것임에도 불구하고 여러 가지 제약으로 인하여 그것을 증험할 구체적인 자료를 많이 남기지는 못하였다. 책상머리 양쪽에 '敬'자를 크게 써서 붙이고 이를 실천하는 데 힘썼으며, 특히 易學에 조예가 있었다. 『易學啓蒙通釋』에 있는 胡方平의 「分配節氣圖」에 오류가 있는 것을 보고, 이를 고증하고 연구하여 20년 만에 十二圈圖를 推演하였다. 12월을 배열하고 24절후를 분배하고, 또 元會運世와 歲月日辰의 수를 그 위에 더하여 「一元消長圖」라 하였다. 여헌 장현광이 이를 보고는 "참으로 다른 사람들이 발명하지 못한 것을 발명하였다."라고 칭찬하였으며,[8] 목재 홍여하도 그 학문적 가치를 높게 평가하였다.[9] 인조 11년에 창릉참봉에 임명되었으나 교지가 도착하기 전에 세상을 떠났다. 후일 지평에 추증되었고, 고을의 鏡光書院에 제향되었다.

그에 대한 본격적인 연구는 최근인 2000년 이후 이루어졌다. 그의 도학자로서의 삶의 모습을 문학적 측면에서 다룬 논고들이 먼저 나왔다.[10] 이어 성리학자로서의 위상과 교육 활동의 소산인 문인집단에 대해 다룬 일련의 논고들이 발표되었다.[11] 이로써 경당에 대한 일반적인 상황과 삶의 모습, 문학적인 측면, 교육 활동의 측면, 철학적인 측면, 학단과 문인 등에 대한 기본적인 이해가 가능하게 되었다. 이와 함께 문집의 영인과 한글 번역이 이루어져 앞으로의 연구에 많은 도움을 줄 것으로 기대

---

8) 『경당집』2, 부록, 행장(이휘일 찬).

9) 『경당집』2, 부록, 묘지명(홍여하 찬).

10) 김태안, 「광풍제월의 처사와 그 딸」, 『안동 금계 마을』, 예문서원, 2000. 김태안, 「16·17세기 안동처사문학의 한 연구 -순수처사를 중심으로-」, 『대동한문학』14, 2001. 최두식, 「경당 장흥효의 사상과 문학 -일원소장도를 중심으로-」, 『한국의 철학』29, 2001. 백태한, 「경당 장흥효의 삶과 도학시」, 『안동한문학논집』8, 2003.

11) 장윤수, 「경당 장흥효와 17세기 경북 북부지역 성리학에 관한 연구」, 『철학연구』99, 2006. 정동일, 「경당 장흥효의 교육활동」, 안동대 석사학위논문, 2006. 장윤수, 「경당일기를 통해서 본 장흥효 학단의 지형도와 성리학적 사유」, 『철학연구』107, 2008. 장윤수, 「경당급문제현록 연구」, 『한국학논집』40, 2010.

된다.12)

그의 일기인 『敬堂日記』도 최근 발견되어 학계에 보고되었다. 장흥 효의 5대손인 世奎에 의해 총 3권으로 편집된 일기는 현재 상권이 逸失된 채 중권과 하권만이 남아있다. 편집시 어떤 원칙이 적용되었는지가 명확하지 않기 때문에 일기 원본과의 일치 정도를 가늠할 수 없는 것이 아쉬운 점이다. 중권은 51세인 1614년(광해군 6)부터 55세인 1618년(광해군 10)까지이고, 하권은 56세인 1619년부터 62세인 1625년(인조 3)까지이다. 도합 11년 6개월간의 기록이다. 최근 이 일기에 대한 한글 번역본이 나오면서 원문 활자본과 영인본도 함께 묶여 출판되어 이용에 편의를 얻게 되었다.13)

일기에는 日辰만 기록하고 구체적인 내용이 闕漏된 날이 매우 많다. 때로는 일주일 내지 보름, 심지어 한 달 만에 기록한 경우도 더러 있다. 더구나 기록할 일들을 잊어버려 기록하지 못한 경우도 허다하였다. 그리고 기록된 내용도 매우 간략하고 그 마저도 동어반복적인 내용이 많다. 가령 "머리를 빗지 않았다.", "말을 함에 입에서 나오는 대로 하였다."라든가, "길을 감에 발이 가는 대로 걸었다."라는 형식의 표현이 그것이다.

내용이 소략함에도 불구하고 이 일기에는 그의 학구생활의 고뇌와 즐거움이 함께 녹아 있어서 그의 삶의 참 모습을 살피는 데 중요한 단서를 제공해 준다. 일기에 간헐적이고도 지속적으로 나타나는 자기반성과 수신에 관한 기록을 통해 한 도학자의 고뇌하는 절제된 생활 모습을 읽을 수 있다. 그 뿐 아니라 그가 속한 향촌사회의 생활상을 엿볼 수 있게 해주기 때문에 양반이나 기층민의 생활사 자료로도 중요한 가치를 지닌다. 특히 조선후기 성리학사의 큰 맥을 이은 대학자의 일기이기 때문에 사상

---

12) 장흥효, 『경당집』(한국문집총간 69) 민족문화추진회, 1991 ; 김태안 역, 『국역 경당선생문집』, 경당선생기념사업회, 2006.

13) 장흥효, 『경당일기』, 한국국학진흥원, 2012 ; 강정서 외 옮김, 『국역 경당일기』, 한국국학진흥원, 2012.

사의 전개과정도 엿볼 수 있게 해주는 중요한 자료가 된다.

일기의 내용 하나하나를 세밀히 분석하고 앞뒤를 재구성하여 종합한다면 당시 도학자의 일상과 중·노년기 삶의 편린을 간취할 수 있다. 약 12년이라는 비교적 긴 기간에 걸친 연속된 일기이기 때문에 매년 반복되는 일상과 관련해서 의미 있는 분석도 가능하다. 특히 매년 반복되는 제사와 관련된 기록은 충분한 분석의 가치가 있다. 장흥효는 제사에 관련된 내용은 비록 짧더라도 빠뜨리지 않고 거의 일기에 기록하였다. 따라서 50대의 장흥효가 어떤 제사를 주관하였으며, 어떤 제사에 참가하였는지를 비교적 소상하게 파악할 수 있다. 이를 통해 장흥효 가문의 봉제사 모습을 드러낼 수 있는 것이다. 이는 17세기초 경상도 안동지역 남인의 제사 모습의 전모를 파악하는 데도 중요한 하나의 준거로 이용될 수 있다.

3. 기제사의 관행과 특징

장흥효 가문에서 4대봉사하였음을 일기를 통해 확인할 수 있다. 4대봉사는 16세기 후반 안동지역의 퇴계 문인들이 먼저 수용하여 실시하고 있었다. 학봉 김성일의 「奉先諸規」와 겸암 류운룡의 「追遠雜儀」에 4대봉사를 언급하고 있다.[14] 송간 이정회의 『松澗日記』에는 1610년을 전후하여 고조에 대한 기제사가 기록되고 있다.[15] 장흥효 집안도 이 같은 분위기에 동참하여 일찍부터 4대봉사한 것으로 짐작된다.

구체적인 기제의 상황을 살피기 전에 이해의 편의를 위해 먼저 장흥

---

14) 『학봉집』6, 「봉선제규」. 『겸암집』4, 「추원잡의」.

15) 『송간일기』3·4, 병오년(1606) 1월 4일, 기유년(1609) 1월 4일, 경술년(1610) 1월 4일, 임자년(1612) 1월 4일.

효의 가계를 간략히 제시하면 다음과 같다.

〈도 1〉 장흥효의 가계도

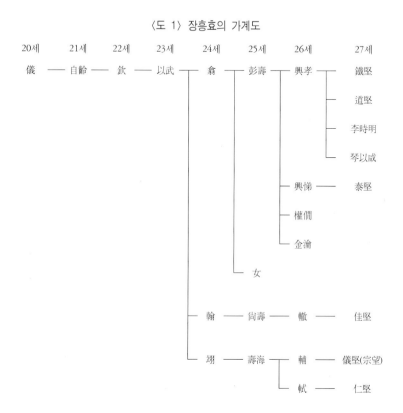

장흥효는 안동장씨의 시조인 고려초 안동의 삼태사 중의 한 사람인 장정필의 26세손이다. 그의 남동생인 홍제는 젊어서 사망하였는데, 형인 장흥효가 동생의 제사를 주관하여 지내는 모습이 일기에 나오고 있다. 그의 누이 두 명은 각각 권간과 김약에게 시집을 갔으며, 또 다른 여동생 한 명은 명확하게는 알 수 없으나 시집가기 전에 사망하였던 듯 역시 장흥효가 제사를 지내주고 있었다.

아버지 팽수는 누이 뿐이었고, 형제는 없었다. 따라서 장흥효에게는 종형제도 없는 셈이었다. 할아버지 흡은 삼형제였다. 그 동생인 한과 익의 자손이 이어졌다. 특히 익의 손자인 보가 자주 경당일기에 등장하고 있는데, 장흥효에게는 가장 가까운 친가 형제로 재종제에 해당하였다. 증조부 이무와 고조부 흠도 형제가 없었던 듯하다.

이와 같이 장흥효의 직계 가문은 자손이 대단히 귀한 집안이었음을 알 수 있다. 따라서 4대봉사를 한다고 해도 제사를 담당할 직계 혈족이 재종제 몇 명밖에 없었던 것이다. 그나마 경당일기의 시점인 장흥효의 나이 50대에는 더욱 그 수가 줄어있었다. 안동장씨 족보에 따르면 동생인 홍제는 1593년, 재종제 철은 1599년에 각각 사망하였다.

경당일기에 나타난 4대봉사의 상황을 위시하여 종중조, 동생, 여동생 등 직계 혈족의 기제사 상황을 표로 정리하여 제시하면 다음 <표 1>과 같다.16)

먼저 고조부모의 기제사이다. 고조부 제사는 재종제가 맡은 것으로 분명히 표현한 해가 3회, 주관자는 불분명하지만 장흥효가 참석하였다고 한 것이 6회로 나타난다. 그리고 고조모 제사는 장흥효가 맡은 것이 9회에 달하고 다른 사람이 주관한 경우도 한 건도 없다.

이로 미루어 볼 때 고조부모의 제사는 고손들이 분할봉사하였음이 거의 확실하다. 고손자 중 장흥효와 輔는 일기에 등장하기 때문에 생존하였음이 확실하다. 보의 친동생 軾의 경우는 그 아들인 인건의 생년이 1634년으로 되어있는 것으로 미루어 경당일기 작성 시기에는 생존하고 있었을 가능성이 크다. 그럴 경우 재종제 집 몫인 제사를 보와 식이 분

---

16) 괄호 안의 숫자는 제사 날짜를 나타낸다. 표 안의 '결락'은 일기 자체가 없는 경우를 나타내고, 표시 '-'는 일기를 쓰지 않았거나 또는 썼더라도 기제사에 대한 논급이 없는 경우를 나타낸다. 표시 '◎'는 장흥효가 제사를 주관한 경우, 표시 'O'는 제사를 주관하지는 않았지만 참석한 경우, 표시 '×'는 제사가 있다는 사실은 일기에 기록하였지만 참석하지 않은 경우를 각각 나타낸다. 아래의 <표 2>에서도 마찬가지이다.

〈표 1〉 장흥효 가문의 기제사 설행 상황

연도	고조부 (9.1)	고조모 (7.3)	증조부 (8.11)	증조모 (3.21)	조부 (10.29)	조모 (5.4)	부(4.29)	모(5.16)	제(5.26)	매(7.3)	종조부 (8.10)
1614	-	-	본가◎	缺落	大豆松村○	缺落	缺落	-	-	-	-
1615	재종제○	-	본가◎	표숙	洛上○	-	-	-	-	-	-
1616	재종제○	본가◎	표숙?	재종제	본가◎	본가◎	본가◎	본가◎	본가◎	-	-
1617	-	본가◎	재종제	-	-	본가◎	본가◎	본가◎	-	-	-
1618	○	본가◎	표숙	본가◎	-	본가◎	본가◎	妹夫○	본가◎	본가◎	-
1619	재종제○	본가◎	본가◎	재종제	妹夫○	본가◎	본가◎	본가◎	본가◎	본가◎	본가◎
1620	-	缺落	-	缺落	본가◎	缺落	缺落	缺落	缺落	缺落	-
1621	○	본가◎	본가◎	춘파곡	본가◎	본가◎	본가◎	본가◎	-	본가◎	본가◎
1622	○	본가◎	본가◎	촌북	본가◎	본가◎	본가◎	妹夫○	본가◎	본가◎	○
1623	○	본가◎	본가◎	족인가	본가◎	본가◎	본가◎	본가◎	본가◎	본가◎	본가◎
1624	○	본가◎	본가◎	상리	-	본가◎	본가◎	본가◎	본가◎	본가◎	본가◎
1625	○	본가◎	본가◎	-	缺落	본가◎	妹夫○	본가◎	본가◎	본가◎	본가◎

담하였다기보다는 맏이인 보가 도맡았을 가능성이 크다. 다만 철의 경우에도 원칙상으로는 고조에 대한 한 몫의 의무가 부여되었을 것으로 보는 것이 순리이다. 철의 아들인 가건이 1576년생인 것으로 미루어 충분히 제사를 감당할 나이이기 때문이다. 하지만 더 이상 구체적인 운영의 실태는 사료의 제약으로 파악하기 어렵다.

다음 증조부모의 기제사이다. 증조부 제사의 경우 장흥효 본가에서 주관한 경우가 9회, 하리에 거주하는 表叔이 2회, 재종제가 1회로 나타난다. 증조모 제사의 경우는 장흥효 본가 1회, 표숙 1회, 재종제 2회, 春坡谷·村北·族人家·上里 등지에 사는 사람이 각 1회 담당한 것으로 나타난다.

이로써 미루어본다면 증조부의 제사는 장흥효 본가에서 9회를 담당하여 대부분을 감당하였음을 알 수 있다. 증조모의 경우는 장흥효 본가에서는 1회를 맡았고, 나머지는 모두 다른 집에서 맡았음을 알 수 있다. 그런데 그 다른 집을 나타낸 춘파곡·촌북·족인가·상리라는 지명 표현도 모두 재종제의 집을 나타내었을 가능성이 크다고 본다. 그것이 옳다면 재종제가 6회를 담당하여 대부분을 감당한 것으로 된다. 따라서 증조부모의 경우는 고조부모의 경우만큼 분할이 완전하지는 않으나 어느 정도 분할이 주가 된 상태에서 약간의 윤회가 가미된 형태였음을 알 수 있다.

다음은 조부모의 기제사이다. 조부의 경우 大豆松村 1회, 洛上 1회, 본가 5회, 매부 權僩 1회로 나타난다. 조부의 제사는 장흥효 본가가 8회 중 5회를 담당한 것이다. 나머지 3회 중 1회는 府南에 사는 매부 권한이 감당하였고, 주관자가 확실하지 않은 대두송촌과 낙상 지역의 후손이 각각 1회씩을 담당한 것으로 나타난다. 조모의 경우는 장흥효 본가가 9회를 담당하였다. 일기에서 확인되는 9회 모두 경당 본가에서 담당한 것으로 나타난다. 따라서 점차 장자 봉사가 자리잡아가는 가운데 부분적으로 윤회의 흔적이 남아있는 것으로 보인다.

다음은 부모의 기제사이다. 부의 제사 주관자로는 본가 8회, 매부 권한 1회로 나타나고, 모의 경우 본가 7회, 매부 2회로 나타나있다. 이로 미루어 볼 때 부모의 제사 경우도 장자인 장흥효가 대부분의 제사를 맡은 가운데, 매부 권한이 한 두 번씩 제사를 모신 상황이다.[17] 권한의 입장에서 보면 장인과 장모의 제사를 한 두 차례 감당한 셈이다. 제사의 담당은 당시의 재산 상속의 습속과 밀접한 관련을 맺고 있는데, 장흥효의 경우는 재산 분재기 등이 남아있지 않아 구체적인 더 자세한 상황은 더 이상 추정하기 힘들다.

그 외 장흥효는 자신의 남동생과 여동생의 제사도 지내고 있었다. 일

---

17) 1618년, 1622년, 1625년 세 차례에 걸쳐 부남에 있는 매부 집에서 부모의 기제사를 지냈는데, 이 때 장흥효는 매부집으로 가서 기제사에 참여하였다. 장흥효는 제사를 위해 짧게는 2박 3일에서 길게는 5박 6일 정도 매부의 집에 머물렀다.

기에는 각각 7회씩 기제사를 주관하여 지낸 것으로 나타나있다. 결락되었거나 기록하지 않은 경우를 제외하면 동생들의 기제사는 모두 장흥효가 주관한 셈이다. 그리고 어떤 이유에서인지는 확실치 않으나 종조부의 제사를 집에서 지내고 있었다. 1619년부터 일기에 나타나기 시작하여 5회를 주관하여 지냈고, 1회를 참석하였다. 장흥효의 종조부는 한과 익두 명이다. 익의 손자 보가 생존한 상황임을 감안하면 제사를 지낸 종조부는 한임이 분명하다. 아마 후손이 너무 어려 제사를 모실 형편이 되지 않았기 때문인 것으로 짐작이 되지만 정확한 이유는 알 길이 없다.

장흥효는 이상과 같은 부계 친족 외에도 외가와 처가의 제사를 주관하여 지내거나 참석하고 있었다. 그러나 그 강도는 부계 친족에 비교될 정도가 아니었다. 부계 중심으로 확실하게 굳어져가는 상황을 잘 보여주고 있으면서도 잔존한 관행도 엿볼 수 있다. 일기에 나타난 외가와 처가의 기제사 상황을 나타내면 다음 <표 2>와 같다.

〈표 2〉 장흥효 가문의 외가 및 처가 기제사 상황

연도	외고조부 (6.24)	외증조부 (9.19)	외조부 (11.24)	외조모(8.5)	장인(3.13)	장모(2.26)	처 (9.25)
1614	-	-	본가◎	大豆松村○	결락	결락	
1615	-	외숙	외숙○	-	-	-	
1616	외숙○	-	본가◎	표질	-	본가◎	
1617	-	-	-	외숙	본가?	-	
1618	-	-	결락	-(외숙사망)	-	-	
1619	-	-	-(처상)	○	본가◎	본가◎	처상
1620	결락	-	본가◎	-	결락	결락	소상
1621	-	-	-(장인상)	-	-	-	대상
1622	-	-	본가◎	-	-	-	본가◎
1623	-	-	-	-	-	○?	본가◎
1624	-	-	결락	본가◎	-	-	본가◎
1625	-	-	결락	본가◎	-	-	본가◎

외조부 기제사의 경우 장흥효 본가에서 3회를 주관하여 지냈고, 그 외 외숙 1회, 무기록 5회, 결락 3회이다. 그리고 외조모 기제사의 경우 본가 3회, 외숙 1회, 표질 1회, 대두송촌 거주자 1회, 주관 미상 1회, 무기록 5회 등이다. 이와 같이 장흥효는 본가에서 외조부모의 제사를 각각 3회씩 주관하였으며, 외숙이나 표질이 주관한 기제사에 5회 정도 참석하였다. 그러나 일기에 기록조차 하지 않은 경우가 각각 5회씩이나 되어 친가보다는 관심도가 낮았음을 알 수 있다.[18] 그런 가운데 예전부터 내려오던 외손봉사의 풍속이 윤회봉사의 형태로 약간 잔존하고 있었음을 보여주고 있다. 그리고 4대 명절에 외조부모의 제사를 직접 주관한 것이 3회, 참석한 것이 10회로 나타나 외조부모에 대한 관심은 상당히 유지되고 있었음을 볼 수 있다.

관심의 정도가 떨어지는 것은 장인과 장모 제사의 경우도 마찬가지였다. 자신의 집에서 주관하여 모신 것이 분명한 것은 3회 정도였고, 나머지는 거의 기록조차 하고 있지 않았다. 장흥효의 부모의 제사를 매부인 권한이 3회 남짓 지낸 것과 수적으로 거의 비슷하다. 당시 장흥효 가문의 장인과 장모에 대한 관심은 거의 그 수준이었음을 짐작할 수 있다. 처상을 당한 이후 처의 기제사는 당연히 장흥효 집에서 지내고 있었다.

이상과 같이 외가와 처가의 제사는 친가에 비해서는 관심이 많이 떨어진 상황임을 알 수 있다. 제사 모시는 주체가 거의 부계 중심의 친가로 넘어간 모습을 보이고 있다고 하겠다.

---

18) 외고조부와 외증조부 기제사의 경우에는 한 두 차례 참석한 사실이 기록되어 있고, 그 외는 논급조차 되고 있지 않으며, 외고조모와 외증조모의 기제사는 한 번도 일기에 논급된 적이 없다.

4. 사시제의 봉행

사시제는 춘하추동의 중간달인 2·5·8·11월에 사당에서 지내는 제사이다. 우리나라 전통에서는 원래 없던 것인데, 주자가례가 도입되면서 강조되었던 것이다. 그러나 현실에서는 뿌리내리기가 쉽지 않았다. 명절 제사와 비슷한 시기에 겹치는 경향이 있었기 때문이다. 2월은 대개 한식과 겹쳤고, 5월은 단오, 8월은 추석, 11월은 동지와 각각 비슷한 날짜였다. 경당보다 거의 반세기 빠른 시기를 살았던 묵재 李文楗(1495-1567)이 남긴 『默齋日記』에는 시제와 명절 제사가 혼재되어 있던 모습을 잘 보여주고 있다.[19]

성리학이 뿌리내리면서 유학자들은 사시제의 실행을 힘써 강조하는 모습을 보였다. 사시제의 설행 여부를 통해 주자가례의 정착 정도를 가늠할 수 있는 것이다. 경당일기에는 사시제를 지낸 흔적이 일기의 곳곳에 드러나고 있다. 일기에서는 사시제를 時薦禮 또는 時祀라고 표현하고 있는데, 일기가 시작되는 1614년부터 마지막인 1625년까지 사시제 관련 기록은 나타나고 있다. 이로써 경당 가문이 이 시기에 사시제를 지내고 있었음이 분명하다. 일기에 나타나 있는 사시제 상황을 나타내면 다음 <표 3>과 같다.[20]

---

19) 정긍식, 앞의 「묵재일기에 나타난 家祭祀의 실태」, 240쪽.
20) 표 안의 '결락'은 일기 자체가 없는 경우를 나타내고, 표시 '-'는 일기를 쓰지 않았거나 또는 썼더라도 사시제에 대한 논급이 없는 경우를 나타낸다. 표시 '◎'는 장흥효가 제사를 주관한 경우, 표시 '○'는 제사를 주관하지는 않았지만 참석한 경우, 표시 '×'는 제사가 있다는 사실은 일기에 기록하였지만 참석하지 않은 경우를 각각 나타낸다. 괄호 안은 날짜와 제사의 대상을 나타낸다.

<표 3> 경당일기에 나타난 사시제의 설행 모습

연도	춘(2월)	하(5월)	추(8월)	동(11월)
1614	결락	결락	-	시천례○(11.9:고중조) 시천례◎(11.22)
1615	-	-	-	시천례◎(11.5) 시천례○(11.27:고조) 시천례○(12.7:증조)
1616	-	-	-	시천례◎(11.8) 시천례○(11.13:고중조) 시천례○(11.20:외조고)
1617	-	-	-	시사×(11.26:외조고) 시사○(11.28:고중조) 시사◎(12.1:조·고)
1618	-	-	-	결락
1619	-	-	-	결락
1620	결락	결락	-	시천례◎(11.4) 시천례◎(11.14:선조)
1621	-	-	-	-
1622	시천례◎(2.21)	시천례◎(5.2)	시천례◎(8.14)	시천례○(11.5:선조) 시천례◎(11.15)
1623	-	시천례◎(5.8)	시천례◎(8.19)	시천례◎(11.1:고중조) 시천례◎(11.11)
1624	-	-	시천례○(8.13:선조) 시천례◎(8.15)	결락
1625	시천례◎(2.28)	-	시천례◎(8.13)	결락

위 표에서 알 수 있듯이 경당 가문은 처음부터 1년에 춘하추동으로 4차에 걸쳐 사시제를 지낸 것은 아니고 11월에 한차례 지낸 것으로 일기에 나타나있다. 한 해를 마무리하는 의미가 있는 11월에 행하는 사시제에 가장 관심을 가지고 잘 설행한 경향을 보이고 있다. 그 후 일년에 네 번에 걸쳐 사시제를 분명하게 지낸 것으로 일기에서 확인되는 것은 1622년부터이다. 이 해에는 11월은 물론이고 2월, 5월, 8월에도 시천제라는 표현을 분명하게 쓰고 있다. 특히 1623년 8월의 경우는 속절례 즉

추석이라고 하여 8월 14일에 선조 묘소를, 8월 15일에 부모묘소를 각각 성묘한 바 있었는데, 8월 19일에 시천례라고 하면서 따로 지내고 있는 데서 그 점을 분명하게 확인할 수 있다. 이러한 모습은 1624년과 일기의 마지막 해인 1625년에도 그대로 나타나고 있다.

또 하나의 특징은 사시제를 조상별로 나누어 분담하여 지냈다. 경당 가문의 경우 경당 이 조고비와 고비의 사시제를 자신의 집 사당에서 직접 주관하여 지냈고, 재종제의 집에서 고조고비와 증조고비의 사시제를 주관한 것으로 나타나있다. 1615년에만 고조고비의 시천례와 증조고비의 시천례를 각각 다른 집에서 지낸 것으로 나타나있는데, 이 때 증조고비의 시천제를 과부의 착오로 12월에 지내게 되는 불상사가 일어나기도 하였다. 경당은 물론 재종재가 분담하여 지내는 고조고비와 증조고비의 사시제에도 빠짐없이 참석하고 있었다.

이로써 미루어보면 경당 가문의 경우 사시제를 받아들인 시기가 적어도 1614년 이전이었음을 알 수 있다. 그런데 1621년까지는 일년에 4차례의 제사를 꼬박꼬박 챙겨서 지낸 것 같지 않고 주로 일년 한번 11월에 사시제를 지냈다. 그러다가 1622년부터는 사시제를 일년에 4차례 지내는 변화가 나타났다. 그 변화의 원인에 대해서는 구체적인 자료가 없어 알 수 없지만 좀 더 주자가례에 충실하려는 의도가 반영된 결과인 것은 분명하다. 사시제의 정착 모습은 비슷한 시기 예안의 계암 김령(1577-1641)이 쓴『계암일록』(1603-1641)에도 잘 나타나 있다.

경당일기는 일년의 한차례 지내던 사시제가 4차례로 늘어나던 과도기의 모습을 고스란히 전해주고 있다. 즉 12년간의 경당일기 속에서 사시제가 경당 가문에서 정착되어 가는 변화의 모습을 추적 발견할 수 있는 것이다. 이는 경당일기가 가지는 큰 의미이자 가치라고 할 수 있다.

5. 명절제사와 삭망참

명절 제사도 節祀 또는 俗節禮라고 표현하면서 당연히 지냈다. 특히 정조, 한식, 단오, 추석의 4대 명절의 경우는 관심을 가지고 거의 빠짐없이 기록하고 있는 편이었다. 한가지 특기할 점은 매번 4대 명절에 즈음하여 조상 묘소를 찾는 拜掃禮를 행하고 있었다는 점이다. 명절날 묘소에서 제사를 지내는 묘제는 고려말 도입된 주자가례에 의해 가묘가 보급되기 훨씬 이전부터 행해져오던 우리 민족의 오랜 습속이었다.

그런데 주자가례가 들어와 집안에 가묘가 설립된 이후에는 상호 충돌이 일어나면서 일찍부터 논란이 있었다. 한강 정구는 명절의 묘제는 우리나라에서 가묘를 세우기 전에 행해오던 것으로서, 가묘를 세운 이후에는 주자가례에 따라 지내는 것이 옳다고 하였다.[21] 그리고 율곡 이이는 「祭儀鈔」에서 한식과 추석에는 가례에 의해 묘제를 지내고, 정조와 단오는 간단하게 지내는 것이 좋다는 의견을 제시한 바 있다.[22]

그러나 의례상의 판단과 현실에서의 실행은 반드시 일치하기 어려운 점이 있었다. 대대로 내려오던 습속을 하루아침에 바꿀 수가 없기 때문에 인정하는 상태에서 절충을 시도하는 형편이었다. 회재 이언적이 『奉先雜儀』에서 명절 날 아침 일찍 가묘에서 薦食을 한 다음 묘소에 가서 상을 차려 배례하는 것이 좋겠다는 절충안을 제시하고, 만약 묘소가 멀리 떨어져 있을 경우에는 이삼일 전에 묘소에 가서 배례하는 것을 허용한 것은 현실을 고려한 조처였던 것이다.[23]

장흥효의 문중에서도 4대 명절의 배소례를 거의 행하면서 가묘에서의 제사도 행하는 절충적인 형태를 띠고 있었다. 경당일기에서 4대 명절을

---

21) 『寒岡集』 7, 答問, 答河淵尚.

22) 『栗谷全書』 27, 祭儀鈔, 墓祭儀.

23) 『奉先雜儀』 上, 俗節則獻以時食.

맞이하여 지낸 제사의 모습을 표로 제시하면 다음 <표 4>와 같다.[24]

〈표 4〉 경당일기에 나타난 명절 제사의 설행 모습

연도	正朝	寒食	端午	秋夕
1614	缺落	缺落	-	節祀◎(8.14:부모:묘소) / 節祀×(8.16:시조)
1615	俗節禮◎(1.1:본가)	俗節禮◎(3.9:묘소) / 拜掃禮◎(3.10:고중조)	拜掃禮◎(5.5:고중조) / 拜掃禮◎(5.5:외조부모)	拜掃禮◎(8.14:고조부모:본가) / 拜掃禮◎(8.14:조부모,부모:묘소) / 節祀○(8.15:증조부모,외조부모)
1616	節祀○(12.28:증조부모) / 拜掃禮○(12.29:고조부모,외조부모) / 拜掃禮○(12.29:조부모,부모) / 歲謁禮○(1.1:본가)	俗節禮◎(2.20)	俗節禮◎(5.5:본가)	節祀○(8.13:증조) / 節祀◎(8.14:조부모,외조부모:묘소) / 節祀○(8.15:고조부모:齋舍)
1617	俗節禮◎(12.28:증조부모,조부모,부모) / 俗節禮◎(12.29:고조부모,외조부모) / 歲謁禮◎(1.1)	節祀禮◎(2.29) / 節祀禮◎(3.2:고중조)	節祀○(5.1:증조부모) / 節祀禮○(5.2:조부모,부모) / 節祀○(5.4:외조부모)	節祀◎(8.14:증조부모,부모:본가) / 節祀◎(8.15:고조부모:산소)
1618	俗節禮◎(12.28:본가) / 節祀○(12.29:외조부모) / 歲謁禮○(1.1:가묘)	俗節禮◎(3.13)	俗節禮◎(5.2)	節祀◎(8.15:조부모,부모) / 節祀○(8.15:외조부모)
1619	缺落	俗節禮◎(2.23:고중조부모:본가) / 俗節禮◎(2.23:조부모,부모:묘소)	俗節禮◎(5.2) / 俗節禮○(5.5:고중조부:산소)	俗節禮◎(8.13:여러신위:산소)
1620	俗節禮×(12.29) / 缺落	缺落	缺落	-
1621	歲謁禮○(1.4:외조:사당)	-	節祀禮○(5.2:고조부모,조부모) / 節祀禮△(5.3:증조부모) / 節祀禮○(5.4:외조부모)	俗節禮◎(8.12) / 俗節禮○(8.14:고조부모,외조부모)

24) 표 안의 '결락'은 일기 자체가 없는 경우를 나타내고, 표시 '-'는 일기를 쓰지 않
   았거나 또는 썼더라도 명절에 대한 논급이 없는 경우를 나타낸다. 표시 '◎'는 장
   흥효가 제사를 주관한 경우, 표시 '○'는 제사를 주관하지는 않았지만 참석한 경
   우, 표시 '△'는 다른 사람을 시켜서 제사를 지내게 한 경우, 표시 '×'는 제사가
   있다는 사실은 일기에 기록하였지만 참석하지 않았거나 못한 경우를 각각 나타낸
   다. 괄호 안은 각각 제사 날짜, 대상, 장소를 나타낸다. 正朝 부분의 괄호안 제사
   날짜 12월은 특성상 전년도 12월을 가리킨다.

1622	節祀禮◎(12.28) 歲謁禮◎(1.3)	奠杯禮◎(2.27:묘소)	-	-
1623	節祀◎(12.22:중조이하) 奠杯禮◎(1.1:사당)	-	-	俗節禮○(8.14:선조) 奠杯禮◎(8.15:묘소)
1624	拜掃禮◎(12.28:중조부모, 외조부모) 拜掃禮○(12.30:고조) 參謁禮◎(1.1:가묘)	寒食節拜掃×(2.21)	俗節禮◎(5.5:여러신위: 寓所)	俗節禮○(8.14:외조부 모:묘소) 奠杯斬草禮◎(8.14:여 러신위:묘소)
1625	缺落 謁廟禮◎(1.1)	節祀○(3.1:고중조)	俗節禮◎(5.5:산소)	斬草奠酌◎(8.12:묘 소) 拜掃禮○(8.15:고중 조:묘소)

위 표에서 보듯이 명절 제사는 관심을 가지고 일기에 자세하게 기록하고 있었다. 그는 명절 때마다 거의 주관하는 제사가 있었으며, 또한 다른 친척이 주관하는 제사에도 거의 매번 참석하고 있었다. 일기에는 제사의 대상이 된 인물과 장소가 대부분 구체적으로 제시되고 있었다. 자신이 주관한 제사의 대상은 고조부모, 중조부모, 조부모, 부모에 거의 한정되어 있었다. 기제사 때와 마찬가지로 성묘의 경우도 자손별로 분할하여 담당하였는데, 다른 자손이 주관할 때도 장흥효는 거의 참석하고 있었다. 그리고 외조부모의 성묘는 장흥효가 주관하지는 않았지만 많이 참석한 것으로 일기에는 나타나고 있다.

특기할 것은 앞에서도 논급하였듯이 4명절 때마다 산소에 성묘를 하였다는 점이다. 배소례, 전배례, 속절례, 절사 등으로 다양하게 표현되었다. 그리고 집의 사당에서 제사를 모신 경우도 함께 나타나고 있다. 특히 정조의 세알례는 거의 사당에서 지냈다. 그리고 10월에 특정한 날짜를 정해서 遞遷한 조상에 대해 묘소에서 지내는 묘제의 경우는 경당일기에는 전혀 나타나지 않는다. 이는 김령의 경우에도 마찬가지였다. 아직은 10월 묘제가 정착되지 않은 것으로 생각된다.

이로 미루어 볼 때 장흥효가 활동하던 17세기 초 안동지역에는 아직까지 시속을 따르는 모습이 명절 제사를 중심으로 강하게 잔존하였음을 확인할 수 있다. 주자가례에 맞게 바뀌는 것은 좀 더 시간이 필요하였다. 그 과도기적인 모습을 경당일기는 구체적이고도 명확하게 보여주고 있는 것이다. 여기에 경당일기의 자료적 가치와 의미가 있다.

다음으로 4대 명절이 아닌 일반적인 속절의 경우이다. 1월 15일 정월 보름, 3월 3일 삼짇날, 6월 6일 유두, 7월 7일 칠석, 9월 9일 중양절, 동지, 납일 등이 그것이다. 경당일기에는 이에 대한 기록이 거의 되어 있지 않다. 실제로는 제사를 지냈으나 기록을 하지 않았다고 볼 수도 있지만, 그보다는 지내지 않았을 가능성이 더 큰 것으로 보는 것이 옳을 듯하다. 그 이유는 구체적으로 알 수는 없다. 다만 동네에서 주관하는 七夕會, 九九會 또는 登高會에 참석하였다는 기록이 가끔 보일 뿐인데, 아마 금계리에서는 칠월칠석과 중양절에는 동네 단위로 함께 모이는 회합을 가진 듯하다. 이는 앞의 『계암일록』을 쓴 김령의 경우에는 위의 4대 명절뿐아니라 정월 보름, 청명절, 삼월삼짇날, 유두절, 칠월칠석, 중양절, 동지 등에도 간단하게나마 거의 제사를 지낸 것과는 비교되는 부분이다.

초하루와 보름에 사당에서 간단하게 지내는 삭망참도 1620년과 1621년의 일기에는 비교적 다수 설행한 것으로 기록되어 있으나, 나머지 연도에는 거의 나타나지 않는다. 이는 설행하지 않은 것이 아니라 기록을 하지 않은 것으로 이해하는 편이 옳을 듯하다. 삭망참은 김령의 경우에도 거의 빠짐없이 지내고 있었다.

6. 맺음말

경당 장흥효는 학봉 김성일을 통해 퇴계 이황의 학통을 이어받아 갈암 이현일에게로 전한 영남 안동의 유학자였다. 최근 발견되어 학계에 보고된 그의 일기인 『경당일기』는 상권이 망실된 채 중·하권만이 전하고 있다. 1614년(광해군 6) 그의 나이 51세 때부터 1625년(인조 3) 62세 때까지 도합 11년 6개월간의 일기이다. 본 글은 17세기 초 약 12년간의 상황을 알려주는 이 일기에서 비교적 자세하게 전하고 있는 제사의 상황을 분석하였다. 17세기 초 안동지역 유학자 가문의 봉제사 모습의 일단을 파악하고자 하였다. 이 시기는 주자가례에 입각한 제례가 완전히 정착하기 직전 시기로서 바로 과도기의 모습을 파악할 수 있는 의미가 있는 시기인 것이다.

먼저 기제사의 경우 4대 봉사를 하였음이 확인되었다. 16세기후반이래 안동지역에서 시행된 4대 봉사의 관행을 장흥효 집안에서도 따른 것이었다. 그런데 아직까지 장자봉사가 완전하게 정착된 상태는 아닌 과도기였음을 확인할 수 있었다. 장흥효는 고조부모와 증조부모의 기제사를 재종제와 분할하여 봉사하고 있었다. 자손이 귀한 집안이었던 탓에 장흥효의 가장 가까운 친가쪽 친족이 재종제였다. 장흥효는 고조모와 증조부의 기제사를 거의 전담하였고, 재종제는 고조부와 증조모의 기제사를 거의 전담하였다. 한 두 번은 그의 고모집에서 맡은 것으로 나타난다. 이러한 모습은 장흥효 이전 시기에 관행이었던 분할봉사가 그의 대까지도 이어지고 있었음을 보여주는 것이다. 조부모의 제사는 거의 장흥효가 전담한 가운데, 고모와 매부집에서 두 세 차례 주관하고 있었다. 부모의 제사는 장흥효가 대부분 지내는 가운데, 매부집에서 3회 정도 지낸 것으로 나타났다. 장자봉사가 굳어진 가운데 윤회봉사의 흔적이 약간 남아있는 상태였음을 알 수 있다. 그 외 장흥효는 일찍 죽은 자신의 남동생과 여동생의 기제사도 지내고 있었다.

장흥효는 부계 친족 외에도 외가와 처가의 제사를 주관하여 지내거나 참석하고 있었다. 그러나 그 강도는 부계 친족에 비교될 정도가 아니었다. 장흥효는 본가에서 외조부모의 제사를 각각 3회씩 주관하였으며, 외숙이나 표질이 주관한 기제사에 5회 정도 참석하였다. 그러나 일기에 기록조차 하지 않은 경우가 각각 5회씩이나 되어 친가보다는 관심도가 상당히 떨어졌음을 알 수 있다. 관심의 정도가 떨어지는 것은 장인과 장모 제사의 경우도 마찬가지였다. 자신의 집에서 주관하여 모신 것이 분명한 것은 3회 정도였고, 나머지는 거의 기록조차 하고 있지 않았다. 장흥효의 매부가 자신의 장인·장모 제사를 지낸 3회와 수적으로 거의 비슷하다. 당시 장흥효 가문 사람들의 장인·장모에 대한 관심의 수준은 대개 그 정도였음을 짐작할 수 있다. 부계 중심으로 점차 굳어져가고 있던 상황을 잘 보여주는 구체적인 사례라고 하겠다.

다음으로 사시제는 춘하추동의 중간달인 2·5·8·11월에 사당에서 지내는 제사이다. 우리나라 전통에서는 원래 없던 것인데, 주자가례가 도입되면서 강조되었던 것이다. 사시제의 설행 여부는 주자가례의 정착 정도를 가늠할 수 있는 주요한 하나의 잣대이다. 경당일기에는 사시제를 지낸 흔적이 일기의 곳곳에 드러나고 있다. 그러나 장흥효 가문은 처음부터 1년에 춘하추동으로 4차에 걸쳐 사시제를 지낸 것은 아니고 11월에 한차례 지낸 듯하다. 그 후 일년에 네 번에 걸쳐 사시제를 분명하게 지낸 것으로 확인되는 것은 1622년부터였다. 일년에 한번 지내던 사시제를 네 번으로 늘려서 완전하게 지내게 되는 과도기의 모습을 경당일기에서 고스란히 확인할 수 있었다. 또한 사시제를 지내는 방식도 파악할 수 있었는데, 후손들이 나누어 분담하여 지냈다. 장흥효는 조부모와 부모의 사시제를 자신의 집 사당에서 지냈고, 재종제는 고조부모와 증조부모의 사시제를 분담한 것으로 나타나있다. 장흥효는 물론 재종재가 주관한 사시제에도 거의 빠짐없이 참석하고 있었다.

명절 제사도 절사 또는 속절례라고 표현하면서 당연히 지냈다. 특히 정조, 한식, 단오, 추석의 4대 명절의 경우는 관심을 가지고 거의 빠짐없이 일기에 기록하고 있었다. 장흥효가 주관한 명절 제사의 대상은 직계

4대 부모에 거의 한정되어 있었다. 성묘의 경우 기제사 때와 마찬가지로 자손들이 분할하여 담당하였는데, 다른 자손이 주관할 때도 장흥효는 거의 참석하고 있었다. 그리고 외조부모의 성묘는 장흥효가 비록 주관하지는 않았지만 자주 참석한 것으로 일기에는 나타나 있다.

특기할 점은 매번 4대 명절에 즈음하여 조상 묘소를 찾는 성묘를 행하고 있었다는 점이다. 명절날 묘소에서 제사를 지내는 묘제는 고려말 도입된 주자가례에 의해 가묘가 보급되기 훨씬 이전부터 행해져오던 우리 민족의 오랜 습속이었다. 장흥효의 집안에서도 4대 명절의 성묘를 거의 행하면서 주자가례에 입각한 가묘에서의 제사도 행하는 절충적인 형태를 띠고 있었다. 역시 과도기적인 모습을 경당일기에서 구체적이고도 명확하게 확인할 수 있었다. 이런 과도기적인 모습은 10월 묘제가 그의 일기에 아직까지 전혀 나타나지 않는 데서도 확인할 수 있다.

경당일기를 통해 17세기 초반 영남 안동지역 사족의 제사를 모시는 모습을 파악할 수 있었다. 조선전기의 분할봉사와 윤회봉사의 관행이 점차 주자가례의 정착에 따라 조선후기의 장자 봉사로 변화해가는 큰 흐름 속에서 볼 때 장흥효 집안의 제사 방식은 바로 그 과도기적인 모습을 잘 보여주는 구체적이고도 명확한 사례인 것이다.

제4장 수암 류진의 삶과 생활

1. 머리말

修巖 柳袗[1582(선조 15)~1635(인조13)]은 안동에서 거주지를 상주로 옮겨 정착한 남인 학자였다. 그는 서애 류성룡의 아들로서 안동 하회 낙동강변이 그의 고향이다. 서울서 관직 생활하는 아버지로 인해 서울에서 태어나 서울과 하회를 오가면서 소년기와 청년기를 보냈고, 30대 중반에 상주의 낙동강 근처로 이거하여 나머지 생을 보낸 인물이다.

그는 정승의 아들로서 남다른 자부심을 가지고 살았을 것이다. 또한 퇴계 이황의 적전으로서 부친 서애가 가진 학통상의 위상은 존경의 대상이었을 것이다. 이는 그만큼 류진에게는 부담과 중압감으로 다가왔을 것이지만, 그 정도에 위축될 인물은 아니었다. 진사시의 1차 시험과 2차 시험을 모두 수석으로 합격할 정도의 출중한 자질을 갖추고 있었다. 그러면서 정승의 아들로서 늘 근신하는 태도로 겸손하게 처신하여 한 번도 구설수에 오르지 않았다. 학문도 겸허한 자세로 갈고 닦았다.

여기서는 먼저 류진의 명문가 후예로서의 가계와 학문적 연원에 대해 살피고, 세신으로서 세상에 나아가 사환한 모습을 살피고자 한다. 이어 낙동강의 지류인 상주의 위천변에 거주하면서 농사짓는 방법을 탐구하여 농서까지 편찬한 그의 생활인으로서의 모습을 살피겠다. 그리고 11세의 어린 나이에 임진왜란을 당하여 피난한 시절을 회상하여 남긴 기록과

31세에 억울하게 역모에 연루되어 수개월 고생하다가 풀려난 전말에 대한 기록을 통하여 그의 기록인으로서의 자세와 모습도 살피고자 한다.

2. 가계와 학연

1) 가계

본관은 豊山이다. 자는 季華이고 호는 修巖이다. 영의정을 지낸 서애 류성룡의 셋째 아들이다.[1] 선대이래 안동의 하회에서 대대로 살아왔으나 부친이 서울에서 관직생활을 하는 관계로 서울의 집에서 태어났다. 8세 되던 해에 서울에서 어머니 이씨를 여의는 슬픔을 맛보았다. 9세가 되던 해에 부친이 우의정에 제배됨에 따라 이후 정승의 아들로서 유년기를 보내었다.

16세에 부인 권씨를 맞이하였다. 권씨는 충재 권벌의 증손이었다. 26세가 되던 해에 부친을 여의었다. 두 해 전에 이미 큰 형이 젊은 나이로 세상을 떠난 터여서 슬픔은 더욱 컸을 것이다. 이어 31세 때는 둘째형마저 세상을 떠남으로써 이후로는 부모 형제가 모두 없는 외로운 삶을 살았다고 할 수 있다. 그에게 지워진 부담이 얼마나 컸을 것인지도 짐작되는 부분이다.

류진은 부친이 세상을 떠난 10여년 뒤인 1618년(광해군 10) 37세 봄에 안동 하회에서 상주 가사리에 이거하여 정착하였다. 그 직계 후손들은 愚川派라 불리었다. 상주지역에는 부친인 류성룡이 일찍이 상주목사로 재임시에 학문을 가르쳤던 제자들이 다수 포진되어 있던 곳이기도 하

---

1) 『수암집』, 연보(수암문집간행소, 1980). 이하 가계와 관련한 설명으로 따로 전거를 밝히지 않은 것은 이 연보에 의거하였다.

다. 이러한 학연을 바탕으로 그들 집안과 혼인관계까지 맺으면서 안정적
으로 상주에 정착할 수 있었다.[2]

그는 아들 류천지를 상주의 유력 재지사족이자 서애 류성룡의 문인인
이준의 딸과 혼인시켰다. 그리고 서애의 적전으로 상주의 율리에 세거하
던 정경세의 손자 정도응을 사위로 맞이하였다. 류진은 정경세로부터는
학통을 이어받아 다시 그 학통을 정도응에게 전하였기 때문에 정씨 집안
과는 학문과 혼인을 상호 교차하여 주고받으면서 각별한 결속을 유지하
게 되었다.

그의 가계를 간략하게 살펴보면 <도 1>과 같다.

풍산 류씨 우천파는 류진이래 상주 가사리에 거주하다가 그의 현손인
류성로대에 이웃 마을인 우천리로 이거하여 정착하였다. 우천파라는 이
름은 여기에서 유래하였다. 이곳은 낙동강과 渭川이 합류하고 속리산·
팔공산·일월산의 地氣가 모이는 二水三山의 명당으로 알려져 있다.

류진의 6대손인 강고 류심춘이 다시 학문적인 중망을 받으면서 서애
학통의 주맥으로 우뚝 서게 되었다. 류심춘은 류성로의 둘째 아들인 류
광수의 아들이었으나, 큰 아버지 류발이 25세의 나이로 후사없이 세상을
떠났기 때문에 양자로서 그의 대를 잇게 되었다. 정조 10년(1786) 생원
시에 합격하였고, 이어 학행으로 몇몇 관직에 천거되었으나 모두 출사하
지 않고 학문에 전념하였다.[3]

류심춘의 아들인 낙파 류후조는 음서로 관직에 진출하여 부사로 재직
시인 철종 9년(1858) 61세로 문과에 급제하였다. 홍선대원군의 집정시기
에 남인계 중용책에 따라 초고속으로 승진을 거듭하여 고종 3년(1866)에
우의정에 임명되었고 이듬해에 좌의정에 이르렀다.[4] 영남지역 남인에서

---

2) 우인수, 「계당 류주목과 민산 류도수의 학통과 그 역사적 위상」, 『퇴계학과 한국
   문화』44, 2009, 8쪽. 이하 풍산 류씨 우천파에 대한 서술도 이 논문에 의거하였음
   을 밝혀둔다.
3) 류심춘, 『강고문집』, 연보(경북대 소장본).

정승이 배출된 것은 8대조 류성룡에 이어 약 300년 만에 처음 있는 일이
었다.

〈도 1〉 류진의 가계도

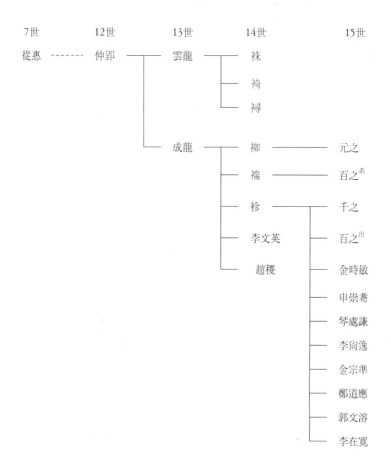

4) 류후조, 『낙파문집』, 대보사, 1995.

류후조의 아들 류주목은 할아버지 류심춘의 학문적 적통과 世臣으로서의 가계를 함께 이었다. 어려서부터 22세에 이르기까지 조부에게서 학문적 기초를 닦았다. 조부로부터 학문적 자질을 인정받았으며, 그 가르침을 받아 爲己之學에 전념하게 되었다. 과거에 응시한 바는 있으나 과장의 부정을 목격하고는 더 이상 과거에 미련을 두지 않고 학문에만 정진하였다. 고종 대에 몇몇 관직에 임명되었으나 모두 사양하고 부임하지 않았다.[5] 그는 성리학, 예학, 역사학, 보학에 두루 통달하여 그에 관한 방대한 저서를 남긴 우뚝한 학자였다.

이렇게 류진은 아버지로부터 학문적인 적통과 세신으로서의 가계를 이어받아 그를 아래로 잘 전수하였다. 이에 그의 후손 중에 학통의 주맥을 잇는 학자를 연이어 배출하게 되었으며, 관직으로는 정승까지 나오게 되었다.

2) 학연

류진은 당시의 대부분의 선비들이 그러하였듯이 여러 선생의 밑에서 공부를 배우고 학문을 논하였다. 서울서 관직생활을 하는 아버지를 따라 유년기를 주로 서울에서 보내었다. 10세에 김치중에게 책을 펴고 배우기 시작하였다. 11세 때부터는 임진왜란으로 인한 피난생활로 인해 학업을 중단할 수밖에 없었다.[6]

16세에 결혼한 직후 고향에 있으면서 부친의 명으로 홍문관 교리 벼슬을 한 경암 노경임에게 나아가 四書를 배웠다. 류진은 아버지로부터도 자연스럽게 『중용』을 위시한 경전을 배우고 학문을 익혔다. 특히 임

---

5) 『승정원일기』128, 고종 4년 12월 12일 신묘, 5년 5월 7일 계미. 『계당전서』(아세아문화사, 1984), 부록, 행장.

6) 『수암집』, 연보, 11세조. 이하 젊은 시절의 공부에 대한 서술도 연보에 의거하였다.

진왜란이 마무리된 이후 북인들로부터 주화론을 폈다는 빌미로 탄핵을 당하여 서울 관직생활을 마무리하고 고향에 내려온 아버지로부터 제대로 공부를 배울 기회를 얻은 것이었다. 이때는 류진이 18세로 한창 나이였을 뿐 아니라 조석으로 모시면서 經義를 講問하였기 때문에 배움에 큰 영향을 받았으리라 생각한다. 셋째 아들의 뛰어난 자질을 보고 류성룡은 "너같은 아름다운 자질은 얻기 어려운지라 退陶 선생 문하에 미치지 못함을 한 하노라"라고 아쉬워하였다고 한다. 마땅히 퇴계 이황 선생에게서 직접 깨우친다면 더욱 크게 대성할 터인데, 이미 이황이 돌아가시고 계시지 않아 그러한 기회를 얻지 못한 세월을 탄식한 것이다. 그만큼 류진은 아버지로부터도 큰 기대를 받는 뛰어난 자질을 지녔던 것이다.

19세에는 큰 형과 둘째 형과 더불어 금계재사에서 독서하였다고 한다. 23세 때도 두 형과 함께 산사에서 독서하며 학문을 강마하였다고 한다. 열심히 공부한 결과 29세에 증광 진사시에 수석으로 합격하는 기쁨을 맛보았다. 그러나 문과에 응시하지는 않았는데, 정승의 아들로서 조심스럽게 처신하려는 그의 마음가짐에서 비롯된 것이었다. 뜻하지 않게 31세 때는 김직재 옥사에 억울하게 연루되어 서울에서 수개월 고초를 겪다가 내려온 후 더욱 근신하려는 마음가짐을 가지게 된 듯하였다. 이때부터 거처하는 방에 '靜坐終日易 操存一刻難'이란 열 글자를 써두고 스스로 가다듬으며 힘썼다고 한다. 이즈음 거처하는 인근의 강가에 우뚝한 바위인 秀嚴을 살짝 바꾸어 修嚴으로 하여 자호를 삼은 것도 같은 맥락에서 이해할 수 있는 부분이다.

37세 때는 안동 하회에서 상주의 가사리로 이거하였다. 부친의 수제자인 우복 정경세와 창석 이준의 거주지와 가까워 서로 강학하기 편하였기 때문이라고 하였다. 류진은 평소 정경세에게 편지를 보낼 때 스스로를 '문하'라고 표현하며 제자의 예를 표하였고, 이에 대해 정경세는 감당하지 못할 호칭이라고 하면서 앞으로는 관함만 쓰기 바란다고 사양한 바 있다.7) 넓게 보면 사제의 관계에 있었다고 보는 것도 자연스럽다.

이황의 학통은 수제자급 적전제자를 통해 크게 몇 개의 계열로 나누어져 계승되었다. 류진은 당연히 서애 류성룡의 학통을 이어받았다. 류성룡의 학통은 그가 상주목사로 재직시에 가르친 바 있던 수제자 우복 정경세에게로 이어졌다. 류진은 아버지인 류성룡과 그의 수제자인 정경세로부터 학문의 적통을 전수받았다. 류진과 정경세의 인연은 류진이 거주지를 안동 하회에서 상주 가사리로 옮기면서 더욱 긴밀하여졌다. 류성룡의 학통이 상주지역을 중심으로 번성하게 되는 계기도 되었다.

류진의 학통은 다시 두 갈래로 나뉘어져 계승되었다. 즉 상주지역을 중심으로 한 계열과 하회를 중심으로 하는 계열로 다시 나누어졌다. 먼저 상주지역을 중심으로 하는 계열은 정경세의 손자 무첨재 정도응이 장인인 류진의 학통을 이어받아 가학을 통해 현손인 입재 정종로에게로 전수하였고, 정종로는 강고 류심춘에게 전하였다. 이러한 정경세 가문과의 각별한 인연을 계당은 조부 류심춘의 행장에서 "대개 우리 문충공(류성룡)께서는 퇴계 이선생(이황)에게서 학문을 배웠고 수암(류진)과 어은(류천지)이 독실히 문정에서 태어나 풍요로운 후손으로 드리웠다. 수암은 또 우복 정경세 선생을 좇아 배웠는데, 정선생의 학문은 우리 문충공에게서 얻어 세칭 도산 再傳의 적자가 되었다. 부군(류심춘)은 입재 정종로 선생을 우복의 손자이자 吾家의 연원이라고 하고 드디어 가서 배웠다"8)라고 하였으며, "부군이 입재를 대하기를 마치 수암이 우복을 대하는 것처럼 하였다"고 하였다.9) 류심춘의 학통이 바로 손자인 류주목에게로 이어졌다. 한편 하회계열은 류진의 학통을 장조카인 류원지가 받아 류도휘에 이르기까지 주로 류씨 가문 내부에서 전수하였다.

---

7) 『국역 우복집』2, 서, 류계화에게 답한 편지, 269-270쪽.

8) 『계당전서』16, 王考江皐府君家狀.

9) 위와 같음.

퇴계 학맥의 서애 계열 학통에서 류진이 차지하는 위상은 뚜렷하고 우뚝하였다고 할 수 있겠다. 아쉬운 것은 54세의 많지 않은 나이에 세상을 뜸으로써 자신의 학문을 정리할 시간적 여유를 별로 가지지 못하였다는 점이다.

3. 관직 생활

1610년(광해군 2) 진사시에서 1차 시험과 2차 시험 모두 수석으로 합격하였다. 그러나 더 이상 문과는 응시하지 않았다. 1616년(광해군 8)에 遺逸로 천거되어 세자익위사 세마에 제수되었으나 사양하고 나아가지 않았다. 대북이 집권하여 영창대군을 죽이고 자주 대옥을 일으키는 정국을 못마땅하게 생각하였기 때문에 일체 관직에는 나아가지 않고 학문에만 침잠한 것이었다.[10)

1623년(인조 1) 인조반정이 일어나 대북이 몰락하고 서인이 집권하자 일부 남인들도 조정에 참여하게 되었다. 이즈음 부제학으로 출사한 정경세가 경연에서 강의하던 중 인조로부터 "남쪽 지방의 인재 가운데 조정에 등용하기에 합당한 사람이 누구인가"라는 하문을 받은 바 있었다. 이때 정경세는 "현저하게 드러난 자로는 장현광을 첫손에 꼽을 수 있는데 이미 거두어 기용하셨고, …… 그 다음으로는 류진이 재주와 덕행이 있는 아름다운 선비인데 어제 정사에서 수령으로 임명되었습니다. 류진은 바로 고 정승 류성룡의 아들입니다"라고 추천하였다.[11) 전날 인사에서 이미 학행으로 천거되어 봉화현감에 임명되었는데, 정경세에 의해 영남

---

10) 『수암집』, 연보, 해당조 참고. 이하 그의 관직 생활과 관련한 서술도 여기에 의거하였다.

11) 『인조실록』1, 1년 4월 22일 신사.

남인의 대표적인 인물로 추천될 정도의 역량과 위상을 확보하고 있었던 것이다. 봉화의 수령으로 재직하면서 토지와 부세를 바로잡아 백성들의 괴로움을 줄여주니 사람들이 여기저기서 돌아와 현의 호구가 크게 늘었다고 한다.

봉화현에서의 치적이 경상도 내에서 최고였기 때문에 이듬해인 1624년(인조 2) 특별히 형조정랑에 임명되었다.[12] 이 때 오랫동안 해결하지 못한 冤獄이 있어 그동안 쌓인 문서만도 큰 상자에 가득하였는데, 류진이 하루 밤에 그 문서를 하나하나 대조하면서 상고하여 정상을 명확하게 밝혀내었다. 형조판서 이서가 "선대감(류성룡을 가리킴)이 어떤 옥사로 하여금 그 애매함을 풀어주더니, 이제 공이 또 이러하도다."라고 하면서 경탄해마지 않았다.

그러나 얼마 되지 않아 벼슬을 사양하고 고향으로 돌아왔다. 1627년 정묘호란이 일어나자 호소사 정경세에 의해 상주의병장에 선임되었다. 호소사가 파견되기 전에 안동지역에서는 자체적으로 의병에 관한 논의가 있었던 모양인데, 그 때 안동 유림들에 의해 안동의병장으로 물망에 오른 바도 있었다.[13] 안동지역에서 가지는 위상이 높았음을 알 수 있다. 그러나 이미 이때는 안동에서 상주로 이거한 이후였던 관계로 호소사에 의해서는 상주의병장으로 선임되었던 것이다. 이때는 여헌 장현광과 정경세가 경상좌우도 호소사를 맡고 있었고, 이준이 호소사 막부의 관량관으로 활약하고 있던 터였기 때문에 류진도 적극적으로 여기에 참여하여 난국 극복에 노력하였다고 생각한다. 의병을 모아두고 엄숙하게 호령할 때 이준이 마침 그 광경을 보고 "나는 류모가 곧고 부드러운 사람으로만 알았는데 그 剛勇이 이와 같을 줄은 몰랐다"고 하면서 칭탄하였다고 한다. 하지만 정묘호란이 워낙 단기간에 그치고 강화가 맺어졌기 때문에

---

12) 『인조실록』7, 2년 12월 22일 임인.
13) 김령, 『계암일록』상(국사편찬위원회, 1997), 1627년(인조 5) 1월 25일, 671쪽.

구체적인 활동상이 겉으로 드러나지는 않았다.

같은 해 1627년에 청도군수가 되었다. 여기서도 역시 봉화현 시절과 마찬가지로 정성을 다하면서 특히 교육에 힘을 썼다. 하지만 이듬해에 收布匠人에 대한 보고에 허위가 있다 하여 파직당하고 상주로 돌아왔다. 1628년에 세자익위사 세마를 거쳐 사복시 첨정에 임명되었으나 사양하다가 1629년에 예천군수에 임명되어 약 1년간 고을을 다스렸다. 1631년에는 합천현감에 임명되어 2년남짓 고을을 다스렸다. 합천현감으로 부임할 때 마침 정인홍의 손자로서 군보에 들어있는 자가 있었는데, 류진이 새로운 현감으로 온다는 말을 듣고 지레 겁을 먹고 도망가고자 하였다고 한다. 이에 류진은 아무리 세상이 변하였기로서니 정승의 손자를 어찌 군보에 충원할 수 있겠는가라고 하면서 군적에서 빼주니 그 손자가 감읍해 마지않았다고 한다.

1634년 지평에 임명되었다. 지평으로 재직시에 장령에 임명된 강학년이 당시 서인정권의 정책을 크게 비판하여 심한 논란이 일어난 바 있었다. 장령 강학년은 인조의 국정 운영을 격렬하게 비판하는 다음과 같은 상소를 올렸다.

> 『서경』에 '정치는 어지러워지기 전에 제어하고 나라는 위태로워지기 전에 보전하라' 하였는데, 전하의 國事는 이미 위태롭고 어지러운 지경에 들어갔습니다. 여러 차례 큰 난을 겪었는데도 조금도 허물을 반성하지 않고 고식책만을 써서 저절로 패망의 지경에 이르게 되었으니, 이는 주나라의 홀어미와 漆室의 처녀가 깊이 걱정했던 것과 같은 상황입니다. 그런데 전하께서는 스스로 총명한 척하며 한결같이 간언을 막기에만 힘쓰시니, 전하께서도 이것이 덕이 많은 임금의 일이 아님을 아실 것입니다. 옛날 亂政으로 나라를 전복시킨 자들과 거의 같은 전철을 밟게 될 것인데, 신은 그 종말이 어떠할지 모르겠습니다.[14]

---

14)『인조실록』30, 12년 11월 3일 을묘.

그야말로 군주에게 직언한 것으로서 목숨을 걸지 않고는 하기 힘든 상소였다. 당연히 조정이 들끓었다. 아무도 함부로 강학년을 옹호하기 위해 나서지 못하고 주저하는 상황이었다. 이 때 류진은 지평으로 있으면서 과감히 나서서 언로를 보호하여야 한다는 뜻으로 그를 두둔하고 나섰다.

> 그의 본뜻을 헤아려 볼 것 같으면 어찌 딴 뜻이 있었겠습니까. 상의 은혜를 받은 것에 감격해서 말을 다해야 한다고만 생각했을 뿐 재량할 줄 알지 못해서 이러한 데에까지 이른 것일 뿐입니다. 그러니 그를 정직하다는 명예를 구하는 자라고 하는 것도 그의 본의가 아닐 듯싶은데, 더구나 신하에게 있어서 극도의 죄목인 임금을 무시하고 不道하다는 것으로 죄안을 삼는 것은 너무 심하지 않겠습니까. 옛날의 밝은 임금들은 말 때문에 죄를 주지는 않았습니다.[15]

우의정 김상용을 비롯하여 뜻을 달리하는 동료 대간들의 공격이 류진에게로 당연히 번졌다. 그 공격은 이듬해 류진이 세상을 떠남으로써 겨우 그쳤다고 한다. 권력에 아부하지 않고 오직 나라의 안위와 장래를 염려하여 언로의 폐색을 막으려한 그의 용기는 높이 살만하다.

이렇게 그는 네 번의 지방 수령직을 맡았고, 지평을 비롯한 중앙 관직에 짧은 기간 근무하는 데 그쳤다. 비록 고관대작을 역임하지는 않았지만 정승의 후예답게 깨끗하고 성실하게 관직생활을 하였다고 생각한다. 그는 평소 사환에 대한 그의 생각을 밝힌 바 있는데, 스스로를 世臣으로 규정하였다. 그래서 관직에 임명한다는 명을 받으면 비록 오래 그 직에 있지 않고 바로 돌아서 돌아왔지만 그러나 반드시 명을 받으면 즉시 달려가 사은하였다. 그러면서 그는 집안 자식들에게 말하기를 "우리는 세신이기 때문에 산야 처사로 자처하여 偃蹇한 태도를 보여서는 안된다."

---

15) 『인조실록』30, 12년 11월 10일 임술.

라고 하면서 후손에게 교육을 시켰던 것이다.[16] 그의 이러한 태도는 그의 후손들에게도 면면히 이어졌다. 8대손이었던 류주목도 수암의 이 말을 상기하면서 처사의 행태와는 다른 처신을 하여야한다는 정승의 후예로서의 일종의 의무감을 피력한 바 있다.[17] 나중에 이조참판에 추증되었으며, 서애 류성룡을 모신 안동 병산서원에 종향되었다.

4. 생활속 기록인의 모습

1) 위빈명농기의 저술

류진은 애초에 농업기술에 무지하였지만 안동 하회에서 상주 위수변으로 이거하여 생활하면서 점차 농사일에 관심을 가지고 농사 지식을 습득하게 되었다. 그리고 그는 이곳에서 노련하고 노숙한 농민에게 재배하는 방법을 물어서 이를 기록함과 동시에 보고 들은 것을 추가하여『위빈명농기』라는 농서를 지었다. 이렇게 자신의 농사 경험과 노숙한 농민의 고견, 그리고 이러저러한 견문을 종합하여 농서를 저술한 것이다. 그는 한 권의 농서를 완성한 후 발문을 썼는데, 바로『수암집』에 나오는 「제위빈명농기후」가 그것이다.[18]

여기서 그는 농서를 편찬한 동기를 다음과 같이 서술하고 있다. 집안에 남겨진 가업이 사라지게 되어 조상의 제사에 정성을 다하지 못하는 상태가 되었고, 자식들 시집 장가드는 것도 제 때를 지키지 못하는 지경에 이르러서 병든 부인과 어린 자식들이 서로 붙들고 배고파서 울며 추

---

16)『수암집』, 부록, 언행록, 246쪽.
17) 우인수, 앞의 「계당 류주목과 민산 류도수의 학통과 그 역사적 위상」, 18쪽.
18)『수암집』3, 題渭濱明農記後.

위를 호소하게 되었다는 것이다. 이에 1618년(광해군 10) 봄에 안동 하회의 옛집을 떠나 상주 위천 근처로 이사하게 되었고, 이를 계기로 앞날의 잘못을 스스로 경계하고 다가올 일에 대해 염려하게 되었다는 것이다. 그리하여 겸손하게 머리를 조아리며 노숙한 농민을 찾아가서 농사짓는 방법을 묻고 깨우치면서 보고 들은 바를 기록하여 한 권의 책으로 만들었는데, 이는 바로 자신의 힘으로 먹는 문제를 해결하려는 계책에서 나온 것이었다고 그 저술 동기를 밝혀놓았다.[19)]

향촌의 재지사족이 농사에 관심을 베풀면서 농서까지 편찬한 예는 흔치 않다. 비슷한 시기 재지사족의 농서로는 16세기 중반에 편찬된 박승의 『농가요람』, 1580년대 무렵에 편찬된 류팽로의 『농가설』, 17세기 초반의 고상안의 『농가월령』 등 몇 종에 불과한 형편이다.[20)] 그러므로 류진이 농사짓는 방법에 관심을 기울이고, 소책자를 마련해두고 있다가 새롭게 알게 된 사실이 있으면 메모를 해두었으며, 급기야 하나의 체계를

---

19) 題渭濱明農記後의 말미에 '戊午九月日渭濱漁隱書'라고 하여 작성 시기와 작성자를 밝혀두고 있다. 무오년은 1618년(광해군 10)에 해당하기 때문에 농서의 편찬 시기를 파악할 수 있다. 다음으로 작성자와 관련하여서는 '위빈어은'이라 하여 '위빈'의 '어은'이 썼음을 밝혀두고 있다. '위빈'은 위천의 물가를 가리키는 말로 바로 류진이 이거한 곳을 가리킨다고 하겠다. '어은'은 물가의 어부로서 은둔의 뉘앙스를 강하게 풍기는 말이라고 하겠는데, 수암 류진의 또 다른 호인지는 불분명하지만 '어은'이든 '위빈어은'이든 그의 처지를 빗댄 것만큼은 분명하다고 하겠다. 류진의 『수암집』, 연보, 37세(1618년)조에 봄에 상주 가사리로 이거한 사실을 적기하고 그 아래에 이어 '渭濱八景詩'를 지었다고 하면서 시 제목 8개를 열거하고 있다. 그리고 이어 이 시는 '渭濱漁隱詩'라고도 불렀는데 전해지지는 않는다라고 하고 있다. 이는 앞의 '위빈어은' 또는 '어은'이 류진을 가리키는 것으로 볼 수 있는 또 하나의 증거이다. 그런데 류진의 아들인 柳千之(1616~1689)의 호가 어은이었다. 아버지 류진과 비슷한 삶을 살고자 하였던 류천지 역시 아버지이래 좋아하였던 비유와 상징을 따서 자신의 호로 삼았을 수도 있겠다. 이와 관련하여 발생할 수 있는 여러 가지 문제는 후일의 자세한 고증을 기다린다.

20) 염정섭, 「17세기 초반 『위빈명농기-전사문』의 편찬 경위와 농법의 특색」, 『농업사연구』3-1, 2004, 98쪽.

세워 농서를 발간하기까지 한 사실은 그가 얼마나 생활인으로서의 실제 학문에 관심을 가졌는가를 실감케 한다.

근래 하회의 충효당 종가에서 농서 한권이 발견되어 학계에 소개되었다. 이 농서는 책의 앞 뒤 부분이 결락될 정도로 낡은 상태였다. 따라서 책명과 저자가 누구인지를 명확하게 알기 어려운 상태로 발견되었다. 처음 이를 학계에 소개한 이수건은 이 농서의 지은이로 수암 류진을 지목하였고, 이 농서가 바로『수암집』에 발문이 실려있는『위빈명농기』일 것으로 추정하였다.[21]

이후 저자와 책명을 둘러싸고 견해를 달리하는 몇몇 연구들이 나오게 되었다. 김건태는 이 농서 속에 류진보다 후대의 인물이 수록되어 있다는 점과 하회 충효당에 소장되어 있다는 점을 중시하여 류진의 장조카인 류원지를 저자로 지목하고 농서의 이름도『충효당농서』로 부를 것을 제안하였다.[22] 이 후 이 견해를 이어받은 최인기는 일련의 논문에서 농서에 등장하는 인물들을 좀 더 치밀하게 추적하는 방법을 통해 김건태의 논리를 보강하여 류원지를 저자로 재확인하는 한편, 농서의 이름은 류원지가 지은 바 있는『田事門』일 것으로 추정하였다.[23]

그 후 염정섭은 이 농서에 나오는 내용을 전후의 농서와 비교하는 방법을 통해 농서의 선후관계와 이에 따른 편찬 시기를 추정하는 치밀한 분석을 통하여 다음과 같은 결론을 도출하였다. 1618년 무렵 류진이『농사직설』등을 참고하고 경상도 상주지역의 농사 관행을 정리하여『위빈명농기』를 지었고, 이 농서를 근간으로 류원지가 여러 지역의 사례 등을 보충하여『전사문』으로 확대 개편하였다고 보았으며, 따라서

---

21) 이수건,「고문서를 통해본 조선전기 사회사의 일연구」,『한국사학』9, 1991.
22) 김건태,「조선중기 이앙법의 보급과 그 의의」,『국사관논총』63, 1995, 17쪽.
23) 최인기,「하회 풍산류씨 서애파 종가 소전 고농서에 관한 연구」, 성균관대 석사학위논문, 1997 ;「졸재 류원지의 농서편찬에 대하여」,『사림』15, 2001.

이 농서의 이름도『위빈명농기 − 전사문』이라는 이름으로 부를 것을 제
안하는 절충안을 제시하였다.[24)

　이상에서 류진이『위빈명농기』라는 농서를 지은 것은 확실하다. 그리
고 그 시기는 위천 근처로 이주한 1618년 경이었다. 그런데 하회 충효당
에 소장되었다가 근래 학계에 소개된 농서가 바로『위빈명농기』인지를
단언할 수는 없지만 적어도 류진이 일정 부분을 기여한 농서인 것만은
분명한 사실로 받아들일 수 있다.

　추후 이 부분을 명확하게 밝혀줄 새로운 자료의 발견이나 연구를 기
대하면서 류진의 견해가 담긴 이 농서의 특징을 살펴보기로 한다. 이 농
서는 지역농서로서의 특색을 분명하게 보여주는 농서이다. 따라서 농서
로서의 구성 체계는 앞서 나온 농서에서 채택되었던 구조나 당대 농법의
수준과 논리체계에 짜 맞춰진 것이 아니었다. 이보다는 오히려 지역적인
농업환경에서 유래한 특정한 농업기술, 지역 내에서 또는 외부 지역에서
확보한 특별한 견문 등에 의거하여 구성된 것이 특징이었다.[25)

　먼저 류진은 농사를 준비하는 데 특별한 주의를 기울였다. 목차에서
도 '종자 준비' 항목을 제일 앞에 두어 종자 관리가 농사의 시작임을 강
조하고 있다. 오곡의 종자를 쌓아두고 말로 하여금 밟고 지나가게 한 후
이 종자를 쓰면 해충을 피할 수 있다는 독특한 방법을 중국의 농서에서
인용하여 제시하고 있다. 겨울에 눈을 모아 저장하였다가 종자와 뒤섞는
방법을 쓰거나 또는 누에와 번데기를 삶은 물 등을 이용하여 종자를 적

---

24) 염정섭, 앞의「17세기 초반『위빈명농기-전사문』의 편찬 경위와 농법의 특색」;
　　「위빈명농기 해제」,『농가설·위빈명농기·농가월령·농가집성』(고농서국역총서 7),
　　농촌진흥청, 2004.

25) 염정섭, 위의「17세기 초반『위빈명농기-전사문』의 편찬 경위와 농법의 특색」,
　　89쪽. 이하 이 농서의 농업기술적인 특징에 대한 서술은 이 염정섭의 논문과『위
　　빈명농기』번역본을 참고하여 필자가 가감하면서 축약하였고, 일일이 전거를 제
　　시하지 않았음을 밝혀둔다.

시는 방법을 쓰면 가뭄 극복, 충해 예방, 수확 증대를 도모할 수 있다고 소개하고 있다.

기경의 원리로서 강조하고 있는 것은 다경이었다. 전답은 여러 차례 갈아주는 것이 제일 좋은 방법이고 거름을 넣어주는 것보다 오히려 더 좋다면서 강조하고 있다. 매번 수확을 마친 후에 소를 이용하여 깊이 갈아서 전답으로 하여금 서리와 눈을 맞게 하면 재거름을 넣어주지 않더라도 반드시 땅이 저절로 비옥하게 된다고 하였다. 그리고 강토를 약토로 만드는 방법, 반대로 약토를 강하게 만드는 방법 등을 소개하고 있다.

이 농서의 벼농사 짓는 법은 기본적으로 이앙법을 경종법으로 채택하는 것이었다. 특히 이앙법에서의 볏 모 관리와 못자리 시비에 특별한 주의를 기울이는 새로운 기술을 담고 있었다. 게다가 가뭄이 들었을 때에도 안정적으로 볏 모를 이앙을 하기 위해 마른 모 기르는 법이라는 방책을 마련하고 있었다. 모내기를 하는 데 항상 따라다니는 위험성을 조금이라도 줄이기 위한 것이었다. 이 농서에서 이앙법과 관련하여 기술적인 발전을 보이고 있는 부분은 특히 볏 모 관리에 집중되어 나타나고 있다. 이러한 모내기 기술의 발전은 이앙법을 더욱 보급 확산되도록 하는데 기여함과 동시에 이앙법을 채택하는 데 따른 위험도를 낮추는 데 도움을 주었다.

이 농서는 제초에 있어서도 기술적인 발전을 보여주고 있다. 바로 전토에서 자라는 작물 생장에 가장 중요한 영향을 끼치는 첫 번째 제초 즉 일차 제초에 대하여 절대적인 강조를 하고 있다. 먼저 밭과 논은 여러 차례 갈아 엎어주고, 거름을 넣어주어 잡초가 생겨나지 않게 만드는 것이 가장 교묘한 방법이라고 지적하였다. 그리고 무릇 밭과 논을 호미로 다스리는 방법은 잡초가 아직 생겨나기 전에 반드시 미리 시작하여 계속 순환하여야 한다고 강조하였다. 풀이 없을 때도 호미질을 하게 되면 나중에 노동력을 부리는 데 여유가 있고, 또한 수고로움을 덜 수 있다고 설명하고 있다.

이상과 같은 류진의 농사에 대한 관심은 당시 시대적인 흐름과도 일치하는 부분이었다. 16세기 중반이후 농서의 편찬은 국가적인 차원의 사업이 아니라 농업기술에 관심을 가지고 있던 관료와 향촌의 재지사족들이 맡아서 수행하였다. 농서 편찬의 주체가 국가에서 사회 지배층으로 변동한 것이다. 농업기술에 관심을 갖고 있던 관료와 재지사족들은 지역적인 농법의 특색을 담고 있는 지역 농법을 정리하여 농서를 편찬하였던 것이다. 류진은 바로 이러한 시대적 조류를 앞장서서 개척한 인물이었던 것이다.

2) 임진록과 임자록의 작성

임진록은 류진이 11세이던 선조 25년(1592) 임진왜란을 당하여 피난 갔던 일을 18년이 지난 29세되던 해인 광해군 2년(1610)에 회고하여 쓴 일록체의 수기이다. 원래 한문으로 쓴 한자본이 있었을 것으로 추정되나 한자본은 전하지 않고 그를 풀어쓴 한글본만이 전하고 있다. 특히 한글본으로 쓴 것은 집안의 여자들을 위한 배려였을 것이다. 류진의 피난 일기는 서울에서 경기도 풍양, 양주, 영평, 포천, 가평, 양근 등지를 돌아 강원도 화천, 김화, 회양 등지와 평안도의 평양 근교에 이르기까지 갔다가 다시 은산, 영유, 안주, 가산 등지에서 오래 머물다가 서울로 되돌아와서 비로소 일가족과 한 자리에 모이게 되는 약 2년여에 걸친 피난 일기이다.[26]

류진은 임진왜란이 일어나던 당시 서울에서 벼슬을 하던 아버지를 따라 형들과 함께 서울에 머물고 있었다. 당시 좌의정으로 도체찰사의 임무를 맡은 아버지 류성룡은 선조를 호종하면서 국사를 돌보아야 하였다.

---

26) 홍재휴, 「해제 임진록고」, 『역주 임진록』, 영남대 출판부, 2000, 25쪽.

류진은 백부인 류운룡 가족과 함께 피난을 떠났다. 피난 떠날 당시의 사람들을 보면 조모, 백부, 백모, 사촌 형들, 서모, 17세의 둘째 누님, 15세의 맏형, 13세의 둘째형, 11세의 류진 본인, 서얼 동생 3명을 위시하여 노비들이 함께 하고 있었다.[27]

피난 생활 며칠 뒤 많은 식솔들이 모두 한 곳에 모여 있다가 만약 왜군을 만나 화를 당하기라도 하면 집안을 보전하기 어렵다는 백부의 판단에 따라 류진은 따로 허수라는 사람을 따라 다른 길로 피난을 가게 되었다. 그러다가 며칠 뒤 피난 떠난 큰 누님과 자형 이문영 가족을 만나 함께 피난을 떠났다. 6월 27일 밤 영평 근처에서 왜적을 만나 일행이 이리저리 흩어져버리고 겨우 자형과 자형의 외할머니 등 3명이 함께 온갖 고생을 하면서 왜적을 피하는 한편 헤어진 식솔들을 찾아 헤매게 되었다. 그들은 며칠을 굶은 끝에 소나무 잎을 씹어 삼키며 견디기도 하였다.

> 형님(자형을 가리킴)이 이르기를 …… "옛글을 보니 솔잎 곧 먹으면 곡식 없이도 살더라" 하니 어디 솔잎인들 얻겠는가. …… 날이 어두워진 뒤에 일어나 동북 쪽으로 산마을이 나직하고 골과 큰 길이 서남으로 있으니 그래도 그 산을 넘으면 저기 도적이 있는 곳도 좀 멀까싶어 그리로 넘어가노라 하니 큰 소나무가 하나 있으므로 …… 긴 막대기로 늘어진 가지를 거두잡으니 형님이 꺾어 주시므로 내가 형님과 기신댁(자형의 외할머니를 가리킴)에게 와 여쭙기를, "사흘 곧 굶으면 아니 죽을 사람이 없다 하오니 내일이 곧 사흘째이니 어떻든 이것을 씹으소서" 하니 두 분이 다 이르시되, "각별히 배고픈 줄 모르겠으니 죽을 것이라면 그것을 먹는다고 살겠느냐. 네 배고프거든 남 권치 말고 먹어라" 하시므로 나도 각별히 배고픈 줄은 모르되 내일이면 죽을까 하여 살 차망이나 가져서 뜯어 씹으니 되씹혀 목에 넘어가지 아니하므로 손으로 우비어 넣고 물조차 삼키기를 너댓번 하니 그래도 기운이 조금 나은 듯하더라.[28]

---

27) 류진(홍재휴 역), 『역주 임진록』, 영남대 출판부, 2000, 77쪽.
28) 위의 책, 89쪽.

그러한 고생을 하며 이리 저리 다니다가 우연찮게 흩어진 일행을 한 두 명씩 만나게 되었다. 종 몇 명도 함께 있다가 합류하였다. 난리 중에 도망가지 않고 끝까지 주인과 함께 한 종이 많았던 것이다. 여러 사람과 만나고 종들이 있으니 조금은 형편이 나아졌다.

거기에서는 사나이 종이 곡식 거둔 논밭에 이삭을 주워 그것으로 조석을 이으락 그르락 하였다. 나는 더욱 아이이므로 이삭을 잘 못 주우니 하루는 비온 후에 진 마당에 붉은 콩이 희게 흩어져 있으므로, 바가지를 들고 힘껏 주우니 겨우 7홉쯤 되었다. 근처에는 주울 데가 없어서 종들이 먼 데로 가므로 쫓아가려 하니 '따라오지 말라'하고 먼저 가므로 따라가 한 산골로 들어가니 산이 무진히도 웅장한데 앞에는 험한 산수가 가로 놓였더라.[29]

왜적을 피하였다고 하여도 외지에서 양식을 구할 길이 막막하였다. 그래도 정승댁 식솔들이라서 가끔 인연이 있는 사람들을 만났을 때는 그들로부터 일정한 도움을 받을 수 있었다. 그러나 전쟁통이어서 전적으로 그것만으로는 해결되지 않았다. 그럴 때는 가지고 있던 돈 될 만한 것을 팔아서 연명하였다.

양식이 떨어져도 팔 것이 없어 누님의 반물 치마가 남았으므로 팔아서 죽은 나락 열서말을 받았다. 密貝 갓끈이 평시에는 값이 중하되 그때는 살 사람이 없어서 가지고 다니던 것을 광주목사에게 보내었더니 겨우 무명 열일곱 필을 보내므로 그것으로도 이을 길이 없어 겨라도 빻아 죽을 쑤었고, 숟가락도 팔아먹었으므로 나무를 깎아 숟가락처럼 만들어서 먹으니, 그 艱困하기를 다 어찌 이르리오.[30]

---

29) 위의 책, 101쪽.
30) 위의 책, 103쪽.

피난길에 춘천 근처에서 왜적에게 200여명에 달하는 마을 사람들이
모조리 몰살된 한 마을을 직접 목도하기도 하였다.

　　　저물게 쯤 되어 한 산에 들어가니 춘천 땅이라 하되 마을 이름을 잊
　　었더니 그 마을 사람이 마침내 화살 가지고 지나가는 왜를 쏘려고 하였
　　더니 그 왜가 원병을 청하여 온 마을을 둘러싸고 남녀노소 없이 죽이니
　　이백명이나 사는 마을에 사나이 한 명과 간난이 둘이 살아났다. 시체가
　　삼 쌓인 듯하여 우물이며 개울이 핏빛이 되었으니 물을 가리어 먹지 못
　　하겠더라.31)

　　왜적도 왜적이었지만 그 와중에서도 피난민들을 등쳐서 한 몫 잡으려
는 사기꾼 같은 조선 사람을 만나기도 하였다.

　　　한 고개쯤 넘어가니 한 사람이 검은 갓을 쓰고 말을 급히 달려오며,
　　"왜가 온다" 하므로 우리와 함께 다른 행차도 가다가 모두 놀라 엎드리
　　며 산을 허위허위 오르는데 산위에서 어떤 사람이 외치되, "놀라지 말고
　　천천히 오라. 그 놈은 도둑이라. 거짓으로 왜가 온다 하여 짐이나 버리고
　　가게 되면 가져가려고 하여 그러니라" 하더니 후에 참 들으니 과연 옳다
　　하더라.32)

　　이상과 같이 류진은 어린 자신이 겪었던 피란 생활의 갖가지 보고 듣
고 느끼며 체험한 이야기를 기억을 더듬어 되새기고 있다. 임란으로 자
신이 겪은 고통을 후손으로 하여금 알고 되새기게 하고자 이 일록을 작
성한 것이다. 그는 임진록의 말미를 다음과 같은 말로 마무리하고 있다.

　　　이제는 부모 없으시고 형님 동기들 다 죽고 나혼자 살아서 병이 들어

---

31) 위의 책, 99쪽.
32) 위의 책, 99쪽.

어느 때 죽을 줄도 모르니 내가 곧 이르지 아니하면 비록 자식이라도 그리 신고(辛苦)하여 죽다가 살아난 줄 모를 것이라. 일가 사람이라도 이야기 삼아 보도록 하기 위하여 기록하노라.[33]

그의 기록인으로서의 모습을 잘 보여주고 있다. 임란이 끝난 후 정승이었던 아버지는 『징비록』을 세상에 남겼고, 열 한 살이었던 아들은 『임진록』을 자손들에게 남겼던 것이다. 그 아버지에 그 아들이라고 할 수 있겠다.

다음으로 임자록은 류진이 31세가 되던 광해군 4년(1612) 임자년에 일어난 김직재 역옥 사건에 연루되었다는 혐의로 체포되어 서울의 감옥에서 치룬 옥고를 술회한 일록체의 수기이다. 체포될 당시의 정황과 옥살이의 어려움, 그리고 석방에 이르기까지의 상황을 소상히 쓰고 있어 옥중 풍속을 잘 보여주고 있다. 한자본과 한글본 두 개가 모두 전하고 있다. 이는 그의 괴롭고 억울함을 모든 후손들에게 알리고자 한 것이다.

먼저 서두에는 본가인 안동 하회에서 뜻밖에 나타난 나졸에 의하여 포박되는 광경을 묘사하고 압송되는 과정에서 일어난 노변의 이야기를 술회하였다. 다음으로는 투옥되어 옥살이하는 과정에서 일어난 옥고와 그러한 가운데서도 옥리나 조신들의 동정에 대한 고마운 감회를 담고 있다. 그리고 형제간의 각별한 우의와 서울에서 동생의 옥바라지를 하던 중형의 죽음에 대한 슬픔을 술회하였고, 석방되어 고향으로 돌아와 형의 장례를 치르는 애달픈 사연을 담고 있다.[34]

광해군 4년 2월 27일 새벽에 일어나 세수를 하던 중에 안동판관이 갑자기 찾아 왔다는 계집종의 말을 듣고 허둥지둥 세수를 하고 만나는 장면으로부터 시작되고 있다.

---

33) 위의 책, 106쪽.
34) 홍재휴, 앞의 「해제 임진록고」, 26쪽.

(안동) 판관이 말하되, "그대는 황해도 역적 기별을 듣지 못하였는
가." 하므로 나는 그것을 듣고 크게 놀라 이르기를 "그러면 나도 역적의
입에서 나왔습니까." 하니, 판관이 부채를 휘젓고 '빨리 나가라' 하므로
문 밖에 미처 나가기도 못하여 나장이 팔을 잡아내리니 일가 사람들이
진동하여 울므로 갓 벗어 종을 주고 말하기를 "안에 들어가 경동치 말라
고 말하여라" 하고 오직 예닐곱살 먹은 자식이 홀로 나와 울타리를 엿보
며 우니 마음을 정하지 못하겠더라.35)

겨우 사정하여 사당에 가서 울며 고하고 나올 때 쯤 서울에서 온 금부
도사가 도착하였고, 칼을 목에 씌우고 말에 태워 서울을 향해 출발하였
다. 김직재의 아들인 백함의 입에서 류진의 이름이 거론된 듯하였다. 둘
째 형과 노복 몇 명이 동행하였다. 가는 곳마다 친구들과 친척들이 나와
위로하며 돈을 걷어 나장에게 뇌물로 주어서 가는 길을 조금이라도 편하
게 해주려 하였다. 류진은 하회를 떠날 때 만일 죽게 되면 손수 죽으려
고 작정하여 극약으로 쓰이는 초피나무 열매인 전초를 종을 시켜 구하였
는데 마침 문경에 와서 두어홉을 구하여 밤에 몰래 옷을 따고 넣어두었
다. 이렇듯 앞날을 전혀 기약할 수 없는 절박한 상황에서 부인에게 보내
는 다음과 같은 편지를 썼다.

죽고 사는 것이 명에 달렸으니 차마 어찌 하리오. 다만 어린 아이들
이 집에 많으나 모두 성을 이을 사람이 아니고 집이 가난하여 조석을 메
우지 못하니 죽는 이는 하릴 없거니와 장차 산 이는 어찌 하리까. 장차
모름지기 내 뜻을 받아 너무 서러워 상심하지 말고 어린 자식들을 불쌍
히 여기고 제사를 힘써 받들기를 마음삼아 후일에 형님이 아들 여럿을
낳으시거든 하나를 계후하여 위로하소. 이 밖은 심란하여 다 쓰지 못하
니 모든 일을 다 형님 하시는대로 하고 어그러지지 말게 하소.36)

---

35) 류진, 앞의 『역주 임진록』, 144쪽.
36) 위의 책, 153쪽.

이 편지를 종에게 전하면서 혹시 자신이 죽거든 부인에게 전하라고
하였다. 그러한 비장한 각오로 서울을 향해 가고 있었다. 드디어 한강을
건너고 숭례문을 지나 의금부에 도착하였다. 의금부에서 전옥서로 옮겨
일단 감옥에 갇혔는데, 감옥의 풍경은 다음과 같이 처참한 모습이었다.

> 장차 옥문으로 들어 갈 때 한 군사가 다시 따라와서 "칼과 주머니를
> 찼느냐" 내 말하기를 "약주머니 외에 여느 것도 없다"하니 그 놈이 말하
> 되 "숨기지 말라. 알게 되면 베리라." 내 말하되 "참으로 헛말이 아닌데
> 어찌 보채는가" 그 놈이 소매를 잡고 붓, 먹, 후추와 약을 가져가고, 나
> 는 옥에 들어가니 갇힌 사람들이 삼백여인이나 되는데, 칼을 쓴 사람도
> 있으며 새끼로 목맨 사람도 있으며, 두 다리가 부러져 못 다니는 사람도
> 있으며, 발바닥이 썩고 열 발가락이 없는 사람도 있으며, 얼굴이 헤어져
> 피흐르는 이도 있어서 이루다 기록하지 못하겠더라.[37]

이렇게 옥에 갇히기는 하였으나 선친의 은덕을 입었던 서리들이 더러
있고 하여 그들이 알고 찾아와서 편의를 봐주도록 손을 써 주었기 때문
에 터무니없는 짓을 당하지는 않았다. 전옥서 감옥 내에서는 그렇다고
하지만 다른 죄목도 아니고 역모에 연루가 되었기 때문에 앞으로 일이
어떤 식으로 전개될 지 알 수가 없는 상황이었다. 열흘 정도가 지난 후
마침내 대사헌 이이첨이 류진이 옛 정승의 아들이라며 옥중에서 죽지 말
게 하라고 먼저 아뢰었고, 이를 기회로 삼아 판의금부사 심희수가 곡진
하게 변호하였으며, 뒤이어 영의정 이덕형까지 적극 나서서 죄가 없음을
아룀으로써 일단 감옥에서는 풀어주었다가 병이 낫기를 기다려 심문한
후 처리하는 것으로 결정되었다.

풀려나기는 하였으나 아직 무죄로 판결난 것은 아닌 상태에서 역모의
연루자는 늘어갔다. 나중에는 우복 정경세까지도 연루되는 등 옥사가 만

---

37) 위의 책, 155쪽.

연되는 기미가 있었다. 이에 류진의 중형이 노심초사하여 좋은 방안을
모색하기 위해 이리 저리 백방으로 쫓아다니던 중 병을 얻어 그만 세상
을 떠나고 말았다. 객지에서 졸지에 일을 당하였으나 영의정 이덕형의
도움을 받아 겨우 장례를 치를 수 있었다.

감옥에서 풀려난 후 몇 달을 기다린 끝에 6월 하순에야 겨우 국문 날
짜가 잡혔다.

> 서소문 밖에 가니 나장이 나와 급히 끄덩이를 잡아 첫 문에 들이니
> 도사 열대여섯이 차일 밑에 앉았으므로 나장이 나를 꿇리고 쉰근 무게의
> 칼을 쓰이고 항쇄와 족쇄 등 가지가지 연장을 갖추니 두 발이 한 데 닿
> 아 걸음을 못 걸으까 싶고 칼이 두 어깨를 짓누르니 어깨가 부서지는 듯
> 하였다.[38]

저 상태로 국왕 광해군 앞에서 친국을 당하였다. 역적 김백함과 아무
관계가 없음을 자세하게 아뢰고 난 후 결국 무죄 판정을 받아 완전히
풀려나게 되었다. 풀려나기는 하였으나 죽음의 문턱까지 갔다 온 초조한
시간들이었고, 평생 잊을 수 없는 일이었을 것이다. 이 심정을 담아 류진
은 임자록 마지막을 "임진년 사설과 한 데 써 자식들을 주어 제 아비
평생 서러워하던 까닭을 알게 하노라"하면서 마무리 하였다. 임진록과
임자록은 당시의 토속적인 옛날 어휘가 담기어 있어서 당시의 지방색 짙
은 언어생활을 이해하는 데에도 귀중한 자료적 가치를 지니고 있다.

---

38) 위의 책, 171쪽.

5. 맺음말

류진은 영의정 류성룡의 아들로서 한편으로는 자부심을 가지고 한편으로는 조심스럽고 근신하는 자세로 평생을 살았다. 그는 부친이 세상을 떠난 10여년 뒤인 37세 되던 해에 안동 하회에서 상주로 이거하였다. 그 직계 후손들은 우천파라 불리었다. 상주지역에서 그는 부친의 학맥을 잇는 우복 정경세와 창석 이준을 위시한 상주지역 인사들과 학문적 교류와 혼인 관계를 통해 성공적으로 정착하였다. 상주에 정착한 그의 후손 중에 학통의 주맥을 잇는 학자를 연이어 배출하였으며, 정승도 배출하게 되었다.

류진은 어려서 부친의 명으로 김치중과 노경임에게 나아가 공부를 했고, 18세 때부터는 낙향한 아버지에게서 중용을 위시한 경전을 배우고 학문을 익혔다. 류성룡은 셋째 아들의 뛰어난 자질을 보고 크게 칭찬하면서 기대하였다고 한다. 부친을 여의고 난 뒤에는 우복 정경세를 스승으로 대하며 학문을 강마하였다. 류진은 퇴계 이황의 학통을 류성룡-정경세를 통해 이어받아 다시 이를 정도응에게로 전하였다. 이로써 류성룡의 학통의 한 맥이 상주지역을 중심으로 번성하게 되었다. 여기에 류진이 학통상에서 차지하는 위상이 있다.

그는 29세 되던 해에 진사시에 수석으로 합격하였으나 더 이상 문과는 응시하지 않았으며, 광해군대에는 일체 관직을 사양하고 학문에만 침잠한 것이었다. 인조반정 후에 출사하기 시작하여 네 곳의 지방 수령과 사헌부 지평을 위시한 몇몇 중앙 관직을 역임하였다. 특히 봉화현감으로 재직할 때는 경상도 수령 중에 최고로 고을을 잘 다스린 인물로 평가되기도 하였다. 지평으로 재직하면서는 언로의 폐색을 막기 위해 남들이 하기 어려운 진언을 하여 언관으로서의 책임을 다한 바 있었다. 또한 정묘호란이 일어났을 때에는 상주의 의병장을 맡을 만큼 지역사회에서 가지는 높은 위상을 가지고 있었다. 정승의 후예답게 깨끗하고 성실하게 관직생활을 하였다고 생각한다.

그의 생활인으로서 참된 지식인의 면모는 농서 편찬에서 잘 드러난다. 그는 상주 위수변으로 이거하여 생활하면서 점차 농사일에 관심을 가지고 농사 지식을 습득하게 되었다. 그리고 그는 이곳에서 노련하고 노숙한 농민에게 재배하는 방법을 물어서 이를 기록함과 동시에 보고 들은 것을 추가하여 『위빈명농기』라는 농서를 지었다. 향촌의 재지사족이 농사에 관심을 가지고 농서까지 편찬한 예는 흔치 않은데, 그가 얼마나 생활인으로서의 실제 학문에 관심을 가졌는가를 실감케 한다. 16세기 중반이후 농서의 편찬은 국가적인 차원의 사업이 아니라 농업기술에 관심을 가지고 있던 관료와 향촌의 재지사족들이 맡아서 수행하였는데, 류진은 바로 이러한 시대적 조류를 앞장서서 개척한 인물이었던 것이다.

또한 그는 지식인으로서 기록의 중요성을 몸소 실천한 인물이기도 하였다. 또한 한자를 모르는 부인들을 위해 한글로도 기록한 것은 그의 높은 안목과 함께 여성에 대한 배려를 증명해준다. 먼저 임진록은 그가 11세이던 해에 임진왜란을 당하여 피난갔던 일을 18년이 지난 29세 되던 해인 광해군 2년(1610)에 회고하여 쓴 일록체의 수기이다. 어린 자신이 겪었던 피란 생활의 갖가지 보고 듣고 느끼며 체험한 이야기를 기억을 더듬어 되새기고 있다. 임란으로 자신이 겪은 고통을 후손으로 하여금 알고 되새기게 하고자 이 일록을 작성한 것이었다. 임란이 끝난 후 정승이었던 아버지는 『징비록』을 세상에 남겼고, 열 한 살이었던 아들은 『임진록』을 자손들에게 남겼던 것이다.

다음으로 임자록은 류진이 31세가 되던 광해군 4년(1612) 임자년에 일어난 김직재 역옥 사건에 연루되었다는 혐의로 체포되어 서울의 감옥에서 치룬 옥고를 술회한 일록체의 수기이다. 한자본과 한글본 두 개가 모두 전하고 있다. 체포될 당시의 정황과 옥살이의 어려움, 그리고 석방에 이르기까지의 상황을 소상히 쓰고 있어 옥중 풍속을 잘 보여주고 있다. 결국 무죄 판정을 받아 완전히 풀려나기는 하였으나 죽음의 문턱까지 갔다 온 초조한 시간들이었고, 평생 잊을 수 없는 일이었을 것이다. 임진록과 임자록은 당시의 토속적인 옛날 어휘가 담겨 있어 당시의 지방색 짙은 언어생활을 이해하는 데에도 귀중한 자료적 가치를 가지고 있다.

참고문헌

1. 자료

『朝鮮王朝實錄』『承政院日記』『經國大典』『續大典』『大典後續錄』『備邊司謄錄』『國朝文科榜目』『嶺南人物考』『漢書』『魏書』『舊唐書』『明懷宗實錄』『大東野乘』『稗林』『燃藜室記述』(이긍익)『星湖僿說』(이익)『洪範衍義』(이휘일·현일)『黨議通略』(이건창)『足徵錄』(송근수)『大東地志』(김정호)『奉先雜儀』(이언적)『松澗日記』(이정회)『秋淵日記』(우성전)『溪巖日錄』(김령)『課農小抄』(박지원)『嶺南鄕約資料集成』(영남대출판부, 1986)『旅軒先生及門錄』(영남대도서관 소장본)『百弗菴言行錄』(경주최씨 칠계파종중, 1999)『永陽四難倡義錄』(영남대도서관소장본)『戊申日錄及附錄』(의성향교, 1999)

『萬姓大同譜』『務安朴氏寧海派世譜』(영해파세보편찬위원회, 2007)『安東張氏大同譜』(안동장씨대동보편찬위원회, 2001)『晉陽鄭氏族譜』(우복선생기념사업회, 1993)『豊山柳氏 文忠公西厓宗派譜』(풍산류씨 문충공서애종파보소, 1978)『豊山柳氏 文忠公西厓派 愚川世譜』(수암종택, 2002)『豊山柳氏 屛村派譜』(풍산류씨 병촌파보간행소, 1980)『豊山柳氏世譜』(풍산류씨 세보편찬위원회, 1985)『葛庵全集』(이현일)『江皐文集』(류심춘)『謙菴集』(류운룡)『敬堂集』(장흥효)『敬亭集』(이민성)『溪堂全書』(류주목)『觀感錄』(박의장)『菊潭集』(박수춘)『歸巖集』(이원정)『記言』(허목)『洛村集』(이도장)『洛坡文集』(류후조)『南溪集』(박세채)『南塘集』(한원진)『農山文集』(장승택)『大山全書』(이상정)『陶山全書』(이황)『陶窩集』(박선)『同春堂集』(송준길)『旅軒全書』(장현광)『晩悟集』(신달도)『明美堂全集』(이건창)『明齋遺稿』(윤증)『木齋集』(홍여하)『閩山文集』(류도수)『密庵集』(이재)『磻溪隨錄』(류형원)『白湖全書』(윤휴)『沙溪全書』(김장생)『四未軒全書』(장복추)『西厓集』(류성룡)『星湖全集』(이익)『宋子大全』(송시열)『修巖集』(류진)『雙峰集』(정극후)『玉川集』(조덕린)『愚伏集』(정경세)『栗谷全書』(이이)『栗園遺稿』(김양휴)『一山集』(이탁소)『立齋全集』(정종로)『自樂堂遺集』(권수경)『紫巖集』(이민환)『潛冶集』(박지계)『靜齋集』(이담명)

『存齋集』(이휘일)『芝山集』(조호익)『川沙文集』(김종덕)『霞谷集』(정제두)『學稼齋集』(이주)『鶴峯集』(김성일)『寒岡全書』(정구)『寒洲全書』(이진상)『虎溪遺集』(신적도)『悔堂集』(류세철)『塤篪集』(정만양·규양)『嘉祐集』(蘇洵)『朱子大全』(朱熹)

2. 저서

강광식 외,『조선 유학의 학파들』, 예문서원, 1996.

강광식,『조선시대 개혁사상연구』, 정신문화연구원, 1998.

고려대 한국사상연구소,『여헌 장현광의 학문세계, 우주와 인간』, 예문서원, 2004.

고려대 한국사상연구소,『여헌 장현광의 학문세계, 여헌학의 전망과 계승』, 예문서원, 2012.

금장태,『조선후기의 유학사상』, 서울대출판부, 1998.

김만규,『조선조의 정치사상연구』, 인하대출판부, 1982.

김성윤,『조선후기 탕평정치연구』, 지식산업사, 1997.

김성한,『중국토지제도사연구』, 신서원, 1998.

김용섭,『조선후기 농업사연구』, 지식산업사, 1995.

김준석,『조선후기 정치사상사 연구』, 지식산업사, 2003.

김택민,『중국토지경제사연구』, 고려대출판부, 1998.

김호종,『서애 류성룡 연구』, 새누리, 1994.

남부희,『유림의 독립운동사연구』, 범조사, 1994.

동양정치사상사학회,『한국정치사상사』, 백산서당, 2005.

박병련 외,『여헌 장현광연구』, 태학사, 2009.

박충석,『한국정치사상사』, 삼영사, 1982.

박충석·유근호,『조선조의 정치사상』, 평화출판사, 1980.

배종호,『한국유학사』, 연세대출판부, 1981.

설석규,『조선시대 유생상소와 공론정치』, 선인, 2002.

설석규,『중화탕평의 설계자 여헌 장현광』, 한국국학진흥원, 2007.

안동대 안동문화연구소,『안동 금계 마을』, 예문서원, 2000.

연갑수,『대원군집권기 부국강병정책연구』, 서울대출판부, 2001.

우복선생기념사업회 편, 『우복 정경세선생 연구』, 태학사, 1996.

우인수, 『조선후기 산림세력 연구』, 일조각, 1999.

유명종, 『한국유학연구』, 이문출판사, 1988.

유미림, 『조선후기의 정치사상』, 지식산업사, 2002.

유봉학, 『조선후기 학계와 지식인』, 신구문화사, 1998.

이병휴, 『조선전기 사림파의 현실인식과 대응』, 일조각, 1999.

이성무 외 엮음, 『류성룡과 임진왜란』, 태학사, 2008.

이수건, 『영남학파의 형성과 전개』, 일조각, 1995.

이이화, 『조선후기의 정치사상과 사회변동』, 한길사, 1994.

이재석 외, 『한국 정치 사상사』, 집문당, 2002.

이태진 외 엮음, 『조선후기 탕평정치의 재조명』, 태학사, 2011.

이해준, 『조선시기 촌락사회사』, 민족문화사, 1996.

장지연(류정동 역), 『조선유교연원』, 삼성미술문화재단출판부, 1979.

정재훈, 『조선전기 유교정치사상연구』, 태학사, 2005.

정진영, 『조선시대 향촌사회사』, 한길사, 1998.

정호훈, 『조선후기 정치사상 연구』, 혜안, 2004.

제임스 팔레(김범 역), 『유교적 경세론과 조선의 제도들』, 산처럼, 2008.

趙岡·陳鍾毅(윤정분 역), 『중국토지제도사』, 대광문화사, 1985.

최영성, 『한국유학사상사(조선후기편)』Ⅳ, 아세아문화사, 1995.

최영진, 『유교사상의 본질과 현재성』, 성균관대출판부, 2002.

최효식, 『임란기 경상좌도의 의병항쟁』, 국학자료원, 2004.

한국국학진흥원, 『영남지방의 퇴계학맥도』, 예문서원, 2002.

한국국학진흥원, 『한국유학사상사대계』4(정치사상편), 2007.

한국역사연구회 17세기 정치사연구반, 『조선중기 정치와 정책』, 아카넷, 2003.

한명기, 『임진왜란과 한중관계』, 역사비평사, 1999.

한영우 외, 『다시, 실학이란 무엇인가』, 푸른역사, 2007.

한영우, 『조선후기 사학사연구』, 일지사, 1989.

한우근, 『성호이익연구 - 인간 성호와 그의 정치사상』, 서울대출판부, 1980.

향촌사회사연구회, 『조선후기 향약연구』, 민음사, 1990.

현상윤, 『조선유학사』, 민중서관, 1971.

3. 논문

강병수, 「조선후기 근기 남인의 대중국관 연구」, 『국사관논총』86, 1999.

고영진, 「17세기 전반 남인학자의 사상」, 『역사와 현실』8, 1992.

고영진, 「17세기 후반 근기 남인학자의 사상」, 『역사와 현실』13, 1994.

고영진, 「지산 조호익의 예학사상」, 『한국의 철학』26, 1998.

고윤수, 「광해군대 조선의 요동정책과 조선군 포로」, 『동방학지』123, 2004.

고윤수, 「이민환의 『자암집』과 17세기 조선의 요동문제」, 『북방사논총』9, 2006.

구덕회, 「선조대 후반 정치체제의 재편과 정국의 동향」, 『한국사론』20, 1988.

권대웅, 「한말 한주학파의 계몽운동」, 『대동문화연구』38, 2001.

권연웅, 「회연급문제현록 소고」, 『한국의 철학』13, 1985.

권영배, 「안동유림의 3.1운동과 파리장서운동」, 『대동문화연구』36, 2000.

권오영, 「학봉 김성일과 안동지역의 퇴계학파」, 『한국의 철학』28, 2000.

권오영, 「학봉 김성일의 학문성향과 역사의식」, 『민족문화』25, 2002.

금장태, 「한주 이진상의 성리학과 심즉리설」, 『퇴계학보』102, 1999.

김강식, 「선조 연간의 최영경옥사와 정치사적 의미」, 『역사와 경계』46, 2003.

김건태, 「조선중기 이앙법의 보급과 그 의의」, 『국사관논총』63, 1995.

김경숙, 「조선시대 유배형의 집행과 그 사례」, 『사학연구』55·56, 1998.

김경호, 「대산 이상정의 율곡비판과 퇴계학의 옹호」, 『율곡사상연구』16, 2008.

김낙진, 「갈암 이현일의 경세사상」, 『철학논총』12, 1996.

김낙진, 「갈암 이현일 성리설과 경세론의 특색」, 『퇴계학』20, 2011.

김도형, 「한말·일제초기의 변혁운동과 성주지방 지배층의 동향」, 『한국학논집』18, 1991.

김도형, 「한주학파의 형성과 현실인식」, 『대동문화연구』38, 2001.

김동철, 「19세기말 함안지방의 향전」, 『한국문화연구』2, 1989.

김명자, 「계암일록을 통해본 17세기 전반 제사의 실태와 그 특징」, 『안동사학』9·10, 2005.

김명자, 「대산 이상정의 학문공동체 형성과 그 확대」, 『조선시대사학보』69, 2014.

김문식, 「조선후기 경남과 영남의 교류 양상」, 『한국사상과 문화』15, 2002.
김성윤, 「영남의 유교문화권과 지역학파의 전개」, 『조선시대사학보』37, 2006.
김성윤, 「『홍범연의』의 정치론과 군제개혁론」, 『대구사학』83, 2006.
김성윤, 「『홍범연의』의 토지개혁론과 상업론」, 『퇴계학보』119, 2006.
김언종, 「학봉선생의 예학」, 『학봉의 학문과 구국활동』, 1993.
김용덕, 「정여립 연구」, 『한국학보』4, 1976.
김용섭, 「조선후기 토지개혁론의 추이」, 『동방학지』62, 1989.
김정신, 「16세기말 성리학 이해와 현실인식」, 『조선시대사학보』13, 2000.
김종석, 「한말 영남유학계의 동향과 지역별 특징」, 『국학연구』4, 2004.
김지수, 「조선조 전가사변율의 역사와 법적 성격」, 『법사학연구』32, 2005.
김지은, 「성호 이익의 대외인식과 조선의 대응방안 모색」, 『한국사연구』152, 2011.
김학수, 「갈암 이현일 연구」, 『조선시대사학보』4, 1998.
김학수, 「갈암 이현일의 학문과 경세론연구」, 『청계사학』19, 2004.
김학수, 「17세기 영남학파 연구」, 한국학중앙연구원 박사학위논문, 2008.
김학수, 「17세기 영남학파의 정치적 분화」, 『조선시대사학보』40, 2007.
김학수, 「17세기 초반 영천유림의 학맥과 장현광의 임고서원 제향논쟁」, 『조선시대사학보』35, 2005.
김항수, 「한강 정구의 학문과 역대기년」, 『한국학보』45, 1986.
김형수, 「갈암 이현일의 이학과 현실인식」, 『국학연구』9, 2006.
김호종, 「서애 류성룡과 안동·상주지역의 퇴계학맥」, 『한국의 철학』28, 2000.
노대환, 「숙종·영조대 대명의리론의 정치사회적 기능」, 『한국문화』32, 2003.
박광용, 「조선후기 탕평연구」, 서울대 박사학위논문, 1994.
박학래, 「여헌 장현광의 시대인식과 경세론」, 『유교사상연구』22, 2005.
박홍식, 「갈암 이현일과 영해지역의 퇴계학맥」, 『한국의 철학』28, 2000.
서인한, 「인조초 복제 논의에 대한 소고」, 『북악사론』1, 1989.
설석규, 「졸재 유원지의 이기심성론 변설과 정치적 입장」, 『조선사연구』6, 1997.
설석규, 「현종 7년 영남유림의 의례소봉입 전말」, 『사학연구』50, 1995.
설석규, 「퇴계학파의 분화와 병호시비(Ⅱ)」, 『퇴계학과 한국문화』45, 2009.
송찬식, 「조선조말 주리파의 인식논리」, 『한국학보』9, 1977.
신병주, 「17세기 중·후반 근기 남인 학자의 학풍」, 『한국문화』19, 1997.

신병주, 「남명학파와 화담학파의 학풍 계승에 관한 연구」, 『역사와 현실』53, 2004.

신정희, 「조선시대 향약연구」, 영남대 박사학위논문, 1991.

신항수, 「17세기 중반 홍여하의 전제인식」, 『한국사상사학』8, 1997.

신항수, 「17세기 후반 영남 남인학파의 경세론」, 고려대 석사학위논문, 1993.

심재우, 「조선전기 유배형과 유배생활」, 『국사관논총』92, 2000.

심재우, 「조선후기 형벌제도의 변화와 국가권력」, 『국사관논총』102, 2003.

염정섭, 「17세기 초반 『위빈명농기-전사문』의 편찬 경위와 농법의 특색」, 『농업사연구』3-1, 2004.

오세창, 「파리장서와 송준필」, 『한국근현대사연구』15, 2000.

오수창, 「인조대 정치세력의 동향」, 『조선시대 정치사의 재조명』, 범조사, 1985.

오항녕, 「17세기 전반 서인산림의 사상」, 『역사와 현실』8, 1992.

우경섭, 「잠곡 김육의 학풍과 '시세'인식」, 『한국문화』33, 2004.

우인수, 「17세기초 경당 장흥효 가문의 제사 관행」, 『국학연구』21, 2012.

우인수, 「18세기초 영남 남인 정만양·규양 형제의 개혁론」, 『이수건정년기념 한국중세사논총』, 2000.

우인수, 「계당 류주목과 민산 류도수의 학통과 그 역사적 위상」, 『퇴계학과 한국문화』44, 2009.

우인수, 「남북분당과 서애 류성룡」, 『퇴계학과 유교문화』55, 2014.

우인수, 「동춘당 송준길의 영남인과의 접촉과 그 추이」, 『충청학연구』6, 2005.

우인수, 「목재 홍여하의 현실인식과 대응」, 『한국사상사학』43, 2013.

우인수, 「무안 박씨 영해파와 무의공 박의장」, 『조선사연구』17, 2008.

우인수, 「사미헌 장복추의 문인록과 문인집단 분석」, 『어문론총』47, 2007.

우인수, 「우복 정경세의 정치사회적 위상과 현실대응」, 『퇴계학과 유교문화』49, 2011.

우인수, 「인조대 산림 장현광의 정치적 활동과 위상」, 『한국학논집』52, 2013.

우인수, 「인조반정 전후의 산림과 산림정치」, 『남명학』16, 2011.

우인수, 「입재 정종로의 영남남인 학계내의 위상과 그의 현실대응」, 『동방한문학』25, 2003.

우인수, 「자암 이민환의 시대와 그의 현실대응」, 『동방한문학』34, 2008.

우인수, 「정묘호란시 삼남지역 호소사의 활동과 그 의미」, 『조선사연구』20, 2011.

우인수, 「조선 선조대 지산 조호익의 유배생활」, 『조선시대사학보』66, 2013.

우인수, 「조선 숙종대 정국과 산림의 기능」, 『국사관논총』43, 1993.

우인수, 「조선후기 상주 존애원의 설립과 의료 기능」, 『대구사학』104, 2011.

우인수, 「훈·지수 정만양·규양 형제의 시대와 그들의 현실대응」, 『동방한문학』28, 2005.

우인수, 「『묘충록』을 통해 본 한주 이진상의 국정개혁론」, 『퇴계학과 한국문화』38, 2006.

우인수, 「여헌 장현광과 선산지역의 퇴계학파」, 『한국의 철학』28, 2000.

우인수, 「훈수 정만양의 토지제도 개혁론」, 『퇴계학과 한국문화』35, 2004.

원재린, 「영조대 후반 소론, 남인계 동향과 탕평론의 추이」, 『역사와 현실』53, 2004.

유봉학, 「18세기 남인 분열과 기호남인 학통의 성립」, 『논문집』1, 한신대학, 1983.

이기순, 「17세기 중반 성리학적 정치사상의 변용」, 『홍익사학』4, 1990.

이동희, 「한주학파의 퇴계 성리학 계승」, 『한국학논집』26, 1999.

이상혁, 「조선조 기축옥사와 선조의 대응」, 『역사교육논집』43, 2009.

이상현, 「월천 조목의 도산서원 종정논의」, 『북악사론』8, 2001.

이선아, 「윤휴의 정치사상 연구」, 전북대 박사학위논문, 2001.

이수건, 「만학당 배상유 연구 - 반계 및 갈암과의 관계를 중심으로」, 『교남사학』5, 1990.

이수건, 「서애 류성룡의 사회경제관」, 『대구사학』12·13, 1977.

이수건, 「정조조 영남만인소」, 『교남사학』1, 1985.

이수건, 「조선후기 영남유소에 대하여」, 『이병도구순기념 한국사학논총』, 1987.

이수건, 「여헌 장현광의 정치사회사상」, 『교남사학』6, 1994.

이수건, 「조선후기 '嶺南'과 '京南'의 제휴」, 『이우성정년기념 민족사의 전개와 그 문화』상, 1990.

이수환, 「18-19세기 영남지방 향론의 분열과 향전」, 『인문과학』11, 1997.

이영춘, 「복제예송과 정국변동-제이차 예송을 중심으로-」, 『국사관논총』22, 1991.

이영춘, 「잠야 박지계의 예학과 원종추숭」, 『청계사학』7, 1990.

이우성, 「초기실학과 성리학의 관계 - 반계 유형원의 경우-」, 『동방학지』58, 1988.

이원택, 「17세기 윤휴의 권력구조 개편론」, 『동방학지』125, 2004.

이윤갑, 「19세기 후반 경상도 성주지방의 농민운동」, 『손보기정년기념 한국사학논총』, 1988.

이윤갑, 「조선후기의 사회변동과 지배층의 동향」, 『한국학논집』18, 1991.

이장희, 「지산 조호익과 임진왜란 -의병활동을 중심으로-」, 『한국의 철학』26, 1998.

이재철, 「조선후기 죽헌 도신징의 의례소와 국정변통론」, 『조선시대사학보』33, 2005.

이재현, 「18세기 이현일 문인의 신원운동과 추숭사업」, 『대구사학』117, 2014.

이현진, 「17세기 전반 계운궁 복제론」, 『한국사론』49, 2003.

이현진, 「인조대 원종추숭론의 추이와 성격」, 『북악사론』7, 2000.

이형성, 「한주 이진상의 심성론연구」, 『한국사상과 문화』2, 1998.

이희권, 「정여립 모반사건에 대한 고찰」, 『창작과 비평』10-3, 1975.

이희환, 「정여립옥사의 실상과 그 영향」, 『전주학연구』3, 2009.

임경석, 「파리장서 서명자 연구」, 『대동문화연구』38, 2001.

임종진, 「만구 이종기의 성리사상」, 『철학연구』89, 2004.

장영민, 「1840년 영해향전과 그 배경에 관한 소고」, 『충남사학』2, 1987.

장윤석, 「17세기 영남 남인 오운과 홍여하의 역사인식」, 경북대 석사학위논문, 2007.

장윤수, 「경당 장흥효와 17세기 경북 북부지역 성리학에 관한 연구」, 『철학연구』99, 2006.

장윤수, 「경당일기를 통해서 본 장흥효 학단의 지형도와 성리학적 사유」, 『철학연구』107, 2008.

정경희, 「16세기~17세기 초반 퇴계학파의 예학」, 『한국학보』101, 2000.

정구복, 「1744년 안동 고성이씨가의 家祭定式」, 『고문서연구』13, 1998.

정긍식, 「묵재일기에 나타난 家祭祀의 실태」, 『법제연구』16, 1999.

정긍식, 「조선중기 제사계승의 실태」, 『조선의 정치와 사회』, 2002.

정동일, 「경당 장흥효의 교육활동」, 안동대 석사학위논문, 2006.

정만조, 「월천 조목과 예안지역의 퇴계학파」, 『한국의 철학』28, 2000.

정만조, 「조선후기 경기북부지역 남인계 가문의 동향」, 『한국사논총』23, 2001.

정만조, 「숙종조 양역변통 논의의 전개와 양역대책」, 『국사관논총』17, 1990.

정만조, 「영조 14년의 안동 김상헌서원 건립시비」, 『한국학연구』1, 1982.

정만조, 「조선후기 정국동향과 갈암 이현일의 정치적 위상」, 『퇴계학』20, 2011.

정연식, 「조선시대의 유배생활」, 『인문논총』9, 서울여대 인문과학연구소, 2002.

정옥자, 「17세기 사상계의 재편과 예론」, 『한국문화』10, 1989.

정진영, 「19세기 후반 영남유림의 정치적 동향」, 『지역과 역사』4, 1997.

정호훈, 「17세기 후반 영남 남인학자의 사상」, 『역사와 현실』13, 1994.

정호훈, 「조선후기 실학의 전개와 개혁론」, 『동방학지』124, 2004.

정호훈, 「16·7세기 『경민편』 간행의 추이와 그 성격」, 『한국사상사학』26, 2006.

조정기, 「서애 류성룡의 군정사상 Ⅰ」, 『부산사학』14·15, 1988.

조정기, 「서애 류성룡의 군정사상 Ⅱ」, 『논문집』11-1, 창원대학, 1989.

지두환, 「조선후기 예송연구」, 『부대사학』11, 1987.

지철호, 「조선전기의 유형」, 『법사학연구』8, 1985.

천관우, 「반계 유형원연구」, 『역사학보』2·3, 1952.

최영성, 「한국유학사에서 성혼의 위상과 우계학파의 영향」, 『우계학보』27, 2008.

최윤오, 「반계 유형원의 정전법과 공전제」, 『역사와 현실』42, 2001.

최인기, 「졸재 류원지의 농서편찬에 대하여」, 『사림』15, 2001.

최재목, 「우복 정경세와 상주지역의 퇴계학맥」, 『한국의 철학』28, 2000.

하우봉, 「남인계 실학파의 일본인식」, 『이우성정년퇴직기념 민족사의 전개와 그 문화』하, 1990.

한기문, 「조선후기 상주 존애원 설치의 배경과 의의」, 『상주문화연구』10, 2000.

한명기, 「광해군대 대북세력과 정국의 동향」, 『한국사론』20, 1988.

한영우, 「17세기 중엽 영남 남인의 역사서술」, 『변태섭화갑기념 사학논총』, 삼영사, 1985.

허권수, 「사미헌 장복추의 학통과 영남 유림에서의 위상에 대한 연구」, 『어문론총』45, 2006.

홍원식, 「퇴계학의 남전과 한주학파」, 『한국의 철학』30, 2001.

홍종필, 「삼번란을 전후한 현종 숙종 년간의 북벌론」, 『사학연구』27, 1977.

황원구, 「소위 기해복제 문제에 대하여」, 『연세논총』2, 1963.

찾아보기

우인수禹仁秀

　　대구 출신으로 경북대학교 사범대학 역사교육과를 졸업하고, 경북대학교 대학원 사학과에서 석사학위와 박사학위를 취득하였다. 현재 경북대학교 사범대학 역사교육과 교수로 재직하고 있다. 조선 후기 정치사와 생활사 그리고 지역사에 관심을 가지고 있다. 『조선후기 산림세력 연구』, 『천민 예인의 삶과 예술의 궤적』(공저), 『조선시대 울산지역사 연구』, 『부북일기(역주)』, 『임란의병의 힘, 호수 정세아 종가』, 『문무의 길, 청신재 박의장 종가』, 『조선 서원을 움직인 사람들』(공저) 등의 저서와 수십 편의 논문이 있다.

朝鮮後期 嶺南 南人 研究　　　　　　　　　　　　　　　　　값 40,000원

　　2015년 4월 30일 초판 1쇄
　　2016년 8월 30일 초판 2쇄

　　　　　　　　저　　자 : 우 인 수
　　　　　　　　발 행 인 : 한 정 희
　　　　　　　　발 행 처 : 경인문화사
　　　　　　　　　　　　　파주시 회동길 445-1 경인빌딩 B동 4층
　　　　　　　　　　　　　전화 : 031-955-9300, 팩스 : 031-955-9310
　　　　　　　　　　　　　이메일 : kyungin@kyunginp.co.kr
　　　　　　　　　　　　　홈페이지 : http://www.kyungin.mkstudy.com
　　　　　　　　출판신고 : 제406-1973-000003호

ISBN : 978-89-499-1080-2 93910
ⓒ 2015, Kyung-in Publishing Co, Printed in Korea
* 파본 및 훼손된 책은 교환해 드립니다.

*대한민국학술원 우수학술 도서   **문화체육관광부 우수학술 도서